SERVICE
서비스 경영
MANAGEMENT

허 희 영

북 넷

들어가는 말

서비스경영이란 무엇인가. ‘서비스’는 인간과 인간 사이에서 주고받음이 이루어지는 곳에 존재하는 일상적인 행위이고, 현대사회에서 모든 거래는 ‘경영’의 대상이다. 국가와 기업은 물론 지자체와 학교, 사회단체, 병원과 교회, 가정에도 경영이 필요하다. ‘서비스’와 ‘경영’ 모두 흔하고 쉬운만큼이나 이를 묶는 작업은 간단치 않다. 그래서 서비스경영(Service Management)라는 개념이 뒤늦게 등장했는지도 모른다. 이들의 발달과정을 더듬어 올라가면 인류의 역사만큼이나 뿌리가 깊다. 아무리 첨단경영의 기법이라도 그 발전의 과정은 돌을 쌓아 탑을 만드는 과정과 마찬가지로 뿌리없이 갑자기 만들어질 수는 없다. 새로운 서비스경영의 개념은 과거에 서비스를 경영했던 개념들을 대체하는 것이 아니라 기업경영의 관점에서 보완하고 확장하기 위해 개발된 것이다. 예를 들면, 약 100년 전에 개발되어 역사속에 남아있는 것으로 오해되는 테일러의 과학적 관리법(Scientific Management), 이에 대한 반발로 등장한 인간관계론(Human Relations)의 개념들은 모두 오늘날 서비스현장을 운영 · 관리하고 고객에게 서비스를 제공하는데 일상적으로 적용되고 있다.

오늘날 주목받는 서비스기법이나 아이디어는 수많은 시행착오를 겪으며 발전을 거듭해 온 산업계와 학계의 노력과 성과들을 일부 보완하거나 현실에 맞게 재구성한 것이 대부분이다. 따라서 서비스를 행위, 시스템, 기업 심지어 산업의 차원에서 경영의 시각으로 이해하기 위해서는 서비스경영의 개념이 발전해 온 흐름과 조류를 포함해 그 대상을 폭넓게 정리할 필요가 있다. 세계 각국의 경제에서 가장 큰 비중을 차지하고 있는 서비스산업, 선진국일수록 국내총생산(GDP)에서 차지하는 비중이 절대적인 이 산업을 이끌어 가고 있는 경영의 개념과 이론이 1980년대까지 이뤄지지 못했던 데에는 그만한 이유가 있었을 것이다

서비스경영이 유럽의 스칸디나비아에서 출발했다는 사실부터가 흥미롭다. 그러나 중요한 것은 서비스에 종사하는 사람들이 언제나 서비스 롤모델(role model)을 늘 필요로 한다는 사실이다. 서비스경영이 등장했을 당시에도 미국을 비롯한 서비스산업의 현장에서는 서비스경영의 패러다임을

필요로 하고 있었다. 물론 스칸디나비아 기업들이 서비스우위나 창의적 서비스경영을 독점하고 있는 것도 아니었다. 오늘날에도 초일류기업들은 탁월한 서비스와 고객중심적 사고로 명성을 얻고 있다. 맥도날드의 체인점은 '품질, 서비스, 청결, 가치'라는 사훈에 맞게 높은 수준의 서비스를 제공하고 있으며 업계에서 서비스표준을 제공하고 있다. 테마파크를 창조한 월트디즈니 역시 고객서비스를 완벽하게 구현하고 있다. 전문가들은 디즈니의 직원들과 경영연수프로그램을 분석하면서 그 안에 마치 마법과 같은 주문이 숨어있다고 느낀다. 디즈니의 마술과 같은 경영비법에 관한 책도 많다. 지금도 뛰어난 서비스경영을 실천하는 기업들이 속속 생겨나고 있다. 기업의 성공을 이끄는 서비스의 경영이란 무엇인가? 그 발전과정을 통해 서비스경영의 개념에 접근하고 경험과 이론적 근거를 규명하려는 노력이 필요한 이유이고, 성공기업들이 지닌 공통의 핵심역량과 경영의 해법을 규명하는 것이 서비스경영이론의 존재이유일 것이다.

서비스경영론 집필에 대한 필자의 구상은 서비스를 전공하는 학생들 대상의 항공서비스원론(북넷, 2016)의 작업이 마무리될 즈음 시작되었다. 경영학의 변함없는 키워드인 서비스와 고객의 이해, 고객만족, 고객불만과 서비스회복, 서비스품질, 감정노동 등은 당시 집필내용의 중심에 있었다. 서비스경영의 출발점이 스칸디나비아 항공(SAS)의 '서비스혁명'이었고, 오늘날 서비스접점을 대표하는 현장중의 하나도 항공기의 객실이라는 사실도 집필의 욕구를 자극했다. 이번 집필에는 좀 더 체계적인 접근이 필요했다. 경영의 관점으로 서비스에 접근할수록 뿌리는 많았고 깊었다. 칼 알브레히트와 론 젬키의 〈*Service America*(1983)〉에서 시작된 고찰은 피터스와 워터만의 〈*In Serach of Excellence*(1982)〉, 얀 칼슨의 〈*Moment of Truth*(1987)〉를 돌아 서비스마케팅의 이론적 기틀을 마련한 유럽의 크리스찬 그룬로스중심의 노르딕학파, 같은 시대에 미국에서 서비스의 이론체계를 완성한 크리스토퍼 러브락의 서비스마케팅, 그리고 서비스품질의 개념을 발전시킨 파라수라만, 자이사믈과 베리(PZB)의 SERQUAL로 이르면서 서비스경영이론의 정글을 새삼 실감했다. 이렇게 중요하고 필수적인 작업이 이제까지 이루어지지 못한 이유는 분명하다. 서비스의 개념과 대상, 다양한 사업현장과 규모의 영세성, 패러다임의 끊임없는 진화 등은 서비스경영의 현상을 총체적으로 설명하고 규범을 제시하는 것을 어렵게 했을 것이다. 실천성이 강한 학문적 특성에 맞추어 그동안 서비스마케팅, 서비스운영관리, 그리고 서비스전략 등 현장경험을 정리한 지침서 등 서비스경영을 다룬 많은 국내·외 저서들 역시 서비스경영이라는 큰 산에 깊이 다가섰던 노력의 산물들이다. 지금도 서비스현장에서는 디지털전환에 따라 새로운 서비스시스템이 개발되고 있으며, 이를 설명하고 규범을 모색하는 산업계와 학계의 노력이 계속되고 있다. 본서에서는 서비스기업의 모든 경영문제를 다루지 못하였다. 다만, 서비스를 경영학의 관점에서 접근하려는 시도로 서비스의 개념, 고객서비스의 기본원리, 그리고 서비스운영관리의 핵심적 내용과 흐름만을 소개하는 수준에 머물렀다. 지금까지 국내에는 마케팅과 생산운영관리 등으로 서비스경영을 다룬 책들은 있으나 서비스기업에 대한 인적자원관리, 재무와 회계, 서비스전략, 전달시스템 등에 대한 연구는 우리 학자들의 몫이다.

본서는 서비스경영의 이론과 실제를 다루는 데 부족함이 많다. 고도화된 서비스기업의 경영현상에 대해 그간의 연구성과물들을 모아 이론과 사례를 정리하고 설명하는 수준에 머물렀다. 서비스경영에 관심과 잠재력이 있는 교수님들과 독자들의 후속연구를 기대하며, 앞으로 서비스경영의 영역을 독립된 학문체계를 구축하는데 미력이 될 수 있기를 소망한다. 본서의 집필을 시작하고 진행하는 과정에서 서비스를 함께 연구해 온 여러분들의 도움을 받았다. 값진 자료를 모아준 수원과학대 항공서비스과 윤영미 교수를 비롯해 서비스를 연구·교육해 온 항공서비스교육학회 회원 여러분들의 도움과 격려가 큰 힘이 되었다. 그리고 본서가 출간되는 데에는 출판업계의 어려운 여건에서도 도움을 주신 북넷 류재식 사장님과 박용범 부장을 비롯하여 북넷직원들에게도 감사를 드린다.

2021년 1월

저자 씀.

차 례

PART I 서비스의 이해

PART Ⅱ 고객서비스

제 4 장 고객의 이해

제 5 장 서비스접점

제10장 인적자원관리

PART III 서비스운영관리

제11장 서비스디자인과 운영관리

PART I

서비스의 이해

우리는 일상생활에서 '서비스'를 다양한 의미로 해석하고 사용한다. 무상으로 제공되는 추가적 물품이나 고객을 대하는 태도, 또는 판매한 상품의 유지·수리 등을 뜻하기도 하고, 일반재화의 거래에 수반되는 편익의 정도로 이해되기도 한다. 그러나 현대사회에서 서비스의 가치를 나타내기에는 모두 미흡한 설명들이다. 인간과 인간 사이에서 이루어지는 모든 행위를 뜻하는 서비스는 오늘날 세계적으로 가장 큰 산업을 구성하고 있다. 본편에서는 현대적 의미의 서비스에 대한 개념과 서비스경영의 기초적 이론을 소개한다. 그리고 서비스전략에 대한 이해를 통해 서비스경영에 대한 개념과 이론체계, 서비스기업의 생존과 발전을 설명한다.

제1부 서비스경영의 기초
(Service Basics)

- 제 1 장 서비스의 기초지식
- 제 2 장 서비스경영의 이론적 기초
- 제 3 장 서비스전략

제2부 고객서비스
(Customer Service)

- 제 4 장 고객의 이해
- 제 5 장 서비스접점
- 제 6 장 고객만족
- 제 7 장 고객불만과 서비스회복
- 제 8 장 서비스마케팅(Ⅰ)
- 제 9 장 서비스마케팅(Ⅱ)
- 제10장 인적자원관리(HRM)

제3부 서비스운영관리
(Service Operations & Technologies)

- 제11장 서비스운영관리
- 제12장 글로벌 서비스경영
- 제13장 디지털전환과 서비스혁신

CHAPTER 01

서비스의 기초지식

경제가 발전할수록 국가의 경제에서 서비스산업이 차지하는 비중은 높아진다. 인류가 농경사회에서 산업사회를 거쳐 오늘날의 디지털전환의 시대로 발전해 오는 과정에서 나타나는 서비스의 진화는 자연스러운 시장현상이다. 경제적 생산물과 고용 등 모든 면에서 가장 큰 경제를 형성하고 있는 서비스산업은 시장과 상품의 특성에 있어 다른 산업들과 구별된다. 본장에서는 서비스경영을 공부하기에 앞서 서비스에 대한 정의와 특성, 서비스의 유형과 산업의 구성 등을 살펴보고, 서비스의 이해를 돕는 기초적 내용을 소개한다.

Keywords: 서비스개념, 서비스분류, 서비스경제, 서비스특성, 고객만족, 서비스패키지, e-서비스, 무형성, 소멸성, 생산·소비의 동시성, 이질성

"코라 그리피스 – 뛰어난 웨이트리스"

Cora Griffith는 미국 위스콘시 애플턴에 위치한 Paper Valley Hotel의 Orchard 카페의 웨이트리스이다. 그녀는 자신의 역할을 잘 수행하여 처음 방문한 손님들에게도 인정받을 뿐만 아니라 단골고객들에게 유명하다. 그녀는 동료들에게 존경과 부러움의 대상이다. Cora는 그녀의 일을 사랑하고 있으며 실제로도 그렇다. 그녀는 다음의 아홉 가지 법칙을 지키고 있다.

① 손님을 가족과 같이 대하라 : 처음 방문한 손님들이 낯선 사람이라는 느낌을 갖지 않도록 한다. Cora는 미소를 지으며 이야기한다. 그리고 테이블에 있는 모든 이를 대화에 참여시킨다. 그녀는 어른을 대하는 것과 같이 아이들에게도 사려깊게 대한다. 또한 모든 사람들의 이름을 불러주는 것을 중요하게 생각한다. "저는 사람들이 저희 집에 저녁을 먹으러 온 것처럼 느끼길 원합니다. 그들이 환영받는다고 생각하기 바라요. 저는 단지 사람들을 대접하는 것이 아니라 고객을 만족시키는 겁니다."

② 먼저 들어라 : Cora는 고객의 주문을 거의 받아 적지 않으면서 듣는 요령을 터득했다. 그녀는 주의깊게 듣고 고객의 특성에 맞는 서비스를 제공한다. "이 고객은 바쁜 고객인가? 또는 이 고객은 다이어트를 위해 특별한 식단이나 특별한 방법으로 요리하길 바라는 것은 아닌가?" 등을 늘 생각한다.

③ 손님이 원하는 바를 예상하라 : 그녀는 시기적절하게 음료수를 리필해 주고 여분의 빵과 버터를 가져다준다. 예를 들어, 커피에 꿀을 타서 먹는 것을 좋아하는 한 단골손님에게는 요청이 없어도 꿀을 가져다 준다. "저는 손님이 어떤 것을 요청하는 것을 원치않아요. 그래서 항상 손님들이 필요로 하게 될 것을 예상하려고 합니다."

④ 작은 것이 차이를 만든다 : Cora는 서비스에 있어서 세부사항을 관리하고 식기의 청결과 식기의 올바른 자리를 유지하도록 한다. 냅킨을 접는 방법은 항상 올바로 지킨다. 그녀는 접시가 테이블로 나가기 전에 조리실에서 확인한다. 또한 음식을 기다리는 동안 어린아이들이 그림을 그릴 수 있도록 크레용을 제공한다. "고객을 기쁘게 하는 것은 작은 것이죠."

⑤ 똑똑하게 일하라 : Cora는 자신이 맡은 테이블을 모두 둘러보고 할 일들을 한 번에 해낼 수 있는 기회를 찾아본다. "절대 한 번에 한 가지 일만을 해서는 안됩니다. 그리고 빈손으로는 조리실에서 테이블로 가지말아야 합니다. 항상 커피나 아이스티, 물을 가지고 나가도록 합니다."

⑥ 배움을 계속하라 : Cora는 가지고 있는 기술들을 향상시키고 새로운 것을 배우기 위한 노력을 계속한다.

⑦ 성공은 네가 찾을 수 있는 곳에 있다 : Cora는 그녀

의 일에 만족한다. 그녀는 고객을 기쁘게 하는 데서 만족을 찾는다. 그리고 다른 사람들을 즐겁게 하는 것을 즐긴다. 그녀의 긍정적인 태도는 레스토랑에서 긍정적 힘으로 작용한다. "만약 손님이 우울한 상태로 레스토랑에 온다면 저는 그분이 떠나기 전에 기분을 좋게 만들도록 노력합니다."

⑧ 모두를 위한 하나, 하나를 위한 모두 : 그녀는 8년 넘게 같은 동료들과 일해왔다. Cora가 속한 서비스팀은 300명이 넘는 대회참가자들이 아침을 먹기 위해 한꺼번에 들이닥치는 바쁜 날도 있다. 웨이터들은 서로가 부족한 점을 도와가며 일한다. 매니저들은 그릇을 치우고, 조리장은 접시에 음식을 담는다. "우리는 거의 가족같아요. 우리는 서로를 매우 잘 알고 있어요. 그리고 서로를 돕습니다."

⑨ 자신의 일에 자신감을 갖는다 : Cora는 그녀가 하는 일의 중요성을 믿는다. 그리고 그것이 중요하다는 것을 잘 안다. "제 스스로가 단순히 웨이트리스라고만 생각하지 않아요. 저는 이 직업을 제가 선택했고 제 모든 가능성을 위해 이 일을 하고 있습니다. 저는 누구에게나 자신이 하는 일에 자부심을 가지라고 말합니다. 당신의 모든 역량을 일에 쏟으세요."

Cora Griffith는 성공적인 경우다. 그녀는 상사에게 충성스럽고 그녀의 고객들과 동료들에 헌신한다. "저는 항상 최선을 다하려고 했습니다. 그러나 고객들을 관리하는 것이 얼마나 중요한지를 가르쳐 주고 그렇게 할 수 있도록 해 준 것은 우리 회사입니다. 회사는 항상 저의 걱정을 들어주고 지원해 주었습니다. 제가 Orchard 카페에서 일하지 않았다 해도 좋은 웨이트리스가 되었겠죠. 그러나 지금과 같은 웨이트리스가 되지는 못했을 겁니다." Cora의 말이다.

▸ *Service Marketing*(Jochen Wirtz, *et al*. 2013) 中에서 –

제1절 서비스의 개념

"이것은 서비스로 드리는 겁니다." 주변에서 흔히 듣는 말이다. 손님에게는 이 서비스가 당연히 공짜로 제공되며 구매한 상품에 부가되는 경제적 행위가 된다. "서비스산업은 국가경제에서 매우 중요합니다." 그러나 이 말에서는 서비스가 독립적으로 경제적 가치를 창출하는 생산활동의 의미가 담겨있다. 이처럼 서비스라는 용어만큼 일상에서 널리 쓰이면서도 개념이 모호한 경우도 드물 것이다. 우리가 서비스경영을 공부하기에 앞서 서비스의 본질을 제대로 이해하는 것이 중요한 이유이다. 서비스의 의미와 산업의 구조, 그리고 오늘날의 서비스경제 등을 살펴봄으로써 서비스의 개념과 서비스산업을 이해할 수 있다.

1. 서비스란 무엇인가?

(1) 서비스의 어원

서비스란 무엇인가? 우리 일상에서 널리 쓰이는 용어이지만 실제로는 그 본질을 이해하는 데 어려움을 겪는 개념이다. 흔히 서비스는 다른 사람을 위해 도움을 주거나 호의를 베푸는 행위, 그리고 무료제공이나 봉사 등의 단순하고 선의적인 의미로 해석된다. 서비스란 용어는 예속, 종속의 노예상태를 의미하는 라틴어 'SURVUS'에 대한 영어의 'servitude'와 주인에게 시중을 드는 'servant'의 합성어에서 유래하였다.

(2) 서비스의 편견과 오해

서비스는 사전적으로는 생산된 재화를 운반·배급하거나 생산·소비에 필요한 노동을 제공하는 행위, 개인적으로 남을 위하여 돕거나 시중을 들거나 상거래에서 값을 깎아주거나 덤을 붙여주는 행위로 정의하고 있다. 전통적으로 서비스를 생산적 활동과 구별하여 인식하는 배경에는 서비스가 독립적인 경제적 가치를 창출하기 보다는 제품의 개발·생산이나 상품거래 등에 수반되는 부가적 또는 부수적인 활동이라는 인식이 자리잡고 있다. 유형의 제품만을 생산물로 다루었던 산업사회 초기부터 이어져 온 사회적 편견과 오해로 인한 결과다.

(3) 서비스가치에 대한 인식

산업이 분화되고 발달해 오면서 오늘날 서비스는 다양한 형태의 노동이나 경제적 행위를 통해 부가가치를 창출한다. 서비스는 경제적 가치를 지니지만 물적상품과는 구별된다. 일반적인 경제행위는 물적상품을 통해 직접 또는 간접적인 방법으로 인간의 욕구를 충족시키는 반면, 서비스는 인간의 욕망을 직접적인 방법으로 충족시킨다. 산업이 고도화될수록 서비스행위는 새로운 가치를 창출하는 개념으로 인식된다. 서비스는 무형의 요소로서 제품의 가치를 구성하는 요소이거나 또는 독립적인 상품으로서 가치를 지닌다. 오늘날 서비스란 수요자의 욕구를 충족시키기 위해 가치가 있는 것을 직접 또는 간접적인 형태로 유상으로 제공하는 경제적 활동이다. 경제학에서는 서비스를 물질적 재화와 구별하여 시장가치를 지니는 용역이라고도 한다.

(4) 서비스의 정의

서비스는 어느 한쪽이 다른 상대방에게 소유권의 변동없이 제공해 주는 무형의 행위 또는 활동이다. 서비스는 고객이 원하는 주관적·심리적 효용인 만족감이나 편익을 제공하는 행위이며, 제공자와 고객 간의 상호작용을 통해 구현된다. 경제적인 관점에서는 서비스구매자 또는 그가 소유한 자산을 통해 원하는 결과를 얻기 위해 무형의 행위나 유형의 시설·자원이 대부분 시간단위로 제공된다. 서비스를 제공받는 고객은 경제적 대가를 지불하고 인력, 기술, 시설과 장비, 시스템 등을 이용하여 원하는 가치를 얻는다. 그러나 고객과의 서비스거래에서 사용되는 유형적인 요소들의 소유권이 고객에 귀속되지는 않는다. 서비스에 대한 정의는 다양하지만 경제적 거래의 대상으로서 서비스가 지니는 무형성과 생산·소비의 동시성은 서비스의 개념을 설명하는 공통적인 요소이다. 미국 마케팅협회(AMA)는 서비스의 개념을 "판매를 위해 제공되거나 판매에 수반하여 제공되는 행위, 편익 또는 만족"이라고 정의하고 있다.

2. 서비스의 종류

서비스는 세상에서 가장 폭넓은 활동영역을 포함한다. 따라서 그 개념과 분류기준에 따라 서비스의 종류는 매우 다양하다. 서비스의 종류를 경제적 역할과 산업분류방식에 따라 구분하면 다음과 같다.

(1) 경제적 역할에 의한 분류

서비스는 모든 경제에서 중심적 위치를 차지한다. 국가경제의 핵심적 산업으로서 다양한 영역에서 경제를 형성하고 있는 서비스부문들은 다음과 같다.

■ **사회기반 서비스**(infrastructure services)

사회의 인프라를 구성하는 서비스이다. 교통, 통신, 전기, 상하수도, 금융 등의 서비스는 소비자를 포함한 경제의 모든 활동을 연결하고 촉진하는 역할을 담당한다. 사회간접자본(SOC)은 산업사회의 필수적인 기반으로서 경제활동을 촉진하여 경제발전의 기반이 된다.

■ **유통 · 분배서비스**(distribution services)

경제내에서 도 · 소매 등의 연결기능을 통해 생산자와 소비자에 이르는 유통경로의 역할을 담당한다. 최종소비자인 가계와 소비자를 위한 의료, 건강, 숙박 · 음식점, 셀프서비스 등의 서비스는 삶의 질을 향상시킨다.

■ **금융서비스**(financial services)

경제내의 자금흐름과 위험분산 등을 통해 기업의 생산을 지원하고, 가계와 산업체 간의 자금흐름을 담당하는 금융 · 보험 · 리스 등이다. 경제가 발전할수록 금융서비스를 상품으로 거래하는 금융산업의 역할은 중요해진다.

■ **비즈니스 서비스**(business services)

민간부문에서 필요로 하는 컨설팅, 세무 · 회계, 광고 등과 같이 전문화된 비즈니스를 상품으로 제공하는 서비스를 말한다. 산업이 고도화될수록 외부의 전문서비스 업체의 역할은 중요해진다.

■ **공공서비스**(public services)

정부와 공공기관이 제공하는 서비스를 말한다. 정부의 행정서비스는 경제활동을 위한 환경으로 조성하는 역할을 담당하며, 공공교육, 의료서비스, 도로관리, 사법, 소방, 공중안전 등은 국가경제가 유지되고 국민의 복지를 위해 수행되는 대표적인 공공서비스이다.

■ **개인서비스**(personal services)

소비자의 개인적 욕구충족을 위해 의료, 건강 및 레스토랑, 호텔 등의 영역에서 인적요소에 의해 수행되는 서비스를 말한다. 기반기술의 발전에 따라 부가가치가 적은 부분이 줄어드는 반면, 개인적 통제의 영역이 늘어남에 따라 소비자가 직접 기술을 활용하는 비(非)대면방식의 셀프서비스 영역이 확대되고 있다.

그림 1-1 서비스의 경제적 역할

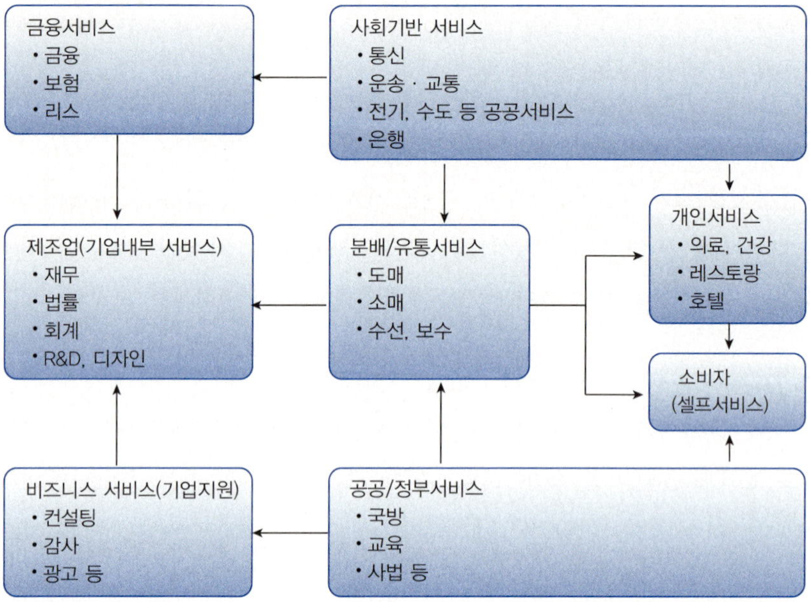

자료 : Fitzsimmons, J. A., Fitzsimmons, M. J. & Sanjeev K. *Service Management*, McGraw Hill, 2014, p.4

서비스는 국가경제를 구성하는 중심축으로서 제조업을 비롯한 여러 산업의 생산활동을 연결하는 네트워크역할을 한다. 〈그림 1-1〉은 경제에서 중심적 역할을 담당하는 각 서비스가 영역별로 기업의 생산 및 가계의 소비활동과 어떻게 연결되어 있는가를 나타낸 것이다.

사회기반 서비스는 생산활동과 소비를 위해 직·간접적으로 지원하는 사회간접자본(SOC)을 이용한 서비스로서 상품의 분배와 유통, 금융, 개인서비스의 영역 등과 밀접한 관계가 있다. 유통과 분배서비스는 기업의 생산과 판매에 필요한 공급과 유통을 담당함으로써 개인서비스와 소비자를 연결해주며, 금융서비스와 비즈니스 서비스는 기업의 자금조달, 회계와 법률, R&D 활동을 지원하고, 정부의 공공서비스는 국방과 교육, 사법과 경찰·소방 등의 서비스를 제공함으로써 경제의 원활한 생산과 소비를 가능하게 한다. 이 밖에 개인의 일상생활과 밀접한 병원과 음식점, 미용실, 편의점과 백화점, 호텔, 주차시설 등의 활동영역은 모두 개인서비스에 해당되며, 일반제조기업인 경우에도 회계, 법률, 재무 등의 서비스활동을 내부적으로 수행한다.

(2) 산업별분류

서비스는 경제의 발전과정에서 가장 고도화된 산업으로 자리잡는다. 모든 산업은 경제발전의 단계에 따라 진화한다. 경제분석을 위해 애덤 스미스(Adam Smith)가 생산적 활동을 물적상품의 창

표 1-1 산업표준분류(KS)에 따른 서비스의 유형

• 도매 및 소매업	• 교육서비스
• 운수업	• 예술, 스포츠 및 여가관련 서비스업
• 숙박 및 외식업	• 보건 및 사회복지 서비스업
• 금융 및 보험업	• 협회 · 단체, 수리 및 기타 개인서비스업
• 부동산 및 임대업	• 출판, 영상, 방송통신 및 정보서비스업
• 전문과학 및 기술서비스업	• 가구내 고용활동 및 자가소비 생산활동
• 사업시설관리 및 조경서비스업	• 국제 및 외국기관
• 공공행정, 국방 및 사회보장행정	

출, 비생산적 활동을 무형적 서비스의 창출로 각각 분류한 이후 경제학자 클라크(C. Clark)는 산업구조를 경제발전의 단계에 따라 제1차 산업, 제2차 산업, 제3차 산업 등으로 분류하는 보편적 기준을 제시했다.[1] 경제가 발달할수록 제1차 산업의 비중은 줄어들고 제2차, 제3차 산업이 차지하는 비중은 증가한다. 여기에서 제3차 산업은 무형의 경제적 산출물을 생산하는 다양한 업종을 포함하는 넓은 개념이다. 전통적으로 산업을 분류하는 기준은 다음과 같다.

- **제1차 산업** : 농업, 축산업, 임업 및 어업 등의 자연생산물 생산
- **제2차 산업** : 제조업, 건설업 등의 가공업
- **제3차 산업** : 상업, 운수업, 금융업, 보험업, 통신업, 자유업 등의 서비스산업

경제가 발전하고 산업이 고도화에 따라 제3차 산업의 서비스부문에는 새로운 업종들이 추가되고 보완된다. 우리나라는 산업표준분류(KS)에서 서비스산업에 속하는 업종들을 〈표 1-1〉과 같이 규정하고 있다.[2]

전통적인 서비스산업으로 분류되는 관광산업은 이 가운데 숙박, 외식, 여행, 오락 및 컨벤션 등을 포함하며, 대면서비스가 중심이 되기 때문에 흔히 환대산업(hospitality industry)이라고도 한다.[3]

3. 서비스경제

서비스경제(service economy)란 농수산 · 축산 · 광업중심의 1차 산업이나 제조업중심의 2차 산업 등에 비해 서비스부문에 의한 경제활동이 창출하는 부가가치와 고용의 비중이 상대적으로 높아지는 경제를 말한다.

(1) 서비스의 경제적 역할

■ 서비스산업의 발전

서비스산업은 세계적으로 빠르게 성장해 왔으며 오늘날 일자리가 가장 많은 산업이다. 인류가 18세기 산업혁명을 통해 사회·경제적 변혁을 이룩한 이래 노동력은 농업과 제조업에서 서비스산업으로 꾸준히 이동해 왔다. 현대사회에서 경제의 중심이 서비스로 이동한 원인은 경제발전과 산업의 고도화, 정보화와 고령화, 여성의 활동확대, 여가시간의 증가 등이다. 따라서 서비스산업은 선진국일수록 그 비중이 높아 경제를 주도하는 역할을 한다. 서비스업종의 다양한 직업과 고용은 선진국을 중심으로 전문직, 사업서비스, 의료와 교육, 공공서비스 분야의 숙련된 지식기반 업종에 집중되고 있다. 서비스산업의 발전은 고용확대와 내수시장의 활성화를 촉진하며 선진화된 경제일수록 서비스부문의 고용이 증가한다.

■ 서비스경제의 확대

서비스산업은 수요자와 공급자 사이에서 관찰되는 독특한 특성들로 인해 전통적인 제조업에 바탕을 둔 경영관리의 개념으로 직접 설명하기 어려운 영역이다. 서비스의 이러한 특성은 경험에 기반을 두는 서비스경제라는 새로운 영역을 탄생시켰다. 오늘날 서비스경제의 규모는 경제의 수준이 향상될수록 증가하는 양상을 보인다. 선진국들은 국내총생산(GDP)의 약 70%를 상회하고 있으며 우리나라도 서비스산업이 GDP의 약 60%, 고용의 약 70%를 차지하고 있다.

(2) 정보기술과 서비스

서비스산업은 정보기술(IT)의 발달과 함께 진화한다. 정보기술은 전통적인 인적요인에 의한 서비스의 수준과 생산성을 높이고, 새로운 서비스의 영역을 창출한다. 오늘날 인터넷의 보급은 전자상거래를 통해 마케팅과 물류, 금융, 호텔, 병원, 문화·관광, 공공부문 등에서 전자서비스(e-service)를 확대하였으며, 기존 서비스의 패러다임을 변화시키고 있다. 특히 빅 데이터와 인공지능을 이용한 마케팅기법은 서비스 산업전반에 영향을 미치고 있다.

(3) 서비스경제의 발전

■ 서비스영역의 분화

서비스의 영역이 확대되면서 선진국경제에서 서비스가 차지하는 비중은 절대적이다. 1900년대 초 미국에서는 10명 중 3명만이 서비스부문에 종사하고, 나머지는 농업과 제조업에 종사하였으나 1950년경에는 서비스부문의 고용이 노동력의 50%를 차지하였다. 서비스의 영역은 더욱 확대되어

그림 1-2 경제활동의 발전단계

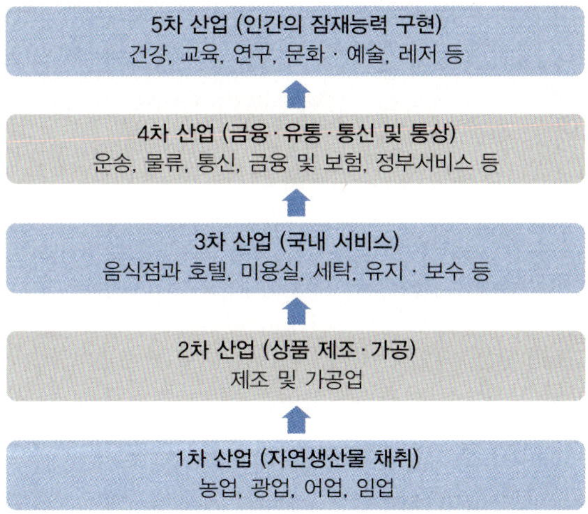

오늘날에는 세계적으로 10명 중 7명 가량이 서비스분야에 종사하고 있다. 이는 지난 100여 년 동안 사회가 농업과 제조업중심에서 서비스중심으로 진화해 왔음을 잘 보여준다. 경제의 발전과정에서 특정 산업의 노동생산성이 증가하면 노동력이 집중되고 어떤 부문에서 대다수의 노동력이 활동하는가에 따라 경제를 분류한다. 전통적으로 경제의 발전단계는 3단계로 구분되는데, 서비스산업은 마지막단계인 3차 산업으로 분류된다. 그러나 오늘날에는 서비스산업이 확대되고 고도화됨에 따라 산업의 분류를 경제발전단계에 따라 모두 5차 산업으로 구분한다.[4] 이 분류방식에 따르면 제3차 산업은 음식점과 호텔, 미용실, 세탁, 유지 · 보수 등의 국내서비스로 구성되며, 제4차 산업은 운송, 물류, 통신, 금융 및 보험, 정부서비스 등의 금융 · 상거래서비스, 그리고 제6차 서비스산업은 건강 · 교육 · 연구 · 문화 · 예술 및 레저 등 인간의 잠재능력을 구현하는 서비스영역으로 각각 나누어진다.

그러나 경제적 후진국과 개발도상국에 해당하는 국가들의 대부분은 서비스경제의 초기단계에 머물고 있는데, 지역별로는 아프리카의 대부분 국가들과 아시아 일부국가들은 자연자원을 채취하거나 농업을 통해 삶을 영위하고 있다. 이들 지역은 경제적 생산성이 낮아 저소득의 산출물에 의존하고 있으며, 자연생산물과 물적상품의 가격변동이 경제생활에 많은 영향을 미치고 있다.

■ 지식산업의 확대

지식의 생산 · 유통 · 배분 등에 관련된 각종 산업을 종합적으로 지칭하는 지식산업은 주로 정신적 욕구의 충족과 정보전달을 담당하는 서비스영역이다. 지식산업(knowledge industry)의 개념을 도입한 미국의 경제학자 마흐럽(Fritz Machlup, 1962)은 새로운 경제이론인 지식산업론에서 신문 ·

잡지·출판·방송·교육·광고·행정 서비스 등의 7개 부분의 산업군으로 구분했으며, 미국의 지식산업은 1960년대 초에 이미 전체산업에서 50% 이상을 차지하고 있다고 밝히고 지식기반의 정보화사회가 도래할 것임을 예견했다.[5] 지식이나 정보도 일종의 소비재로서 성장잠재력이 높아 서비스경제의 성장을 주도할 것으로 보았다. 실제로 선진국일수록 서비스부문의 경제적 비중은 증가하고 있으며, 정보화를 거쳐 디지털사회에 진입하면서 그 영역이 확대되고 있다.

(4) 서비스경제의 속성

오늘날 서비스산업은 경제성장의 원천으로서 경제의 발전을 촉진하며, 동시에 고도화되고 점차 영역을 확장하는 속성이 있다. 선진국의 서비스산업을 통해 추론된 서비스경제의 특징들은 다음과 같다.

■ 서비스의 고도화

서비스영역의 분화를 통해 산업의 고도화를 주도한다. 서비스를 종종 상업적 거래에 수반되는 보조적 활동으로 잘못 인식되는 경향이 있으나 서비스시장은 경제발전과 함께 성장하고 있다. 서비스부문을 백화점이나 레스토랑처럼 저임금, 낮은 기술수준의 업종으로 인식하기 쉬우나 선진국들의 전체 임금근로자 가운데 법률·경영전문서비스, 보건·의료, 사회복지, 교육서비스 등과 같이 전문성을 전제로하는 분야의 확대로 산업구조가 고도화되고 있으며, 전문서비스 부문의 중요성이 점차 높아지고 있다.

■ 경기변동성의 안정화

서비스부문의 성장은 경기의 변동성을 줄여주는 효과가 있다.[6] 서비스경제가 경기변동에 대해 상대적으로 안정적인 이유로는 다음과 같은 속성을 들 수 있다. 첫째, 서비스는 일반상품과 달리 재고가 발생하지 않지만 경제의 불황기에도 일상생활에 밀접한 의료, 보험, 보안 등의 기본적 서비스의 수요는 유지된다. 둘째, 불황기에는 개인이나 기업 모두 자본지출을 억제하는 대신 기존의 자산을 운용하기 때문에 유지·보수와 관련된 새로운 서비스수요가 증가한다.

■ 새로운 직업의 창출

경제성장과 디지털전환으로 인해 서비스수요가 확대됨에 따라 새로운 직업이 지속적으로 창출된다. 고용의 창출을 주도하는 분야는 전문직이나 비즈니스 서비스, 교육훈련, 의료와 레포츠 등과 같은 지식기반의 산업들이다. 새로운 서비스직업들은 양질의 교육을 필요로 하며 상대적으로 높은 수준의 소득을 받는다. 실제로 일반 제조기업들은 서비스를 물적상품의 속성에 포함시켜 부수적인 요소로 인식하였으나 개별 서비스를 분리하여 마케팅차원으로 전문화하고 있다. 예를 들어, IBM은 서비스경제에서 가치창출을 위한 긴밀한 융합을 의미하는 서비스과학(Service Science) 또는 경영공학(Management & Engineering)이라는 새로운 개념의 학문영역을 만들어 냈다. 서비스과학으로 알려진 이 분야는 서비스시스템을 디자인, 개선·혁신하는데 필요한 주요 분야들을 하나로 통합하였다.[7] 이와 같은 새로운 추세는 경영과 공학 또는 컴퓨터공학 등과 같은 개별영역뿐만 아니라 서비스에 관련된 인접분야와 융합하여 새로운 상품과 시장을 창출하고 있다.

4. 서비스영역의 구분

(1) 서비스행위와 대상에 의한 네 가지 영역

서비스가 제공되는 프로세스의 관점에서 보면, 서비스의 생산·제공과정에는 인적·물적대상, 데이터와 정보가 필요하다. 따라서 서비스는 유형과 무형의 양면성을 지닌다. 유형적 특성은 사람이나 물리적 소유물에 의해 구현되며, 무형적 특성은 사람들의 마음이나 무형적 자산에 의해 구현된다. 서비스의 대상과 범위의 유·무형성 정도에 따라 서비스는 인적프로세스(people processing), 물적프로세스(possession processing), 정신적 자극프로세스(mental stimulus processing) 그리고 정보프로세스(information processing) 등에 따라 다음과 같이 네 가지 영역으로 구분된다.[8]

■ 사람에 대한 서비스

이 서비스는 사람자체를 서비스의 대상으로 한다. 이 범주에는 이동, 사람, 의료 등이 속한다.

표 1-2 서비스의 네 가지 영역

	누가 또는 무엇이 서비스의 직접적인 수혜자인가?	
서비스행위의 본질	사 람	물리적 대상물
유형적 행위	인적 프로세스 (사람에 대한 서비스) • 미용실 • 승객운송 • 건강관리	물적 프로세스 (물리적 소유물에 대한 서비스) • 자동차 주유 • 폐기물처리/재활용 • 수리 및 유지보수
무형적 행위	정신적 자극프로세스 (사람의 마음에 대한 서비스) • 교육 • 광고 • 심리치료	정보프로세스 (무형자산에 대한 서비스) • 회계 • 금융 • 법률서비스

자료 : Jochen Wirtz, Patricia Chew, and Christopher Lovelock, *Essentials of Services Marketing*, 2nd Ed. Pearson Education Ltd. 2013, p.15.

경우에 따라서는 서비스제공자가 고객이 선호하는 위치에서 원하는 편익을 만들어 거래에 필요한 도구나 수단을 고객에게 이동시켜야 한다. 인적서비스의 특징은 대략 세 가지로 요약된다. 첫째, 서비스의 생산과 소비가 동시에 이루어지며 고객은 서비스가 제공되는 물리적 현장, 즉 서비스공장에 있어야 함을 의미한다. 둘째, 서비스 제공과정에서 고객의 적극적인 협조가 필요하다. 예를 들어, 병원에서는 고객 스스로 원하는 것을 명확히 전달해야 하며, 서비스가 제공되는 동안 현장의 요구에 따라야 한다. 셋째, 관리자는 고객의 관점에서 서비스과정과 성과를 생각해야 한다. 금전적인 비용외에도 비금전적인 비용, 예를 들면, 시간적 · 신체적 노력뿐 아니라 두려움과 고통 등을 고려해야 한다.

■ 소유물에 대한 서비스

고객은 서비스기업에게 자신이 소유하는 물리적인 제품에 대한 서비스를 요구하는 경우가 있다. 물리적 제품이란 세탁물이나 고장난 엘리베이터, 작동되지 않는 전자제품 등이 될 수 있다. 이러한 서비스의 범주가 지니는 의미는 다음과 같다. 첫째, 사람에 대한 처리와 달리 소유물에 대한 처리는 생산이나 소비가 동시에 이루어지지 않는다. 이것은 서비스기업으로 하여금 원가관리를 위해 서비스를 설계할 때 보다 융통성을 부여하도록 한다. 둘째. 고객의 관여는 사람에 대한 프로세스인 경우보다 더 적다. 때로는 고객이 서비스를 제공하는 현장에 있기를 선호하기도 한다.

■ 정신적 자극에 대한 서비스

이 유형의 서비스는 사람의 마음에 감동을 주거나 태도형성, 행동 등에 영향을 줄 목적으로 제공하는 것이다. 교육, 뉴스와 정보, 전문적 조언, 특정 종교활동 등이 이 영역에 속한다. 이러한 서비스의 핵심내용은 정보에 의존한다. 따라서 이는 음악 · 소리 · 영상 등으로 인지되어 기억으로 남겨진다. 이 유형의 서비스가 지니는 의미는 다음과 같다. 첫째, 고객은 서비스가 제공되는 현장에 있을 필요가 있다. 정보가 제공될 때 이를 일방적으로 받아들이는 형식으로 서비스의 가치를 경험한다. 둘째, 이 범주의 서비스는 저장이 가능하므로 반복적으로 사용될 수 있다.

■ 정보에 대한 서비스

정보는 전문가나 설비에 의해 수집 · 가공되며 서비스산출물 가운데 가장 유형적인 형태로 제공된다. 정보는 편지나 보고서, 서적, 파일 등과 같은 영구적이고 유형적인 형태로 전환될 수 있다. 정보의 효과적인 수집과 처리에 의존하는 서비스에는 회계, 법률, 경영컨설팅, 의료진단 등의 전문서비스가 포함된다. 종종 정보에 대한 서비스와 정신에 대한 서비스의 구분이 모호할 때도 있다. 예를 들면, 주식중 개인이 고객의 주식거래를 분석해 주는 경우 이는 정보에 대한 서비스일 수 있으나 이러한 분석의 결과는 미래의 투자전략에 대한 조언에 이용되기 때문에 정신에 대한 서비스가 될 수 있다. 따라서 이들 서비스는 모두 정보기반의 서비스라고 할 수 있다.

(2) 고객의 개입정도에 따른 구분

서비스제공시스템과 고객이 얼마나 상호작용을 하는가에 따라 서비스의 영역을 구분할 수 있다. 고객의 접촉정도에 따라 순수서비스, 혼합서비스, 유사제조업 서비스로 나누어진다.

- **순수서비스**(pure service) : 높은 수준의 고객접촉을 통해 제공되는 서비스로서 의료상담, 고급레스토랑, 헬스케어, 미용실, 전문교육프로그램, 개인서비스 등이 해당된다.
- **혼합서비스**(mixed service) : 중간정도의 고객접촉을 통해 제공되는 서비스로서 제공과정에 물리적 대상물이 수반된다. 은행, 자동차수리센터, 카페테리아, 항공사, 호텔 등이 해당된다.
- **유사제조 서비스**(quasi-manufacturing service) : 낮은 수준의 고객서비스를 통해 제공되는 서비스로서 제조업과 유사한 물리적 대상물과 매체, 대량유통채널을 이용하는 영역이다. 홈쇼핑, 공항의 키오스크, 뷔페, ATM 등이 해당된다.

표 1-3 고객접촉모형의 서비스분류

고객접촉 정도	서비스	예시
높은 접촉수준 (high contact)	순수서비스 (pure service)	의료상담, 고급레스토랑, 헬스케어, 미용실, 전문교육프로그램, 개인서비스
중간 접촉수준 (medium contact)	혼합서비스 (medium service)	은행, 자동차 수리센터, 카페테리어, 항공사, 호텔
낮은 접촉수준 (low contact)	유사제조 서비스 (quasi-manufacturing)	홈쇼핑, 공항의 키오스크, 뷔페, ATM

(3) 노동집약도와 고객화에 따른 구분

서비스제공과정에 영향을 주는 노동의 집약도와 개별고객의 요구수준이 반영되는 고객화의 정도에 따라 다음과 같이 네 가지 유형으로 구분된다.[9)]

- **서비스공장**(service factory) : 낮은 노동집약도와 낮은 수준의 상호작용으로 라인생산방식의 공장과 유사하다. 항공사, 대중교통, 호텔, 리조트 등이 해당된다.
- **서비스숍**(service shop) : 낮은 노동집약도와 높은 수준의 상호작용으로 고객화로 개별서비스가 가능하지만 높은 자본투자가 필요한 병원, 자동차정비 등이 해당된다.
- **대량서비스**(mass service) : 높은 노동집약도와 낮은 수준의 상호작용으로 표준화되어 비차별적인 서비스를 제공한다. 도·소매업, 은행, 학교 등이 해당된다.
- **전문가 서비스**(professional service) : 높은 노동집약도와 높은 상호작용으로 고객화되어 개별

그림 1-3 노동집약도와 고객 상호작용정도에 따른 서비스분류

노동집약도 \ 고객과의 상호작용	(저)	(고)
(저)	▪ 서비스공장(service factory) · 항공사 · 대중교통 · 호텔 · 리조트 등	▪ 서비스숍(service shop) · 병원 · 자동차정비 · 미용실 · 기타 정비 등
(고)	▪ 대량서비스(mass service) · 소매업 · 대형마트 · 학교 · 은행 등	▪ 전문가 서비스(professional service) · 의사 · 변호사 · 세무컨설팅 · 건축사 등

자료 : Schmenner, R., "How Can Service Business Survive and Prospect?", *Sloan Management Review*, Spring, 1986. p.25.

적 서비스가 제공된다. 의사, 변호사, 회계사 등이 해당된다.

제2절 서비스의 특성

서비스는 경제활동의 산출물로서 시장에서 거래되는 상품이며, 고객의 경험을 통해 가치가 창출된다. 서비스구매자의 입장에서는 서비스를 하나의 패키지로서 상품의 가치를 인식한다. 서비스의 특성은 일반적 특성과 서비스패키지로서의 특성을 지닌다.

1. 서비스의 일반적 특성

(1) 고객의 서비스 프로세스 참여(customer participation)

서비스는 공급자가 고객에게 일방적으로 제공하는 것이 아니라 고객이 이에 대해 반응함으로써 가치가 창출된다. 서비스는 자원을 투입하여 산출된 생산물이다. 서비스자원은 노동과 자본, 시설 등이며, 생산과정에 고객이 함께 투입되어 서비스의 가치가 창출된다. 서비스제공이 생산시스템으로 작동하기 위해서는 고객이 서비스전달의 프로세스에 참여하여 가치를 경험해야 한다.

(2) 생산과 소비의 동시성(simultaneous consumption)

일부 영역의 서비스를 제외하고 대부분 서비스는 생산과 동시에 소비된다. 제조업은 시장수요의 변동을 흡수할 수 있도록 적정한 수준의 완제품을 재고로 운영하는 반면, 서비스기업은 시장수요의 변동이 서비스시스템에 직접적으로 영향을 미친다. 재고관리가 제조업의 생산관리에서 중요한 것과 마찬가지로 서비스산업에서는 고객의 기다림, 즉 서비스 대기시간을 관리하는 것이 중요하다.

(3) 소멸성(perishability)

서비스는 생산되는 즉시 소비가 이루어지지 않을 경우 시간이 지나면서 그 가치가 소멸된다. 이는 서비스의 동시성에서 기인하는 특성이다. 예를 들어, 항공기의 좌석, 호텔의 객실, 의사의 진료시간 등은 잠재적 수요자를 위해 제공되지만 고객에 의해 소비하지 않는 경우 가치가 소멸된다.

(4) 무형성(intangibility)

상품으로서 서비스가 지니는 가장 두드러진 특성은 무형이라는 점이다. 판매를 위해 상품의 특징을 진열하거나 미리 구현하는 것이 불가능하다. 서비스가치에 대한 구체적 설명이 어려우며 서비스상품의 내용과 품질에 대한 객관화가 어렵다.

(5) 이질성(heterogeneity)

서비스는 누가, 언제, 어디서 제공하느냐에 따라 가치가 달라진다. 시간이나 고객, 시장상황 또는 종업원이나 서비스기업의 여건 등에 따라 서비스의 내용과 수준이 변하기 때문에 서비스를 표준화하는 데는 한계가 있다. 그리고 동일한 서비스에 대해서도 고객마다 상이한 주관적 기준을 기반으로 가치를 인지하고 평가하기 때문에 서비스의 효용이 개인마다 다를 수 있다.

(6) 서비스의 비소유성(non-transferrable ownership)

서비스는 구매를 통해 소유권이 고객에게 이전되지 않는다. 경제적 대가를 지불하는 것을 전제로 물품이나 시설물, 장소 및 공간의 사용, 인력과 전문기술의 활용, 네트워크의 이용 등과 같이 독점적 사용을 위한 권리나 일시적인 참여, 출입, 고용 등의 권한을 획득하는 것이다. 호텔객실이나 항공기좌석의 구매는 일정 시간 동안 이를 사용할 권한을 구매하는 것이다.

2. 서비스패키지(Service Package)

(1) 서비스패키지의 개념

서비스는 행위, 프로세스, 그리고 결과의 세 가지 요소로 구성된다.[10] 서비스가 상품으로서 일반적인 상품들과 무엇이 다른가? 앞서 설명한 바와 같이 서비스상품의 특성에는 여러 가지가 있지만, 서비스상품의 차별성을 이해하는 데에는 서비스패키지의 개념이 효과적이다. 서비스패키지란 고객에게 제공되는 재화, 서비스, 경험, 정보 등의 집합을 의미한다. 서비스상품은 고객이 서비스 제공과정에 함께 참여하여 상호작용함으로써 가치가 창출된다. 이때 고객의 입장에는 서비스를 다양한 단위활동이 결합된 패키지의 형태로 인식하고 상품의 가치를 평가한다. 예를 들어, 항공기 승객에게는 좌석의 쾌적함이나 기내식 음료, 승무원의 친절이 출발지에서 목적지까지의 공간적 이동 못지않게 중요한데, 여행을 위해 비행기를 타는 모든 과정을 서비스상품으로 인식하기 때문이다. 레스토랑의 경우에는 쾌적한 분위기와 정숙함, 종업원의 친절, 주차장 등이 식사 못지않게 중요하다. 고객들은 식사를 곧 친구들의 모임장소로 인식하기 때문이다. 레스토랑이 제공하는 음식과 함께 제공되는 여러 가지 서비스요소들로 묶어 하나의 패키지로 보는 것이다.[11]

(2) 서비스패키지의 구성

서비스상품은 서비스가 제공되는 과정에서 제공자와 상호작용을 통해 고객이 경험하는 편익에 의해 경제적 가치가 창출된다. 서비스패키지는 제공과정에서 고객이 경험하게 되는 명시적 서비스와 묵시적 서비스, 지원시설과 서비스물품, 그리고 정보 등의 다섯 가지의 편익들로 구성된다. 이들 요소에 대해 항공기 탑승객에게 제공되는 서비스패키지의 구성을 예를 들어 보자.

그림 1-4 서비스패키지

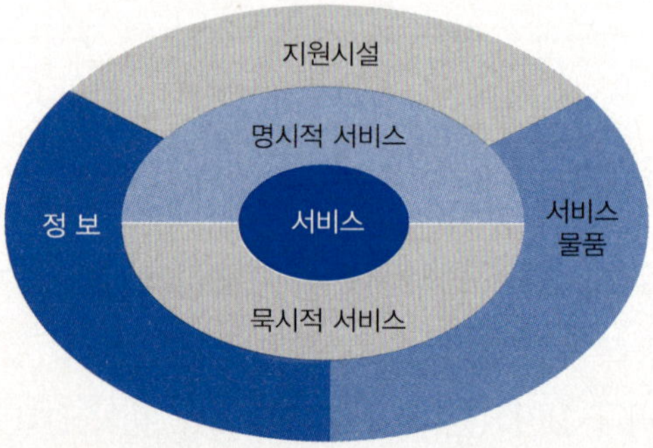

자료 : Fitzsimmons, J. A., Fitzsimmons, M. J. & Sanjeev K. Bordoloi, *ibids*, p.22

- **명시적 서비스** : 고객이 감각에 의해 직접적으로 알 수 있는 것으로서 서비스의 본질적이고 핵심적인 요소이다. 예를 들면, 항공기탑승의 안전성과 쾌적함, 운항의 신속성과 공항접근의 용이성, 스케줄 및 노선의 편리성 등이 여기에 해당된다.
- **묵시적 서비스** : 고객이 암묵적으로 인지하는 심리적 혜택이나 서비스의 외관적인 특성에 의해 느끼는 편익이다. 예를 들면, 승무원의 태도나 기내의 인테리어 등에서 받게 _되는 서비스가 여기에 해당된다.
- **지원시설** : 서비스를 제공하는 데 필요한 시설과 장비 등의 물적자원으로서 항공기와 체크인 카운터, 공항의 항행안전과 보안시설 등이 여기에 해당된다.
- **서비스물품** : 서비스에 소요되는 것으로서 고객에 의해 구매되거나 소비되는 물품을 의미한다. 예를 들면, 기내식이나 기내의 오락프로그램, 의약품 등이 여기에 해당된다.
- **정보** : 고객에게 제공되는 서비스정보를 의미하며, 서비스의 편익을 강화하는 역할을 한다. 예를 들면 객실의 좌석예약상태, 기상예보, 목적지의 정보 등이 여기에 해당된다.

(3) 서비스패키지의 평가기준

서비스는 고객이 경험하는 종합적인 편익에 따라 그 가치가 평가된다. 따라서 서비스기업은 고객들이 기대하는 서비스패키지와 일치하는 경험을 제공해야 한다. 서비스는 종류에 따라 서비스패키지의 구성요소의 중요성이 달라진다. 예를 들면, 정신과 의사는 특별한 서비스물품이나 지원시설을 사용하지 않는 반면, 항공사는 객실서비스를 위해 다양한 서비스물품과 묵시적 서비스를 필요로 한다. 〈표 1-4〉는 항공사의 서비스패키지를 평가하는 기준을 예로 나타낸 것이다.

표 1-4 서비스패키지의 평가기준(예시)

① 명시적 서비스 • 출발과 도착의 정시성 • 항공안전기준에 충실한 운항 • 좌석배치, 비상절차안내, 승무원, 탑승과 하기절차 등	④ 서비스 물품 • 기내식 음료에 대한 만족도 • 기내판매이용의 편리성 • 기내 VOD상태와 잡지, 오락프로그램, 화장실 비품상태 등
② 묵시적 서비스 • 항공기 및 기내상태와 좌석의 쾌적성 • 승무원의 친절수준 • 기내인테리어의 상태 등	⑤ 정보 • 운항스케줄, 객실예약상태 • 비행 및 기상 등 도착지 정보의 제공 • 입국심사절차, 목적지 환승안내 등
③ 지원시설 • 공항의 접근성과 출국장 위치 • 탑승수속 카운터의 편리성 • 탑승을 위한 대기장소 등	

제3절 고객서비스

고객서비스의 사전적 정의는 아직도 물적상품이나 서비스상품을 구입한 고객에게 제공하는 사후적 관리차원에 머물고 있어 종종 애프터서비스(after-sales service, A/S)로 이해되기도 한다. 그러나 현대적 개념의 고객서비스는 고객의 만족수준을 강화하는 모든 활동을 포함한다.

1. 고객서비스는 왜 중요한가?

(1) 기업의 생존요건

오늘날 고객서비스는 모든 산업에서 공통된 핵심어로 자리잡고 있다. 고객서비스가 중요한 이유는 기업의 성패가 고객의 선택에 따라 결정되기 때문이다. 모든 비즈니스에 있어 최소의 비용으로 효과를 극대화하는 방법은 최고의 고객서비스를 제공하는 것이다. 과거의 고객에 비해 오늘날의 고객은 훨씬 똑똑하다. 그들은 상품의 기능에 대해 많은 정보를 알고 있으며, 기대에 못 미치는 서비스를 경험하게 될 경우, 보다 나은 상품이나 기업으로 이탈하게 된다. 어떤 상황에 대해서 불만족을 표시하면 더 나은 해결책이 제공된다는 것도 알고 있다. 고객서비스 담당자는 종종 결정적인 순간에 '그 누군가의 하루'를 경험하게 하고 '회사의 이익'을 실현하는 주인공이며, 최고의 고객서비스를 제공하는 방법을 찾아 실천하는 것은 기업의 생존과 발전을 위한 필요조건이다.

(2) 고객서비스의 의미

고객서비스는 전통적으로 좁은 의미에서 제품이나 서비스를 구매한 고객에게 제공하는 사후적 관리차원의 서비스를 뜻한다. 애프터서비스(A/S) 또는 사후관리로 지칭되며 고객의 만족도를 강화하는 제반활동들로 구성된다. 그러나 현대적 의미의 서비스개념은 상품판매의 사후관리뿐 아니라 고객의 기대를 충족시키기 위한 상품의 개발과 생산, 제공과정에 걸쳐 고객의 니즈와 욕구의 파악, 서비스참여와 상호작용을 통해 고객이 경험하는 서비스의 가치를 극대화하는 전사적(全社的) 마케팅활동을 뜻한다. 실제로 고객이 기업과의 상호작용에서 기대하는 요구는 다양하며, 고객서비스 담당자는 고객의 욕구를 정확히 파악하고 이를 사전에 충족시키는 역할도 맡는다. 고객서비스를 어떻게 정의하든 서비스의 가치에 대한 고객의 인식이 중요하며 서비스의 궁극적인 목적은 고객만

표 1-5 고객서비스의 예

• 고객의 이름부르기	• 제품결함에 대한 신속한 조치
• 간편한 환불절차	• 알기쉬운 안내문
• 진료한 환자의 상태점검을 위한 전화	• 더 저렴한 옵션의 권유
• 생일축하 메시지 전송	• 고객의 짐 날라주기
• 방문고객에 대한 영접	• 상냥한 전화응대
• 불평하는 고객에 대한 공감표현	

족이다. 〈표 1-5〉는 일상적 거래에서 흔히 볼 수 있는 고객서비스의 예시한 것이다.

(3) 고객만족이란?

고객만족이란 고객과 기업과의 상호작용에서 고객이 느끼는 총체적인 기쁨이다. 고객만족은 고객의 기대와 경험 간의 차이로 결정된다. 만족감은 즉각적일 수도 있고 시간이 지나면서 서서히 나타날 수도 있다. 다양한 고객을 대상으로 정보를 제공하고 문제해결을 도와 고객의 스트레스를 줄이고 고객이 유쾌한 경험을 하게 해주는 것이 중요하다. 만족도는 사후적 결론으로서 고객자신이 경험해 보고 그것이 얼마나 유쾌했는지 불쾌했는지를 판단함으로써 결정된다. 매출증대나 목표이익 등의 단기적 목표와 달리 고객에게 최대의 만족을 주는것을 목표로 정하고 고객의 충성도확보와 재구매, 신규고객의 확보 등의 방법으로 장기적 이익을 극대화하는 경영방식을 고객만족경영이라고 한다.

2. 고객만족과 서비스의 과제

(1) 고객의 욕구변화와 서비스개선

고객의 만족과 서비스를 제공하기 위해서는 두 가지 조건이 수반된다. 하나는 비용의 부담이고 다른 하나는 행동의 실천이다. 기업마다 고객에 대한 서비스의 중요성을 인식하고 있더라도 최적의 고객서비스를 위해 무엇을 어떻게 해야 할지 모르는 경우가 많다. 최적의 서비스를 고객에게 제공하기 위해서는 먼저 서비스기법의 도입에 앞서 현재의 서비스상태를 진단하고 고객의 욕구를 파악해야 한다. 고객의 욕구와 기대는 항상 변하며, 고객과 기업을 둘러싼 환경도 끊임없이 변하기 때문이다. 예를 들어, 고객서비스와 관련하여 최적의 규정과 제도가 갖추어졌다 하더라도 고객욕구가 변하면 현재의 서비스도 변해야 한다.

(2) 담당자의 서비스역량과 임파워먼트

서비스기업은 업무수행에 적합한 역량을 갖춘 인력을 확보하여 서비스현장의 상황을 예측하고 적절히 대처할 수 있도록 교육·훈련을 수행해야 한다. 오늘날 풍부한 기술과 정보의 활용은 고객서비스를 강화하는 요소로서 서비스담당자에게는 정보의 중요성을 파악하여 고객에게 효과적인 서비스를 제공하는 역량이 요구된다. 예를 들어, 고객의 욕구를 파악하더라도 고객정보를 어떻게 축적하고 이용할지 모른다면 고객가치를 판단하는 정보를 활용할 수 없다. 또한 서비스담당자는 고객과 기업의 상호이익을 위해 스스로 판단하고 행동할 수 있도록 재량권을 위임받는데, 이를 임파워먼트라고 한다. 임파워먼트(empowerment)란 담당자에게 권한을 부여하는 것을 뜻하며, 업무수행에 필요한 책임과 권한, 자원에 대한 통제력 등을 배분 또는 공유하는 재량권부여를 말한다.

(3) 고객서비스의 피드백

효과적인 서비스를 지속하기 위해서는 정기적으로 고객의 만족수준을 측정·분석하여 개선점을 확인하는 노력이 필요하다. 이는 현재 기업은 무엇을 잘하고 있는지 그리고 어떤 점이 개선되어야 하는지 고객에게 묻는 과정이다. 다양한 욕구와 관심을 가진 고객들이 현재의 서비스에 대해 불평하지 않는 이유는 만족하고 있거나 제안할 사항이 없어서가 아니라 오히려 문제점을 제기하는 번거로움 때문일 수 있기 때문이다. 개선점을 찾는 대안으로는 서비스담당자가 스스로 고객의 입장에서 행동하고 서비스경험에 대해 칭찬과 불평을 정리하고 평가하는 것도 한 방법이다.

3. 고객은 무엇을 원하는가?

고객마다 서비스에 대한 욕구는 상이하다. 따라서 고객의 욕구를 완전히 파악하기 위해서는 많은 시간과 비용이 수반되고 때로는 비현실적인 일이 된다. 모든 고객에게 내재된 공통적인 욕구는 다음과 같이 다섯 가지로 요약된다.[12)]

(1) 서비스

고객은 무조건 높은 수준의 서비스를 기대하는 것이 아니라 자신들이 선택하여 구매한 수준에 적절하다고 생각하는 서비스를 기대한다. 예를 들어, 신중한 계획과 정보탐색이 수반되는 대규모구매인 경우 검토과정이 복잡하고 소규모구매인 경우보다 더 확실한 서비스를 기대한다.

(2) 가 격

제품의 구매과정에서 가격은 중요한 요소가 된다. 소비자는 누구나 자신이 보유한 자원의 효용을 극대화하려고 한다. 과거에는 상대적으로 독특한 효용을 지녔던 상품이라도 오늘날에는 대중적인 상품으로 인식될 수 있다. 예를 들어, 과거에는 원하는 햄버거를 사기위해 조금 떨어진 지역의 레스토랑까지 가기도 했으나 지금은 어디서나 손쉽게 햄버거를 살 수 있게 되었다. 오늘날의 편리해진 구매환경으로 고객은 상품의 가격요소를 상대적으로 중요하게 인식한다.

(3) 품 질

오늘날의 소비자들은 구매하는 제품을 단기적 소모품으로 취급하기 보다는 적어도 제품을 바꾸고 싶어질 때까지 견딜 수 있을 정도의 내구성과 기능성을 가진 제품을 원한다. 이는 생산자와 판매자가 고객이 원하는 정도의 내구성을 충족시킬 수 있는 제품을 제공해야 함을 뜻한다. 품질면에서 좋은 평판을 얻고 있는 기업의 제품에 대해 고객은 가격을 따지지 않는 경향이 있다.

(4) 신속한 반응

어떤 문제가 있거나 문의사항이 있을 때 고객은 기업의 즉각적인 반응을 원하게 된다. 이러한 요구에 맞추어 많은 기업은 수신자 부담전화, 융통성 있는 환불 또는 출장서비스 프로그램 등을 운영한다. 소비자는 자신이 중요한 존재이므로 어떤 요구가 발생했을 때 자신들을 바로 도울 수 있는 누군가가 항상 대기하고 있어야 한다고 생각한다.

(5) 감사의 표현

고객은 기업이 자신에게 감사하고 있는지를 확인하고자 한다. 서비스담당자들은 감사함을 다양한 방식으로 표현할 수 있는데, 고객은 말과 행동으로 '감사함'을 표현하는 것을 당연한 것으로 인식한다. 개별고객에 대한 DB, 정보제공을 위한 매체의 활용, 특별할인 혜택의 제공, 각별한 예의 및 고객이름의 기억 등은 모두 고객에게 감사를 전하는 방법들이다. 즉, 자사상품의 선택에 대한 감사함을 구체적으로 표현함으로써 긍정적인 메시지를 전달하는 효과가 있다.

4. 고객서비스의 진화

(1) 서비스의 새로운 조류

오늘날 서비스산업에서는 고객이 기업에 접근하는 방식과 기업이 고객에 반응하는 방식의 변화로 새로운 조류가 형성되고 있다.[13)]

■ 고객의 접근성 향상

오늘날 고객은 자신의 각종 계좌관리나 온라인결제, 배송조회, 상품검색 등을 위해 언제든지 풍부한 정보를 접할 수 있기 때문에 서비스에 대한 고객의 문의는 줄고 있다. 개인식별 정보를 이용하여 접근가능한 고객정보 온라인과 배달의 전체과정을 보여주는 모바일앱이 고객의 정보접근성을 향상시킨 경우이며, 고객들은 이러한 접근성에 만족한다.

■ 고객에 대한 즉각적 반응

고객의 요구에 대한 신속한 반응은 오늘날 서비스기업의 또 다른 특징이다. 고객은 정보통신기술(ICT)의 발전으로 자신의 문제와 질문에 대한 답을 즉시 얻을 수 있게 되었다. 서비스담당자들도 이전같으면 상급자가 처리해야 했을 일에 대해 직접 결정을 내릴 수 있는 권한이 늘고 있다. 고객의 피드백은 모든 기업에게 중요하며, 특히 고객서비스 부문에서는 개선과 성장의 기회를 제공한다.

■ 서비스의 피드백

오늘날 기업은 고객의 제안을 적극적으로 장려하고 촉진한다. 고객만족도 및 시장조사를 전담하는 부서나 전문회사는 직접 고객과 접촉하여 데이터를 확보하고 다양한 보상프로그램이나 촉진수단들을 이용하여 고객의 구매내역과 선호도 등을 파악하며, 고객이 구매한 제품의 바코드사용정보를 이용해 고객의 서비스경험을 평가하기도 한다. 서비스담당자는 고객의 제안과 요청을 접수하고 문제해결이나 서비스개선을 수행하고, 고객은 기업이 자신들의 생각을 공유하고 반응하는 것에 대해 만족한다.

■ 아웃소싱

시장의 경쟁이 치열해질수록 서비스기업은 핵심기능을 제외한 업무를 외부에 위탁하는 아웃소싱을 통해 원가를 절감하려는 유인이 강해진다. 아웃소싱(outsourcing)은 임대료나 이윤, 설비, 임시근로자 인건비 등과 관련된 비용을 줄이고 기업은 핵심업무에 집중할 수 있도록 한다. 예를 들어, 고객서비스 부서는 수신자부담전화나 이메일, SNS 등을 통해 고객의 문의와 불평, 제안 등을 접수한다. 이러한 방식은 고객과의 상호작용을 긴밀하게 하고 시간과 비용을 절감시킨다. 고객서비스의 아웃소싱으로 기대되는 긍정적인 효과는 고객의 확보와 유지를 위한 비용의 절감이다.

(2) e-서비스

고객서비스는 웹(web)의 등장으로 기존의 대면적 서비스와 구별되는 온라인서비스의 영역이 확대되고 있다.[14] 오늘날에는 온라인서비스를 포함한 e-서비스라는 개념이 폭넓게 사용되고 있으며, 정보통신기술(ICT)의 발전에 따라 그 영역이 빠르게 늘어나고 있다. 서비스는 무선기기와 무선네트워크의 발전에 따라 웹서비스 → 모바일서비스 → 유비쿼터스로 진화하고 있다. 웹서비스는 폭넓은 고객층을 대상으로 저렴한 비용과 빠른 속도로 서비스를 창출하고 있으며, 모바일서비스는 세분된 고객그룹별로 이동성과 개인화에 기반한 서비스를 제공한다. 사물인터넷을 이용하는 유비쿼터스 서비스는 이질적 고객집단을 대상으로 확산과 융합에 초점을 맞춘 서비스를 제공한다. e-서비스는 거래가 이루어지는 실제공간이 존재하지 않기 때문에 임대료나 유지비 등 비용을 절감하는 장점이 있으며, 서비스활동을 지원하는 검색엔진과 DB, 빅 데이터 등이 활용된다. e-서비스는 거래주체에 따라 다음과 같이 구분된다.

- B2C 서비스(Business to Customer) : 인터넷을 기반으로 하는 기업과 소비자 간 전자거래를 의미하며, 인터넷쇼핑몰을 통한 상품의 주문판매가 대표적이다.
- B2B 서비스(Business to Business) : 인터넷을 기반으로 하는 기업 간 거래를 의미하며, 초기에는 부품이나 기계, 원료, 소재 등 산업재가 주류였으나 오늘날에는 기업이 제공하는 모든 물품과 서비스가 포함된다.
- C2B 서비스(Customer to Business) : 인터넷을 통해 고객이 상품정보를 확보하고 개인 또는 단체를 구성하여 상품의 공급자나 생산자에게 거래조건을 제시하고 구매하는 쌍방향형태의 서비스거래이다.
- B2G 서비스(Business to Government) : 기업과 행정기관이 인터넷을 이용하여 각종 공공업무를 수행하는 것을 말한다. 기업이 각종 문서를 전자우편으로 공공기관에 발송하고 공공기관은 납부금 등을 발송하는 서비스 등이 해당된다.

각 주

1. Clark, C., *The Conditions of Economic Progress*, London, Mcmillan, 1940.
2. 표준산업분류(standard industrial classification)는 산업활동을 그 유사성에 따라 체계적으로 유형화하는 것이며 각종 통계를 작성하는 데 통일적으로 적용된다. 우리나라는 1963년부터 UN 통계청의 분류방식에 따라 한국표준산업분류를 제정·사용하고 있다.
3. 호텔(hotel)의 의미는 본래 라틴어의 '호스피탈리즈(hospitalis)'라는 환대(歡待)에서 유래되었다. 따라서 환대산업은 호텔, 레스토랑 등과 같이 인적서비스의 비중이 높은 업종들을 의미하며, 관광산업과 같은 의미로 쓰이는 경우가 많다. 서비스부문의 대표적인 산업 가운데 하나인 관광산업은 산업표준분류 가운데 운수업, 숙박 및 외식업, 여가와 관련한 서비스업에 포함된다.
4. Fitzsimmons, J. A., Fitzsimmons, M. J. & Sanjeev K. Bordoloi, *Service Management*, McGraw-Hill, 2014, pp.5~6.
5. 정보화사회라는 개념을 처음으로 주장한 미국의 경제학자 Fritz Machlup은 1962년 자신의 저서 *The Production and Distribution of Knowledge in the Linited*(States, Princeton Univ, Press)에서 지식산업이 주도하는 '지식사회'의 등장을 예견하였다. '정보사회(Information Society)'라는 명칭은 이후 우메사오타다오(梅棹忠夫), 하야시 유지로(林雄二郎) 등의 일본학자들이 명명했다.
6. 미국의 경우, 과거 네 번의 불경기동안 제조업의 고용은 감소했던 반면 서비스부문의 고용은 증가했다. 이는 소비자들이 제품의 구매는 미루는데 비해 필수적인 서비스, 즉 교육, 통신, 금융, 보건, 화재 및 방범 등의 공공서비스는 희생하지 않는 경향이 있기 때문이다. Fitzsimmons, J. A., Fitzsimmons, M. J. & Sanjeev K. Bordoloi, *Service Management*, McGraw Hill, 2014, p.10.
7. Jochen Wirtz, Patricia Chew, and Christopher Lovelock., *Essentials of Services Marketing*, 2nd ed. Pearson Education Ltd., 2013, p.9.
8. Christopher H. Lovelock, "Classifying Services to Gain Strategic Marketing Insights", *Journal of Marketing*, Vol.47, 1983, pp.9~20. Jochen Wirtz, et al., *Essentials of Services Marketing*, 2nd ed., Pearson Education Ltd., 2013, pp.14~17에서 재인용.
9. Schmenner, R., "How Can Service Business Survive and Prospect?", *Sloan Management Review*, Spring, 1986.
10. Christopher Lovelock and Lauren Wright, *Service Marketing: People, Technology*, Strategy, 6th ed., Prentice-Hall, 2007, p.6
11. James A. Fitzsimmons, Mona J. Fitzsimmons & Sanjeev K. Bordoloi, *Service Management*, McGraw-Hill, 2014, pp.22~25

12. Elaine K. Harris, *Customer Service : A Practical Approach*, Pearson Prentice Hall, 2012. pp.5~6
13. Elaine K. Harris, *Customer Service : A Practical Approach*, Pearson Prentice Hall, 2012. pp.24~25
14. e-서비스는 전자서비스(electronic service)의 줄임말이며, 웹(web)의 본래 의미는 '거미집'을 뜻하는데, 하나의 사이트 또는 다른 사이트와의 관계가 거미집처럼 복잡하게 얽힌 현상을 말하며, 문자나 영상, 음향, 비디오 등의 데이터정보를 동시에 제공하는 멀티미디어 서비스를 말한다. 인터넷을 통해 웹에 접속하여 정보를 검색하는 프로그램을 웹브라우저(web browser)라고 한다. 웹 서비스를 제공하는 기관이나 장소를 웹사이트(web site), 웹 서비스를 제공하는 메인컴퓨터를 웹 서버(web server)라고 하며, '홈페이지'는 각각의 웹사이트의 초기화면을 일컫는 용어들이다.

CHAPTER 02

서비스경영의 이론적 기초

제1절 서비스개념의 확립과 이론적 발전

1. 서비스개념의 확립
2. 서비스이론의 형성
3. 서비스마케팅 개념의 등장
4. 서비스마케팅의 선험연구들

제2절 서비스경영의 개념

1. 서비스 혁신사례연구
2. 서비스경영이론의 발전과 연구의 흐름

제3절 서비스경영의 학문적 성격과 이론체계

1. 서비스경영이란?
2. 서비스경영론의 학문적 성격
3. 서비스경영론의 구성
4. 본서의 구성

서비스는 철학이고 사고의 프로세스이며 가치와 태도, 행동의 집합인 동시에 방법론이다. 서비스경영은 무형의 상품을 거래하는 서비스기업을 대상으로 한다. 예를 들면, 항공사, 은행과 호텔, 식당, 리조트, 테마파크, 병원, 공공시설, 금융기관, 교육기관, 정부기관 등이 연구의 대상이다. 유형의 상품을 생산·판매하는 기업도 서비스활동을 통해 제품의 경제적 가치를 극대화하기 때문에 고객을 상대하는 모든 기업의 서비스활동이 포함된다. 본 장에서는 서비스개념과 배경을 산업의 발전과정을 통해 이해하고 이론적 체계의 형성과 발전과정, 주요학자들의 관심과 연구 등을 고찰하고 서비스경영의 학문적 성격을 학습한다.

Keywords: 서비스 초기이론, 서비스혁명, 서비스경영이론, 스칸디나비아 항공(SAS)의 경영회복, 진실의 순간(MOT), 서비스마케팅, 서비스운영관리, 서비스경영론의 구성

“서비스가 어두운 순간 vs. 빛나는 순간”

우리는 스토리와 우화를 좋아한다. 그리고 그것들로부터 교훈을 얻는다. 서비스현장에서 남는 이야기는 보다 감정적인 사실을 말해준다. 현실세계에서 발견되는 진실의 순간은 이론에 인간적 요소를 더할 뿐만 아니라 우리를 가르치고 정보를 알려주고 즐겁게 해주며 따뜻하게 해주고 또 경고를 전해준다. 훌륭한 스토리는 우리를 하나로 연결시켜 세계관을 바꾸어 새로운 것을 배우고 기억할 수 있게 해준다...

■Episode #1: “작동하지 않은 비상시스템의 대가”

플로리다 올랜도에서 미니애폴리스까지는 비행기로 대략 3시간 반 거리다. 여객기가 도착할 즈음 착륙을 않고 선회를 했다. 천둥을 동반한 폭풍으로 착륙이 지연된다는 기내방송이 있었다. 이어 연료부족으로 선회를 계속할 수 없어 노스다코타 파고로 간다는 안내가 이어졌다. 파고에 착륙한 후 다시 기내방송이 나왔다. 연료보급후 곧 이륙할 예정이니 기내에서 기다리라는 내용이었다. 한참 후 승객들은 자리에서 일어나도 좋다는 허락을 받았고 고장이 안 난 화장실 앞에 길게 늘어섰다.

한 시간이 지나자 승객들은 불평이 시작됐다. 승무원은 음료수와 술이 모두 떨어졌다고 했다. 두 시간이 지나면서 불만은 고조되었지만 아직까지 예의는 지키는 분위기였다. 세 시간째에 조종사가 곧 관제탑으로부터 이륙허가를 받을 것 같다며 모두 자리를 뜨지말라고 하자 불만과 욕설이 폭발했다.

승무원이 맞받아 쳤다. “폭풍우에 비행기가 어떻게 되는지 알기나 하세요? 공중에서 갈기갈기 찢겨나갈 수 있단 말입니다.” 그녀는 이미 지나간 폭풍우에 대해 말하고 있었다. 4시간 후에야 비행기는 미니애폴리스를 향해 출발했고 40분 후 안전하게 착륙했다. 그런데 비행기는 터미널에서 가장 먼 후미진 곳에 멈췄다. 원래 예약했던 게이트를 사용할 수 없어 기다려야 했던 것이다. 한 승객이 쓰러지자 비행기는 곧바로 게이트로 옮겨졌다. 마침내 지치고 화난 승객들이 내렸을 때 단 한 명의 직원이 그들을 맞았다, 승무원도 조종사도 보이지 않았다. 갈아타야 할 승객을 위해 연결항공편을 알아봐주겠다는 항공사측의 제안도 없었다. 승객들은 본사에 항의서한을 보내고 앞으로 절대 이 항공사를 타지않겠다는 결심했다.

몇 년 후의 승객들은 예전처럼 조용히 물러나지 않았다. 1999년 1월 디트로이트 메트로공항의 폭설로 수십대의 항공기가 활주로에 대기했고 8시간 이상 기다린 경우도 있었다. 음식과 물이 다 떨어진 상태였고 화장실이 모두 고장난 경우도 있었다. 이 사건으로 7천명 이상의 승객들은 불법억류로 계약을 위반했다며 집단소송을 제기했고 노스웨스트항공사 측은 2001년 1월 710만 달러로 보상에 합의했다.

■Episode # 2: "감동적인 복구"

캘리포니아주 샌 레이몬(San Ramon)에서 안개가 낀 늦은 밤 짐 클레퍼(Jim Clepper)는 호텔을 찾느라 애를 먹고 있었다. 막 포기하려고 하는데 '메리어트 건설현장'이라고 쓰인 안내판을 보았다. 메리어트 호텔 예약센터의 컴퓨터오류로 오픈하려면 6개월이나 남아있는 호텔에 예약이 된 것이었다. 조금 짜증이 났지만 그렇게 크게 신경쓰지 않았다. 근처에서 방을 잡았고 무사히 출장을 마쳤다. 그러나 그의 여행사 대리인은 호텔사장에게 항의서한을 보내라고 했다. 클리퍼는 그의 말을 따랐다. 그 후 일어난 일은 그를 메리어트의 평생고객으로 만들었다. 메리어트회장은 사과의 편지와 함께 무료숙박권을 보내왔다. "난 그게 끝이라고 생각했다"고 클레퍼는 말했다. 그러나 얼마후 메리어트의 예약팀에서도 사과의 편지를 보냈다. "그리고 나선 이번에야말로 완전히 끝났다고 생각했죠." 그렇지 않았다. 그 사건은 얼마 후 문을 연 샌 레이몬 메리어트호텔의 마케팅이사의 관심을 끌었다. 그는 총지배인과 함께 클리퍼를 다시 초청해 더 좋은 경험을 만들어주자고 결심했다. 클레퍼는 휴스턴에서 오클랜드까지 무료항공권을 받았다. 호텔측은 오클랜드 국제공항에서 클레퍼와 그의 아내를 헬기로 픽업해 호텔정문앞까지 안내했다. 정문에는 직원들이 나와 그들을 환영했다.

사례들은 '어두운 순간' - 잘못 처리된 순간과 '빛나는 순간' - 인간의 창의력과 헌신이 고객에게 기억할 만한 경험으로 이어진 '진실의 순간'으로 구분된다. 서비스의 어두운 순간을 보여주는 스토리는 서비스요소 가운데 어느 것이라도 실패할 경우를 보여준다. 서비스전략이 잘못되거나 접점직원이 고객을 위해 최선을 다하지 않았다. 서비스의 빛나는 순간을 보여주는 사례는 서비스요소들이 조화를 이룰 때 고객과의 상호작용 또는 교감이 긍정적이고 추억에 남는 순간이 될 수 있다는 것을 보여준다.

▸ *Service America*(Karl Albrecht & Ron Zemke, 2002) 中에서

제1절 서비스개념의 확립과 이론적 발전

1. 서비스개념의 확립

(1) 서비스개념의 확립

역사적으로 서비스는 무형적 특성으로 인해 경제적 가치는 산업화시대 이전까지 주목을 받지 못했다. 18세기 근대경제학을 태동시킨 애덤 스미스(Adam Smith)는 개인의 욕구, 생산, 시장경쟁, 그리고 분업이 국가의 부(富)를 창출하는 동력으로 보았을 뿐 서비스의 가치를 독립적인 생산활동으로 인식하지 않았다. 그러나 그의 자유무역이론에서는 무역상이나 유통업자같은 중개인을 생산자와 소비자 사이에 놓이는 존재로 보고 서비스종사자는 제품이 아니더라도 무형의 가치를 창조한다는 점, 그리고 넓은 의미에서 결국 농부나 제조업자같은 경제주체 간의 거래관계에 존재하는 중개자로 보았다. 가치창출이 확인되지 않은 서비스행위에 대해 경제학자들의 서비스에 대한 인식은 경제발전과 함께 논쟁을 통해 서서히 자리 잡았다. 산업혁명 이후 근대화시기인 19세기 중반부터 1930년대까지 경제학자들 간에 "모든 경제활동은 생산적이며 모든 생산활동이 곧 서비스"라는 인식이 주류를 형성하면서 서비스의 유용성에 대한 논쟁은 종식되었다. 1930년대 들면서 피셔(Irving Fisher)와 클라크(Colin G. Clark) 등의 학자들은 경제의 발전과 더불어 대두되는 성장과 생산성, 고용 등에 대한 담론을 통해 서비스에 대한 구체적인 의미를 부여했다. 이들은 서비스의 특성을 규명하고 분류함으로써 국가경제에 대한 서비스산업의 공헌과 산업의 발전에 주목했다.

(2) 초기 이론적 발전의 한계

서비스산업의 지속적인 발전에 비해 서비스경영은 1980년대까지 독립적인 학문체계를 형성하지 못하고 판매와 유통관리를 위한 마케팅의 영역에서 다루어졌으며, 산업·경제적 측면에서 서비스부문에 대한 거시적 연구가 주류를 이루었다. 특히 서비스에 대한 초기연구들은 대부분 미국과 유럽에서 마케팅과 생산·운영관리의 분야에서 실증적으로 수행되었다. 당시까지 서비스경영관리에 대한 이론이 체계적으로 형성되지 못한 배경에는 다음과 같은 연구의 한계

점이 있다.[1)]

■ 서비스개념의 모호성

'서비스'를 독립적인 산업을 정의할 것인가 경영의 프로세스로 볼 것인가에 대해 일치된 견해가 없어 서비스의 범위와 유형 등에 대한 개념이 명확하지 않았다. 무형성, 생산과 소비의 동시성, 소멸성, 이질성 등으로 서비스산업의 특성과 범주를 정의한 것도 비교적 최근의 일이다.

■ 서비스의 경제적 역할에 대한 낮은 인식

역사적으로 생산적 경제활동의 주축이 제조업이라는 인식으로 인해 서비스는 소홀히 인식되었다. 애덤 스미스조차도 자신의 저서에서 "제품을 만드는 것은 생산적인 일이고, 서비스는 비생산적인 노동"으로 정의할 만큼 농업과 제조업에 비해 서비스는 경제성장에서 부수적인 것으로 인식되었다.

■ 서비스의 다양성

서비스의 영역이 다양한 분야를 포함하므로 체계적인 연구가 어렵고 표준화된 연구결과를 통해 일반적으로 받아들여질 수 있는 규범이나 패러다임을 형성하기 힘들다. 현대에 이르러 서비스업종별, 부문별로 운영과 생산관리분야에서 계량적 접근이 집중되면서 서비스품질, 대기행렬관리, 입지선정, 서비스디자인 등에 대한 부분적 이론들이 제한적으로 개발되었다.

■ 규모의 영세성

전통적으로 소규모의 서비스현장을 연구함으로써 서비스과정의 표준화를 제시하기 힘들다. 대표적 업종인 호텔산업과 외식업에서 대규모체인의 구축으로 규모의 경제를 실현한 것은 1990년대 이후이며, 수익관리모델이나 서비스표준의 경제성이 확인되고 보급된 것은 1990년대 후반부터였다.

2. 서비스이론의 형성

서비스와 관련한 이론들은 마케팅이론과 마찬가지로 미국을 중심으로 연구되고 체계화되었다. 1950년대 미국에서는 경제성장과 더불어 기업경영의 문제를 인식하고 다양한 관점에서 학제적 연구가 진행되면서 경영이론이 학문적으로 견고한 입지를 다질 수 있었으며, 서비스에 대한 관심도 마케팅이론의 발전과 더불어 높아졌다.

(1) 공급과잉의 경제와 유통서비스의 중요성 인식

■ 탈공업화의 진전과 서비스에 대한 관심

서비스에 대한 인식은 대량생산의 개념이 등장하기 이전인 20세기 초까지 물적상품을 유통하는 수준에 머물렀다. 물질적으로 부족한 시대에는 소비자의 욕구가 물적상품에 한정되었으나 대량생산체제가 정착되고 상품의 공급이 과잉되면서 시장은 생산자중심에서 소비자중심으로 전환되었다. 대량생산된 상품에 이윤을 더한 가격으로 소비자에게 판매하는 방법들이 개발되면서 상품의 유통과 관련된 연구가 활발해졌다. 그러나 이 시기에도 서비스란 물적상품의 유통과 판매를 위한 마케팅의 한 기법으로 인식되었다.

■ 레건(William J. Regan)의 '서비스혁명'

2차 세계대전 이후 1960년대까지 확산된 대량생산체제는 각국 경제의 고도성장을 이끌었으며, 선진국을 중심으로 상품의 대량공급과 소비를 통한 풍족한 사회가 실현되었다. 탈(脫)공업화 사회의 도래는 그동안 선진국의 경제성장을 주도해 온 제조업부문의 분화로 고도화되기 시작했다. 이러한 변화는 미국과 유럽에서 서비스부문이 새롭게 부상하고 독립적 산업으로 인식되는 계기가 되었다. 샌프란시스코 주립대학의 레건(William J. Regan) 교수는 1963년 경제의 서비스화 현상에 대한 논문 '서비스혁명(*The Service Revolution*)'을 발표하였다.[2] 그는 논문을 통해 전후경제의 성장이 인간의 물질적인 욕구를 충족시키고, 개인의 소득이 늘어나면서 물적상품에 대한 욕구로부터 정신적·정서적인 욕구로 전환되고 있으며, 이러한 소비자욕구를 충족할 수 있는 서비스상품이 시장을 크게 변화시키고 있다고 주장했다. 그는 미국 서비스산업의 비중이 2차 세계대전 직후인 1946년 GNP의 1/4 수준에 머물렀으나 그 비중이 1960년까지 14년간 2.8배로 급성장했고, 서비스부문에 대한 국민총지출도 31%에서 40%로 확대될 만큼 서비스산업은 미래에 혁명적인 성장을 기록할 것으로 예측했다. 레건의 '서비스혁명'은 서비스산업의 중요성을 인식한 선구적 연구로 평가되지만 서비스경제의 변화를 소매·유통에 한정함으로써 서비스의 정의를 명확히 규정하지는 않았다.

(2) 현대적 마케팅개념의 등장

인류사회를 진보시키는 원동력은 현재 상태에 대한 불만족과 미지의 세계를 향한 호기심, 혹은 탐구심이다. 산업화시대의 물질적 풍요에도 불구하고 공해나 환경오염, 경제의 급성장에 따른 빈부격차 등 사회적 문제의 영향을 받아 현대적 의미의 마케팅개념이 등장했다. 코틀러와 레비(Philip Kotler & Sidney J. Levy)는 1969년 논문을 통해 마케팅개념확대의 필요성을 주장했다.[3] 이러한 사회적·학문적 변화의 배경으로는 다음의 두 가지를 들 수 있다.[4]

■ 서비스부문의 성장

지속적인 경제성장으로 중산계층이 확대되고 서비스에 대한 사회적 욕구가 늘면서 새로운 시장이 형성되기 시작했다. 자유와 평등의 개념이 토양이 된 선진국사회에서는 타인에게 지시하는 행위는 신분상의 지위가 아닌 타인에게 대가를 지급하고 서비스를 받는 대등한 교환이라는 인식이 자리잡게 되었다. 이와 같은 인식의 변화는 경제의 서비스화를 촉진하였으며, 서비스상품의 거래시장이 형성되고 수요도 급격히 늘어났다. 오늘날 외식산업발전에 크게 기여한 패밀리레스토랑도 경제의 서비스화가 진행중이던 1970년대 등장하였다.

■ 기업경영의 변화와 소비자에 대한 인식

마케팅은 시대적 변화와 시장의 변화에 따라 기업경영의 인프라, 방법론과 전략적·전술적 기법이 개발되면서 그 개념이 지속적으로 확장되고 있다.[5)] 이전에는 기업경영이나 조직관리차원에 한정되었던 마케팅이 오늘날에는 영리기업이나 비영리조직에서도 활용되고 있는 것도 이 같은 맥락이다. 산업화초기에는 상품공급자의 우월적 지위로 인해 소비자의 피해가 빈번하게 나타났으나 수요보다 공급이 늘면서 환경이 변했다. 경쟁적 환경에서 기업들은 자사의 상품이 소비자의 선택을 받지 못하면 생존과 발전이 어렵다는 현실에 직면하면서 고객만족에 대한 관심이 산업계 전반으로 확대되었다. 코틀러와 레비의 논문을 계기로 미국 마케팅학회(AMA)를 중심으로 학계에서는 기업의 사회적 활동이나 비영리조직의 사업운영과 관련된 연구가 활발히 수행되었으며, 생산자-소비자관계를 다룬 연구가 주목받기 시작했다.

(3) 고객관계 마케팅의 필요성 인식

경제의 발전으로 상품의 공급이 수요를 초과하게 되고, 다수의 대체재가 생산됨에 따라 소비자는 다양한 선택을 할 수 있게 되었다. 경쟁시장에서 상품의 성패는 거래가 되고난 후 고객이 상품에 대해 얼마나 만족하는지에 따라 결정되므로 기업과 소비자의 우호적 관계형성이 기업경영에서 중요한 과제로 인식되었다. 생산자의 입장에서는 소비자와의 지속적인 관계를 유지하고 강화하는 일에 관심을 집중하게 되었으며, 관계마케팅(Relationship Marketing)에 대한 연구가 시작되었다[6)]. 시장이 생산자중심의 시장(seller's market)에서 구매자중심의 시장(buyer's market)으로 전환됨에 따라 기업은 고객이 언제, 어디서, 무엇을, 어떻게 얼마만큼 구매하느냐에 대한 관심뿐 아니라 고객가치, 즉 고객생애가치에도 주목하게 되었다.[7)] 관계마케팅은 고객이탈로 인한 손실을 만회하기 위해 신규고객을 확보하는 것보다 거래경험이 있는 기존의 고객과의 관계를 강화하고 지속하는 것이 유리함을 강조한다. 즉 기존 고객과의 관계를 유지·강화함으로써 고객가치를 극대화하는 마케팅의 새로운 개념이 등장하였다.

3. 서비스마케팅 개념의 등장

(1) 서비스마케팅의 배경

서비스에 대한 초기의 연구들은 마케팅의 개념이 등장한 미국에서 활발히 이루어졌으며 레건의 논문 '서비스혁명(1963)'은 서비스마케팅의 출발점이 되었다. 19세기 중반부터 미국에서 보급되기 시작한 전기서비스, 1900년대 들어 시작된 대양횡단 해저케이블로 장거리 통신서비스 등이 각국으로 확산되면서 서비스산업과 서비스상품의 분류에 대한 연구가 세계적으로 활발하게 이루어졌다. 1960년대에는 소비자의 권리를 강화하는 소비자중심의 경제, 즉 컨슈머리즘(consumerism)이 등장했는데, 소비자에 대한 새로운 인식으로 서비스의 중요성이 부각되고 서비스거래가 세계적으로 점점 확대되는 시기였다. 경제의 서비스화가 진행됨에 따라 상품의 무형적 요소나 서비스상품에 대한 인식없이는 소비자의 일상생활이나 비즈니스현장에서 수행되는 다양한 사회적·경제적 현상을 설명하기 어렵게 되었다. 이 같은 흐름을 반영하여 1981년 자이사믈(Valarie A. Zaithaml)은 서비스상품을 물적상품과 구분하여 독립적인 마케팅전략을 수립하고 실행해야 한다고 주장하였다.

(2) 서비스상품의 인식과 분류

1980년대 이전까지 학자들의 상품분류체계에는 서비스상품이 별도로 포함되지 않았다. 마케팅 연구에서도 서비스는 독립적 상품이 아닌 유형의 물적상품의 거래에 수반되는 부수적 활동으로 다

그림 2-1 서비스상품을 포함한 상품의 분류체계

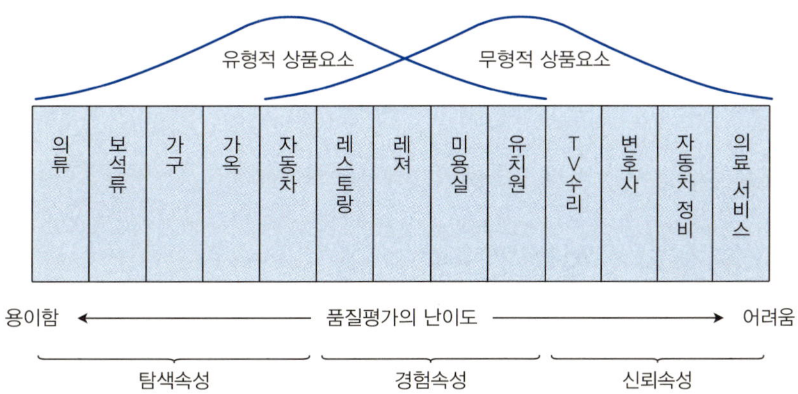

자료 : Zeithaml, V. A. "Consumer Evaluation Processes Differ Between Goods and Services," *Marketing of Services, AMA Proceeding*, 1981, p.186.

루었으나 자이사믈은 무형의 서비스를 독립된 상품으로 분류하는 서비스의 속성을 다음과 같이 정리했다. 〈그림 2-1〉은 유·무형의 모든 상품을 탐색속성, 경험속성, 신뢰속성 등의 기준으로 자이사믈이 제시했던 상품의 분류체계를 나타낸 것이다.[8)]

■ 탐색속성

탐색속성이란 상품의 기능과 규격, 품질 등의 물리적 특성이 확실하게 정해져 있어 소비자가 구매에 앞서 사전지식으로 학습하거나 상품관련 정보를 통해 품질을 쉽게 판단할 수 있는 유형의 물적상품에 지니는 속성을 말한다. 유형적 상품일수록 물리적으로 기능과 품질을 판단하는 탐색속성이 강하다.

■ 경험속성

경험속성이란 이전의 상품의 분류에서는 고려되지 않았던 상품의 특성이다, 레스토랑, 레저, 미용실, 유치원 등의 서비스가 거래되는 상품으로서 사전에 정보나 지식이 있어도 직접 경험을 하지 않으면 그 품질을 평가하기 어려운 경우가 많다. 이는 사전탐색과 실제 경험으로 서비스품질이 평가되는 유형·무형의 상품요소에 모두 해당된다.

■ 신뢰속성

신뢰적 속성은 이전의 상품분류에서는 전혀 서비스상품에 해당되지 않았던 속성으로서 사전지식이나 경험이 없거나, 심지어 서비스를 이용한 경험이 있더라도 좀처럼 정확한 평가를 내리기 어렵다. 예를 들어, 변호사나 의사의 경우 고객은 서비스의 반복적인 이용으로 서비스제공자와 관계를 구축하지만, 경험만으로 다음 서비스에 대한 결과를 예측하기 어렵기 때문에 상호 간의 신뢰관계의 구축이 필요한 속성을 지닌다.

그러나 상품의 세 가지 속성에 의한 자이사믈의 분류방식은 실제 비즈니스 구분에 적용이 어려운 한계점이 있다. 예를 들어, 상품의 유형적 속성이 가장 강은 의류상품인 경우라도 상품거래에 수반되는 반품, 교환, 환불 등의 애프터서비스(AS)로 고객의 구매 후 행동에 서비스가 뒤따라야 하며, 고가의 보석류에는 사이즈, 디자인 변경 등 개인화된 서비스가 포함되기 때문에 물적상품과 서비스상품을 분명히 구분하기 곤란한 요소도 존재한다.

4. 서비스마케팅의 선험적 연구들

레건의 연구이후 오늘날에 이르기까지 서비스경영이나 서비스마케팅 등의 연구로 학문적 발전에 기여한 초기의 학자들은 대부분 서비스마케팅에 집중했다. 서비스마케팅의 이론적 기틀을 마련한 연구자로는 러브락(Cristopher Lovelock)과 그론루스(Christian Grönroos)를 들 수 있는데, 이들은 각각 미국과 유럽에서 서비스의 실증적 연구를 통해 이론적 기틀을 다졌다.

(1) 북유럽의 연구

유럽은 정부의 시장개입이 상대적으로 적은 미국과 달리 공공서비스에 대한 정부의 역할이 상대적으로 크다. 특히 복지정책을 강화해 온 핀란드, 노르웨이, 스웨덴 등의 북유럽국가들의 서비스 연구에 대한 환경과 접근방식은 미국의 서비스연구흐름과 차이를 보인다. 사회복지제도의 강화를 통해 의료나 교육 등의 공공서비스 부문이 발달한 유럽에서 서비스연구는 핀란드의 한켄경제대학(Hanken School of Economics)의 그론루스의 연구를 통해 이해할 수 있다. 유럽을 대표하는 서비스마케팅의 연구자인 그의 연구는 레건(Regan)의 논문 〈서비스혁명〉의 영향을 받았다.[9] 1970년대 북유럽의 경제성장에 대한 서비스산업의 기여에 주목한 그론루스는 저서 〈서비스경영·마케팅〉(*Service Management and Marketing*, 1990))을 통해 독자적인 관점에서 서비스의 특성과 기존의 연구흐름을 정리하였다.

■ 서비스와 관련한 기본인식

서비스에 대한 유럽과 미국의 기본적 인식에는 차이가 없다. 연구자들은 다양한 관점에서 서비스를 물적유통의 영역으로 다루는 기존의 마케팅연구를 비판하고 서비스상품에 대한 분석과 연구가 필요하다는 문제의식은 공유하고 있었다. 그러나 국민에 대한 공공서비스를 제공하는 사회복지시스템을 배경으로 하는 점에서 그론루스의 독자적인 시각과 인식이 있다. 〈표 2-1〉은 그론루스가 서비스개념의 정의를 위해 서비스상품에 대한 속성을 물적상품과 비교하여 나타낸 것이다.

그론루스가 서비스의 무형성, 생산과 소비의 동시성, 이질성 등에 대한 특성은 러브락을 비롯한

표 2-1 서비스상품과 물적상품의 속성비교

서비스 상품	물적 상품
무형적	유형적
이질적	균질적
생산, 유통소비가 동시적임	생산과 유통, 소비의 분리
핵심가치는 판매자와 소비자가 함께 생성	핵심가치는 공장에서 생산
고객이 생산에 참여	고객은 생산에 참여하지 않음
재고가 없음	재고의 발생
소유권 이전이 안됨	소유권의 이전

자료 : Christian, Grönroos, *Service Management and Marketing*, Lexington Books, 1990, p.28.

서비스연구자들과의 공통된 인식이며, 서비스의 핵심가치로 서비스제공자와 고객 간의 상호작용(interaction)을 주목한 것도 러브락의 연구와 일치한다. 그러나 서비스상품의 생산, 판매, 소비가 동시적인 프로세스라는 점을 명확히 하고, 고객은 서비스생산에 공동으로 참여한다고 인식함으로써 서비스를 독창적으로 접근하였다. 오늘날에 비해 서비스마케팅이나 서비스경영에 대한 연구가 초기단계였던1990년대에는 국가산업구조의 중심이 제조업에서 서비스산업으로 전환되었으며, G7 등 일부 선진국에서 서비스연구가 활발히 이루어졌다. 그론루스는 서비스상품의 특성을 다음과 같이 정의하였다.

- 서비스는 무형적 성격을 지닌다.
- 서비스는 제품이 아닌 활동 또는 일련의 활동들이다.
- 서비스는 생산과 소비가 동시적으로 이루어진다.
- 서비스의 생산과정에서 고객은 생산프로세스에 어느 정도는 참여한다.

■ 약속의 교환(exchange of promises)

유럽의 서비스에 대한 기본인식에서 또 하나 주목되는 것은 '약속의 교환'으로 정의한다는 점이다.[10] 마케팅이 약속의 교환이라는 개념은 핀란드의 카로니우스(Calonius H)가 처음으로 제시하였는데,[11] 여기에서 교환이란 판매자가 고객과 관계를 맺고 고객관계를 유지·강화하는 과정이 고객에게 물적상품과 함께 서비스가 제공되는 것을 의미한다. 즉, 약속의 교환은 물적상품이나 서비스의 제공방식과 상품의 결제, 구매 후 관리, 그리고 기타의 교환과 관련한 정보 등을 포함한 종합적인 약속(a set of promises concerning)의 제공에 대한 약속으로 보는 것이다. 그론루스는 이러한 교환에서의 약속의 개념을 독자적인 서비스경영과 서비스마케팅의 연구에 도입하였다. 서비스거래에서 약속의 개념이야말로 가장 중요한 요소이고, 약속을 지키는 것을 장기적인 고객관계의 핵심요소로 보아야 한다는 것이 관계마케팅과 관련한 그론루스의 인식이었다.[12]

(2) 미국의 연구

서비스마케팅에 대한 최초인식과 관심을 촉발했던 레건의 연구에 이어 서비스마케팅 이론을 한 단계발전시킨 연구자는 러브락이다. 서비스의 특성을 규정하고 전달프로세스에 이르기까지 다양한 사례를 통해 서비스상품을 연구한 러브락의 관점은 경제의 서비스화를 바탕으로 하고 있는데, 2000년대 이전부터 서비스부문은 각국의 경제성장을 주도하고 있었다.[13] 서비스마케팅에 대한 러브락의 관심과 성과는 다음과 같이 요약할 수 있다.

■ 서비스상품의 분리

서비스에 대한 연구를 기존의 마케팅이론에서 일반상품의 물류관리의 개념과 구분하였다. 서비스가 지니는 무형성, 소멸성, 생산·소비의 동시성, 이질성 등의 네 가지를 일반적인 물적상품과 구별되는 특성으로 정리하였다.[14] 서비스의 무형성이란 경제학에서 말하는 무형재(無形財)에서 유래된 것으로 서비스상품에서는 물적상품의 규격, 디자인 그리고 색채 등과 같이 소비자들이 공통적으로 가치를 판단할 수 있는 물리적 기준이 없음을 의미한다. 소멸성이란 서비스상품은 한번 소비되면 다시 이용할 수 없음을 뜻하며, 생산과 소비의 동시성이란 서비스상품의 생산과 소비의 접점에서 동시에 이루어지는 특성을 말한다. 이질성이란 무형적 상품의 품질에 대한 고객의 평가가 동질적으로 이루어지지 않음을 의미한다.

■ 서비스의 시간적 요소

시간적 요소는 서비스상품의 품질을 결정하는 핵심요소이다. 서비스상품은 생산·제공·소비 그리고 품질평가가 동시에 이루어지므로 전달과정에서 서비스만족도는 시간흐름에 직접 영향을 받는다. 소비된 후에도 서비스상품은 물적상품의 애프터서비스와 마찬가지로 시간적 요소의 영향을 받으며, 서비스경험에 대한 평가가 다른 고객의 만족과 불만족에 영향을 끼친다. 불만족한 경우, 물적상품의 반품, 교환 등이 가능하지만 서비스상품은 되돌릴 수 없는 시간적 요소로 인해 환불과 보상 등의 방법외의 방법으로 서비스를 회복하는 노력이 필요하다. 고객이 경험한 불만족의 감정과 서비스에 대한 부정적인 인식을 해소하는 것이 어려우며, 이는 고객의 재구매, 잠재적 고객의 확보 등 서비스기업에 부정적인 영향을 미친다.

■ 렌탈방식의 서비스

러브락은 스톡홀름대학의 구메슨(Evert Gummesson)과 공동연구를 통해 서비스의 소유권 이전이 없는 특성을 규명하였다.[15] 호텔숙박, 법률상담이나 물리치료, 콘서트관람 등과 같은 서비스상품은 서비스제공자로부터 다양한 서비스상품을 구매하더라도 시간적 이용에 한정될뿐 상품의 소유권은 이전되지 않는다. 물건의 사용, 노동력이나 지식의 확보, 설치나 네트워크이용의 권리를 렌탈형식으로 제공받는 거래를 러브락과 구메슨은 서비스상품의 일반적 특성으로 추가하지는 않았으나 새롭게 주목할 필요가 있다고 보았다. 그러나 노동력이나 지식의 경우, 렌탈의 개념이 한정되지 않고 특정분야의 전문지식이나 기술을 바탕으로 타인의 일을 대행하는 전문서비스의 영역에서 다루어진다. 즉, 변호사에게 법정대리인 역할을 맡기거나 세무사에게 세무처리를 의뢰하는 행위는 렌탈보다 전문서비스를 구매하는 것이며, 시스템이나 네트워크를 사용하는 경우에도 전문지식이나 기술을 가진 전문서비스를 구매하는 것에 해당된다.

■ **인간관계의 중요성**

서비스의 거래관계에서 인간관계는 중요한 요소이다. 앞서 설명한 렌탈이나 대행서비스의 경우에도 상대방의 존재와 신뢰관계가 구축되어야 가능하다. 서비스상품의 거래는 상대방의 존재와 상호신뢰관계를 전제로 성립된다. 서비스상품을 주고받음으로써 거래당사자들이 상호이익을 얻도록 하는 인간관계의 형성은 고객서비스의 명제가 된다. 인적요소의 비중이 높은 대면적 서비스일수록 고객과의 인간관계는 서비스상품의 핵심요소가 된다.

제2절 서비스경영의 개념

서비스경영의 독립적인 학문의 영역으로 인식된 것은 1980년대 들어서다. 서비스경영의 개념은 경영컨설턴트이자 미래학자인 칼 알브레히드(Karl Albrecht)와 론 젬키(Ron Zemke)의 저서 〈서비스 아메리카(*Service America*, 1985)〉를 통해 처음으로 소개되었다. 서비스경영이론의 기초를 제공한 이들의 집필에는 두 가지 동기가 영향을 미쳤다. 하나는 〈최고를 찾아서(*In Search of Excellence*, 1982)〉라는 저서였으며, 다른 하나는 1980년대 초 스칸디나비아 항공(SAS)의 서비스혁신을 통한 경영회복사례였다.

1. 서비스 혁신사례연구

산업이 고도화되면서 산업계에서는 시장의 요구를 만족시키기 위해 다양한 형태의 서비스가 개발·운영되어 왔다. 그러나 서비스의 개념과 행동원리에 대해 주목한 학문적 접근은 1980년대 들어 고객만족(CS)개념의 정립을 계기로 활발해졌으며, 서비스경영이 실천학문의 한 영역으로 자리잡았다. 서비스경영의 이론적 발전에 공헌해 온 서비스 혁신사례와 대표적인 연구자들의 연구내용을 살펴보자.

(1) 피터스와 워터만의 초일류 기업연구

피터스와 워터만(Thomas J. Peters & Robert H. Waterman, Jr)은 성공적인 서비스를 구현한 기업들의 사례를 통해 신속한 행동과 고객서비스, 경영혁신, 구성원들의 참여 등의 성공요건을 정리했다. 특히 "많은 경영자들이 기본을 제대로 보지 못하고 있다. 신속한 행동과 고객서비스, 실질적인 혁신, 구성원들의 실천없이는 어느 것도 얻을 수 없다는 사실"을 전제하고, 고객에 대한 집중과 효과적인 리더십, 경영기술의 결합이 새로운 경영의 핵심요소임을 입증함으로써 서비스경영의 이론적 기초에 공헌하였다.[16)]

■ 8가지 성공요소

1982년에 출간된 저서 〈최고를 찾아서(*In Search of Excellence*)〉에서는 1961년부터 1980년까지 혁신에 성공한 미국의 62개 초우량기업을 대상으로 경영특성을 규명했다. 이들은 자신들이 속한 맥킨지컨설팅그룹의 연구데이터를 조사한 결과, 혁신에 성공한 기업은 과거의 관습에서 탈피해 탁월한 경영방식을 채택하고 있음을 발견했는데, 오늘날에도 기업경영의 지침이 되고 있는 초일류기업의 성공조건은 다음과 같이 8가지 요소로 요약된다.[17)]

- **행동을 최우선으로 한다**(a bias for action) : 조직관리에 있어 사전분석과 계산보다 행동을 더 중시한다. 초일류기업들은 경영체계와 목표를 단순화하고 개방적인 커뮤니케이션 채널을 운영하며 소집단활동, 실험의욕을 고취하며 조직의 관료화를 경계하고 단순한 운영을 선호한다.
- **고객에게 밀착되어 있다**(staying close to the customer) : 고객이 욕구를 파악하고 이를 충족시키는데 노력을 집중한다. 경영층은 고객의 접점조직과 직원에 대해 관심을 집중하며, 고객에 대한 태도와 서비스품질을 부단히 평가하고 피드백한다. 이를 통해 시장을 세분하고 고객정보를 활용하여 틈새시장을 만든다.
- **자율성과 기업가정신이 투철하다**(autonomy and entrepreneurship) : 기업에 공유된 가치를 구현하는 롤모델(role model)을 적극적으로 육성하고 공식적 · 비공식적 의사소통채널을 활성화하며 이를 지원함으로써 자율성을 보장하고, 내부경쟁을 통해 조직을 관리한다. 위험이 수반되는 새로운 시도에 대한 실패는 원활한 의사소통으로 최소화하고 구성원의 창의력과 기업가정신을 고취한다.
- **사람을 통해 생산성 향상을 추구한다**(productivity through people) : 직원에게 자율적으로 판단 · 행동할 권한을 부여함으로써 사람을 통한 생산성 향상을 도모한다. 인간의 감성과 인격을 존중하고 그들의 직무만족이 곧 생산성을 결정하는 요소로 인식하고, 조직의 구조와 운영체계, 핵심가치 등에 구체화시킨다. 이들 기업에서는 업무성과뿐 아니라 아이디어의 제안, 근무태도 등에 대해서도 충분한 보상을 한다.
- **가치를 공유하고 이를 실천한다**(hands-on, value driven) : 기업의 생존과 발전을 위해 회사의 모든 방침과 행동의 바탕이 되는 신념과 가치를 실천한다. 이들 조직의 리더들은 현장경험이 풍부하며 대부분의 시간을 현장에서 보냄으로써 가치의 파급을 극대화한다. 현장참여는 비공

식적으로 이루어지며, 격식없는 회의를 통해 구성원들이 가치를 공유하도록 한다.

- **주력사업에서 크게 벗어나지 않는다**(stick to the knitting) : 모든 기업은 사업영역을 확장하려는 성장의 욕구로 인해 다각화를 시도하지만 초일류기업들은 사업확대를 추구하면서도 주력사업을 충실히 한다. 성장의 동력을 내부의 노력에서 찾고있으며, M&A를 시도하면서도 주력기업과 사업의 성격을 바꾸지 않고 쉽게 동화될 수 있는 작은 기업을 대상으로 한다. 사업을 확대하면서도 본업을 놓지 않는 것은 뜨개질하면서 다른 일을 하는 행동에 비유된다.
- **간소한 절차와 조직을 지향한다**(simple form, lean staff) : 기업의 규모가 확대될수록 더 많은 규칙과 절차, 규정이 수반되는 특성으로 인해 조직의 활력이 저하될 수 있다. 초일류기업들은 이러한 문제로 인해 관리계층의 축소, 사업부제운영 등을 통해 단순·명료한 관리체계를 구축하여 하부단위조직의 유연성과 유효성을 극대화한다.
- **통제와 방임의 균형있는 규율이 있다**(simultaneous loose-tight properties) : 통제와 자율성을 동시에 추구하는 모순의 지혜를 발휘한다. 기업의 중심가치와 목표설정, 업적평가 등을 엄격히 통제하는 반면 사소한 현장의 절차나 규정에 대해서는 자율적 결정에 맡김으로써 환경변화에 조직적으로 대응하면서 고객과 밀접한 관계를 유지한다. 통제와 방임의 병행으로 불필요한 통제를 줄여 조직의 유연성을 높이면서 상위개념의 조직관리에는 일관성을 유지한다.

■ 고객소통의 가치인식

초일류기업들의 공통적인 성공요인을 규명한 피터스와 워터만의 연구를 계기로 미국의 산업계는 고객의 기대와 고객의 소리(voice of customer, VOC)에 주목하기 시작했다. 고객과 소통하는 VOC채널이 중요한 이유는 다음과 같다. 첫째, 고객과 만나는 순간을 이해하고 고객의 관점에서 '고객경험의 주기'를 구체화할 수 있다. 둘째, 시장뿐 아니라 개인의 변화하는 요구, 소망, 기대에 부응할 수 있다. 당시 IBM은 이를 '고객의 학습곡선 따라잡기'라고 불렀으며, 시장조사를 경영의 핵심으로 다루었다. 오늘날 고객관계경영(CRM), 퍼스널마케팅, 데이터분석, 시장세분화 등은 모두 고객의 말에 귀를 기울이는 데서 출발하였다. 셋째, 상품계획, 서비스전달 등 마케팅의 혁신을 위해서는 고객을 직접 상대하는 접점직원들로부터 새로운 아이디어 발굴이나 개발에 도움을 받을 수 있기 때문이다. 끝으로 신규고객을 확보할 기회가 된다. 예를 들어, 제공된 서비스에 대해 고객의 경험에 귀 기울이는 태도는 서비스개선에 대한 신뢰감을 가져와 고객이탈을 막고 구전을 통해 새로운 고객을 창출하는 효과가 있다.

(2) 스칸디나비아 항공(SAS) 서비스혁신

서비스경영이 유럽의 스칸디나비아에서 출발했다는 사실은 흥미롭다. 그러나 중요한 것은 서비스에 종사하는 사람들이 서비스에 대한 롤모델(role model)을 늘 필요로 한다는 사실이다. 서비스경영이 등장했을 당시에도 산업현장에서는 서비스의 패러다임을 요구하고 있었다. 물론 스칸디나비아 기업들이 서비스우위나 창의적 서비스경영을 독점하고 있는 것은 아니었다. 그러나 스칸디나비아 항공(SAS)의 성공사례가 주목받는 것은 고객서비스와 서비스경영의 패러다임을 제시했기 때문이다.

■ 얀 칼슨의 서비스혁명

1980년대 초 경기침체로 세계 항공업계는 경영난에 빠졌다. SAS 역시 1981년 당시 800만 달러라는 대규모의 적자를 기록하고 있었다. SAS의 이사회는 당시 39세의 나이로 SAS의 계열사 사장을 맡고있던 얀 칼슨(Jan Carlson)을 CEO로 임명했다. 그는 마케팅부서 출신으로서 SAS의 경영을 개선하는 과정에서 마케팅경험을 적극 활용했다. 다른 항공사들이 경영난극복을 위해 비용절감에 치중한 반면, 얀 칼슨은 종전의 광고나 요금할인, 비용절감방식보다는 '고객이 원하는 것'에 집중하는 전략을 택했다. 스웨덴의 경영컨설턴트인 리처드 노만(Richard Normann)의 참여로 SAS서비스 경영철학의 핵심이 된 '진실의 순간(Moment of Truth)'이라는 개념을 도입했다. 경영회생을 위해 혁신적 서비스를 도입한 결과 SAS는 단 1년만에 흑자전환에 성공하였으며, 그해 '올해의 항공사'로 선정되었고 유럽에서 가장 시간을 잘 지키는 '비즈니스맨의 항공사'라는 명성을 얻었다. 당시 SAS가 거둔 서비스혁신의 초점은 서비스접점이었다.

고객만족을 궁극적인 목표로 정하고 직원들에게 "당신이 지금 판매하고 있는 서비스가 고객이 원하고 있는 것인지를 확인하라(Make sure you are really selling what the customer wants to buy)"는 명료한 슬로건으로 경영철학을 공유토록 했다. 회사의 모든 관심은 접점서비스에 집중되었으며, 모든 부서는 고객서비스의 지원체제로 전환했다. 고객지향적 기업문화가 정착되면서 서비스패키지의 프로세스에서 고객의 모든 서비스경험을 '진실의 순간'으로 규정하고 이 개념은 전사적으로 공유되었다. "SAS는 당신이다. 고객이 느끼는 모든 진실의 순간마다 당신이 곧 회사다. 고객의 만족을 위해서는 회사의 규정이나 정해진 틀에 머물지 말고 그들의 진정한 욕구가 무엇인지를 판단하고 대응하라." 이와 같은 회사방침은 모든 업무처리를 고객본위로 할 것이냐 혹은 회사본위로 해야 할 것이냐 하는 순간마다 망설임없이 고객중심으로 사고하고 행동하라는 경영철학이었다.

"우리 회사는 하루 5만번씩 진실의 순간을 맞이한다." 현장이 왜 중요한지에 대한 얀 칼슨의 이 표현은 오늘날에도 서비스경영의 핵심인 고객경험과 접점서비스의 중요성을 잘 나타낸다.

■ 서비스경영의 이론적 기여

SAS의 서비스혁신은 오늘날 서비스경영의 이론적 발전에 다음과 같이 세 가지 측면에 기여하였다.[18] 첫째, 고객가치(customer value)를 인식하는 계기가 되었다. SAS의 서비스혁신은 고객의 가치에 대한 개념을 탄생시켰다. 고객을 만족시키는 서비스는 이익창출을 통해 기업의 경영성과에 실제로 긍정적인 영향을 미친다는 점이다. 즉, 서비스 지향적인 기업은 상대적으로 더 많은 고객가치를 창출함으로써 기업이윤을 증대시킨다. 실제로 미국의 기업들을 표본으로 수행된 실증연구에 따르면, 고객서비스 품질이 높은 상위 20%인 기업집단은 하위 20%인 기업집단에 비해 낮은 시장점유율과 높은 가격수준에도 불구하고 매출액이익률이 월등히 높게 나타났다.[19]

둘째, 고객기대와 서비스품질을 인식하는 계기가 되었다. 이와 같은 인식의 전환은 고객만족의 개념을 구체화하였다. SAS의 서비스기대충족에 대한 노력은 이후 서비스품질에 대한 연구의 계기가 되었는데, 1988년 파라수라만(A. Parasuraman)과 자이사믈(Valarie Zeithaml), 베리(Leonard L. Berry) 등은 올리버(Richard L. Oliver)의 기대-불일치이론을[20] 이용하여 서비스품질평가를 위한 SERVQUAL 모형을 개발하였으며,[21] 이를 계기로 고객기대와 서비스품질에 대해 활발한 연구가 이루어졌다.

셋째, 고객경험의 관리개념이 등장하였다. 이는 고객만족의 개념을 고도화한 개념으로서 고객의 경험을 통해 서비스가치의 극대화를 지향하기 위한 것이다. 서비스가 제공되는 모든 과정에서 고객이 인지하는 모든 부분적 경험들은 서비스의 가치를 결정하는 요소가 된다. 이러한 고객경험의 관리는 서비스경영의 핵심을 구성한다. 실제로 사우스웨스트 항공(SWA)에서는 '고객이사'라는 임원제도를 운영하고 있으며, 리츠칼튼호텔에는 서비스품질관리 전담임원을 배치하고 있다. 이들의 기본적 임무는 핵심적 상품이나 서비스의 전달과정에서 구현되는 모든 활동이 고객에게 편안하고 좋은 추억으로 남도록 하는 것이다. 이러한 실천적 경영은 SAS의 혁신과정에서 처음 소개되었다.

■ 진실의 순간(Moment of Truth, MOT)

서비스품질을 설명하는 용어 중 하나인 MOT는 칼슨이 1987년에 집필한 '진실의 순간(*The Momeat of Truth*)'의 발간을 계기로 빠르게 보급되었다. MOT는 다음과 같은 두 가지 관점에서 접근한 개념이다. 첫째, 서비스품질은 MOT사이클의 전체관점에서 관리되어야 한다. 결정적 순간이란 고객이 조직과 접촉하는 모든 접점에 발생하므로 조직이나 단위활동에 대해 어떤 인상을 받는 순간이나 사상이 모두 해당되며, 결정적 순간들이 축적되어 서비스전체의 품질을 결정한다. MOT가 중요한 또 다른 이유는 고객이 경험하는 서비스품질이나 고객만족의 결정과정에 소위 '곱셈의 법칙'이 적용된다는 점이다. 즉, 수많은 MOT 가운데 어느 한 가지의 부정적 경험으로 인해 고객이 이탈할 수도 있기 때문에 MOT는 모든 서비스전달과정에서 관리해야 한다. 둘째, MOT는 고객의 입장에서 관리되어야 한다. 서비스담당자의 흔한 오해 중 하나는 자신의 경험으로 고객의 기대와 요구를 고객보다 더 잘 알고 생각한다는 점이다. 종종 서비스제공자의 믿음과 고객의 시각이 일치하지 않는다. 다음의 예는 이러한 차이를 보다 잘 보여준다. 컨벤션센터나 호텔에서 열리는 세미나의 휴식시간에 먼저 고려해야 할 5가지 요소를 조사했다. 연회담당매니저를 대상으로 질문한 결과 따뜻하고 향이 좋은 커피와 기타 다과류(롤, 머핀, 신선한 과일, 주스 등), 잘 꾸며진 서비스 장소, 깨끗하고 흠집없는 찻잔과 식기, 깨끗한 테이블배치 등을 우선순위로 응답했다. 그러나 세미나참석자들은 커피나 홍차의 준비, 신속하게 이동할 수 있는 장소, 화장실을 쉽게 이용할 수 있는 위치, 자신의 사무실과 손쉽게 통화할 수 있는 전화기, 다른 참석자들과 대화하기 충분한 공간 등의 순으로 중요도를 높게 평가했다.

(3) 칼 알브레히트와 론 젬키의 서비스경영론

■ 탁월한 서비스조직의 특징

서비스경영이 성공하기 위한 기본요소로서 고객가치, 서비스의 가치창출, 진실의 순간, 서비스주기, 서비스전략 등의 개념이 필요하다. 서비스의 목적은 고객이 경험하는 '진실의 순간을 긍정적으로 인식'하도록 만드는 데 있으며, 탁월한 서비스조직에는 다음과 같은 네 가지 특징이 있다. 첫째, 조직이 진실의 순간을 충분히 공유한다. 진실의 순간은 고객이 조직의 어떤 단면과 접촉하여 제공되는 서비스의 품질에 대한 인상이 형성되는 모든 접점이다. 진실을 확인하는 어느 한순간에 고객의 인정을 받을 수도 있고 잃을 수도 있다. 둘째, 잘 고안된 서비스전략이 존재한다. 서비스전략은 서비스조직이 스스로 개발·발전시킨 통합적인 아이디어로서 경쟁사와 차별화하는 요소로서 조직구성원들의 관심을 고객에 우선하도록 만든다. 공유된 전략은 일종의 슬로건이자 복음으로서 고객에게 전달하는 메시지의 핵심이다. 셋째, 고객친화적 시스템이다. 서비스전달시스템은 전략과 서비스패키지에 기초하여 조직의 자원을 배분하는 수단이다. 서비스담당자를 지원하는 전달시스템은 조직보다 고객의 편의를 우선하여 설계되며, 정책과 시설, 절차와 방법, 커뮤니케이션 프로세스는 모두 고객에 초점이 놓인다. 넷째, 접점직원들의 서비스역량이다. 현장의 직원들은 잘 훈련되고 동기부여가 된 인력으로서 지식, 정책, 문화를 통해 고객의 이익을 대신할 권한을 부여받고 있다. 이는 서비스의 반응, 친절, 자발성을 높여 고객의 만족도를 제고시킨다.

■ 서비스 트라이앵글

서비스경영은 어떻게 접근해야 하는가? 서비스관리자는 어떻게 수많은 진실의 순간에서 고객이 경험하는 서비스의 가치를 극대화할 수 있을까? 서비스경영의 사고를 위한 기본틀이 존재할 때 서비스는 원활하게 작동할 수 있다. 알브레히트와 짐케는 기업과 고객 간의 관계를 삼각형(triangle) 구조의 메커니즘으로 서비스전략, 서비스시스템, 현장직원으로 구성되는 이 모델은 비즈니스운영을 설명하는데 전통적인 조직도와 달리 고객을 비즈니스의 중심에 놓고 각 서비스를 담당하는 요소 간의 관계를 설명하며, 기업이 서비스를 위해 어떻게 조직되고 운영되어야 하는지를 나타낸다.

서비스 트라이앵글은 서비스전략, 서비스담당자, 그리고 서비스제공의 지원시스템의 역할과 상호작용을 나타낸다. 〈그림 2-2〉의 선은 요소 간의 영향력을 의미한다. ①은 서비스전략이 고객의 핵심적 요구와 구매동기를 반영하여 수립되어야 함을 나타낸다. 이를 위해서는 현재 제공되는 서비스에 대해 고객의 마음속에서 무슨 일이 벌어지고 있는지를 파악하는 것이 중요하다. ②는 고객에게 서비스전략을 전달하는 프로세스를 의미한다. 독특하고 좋은 서비스라 하더라도 이를 고객이 인식할 수 있도록 하는 것이 서비스의 성패를 결정한다. ③은 서비스접점에서 고객과 서비스담당자 간의 상호작용을 나타내며, 고객이 서비스를 경험하는 진실의 순간에 해당된다. 서비스접점에서 이루어지는 대면 또는 비(非)대면방식의 상호작용은 서비스경험을 통해 가치가 창출되는 핵심요소이다. ④는 고객과 그 서비스를 지원하는 시스템과의 관계를 나타내고 있다. 서비스시스템에는 물리적 요소뿐만 아니라 추상적인 요소들도 포함된다. 현장에서 종종 부정적으로 드러나는 진실의 순간들은 서비스제공시스템이 제대로 작동하지 않거나 난해함으로써 발생한다. 고객의 요구가 서비스전달시스템의 설계과정에 충분히 반영되지 않을 경우, 서비스는 평범해지고 고객의 기대에 못 미치게 된다. 예를 들어, 불편하거나 이상하게 생긴 식당테이블, 작성하기 어려운 문서양식, 복잡하고 혼란스러운 건물구조, 담당자연결이 불편한 전화, 문제의 처리를 고객에게 떠넘기는 행정프로세스 등은 서비스전달시스템이 제대로 작동하지 않는 사례들이다.

서비스 트라이앵글의 바깥쪽에 있는 세 개의 선은 서비스를 제공하는 요소 간의 상호작용을 나타낸 것이다. ⑤는 직원과 시스템 간의 관계를 나타낸다. 조직에서 현장직원들은 종종 비합리적인 행정적 절차나 업무배치, 과도한 업무규제, 부적절한 시설 등으로 인해 고객이 원하는 서비스를 제공

그림 2-2 서비스 트라이앵글

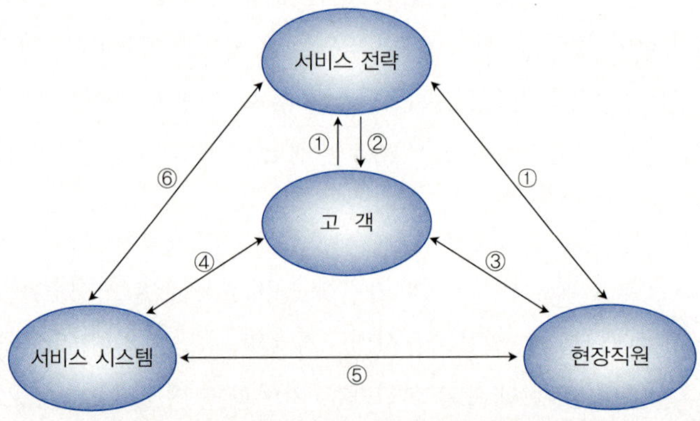

자료 : Albrecht Karl and Ron Zemke, *Service America in the New Economy*, Revised ed., McGraw Hill, 2002, pp.41-42.

하지 못하는 상황에 직면한다. 접점의 직원들은 관리자보다 자신들의 일상적 업무와 관련하여 시스템의 개선점과 개선방안을 더 많이 알고 있다. 직원들이 현장에서 경험하는 문제를 회사에 전달하는 커뮤니케이션 채널의 운영이 중요하다. ⑥은 서비스전략과 시스템을 연결하는 선은 물리적, 행정적 시스템의 설계와 배치 등이 서비스전략의 수행에 적합해야 함을 시사한다. 조직에서는 종종 변화에 대한 저항이 존재하므로 전략의 수립과정에서 시스템의 적합성을 충분히 고려해야 한다. ⑦은 서비스를 전달하는 직원들은 경영철학을 공유하고 서비스전략에 충실해야 함을 의미한다. 고객과의 접점에서는 서비스요소의 우선순위가 명확해야 서비스품질에 효과적으로 집중할 수 있다.

(4) 서비스경영의 성과에 대한 실증연구들

1980년대 들어 고객만족에 성공한 새로운 서비스기업들이 등장하면서 경영의 초점은 생산자중심에서 고객중심경영으로 이동했다. 새로운 고객기대, 이를 규명한 실증연구, 그리고 새로운 아이디어가 개발되었다. 서비스경영이론의 발전을 촉진한 실증연구에는 세 가지 주제가 흐름을 형성하고 있다.[22]

① 수익성 향상효과

칼 알브레히드와 론 짐케는 자신들의 저서(1985)를 통해 서비스지향적 경영이 수익성에 긍정적인 효과가 있다고 주장했다. 이들의 직관적 주장과 실증사례들은 후속적인 실증연구들을 통해 입증되었으며, 버젤과 게일(Robert Buzzell & Bradley Gale)은 〈PIMS 원칙(1987)〉에서 고품격의 고객서비스를 제공하는 것이 기업에 큰 이익을 가져다 준다는 사실을 밝혔다.[23]

이들의 실증연구에 따르면, 표본기업의 상위 20%에 속하는 서비스품질을 제공하는 기업들은 평균 12%의 매출액 대비 수익률((Return On Sales, ROS)을 기록하였으며, 낮은 서비스를 제공하는 하위 20%의 기업들의 ROS는 평균 1~3%에 불과하고 시장점유율과 가격 인덱스가 모두 낮은 것으로 나타났다. 라이히헬드와 세서(Frederick Reichheld & Earl Sasser)는 고객과의 관계가 오래 유지될수록 더 많은 수익이 발생하고 있음을 실증했다.[24] 다양한 서비스직종에서 수집된 자료를 분

표 2-2 고객가치집중의 경제학

구 분	고객가치가 높은 기업	고객가치가 낮은 기업
매출 수익율	12%	1~3%
시장 점유율	6%	12%
상품가격수준	110%	98%

자료 : Karl Albrecht and Ron Zemke, *Service America in the New Economy*, McGraw Hill, 2003, p.80.

석한 이들의 논문은 기업이 고객이탈률을 줄일경우, 수익이 급격히 증가하는 것을 입증했다. 12개 산업분야에서 100개가 넘는 기업을 분석한 결과 고객이탈을 단 5%만 줄여도 수익이 25~85%까지 향상되며, 충성도가 높은 고객은 장기적으로 더 많은 매출을 발생시키는 반면, 이탈하는 고객을 메우기 위해 새로운 고객을 유치하는 비용보다 적게 들기 때문에 마케팅비용이 절감된다. 무엇이 이들 고객을 계속해서 불러들이는가? 핵심제품이나 서비스를 둘러싼 모든 것이 영향을 미친다. 얼마나 좋은 서비스를 받고 커뮤니케이션이 잘 되는지, 문제가 어떻게 해결되는지, 고객의 경험이 장기적 관계를 장려하는 방식으로 관리되고 있는지에 따라 고객의 충성도가 결정되기 때문이다.

② 비용절감효과

실증연구의 또 다른 주제는 고객관리비용의 분석이었다. 신규고객의 확보비용과 기존 고객의 유지에 드는 비용을 비교함으로써 서비스를 통한 고객만족의 경제적 가치를 분석하고자 하였다. 아더 리틀(Arthur D. Little)은 서비스의 실패비용을 연구했다. 이들은 중간구매자 그룹을 대상으로 "거래처가 당신을 실망시킬 경우 어떤 행동을 취하는가?"라는 질문에 대해 응답자의 28%가 당장 거래량을 줄이겠다고 답했으며, 당장 거래를 중단할거라는 응답도 18%에 달했다고 분석했다.

〈그림 2-3〉은 고객의 확보와 유지에 드는 비용이 시간이 지남에 따라 어떻게 달라지는가를 나타낸다. 처음 신규고객을 확보하는데 소요된 비용에 비해 고객의 유지기간이 길어질수록 매출에 대한 기여 외에도 고객만족으로 인한 추가적 구매가 이루어지며, 고객의 충성도로 인한 정가판매의 프리미엄과 반복구매로 인한 관리비용의 절감, 그리고 평판의 형성에 따른 추가적 고객확보 등

그림 2-3 고객의 유지비용과 손익지수(Index)의 변화

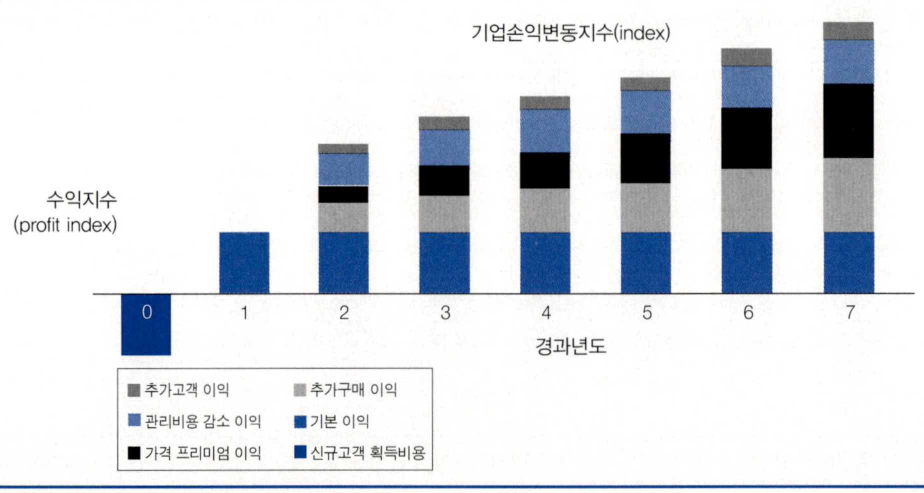

자료 : Albrecht Karl and Ron Zemke, *ibids*, p.44.

표 2-3 공급업체의 실망에 대한 구매업체 담당자의 반응

질문 : 거래처가 당신을 실망시킬 경우 어떤 행동을 취하겠는가?
응답 : • 거래를 줄이겠다 28%
• 불만을 말하겠다 26%
• 모든 관계를 끝내겠다 18%

자료 : Albrecht Karl and Ron Zemke, *ibids*, p.45.

에 따른 이익이 더 크며 시간이 지남에 따라 이익은 비례적으로 증가한다.

1990년대 들어 고객서비스에 대한 관심은 서비스에 대한 조사와 품질평가로 이어졌다. 서비스품질을 평가하는 방법과 모형은 미국 텍사스주에 위치한 소매학연구센터(Center for Retailing Studies)와 파라수라만, 자이사믈 베리(A. Parasuraman, Leonard L. Berry, & Valarie Zeithaml) 등 세 명의 학자가 발표한 논문에서 출발했다. 이들은 서비스품질(SERVQUAL)평가모델을 통해 고객이 인식하는 서비스품질의 80%가 신뢰성과 설득성, 반응성, 공감성, 유형성 등의 5가지 요소에 의해 결정되고 있음을 확인하였다. 이어 비영리기관과 정부기관에서 서비스품질에 관심을 갖게 되었으며 많은 학자들이 평가모형을 수정하고 발전시켰다.

③ 고객경험의 관리

주차장, 매표소, 옷 보관소 등에서 일어나는 일은 콘서트무대에서 벌어지는 연주만큼 고객만족과 유지에 중요한 요소가 된다. 고객의 만족을 위한 고객경험의 관리(experience management)라는 주제는 오늘날 서비스경영의 한 분야로 연구자들의 관심을 끌고 있다. 제품이나 서비스의 전달과정의 모든 요소가 고객에게 편안하고 좋은 추억으로 남도록 하는 것이 고객경험관리의 핵심이다. 예를 들어, 정부기관에서 하루종일 건축허가나 사업자등록의 갱신을 위해 시간과 노력을 낭비한 경험이 있다면 고객의 경험이 긍정적으로 관리되지 못한 경우이다. 월트디즈니월드나 유니버설스튜디오의 어드벤처테마파크에서 보낸 하루는 정반대의 결과가 될 수 있다. 고객경험의 관리방식과 사례연구, 지침 등에 관한 저서가 오늘날에도 수없이 많이 발간되고 있는데, 이는 서비스산업에서 접점의 서비스가 중요함을 시사한다. 파인과 길모어(Joseph Pine & James Gilmore)는 저서 〈체험경제(*The Experience Economy*, 1998)〉를 통해 직장은 곧 연출이 구현되는 극장이며, 모든 비즈니스는 무대에 올려지는 것이라고 비유하였다. 고객경험에 대한 연구는 기업의 서비스접점에 초점을 두고 있다.

2. 서비스경영이론의 발전과 연구의 흐름

(1) 서비스경영의 등장

서비스경영의 개념이 스칸디나비아에서 등장한 배경에는 당시에도 산업계에서는 서비스에 대한 새로운 패러다임에 대한 요구가 있었다. 1980년대 서비스경영의 등장했던 당시에는 유럽뿐 아니라 미국을 비롯한 각국의 기업들이 탁월한 서비스와 고객지향적 경영으로 명성을 쌓고 있었다. 예를 들어, 메리어트 호텔체인은 서비스 이미지구축에 막대한 자금을 투자하고 있었으며 자매회사인 리츠칼튼호텔은 서비스품질에서 세계적인 평판을 쌓고 있었다. 맥도날드의 패스트푸드체인은 '품질, 서비스, 청결, 가치'라는 사훈에 걸맞게 높은 수준의 서비스를 제공함으로써 패스트푸드업계의 서비스표준이 되고 있었다. 새로운 개념의 테마파크를 창조한 월트디즈니 역시 완벽한 고객서비스를 제공하고 있었다. 당시 서비스전문가들은 디즈니의 직원들과 경영연수프로그램을 분석하면서 그 안에 마치 마법과 같은 주문이 숨어있다고 평가했으며, 이 회사의 서비스방식을 소개하는 저서들이 출판되고 있었다. 탁월한 서비스경영을 구현하는 기업들이 급증하면서 론 젬키 등은 당시 100개의 일류서비스 기업을 선정하는 저서를 집필했다.[25] 칼 알브레히드와 론 젬키는 조사연구를 통해 성공적인 기업은 적어도 서비스에 대한 확실한 모델을 갖고 있으며, 경영자들은 뛰어난 서비스에 대해 확실하고 이해하기 쉬운 정의를 내리고 있다고 주장했다. 실제로 각 조직은 나름대로 서비스를 실천하는 독특한 방식을 개발하고 있었으며, 이들의 서비스는 얀 칼슨이 구현했던 서비스철학과 일치하고 있었다. 따라서 SAS의 '서비스혁명'은 서비스경영의 개념을 새롭게 인식하는 계기가 되었다. 서비스경영은 무형의 상품을 대상으로 하는 항공사, 은행과 호텔, 외식업, 리조트, 테마파크, 병원, 공공시설, 금융기관, 교육기관, 정부서비스기관 등의 모든 산업계로 빠르게 확산되었으며, 물적상품을 생산·판매하는 일반산업에서도 서비스의 개념이 필수적인 요소로 인식되기 시작했다.

(2) 서비스경영이론의 태동

서비스경영의 많은 부분은 경영학에 이론적 토대를 두고 있으므로 학문적 발전은 산업현장의 혁신사례와 이를 체계적으로 연구한 경영이론의 발전과 밀접한 관련이 있다. 스칸디나비아 전역에서 다양한 분야의 전문가와 학자들은 SAS의 얀 칼슨(Jan Carlson)이 성공한 서비스혁신의 경영철학과 방식을 분석한 후 새로운 패러다임요소를 규명했다. 서비스조직의 경영에 대한 이 새로운 방식은 입을 통해 전해졌고 그동안 산업과 마케팅관점에서 연구되어 온 서비스의 경영사례가 주목받으면서 서비스경영이론이 체계화되었다. 이 이론은 그론루스(Christian Grönroos) 등에 의해 정립되었으며, 산업계에서는 많은 서비스기업의 경영자들이 서비스혁신에 도전했다. 이들의 관심은 "서비스경영의 핵심요소는 무엇인가? 어떻게 서비스업계에 적용할 수 있을까?"에 집중되었는데, 이와 관련한 저서와 기록물, 학술연구와 세미나가 활발히 이어지면서 서비스경영은 스칸디나비아에서 새로운 조류를 형성했다. 서비스경영이란 용어와 이와 관련된 개념을 스칸디나비아의 경영대학원과 연구소들이 경영경제학의 학위과정에 서비스경영을 독립적인 전공영역으로 설치하기에 이르렀으며, 산업계에서는 CEO와 관리자를 위한 세미나에서 가장 인기있는 주제가 되었다.

(3) 이론적 발전

1980년 들면서 고객서비스(customer service)를 연구의 중심에 놓고 서비스경영에 대한 본격적인 연구가 시작되었다. 상품과 기업에 대한 소비자의 선택을 결정하는 고객만족의 개념이 기업의 생존과 발전을 결정하는 핵심적 요소로 인식되면서 고객서비스에 대한 관심이 점차 모든 산업으로 확산되었기 때문이다. 이와 같은 조류에 따라 서비스경영을 위한 연구의 대상과 접근방법이 새롭게 인식되었는데, 미국에서는 1987년 보스턴에서 열린 DSI(Decision Sciences Institute) 컨퍼런스에서 학문분야로 처음 자리잡았다. 1989년에는 최초의 서비스학술지인 '*International Journal of Service Industry Management*'가 발간되었고, 1990년에는 프랑스에서 서비스경영에 관한 국제연구세미나(The First International Research Seminar in Service Management)가 열렸으며, 학술지 '*Journal of Service Research*'가 1998년 처음 발간되면서 서비스분야의 선도적 학술지가 되었다. 한편, 경영학분야에서는 서비스를 계량적으로 접근하는 *Manufacturing and Service Operations*(1999), *International Journal of Services and Operations*(2006), *Service Business*(2007) 등의 전문학술지가 연이어 등장하였다. 경영과학분야의 최대학회인 INFORMS는 2011년부터 *Service Research*라는 학술지를 발간하고 있다. 서비스연구 초기의 관심은 산업계의 요구가 늘어나면서 다양한 분야로 확대되었다. 이와 같은 연구의 흐름은 마케팅차원의 고객만족을 위한 행위론적 접근과 생산 및 경영과학의 영역에서 운영관리에 대한 계량적 접근으로 분화되었다.

(4) 서비스연구의 두 가지 흐름

서비스연구에 대한 초기인식은 서비스산업에 대한 거시적 측면에 머물렀으나 연구의 관심이 마케팅과 서비스운영관리의 관점에서 서비스기업 전반으로 이동하면서 연구의 영역이 확대되었다. 오늘날 서비스연구의 흐름은 고객서비스에 초점을 둔 행위론적 접근과 서비스운영관리에 초점을 둔 계량적 접근의 두 가지 흐름이 학문적 주류를 형성하고 있다.

■ 고객서비스를 위한 행위론적 접근

행위론적 접근은 경영의 모든 부문활동을 고객에 집중하여 고객만족(CS)을 추구함으로써 기업의 유지·발전을 추구하는 경영연구의 흐름이다. SAS의 서비스 성공사례를 계기로 1980년대 후반부터 미국과 유럽 등에서 본격적인 연구가 시작되었으며, 서비스경영의 개념으로 발전하였다. 행위론적 연구에서는 제품 또는 서비스를 고객의 기대 이상으로 충족시켜 재구매율을 높이고 고객의 선호를 강화하기 위해 서비스품질, 고객불만의 처리, 인적자원의 교육·훈련 등에 초점을 둔다. 여기에는 고객만족을 위해 기업내부고객의 만족에 대한 직원의 복리후생, 팀워크형성 등의 연구가 포함된다. 이 접근방법의 주류를 형성하고 있는 마케팅연구는 서비스의 품질을 포함하여 상품의 기획, 설계, 디자인, 제작, 애프터서비스 등에 이르는 모든 관리과정에 걸쳐 기업과 상품이미지, 경영이념 등 고차원적인 개념까지 관리함으로써 고객만족을 구현하는 것으로 요약된다. 전사적 차원에서 서비스품질의 향상을 위한 연구들이 주류를 구성하고 있는데, 대표적인 연구자들은 다음과 같다.

- **크리스찬 그론루스**(Christian Grönroos) : 유럽에서 서비스를 연구한 대표적인 학자로서 미국 중심의 주류학계의 마케팅믹스와 차별화하여 새롭게 서비스마케팅의 개념을 정립하고, 서비스현장의 사례를 통해 이를 입증했다. 한켄(Hanken)대학교의 교수로서 마케팅분야에서 국제적 평판을 얻었으며 노르딕학파(Nordic School) 설립에 중심적 역할을 하였다. 노르딕학파는 기존의 국제마케팅연구단체들과 달리 서비스와 고객관리를 중점적으로 연구함으로써 서비스 가치의 형성과 고객경험, 내부마케팅을 연구에 초점을 두고 있다. 서비스마케팅연구의 탁월한 성과를 낸 연구자들을 위해 그의 이름을 딴 '그룬루스서비스연구어워드(Grönroos Service Research Award)'를 2010년 제정하였다.
- **크리스토퍼 러브락**(Christopher Lovelock) : 미국 하버드경영대학 교수로 재직하면서 서비스 마케팅 분야에서 전략모형과 고객경험연구로 유럽의 학계와 교류하면서 서비스이론의 발전에 공헌했다. 최근까지 "Whither Services Marketing?"(*Journal of Service Research*, 2004) 등의 논문을 통해 서비스마케팅의 새로운 패러다임을 제시했으며, *Journal of Service Management*, *Journal of Service Research* 등 서비스학회지 발전에 기반을 닦았다.
- **얀 칼슨**(Jan Carlson) : SAS의 경영회복과정에서 보여 준 서비스혁신의 교훈을 통해 서비스연구의 출발점을 제공했다. 서비스혁신의 교훈을 자신의 저서 〈진실의 순간(*The Moment of Truth*)〉로 집필하여[26] 고객만족경영의 실증적 토대를 제공했는데, 서비스접점의 경험을 통해 많은 교훈을 남겼다. "이륙하는 비행기의 텅빈좌석만큼 지저분하고 쓸모없는 것은 없다." 또한 "우리는 매일 5만번의 진실의 순간을 맞는다."는 말은 위기에 처했던 SAS의 서비스혁신과

정에서 직원들을 사로 잡았으며, 유럽전체의 경영자 사이에 격언이 되었다. 고객지향적 조직, 고객친화적 시스템, 또 고객을 가장 우선시하는 아이디어를 강화하는 근무환경의 조성과정이 유럽각국의 학계에 알려지고 칼 알브레히드와 젬키 등을 통해 미국에서 전파됨으로써 서비스경영이라는 새로운 화두를 처음으로 학계에 제시했다.

- **리처드 노만**(Richard Normann)[27] : 스웨덴의 경영컨설턴트이자 마케팅이론가로 서비스경영, 기업의 고객전략에 대한 연구업적을 남겼다. 특히 SAS의 서비스혁신의 중심개념 중 하나인 서비스접점의 고객경험을 '진실의 순간'이라는 새로운 용어를 사용하였데, 이 신개념은 당시 주류를 이루고 있던 경쟁우위전략과 대비되는 서비스가치창출시스템에 대한 새로운 접근으로 주목을 받았다. 진실의 순간이라는 용어는 본래 스페인어 'moment De La Verdad'를 영어로 번역한 것으로 스페인 투우경기에서 유래하였다. 투우사가 투우와 싸움을 벌이다가 칼로 투우의 급소를 찌르는 최후의 순간을 뜻한다. 경기 중 가장 엄숙하고 긴장되는 순간으로 '피하려해도 피할 수 없는 순간' 혹은 실패가 허용되지 않는 매우 중요한 순간'을 뜻한다. 그는 '진실의 순간'을 '고객이 제품이나 서비스의 품질 및 회사의 이미지를 결정하게 되는 15초내외의 짧고 결정적인 순간'이라고 정의하였다.
- **피터스와 워터만**(Thomas J. Peters & Robert H. Waterman, Jr) : 글로벌컨설팅그룹 맥킨지의 컨설턴트경험을 통해 성공적인 미국의 43대 기업을 분석하여 초일류기업의 성공조건을 규명했다. 기업의 성공은 시스템이나 전략계획보다 직원의 동기부여가 우선하는 인간의 감성적 측면과 고객중시를 통해 서비스가치의 중요성을 부각시켰다. 이들의 저서 〈최고를 찾아서(*In Search of Excellence*, 1982)〉는 당시 산업계에 합리주의적 경영이론 대신 열정과 도전의식, 창조성이 부각되는 계기를 제공했다. 이들은 "합리주의는 만병통치약이 아니며, 동기부여가 성공의 핵심"임을 실증함으로써 고객만족과 서비스개념에 대한 연구의 계기를 제공했다.
- **칼 알브레히트와 젬키**(Karl Albrecht and Ron Zemke)[28] : 컨설턴트로서 미래학자인 칼 알브레히트와 경영컨설턴트인 론 젬키는 SAS의 서비스혁신을 사례로 정리하여 처음으로 서비스경영이론으로 발전시켰다. 1983년 코펜하겐체류를 계기로 SAS의 경영회복과정을 접한 칼 알브레히트는 동료인 젬키(Ron Zemke)와 함께 SAS의 서비스방법론을 컨설팅사업에 도입하였으며, 1985년 저서 〈서비스 아메리카(*Service America*)〉를 공동집필하여 서비스 혁신사례를 소개함으로써 고객만족경영이라는 새로운 경영이념을 강화했다. 이를 계기로 디즈니랜드, 맥도날드 등의 고객지향적인 고객만족경영기법들이 소개되고 체계화되어 산업계에 도입되기 시작했다. 이들은 1980년대 고객만족과 서비스경영의 개념이 정립되고 산업계에 확산되는데 결정적인 공헌을 하였다.

■ **서비스운영관리를 위한 계량적 접근**

서비스의 생산·판매의 프로세스를 경영과학의 관점에서 계량적으로 다루는 연구의 흐름이 있다. 이들 연구는 주로 생산관리의 영역에서 수행되는데, 초기의 서비스행위론적 연구대상을 계량적이고 과학적으로 접근하고자 한다. 물적상품에 비해 서비스상품은 고객 또는 소비의 주체를 대상으로 하거나 그들에게 속한 시설과 시스템을 이용한 활동과 프로세스로 정의되고 유·무형의 서비스패키지로 가치를 평가받는다. 따라서 서비스운영관리에 대한 연구는 서비스품질에 대한 평가모형(SERVQUAL model, PZB, 1988)의 개발을 계기로 서비스지원설비와 프로세스, 서비스품질과 프로세스의 개선, 시설입지와 공급관계관리, 대기행렬관리모형, 서비스수요예측과 재고관리 등을 중심으로 이루어지고 있다.

- **파라수라만, 자이사믈과 베리**(P. Parasuraman, V. Zeithaml & L. L. Berry, PZB) : 서비스품질의 측정을 위해 5개 차원평가를 기본으로 하는 SERVQUAL 모델을 1988년 개발하였다. 고객의 기대와 경험의 차이분석에 기초한 서비스품질 평가모형개발을 계기로 서비스접점에 대한 연구영역이 확대되는 토대를 마련하였다.

제3절 서비스경영의 학문적 성격과 이론체계

앞에서 살펴본 바와 같이 서비스경영이 학문적으로 다루어지기 시작한 것은 비교적 최근의 일이다. 오늘날 서비스이론은 경영학의 대상으로서 고객만족경영을 통해 이론적으로 체계화되어 서비스기업뿐 아니라 일반기업, 나아가 공공부문에 이르기까지 폭넓게 적용되고 있다. 본절에서는 서비스경영의 학문적 성격과 이론체계를 정리해 본다.

1. 서비스경영이란?

(1) 학문적 정의

서비스경영은 모든 상거래에서 수반되는 서비스의 구성요소를 연구의 대상으로 고객만족의 극대화를 추구하는 경영학의 한 분과학(分科學, branch)이다. 경영학적 관점에서 인적·물적서비스행동의 일반적인 현상을 기술하고 설명해서 보편타당한 지식체계, 즉 이론을 정립함으로써 서비스현상을 예측하여 패러다임을 도출하고 이를 통제하기 위한 규범을 규명하는 데 목적을 두는 종합학문이다.[29)]

(2) 연구대상

서비스경영은 두 가지 영역으로 구분된다. 한 가지는 독립적인 서비스상품과 산업을 대상으로 하는 경영의 영역이다. 이때 서비스란 시장에서 거래되는 상품을 의미하며 서비스산업을 구성한다. 다른 하나는 고객의 욕구충족을 위해 거래되는 상품의 구성요소로서 일반산업을 대상으로 하는 경영의 영역이다. 이때 서비스는 판매되는 물적상품과 결합되어 총체적 상품을 구성하는 요소로 인식된다. 한 마디로 서비스경영은 서비스업이나 서비스중심의 조직을 대상으로 하는 경영이며, 기본적으로 기업경영의 관점에서 개념화된다. 모든 서비스경영의 목표는 고객에게 제공되는 서비스의 가치를 극대화하는 것이다.

2. 서비스경영론의 학문적 성격

(1) 연구의 접근방법

서비스에 종사하고 있는 기업의 경영현상을 이해하고 패러다임을 규명하기 위해서는 어떠한 관점을 요구하는가? 종합과학의 특성을 지니는 경영학의 학문적 성격에서 그 대답을 구할 수 있다. 사회과학의 연구로서 연구의 대상, 즉 서비스현상에 대한 접근방법을 어디에 두느냐에 따라 달라지는데, 서비스경영연구의 접근방법은 다음과 같이 세 가지로 나누어 볼 수 있다.

■ 관리과정론적 접근방법(managerial process approach)

서비스와 관련된 기업활동의 과정에서 수행되는 경영의사결정을 시간적 경과에 따라 설명·예측하고 의사결정의 규범을 규명하려는 접근방법이다. 경영은 조직의 목적을 효율적으로 달성하기 위한 일련의 의사결정과정으로 정의되는 바, 서비스경영의 관리과정은 서비스계획, 조직화, 지휘 및 통제 등을 의미한다. 이 접근방법에 따라 관광, 호텔, 외식사업, 유통기관 등의 관리활동을 연구의 대상으로 한다.

■ 시스템적 접근방법(system approach)

경영이란 인적·물적자원을 투입하여 제품과 서비스를 생산·판매하는 일련의 변환과정으로 정의된다. 경영시스템은 투입–변환–산출의 순환과정으로 구성된다. 서비스기업의 경영시스템은 인적·물적요소들이 투입되어 변환과정을 통해 서비스상품을 산출하여 소비자에게 전달하기까지 일련의 활동요소들로 구성되는 생산과정으로 인식한다.

■ **경영기능적 접근방법(managerial function approach)**

서비스를 대상으로 한 기존의 연구들은 서비스기업을 거시적 관점에서 접근하는 대신 고객만족을 위한 기법이나 개별기능에 초점을 두고 산업현장의 요구에 따라 수행되고 있다. 따라서 서비스경영에 대한 연구들은 주요관심분야에 집중되어 실천적 해법을 도출하고 이를 관련영역으로 확대하려는 경향이 강하다. 오늘날 연구가 활발한 경영기능분야로는 OR, 시뮬레이션 등을 통한 계량적 접근이 필요한 서비스제공시스템의 최적화, 대기행렬의 관리, 서비스수요예측 등 경영과학으로 접근하는 분야를 들 수 있다.

(2) 서비스경영의 인접학문

서비스란 인간(人間), 즉 사람과 사람 사이에서 주고받는 모든 가치있는 행동을 일컫는다. 서비스는 고객을 대상으로 하여 서비스를 제공하고 대가를 지불받기 때문에 기본적으로는 인간의 가치를 탐구하고 표현하는 것을 연구대상으로 하는 인문학(humanities)에 기반을 둔다. 특히 인간에 대한 관심과 고객에 대한 이해를 위해 인간의 내면적 가치체계, 행동양식과 표현방법, 서비스환경을 구성하는 사회·문화적 환경의 이해 등이 요구된다. 따라서 심리학과 사회학, 언어학, 법·제도와 통계학, 경영학 등의 인접학문이 폭넓게 응용된다.

(3) 서비스경영의 학문적 특성

서비스는 산업초기부터 서비스접점의 경험과 관찰을 통해 발전해 왔다. 서비스경영은 문제를 인식하고 현실적 측면에서 도출되는 행동적 규범의 타당성과 적용 가능성을 전제로 실천적인 대안을 모색하는 과정이다. 서비스경영의 목표는 서비스가치의 극대화에 있다. 따라서 서비스의 시장가치 극대화를 추구하는 서비스경영학은 인간에 대한 연구와 경험에 기초한 응용학문이며, 환경의 변화에 따라 끊임없이 패러다임을 추구하는 노력의 과정인 동시에 산물이기도 하다. 서비스경영학의 학문적 특성은 다음과 같다.

■ **인간에 대한 연구**

서비스연구의 궁극적인 대상은 인간이다. 서비스를 대상으로 하는 주고받음의 관계에서 수요와 공급의 주체는 인간이며, 각 경제주체는 서비스의 교환과정에서 서비스의 효용을 지각하고 이를 극대화하고자 한다. 서비스경영학은 서비스제공자와 고객의 상호작용을 인간적 연구를 통해 최적의 대안을 모색하는 프로세스에 관심이 놓인다.

■ 경험에 기초한 응용학문

경험에 기초하여 서비스현상을 설명하고 예측하는 객관적 규범을 제공하는 실천적 학문의 특성을 지닌다. 사회과학으로서 서비스이론은 경험에 의하여 체득된 지식 및 법칙을 말하는 것으로 사회과학에서는 이를 '경험의 법칙'이라고도 한다. 자연과학과 같이 '무엇을 어떻게 하여야 한다.'라는 논리의 법칙과는 구별되는 특성이다.

■ 시대적 패러다임의 규명

고객과 서비스제공자 간의 상호작용현상을 설명하고 예측하기 위해 공유되는 서비스의 패러다임은 시간의 경과에 따라 변한다. 서비스에 대한 이론과 원칙은 정해진 것이 아니며, 환경의 변화에 따라 생태적으로 교류하기 때문이다. 서비스의 세분화·고도화되는 고객의 욕구를 반영하기 위해 진화의 결과로서 서비스시스템과 행위, 심지어 서비스를 인식하는 사고의 틀을 변화시킨다. 실제로 서비스현장에서는 새로운 이론과 규범이 끊임없이 개발되고 적용된다.

■ 학제적 연구

응용학문분야인 서비스경영학은 서비스현상을 설명하고 객관화하여 서비스행동과 반응을 예측하는 행동규범을 규명하는 종합적인 학문영역에 속한다. 서비스경영의 연구에는 종합과학적 인식이 필요하며, 종합학문으로서 관련이론과 경험의 법칙, 법·규제 및 경영환경 등을 폭넓게 활용하는 학제적(學際的, interdisciplinary) 접근이 필요하다.

3. 서비스경영론의 구성

(1) 서비스경영의 이론구조

서비스경영론은 앞서 살펴본 바와 같이 다양한 관점에서 궁극적으로 서비스기업의 경영의사결정을 위한 규범을 제시하는 실천학문이다. 따라서 서비스경영은 기본적으로 경영학이론이 적용되며, 이론영역은 서비스환경, 경영기능 및 경영관리 등의 영역으로 구분된다. 환경과 관련한 분야에는 기업환경의 일반이론을 비롯하여 경제이론과 산업론, 기업자원론, 및 소비자행동론 등이 있으며, 경영관리와 관련한 분야에는 경영과학을 비롯하여 리더십이론, 의사결정론 및 관리과정론 등이 있다. 그리고 중심이론을 구성하는 경영기능에는 서비스계획과 생산·운영관리, 마케팅, 인적자원관리, 회계 및 재무관리 그리고 서비스전략론 등이 있다.

한편 서비스기업의 경영활동은 시장분석을 통해 고객의 니즈와 욕구를 파악하고, 이를 효과적으

그림 2-4 서비스경영학의 경영기능별 주요 내용

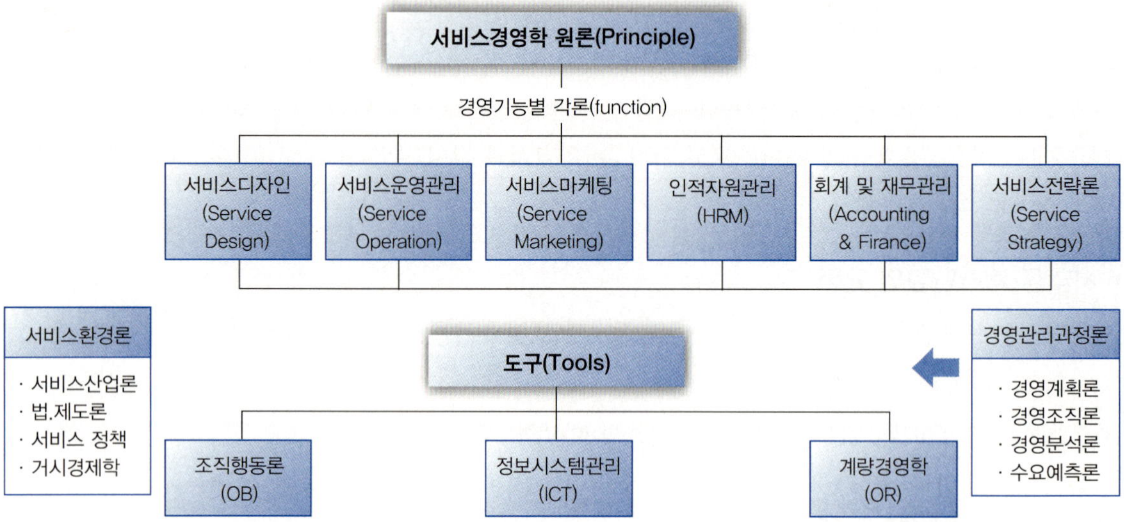

로 충족시켜 궁극적으로 기업의 가치를 극대화하기 위한 일련이 의사결정과정이라고 할 수 있다. 연구의 대상인 서비스는 생산과 판매가 동시에 이루어지는 무형의 상품으로서 고객의 경험에 의해 그 가치가 경험으로 결정되므로 고객만족요소들이 서비스경영의 핵심을 구성한다. 서비스경영의 인접학문을 포함한 이론영역을 보다 구체화하여 서비스상품의 생산·판매를 중심으로 이론체계를 정리하면 〈그림 2-4〉와 같이 나타낼 수 있다. 서비스경영은 기능별로 다음과 같이 구성된다.[30)]

- **서비스디자인**(Service Design) : 서비스개발과 서비스접점관리, 지원설비와 프로세스 흐름의 관리, 서비스품질과 프로세스의 개선, 서비스시설입지 등의 관리
- **서비스운영관리**(Service Operations) : 서비스공급관계관리, 서비스공급과 수요의 관리, 대기행렬관리, 서비스수요예측, 재고관리, 서비스 프로젝트관리 등 경영과학의 일부를 포함한 영역
- **서비스마케팅**(Service Marketing) : 서비스의 효과적인 전달과 고객만족을 위한 상품과 가격, 유통과 촉진, 사람과 프로세스, 물리적 증거 등 7P를 대상으로 하는 마케팅관리
- **인적자원관리**(Human Resource Management) : 인적자원의 확보와 교육훈련, 배치 및 유지, 보상 및 복리후생 등을 대상으로 하는 인적자원관리(HRM)의 영역
- **재무관리 및 회계**(Financial Management & Accounting) : 수입·지출의 측정과 회계정보의 생산과 제공, 자금의 조달과 운영 등을 목적으로 하는 회계 및 재무관리의 영역
- **서비스전략론**(Service Strategy) : 환경변화에 대한 서비스활동을 전체적·계획적으로 적응시키는 의사결정. 전략은 끊임없이 변하는 기업환경에 능동적으로 대처하여 기업의 존속과 성장을

도모하는 전사적 차원의 의사결정, 글로벌서비스전략, 서비스차별화, 경쟁전략 등의 영역

- **서비스환경론** : 경영에 영향을 미치는 조직의 내·외부환경에 대한 예측과 분석이 해당되며, 산업의 진화, 서비스정책과 법제도, 거시경제의 변화 등 기업이 통제할 수 없는 환경요인들을 다루는 영역
- **서비스연구의 기초영역**(tools) : 조직행동, 정보시스템관리, 계량경영학(OR) 등 서비스경영연구에 도구(tool)가 되는 영역

(2) 서비스경영 교육프로그램

■ 유럽

서비스경영이론을 구축한 유럽의 중심에는 핀란드의 한켄경제대학(Hanken School of Economics)이 있으며, 오늘날에도 서비스연구의 영역을 확대하면서 교육과 연구를 주도하고 있다. 1909년 설립된 스톡홀름경제대학의 핀란드캠퍼스에서 분리·독립한 이 대학의 마케팅학부(Dept. of Marketing)에는 1994년 서비스경영센터(Center for Relationship & Service Management, CERS)가 설치되었으며, CERS의 그론루스(Christian Grönroos) 교수는 마케팅분야의 새로운 학파인 노르딕학파(Nordic School)를 형성하였다. 이 학파는 서비스와 고객관리 및 고객경험과 가치창출, 내부마케팅, 환경생태학 등으로 특화된 영역에 대한 연구와 교육을 수행하고 있다.

■ 미국

오늘날 가장 많은 서비스기업과 대학이 분포하고 있는 나라는 미국이다. 서비스경영의 연구와 교육이 활발한 대학으로는 호텔경영분야에서 선도적 지위를 확보하고 있는 코넬대학교의 호텔경영대학(School of Hotel Administration)을 들 수 있다. 산학프로그램이 활발한 이 대학에서는 기초교육으로 경영학을 필수과목과 선택과목의 학습외에 환대산업(Hospitality industry)현장의 실습으로 800시간 이상을 이수토록 하고 있다. 예를 들어, 캠퍼스내의 스테틀러호텔(Statler Hotel)은 학생들이 전문가들과 함께 호텔, 레스토랑에서의 서비스기술을 현장에서 학습하는 'teaching hotel'이다.[31] 미국대학의 서비스 교육프로그램과 연구는 산업별로 다양하며, 산업계와 연계하여 각각 특화된 교과과정을 운영하고 있다.

■ 일본

서비스 교육프로그램으로 특화된 대표적인 대학으로는 릿쿄대학(立教大學;Rikkyo University)을 들 수 있다. 릿쿄대학의 관광학부에서는 여행사와 호텔 등의 관광비즈니스와 관련된 교과과정을 운영하며, 강의와 함께 산업현장의 인턴십프로그램과 해외실습과 체험프로그램을 통해 관광산업

의 현장을 체험토록 하고 있다. 이 밖에 일부대학에서 환대(Hospitality)관광학, 서비스경영, 글로벌경제 등으로 전공영역을 구분하여 프로그램을 운영하고 있으며, 비(非)영어권 국가인 점을 고려하여 영어, 중국어, 프랑스어 등의 언어교육을 강화하여 운영하고 있다.

■ 우리나라

국내에서도 서비스경영과 관련된 다양한 교육프로그램이 학계와 산업계에서 개발·운영되고 있다. 특히 고객만족(customer satisfaction, CS)에 대한 교육프로그램들이 업종별, 기업별, 직급별로 다양하게 운영되고 있다. 서비스경영의 표준화는 한국생산성본부가 2012년 자격제도를 도입하였으며, 2015년부터 고객만족경영을 위한 서비스직무의 현업지식과 역량을 평가하는 국가공인 프로그램으로 서비스경영자격(service management ability test, SMAT)제도를 운영하고 있다. SMAT는 1, 2, 3급의 자격등급을 부여하고 있으며, 모듈별 교육내용은 〈표 2-4〉와 같다.

4, 본서의 구성

본서는 서비스산업과 서비스행위에 대한 기존의 주요연구를 정리하고 일반화하여 서비스에 대한 경영을 폭넓게 이해할 수 있는 기초적 내용을 담고 있다. 서비스에 대한 필수적 내용을 독자가 스스로 학습할 수 있도록 핵심내용을 구체적인 사례와 함께 기술하였으며, 보완적 설명이 필요한 사

표 2-4 서비스경영자격(SMAT) 프로그램 구성

구 분	프로그램 내용
Module A (비즈니스 커뮤니케이션)	• 비즈니스 매너 및 에티켓 • 이미지 메이킹 • 고객심리의 이해 • 고객커뮤니케이션 • 회의기획 및 의전실무
Module B (서비스마케팅/세일즈)	• 서비스 세일즈 및 고객상담 • 고객관계관리(CRM) • VOC 분석/관리 및 고객불만 처리 • 서비스 유통관리 • 코칭/교육훈련 및 멘토링/동기부여
Module C (서비스운영전략)	• 서비스산업의 개요 • 서비스 프로세스 설계 및 품질관리 • 서비스 인적자원관리(HRM) • 고객만족경영(CSM) 전략

자료 : 한국생산성본부(2020)

항은 해당 Chapter마다 참고문헌에 추가했다. 본서는 다음과 같이 3편, 13장으로 구성되어 있다.

- 제1편에서는 서비스경영의 기본적 내용을 학습한다. 제1장에서 서비스에 대한 기초지식을 소개한 데 이어 본장에서는 서비스경영의 학문적 발전과정과 이론체계를 설명하였다. 제3장에서는 서비스전략의 개념과 기업의 생존과 발전을 위해 왜 고객이 중요하고 어떻게 경쟁우위를 확보하는가를 설명하였다.
- 제2편에서는 전통적인 서비스경영론을 구성하는 고객서비스(customer service)를 학습한다. 이를 위해 제4장에서는 고객의 의미와 구매행동, 고객가치 등을 통해 고객을 이해하고, 제5장에서는 서비스접점의 개념과 중요성을 정리하고 현장직원의 갈등과 감정노동, 자질요건을 설명하였다. 제6장에서는 고객만족의 개념을 정의하고 고객충성도, CRM, 커뮤니케이션 등을 설명하였으며, 제7장에서는 고객불만과 서비스회복의 의미, 현장의 지침 등을 함께 소개하였다. 제2편의 후반부에서는 서비스경영이론의 핵심을 구성하는 서비스마케팅을 두 개의 장(제8장, 제9장)으로 나누어 서비스의 마케팅믹스 7P를 중심으로 설명하였다. 제10장에서는 서비스 현장직원의 충원과 교육훈련, 배치와 보상 등을 중심으로 인적자원관리(HRM)의 기본적 내용을 각각 소개하였다.
- 제3편 서비스운영관리(Operations Management)에서는 서비스경영의 디자인과 글로벌비즈니스, 디지털환경 등의 주제를 담고 있다. 제11장에서는 서비스운영관리 등을 설명한다. 12장에서는 글로벌서비스경영의 개념과 프랜차이즈에 대한 기본적 내용을 다루었다. 제13장에서는 디지털전환과 4차 산업혁명이 가져온 환경의 변화, 서비스혁신의 인프라를 제공하는 빅 데이터와 인공지능(AI), 디지털환경 등을 살펴보고, 서비스분야별로 대표적인 혁신사례를 소개한다. 본서는 각 Chapter마다 서비스현장에 대한 이해를 위해 대표적인 사례를 소개하여 독자의 이해를 돕도록하였다.

각 주

1. Metters, R & Ann Marucheck, "Service Management-Academic Issues and Scholarly Reflections from Operations Management Researchers" *Decision Science*, vol.38, May 2007, pp.195~214.
2. Regan, William J. (1963) "The Service Revolution", *Journal of Marketing*, Vol.27, No.3, July, pp.57~62.
3. Kotler, Philip and Sidney J. Levey, 'Broadening the Concept of Marketing', *Journal of Marketing VoL.33*, January, 1969, pp.10~15
4. 中原龍輝, サ-ビス経営とサ-ビスマ-ケテイング, 創成社, 東京, 2020, pp.138~139.
5. 마케팅의 '개념확대(broadening)'는 Kotler과 Levy가 1969년 발표한 논문에서 사용된 이후 학계에서 오늘날까지 이어지고 있다. 마케팅의 개념 역시 미국마케팅학회(AMA)의 1938년 최초로 정의한 이후 사회·경제적 환경의 변화를 반영하여 2007년까지 모두 7차례나 개념의 정의가 변경되었다. 지금까지 마케팅의 학문적 호칭이 '마케팅학'이 아니라 '마케팅론'으로 사용되어 오는 이유는 학문이라기보다 일종의 방법론으로 의식이 형성되었기 때문이다. 中原龍輝, サ-ビス経営とサ-ビスマ-ケテイング, 創成社, 東京, 2020, pp.139.
6. 베리(Berry, L. Leonard)가 1982년 AMA의 'Service Marketing Conference'에서 발표한 'Relationship Marketing'은 관계마케팅에 대한 최초연구였다. 이어 1983년 베리 등의 편저로 *Relationship Marketing in Emerging Perspective on Services Marketing*(AMA)가 출간되었으며, 이후 다수의 연구들이 발표되기 시작했다.
7. 고객생애가치(Lifetime Value, LTV)란 고객개인이 평생에 걸쳐 기업에 기여하는 경제적 가치를 합산한 것을 뜻하며, 고객개인이 상품구매를 통해 기업에 기여하는 고객가치(customer value)를 확대한 개념이다.
8. 상품으로서의 서비스는 탐색적·경험적·신뢰적 속성을 지니는 것으로 학계는 인식하고 있었으나 처음으로 서비스상품의 속성을 기준으로 상품의 분류체계에 포함시켜 포함한 전 상품의 유형을 〈그림 2-1〉과 같이 분류하였다. Zeithaml, V. A. "Consumer Evaluation Processes Differ Between Goods and Services," *Marketing of Services, AMA Proceeding*, 1981, p.186.
9. 서비스에 대한 그론루스(Christian Grönroos)의 최초 논문은 "A Service-oriented Approach to Marketing of Services"(European Journal of Marketing, 1978). 中原龍輝, サ-ビス経営とサ-ビスマ-ケテイング, 創成社, 東京, 2020, p.148에서 재인용.
10. Grönroos Christian, *Service Management and Marketing*, Lexington Books, 1990, pp.137~140.

11. Calonius, H. "A Market Behavior Framework", In Moller, K. & Patschik, M.,eds., *Contemporary Research in Marketing*. Proceeding from the 15th Annual Conference, European Marketing Academy, Helsinki, Finland, 1986.
12. 서비스를 일종의 약속의 교환으로 보는 개념은 동양의 서비스에 대한 인식과 차이가 있다. 예를 들어, 일본은 전통적 문화를 배경으로 '오모테나시(御持て成し)'라는 서비스관(觀)으로 고객을 존경하고 스스로를 낮춰서 대하는 소위 '손님은 왕'의 개념으로 이어져 오고 있다. 반면, 서양의 서비스에 대한 인식에서 '약속'의 교환은 평등의 가치관을 바탕으로 하므로 서비스나 상품의 제공자와 고객 간에는 평등한 인간관계를 기반으로 한다. 단, 쌍방향적 인간관계를 바탕으로 한다는 점은 공통적이다. 中原龍輝, サ-ビス経営とサ-ビスマ-ケテイング, 創成社, 東京, 2020, p.160.
13. 러브락(Lovelock)의 연구에 의하면, 2005년 미국 · 일본 · 프랑스 · 올랜드 · 이탈리아 · 캐나다 등의 국가에서는 GDP 대비 서비스부문의 비중이 이미 70%를 넘어섰다. Christopher Lovelock and Jochen Wirtz, *Services Marketing 6*th, Pearson Education. 2007, p.7.
14. 서비스상품의 특성에 대한 정의는 학자에 따라 다른 경우도 있다. 예를 들어, 동시성(simultaneity), 불가분성(inseparability), 변동성(variability), 무형성 혹은 비유형성(intangibility), 불가역성(irreversibility, 非可逆性)이나 수요의 집중성(concentrated demand), 확장성(diffusion) 등으로 나타내기도 한다.
15. Lovelock, Christopher and Evert Gummeson, "Whither Services Marketing? In Search of a New Paradigm and Fresh Perspectives", *Journal of Service Research*, Vol.7. 2004, pp.20~41.
16. 1982년 발간된 〈*In Search of Excellence*〉는 당시 미국에서만 7백만부 이상이 팔려 출판업계에서는 경제경영이라는 부문이 생겨날 정도의 베스트셀러였다. 이 책에서는 성공기업의 사례를 분석하고 이를 통해 경영의 원리를 규명했다. Peters Tom and Robert Waterman, *In Search of Excellence*, Harper Collins Publishers, 1982,
17. Thomas J. Peters & Robert H. Waterman, Jr., *In Search of Excellence*, Harper Collins Publishers, 1982. pp.13~16.
18. SAS의 성공신화는 론 젬키(Ron Zemke)와의 공동저서 'Service America(1985)'를 통해 처음으로 알려지게 되었으며, 시대적 환경변화를 반영한 개정판(2003)에서 새로운 고객, 새로운 연구의 방향과 경향을 토대로 서비스경영의 전개방향을 제시하였다. Karl Albrecht and Ron Zemke, *Service America in the New Economy*, McGraw-Hill, 2003, pp.79~86.
19. Karl Albrecht and Ron Zemke, *Service America in the New Economy*, McGraw-Hill, 2003, p.80
20. 올리버(Richard L. Oliver)의 기대-불일치 이론(1980)에 따르면, 고객의 만족/불만족은 고객의 주관적 평가에 따라 결정되며, 긍정적 불일치인 경우 고객만족, 부정적 불일치인 경우 고객불만이

각각 증가한다.

21. Parasuraman A., Valarie A. Zeithaml, and Leonard L. Berry, "SERVQUAL: A Multiple Item Scale for Measuring Consumer Perception of Service Quality," *Journal of Retailing*, vol.64, Spring 1988. pp.12~40.
22. 칼 알브레히트와 론 젬키는 자신들의 저서(1985)를 개정(2002)하면서 초판당시에 비해 달라진 서비스환경의 현재를 비교하고 연구의 흐름을 세 가지로 요약했다. Albrecht Karl and Ron Zemke, McGraw Hill, *Service America in the New Economy*, Revised ed., 2002, pp.42~47.
23. PIMS는 개인정보관리시스템(Personal Information Management System)을 뜻한다. 버젤과 게일은 PIMS가 기업의 수익성을 개선하는 전략이 될 수 있다고 주장했다. Buzzell, Robert and Bradley T. Gale, *The PIMS Principles: Linking Strategy to Performance*, The Free Press, 1987, p.107.
24. Reichheld, Frederick & Earl Sasser, "Zero Defections: Quality Comes to Services," *Harvard Business Review*, Sept/Oct. 1990, pp.105~111.
25. Zemke, Ron and Dick Schaaf, *The Service Edge: 101 Companies that Profit Through Customer Care*, New American Library, 1989.
26. Carlson Jan, *Moment of Truth*, Cambridge, MA, Ballinger Publishing Co., 1987.
27. Normann, Richard, *Service Management: Strategy and Leadership in Service Business*, English version, John Wiley & Sons, 1983.
28. 1983년 말 서비스경영의 개념이 미국으로 소개될 당시 칼 알브레히트는 코펜하겐의 한 대학에서 교환교수로 와 있었다. 그는 SAS의 사례를 접하고 서비스경영이론의 추종자들이 스칸디나비아에서 급속도로 증가하고 있음을 알았다. 영국과 유럽대륙의 경영학자들 역시 서비스경영에 대한 연구가 활발하지 않음을 확인하고 알브레히트는 미국에 돌아가 론 짐키와 함께 서비스경영의 개념을 각자의 컨설팅업무에 적용할 수 있는지 그 가능성을 타진했다. 수많은 토론과 SAS 방문을 포함한 조사연구의 결과로 서비스경영에 대한 저서 'Service America(1985)'의 초판이 출간되었다. Karl Albrecht and Ron Zemke, McGraw Hill, *Service America in the New Economy*, Revised ed., 2002, pp.41~42.
29. 사회과학의 연구목적은 주어진 현상, 즉 사상(事象, state)과 관련된 변인(variables)들을 규명하거나 이들 변인들 간의 관계를 찾는 데 있다. 이를 위해 현상의 기술 · 설명 · 예측 및 통제의 네 가지 목적과 절차에 따른다. 따라서 모든 학문은 각 분야에 따라 그 연구대상에 차이가 있으며, 독립된 학문으로 성립하기 위해서는 학문고유의 연구대상과 그 연구대상을 탐구해서 이론을 정립할 수 있는 과학적 방법 등 두 가지 조건이 충족되어야 한다.
30. 오늘날 서비스경영 이론은 앞서 설명한 서비스개념의 모호성, 서비스의 경제적 역할에 대한 인

식의 부족, 영역의 다양성과 이로 인한 일반이론의 부재, 규모의 영세성 등으로 인해 서비스의 생산·운영관리와 마케팅관리 이론에 한정되어 연구가 집중되고 있으나 그 비중은 여전히 낮다. 예를 들어, 서비스를 가장 많이 연구하는 경영학의 생산관리(Operations Management) 분야의 연구 가운데 서비스를 대상으로 한 최근 연구논문들은 전체의 약 7.5%를 넘지 않는다. Metters, R & Ann Marucheck, "Service Management-Academic Issues and Scholarly Reflections from Operations Management Researchers" *Decision Science*, vol.38, 2007, p.195.

31. 스타틀러 호텔(Statler Hotel)은 1908년 미국의 Buffalo에서 300개의 객실을 갖춘 대형호텔로 창업하여 미국 호텔업계의 새로운 역사를 썼다. 창업자인 스테틀러(Ellsworth Statler)는 직원의 서비스 교육을 위해 소위 "Hotel Service is Hotel Statler Service" "The guest is always right"라는 슬로건과 독특한 서비스표준(The Statler Service Code)으로 중산층을 위한 호텔이라는 평판을 얻음으로써 '호텔맨의 왕'을 불리었다. 1954년 Statler Hotel Chain들은 Hilton 그룹에 인수되었다.

CHAPTER 03

서비스전략

제1절 서비스전략의 개념

1. 서비스전략이란?
2. 서비스전략은 왜 필요한가?
3. 전략적 집중
4. 서비스전략의 구성요소

제2절 기업의 생존요건과 환경분석

1. 기업의 생존요건
2. 서비스환경
3. 환경분석모형

제3절 경쟁우위전략과 전사적 서비스

1. 경쟁우위확보전략
2. 전사적 서비스전략
3. 서비스전략의 성공사례

오늘날의 경쟁시장에서 전략만큼 자주 사용하는 용어도 없을 것이다. 전략이라는 개념이 산업계에서 사용되기 시작한 것은 1970년대 후반부터였다. 단기적이거나 부분적인 전술보다 중장기전략의 개념은 그 역사가 더 짧다. 전략의 수립과 수행은 모방이 쉽지 않은 창의적 영역이다. 시장의 욕구를 파악하고 환경을 분석하는 것은 경쟁사의 서비스와 차별화하여 고객의 마음속에 서비스상품을 포지셔닝하기 위한 전제가 된다. 본장에서는 전략의 개념과 기업의 생존요건이 무엇인지를 정의하고, 서비스전략의 수립을 위한 환경분석과 대표적인 서비스 전략들을 설명한다.

Keywords: 서비스전략, SWOT분석, 포지셔닝, 원가우위전략, 차별화전략, 집중화전략, 생존부등식, 서비스환경, 환경분석모형, 전략의 성공사례와 실패사례

월터디즈니 경영의 '매직'

플로리다의 올랜도남서를 가로지르는 4번 고속도로를 지나다 보면 황금색과 자주색이 어우러진 건물이 눈에 띈다. 대형간판엔 '캐스팅'이란 단어가 적혀 있다. 이곳이 월트디즈니월드의 인력본부이다. 이 간판은 서비스경영에 대한 디즈니방식을 잘 보여준다. 디즈니의 역사는 1971년부터 극장용쇼를 위해 인재를 고용하고 유지하는 데서 출발했다. 디즈니테마파크 경영진의 핸드북에는 손님(고객)과 캐스트멤버(직원)를 똑같이 대우하는 디즈니의 '매직'을 요약한 문장이 있다. "우리는 캐스트멤버들이 제대로 대우를 받을 때, 손님들이 우리한테 품격높은 대우를 받는다고 믿는다." 다음 질문을 한번 생각해보라. "하루가 다르게 바뀌는 비즈니스의 세계에서 수십년 전 방식을 그대로 유지하면서도 어쩌면 그렇게 빈틈이 없을까?"

1955년 월터디즈니(Walter Elias Disney)가 만든 것은 전혀 본 적이 없는 새로운 비즈니스였다. 바로 현대식 놀이공원이었다. 어린이를 위해 설계되었지만 이 놀이공원은 어른도 즐길 수 있다. 디즈니사람들은 각 시설이 전달하고자 하는 '세팅', 즉 시각적 효과, 소리, 터치, 센세이션을 강조한다. 월터디즈니는 이렇게 말했다. "혼자 힘으로 만드는 게 아니다. 사람들이 무엇을 원하는지 파악하고 그들의 요구에 맞춰 만들어야 한다." 디즈니사람들은 상품의 '열쇠'에 대해 말하곤 한다. 이 열쇠는 쇼와 효율성이란 개념에서 시작된다. 쇼는 공원에 있는 다양한 엔터테인먼트의 경험이 주는 시각적, 청각적 효과, 외양과 느낌, 함축적 메시지 등이다. 효율성은 각 분야에서 장비와 운영시스템의 디자인과 운영방식을 말한다. 이 모든 것은 안전이라는 개념으로 이어진다. 손님의 안전은 절대적인 기준이다. 이 세 가지 디자인요소를 통해 디즈니는 친절하다는 명성을 얻었다. 디즈니는 세팅이 훌륭한 쇼를 지원해 쇼가 효율적으로 제공되고 또 안전하게 관리될 경우 품격 높은 서비스가 된다고 믿는다. 직원들은 모든 것이 계획대로 순조롭게 굴러갈 때일수록 고객에게 더 많은 신경을 쓴다.

디즈니는 직원의 낮은 이직률을 자랑한다. 시즌 당 이직률이 100% 넘는 일이 다반사인 이 산업에서 15%에 불과하고, 경영진의 경우엔 6%밖에 안되는데 채용이 중요한 역할을 담당한다. 테마파크의 요구조건은 매우 까다롭기 때문에 위로 올라가는 유일한 방법은 바닥부터 시작하는 것이라고 선발과정에서부터 밝히고 있다. 때문에 직원의 자신의 개성이 아닌 엔터테인먼트와 대중적 이미지에 집중해야 한다. 놀이기구 안팎에서 모두 무대위의 배우가 되며 항상 세트를 깔끔하게 유지해야 한다. 디즈니파크에서는 누구나 휴지를 줍는다. 언젠가 그룹의 연차보고서에는 CEO가 신분을 숨기고 파크를 시찰하는 사진을 실었다.

신입사원은 열심히 일을 안 해도 해고당하지 않는다. 회사는 그를 잘못된 곳에 배정했다고 믿고 재교육과 재평가를 해 부서내에서 다양한 일을 해보는 기회를 준다. 디즈니는 직원연수에 투자를 아끼지 않는다. 4일 동안 공원을 빗자루로 쓸고 쓰레기를 비우도록 한다. 팝콘 부스러기와 사탕봉지를 치우는 법을 배우는 데 얼마나 걸리겠는가? 2시간이면 배울 수 있지만 나머지 교육이 더 효과적이다. 말쑥하게 차려입고 활짝 웃는 신입사원보다는 청소부에게 손님들이 물어보는 상황에 대해 가르친다. “근처에 피자 파는 곳이 어디예요?” “4시 퍼레이드는 어디에서 시작하죠?” 디즈니는 빗자루를 든 사람이 안내원보다 이런 질문을 받을 확률이 5배나 높다는 사실을 알고 있다. 안내원에게 손님을 보내기 보다는 청소원에게 그 대답을 가르치는 것이다. 청소부 역시 디즈니 캐스트의 멤버라는 자존심으로 고객을 돕는다.

교육은 단 한 가지 업무에만 국한되지 않는다. 정글크루즈 한곳에서 오래 근무하다 보면 아무리 인내심과 사리분별이 있는 직원이라도 말 안 듣는 아이를 인공악어에게 던져주고 싶을 수 있다. 이러한 신경쇠약을 막기위해 디즈니는 캐스트멤버를 다른 놀이시설로 이동시켜 준다. 물론 승진기회도 준다. 디즈니는 스트레스가 쌓이거나 지쳐있는 접점직원들에겐 ‘오프스테이지’를 허용하고 있다. 휴식을 갖는다고 해서 불리할건 없다. 디즈니의 모든 사람은 하루종일 대중을 상대하는 것이 어려운 일이며 때로는 접점에서 기진맥진해질 때가 있다는 사실을 알고 있다. 쇼 비즈니스라는 표현이 암시하듯이 ‘오프 스테이지’는 캐스트멤버가 잠시 대중의 눈을 피해 정신적·감정적 배터리를 재충전하는 시간이다. 디즈니의 경영자는 직원이 스트레스와 긴장에 시달리고 있다는 신호를 파악하는 방법을 알고 있다. 또 관심있게 지켜보다가 직원에게 잠시 쉬라고 하고 자신이 대신 일을 봐주기도 한다. 감독관 역시 접점직원출신이기 때문에 고객이 전혀 눈치채지 못하게 일을 할 준비가 되어 있다.

창업이후 비즈니스의 비전은 변하지 않았다. 창업자의 아이디어가 얼마나 영원할지 누군가 그에게 물은 적이 있다. “지금까지 우리 임직원 모두는 월터가 옳았다고 믿는다. 나는 그들이 이 방식을 계속해 나갈 거라고 믿는다. 이미 증명되었기 때문이다. 가능한 한 공원을 재미있게 만들어라. 친절해라. 그리고 정말로 재미있는 곳을 만들어라. 난 그들이 확신을 가지고 있다고 생각하며 그 확신은 내가 죽고 난 후에도 계속될 거라고 믿는다.” 월터디즈니는 디즈니테마파크를 정지된 기념물 정도로 생각하지 않았다. 1971년 디즈니월드가 오픈한 이래 플로리다에는 여러 개의 다른 시설들이 세워졌다. 1982년 디즈니MGM, 1998년 애니멀킹덤 등이 속속 생겨났다. 2001년에는 하이테크 놀이시설로 유명한 캘리포니아 어드벤처가 탄생했다. 디즈니 서비스경영매직의 다음은 어디일까? 아마도 무한할 것이다.

▶ 서비스아메리카(Karl Albrecht & Ron Zemke, 2002)

제1절 서비스전략의 개념

1. 서비스전략이란?

(1) 전략의 일반적 개념

경영에 있어 전략(戰略, strategy)이란 기업이 존속과 성장을 위해 환경의 변화에 대하여 기업의 활동을 전체적, 계획적으로 적응시켜 나가는 일련의 의사결정이다. 이때 의사결정이란 기업의 장기적 목적 및 목표의 결정, 그리고 이를 달성하기 위한 활동방향과 자원배분의 결정을 뜻한다. 경영전략은 주로 외부환경의 변화에 기업을 적응시키기 위해 기업의 부문별활동을 전체로 묶는 역할을 한다. 즉 다른 기업보다 더 높은 성과를 내는 논리를 바로 전략이라고 정의할 수 있다.[1] 중장기적으로 경영전략이 중요한 이유는 기업전체의 방향성을 결정하고 번복이 어렵고 큰 비용이 수반되며 다양하고 많은 이해관계자가 존재하기 때문이며, 종종 경쟁에서 승부를 가르는 의사결정이 되기 때문이다.

(2) 서비스전략이란 무엇인가?

■ 전사적 가이드라인

서비스전략이란 서비스의 차별화에 성공하기 위해 고객에게 제공하고자 하는 서비스의 가이드라인을 뜻한다. 서비스전략은 두 가지로 그 개념에 접근할 수 있는데, 하나는 다음과 같이 서비스의 네 가지 특징을 구현해 경쟁우위를 확보하는 경영의사결정이다.[2]

- 서비스의도에 대한 명확한 표명이다(statement of intent).
- 경쟁기업이나 타인과 눈에 띄게 차별화한다(differentiation from others).
- 고객의 경험으로 가치를 창출한다(customer values).
- 조직 전체적으로 서비스를 제공한다(deliverable by organization).

다른 하나는 기업이 공유하고 있는 가치, 제품과 서비스에 대한 고객의 기대, 고객과의 상호작용, 시장의 위협과 기회, 조직의 강점과 약점에 대한 분석 등을 통해 기업내부의 역량을 전사적으로 집중하기 위한 의사결정이다. 경쟁적 환경에서 조직의 비전과 목표, 서비스의 내용을 명확하게 정의하고 표현하는 능력은 모든 서비스현장에서 핵심기술이며, 전사적인 역량을 집중하는 가이드라인이 곧 서비스전략이다.

■ 조직관리의 원칙

서비스전략에 대한 또 다른 개념은 최고경영층에서 현장직원에 이르기까지 서비스생산자로서 "내가 곧 기업이다"라는 행동원리와 조직관리의 원칙으로 접근하는 것이다. 즉, 직원들에게 권한을 부여하여 고객이 차별성을 인지하는 서비스를 경험할 수 있도록 하는 것이 곧 서비스전략이며, 이러한 관점은 고객경험을 기초로 한다. 중요한 것은 연구개발이나 영업, 광고부서가 아니라 고객의 눈에 비친 서비스가치이며 이를 구현토록 하는 행동강령이 곧 서비스전략이다. 이 경우 서비스전략은 기업의 평판을 형성하고 고객이 서비스를 기억하고 이를 소비자들에게 전달하는 메시지로도 이용된다. 예를 들어, 모든 직원에게 고품격의 고객서비스를 제공하는 것을 전략으로 정해 그 중요성을 강조하고 또 실제로 어떻게 서비스를 해야할지 설명해주는 기업의 강령으로 이용될 수도 있다.

2. 서비스전략은 왜 필요한가?

구체적이고 명료하게 수립된 서비스전략은 다음과 같은 기능이 있다.

■ 시장에서의 포지셔닝

첫째, 시장에서 효과적인 포지셔닝을 가능하게 한다. 포지셔닝이란 소비자의 마음속에 자사의 서비스를 시장의 경쟁자와 다르게 인식하도록 함으로써 가장 유리하게 위치하도록 만드는 것이다.[3)] 특정고객이나 고객의 특별한 요구를 표적으로 포지셔닝함으로써 서비스의 특정한 이미지를 강화하여 충성도를 구축한다. 예를 들어, '편안하고 품격있는 여행'과 같은 개인적 편익이나 '정시에 모셔드립니다'와 같은 실용적 편익 등이 서비스를 포지셔닝하는 전략이다.

■ 방향성 제시

구성원들이 잘 공유하고 있는 서비스전략은 조직이 앞으로 나아가야 할 방향을 제시한다. 모든 직급의 관리자가 회사가 어떤 비즈니스를 하고 있는지, 운영에 있어서 핵심적인 우선순위는 무엇인지, 무엇을 이룩하기 위해 노력해야 하는지, 그들이 누구인지를 알려준다. 그리고 조직 구성원들 각자의 역할과 업무범위를 분명하게 한다. 마이클 포터(Michael Porter)는 이에 대해 "전략은 경쟁에 있어서 균형을 취하는 것이다. 전략의 핵심은 하지 말아야 하는 것을 선택하는 데 있다."고

의미를 정의한다.

■ 서비스접점의 행동규범

전략은 서비스접점의 직원들에게 회사가 자신들에게 무엇을 기대하고 있으며 조직에서 무엇이 중요한지를 판단하는 행동규범이 된다. 또 '잘 제공된 서비스'가 어떤 것인지에 대해 확실한 비전을 갖게 해준다. 레오나드 베리(Leonard Berry)는 무대위의 배우가 극본을 모두 이해하듯이 서비스제공자는 배경, 내용, 자신의 위치를 잘 알아야 한다고 말한다.[4] 전체흐름을 이해해야 자신의 역할이 얼마나 중요한지 알고 고객의 요구에 적절히 대응할 수 있다. 차별화되고 제대로 메시지가 전달되는 서비스전략은 고객의 만족이 성공의 요체라는 믿음을 조직에 심어준다.

3. 전략적 집중

(1) 불변의 목표와 핵심가치

서비스를 연구한 학자들의 공통적 견해에 따르면, 기업이 모든 고객에게 모든 것을 제공하려는 전략을 수립하고 수행할 때 실패하기 쉽다. 대부분 기업은 보유한 자원이 한정되어 있기 때문에 제한된 역량을 구현할 수 있는 하나의 경쟁요소를 선택해 그 분야에서 최고가 되도록 노력해야 한다. 기업은 뛰어난 조직운영, 탁월한 고객관계, 또는 서비스혁신 중 하나의 가치에 집중함으로써 성공을 거둘 수 있는 반면, 동시에 두 가지 이상을 남보다 더 잘하는 기업은 실제로 드문 경우다.

〈그림 3-1〉은 핵심가치와 전략 그리고 실행의 중요성을 나타낸 것이다. 베리(Leonard L. Berry)

그림 3-1 가치-전략-실행의 관계

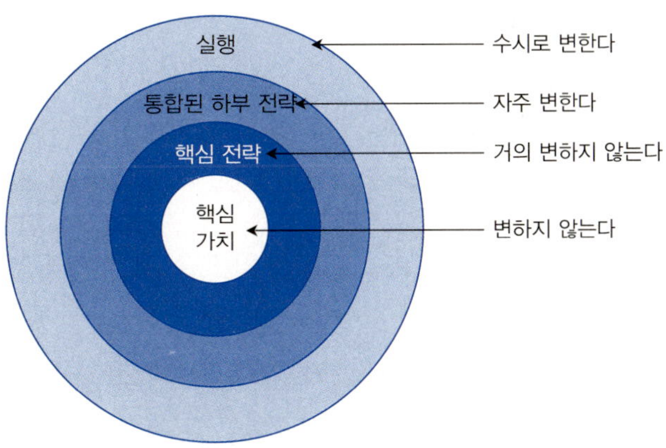

자료 : Leonard L. berry, *Discovering the Soul of Service*, The Free Press, 1999, p.97.

에 따르면 가치는 전략과 실행을 이끌어내며 반대로 전략과 실행은 가치를 강화시킨다. 서비스기업이 성공을 지속하려면 서비스문화를 구축하고 잠재력을 실현할 수 있는 핵심전략이 필요하다. 회사의 비전과 사업에 대한 정의에도 바로 이 핵심전략이 담겨있다. 핵심전략에 따라 하부의 실행전략 또는 전술들이 만들어지는데, 이들은 시장이 요구하는 서비스 혹은 서비스와 상품의 결합으로 핵심전략을 수립한다. 하부전략과 전술들은 핵심전략을 구체화한 활동들의 체계이다. 기업의 사업계획은 수시로 변하는데, 이는 핵심전략을 보다 효율적으로 추진하기 위해 어떤 활동을 추가하거나 빼기 때문이다. 실행이란 각각의 하부전략을 수행하는 것을 의미하며, 경영진과 중간관리자들이 현상유지보다 개선을 추구하는 기업일수록 실행의 개선과 변화는 빈번하게 나타난다. 탁월한 기업은 지속과 변화를 동시에 다룰 수 있는 관리능력이 있어야 한다. 가치는 확고해야 하고 핵심전략은 명확하고 강력하며 안정적이어야 한다. 반면, 하부전략과 실행은 탁월함, 혁신 등의 가치실현을 위해 끊임없이 변화해야 한다.

(2) 핵심전략

핵심전략이란 어떻게 수립되고 운영되어야 하는가? 그동안 많은 연구자들이 성공적인 서비스 기업들을 대상으로 규명해 낸 핵심전략의 공통점은 다음과 같다.

■ 고객의 니즈에 대한 선제적 파악

시장의 요구에 맞는 특정상품의 마케팅보다는 그 시장의 니즈를 파악하고 충족시키는 데 초점을 맞추어야 한다. 고객의 욕구충족을 위해서는 현재의 인기있는 방법보다는 고객의 니즈(needs), 즉 고객이 필요로 하는 결핍을 찾아내고 이를 선제적으로 충족시켜야 한다. 이는 상품대신 시장의 관점에서 접근하는 것이다. 예를 들어, 철도사업의 서비스수요는 철도가 아닌 운송이다. 철도여행은 상품일 뿐이고 운송이 시장의 요구이다. 시장의 요구(wants)는 공간의 이동이지만 고객이 철도여행으로 이동한 것은 신속한 운송에 대한 니즈를 파악하고 철도회사가 이를 제공했기 때문이다. 물론 운송에 대한 시장의 요구는 그대로이다.

■ 새로운 가치의 창출

소비자들이 과거에 경험하지 못했던 새로운 가치를 만들어 제공함으로써 새로운 수요를 창출한다. 시장이 원하기 전에 소비자의 결핍된 니즈를 찾아냄으로써 성공을 거두고 있다. 예를 들어, 허츠(Herz)와 아비스(AVIS) 등이 여행객을 대상으로 공항주변입지에 주력해 온 동안 우버택시는 승객과 차량을 연결하는 모바일앱으로 대기시간과 비용을 줄이면서 어느 곳이나 이동을 가능하게 했다.

■ 경쟁우위의 확보

성공적인 기업은 경쟁우위가 있는 시장과 서비스에 집중한다. 단순히 제공할 필요가 있는 일을 하는 것이 아니라 모방이 어려운 비즈니스를 선택하는 탁월함이 중요하다. 이는 종종 기존의 패러다임을 깨는 창조적 파괴행위로 슘페터의 혁신(innovation)개념과 일치한다. 항공업계에서 저비용항공사(LCC)의 신화를 낳은 사우스웨스트항공(SWA), 이지젯(easyJet)은 단거리노선에서 승객의 욕구가 낮은 기내식을 생략하고 왕복구간만을 운항하며 단일기종의 항공기, 단일등급의 좌석운영 등으로 틈새시장에서 성공을 거두었다.

■ 선택과 집중

기업의 자원은 한정되어 있다. 따라서 핵심전략에 역량을 집중할수록 고객에게 더 나은 서비스를 제공할 수 있다. 전략적 집중은 하부전략과 실행단계에서 종업원들이 회사의 전략을 쉽게 이해하고 무엇을 해야 하는지를 스스로 판단할 수 있도록 한다. 스티브 잡스(Steve Jobs)는 수백가지에 이르던 애플사(Apple)의 제품을 열 개 이내로 줄였고, 경영환경과 업무프로세스를 단순화시켜 역량을 혁신제품개발에 집중했고 아이폰과 아이패드로 성공을 거두었다.

(3) 하부전략의 통합

전략이 성공하는 핵심요소는 두 가지다. 시장의 수요에 부응하는 아이디어, 그리고 그 아이디어를 가치있는 상품으로 시장에 제공하는 실천력이다. 아이디어만으로는 고객의 욕구를 충족시킬 수 없는데, 실질적인 상품과 서비스로 구현된 아이디어만이 시장에서 존재할 수 있기 때문이다. 비즈니스가 성공하기 위해서는 핵심전략이 하부전략들과 효과적으로 통합된 서비스디자인으로 구체화되어 실행되어야 한다. 시장에 제공되는 상품은 기업이 공급하는 제품과 서비스, 서비스품질, 설비 등에 대한 고객경험의 총체로 구성되는데, 이는 곧 고객들의 경험을 뜻한다. 〈그림 3-2〉는 비즈니스의 정의를 반영한 핵심전략과 하부전략을 연계·통합하는 서비스디자인으로 구체화되어 개별행동들이 수행되고 이를 시장에 제공하는 일련의 과정을 통해 총체적 산물로서 가치를 창출하는 과정을 나타낸 것이다.[5] 즉, 기업이나 서비스에 대한 고객의 경험과 반응이 곧 총체적 산물이 지니는 가치가 된다.

그림 3-2 핵심전략과 총체적 산물의 생성과정

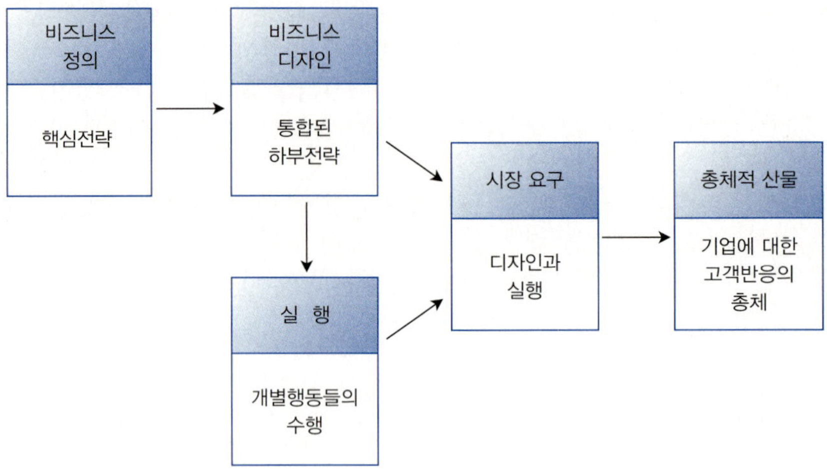

자료 : Leonard L. berry, *Discovering the Soul of Service*, The Free Press, 1999, p.107.

4. 서비스전략의 구성요소

서비스전략은 시장분석, 기업의 비전과 사명, 조직을 움직이는 경영원칙 등의 요소로 구성된다. 칼 알브레히트와 론 젬키에 따르면, 세 가지 요소의 효과적인 조합으로 서비스의 차별화가 가능해진다.

(1) 시장분석(market research)

시장에 대한 지속적인 조사와 분석은 서비스전략수립의 출발점이다. 이를 위해서는 경제분석 → 산업분석 → 기업분석을 단계적으로 수행해야 하며, 수집된 정보를 통해 외부의 기회와 위협, 기업내부의 강점과 단점 등의 환경을 분석하고 소비자의 욕구변화 등을 파악하여 장·단기 서비스 수요의 변화추세를 예측한다.

(2) 공유된 비전과 미션(vision & mission statement)

경영진에서부터 현장직원에 이르기까지 전사적으로 공유할 수 있도록 이해하기 쉬운 조직의 비전과 측정가능한 미션이 명시되어야 한다. 서비스전략의 명료한 표명은 조직이 추구하는 가치를 현장의 일상적 업무까지 연결시켜 준다. 분명하고 이해하기 쉬울수록 어려운 서비스상황이나 결정에 직면했을 때 무엇을 해야할지 알 수 있도록 해준다.

(3) 기업의 경영원칙(corporate principles)

기업의 경영원칙에는 조직의 믿음과 가치가 담겨있다. 가치는 회사의 존재가치를 규정하고 경영 의사결정의 방향성을 제시한다. 기업가치가 직원 자신의 가치와 일치할수록 직원들은 긍정적인 고객경험을 보장하기 위해 할 수 있는 모든 역량을 발휘하고 조직의 목표달성을 위해 더욱 헌신하게 된다.

제2절 기업의 생존요건과 환경분석

서비스는 실천하기 간단한 개념인 것처럼 보이지만 사실은 그렇지 않다. 기업은 자사의 강점과 약점을 파악한 후에도 고객서비스 대상이 되는 고객을 이해해야만 한다. 훌륭한 고객서비스를 위한 준비로 내부환경과 외부환경을 충분히 파악해야 비로소 전략의 수립이 가능해진다. 고객서비스의 장애요소에 익숙해지고, 고객인식의 중요성을 깨닫고, 고객의 기대를 이해하며 자신의 가치와 신뢰감을 유지하는 법을 터득해야 한다. 본절에서는 먼저 기업의 생존요건을 설명한다. 그리고 효과적인 전략수립을 위한 서비스환경과 환경을 분석하는 방법론을 살펴본다.

1. 기업의 생존요건

(1) 기업존립의 필수조건: 고객

기업의 존립과 성장을 위한 기본적인 조건은 고객이 존재해야 한다는 점이다. 제품과 서비스를 구매해 줄 고객이 안정적으로 있어야 하며, 동시에 고객에게 만족을 줄 수 있는 기업-고객 간의 교환이 이루어져야 비로소 기업은 존립할 수 있다. 교환은 당사자 모두의 욕구를 충족시킴으로써 이전보다 더 나은 상태를 만들어주므로 가치를 창조하는 과정이며, 시장의 상황에 따라 기업과 고객 가운데 어느 한쪽이 교환을 주도하게 된다. 수요가 공급을 초과하는 판매자 시장(seller's market)상황에서는 고객이 교환에 더 적극적인 반면, 공급이 수요를 초과하는 구매자 시장(buyer's market)상황에서는 기업이 고객과의 교환에 적극적인 입장이 된다. 공급자 간의 경쟁이 치열한 서비스시장일수록 고객과의 교환노력이 요구되는 구매자시장이다. 따라서 구매자 시장에서는 고객이 추구하는 욕구가 무엇인지를 파악하여 그 욕구를 경쟁자보다 효과적으로 충족시킬 수 있는

그림 3-3 고객과 기업의 경제적 교환

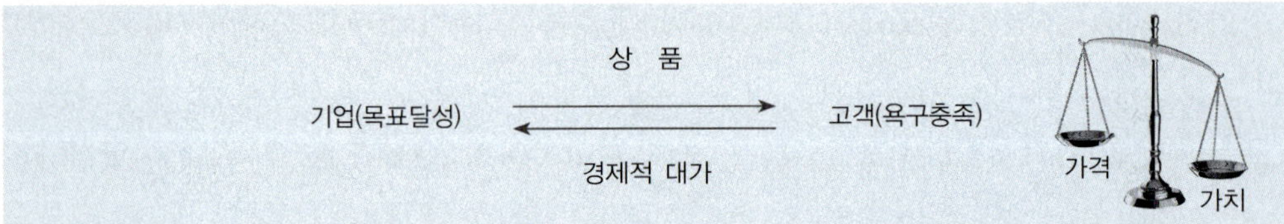

서비스를 제공하는 것이 기업존립의 필수조건이다.

(2) 기업의 생존부등식

인간의 삶에 필요한 재화와 서비스를 생산하고 공급하는 기업의 활동을 우리는 흔히 경영이라고 하며, 모든 기업은 경영을 통해 존재한다. 기업이 시장경제에서 생존하기 위한 필수조건은 생산된 상품을 시장에서 구매해주는 고객의 존재이다. 시장에서는 상품의 공급자인 기업과 수요자인 고객 간의 상호교류가 이루어짐으로써 경제가 형성된다. 경제내에서 기업이 계속 존속하기 위해서는 상품의 생산에 투자된 원가(cost, C)이상의 가격(price, P)으로 고객에서 공급할 수 있어야 한다. 따라서 생산자인 기업의 입장에서 볼 때 시장에 공급하는 상품에 대하여

$$\text{상품의 가격}(P) > \text{상품의 원가}(C) \qquad (1)$$

의 부등식이 만족되어야 한다. 이것이 곧 기업의 존립을 위한 경영의 필요조건이 된다. 이 부등식의 좌변(P)에서 우변(C)을 뺀 차이를 생산자 혜택이라 하는데, 기업이 상품의 생산 · 판매로부터 얻게되는 이익이다. 생산자혜택을 흔히 영업마진(margin)이라고 한다.

$$\text{생산자혜택} = \text{상품의 가격}(P) - \text{상품의 원가}(C) \qquad (2)$$

생산자혜택은 기업이 확대재생산의 과정을 통해 고객에게 더 나은 상품을 공급할 수 있게 하고, 종업원에게 더 나은 대우를 해주며 이해관계자들과 성과를 나누튼 부가기치의 원천이다. 한편, 고객이 상품을 구매하는 이유는 기업의 입장과 다르다. 고객의 입장에서는 상품의 가치(value)가 그 상품의 구매가격(P)보다 커야 구매를 결정한다. 즉, 소비자입장에서 느끼기에

$$상품의 가치(P) > 상품의 원가(C) \quad (3)$$

이라는 조건이 만족되어야 거래가 이루어진다. 기업이 고객을 위해 위의 조건을 만족시키는 것은 경제적으로나 사회적으로 바람직한 현상이다. (3)식의 좌변(V)에서 우변(C)를 뺀 차이를 소비자혜택(consumers' benefit, CB)이라고 한다.

$$소비자혜택(CB) = 상품의 가치(V) - 상품의 가격(P) \quad (4)$$

소비자혜택은 곧 기업이 고객에게 기여하는 공헌이다. 고객이 느끼는 상품의 가치를 상품의 가격과 같은 화폐단위로 표현하는 것은 어렵다. 왜냐하면 상품의 가치란 실질적인 용도나 성능 등 편익은 물론 무형의 심리적 · 정서적 만족감도 포함하기 때문이다. 관념적으로 상품의 가치가 존재한다는 사실은 의심의 여지가 없으나 이를 계량적으로 파악하는 것은 고객에 따라 다르다는 것을 의미한다. 특히 거래되는 상품이 무형의 서비스인 경우, 동일한 상품에 대해 고객마다 다르게 가치를 평가하는 이질성으로 인해 상품의 가치를 평가하는 일은 쉽지 않다.

여기에서 (1)식과 (3)식을 모두 포함시킬 수 있는 조건을 생각해 보자. 이는 상품을 생산 · 공급하는 기업이 안정적으로 존립할 수 있는 근거가 된다. 그리고 경영을 통해 기업이 고객과 더불어 경제내에서 공존하는 가장 바람직한 방식이다. 이들 조건은 곧 기업경영의 요건으로서 다음과 같이 나타낼 수 있다.

$$상품의 가치(V) > 상품의 가격(P) > 상품의 원가(C) \quad (5)$$

(5)식은 우리가 경제사회에서 상업적 거래를 하기 위한 필요조건이다. 이 부등식을 기업의 생존부등식이라고도 하는데 이는 성공적인 기업의 조건이다.[6)]

■ 경영이 실패하는 경우

실제로 위의 제약조건을 만족시키는 일이 쉽지는 않다. 상품의 가치, 가격, 원가사이에는 위의 식(5)로 주어지는 이상적인 관계에서 벗어나는 경우가 종종 발생하게 된다. 이 경우에 기업의 경영은 어려움이 직면하게 된다. 다음의 몇 가지 예를 보자.

첫째, (5)식의 우측부등식이 반대로 $P<C$ 인 경우이다. 즉, 상품의 원가보다도 낮게 가격이 하락하는 경우이다. 생산자혜택 $PB = P - C$는 마이너스(−)의 값을 갖게되어 기업으로서는 적자를 보게 된다. 시장에서 항공사 간의 경쟁이 치열하여 출혈경쟁을 해야 하거나 비행시간이 임박하여

남아있는 빈좌석을 싼값에라도 팔아야 하는 경우에 이런 상황이 종종 발생한다. 이러한 상태가 지속된다면 기업은 적자경영으로 인해 재무적 곤경에 처하게 된다. 둘째, (5)식의 좌측부등식이 반대로 $V<P$ 인 경우이다. 이때는 고객의 입장에서 상품을 구매한 가격보다도 상품의 가치가 낮다고 느끼게 된다. 특히 서비스상품의 가치에 대한 고객의 평가는 구매한 이후에 경험을 통해 이루어지기 때문에 서비스시장에서 흔히 발생하게 된다. 소비자혜택 $CB = V - P$는 마이너스(−)의 값을 갖게 되어 고객이 상품구매에 대해 "별것 아니구나.", "속았구나." 하는 느낌을 가질 수도 있다. 이와 같이 상품구매 당시에 기대했던 가치에 미달하는 경우, 고객은 반품을 요구하거나 불만을 제기하는 등의 서비스실패로 나타나게 된다. 기업으로서는 고객을 상실하여 존립기반이 위태로워 질 수 있다. 셋째, (5)식의 두 부등식이 모두 반대로서 $V < P < C$인 경우이다. 이는 시장경쟁이 심화되고 상품의 재고부담이 늘어 원가이하로 상품을 판매해야 하는 조건에서 상품구매로부터 고객이 느끼는 가치가 지불한 상품가격보다 낮다고 느끼는 상태를 말하는데, 이 경우에는 기업과 고객이 모두 어려움을 겪게 된다.

■ 서비스기업의 성공요건

성공적인 거래가 성립되기 위해서는 공급자인 서비스기업은 이윤을 창출하고 동시에 고객은 서비스의 구매에 만족해야 한다. 이를 위해서는 서비스의 가치(V), 고객이 지불하는 가격(P), 서비스의 원가(C) 사이에는 다음과 같은 기업경영의 조건이 성립해야 한다.

$$V > P > C$$

위 조건이 충족될 때 기업과 고객 간의 거래를 통해 성립되는 경제에서 기업은 시장가격보다 낮은 원가로 고객이 원하는 서비스가치를 제공함으로써 모두가 만족하게 된다. 예를 들면, 항공사가 판매하는 좌석의 운임은 공급하는 좌석의 단위원가보다 높아야 하며, 승객은 항공기탑승의 경제적 가치가 좌석에 지불한 운임보다 높다고 느껴야 항공사가 장기적 · 안정적으로 존립할 수 있는 조건이 충족된다.

2. 서비스환경

기업의 환경은 크게 외부환경과 내부환경으로 나누어지며, 내부환경은 기업이 통제가능한 영역이지만 외부환경은 대부분 통제가 불가능한 외생적 변수들로 구성된다.

그림 3-4 서비스경영 환경요인

(1) 외부환경

경기변동과 국제적 환경, 인구구조, 기술의 발전 등 기업을 둘러싼 거시적 환경은 항상 변한다. 이들 외부환경은 기업에 기회가 되기도 하고 위협이 되기도 한다. 따라서 경영전략의 수립을 위해서는 외부환경을 분석해야 하는데, 이는 흐린 날씨가 영업에 기회가 될지 아니면 위협이 될지를 생각해보는 것과 같다. 외부환경은 사회적 환경분석과 산업환경분석으로 나누어 볼 수 있다.

■ 사회적 환경

사회적 환경에 대한 분석은 전쟁을 수행할 때에 우선 높은 곳에 올라가 지형과 날씨의 변화를 예측하는 것과 같다. 비가 오면 우산장수가 장사가 잘되고, 비가 오지 않으면 우산장수는 장사가 잘되지 않는다. 즉, 기업은 사회적 환경에 영향을 받기 때문에 다양한 변수들을 미리 판단하여 준

표 3-1 사회적 환경분석

구분	내 용
인구통계의 변화(demographic)	인구변화, 연령구성, 가계소득, 외국인 비율 등
경제상황의 변화(economic)	물가상승률, 금리, 경제성장률, 저축률 등
정치, 법제도의 변화(political / legal)	노동법, 독점금지법, 세법, 규제완화 등
사회환경의 변화(sociocultural)	여성의 사회진출, 환경에 대한 의식, 라이프스타일 등
기술의 변화(technological)	디지털전환, 기술, 상품의 혁신 등
국제환경의 변화(global)	세계화, 국제관계, 신흥국의 대두

비해야 한다. 예를 들어, 인구통계학 상에 있어 노령인구의 증가는 실버용 상품을 개발·생산하는 기업에게 새로운 사업의 기회가 되며, 유아용품을 판매하는 기업에는 위기로 작용하게 된다. 구체적인 사회적 환경분석의 요인들은 〈표 3-1〉과 같다.

■ 산업환경

산업을 분석하기 위해서는 먼저 산업의 영역을 규정할 필요가 있다. 최근 기술의 경계가 모호해지고 융합현상이 뚜렷해짐에 따라 산업 또는 관련산업의 범위를 명확히 하는 것은 쉽지 않다. 예늘 들어, 맥도날드가 속한 산업을 패스트푸드로 한정할 경우 맥도날드의 경쟁자는 버거킹, 롯데리아에 한정되지만 외식업으로 산업을 확대하면 경쟁재와 대체재가 더욱 다양해진다. 아이패드(iPad)와 아이폰(iPhone)의 경우도 마찬가지이다. 아이패드과 아이폰은 같은 산업으로 보는 것이 옳겠는가 아니면 다른 산업으로 보는 것이 옳겠는가. 한편, 산업환경분석은 두 가지 목적으로 수행된다. 우선, 산업의 매력도를 측정하는 것이며 이는 기업이 새로운 사업으로 진출할 경우, 그 산업이 자사에 어떤 기회와 위협이 되는가를 분석하는 것으로 볼 수 있다. 다른 하나는 산업의 구조를 파악하는 것이다. 산업구조에 대한 분석을 통해 기업은 자사에 유리한 방향으로 기업의 구조적 특성을 강화할 수 있다.

(2) 내부환경

기업의 외부환경분석이 주변의 지형·지물을 이용하는 개념이라면 내부환경분석은 부대내 병사들의 사기정도나 군대의 규모, 보유장비, 훈련정도 등을 분석하는 개념에 비유된다. 중요한 것은 이 두 가지 개념이 조화를 이루도록 하는 것이다. 기업의 내부환경분석은 크게 두 가지로 접근할 수 있다. 하나는 상품의 원자재로부터 소비자에게까지 전달되는 과정을 하나의 흐름으로 파악하여 기능별 장·단점과 상대적 우위를 평가하는 부가가치사슬분석이고, 다른 하나는 기업이 보유한 유형 및 무형자원, 조직능력 등을 대상으로 하는 R&C 분석이다.

■ 부가가치사슬을 통한 분석

부가가치사슬(value chain)은 부가가치가 생성되는 과정을 의미하며 포터(Michael Porter)가 모형으로 정립하였다. 부가가치사슬은 부가가치창출과 관련된 활동과 프로세스의 연계를 의미한다. 부가가치사슬을 통해 어느 부가가치가 산업내에서 상대적으로 중요한가를 파악할 수 있다. 이 분석은 기업이 제품이나 서비스를 고객에게 전달하기까지 연구개발 → 제품디자인 → 생산 → 마케팅과 유통 → 판매후 서비스 등의 단계를 거치는 가치사슬을 구축해 고객만족도를 높인다고 가정한다. 예를 들어, 애플(Apple)사의 생태계는 부가가치사슬로 설명되는 대표적인 경우이다. 애플은

그림 3-5 부가가치사슬

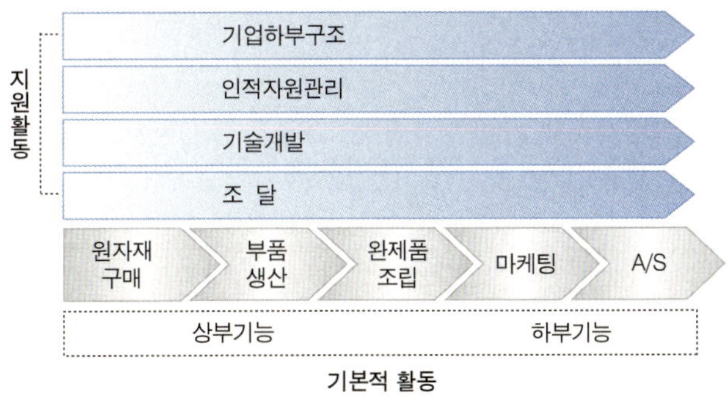

태블릿 PC와 인터넷 TV, 음악 스트리밍서비스, 모바일결제서비스, 자율주행자동차 등 산업의 틀에 얽매이지 않고 다양한 기업군을 포함하여 변신과 혁신을 거듭하며 독자적인 생태계를 구축해왔다. 이는 애플에 재료 및 부품을 납품하는 제조업체, 협력관계에 있는 응용프로그램이나 서비스 개발자들도 유기적인 관계속에 끊임없이 변화해왔다는 것을 의미한다. 여기에 충성도가 높은 소비자들까지 합류해 '애플생태계'를 발전시켰다. 즉, 애플을 중심으로 한 생태계의 구성요소들 간의 경계가 융합되고 변화되면서 발전을 지속해 왔다.

■ **자원과 조직능력을 통한 분석(R/C 분석)**

기업의 내부환경분석방법 중 하나로서 기업이 가진 자원(resource, R)과 조직능력(capability, C)을 바탕으로 평가한다. 자원·능력(R&C)분석은 크게 유형자원과 무형자원, 조직능력 등 세 가지 기준으로 나눠볼 수 있다. 유형자산은 설비, 자동차, 건물, 현금 등 유형의 자산을 의미하며, 무형자산은 기술과 특허, 저작권, 영업기밀이나 노하우, 브랜드 등의 자산을 말한다. 조직능력의 경우 신제품개발능력, 조업능력, 마케팅능력, 전략적 제휴 등 기업특유의 역량을 의미한다. 무형자원과 조직능력의 경우, 정확한 평가도 어렵지만 경쟁기업이 모방하기 어렵다는 특징을 지닌다. 예를 들어, 입찰경쟁을 통해 광고를 따내야하는 기획사의 경우, 전담부서와 직원의 수, 작업예산 등은 기업이 가진 유형의 자원이지만 직원들이 정해진 시간 동안 수행할 수 있는 제안서의 완성도나 집중력은 무형의 자원인 조직의 역량에 해당한다.

(3) 서비스경영환경의 특징

오늘날 산업의 성장에도 불구하고 서비스기업들은 상대적으로 어려운 환경에서 경쟁하고 있다. 그 이유는 다음과 같다.[7)]

그림 3-6 자원과 조직능력의 구성요소

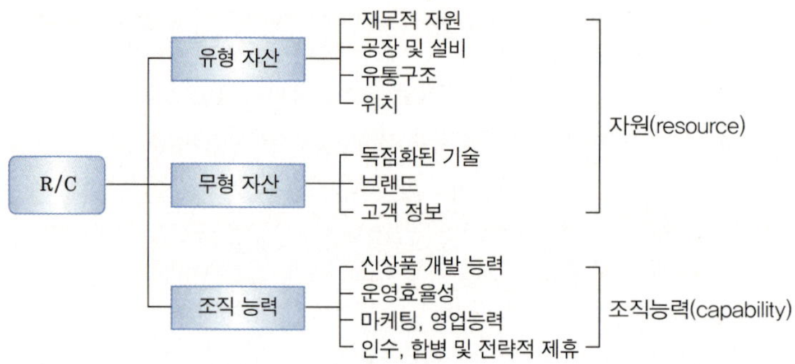

■ **낮은 진입장벽(low entry barriers)**

서비스는 혁신에 대한 특허를 인정받지 못하며, 서비스산업에는 대규모 투자가 필요한 자본집약형 기업보다는 기술수준이 낮은 노동집약적 사업체가 많다. 따라서 경쟁자들은 쉽게 기술과 혁신을 모방할 수 있다.

■ **규모의 경제달성의 어려움(minimal opportunities for economy of scale)**

많은 종류의 서비스가 고객의 물리적 이동을 전제로 하고, 이는 시장의 규모를 제한해 소규모의 점포를 형성하게 한다. 프랜차이즈 기업들은 구매와 광고비용을 분담하거나 인터넷을 통해 물리적 이동을 대체함으로써 어느 정도 규모의 경제를 달성할 수도 있다.

■ **수요의 불안정성(erratic sales fluctuations)**

서비스에 대한 수요는 시간대와 요일, 계절 등에 따라 주기적으로 변동하며 때로는 무작위적으로 불규칙하게 변동한다.

■ **규모의 영세성(no advantage of size)**

서비스기업은 규모가 대체로 영세하기 때문에 대부분 규모가 큰 기업들인 구매자나 공급자와의 현상에서 불리한 입장에 놓이게 된다. 다만 맥도날드의 고기구매나 메리어트의 침대구매와 같은 예외적인 경우도 있다.

■ **제품대체(product substitution)**

제품은 혁신을 통해 종종 서비스를 대체할 수 있다. 따라서 서비스기업들은 경쟁기업의 전략을 주시할뿐 아니라 가정용 의료검사기구와 같이 자사의 서비스를 필요없게 만드는 잠재적 제품의 혁신도 예상해야 한다.

■ **고객충성도(customer loyalty)**

개인화된 서비스를 제공하는 서비스기업은 탄탄한 충성고객을 확보하고 있으며, 이는 새로운 기업에 대해 진입장벽이 된다. 예를 들어, 병원에 기구를 납품하는 협력회사는 주문을 위한 컴퓨터 단말기를 병원에 설치할 수 있는데, 이는 새로운 주문을 낼 때 경쟁자를 배제시키는 효과적 수단이 된다.

■ **탈퇴장벽(exit barriers)**

한계기업은 이익이 적거나 없더라도 경영을 계속하는 경향이 있다. 예를 들어, 개인소유의 기업은 수익의 극대화보다 가족을 고용하는 것이 목표일 수 있으며, 골동품이나 스쿠버다이빙처럼 금전적인 보상을 상쇄하는 직무만족감을 주는 취미나 매력 때문에 운영을 지속하기도 한다. 따라서 이익을 목적으로 하는 경쟁자가 이들을 시장에서 퇴출시키기 어렵다.

3. 환경분석모형

환경분석을 위해 널리 이용되는 방법으로는 산업구조분석을 위한 포터(M. Porter)의 5요인 분석모형, 그리고 조직의 강점과 약점, 시장의 기회와 위협요인을 분석하는 SWOT 분석이 대표적이다.

(1) 포터의 5요인(Five Forces) 분석모형

포터의 분석모형에 따르면, 고객으로부터 이익을 창출하는 기업의 능력에 영향을 주는 요인은 산업마다 5가지가 있다.[8)] 이 요인들은 산업별로 시장의 경쟁정도와 이에 따른 시장의 매력도를 결정한다. 오늘날 글로벌 온라인엔터테인먼트 기업인 넷플릭스(Netflix)가 사업초기 비디오사업에 진입할 당시 업계의 환경을 분석했던 예를 살펴보자.[9)]

■ **산업내 경쟁자(competitive rivalry within industry)**

경쟁자들은 가격경쟁 또는 혁신, 브랜드, 품질 등의 비가격전략으로 산업내에서 경쟁의 강도를 결정하는 가장 중요한 요소이다. 넷플릭스가 처음 우편서비스만으로 DVD 대여시장에 진입하였을 때, 유일한 경쟁자는 블록버스터(Blockbuster)와 같은 대여점뿐이었다.

■ **잠재적 신규진입자(potential new entrants)**

수익성이 높은 시장일수록 새로운 경쟁자를 유인한다. 예를 들어, 월마트는 바로 넷플릭스에 도전했지만 넷플릭스의 브랜드를 극복하지 못해 시장을 떠나고 말았다.

그림 3-7 포터의 5-Forces 분석모형

■ **대체재위협(threat of substitute)**

서비스의 경우에는 그 대체재가 제품으로 등장하는 경우가 종종 있다. 예를 들면, 넷플릭스도 티볼리를 이용해 비디오를 TV로 직접 다운로드할 수 있게 하는 케이블회사들과의 경쟁에 직면하고 있다.

■ **공급자의 교섭력(bargaining power of suppliers)**

투입물의 공급자들은 제품이 독특하거나 독점공급원인 경우 기업에 대해 영향력을 행사할 수 있다. 넷플릭스의 가장 중요한 공급업자는 DVD 유통업체들이었는데, 대량구매를 했기 때문에 넷플릭스는 상당한 우위를 확보할 수 있었다.

■ **고객의 교섭력(bargaining power of customers)**

넷플릭스의 고객들은 가격에 압력을 가할 수 있고, 따라서 높은 영업마진에 대응할 수 있다. 여행업계에서는 정보비대칭으로 인해 불리했던 고객들이 Priceline.com과 Hotwire.com을 이용함으로써 유리한 위치를 확보한 바 있다. 넷플릭스는 고객구매정보를 이용한 유사한 주제의 다른 영화를 추천함으로써 수요를 지속적으로 창출한다.

(2) SWOT 분석

SWOT 분석은 기업의 내부환경과 외부환경을 분석하여 강점(Strength), 약점(Weakness), 기회(Opportunity), 위협(Threat)요인을 규정하고, 이를 토대로 경영전략을 수립하는 기법이다. SWOT 분석의 장점은 기업의 내·외부 환경변화를 동시에 파악할 수 있다는 점이다. 즉, 기업의 내부환경을 분석하여 강점과 약점을 찾아내며, 외부환경분석을 통해서는 기회와 위협을 찾아낸다.

- 강점(S) : 회사의 경영자원, 즉 내부환경의 강점
- 약점(W) : 회사의 경영자원, 즉 내부환경의 약점
- 기회(O) : 시장경쟁, 소비자, 기술 등 외부환경에서 비롯된 기회
- 위협(T) : 시장경쟁, 소비자, 기술 등 외부환경에서 비롯된 위협

이 분석의 목적은 전략수립에 앞서 고려할 요소를 파악하여 기업이 직면한 외부환경 중 기회와 위협이 되는 요소를 기업내부의 강점과 약점에 대응시켜 효율적인 전략을 수립하는데 있다. 기업은 SWOT 분석을 통해 얻은 결과를 바탕으로 전략을 도출할 수 있다. 즉, 어떤 기업의 내부환경을 분석하여 강점과 약점을 발견하고, 외부환경을 분석하여 기회와 위협을 찾아내어 이를 토대로 강점은 살리고 약점은 숨기고, 기회는 활용하고 위협을 억제하는 전략을 수립하는 것이다. SWOT 분석에 의한 경영전략의 유형은 다음과 같다.

- SO전략(강점-기회전략) : 강점을 살려 기회를 포착
- ST전략(강점-위협전략) : 강점을 살려 위협을 회피
- WO전략(약점-기회전략) : 약점을 보완하여 기회를 포착
- WT전략(약점-위협전략) : 약점을 보완하여 위협을 회피

표 3-2 SWOT 분석

강점(S)	약점(W)
▪ 자사의 강점은 무엇인가? ▪ 다른 기업보다 더 잘하는 것은 무엇인가? ▪ 가지고 있는 독특한 자원은 무엇인가? ▪ 시장에서 사람들이 자사의 장점이라고 보는 것은 무엇인가?	▪ 무엇을 개선할 수 있는가? ▪ 무엇을 회피할 수 있는가? ▪ 어떤 요인 때문에 판매에 실패하는가? ▪ 시장에서 사람들이 자사의 약점이라고 보는 것은 무엇인가?
기회(O)	**위협(T)**
▪ 경쟁자의 약점은 무엇인가? ▪ 현재 시장의 추세는 무엇인가? ▪ 기술이 새로운 서비스옵션을 제공하는가? ▪ 자사가 차지할 만한 틈새시장이 있는가?	▪ 자사가 직면한 장애요인은 무엇인가? ▪ 경쟁자가 무엇을 하고 있는가? ▪ 변화하는 기술이 자사의 위치를 위협하는가? ▪ 현금흐름에 문제가 있는가?

〈표 3-2〉는 대표적인 SWOT의 예이다. 현실적으로 4분면으로 구성된 SWOT 분석의 요인들을 한꺼번에 종합하여 전략을 도출하는 것은 어렵다. 따라서 강점과 기회요인을 묶어 강점을 가지고 기회를 살리는 전략, 약점과 기회요인을 묶어서 약점을 보완하고 기회를 살리는 전략 등 모두 SO, WO, ST, WT의 네 가지 전략을 도출한다. SWOT 분석은 방법론적으로 간결하고 응용범위가 넓은 일반화된 분석기법이기 때문에 여러 분야에서 널리 이용된다.

제3절 경쟁우위전략과 전사적 서비스

서비스경영은 비즈니스를 하는 철학이자 리더십형식이며 집단적인 서비스정신이다. 동시에 서비스품질과 고객가치를 기본원칙으로 하는 운영방식이 된다. 본절에서는 경쟁에서 비교우위를 확보하기 위한 전략의 유형을 설명하고, 기업의 모든 역량을 모든 서비스접점에 집중하는 전사적 서비스의 개념과 성공사례들을 소개한다.

1. 경쟁우위확보전략

일반적으로 경쟁시장에서 비교우위를 확보하기 위한 전략은 크게 원가우위전략, 차별화전략, 집중화전략의 세 가지 유형으로 구분된다.[10)]

(1) 원가우위전략(cost leadership)

원가우위전략은 효율적인 시설규모, 원가 및 간접비절감뿐 아니라 기술혁신을 통한 원가절감을 모두 포함하여 서비스품질의 희생없이 가격경쟁력을 확보하는 전략이다. 원가우위전략을 위해서는 설비 등의 자본투자, 저가격을 이용한 시장확대를 위해 초기손실이 수반된다. 맥도날드, 월마트, FedEx 등이 글로벌시장에서 성공을 거둔 사례이며, 국내에서는 이마트, 쿠팡 등이 원가우위전략으로 확고한 시장지위를 구축하였다. 원가우위전략은 종종 해당 산업전체의 혁신을 이끌기도 하는데 시장에서 가격주도를 위해 이용되는 방법들은 다음과 같다.[11)]

■ **저가격고객의 식별**(seeking low cost customers)

고객에 따라서는 서비스제공에 드는 비용이 다른 고객에 비해 상대적으로 적게 드는데, 서비스

제공자는 이러한 고객집단을 표적으로 정할 수 있다. 예를 들어, 미국의 USAA(United Services Automobile Association)라는 자동차보험회사는 업계에서 확고한 지위를 구축하고 있는데, 이 회사는 잦은 이동 때문에 자동차보험에 어려움을 겪고 있는 미국군인들을 표적으로 정해 다른 보험사들이 별로 관심을 두지 않는 시장의 공략에 성공한 경우다. 보험가입자들은 현역 또는 은퇴한 장교들이 주류를 이루지만 현재는 다변화된 금융서비스를 제공한다. USAA는 대부분의 영업을 우편, 전화, 인터넷 등 직접 마케팅으로 수행하기 때문에 광고와 인적판매를 지양하고 사람들의 입소문에 의존함으로써 원가우위를 확보하고 있다.

■ **고객서비스의 표준화**(standardizing a customer Service)

일반적으로 소득세신고는 고객화된 서비스에 해당된다. 그러나 H&R Block는 정형화된 소득세신고만 필요한 고객만을 대상으로 함으로써 전국규모의 서비스를 수행하는 데 성공했다. 예를 들어, 점포형 법률서비스와 가족건강관리센터는 낮은 비용으로 전형적인 전문서비스를 수행하는 매력적 수단이다. 서비스의 표준화는 인공지능(AI)의 보급으로 대체될 위협이 있으나 현재까지 정형화된 서비스영역에서 효과적인 전략이다.

■ **개인적 요소의 최소화**(reducing the personal element)

개인적 요소를 줄이는 것은 서비스품질관리측면에서 위험을 수반하는 전략이지만 편익이 증가할 수 있다면 고객은 이를 수용할 수도 있다. 예를 들어, ATM이나 KIOSK의 편리한 접근성은 고객과 서비스제공자와의 개인적인 상호작용을 줄임으로써 거래비용을 최소화한다.

■ **물류비용의 절감**(reducing network costs)

고객과의 긴밀한 연결을 위해서는 많은 초기비용이 필요하다. 예를 들면, 전력회사는 송전선을 위해 많은 고정비용을 부담해야 한다. FedEx는 허브-스포크(hub-spoke) 네트워크를[12] 구축해 물류비용을 줄였다. 이 회사는 멤피스를 허브로 삼고 최신의 분류기술을 도입함으로써 서비스가 제공될 도시 사이에 직접 경로를 개설하지 않고도 미국전역에 익일배송을 실천할 수 있었다. 이와 같은 원가절감전략은 오늘날 물류와 온라인판매업계 등에서 보편적으로 이용된다.

■ **오프라인 서비스운영**(taking service operations offline)

서비스제공과정에서 고객의 참여가 필요하지 않은 경우, 오프라인상태로 운영함으로써 거래비용을 절감할 수 있다. 예를 들어, 의류수선 서비스에서 고객들이 옷을 맡기고 찾아가는 KIOSK를 여러 곳에 설치하여 주문을 모아 다른 곳에 위치한 수선공장에서 이를 처리하는 경우 통합에 의한 규모의 경제, 저렴한 비용이 드는 입지의 활용 등으로 이원화된 서비스를 제조공장처럼 운영할 수 있다.

(2) 차별화전략(differentiation)

차별화전략의 핵심은 독특하다는 인식을 고객인 인식하도록 하는 서비스를 제공하는 데 있다. 일반적으로 차별화전략의 수익성은 원가우위전략에 비해 높은 편인데, 이는 고객들이 서비스의 독특함에 대해 프리미엄을 기꺼이 지불하려는 경향이 있기 때문이다. 일반적으로 차별화전략은 품질, 디자인, 기술, 마케팅, 브랜드, 기업이미지 등을 통해 이루어지며, 차별화전략에 이용되는 방법들은 다음과 같다.

■ **무형적 요소의 유형화**(making the intangibles tangible)

서비스는 무형이므로 종종 고객에게 구매의 경험에 대한 물리적 기억을 남기기 위해 유형적 서비스를 제공하기도 한다. 예를 들어, 많은 호텔에서는 고객에게 자신의 호텔에 머문것을 기억할 수 있도록 호텔상호나 로고가 새겨진 세면도구나 간단한 기념품을 무료로 제공한다.

■ **표준서비스의 고객화**(customizing the standard product)

서비스접점에서 고객화된 응대를 통해 적은 비용으로 고객의 호감을 얻을 수 있다. 고객의 이름을 기억해 부를 수 있는 현장직원은 좋은 인상을 남김으로써 지속적인 재구매를 유도할 수 있다. 예를 들어, 헤어숍은 이발소와 차별화하기 위해 담당 스타일리스트나 다과테이블, 음악이나 편안한 분위기 등의 개인적인 특성들을 추가하고 있으며, 버거킹은 맥도날드와 차별화하기 위해 자사만의 주문생산방식을 개발·홍보하고 있다.

■ **인식된 위험의 감소**(reducing perceived risk)

서비스에 대한 정보가 부족할 때 구매자는 위험에 노출된 느낌을 갖는다. 자동차수리처럼 자신감이나 지식이 부족한 서비스의 경우, 작업에 대해 추가시간을 내어 설명하고 청결하게 정돈된 시설을 갖추고 작업을 보증하려는 서비스제공자를 선호한다. 고객은 추가적인 비용을 부담하더라도 서비스제공자와 신뢰를 구축하기를 원한다.

■ **접점직원의 훈련강화**(attention to personnel training)

서비스향상을 위해 인재개발과 교육·훈련에 대한 투자는 경쟁자가 모방하기 어려운 경쟁우위가 되기도 한다. 업계에서 서비스를 선도하는 기업들은 대부분 경쟁기업보다 높은 품질의 교육훈련프로그램을 운영한다. 종종 이들 서비스기업은 맥도날드 햄버거대학과 같은 훈련센터를 설립운영하기도 한다.[13)]

■ **서비스품질의 통제**(controlling quality)

노동집약적인 서비스일수록 여러 장소에서 균일화된 서비스품질을 유지하는 것은 어려운 과제가 된다. 교육훈련과 매뉴얼, 기술, 서비스범위의 제한, 동료들 간의 모니터링과 감독 등 다양한 방법으로 이 문제를 해결해 오고 있다. 서비스품질에 대한 문제는 고객의 기대와 경험 간의 차이로 인해 해결하기 어려운 문제이다. 이에 대해서는 제7장에서 자세히 설명한다.

(3) 집중화전략(focus)

앞에서 우리는 경쟁우위가 크게 원가우위와 차별화우위로 달성됨을 살펴보았다. 그렇다면 기업은 어떤 우위를 확보하기 위해 노력해야 하는가? 물론 두 가지 우위를 모두 확보하는 것이 불가능한 것은 아니다. 그러나 방향성에 있어 기업은 보유한 역량에 따라 상대적 중요성을 판단하고 어느 하나를 선택하는 것이 보통이다. 그러면 목표로 하는 시장을 산업전체로 할 것인지 또는 제한적인 좁은 범위의 시장으로 할 것인지를 결정해야 한다. 일반적으로는 기업이 보유하고 있는 자원과 역량이 충분하다면 넓은 범위의 시장을 선택하고, 충분한 인적 · 물적자원을 보유하고 있지 못하다면 제한된 범위의 목표시장을 선택하게 된다. 경쟁우위와 목표시장의 범위를 두 차원으로 하여 전략대안의 조합을 만들면 이론적으로는 〈그림 3-8〉과 같이 원가우위전략 (1)과 차별화전략 (2), 그리고 두 가지의 집중전략(3A 및 3B) 등 네 가지의 대안이 있다.

한정된 목표시장에만 집중하는 집중화전략은 상대적으로 강조하는 원가우위와 차별화의 구분이 있으나 집중화의 핵심은 기업의 자원을 한정된 분야에 집중하는 것이다. 예를 들어, 여러 과목시험을 보는데 한 과목에만 시간과 노력을 집중하면 적어도 그 과목에서는 좋은 성적을 낼 수 있는 것과 같은 이치다. 이 전략의 한계는 역량을 집중하는 분야만으로 장기적인 성장을 도모하기 어렵다는 점과 같은 목표시장을 다른 경쟁자들도 집중전략의 목표로 선택할 수 있다는 점이다. 따라서 집중화전략은 원가우위나 차별화우위가 없다면 장기적인 성공과 성장을 기대하기 어렵다.

그림 3-8 경쟁전략의 기본유형

목표시장(경쟁)의 범위 \ 경쟁우위	원가우위	차별화
넓은 목표시장	1. 원가우위전략	2. 차별화전략
좁은 목표시장	3A. 집중전략 (원가강조)	3B. 집중전략 (차별화 강조)

자료 : Porter(1985), p.12.

2. 전사적 서비스전략

(1) 성공적인 서비스기업의 공통점

원가절감 또는 차별화를 위한 경쟁적 환경에서 모든 비즈니스전략의 핵심이 되는 서비스의 품질은 경영의 핵심이슈 가운데 하나다. 수많은 성공적 기업의 사례를 보면 '진실의 순간' 경영이라는 개념이 서비스경영의 철학으로 자리잡고 있다. 서비스경영은 단순히 고객불만처리부서를 운영하거나 서비스전담조직을 확충하는 것만으로는 부족하며, 전사적인 방식으로 고객경험에 초점을 두고 서비스접점에서 출발해 고객경험의 수준을 극대화하는 전략과 전술을 개발해야 한다. 서비스경영에 대한 집중은 전체조직을 고객중심적 경영방식으로 변화시키는 것을 의미한다. 칼 알프레히트와 론 젬키는 서비스경영에 성공한 기업들의 공통적인 내부적 특징을 다음과 같이 정리하였다.[14)]

- 서비스에 대한 확고한 비전과 전략이 조직구성원 간에 충분히 공유된다.
- 투명한 경영을 실천한다.
- 장기적인 관점에서 서비스를 관리한다.
- 고객친화적인 서비스전달시스템이 있다.
- 서비스시스템에 하이테크와 하이터치 등의 인적요소[15)]를 추가한다.
- 서비스전문가를 채용하여 교육하고 승진시킨다.
- 서비스를 외부고객과 내부고객에게 판다.
- 서비스를 측정하고 그 결과를 조직내에 피드백시킨다.

(2) 전사적 서비스관리(total quality service, TQS)

전사적 서비스(TQS)란 서비스기업이 고객, 주주, 직원 등 이해관계자 집단에 우수한 가치를 전달해주는 것을 말한다. TQS는 서비스에 대한 고객의 반응을 리트머스테스트로 사용해 성공여부를 판단한다. "고객반응이 증명하듯이 우리는 진정한 고객가치를 창조해 전달했는가?"에 대한 질문에 기업의 모든 관심을 집중하는 경영방식이다. 성공적인 서비스기업은 특징이 다양하지만 이들을 하나로 묶어주는 공통점이 존재한다. 모두 경쟁기업과 구별되는 독특한 서비스를 지향하고 있다. 서비스중심 조직은 고객을 이해하고 분명한 서비스전략과 고객지향적인 접점직원, 고객친화적인 서비스전달시스템이 있으며, 단계별 핵심프로세스를 통해 독특한 고객가치를 제공한다. 전사적 서비스(TQS)모델은 개념적으로 다음과 같이 5가지 서비스단계를 통합적으로 관리하는 것이다. 서비스품질을 관리하는 단계별로 고유한 방식과 실행이 있으며, 이들 공통적 요소는 비즈니스와 고객, 서비스품질에 대한 새로운 접근방식을 제공한다.

■ **시장과 고객의 연구**(market and customer research)

서비스기업은 고객의 기본적 욕구와 라이프스타일, 구매행동 등을 모두 이해하고 고객을 시장단위가 아닌 고유한 객체로 인식해야 한다. 어떤 핵심가치가 비즈니스를 성공시키고 유지하는지 파악해야 하며 고객을 이해하기 위해서 시장과 고객에 대해 연구가 필요하다. 고객연구란 기업이 표적으로 정한 시장의 구조와 변화에 대한 조사를 말한다. 이를 위해 시장을 세분화하고 시장의 특징을 분석하여 표적시장을 선정하고 경쟁상태와 환경을 분석하는 등의 노력이 필요하다. 고객에 대한 연구는 전통적인 시장조사를 보다 구체화하여 개별고객의 서비스에 대한 기대와 경험 등을 파악하고 전체경험에 대한 고객의 인식에서 핵심적인 요소를 구별해내야 한다. 이를 통해 고객의 서비스선택을 결정하는 요소와 기준을 파악해 고객가치모형을 도출한다. 실제로 대기업일수록 시장조사에 관심을 집중한다. 그러나 고객의 인식에 대한 조사를 제대로 하는 기업은 흔치 않으며, 기업이 서비스가치에 대한 고객의 인식에 영향을 주는 주관적 핵심요소를 충분히 이해하지 못하는 경우가 많다.

■ **전략의 개발**(strategy formulation)

서비스경영이 뛰어난 기업은 고객가치라는 원칙에 자사의 운명을 건다. 가치를 제공함으로써 고객을 유치하고 유지하는 비즈니스방식을 개발하고 발전시키고 디자인한다. 자신의 비즈니스와 사명, 핵심가치와 믿음을 분명히 이해하고 있으며, 고객가치를 통해 성공하기 위해 어떤 전략적 접근방식을 취해야 할지도 알고 있다. 기술, 운영, 방법론, 조직적 구조를 고객가치 비즈니스전략이라는 대명제에 어떻게 맞춰야 할지도 알고 있다. 완벽한 고객중심적 기업이 되거나 서비스품질을 개선하기 위해서는 종종 조직자체를 다시 포지셔닝해야 한다. 이를 위해서 경영자는 경쟁전략의 다양한 면을 검토해야 하며, 심지어 기업의 비전, 사명, 핵심가치, 기본방향을 재설정하기도 한다. 환경의 변화에 따라 경영자는 시장에 전달되는 서비스패키지의 가치를 기본적인 요소부터 재검토할 필요에 직면한다. 이 과정에서 고객관계에 대한 현재의 개념을 확신하거나 약간 수정하거나 아예 혁신할 수도 있다.

■ **교육, 훈련, 커뮤니케이션**(education, training, and communication)

탁월한 서비스를 구현하는 기업일수록 고객가치에 대한 메시지를 조직내부 또는 고객을 비롯한 외부의 이해관계자들에게 커뮤니케이션하는 기술이 뛰어나다. 이들은 우수한 고객가치를 전달하는데 필요한 집단적 지식, 능력, 헌신을 개발·유지하기 위해 많은 투자를 하며, 가치와 신념, 전략 등을 구성원들이 공유하는 건전한 기업문화를 구축하고 있다. 또한 서비스정신과 가치를 실현하기 위해 직원들에게 동기를 부여하는 방법에도 익숙하다. 집중적이며 지속적인 프로세스를 통해 고객, 품질, 우수한 서비스전달에 있어서 직원의 역할을 교육하지 않는 서비스조직은 성공하기 어렵다. 교육훈련, 커뮤니케이션 방법은 모든 사람이 고객의 요구와 기대, 조직의 비전과 사명, 가치, 그리고 고객의 비즈니스를 끌어오고 유지하기 위한 전략을 이해하는데 있어서 핵심적 역할을 한다. 서비스조직은 TQS와 함께 이 핵심프로세스에 충실해야 한다.

■ 프로세스개선(process improvement)

우수한 서비스조직은 자사의 비즈니스에 충실하기 위해 환경의 변화에 민감하며, 새로운 조직으로 변모시킴으로써 기업의 혁신을 저해하는 관료주의와 비합리적 조직을 용인하지 않는다. 모든 리더가 지속적인 품질개선에 주력하고 직원과 고객을 대표해 더 나은 조직을 만드는 방법을 적극적으로 찾으며, 조직의 시스템을 고객 친화적으로 만들려는 도전과 노력을 끊임없이 지속한다. 모든 프로세스, 절차, 정책, 규정, 규칙 등을 지속적으로 검토하고 필요할 경우 수정하는 작업이 뒤따라야 하는데 서비스지향적 조직의 경우 모든 하부시스템은 고객가치의 전달이라는 궁극적 목적을 위해 존재한다.

■ 평가, 측정, 피드백(assessment, measurement, and feedback)

서비스기업은 정보제공이 사람을 활력있게 만든다는 사실을 이해하고 고객이 무엇을 원하고 필요로 하는지, 또 어떻게 그 요구를 만족시켜야 할지를 구성원들이 함께 공유토록 해야 한다. 고객가치에 대한 공헌에 따라 담당자들은 정당한 인정과 보상을 받도록 해야 한다. 내부의 보상프로세스를 비즈니스목적과 연계함으로써 직원들이 고객가치전달에 온 최선을 다하는 경우, 개인적 보람을 느낄 수 있도록 하는 것이다. 어느 조직이든 사람들을 TQS로 유도하는 최적의 방법은 서비스

그림 3-9 TQS 모델

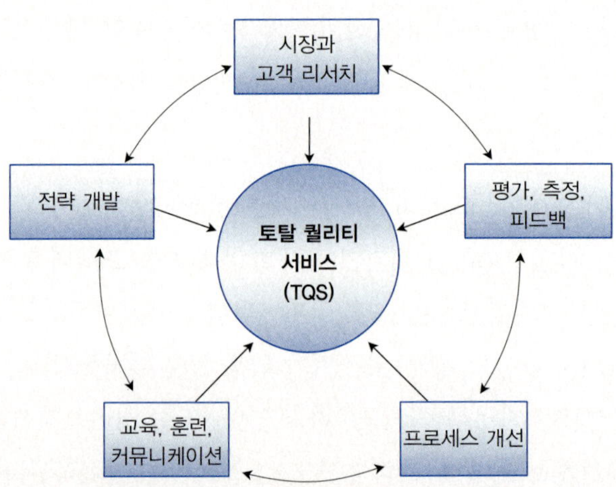

자료 : Karl Albrecht and Ron Zemke, *Service America in the New Economy*, McGraw-Hill, 2002, p.231.

개선의 성과에 따라 피드백을 하는 것이다. 모든 조직은 고객가치를 측정하는 방식과 이를 창조하는 핵심적 조직프로세스를 신중히 고려해야 한다. 또 이 정보를 직원들과 공유하고 그 의미에 건설적으로 반응하는 법도 익혀야 한다. 모든 기준과 측정을 고객중심적으로 만든다면 측정문제해결에 도움이 된다.

〈그림 3-9〉는 이와 같은 5가지 전략단계를 순환과정으로 나타낸 것이다. 순환과정의 중심에는 전사적 서비스(TQS)라는 목표가 있다. 각 활동의 단계마다 모두 나름대로 특징이 있으며, 각 활동영역은 조직의 서비스품질개선을 시작하는 데 있어서 적절한 출발점이 될 수 있다. 전사적 서비스품질의 성공은 이들 행동요소를 효과적으로 통합시키는 것을 전제로 한다. TQS가 이상적이며 궁극적인 목적지라면 TQS방식은 목적지에 도달하기 위한 여행에 비유된다. 시장과 고객의 연구는 나침판이며 전략은 배의 방향을 잡는 방향타에 해당된다. 그리고 측정과 피드백은 선장과 선원들에게 언제 어디로 방향을 바꿔야 할지 알려준다. 이 모든 요소가 효과적으로 맞물려 돌아갈 때 배는 제 길을 제대로 갈 수 있다.

3. 서비스전략의 성공사례

전사적 서비스전략은 고객가치를 창출하고 고객관계를 지속함으로써 고객이 기업의 성장과 발전에 기여한다는 믿음에 기초하고 있다. 다음은 표적시장을 선택하고 서비스역량의 집중화와 차별화를 통해 경쟁우위를 확보하는 데 성공한 사례들이다.

(1) 집중화전략

#사례 1 : 홀리데이인 호텔(Holiday Inn Hotels)

홀리데이인 호텔체인은 비즈니스맨과 중산층 여행자들에게 적절한 가격에 편의를 제공하고 있다. 현재 애틀란타에 있는 바스(Bass)호텔 앤 리조트가 소유한 이 체인은 주요 대도시와 중간규모 도시의 공항주변에 주로 위치해 있다. 호텔방은 깨끗하고 안락하며 호텔내에 식당이 있거나 아니면 가까운 곳에 여러 다양한 식당이 있다. 홀리데이인 호텔은 미국에서 최고급호텔은 아니지만 이곳의 서비스는 굳이 최상류층의 사치가 필요없거나 그럴 욕심이 별로 없는 여행자들에게 매우 특별한 가치를 제공한다.

#사례 2 : 하얏트호텔(Hyatt Hotels)[16)]

홀리데이인 호텔처럼 하얏트호텔 역시 출장여행을 다니는 비즈니스맨에게 편안한 환경을 제공한다. 하얏트는 매우 호화스럽고 손님에게 최고의 서비스를 제공하고 있다는 자신감이 있으며, 비즈니스 여행자들에게 럭셔리한 환경을 제공하는 것을 가치로 삼고 있다. 하얏트호텔건물은 모두 멋진 외형과 화려한 인테리어로 꾸미고 대부분 대도시 중심가에 위치한다. 하얏트의 경영진은 고객의 재방문을 유도하여 브랜드충성도를 구축하기 위해 다양한 방법으로 고객혜택을 제공한다. 이들 서비스는 홀리데이인과 같은 저가호텔이 제공할 수 없으며, 하얏트는 특히 기업고객들이 품격있는 서비스에 돈을 기꺼이 지불할 것으로 기대한다.

(2) 차별화전략

#사례 1 ; 렌즈크래프터(LensCrafters)

렌즈크래프터는 독립적 검안사와 렌즈 그라인딩 랩을 합치고 수천개의 안경틀로 장식된 진열장과 편안한 가게 분위기를 제공함으로써 1980년대 광학산업분야에서 주목을 받았다. 한 시간 이내에 안경을 맞춘다는 아이디어는 일반체인점에서는 생각할 수 없었다. 이 회사는 시장조사결과 소비자들이 소규모의 안경가게에서 제공할 수 있는 것보다 훨씬 다양한 선택범위를 원하고 있으며, 또한 안경을 맞추기 위해 1～2주를 기다리고 싶어하지 않는다는 사실을 발견했다. 또 다른 기발한 전략으로 각 점포의 랩을 유리벽으로 만들어 고객들이 직접 렌즈그라인딩 작업을 볼 수 있도록 함으로써 고객에게 신뢰와 편안함을 주었다. 렌즈크래프터의 초기사업모토는 “항상 대단히 만족한 고객을 창조한다”는 것이었다.

#사례 2 : 델컴퓨터시스템(Dell Computer Systems)

1990년대 벤처기업 성공신화 중 델컴퓨터가 있다. 이 회사는 비즈니스시장에 직접 판매하고 또 경쟁사보다 앞선 서비스를 제공함으로써 치열한 PC업계에서 메이저로 올라섰다. 텍사스주 라운드록에 있는 본사건물에 들어가면 벽과 게시판을 가득 장식한 문구를 보게 된다. “고객경험을 가져라” 다른 컴퓨터업체와 달리 Dell은 대개 이 슬로건을 충실히 지키고 있다. 시간에 맞도록 정확한 주문실행과 효율적인 가격구조, 엄격한 서비스성과측정, 또 타의 추종을 불허하는 A/S 등을 통해 차별화하였다. Dell은 또 훌륭한 서비스는 항상 인간의 도움이 필요하지 않는다는 것을 증명했다. 고객의 소리에 귀 기울인 Dell은 소비자들이 회사의 웹사이트에 있는 셀프서비스 옵션을 통해 직접 질문을 하고 문제를 고칠 수 있도록 함으로써 영업비용도 절감했다. 모든 거래중 약 절반정도를 처리하고 있는 Dell의 사이트에 업계최초로 자연언어검색엔진을 제공했다. 특히 프리미엄 페이지개념은 고객의 제품사양과 시스템디자인을 고객에 따라 맞춤식으로 지원함으로써 개별화된 온라인 서비스분야에서 산업표준을 만들었다.

#사례 3 : 슬립웰호텔(SleepWell Hotel)

슬립웰호텔은 출장을 자주 다니는 회사원이나 안전하고 비싸지 않은 숙박시설을 원하는 여행자들의 요구를 만족시키기 위해 설립된 글로벌체인이다. 중급 숙박시설분야에서 최고가 되기 위해 깨끗하고 편안하며 기능적인 방과 작고 잘 관리된 매력적인 호텔을 제공한다. 성공의 열쇠는 단골고객의 확보에 있다고 보고 일관된 서비스품질을 유지하고자 한다. 슬립웰호텔은 서비스의 "일관성과 보살핌"을 동급의 중간급호텔과 차별화하기 위해 다음을 강조하고 있다.

첫째, 일관성이다. 일관성이란 고객이 슬립웰호텔에 방문할 때마다 언제나 똑같은 고급서비스와 숙박시설을 경험하는 것을 말한다. 일관성을 유지하기 위한 행동지침은 다음과 같다.

- 모든 슬립웰호텔을 동일한 객실디자인, 공동구역, 분위기 표준에 맞도록 설계된다.
- 직원예약처리, 체크인과 체크아웃, 메모기록, 방청소와 유지관리 등과 같이 세심한 고객업무를 가능한 높은 수준에서 똑같이 제공하도록 교육한다.

둘째, 보살핌이다. 보살핌이란 모든 고객이 인격체로서 대우받고 존경받는 것을 의미한다. 고객이 보살핌을 느끼도록 하려면 다음과 같이 행동해야 한다.

- 친절해야 한다. 슬립웰호텔 손님은 서비스담당자가 눈을 마주치고 미소지으며 그들의 이름을 기억하고 불러줄 때 친절하다고 느낀다.
- 고객에게 관심을 보여야 한다. 슬립웰호텔 손님은 서비스담당자가 그들에게 특별한 관심을 보이고 그들의 말에 귀기울이며 그들의 요구에 신속하게 반응할 때에 만족감을 느낀다.
- 유능하고 효율적이어야 한다. 고객은 서비스담당자가 옳은 일을 할 때, 또 일을 제대로 처리할 때 유능하고 효율적이라고 생각한다. 그들의 요구에 신속하고 충분하게 대응해야 한다.
- 전문가가 되어야 한다. 슬립웰호텔 손님은 서비스담당자가 우리의 일을 잘 알고 있고 고객의 요구를 예상하고 고객의 비즈니스를 존중하며 이를 위해 '사소한 일'이라도 하겠다는 자세를 보일 때 서비스담당자를 전문가로 인정한다. 손님들은 서비스담당자가 호텔(관계없는 분야라도)인근지역에 대해 잘 알고 있고 필요할 경우 방향과 정보를 알려줄 준비가 되어있을 때 서비스담당자의 프로정신에 감동한다.
- 서비스담당자는 비즈니스하기 편한 상대가 되어야 한다. 슬립웰호텔의 고객은 다음과 같은 직원을 볼 때 서비스의 가치를 높게 평가한다.

· 고객의 요구에 신속히 반응할 때
· 자신의 업무소관이 아니라 할지라도 고객을 도우려고 애쓸 때
· 책임을 전가하거나 주저하지 않고 실수를 인정할 때
· 담당직원이 문제해결을 위해 끝까지 노력할 때
· 고객의 문제에 대해 올바른 판단을 할 때

각 주

1. 전략경영학자인 앤소프(Igor Ansoff)는 "경영전략은 주로 기업의 외부적 문제로서 외부환경의 변화에 기업을 전체로 적응시키기 위한 제품과 시장구조의 결정이다"라고 정의하였다. 즉, 경영전략은 경영목적을 달성하기 위한 포괄적인 수단으로, 환경적응의 기능을 가지며, 기업이 장차 당면할 전략적 문제나 전략적 기회를 발견하는 기능을 가진다. 앤소프는 경영전략을 성장전략과 경쟁전략으로 구분하였다.
2. Karl Albrecht and Ron Zemke, *Service America in the New Economy*, McGraw-Hill, 2002, p.99
3. 포지셔닝(positioning)이란 제품이나 서비스가 소비자들에 의해 지각되고 있는 상태를 말하며, 소비자들의 마음속에 자사상품의 바람직한 위치를 형성하기 위하여 제품이나 서비스의 효익(效益, benefit)을 개발하고 커뮤니케이션하는 활동을 뜻한다. 1972년 광고회사간부인 앨 리스(Al Ries)와 잭 트로우트(Jack Trout)가 도입한 마케팅용어다. Al Ries, Jack Trout, *Positioning: Battle for Your Mind*, McGraw Hills, 2001, p.1.
4. 레오나드 베리교수는 자신의 저서를 통해 서비스경영에서 9가지 불변의 원칙을 제시했다. 미국에서 성공적인 14개 서비스기업들을 연구한 결과, 전략적 집중, 탁월한 실행, 운영의 통제, 신뢰구축, 종업원에 대한 투자, 작은 행동, 브랜드구축, 관대함, 그리고 그 중심에 있는 가치지향적 리더십 등 9가지 성공의 요소를 규명했다. Leonard L. Berry, *Discovering the Soul of Service*, The Free Press, 1999, pp.17~39.
5. 하부전략들을 통합하는 비즈니스 디자인으로 시장에 제공하는 것을 베리는 '마켓오퍼(market offer)'의 개념으로 설명한다. 마켓오퍼란 곧 디자인의 실행과정으로 '출시'의 의미이다. Leonard L. berry, *Discovering the Soul of Service*, The Free Press, 1999, pp.105~110.
6. 기업의 생존부등식은 공동체의 '삶을 주고받음'의 관계로 파악되며, 개인이나 기업, 국가의 경영에 있어서도 우리의 삶이 주고받는 관계위에 기초하고 있는 공리(公理)처럼 사실은 자명한 것이

다. 다만, 이를 기업경영의 관점에서 설명한 것이다. 윤석철, 프린시피아 매네지멘타, 경문사, 1993. pp.18~24를 참조.

7. Fitzsimmons F. A. & Mona J. Fitzsimmons, Sanjeev K. Bordoloi, *Service Management*, McGraw-Hill, 2014, pp.32~33.
8. Michael E. Porter, *Competitive Advantage: Creating and Sustaining Superior Performance*, The Free Press, 1985.
9. 넷플릭스(Netflix)는 스트리밍 서비스가 주력인 미국의 멀티미디어 엔터테인먼트 OTT 기업. '넷플릭스'라는 이름의 유래는 인터넷(net)+영화(flicks)이며, 본사는 미국 캘리포니아 실리콘밸리에 있다. 스트리밍(OTT) 서비스는 넷플릭스의 주력사업이다. DVD사업이 진행중이던 2007년 DVD 구독고객 한정으로 처음 도입되었고 2008년부터 DVD와 요금제를 분리하여 정액제를 도입하여 성공을 거두었다.
10. 경쟁우위(competitive advantage)를 확보하는 전략은 생산과 판매에 소요되는 원가를 경쟁기업보다 낮추는 원가우위(cost advantage)전략, 가격 외의 소비자혜익을 통한 상품의 차별화(differentiation advantage)전략 두 가지가 기본이다. 집중화전략은 두 가지 전략의 대상을 전체시장 또는 특정한 표적시장을 대상으로 하는가 여부에 따른 구분이다.
11. Fitzsimmons F. A. & Mona J. Fitzsimmons, Sanjeev K. Bordoloi, *Service Management*, McGraw-Hill, 2014, pp.33~35.
12. 허브-스포크(hub-spoke)란 항공노선을 구성하는 형태중 하나로 각 지역의 거점공항(hub)을 중심으로 자전거 바퀴처럼 다른 공항(spoke)을 연결하는 운송네트워크의 형태를 말한다.
13. 맥도날드 햄버거대학(McDonald Hamburger University)은 자사의 임직원교육을 목적으로 1961년 설립되어 현재 첨단교육시설에 전임교수진, 강의실과 대강당, 도서관 등을 갖추고 있다. 매년 5천명 이상의 임직원들이 이 대학에 등록을 하고 교육과정을 이수하였다. 시드니, 도쿄, 런던 등 대도시에 분교가 있으며, 팀워크나 인사관리, 경영전략, 품질관리, 의사소통기술, 대인관계 등의 교과과정이 개설되어 있다. 이 대학의 교육은 점장이 되기 위한 과정을 비롯해 5개의 직급별로 구성되어 있으며, 이 중 레스토랑 경영프로그램이 가장 핵심으로 매장매니저와 예비점주(店主)들이 대상이다.
14. Karl Albrecht and Ron Zemke, *Service America in the New Economy*, McGraw-Hill, 2002, pp.342~349.
15. 하이테크(high tech)란 'high-technology'의 줄임말로 첨단과학을 상품에 적용하는 기술형태를 통칭하며, 하이터치 하이테크에서 더 나아가 인간의 감성과 기술의 조화를 이룸으로써 고부가가치를 창출하는 '높은 고감성(高感性)'의 개념으로 미국의 미래학자 존 나이스비트(John Naisbitt)가 처음으로 제시한 개념이다. 현대사회가 하이테크를 추구한 결과, 기술중독을 탈피하기 위해

인간성을 중시하는 기술을 받아들이고, 인간성을 저해하는 기술의 거부하고 서비스의 인적요소 (human factors)를 강조하는 흐름이 나타나고 있다.

16. 하얏트(HYATT) 브랜드는 1957년 미국 LA국제공항근처에 있는 하얏트 하우스모텔에서 형성되기 시작했다 오늘날에는 도시의 특성과 수요층 등의 요소를 고려하여 지역마다 다양한 종류의 호텔브랜드로 운영된다. 브랜드마다 등급이 다르며, 제공되는 서비스도 상이하다. 가장 대표적인 브랜드는 파크하얏트(PARK HYATT), 그랜드하얏트(GRAND HYATT), 하얏트리젠시(HYATT REGENCY)이다. 이외에도 HYATT, HYATT HOUSE, HYATT PLACE 등 다양한 브랜드를 사용한다.

PART Ⅱ

고객서비스

우리는 모두 고객으로서 일상적인 서비스를 경험한다. 그리고 언제 어떻게 서비스를 통해 '감동'을 경험하고 또 언제 아무런 감동도 느끼지 못하는지도 잘 안다. 지식과 경험을 관점에서 보면 서비스제공자는 자신의 분야에서 전문가가 되어야 한다. 훌륭한 고객서비스는 감정과 직결되므로 고객이 어떤 감정을 느끼는가를 아는 것이 핵심이다. 본편에서는 기업의 생존을 결정하는 고객을 이해하고 서비스접점에서 어떻게 그들이 만족과 불만족을 느끼며, 실패한 서비스는 어떻게 회복되어야 하는지 그리고 시장에서 서비스의 가치를 결정하는 마케팅과 인적요소가 무엇인지를 설명한다.

- **제1부 서비스경영의 기초** (Service Basics)
  - 제 1 장 서비스의 기초지식
  - 제 2 장 서비스경영의 이론적 기초
  - 제 3 장 서비스전략
- **제2부 고객서비스** (Customer Service)
  - 제 4 장 고객의 이해
  - 제 5 장 서비스접점
  - 제 6 장 고객만족
  - 제 7 장 고객불만과 서비스회복
  - 제 8 장 서비스마케팅(Ⅰ)
  - 제 9 장 서비스마케팅(Ⅱ)
  - 제10장 인적자원관리(HRM)
- **제3부 서비스운영관리** (Service Operations & Technologies)
  - 제11장 서비스운영관리
  - 제12장 글로벌 서비스경영
  - 제13장 디지털전환과 서비스혁신

CHAPTER 04

고객의 이해

성공적인 기업들의 공통적인 한 가지 특징은 모든 노력을 고객에게 집중한다는 점이다. 이들 기업은 고객의 욕구를 충족시키는 데 최선을 다한다. 탁월한 고객가치와 고객만족을 기반으로 지속적인 고객관계를 구축하고 유지하는데 모든 구성원이 각자의 역량을 집중한다. 기업이 생존·발전하는 동력은 시장의 수요자인 고객의 선택이기 때문이다. 본장에서는 고객과 기업의 관계를 살펴보고 서비스상품을 생산·판매하는 서비스기업의 입장에서 고객의 욕구와 기대, 고개의 가치와 유형, 구매행동을 정리해 본다.

Keywords: 고객의 심리, 내부고객, 외부고객, 고객가치, 고객의 유형, 고객생애가치(CLV), 구매행동, 인지부조화, 고객의 소리(VOC), 블랙컨슈머

"돈은 없고 명품은 갖고 싶어" 코로나에 비대면 '짝퉁' 판매증가

1억 1000만원짜리 에르메스 위조품(짝퉁)가방을 1300만원에 판매해 포르쉐를 타고 다닌 남매가 최근 관세청에 검거됐다. 블로그에서 주문을 받고 결제가 이뤄지면 중국공장에서 짝퉁을 만들어 국제우편으로 들여오는 식이었다. 이 짝퉁 에르메스는 제품구매가 까다롭고 대기가 길어 빨리 구매하고 싶어하는 의사, 교수 등 전문직 700여 명이 정가 290억원어치를 구매했다고 한다. 소비자사이에선 "구매자 상당수가 정품과 섞어드는 사람이었다" "매장에서 구하기 힘든 컬러나 소재, 1억원주고 사긴 아까운 제품을 짝퉁으로 구매했다."는 의견이 나왔다.

코로나바이러스 감염증(COVID-19) 사태로 비대면 소비가 늘며 온라인에서 짝퉁판매가 증가하고 있다. 명품으로 코로나 블루(우울증)는 해소하고 싶은데 막상 돈은 없는 이들이 짝퉁으로 대리만족을 느끼는 것이다. 짝퉁 판매자들이 정품과 동일한 품질이라고 광고하는 탓에 '가성비'를 추구하는 심리가 발동하기도 한다. 지난 19일 국회산업통상자원중소벤처기업위원회가 특허청으로부터 제출받은 자료에 따르면 2018년부터 올해 8월까지 네이버블로그, 카카오스토리, 번개장터, 쿠팡 등 전자상거래업체에서 짝퉁 21만 8170건이 적발돼 판매가 중단됐다. 제품은 가방(31.7%), 의류(26%), 신발(18.1%), 지갑(6.3%), 시계(5.6%) 순이었다. 특허청에 따르면 올해 1월부터 8월까지 온라인 위조상품신고건수는 1만 2767건으로 전년동기 대비 204.4% 증가했다. 인스타그램에 짝퉁 해시태그(검색을 편하게 하는 # 표시)는 9만개가 넘는다. 올해 가격인상을 앞두고 오픈런(open run · 백화점문이 열리자마자 쇼핑하기 위해 달려가는 것)을 일으킨 샤넬백, 에르메스 버킨·켈리백 등을 놓고 "돈이 있어도 살 수 없는 명품" "18k 도금" "레플리카(replica · 가품)도 급이 있다" "퀄리티가 다른 독점미러급" "100% 수작업"이라며 짝퉁을 판매한다. 이런 행위는 상표법 위반에 해당한다. 특허청은 온라인에서 짝퉁을 판매하면 즉각 게시글을 삭제하고 사이트를 폐쇄한다고 밝혔다. 상습판매자는 상표특별사법 경찰이 집중수사해 짝퉁유통을 차단한다. 온라인 플랫폼업체가 우선 피해자에게 보상하고 이후 해당 판매자에게 구상권을 청구하는 식으로 소비자가 쉽고 빠르게 피해를 보상받는 환경을 조성할 계획이다.

▸ 비즈조선(2020.10.19.)

제1절 고객의 개념과 유형

고객의 존재는 기업이 생존하고 발전하는 토양이다. 자사의 제품과 서비스를 구매하는 고객의 욕구를 충족시키지 못하는 기업은 경쟁적 환경에서 생존할 수 없다. 본절에서는 고객의 개념과 욕구, 고객가치와 고객의 구매행동을 살펴본다.

1. 고객이란 무엇인가?

(1) 고객과 소비자

고객(customer)은 경제에서 창출된 제품과 서비스를 구매하는 개인이나 법인, 기관 등을 말한다. 고객의 사전적 정의는 상점에서 물건을 사러오는 손님으로 정의한다. '단골로 오는 손님'을 뜻한다는 추가적인 설명도 있다. 그러나 고객의 의미를 간단히 이해하고 판단하기는 쉽지 않다. 소비자라는 유사한 개념의 용어와 비교해 보자. 고객과 소비자는 서로 다른 개념인가? 백화점에서 물건을 구입하는 사람은 백화점의 고객인가, 그 물건의 제조업체의 고객인가? 물건을 구경만 하고 구입하지 않는 사람은 고객인가 아닌가?

소비자(consumer)는 생산자와 대비되는 광의의 개념으로서 제품이나 서비스를 실제 소비하는 사람으로서 특정 기업제품과의 연계성보다는 생산자와 함께 시장을 구성하는 일반적이고 집합적 의미가 강한 일반대중이 소비자에 해당된다. 이에 비해 고객은 특정 기업과 강하게 연결된 소비자를 의미한다. 따라서 기업의 입장에서 고객은 자사의 제품이나 서비스를 구매했거나 구매 가능성이 있는 소비자를 뜻한다. 그러나 고객과 소비자의 개념을 명확히 구분하는 것에 큰 의미를 부여할 필요는 없다. 소비자가 현재의 고객은 아니더라도 잠재적인 고객이 될 수 있으며, 잠재적인 고객이 될 가능성이 적더라도 일반소비자들에 대한 이해역시 기업의 경영활동에 영향을 미친다. 일반소비자들의 의식, 생활양식, 가치관, 태도, 기호나 관심의 변화추세 등을 이해하는 것은 기업의 사업영역확장이나 마케팅기회의 포착에 있어 중요하다. 소비자의 구매의사결정을 포함한 구매행동에 대한 이해 역시 마케팅계획에 유용한 기반이 된다. 물론 기업은 고객 혹은 잠재적 고객으로서의 소비자들에 관심을 더 가진다.

이상에서 설명한 고객과 소비자는 개인을 염두에 둔 것이다. 그러나 기업으로부터 제품이나 서비스의 구매자는 개인에 국한되지 않는다. 기업이나 제품에 따라서는 개인보다는 기업, 단체, 정부 등 조직체가 더 크고 중요한 구매자일 수도 있다. 일반적으로 이러한 조직단위의 구매자를 소비자라고 부르지는 않는다. 최종소비를 목적으로 하는 것이 아니라 제품이나 서비스를 생산하는 과정에 투입하기 위해 구매하기 때문이다. 그러나 조직구매자에 대해서도 고객이라는 용어를 사용한다. 따라서 본서에서는 고객을 '자사의 제품이나 서비스를 구매하였거나 구매하리라고 예상되는 소비자 혹은 조직'으로 정의한다.

(2) 고객의 중요성

고객은 기업이 존립하고 성장하는 기반이 되며, 고객의 선택이 기업의 운명을 결정한다. 기업은 제품과 서비스를 생산하여 일반소비자나 조직구매자에게 공급함으로써 존립하고 성장하기 때문이다. 기업의 수익원인 매출은 고객을 통해 창출되므로 가능한 한 많은 고객을 확보하고, 확보된 고객이 이탈하지 않고 계속 고객으로 남아있도록 해야 한다. 고객을 확보하기 위해서는 소비자, 특히 잠재적인 고객인 소비자들의 욕구와 행동을 이해하고 파악해야 한다. 소비자들이 원하는 제품과 서비스를 개발하여 제공할 뿐 아니라 관심을 끌고, 궁극적으로 구매하도록 하기 위해서는 그들에 대한 이해가 필요하다. 또한 현재의 고객을 장기적으로 유지하기 위해서는 고객을 만족시켜야 하고 불만족요인을 찾아 제거해야 한다. 고객이 느끼거나 경험한 만족과 불만족은 다른 고객이나 잠재적인 고객에게 전달되어 새로운 고객의 창출, 기존 고객의 만족강화, 기존 고객의 이탈 등으로 이어질 수 있기 때문이다.

고객서비스의 중요성이 강조되는 것은 서비스제공자와 구매자관계의 변화를 반영하는 것이기도 하다. 기업 간의 경쟁은 전반적인 시장구조를 공급자가 주도하는 판매자시장(seller's market)에서 고객이 주도하는 구매자시장(buyer's market)으로 바꾸어 놓았으며, 고객은 모든 기업의 생존과 발전을 위한 필수적인 자산으로 인식되고 있다.

(3) 고객개념의 확장

오늘날 고객은 단순한 판매의 대상이 아니라 상품을 반복적으로 구매하는 소비자, 그리고 기업과 직 · 간접으로 거래관계를 맺고 있는 이해관계자 모두를 의미한다. 넓은 의미에서 고객은 서비스상품의 생산-유통채널-최종 소비자에 이르는 단계별로 상호작용하는 내부고객과 서비스상품을 구매하여 최종소비하는 외부고객 등으로 구분된다. 기업의 장기적인 존속과 성장을 위해서는 이러한 다양한 내부 및 외부관련 집단과 우호적인 관계를 유지하는 것이 바람직하기 때문이다.

■ 내부고객

내부고객이란 기업의 내부구성원인 직원을 말한다. 직원은 기업이 제품이나 서비스를 생산하고 판매하는 과정에 참여하는 사람이지 구매하는 소비자가 아니다. 그런데 왜 이러한 기업의 내부직원을 고객으로 인식해야 하는 것일까? 내부구성원이 만족해야 제품과 서비스를 생산하고 전달하는 과정에서 고객의 만족도를 적극적으로 높일 수 있기 때문이다. 내부고객이 불만을 가진 상태에서 외부고객의 만족을 위해 진정으로 노력을 기울인다는 것은 기대하기 어렵다. 이런 점에서 개별 직원은 물론 생산과 인력관리부서, 마케팅부서, 현장의 영업점 등 조직의 구성원들을 고객으로 인식하고 만족도를 높이려는 노력을 기울여야 한다. 외부고객의 만족은 수익의 기반과 직접 연결되는 반면, 내부고객의 만족은 품질과 생산성 향상으로 연결되며, 장기적으로는 모두 수익성을 향상시키고 제품과 서비스의 경쟁력을 강화하여 기업의 생존과 성장의 기반이 된다.

■ 외부고객

핵심적인 외부고객은 상품을 구매하는 최종소비자이다. 그러나 기업은 제품과 서비스를 생산하고 제공하는 과정에서 다양한 외부조직과 거래관계를 맺거나 상대하게 되는데, 이러한 외부조직 역시 고객으로 인식하는 경향이 늘고 있다. 이를 중간고객으로 분류하기도 하는데 협력업체로 일컬어지는 공급업체나 유통업체가 모두 포함된다.

■ 공급업체

제조업의 경우처럼 서비스기업은 서비스의 생산과정에서 많은 인적·물적요소가 수반된다. 시설과 전달프로세스는 자체적으로 제공하기도 하지만 많은 경우 외부의 다른 기업으로부터 조달하는데 이를 아웃소싱(outsourcing)이라고 한다. 공급업체가 중소기업인 경우, 하청계약을 맺는 대기업과의 관계에서 약자의 위치에 놓이는 것이 흔한 현상이었다. 그러나 오늘날에 하청의 관계는 협력의 관계로 인식이 바뀌었는데, 이는 공급자를 수직적 관계가 아닌 동반자적 관계로 인식해야 하는 현실이 반영된 것이다. 공급업체를 고객으로 인식해야 하는 이유는 역시 최종고객의 만족에서 찾을 수 있다. 최종고객에게 제공되는 서비스의 가치를 높여 고객의 만족도를 높이기 위해서는 좋은 품질의 생산요소가 안정적으로 공급되어야 하기 때문이다.

■ 유통업체

유통업체는 소매상과 같은 또 다른 유통업체나 소비자에게 제품과 서비스를 판매하기 때문에 이들 역시 고객을 중요하게 인식하고 경영활동을 전개한다. 유통기관은 기업의 입장에서 최종고객에게 자사의 제품이나 서비스를 전달해 주는 경로인 동시에 자사의 제품과 서비스를 구매하는 1차적 고객으로서 생산자로부터 상품을 공급받아 최종고객에게 전달한다. 유통기관은 특정기업뿐 아니

자신에게 대하듯 내부고객을 대하라

외부고객과 직접 상호작용하지 않는 서비스조직의 내부에서는 외부의 소비자들을 상대하지 않기 때문에 외부고객과의 거래관계를 종종 실감하지 못할 수 있다. 내부고객은 외부고객만큼 중요하게 인식되어야 한다. 내부고객과 긍정적인 관계를 강화할수록 그 가치는 높아진다. "우리 자신에게 하듯 내부고객을 대하라." 이 황금률은 고객서비스 담당자들이 내부고객의 욕구를 기대를 파악하고 그것을 우리 자신의 것처럼 중요하게 생각해야 한다는 것을 의미한다. 우리는 내부고객들이 더 편리하게 일하기 위해 우리가 무엇을 할 수 있는지, 또는 우리를 위해 그들이 무엇을 할 수 있는지 생각해야 한다. 내부고객과 함께 일하는 것은 일종의 타의적인 규율이 아니라 한 팀의 부분이 되어가는 긍정적인 방식이다. 모든 팀의 구성원들이 성공을 위해 함께 일을 하지만 구성원 모두가 같은 형태로 팀에 기여하는 것은 아니다. 경영자는 직원들이 내부고객의 중요성을 인식할 수 있는 내부환경을 조성해야 한다. 내부직원에게 다른 사람의 책임을 대신 담당할 기회를 갖게 해주면 상호존중의 기회가 형성된다. 그것은 또한 직원들이 자기일의 범주를 벗어나 더 큰 그림을 볼 수 있도록 도와준다. 누구나 다른 사람이 나보다 쉬운 일을 하고 있다고 생각하는 것은 자연스런 현상이다. 그러나 동료의 업무를 이해하기 시작하면 우리는 동료들의 어려움을 덜어주기 위해 함께 돕게 되고 시스템을 재구성해 서류작업을 줄이려는 팀내 협력이 나타나기 시작할 것이다. 내부고객을 만족시키는 것은 외부고객의 욕구를 충족시키기 위한 초석을 놓는 것과 마찬가지이다. 고객에게 사과할 일도 줄어들게 되고, 일의 효율성은 높아지고 전반적으로 긍정적인 분위기가 나타날 것이다. 만일 누가 우리의 내부고객인지 분명하지 않다면 이렇게 생각해 보라. "내가 누구로부터 할 일을 건네받고 누구에게 내가 한 일을 건네주는가?" 이에 더하여 누가 이 건물을 청소하는지, 누가 데이터를 정리하고 전달하는지, 누가 경비문제를 담당하는지, 누가 매장에서 손님을 상대하는지, 누가 웹사이트를 관리하는지를 생각해 보라. 다들 모두가 우리의 내부고객이다.

▸ Elaine K. Harris 〈*Customer Service(2013)*〉 p.7

라 다수의 거래기업을 상대하거나 특정한 공급기업의 상품만을 취급하기도 한다. 후자의 경우는 유통기관을 소유하고 직영하는 경우와 프랜차이즈 계약을 통해 대리점 등의 형태로 운영하는 경우로 나눌 수 있다. 기업이 직영하는 유통기관은 내부고객으로 분류될 수 있고, 소유가 아닌 계약에 의한 유통업체는 외부고객으로 분류된다.

(4) 고객의 속성(customer attributes)

고객은 개별적으로 다양하지만 고객의 속성을 파악하면 누가 진짜 고객인지를 분명히 이해할 수 있다. 고객의 속성이란 인구학적 정보나 심리적 정보 또는 직업관련 정보 등 고객을 몇 개의 범주로 유형화된 특성을 말한다. 기업이 최적의 서비스를 위해 유사한 속성을 지닌 고객의 집단끼리 묶는 것이 필요하며, 고객의 유사성을 판단하는 속성은 다음과 같은 정보를 통해 판단할 수 있다.

■ **인구학적 정보**(demographic information)

연령과 소득, 결혼여부, 교육수준, 가족구성, 생활습관, 자가소유여부, 성별, 거주지, 직업, 가계규모, 이사패턴, 인종, 종교 등이 포함된다. 인구학적 정보는 그 기준이 분명하여 고객을 나누는 보편적인 기준으로 쓰인다.

■ **사회 · 심리적 정보**(psycho-graphic information)

라이프스타일, 욕구, 동기, 태도, 준거집단, 문화, 사회계층, 가족배경, 취미, 정치적 성향 등을 포함한다. 사회·심리적 정보는 고객에 대한 보다 심층적인 이해를 가능하게 한다. 같은 소득수준을 가진 고객이라도 소비스타일이 똑같지는 않다. 예를 들어, 우리 옆집에 사는 사람이 나와 똑같은 집을 원하거나 똑같은 취미생활을 한다고 볼 수는 없다.

■ **기업정보**(firmographic information)

종업원 수, 소속업종, 도소매업 또는 서비스업 여부, 업무시간 등 회사와 관련한 정보를 들 수 있다. 기업 간 거래를 위해 최종소비자뿐 아니라 기업고객을 이해하는 것도 중요해지고 있다.

2. 고객의 심리와 욕구

(1) 고객의 심리

모든 기업의 역량이 집중되는 대상은 고객이며, 기업의 목표도 역시 고객의 욕구에서 출발한다. 기업의 목표는 고객의 욕구를 파악하고 이를 충족시킬 수 있는 상품을 생산 · 판매함으로써 이윤을 창출하여 궁극적으로는 기업의 가치를 극대화하는 것이다. 고객의 욕구는 다양하며, 구매를 반복할수록 요구사항이나 기대가 높아지는 반면, 마음이 떠난 고객이 돌아오기는 어렵지만 서비스회복이 성공할 경우, 고객의 충성도는 오히려 증가한다. 외부고객은 이익을 창출하는 실질적인 고객인 동시에 일방적인 '갑을'의 관계에서 동반자적 입장으로 바뀌고 있다. 서비스를 기대하고 경험하는 고객의 심리에는 다음과 같은 욕구들이 존재한다.

■ 환영기대심리

고객은 언제나 환영받기를 원하지만 자신을 왕으로 대접해주기를 바라는 것이 아니라 진심으로 환영해 주고 반가워해 주었으면 하는 욕구를 지닌다. 서비스접점의 밝은 미소가 중요한 이유다.

■ 독점심리

고객은 모든 서비스에 대해 독점하고 싶은 심리가 있다. 독점심리를 만족시키다 보면 다른 고객의 불만이 야기될 수 있으므로 모든 고객에게는 공정한 서비스가 제공되어야 한다.

■ 우월심리

고객은 접점의 서비스담당자보다 우월하다는 심리가 있다. 접점의 직원은 직업의식을 갖고 고객의 자존심을 인정하며 자신을 낮추는 겸손한 자세가 필요하다.

■ 모방과 보상심리

고객에게는 다른 고객을 모방하고 싶은 심리가 있다. 고객은 비용을 들인 만큼 서비스를 기대하며, 다른 고객과 비교해 손해를 보고 싶지 않은 보상심리도 갖고 있다.

■ 자기존중 기대심리

고객은 각자 자신의 가치기준을 가지고 항상 자아중심으로 모든 상황을 판단하고 하며, 스스로 중요한 사람으로 인식되고 기억해 주기를 바란다.

(2) 고객의 니즈와 욕구

성공적인 기업일수록 모든 활동은 고객에서 시작되고 고객에서 종료된다. 고객은 누구이고 어떤 상품을 원하는가? 이를 올바로 파악하는 것은 기업의 성패를 좌우하는 핵심요소다. 경쟁이 치열한 환경일수록 기업은 시장에서 상품의 수요를 결정하는 소비자의 심리적 상태를 올바로 파악하기 위해 고객의 니즈와 욕구에 대한 개념을 효과적으로 활용해야 한다. 그러나 시장에서 파악된 고객의 욕구가 실제로 상품의 수요로 모두 실현되는 것은 아니며, 고객이 결핍상태에서 느끼는 본원적 욕구 → 상품에 대한 구체적 욕구 → 구매의지와 구매력에 의해 수요단계가 진행될 때 비로소 고객욕구는 시장수요로 실현된다. 고객욕구와 관련된 각 개념들을 정리해 보면 다음과 같다.[1)]

■ 니즈(needs)

고객의 니즈란 사람이 생활을 영위함에 있어 무엇인가 결핍되어 있는 상태를 말한다. 일상생활에 있어서 필요한 어떤 것이 존재하지 않거나 고갈된 상태를 뜻하며, 무엇인가를 통해 충족되어야 하는 상태를 의미한다. 예를 들면, 음식을 먹지 못해서 배가 고프거나 피로가 누적된 경우는 각각 음식을 먹어야 하거나 휴식을 취하는 것이 필요한 상태를 말한다. 즉, 인간의 본원적 욕구에 대해 결핍을 느끼는 상태로서 표면적으로는 드러나지 않으나 고객의 욕구를 생성하는 근원이 된다. 따라서 고객지향적인 기업일수록 고객에게 잠재된 니즈를 적극적으로 파악하는 노력을 한다.

■ 욕구(wants)

본원적 욕구가 결핍된 상태를 충족시킬 특정한 무엇인가를 원하는 욕망을 말한다. 즉, 구체적인 욕구로서 결핍을 채워야 하는 수단에 대한 요구를 의미한다. 예를 들면, 배가 고픈상태에서 빵이나 밥을 먹고 싶다거나 피로한 상태에서 휴가를 내서 여행을 떠나고자 하는 것과 같이 구체적인 대상을 원하는 심리적 상태를 말한다. 고객의 욕구는 모든 마케팅개발의 출발점이다.

■ 시장수요(market demands)

상품의 수요는 실제로 특정한 상품구매에 대한 의지와 능력이 뒷받침된 욕구의 크기이다. 즉, 시장수요는 구매력을 갖춘 구체적 욕구에 의해 형성된다. 기업의 입장에서는 상품에 대한 고객의 욕구를 파악해야 할 뿐 아니라 실제로 구매할 의지와 능력이 있는가를 파악해 상품의 시장수요를 예측해야 한다.

구체적 욕구와 이를 충족시킬 구매력이 생기면 고객들은 가장 높은 가치가 기대되는 상품을 구입하게 된다. 마케팅능력이 탁월한 기업일수록 고객의 본원적 욕구, 구체적 욕구, 그리고 시장수요를 정확히 판단한다.

(3) 고객은 무엇을 원하는가?

모든 고객은 서로 다른 욕구를 지니고 있다. 따라서 고객의 욕구는 정확히 파악하기 어렵고 때로는 비현실적일 수도 있으나 일반적으로 고객이 가지고 있는 기본적인 욕구는 다음과 같이 다섯 가지로 요약할 수 있다.[2)]

■ 서비스(service)

고객은 무조건 높은 수준의 서비스를 기대하는 것이 아니라 자신들이 선택한 구매수준에 적절하다고 생각하는 서비스를 기대한다. 가령 신중하게 계획하고 정보를 탐색한 후에 행한 구매에 대해서는 무의식적인 구매를 한 경우보다 더 확실한 서비스를 기대한다.

■ 가격(price)

제품을 구매할 때 가격요소가 점점 더 중요해 졌으며, 소비자들은 소비지출의 경제성에 민감하게 반응한다. 과거에 독특한 것으로 생각되던 많은 상품도 대중적인 것이 되어 예를 들어, 예전에는 햄버거 하나를 사기위해 특정지역에 있는 레스토랑까지 가야했으나 오늘날에는 어느지역에서나 쉽게 햄버거를 살 수 있게 되었다. 이러한 환경에서 고객은 가격이라는 요소를 더 중요하게 인식한다.

■ **품질(quality)**

오늘날 상품의 구매자들은 구매하는 물건을 단기적 소모품으로 취급하려 하지 않으며, 적어도 제품을 바꾸고 싶어질 때까지 견딜 수 있을 정도의 내구성과 기능성을 가진 제품을 원한다. 고객이 원하는 정도의 내구성과 품질수준을 충족시킬 수 있는 제품을 생산한다는 평판을 얻고 있는 기업의 상품에 대해 고객은 가격을 따지지 않는 경향이 있다.

■ **고객에 대한 반응**

어떤 문제가 있거나 문의사항이 있을 때 고객은 기업의 즉각적인 반응을 요구한다. 이러한 요구에 맞추어 많은 기업은 수신자부담전화, 융통성 있는 환불 또는 출장서비스 프로그램을 운영한다. 소비자들은 자신이 중요한 사람이므로 어떤 요구가 발생했을 때 자신들을 바로 도와줄 수 있는 누군가가 늘 대기하고 있기를 원한다.

■ **고객에 대한 감사**

고객은 우리가 고객에게 감사하고 있는지 알고 싶어 한다. 고객서비스 담당자들은 이러한 감사를 다양한 방식으로 표현할 수 있다. 고객에게 말과 행동으로 '감사합니다'라고 표현하는 것으로부터 시작하는 것이 가장 좋은 방법이다. 고객의 주소록을 만드는 것, 정보제공을 위한 뉴스레터 제공, 특별한 할인혜택제공, 예의를 갖추는 것, 고객의 이름을 기억하는 것 등도 고객에게 감사를 전하는 좋은 방법이다. 더불어 우리 제품을 선택한 것에 대해 감사하고 있음을 구체적으로 표현함으로써 긍정적인 메시지를 고객에게 전달할 수 있다.

3. 고객의 유형

서비스의 구매는 고객에게 종종 특별하고 중요한 일이지만, 서비스의 제공자에게는 일상적인 업무가 된다. 예를 들어, 셀프서비스 주유소에서 휘발유를 구매하는 것이나 대중적인 숙박시설에서 하룻밤을 보내는 것에 대한 고객의 기대와 감정은 보편적인 수준이 된다. 그러나 환상적인 여행을 계획하는 고객이나 의료시술을 원하는 고객의 경우에는 서비스에 대해 높은 수준의 기대를 한다. 다수의 고객을 반복적으로 응대하는 현장직원에게 고객의 감정과 기대수준에 부응하는 서비스를 유지하는 것은 어려운 일이다. 따라서 고객의 유형에 따라 서비스의 수준을 설정하는 것이 중요하다. 상품에 대한 기대와 태도에 따라 고객의 유형은 다음과 같이 네 가지로 분류된다.[3)]

(1) 절약형 고객

고객 스스로 투입하는 시간과 노력, 금전 등으로부터 획득할 수 있는 가치를 극대화하고자 하는 유형의 고객이다. 시장에서 여러 서비스기업의 경쟁적 강점을 검증하기 위해 가치를 꼼꼼히 따지기 때문에 까다로운 고객으로 인식된다. 이러한 유형의 고객을 유지하기는 쉽지 않으나 이들 고객의 이탈은 곧 잠재적 경쟁위험에 노출되는 것을 의미한다.

(2) 윤리적 고객

이 유형의 고객은 사회적으로 신뢰할 수 있는 기업의 단골이 되는 것을 도덕적 의무라고 인식한다. 사회공헌이나 지역봉사로 명망을 획득한 서비스기업은 이처럼 충성스러운 고객기반을 창출할 수 있다. 예를 들어, 사회적 기업이나 기업이 제공하는 공익프로그램은 기업이 사회적 책임을 수행하고 있다는 이미지를 형성하는데 도움이 된다.

(3) 개별화 추구고객

이 유형의 고객은 서비스경험에 바탕을 둔 친밀한 인사나 대화를 통해 만족스러운 대인관계를 추구한다. 예를 들어, 레스토랑에서 고객의 직함이나 성함을 불러 인사하는 것은 고객에 대한 예의로서 개별화를 추구하는 고객에게 소중한 가치로 인식된다. 오늘날 서비스기업은 고객에 대한 자료를 활용하여 반복구매를 하는 상용고객들에게 개인적인 서비스경험을 제공하기 위해 다양한 마케팅기법을 활용하고 있다.

(4) 편의성 추구고객

이 유형의 고객은 서비스를 구매하는데 가격보다는 편의성에 더 가치를 두는 유형이다. 높은 서비스품질을 갖춘 경험을 제공하는 것이 고객을 창출하고 유지하는 것이 최선의 방법이다. 편의성을 추구하는 고객은 개인적이고 제약이 없는 서비스를 구매하기 때문에 추가적인 요구를 하지 않는다. 고객의 개인정보를 적절히 활용한다면 또 다른 편의성을 제공할 수 있다.

제2절 고객기대와 고객가치

기업경영에 있어 가장 효과적인 방법은 최고의 서비스를 제공해 고객을 만족시키는 것이다. 그러나 고객을 제대로 이해하기는 어렵다. 불과 10년전의 고객과 비교해 봐도 오늘날의 고객은 훨씬 똑똑하고 까다롭다. 그들은 제품의 기능에 대해 많은 정보를 알고 있고 서비스가 불만스러운 경우 언제든지 경쟁기업으로 이탈할 수 있다. 본절에서는 고객을 어떻게 인식해야 하는가? 고객은 무엇을 기대하고, 그들은 어떻게 영향을 받아 기업의 평판을 형성하는가?를 설명하고 고객가치의 의미를 살펴본다.

1. 고객의 인식과 기대

(1) 고객인식은 왜 중요한가?

효과적인 비즈니스거래를 위해서는 어떤 상황과 경험, 그리고 사람에 대한 상대의 인식을 파악하고 있어야만 한다. 인식(perception)이란 자신의 경험에 기초하여 사물을 보는 방식이다. 주어진 상황에 대한 사람의 인식에는 차이가 존재한다. 즉, 인식이란 일정시간을 두고 개인의 가치관, 우선순위, 편견, 민감성, 과거의 처우 등을 반영해 형성되므로 같은 경험이라도 인식의 차이로 인해 서로 달리 해석할 수 있다. 인식은 반드시 합리적 사고에 의해 형성되는 것이 아니며, 종종 순간적인 좌절이나 분노, 기쁨 등에 의해 영향을 받는다. 따라서 고객서비스 담당자가 고객과 경험한 상호작용에 근거해 고객의 기대를 예측하고 고객의 긍정적 인식을 유도하고 유지해야 한다. 고객은 자신의 구체적 경험을 모두 기억할 수는 없지만, 전체적으로 '느낌'이 어떠했는지를 기억한다. 다른 경험과 합쳐진 고객의 그 '느낌'이라는 것이 회사나 브랜드에 대한 인식을 형성한다. 서비스지향적인 기업일수록 언제라도 고객을 개별적으로 특별한 존재로 인식하고 고객의 시간과 상황 그리고 우선순위를 존중한다. 고객의 피드백은 회사에 대한 고객의 인식이 전달되는 것을 말하며, 고객의 부정적인 경험을 제거할 수는 없지만 기업은 피드백을 통해 고객의 인식이 잘못된 것은 개선할 수 있다.

(2) 고객의 기대파악

모든 고객은 어떤 기대를 하고 거래나 서비스상황에 직면한다. 이때 어떤 경험에서 야기될 결과에 대한 개인의 인식에 기초해 형성되는 비전을 기대라고 한다. 기대는 긍정적일 수도 있고 부정적일 수도 있다. 어떤 브랜드나 회사에 대한 경험이 부정적일 경우, 고객은 불만족스러운 일이 일어날지도 모른다는 기대를 하고 새로운 상황에 접하게 되므로 기업의 입장에서는 항상 긴장한 상태를 유지하고 고객을 상대해야 한다. 종종 개인과 마찬가지로 기업은 자신이 고객의 기대를 충족시킬 수 없을 것이라고 비관적으로 판단하는 경우가 있는데, 이러한 판단으로 고객의 기대가 어디에서 오는지 제대로 이해하지 못하는 경우가 많다. 한 대학의 고객기대에 대한 예를 들어보자. 학교에 대한 학생들의 기대를 파악하기 위해 총장은 학생들을 대상으로 설문조사한 결과, 학생들이 원할것으로 총장이 인식했던 내용과 실제로 학생들이 인식하고 있는 내용에는 큰 차이가 있었다. 총장이 예상한 학생들의 기대는 다음과 같다.

- 노력하지 않고 좋은 성적을 얻는 것
- 등록금보조
- 수업시간단축
- 과제물축소
- 주차장확대

그러나 실제로 학생들이 가장 원하는 다섯 가지 기대는 다음과 같았다.

- 학습분위기를 좋게하는 환경조성
- 수강과목의 변경이 용이한 것
- 학생들에 대한 교수의 관심
- 주차장과 건물내에서의 안전확보
- 주차장확충

이 예에서 보는 바와 같이 제공자와 고객 간의 기대에 차이가 있음을 알 수 있다. 총장이 생각했던 것과 기대가 일치하는 학생들도 있겠지만 대체로 대학의 인식과는 달리 고객인 학생들의 서비스기대에는 차이가 존재한다. 사례에서 알 수 있는 중요한 사실은 고객의 기대를 충족시키는 것이 생각했던 것보다 쉽다는 것이다. 학생들이 기대한 것은 큰 비용이 드는 일이 아니지만, 고객의 기대를 제대로 인식하지 못한다면 그 기대는 계속 충족되지 못한 채로 남아있게 된다.

(3) 고객의 기대수준

서비스기업은 고객마다 기대수준이 다르다는 점도 유의해야 한다. 기대는 1차적 기대와 2차적 기대로 나누어진다. 1차적 기대란 기업과의 상호작용에서 고객이 요구하는 가장 기본적인 것에 대한 기대를 의미한다. 예를 들어, 레스토랑에서 식사를 할 때 고객의 1차적 기대는 합당한 가격을 지불하고 원하는 식사를 하는 것이며, 2차적 기대는 이전의 경험을 통해 충족되었던 결과에 기초한 기대이다. 예를 들어, 레스토랑에서 저녁을 먹을 때 종업원으로부터 친절하고 예의바른 대우를 받고 특별히 쾌적한 분위기에서 대화하며 식사를 하는것에 대한 기대감이 2차적 기대에 해당된다. 고객의 기대는 계속 변하며, 고객마다 자신만의 독특한 일련의 기대수준을 갖고있기 때문에 서비스제공자의 입장에서는 어려운 과제가 되지만 한편으로는 고객의 욕구를 끊임없이 파악하고 서비스경쟁력을 강화하는 기회가 된다.

(4) 고객의 영향력

한 고객은 다른 고객이나 잠재적 고객에게 영향을 미친다. 고객의 영향력이란 타인에게 영향을 미칠 수 있는 능력으로 개인의 인식이나 경험에 기초한다. 영향력은 개인마다 다르지만 외향적이고 개방적인 성격의 고객일수록 많은 사람에게 더 많은 영향을 미친다. 실제로 고객의 영향은 호의적이거나 객관적이지 않은 경우가 많다. 실증연구들에 따르면 신규고객을 확보하기 위해서는 기존 고객을 유지하는 것보다 훨씬 더 많은 비용이 수반되며, 사람들은 자신의 부정적이었던 경험을 자신보다 우월적 지위에 있는 사람들과 더 많이 나누는 경향이 있다. 여기서 우월한 지위란 자기보다 의사결정에서 더 영향력을 지니는 사람으로서 구매력이나 사회적 영향력이 더 높은 사람이다. 반면 사람들은 긍정적 경험은 아무나 공유하지 않거나 친밀한 사람과 나누는 경향이 있다.[4)] 오늘날 고객의 영향력은 SNS를 통해 빠르게 확산됨에 따라 좋은 정보든 나쁜정보든 한 번의 클릭으로 많은 사람이 공유할 수 있다. 개인이나 기업의 평판에 손실을 입히는 부정적이거나 부정확한 정보는 사실이 아니더라도 나중에 해명되는 일이 거의없다. 반면에 페이스북이나 블로그는 수많은 잠재적 고객들에게 메시지를 전하고 많은 사람의 메시지를 받을 수 있는 효과적인 수단이 된다. 예를 들어, 종종 불특정다수가 정해진 시간과 장소에 모여 주어진 행동을 하고 곧바로 흩어지는 플래시몹(flashmob)은[5)] 단시간에 얼마나 많은 정보가 시장에 전달될 수 있는지를 보여주는 단적인 경우다.

(5) 기업의 평판관리

기업이 시장경쟁에서 차별화하는 방법 가운데 하나는 기업평판을 관리하는 것이다. 기업의 평판관리란 한 회사가 어떻게 고객들에게 인식되고 있는지를 파악하고 그 평판을 개선하거나 유지하는 과정이다. 시장의 경쟁이 심할수록 고객은 어느 특정 요소보다는 회사의 전반적인 평판에 끌려 구매를 하게되는 경향이 있다. 평판은 과거처럼 '고객이 원하는 평판을 어떻게 형성할까?'의 접근방식에서 벗어나 오늘날에는 '회사에 대한 고객의 실제 평판은 어떤 것인가'를 먼저 파악하고 이에 맞도록 대응하는 방안을 찾는 방향으로 변하고 있다. 회사에 대한 평판은 그것이 좋든 나쁘든 다양한 상황에서 회사나 한 부문 또는 직원개인의 행동 등을 통해 시간을 두고 형성된다. 따라서 평판관리를 위해 회사는 먼저 고객이나 커뮤니티를 대상으로 자사에 대한 평판을 파악하는 것에서 시작된다. 회사에 대한 이미지가 좋더라도 평판은 나쁠 수가 있으며, 커뮤니티에서는 친밀한 회사라하더라도 사업을 위해서 고객은 다른 파트너를 찾을 수도 있다. 일반적으로 평판이 좋은 회사의 특징들은 다음과 같다.[6]

- 고객과의 약속을 지키며 신뢰할 수 있다.
- 회사의 모든 계층에서 관리능력이 탁월하다.
- 법을 준수한다.
- 고객의 요구에 신속히 응하며, 의사소통채널이 잘 되어 있다.
- 윤리적이고 정직하며 인간지향적으로 사업을 한다.
- 훌륭한 시민으로서 의무를 다한다.
- 지역사회에 협조적이다.
- 회계가 투명하고 재무적으로 안정되어 있다.
- 환경문제에 신경을 쓰며 사회적 책임에 적극적이다.

기업의 평판이 잘 관리되면 고객이나 커뮤니티는 그 기업을 긍정적으로 바라보게 되고 기업의 활동을 우호적으로 평가하게 되는데, 이는 기업이 성장하고 발전하는데 도움이 된다.

2. 고객가치의 개념

(1) 고객가치란?

고객가치는 교환을 통해 고객에게 전달되는 가치로서 고객의 입장에서는 재화나 서비스를 경험한 후에 느끼는 편익(benefit)과 이를 구매하기 위해 지불한 비용(cost) 간의 차이가 된다. 서비스에 대해 지각된 전체편익의 총가치에서 지각된 모든 비용의 총합을 뺀 가치이기 때문에 고객가치를 고객의 순가치(net value)라고도 한다. 즉, 고객이 서비스를 경험함으로써 지각하는 편익과 이를 위해 고객이 부담하는 비용의 차이를 의미한다. 이때 편익이란 어떤 상품으로부터 고객이 기능적 · 감성적 · 상징적으로 지각하는 만족감이나 욕구의 충족정도를 말하며, 비용이란 상품의 구매를 위해 지불하는 경제적 지출과 시간, 노력 등이다. 이론적으로 고객가치를 높이기 위해서는 상품이 가져다주는 편익을 늘이거나 비용을 줄임으로써 가능해진다. 예를 들어, 비싼값을 지불하고 특정호텔의 객실에 투숙하는 이유는 편익이 비용보다 높고, 다른 호텔에서 경험하는 편익보다 더 크다고 인식하기 때문이다.

고객가치 = 편익 − 비용

고객가치를 창출한다는 의미는 고객이 상품구매로부터 얻는 편익이 비용보다 더 크도록 하는 것이다. 고객가치가 많이 창출될수록 기업은 자사의 상품에 대한 고객의 선호도가 증가하여 매출이 증가하고 기업의 이윤이 늘어나게 되므로 고객가치의 창출은 현대경영이 추구하는 핵심목표이기도 하다. 고객이 지각하는 편익과 비용을 구체적으로 살펴보자.

(2) 고객이 지각하는 편익이란?

서비스상품이 제공하는 편익에는 구체적으로 어떠한 것들이 있을까? 서비스의 가치는 여러 종류의 편익을 결합하여 복합적으로 구현되는데, 이들 편익은 다음과 같이 세 가지 편익으로 구분된다.

■ 기능적 편익

상품의 기능과 관련된 속성으로서 상품의 구매동기를 결정하므로 흔히 본원적 편익이라고 한다. 예를 들면, 항공사가 제공하는 상품의 경우, 공간적 이동을 위한 운항스케줄의 편리성과 안전성, 그리고 좌석의 예약, 탑승수속과 기내서비스 등의 편익이 기능적 편익이다.

■ 감성적 편익

서비스를 경험함으로써 느끼는 즐거움이나 만족감 등과 관련된 편익을 말한다. 서비스제공자의 친절함과 정중함, 고객과의 공감하는 현장직원, 쾌적한 분위기 등 서비스의 경험과정에서 체험하는 긍정적인 감정은 서비스의 보조적 편익을 의미한다. 예를 들어, 탑승객의 불편함, 요구 등에 대해 객실승무원이 신속히 알아차리고 해결할 때 탑승객이 느끼는 편익이다.

■ **상징적 편익**

상징적인 서비스를 제공받음으로써 느끼는 자부심이나 품위 또는 차별화된 지위 등을 일컫는다. 예를 들어, 항공사의 탑승객이 느끼는 상징적 편익은 주요고객을 대상으로 제공하는 VIP 회원자격의 부여, 공항의 라운지이용 등 부가서비스를 통해 제공된다.

(3) 금전적 비용과 비금전적 비용

고객이 서비스를 구매하는 비용에는 금전적 · 비금전적 비용이 모두 포함된다.

1) 금전적 비용

서비스기업이 서비스를 생산 · 제공하는데 드는 비용은 생산원가, 시장의 경쟁상태, 가격정책과 경영방침 등이며 이는 가격에 반영된다. 서비스구매가격은 고객이 지불하는 직접적인 비용이며, 금전적 비용에는 상품의 구매가격 외에도 구매후의 운영비용, 그리고 우발적인 추가비용 등이 모두 포함된다.

2) 비금전적 비용

서비스를 구매하는 과정에서 고객은 정보탐색, 구매, 그리고 서비스사용에 따른 시간, 노력, 불편함 등 다양한 비금전적 비용을 부담하게 된다. 일반적으로 비금전적 비용에는 다음과 같이 네 가지 유형이 있다.[7)]

- ■ 시간비용 : 대기시간은 서비스전달과정의 일부로서 고객들은 공공기관방문이나 줄을 서 대기하는 것처럼 즐겁지 않고 무가치한 활동에 시간을 낭비하는 것을 비용으로 인식한다. 경제학에서는 시간의 가치를 기회비용으로 인식한다.
- ■ 신체적 비용 : 서비스구매에 수반되는 피로감이나 불편함 등의 신체적 비용은 고객이 서비스기업을 방문하거나 대기시간이 길어질 때, 그리고 서비스수속을 위해 기다리거나 셀프서비스를 이용해 서비스를 전달받을 때 발생한다.
- ■ 심리적 비용 : 회원등록서류의 작성, 지각된 위험, 불안감, 두려움 등을 의미하며, 공항의 출 · 입국심사나 국제여행을 위한 통관절차, 병원에서의 의료진단 등과 같이 특정한 서비스를 구매하거나 사용하는 경우에 발행한다.
- ■ 감각비용 : 신체의 다섯 감각기관에 영향을 주는 불쾌한 감각의 인지를 의미한다. 서비스현장에서 감각비용은 혼잡함, 소음, 불쾌한 냄새, 바람, 너무덥거나 추울 때, 불편한 좌석, 그리고 시각적으로 어울리지 않는 환경 등에 의해 발생한다.

(4) 고객생애가치(customer lifetime value, CLV)

■ 한 명의 고객이 공헌하는 가치

기업의 입장에서 고객가치의 중요성은 고객생애가치(CLV)를 통해 이해할 수 있다. CLV란 충성도가 유지되는 고객으로부터 앞으로 얻게 될 이익을 현재의 가치로 환산한 개념이다. 현재의 고객을 유지하는 비용이 새로운 고객을 획득하는 비용보다 적다는 가정하에 고객이 생애기간동안 기업에 공헌하는 가치가 얼마인가를 추정할 수 있다. 다음의 예를 통해 CLV가 왜 중요한지를 보자. ABC항공사의 경영자는 불만이 있는 고객을 볼 때마다 2천만원의 수입이 날아간 것으로 느낀다. 평균 한 명의 고객이 100백만원을 지출하고 1년에 한 차례의 비행기를 타고, 20년정도 항공사를 이용한다고 판단하기 때문이다. 이 고객이 불쾌한 경험 때문에 다른 항공사로 이탈한다면, A항공사는 2천만원의 수입을 잃게 되는 것이다. 해외여행이 빈번한 1등석의 VIP고객인 경우라면 CLV는 이보다 훨씬 더 크다. 예를 들어, 매월 두 차례씩 미국과 유럽을 오가면서 1등석의 평균왕복운임 1천만원을 지불하고 사업수행기간 20년 동안 고객으로 남는 글로벌기업의 CEO인 경우라면, ABC항공사에 수입에 공헌하는 이 고객의 생애가치는 4억 8천만원이 된다. 실제로 도요타는 렉서스승용차에 대해 한 명의 만족한 충성고객은 약 6억원의 CLV를 창출하는 것으로 추정한 바 있다.[8)]

■ 고객유지관리지표

고객유지를 위해서는 현재의 고객을 만족시켜 관계를 지속시키는 환경을 만들도록 노력해야 한다. 신규고객을 확보하는 비용보다 현재의 고객을 유지하는 비용이 적게들기 때문이다. 고객유지의 관리를 위해 이용되는 지표로는 고객변동률, 고객이탈율, 고객생애가치(CLV) 등이 있다. 고객변동률은 연간이탈고객의 수를 신규고객의 수로 나눈것으로 고객의 불안정성 정도를 측정한다.

$$\text{고객변동률} = \frac{\text{이탈고객의 수}}{\text{신규고객의 수}}$$

예를 들어, 통신회사의 고객이 작년 한 해 21만 명이 서비스사용을 중단하고 35만 명이 신규로 가입했다면 60%의 고객이 변동했다는 의미이다. 고객이탈율이란 기존 고객 중 거래를 중단하고 떠나가 버린 고객의 비율이다.

$$\text{고객이탈률} = \frac{\text{거래중단 고객 수}}{\text{기존 고객 수}}$$

예를 들어, 연초에 1,000명의 거래고객을 가지고 시작했는데 이 가운데 650명의 고객이 연말까지 거래를 지속했다면, 고객이탈률은 35%가 된다. 이와 반대로 고객유지율은 (1−고객이탈률)로 산출된다. 한편, 고객생애가치(CLV)는 고객의 평생거래기간 동안 해당 고객으로부터 기업이 창출하는 거래의 가치를 의미하며, 편의상 다음과 같이 산출하여 고객가치로 판단한다.

고객생애가치 = 연간구매금액 × 고객의 평생이용기간(년)

예를 들어, 연간 100만원의 수입을 회사에 남겨주고 회사의 고객으로 20년간 거래하는 고객의 CLV는 2,000만원이 된다.

제3절 고객의 구매행동

고객의 구매행동은 상품의 구매욕구의 자극에 대해 소비자들이 어떻게 반응하는가를 나타내는 것이다. 소비자 구매행동모델에 따르면, 새로운 상품이나 가격, 광고 등의 마케팅과 환경적인 자극을 받게 되면, 소비자의 심리적 변화가 구매결정과정을 거쳐 이 자극에 대해 반응하게 된다. 소비자들은 유사한 자극을 받더라도 구매행동은 다양하게 반응하게 되는데, 구매행동에는 소비자의 문화적, 사회적, 개인적, 심리적 요인들이 모두 작용하기 때문이다.

그림 4-1 소비자 구매행동모델

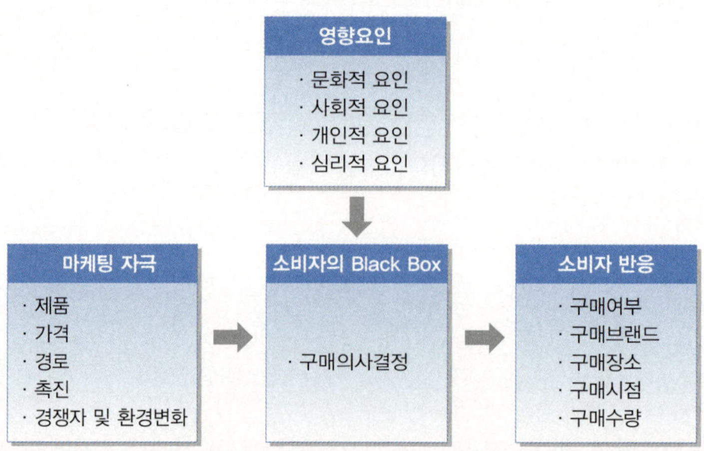

1. 구매의사결정

구매를 결정하는 과정은 소비자 개인이나 상품 그리고 상황에 따라 달라진다. 예를 들어, 라면이나 음료수는 습관이나 기억에 의존하여 구매하는 반면, 자동차나 컴퓨터는 기억된 정보뿐 아니라 판매원이나 주변사람 등의 외부정보원으로부터 다양한 정보를 탐색하여 신중하게 구매를 결정한다. 이처럼 소비자가 어떤 상품의 구매에 대해 가지는 관심은 개인적 특성, 제품의 효용성, 구매상황 등의 요인에 의해 달라진다. 따라서 고객의 만족을 위해서는 고객 또는 넓은 의미에서 소비자의 행동을 이해하는 것이 필요하다. 일반적인 구매의사결정과정은 〈그림 4-2〉에서 보는 바와 같이 몇 단계로 이루어진다. 즉, 구매의 필요성을 느끼게 되는 문제인식 → 관련정보의 탐색 → 여러 대안에 대한 평가 → 구매결정 → 구매후의 반응과 행동 등의 단계로 구분된다. 구매상황에 따라 모든 단계를 거치기도 하지만 일부단계는 생략되기도 한다. 예를 들어, 일상적인 대중교통수단의 선택은 과거경험과 습관에 따라 관행적으로 구매가 이루어지지만 해외관광을 위한 항공권을 구매하거나 호텔을 예약하는 경우처럼 자주 구매하지 않는 상품의 경우에는 정보탐색과 대체안 평가과정에 상대적으로 많은 시간과 노력을 투입한다.

(1) 문제인식

문제인식(problem recognition)이란 소비자가 자신의 욕구를 인식하고 그 욕구, 혹은 바람직한 상태와 실제 상태 간의 차이를 느끼는 것을 말한다. 배가 고픈데 먹을 것이 없다는 문제를 인식하고 이를 해결하기 위한 동기가 부여되는 것이다. 문제인식은 배고픔과 같은 생리적 욕구를 포함하여 소비자의 지각과 판단에서 기인하기도 하지만 외부의 자극으로 유발되기도 한다. 친구가 멋진 디자인과 다양한 기능을 갖춘 스마트폰을 가지고 있는 것을 부러워한다거나, 온라인광고에서 평소에 좋아하던 연예인이나 스포츠스타가 모델로 나와 새로운 기능의 스마트폰을 사용하는 장면을 보고 자신이 가지고 있던 스마트폰을 교체할 욕구를 느끼는 것 등이 외부적 자극에 의한 문제인식의 예다. 기업은 이처럼 광고를 통해 소비자욕구를 자극하고 문제인식을 유발한다. 이 과정에서 기업은 충족되지 않은 욕구, 잠재된 욕구인 니즈를 찾아내기 위해 끊임없이 노력하고 이를 해소할 수 있는 제품과 서비스를 개발해야 한다.

그림 4-2 구매의사결정과정

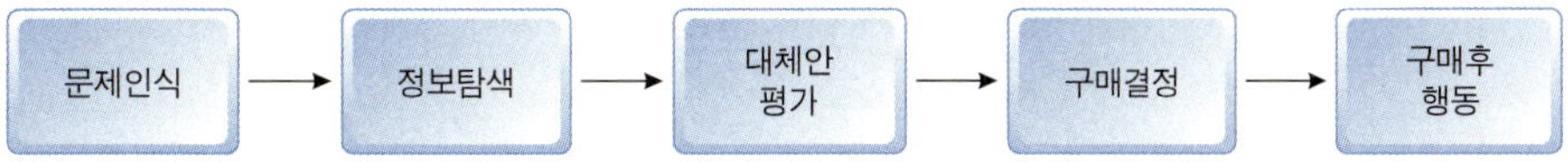

(2) 정보탐색

소비자들이 문제를 인식하고 이를 해결하고자 하는 충분한 동기가 형성되면 정보탐색의 단계로 넘어간다. 충분한 동기라는 것은 인식한 문제가 중요하다거나, 바람직한 상태와 실제 상태의 차이가 큰 경우에 형성되는 것이 일반적이다. 정보탐색은 문제해결을 위한 수단, 즉 제품이나 서비스와 관련된 정보를 찾는 과정이다. 이러한 정보는 소비자가 자신의 구매경험이나 기억으로부터 추출하기도 하고 외부에서 탐색하기도 한다. 외부정보의 원천에는 기업(광고, 판매원, 홈페이지 등), 가족이나 친지, 동료, 언론이나 소비자단체의 전문적 정보 등이 있다. 정보탐색의 정도, 즉, 이용하는 정보의 원천이나 정보의 양은 앞 단계에서 인식한 문제의 중요성과 시급성 정도에 따라 달라진다. 정보탐색을 위해 이용하는 정보는 다음과 같은 원천으로부터 획득된다.

- **상업적 원천** : 기업의 홈페이지와 광고, 영업장의 전시물 및 판매원, 포장 등
- **개인적 원천** : 가족 및 친지, 동료 등
- **공공적 원천** : 대중매체, 소비자단체 등
- **경험적 원천** : 상품의 사용경험

소비자는 정보의 탐색과정을 통해 구매하고자 하는 대안들에 대한 브랜드, 상품이 제공하는 편익, 평판 등에 대한 지식을 얻는다. 기업은 소비자들의 정보의 탐색과정에서 자사의 상품정보가 최대한 긍정적으로 노출될 수 있도록 노력해야 한다. 이를 위해서는 소비자들이 주로 이용하는 정보의 원천이 무엇인지, 어떤 경로를 통해 어떤 정보를 주로 탐색하는지 등을 파악해야 한다.

(3) 대안의 평가

소비자가 인식한 문제의 해결을 위한 대안은 많다. 시장에는 많은 경쟁적인 제품이나 서비스가 존재하기 때문이다. 대안의 평가란 소비자가 과거의 경험이나 기억으로부터 회상해낸 정보와 새롭게 탐색한 정보를 바탕으로 다양한 대안들을 평가하여, 구매하고자 하는 상표를 선택하는 과정을 말한다. 대개 소비자들은 의식적으로든 무의식적으로든 제품의 여러 속성, 즉 기능, 디자인, 가격, 편리성, 내구성, 안전성 등을 종합적으로 고려하여 대안들을 평가한다. 평가기준은 제품에 따라 구체적으로 소비자가 어떤 속성을 고려하는지 그리고 개인의 취향에 따라 달라진다. 각각의 기준을 어느 정도 중요하게 고려하여 어떤 기준으로 평가하는지 역시 소비자에 따라 달라진다.

(4) 구매결정

소비자들은 대안의 평가결과에 따라 가장 선호하는 특정 브랜드의 상품을 구매하게 된다. 그러나 구매의도가 곧바로 구매행동과 연결되지는 않을 수도 있다. 실제구매로 이어지기 전에 발생하는 구매력의 변화나 새로운 정보, 선택한 대안의 품절, 새로운 대체안의 출현 등의 이유 때문이다. 이 경우 소비자는 구매를 연기하거나, 대안의 평가과정을 다시 거치거나, 아예 구매를 포기하게 된다. 이와 같이 구매의도와 구매결정 간에는 두 가지 요소가 작용한다. 첫째는 상품에 대한 평판이다. 다른 사람들의 태도에 의해 소비자 스스로 평가한 대안의 구매의도가 영향을 받는다. 둘째는 예상치 않은 상황요인이다. 재정상태의 악화, 경쟁상품의 가격인하, 새로운 대안의 출현 등의 상황에서 소비자는 구매를 연기하거나 평가과정을 새로 거치게 된다.

(5) 구매 후 행동

구매와 관련된 소비자행동은 구매라는 구체적 행위로 종결되는 것이 아니라 구매후의 반응, 즉 구매후 행동으로 이어진다. 고객지향적인 기업일수록 지속적인 고객관계유지를 위해 구매 후 행동을 중요하게 인식한다. 자사의 상품을 구입했다면 일반적 의미의 소비자가 아니라 고객이라는 점을 주목해야 한다. 소비자는 자신이 구매한 상품의 품질이나 부가적인 서비스 등에 대해 일정한 수준의 기대를 하게 된다. 구매후 행동은 소비자의 기대수준과 인지된 성과 사이의 관계에서 나타난다. 인지된 성과가 기대수준보다 크면 만족하고 그렇지 못하면 불만족을 느끼게 된다.

■ 고객의 인지부조화 해결

구매가 이루어진 후 종종 고객은 만족도 불만족도 아닌 애매한 상황에 놓이기도 한다. 종합적으로 평가하여 선택한 구매이지만, 실제 구매후에는 자신이 선택한 대안의 장점과 선택하지 않은 대안의 단점이 나타나면 심리적인 갈등이나 불안상태에 놓이게 되는 것이다. 이를 인지부조화(cognitive dissonance)라 한다. 인지부조화는 개인의 믿음과 실제 경험 간의 불일치나 비일관성으로 인해 불편함을 느끼는 것을 말한다. 이 경우 기업은 고객이 만족한 상태를 느낄 수 있는 노력을 기울여야 한다. 따라서 소비자의 구매후 반응을 지속적으로 관찰하여 만족이나 불만족의 이유가 무엇인지 파악해야 고객의 만족도를 더욱 높이고 불만족요인을 제거할 수 있다.

■ 고객에 대한 피드백

대부분 기업은 고객센터를 운영하며 온라인으로든 오프라인으로든 고객과 소통한다. 자사의 제품을 구매한 고객에게 전화나 편지로 감사의 표시와 함께 애프터서비스(A/S)를 안내하기도 하는데, 이러한 간단한 소통만으로도 인지부조화 상태의 고객의 만족도를 강화할 수 있다. 만족한 소

인지부조화(cognitive dissonance) : '신념'을 지키려는 자기 합리화

"아무나 딸테면 따라지, 저 포도는 시단말이야."

어느 더운 여름날 더위에 지치고 배가고파 힘겨워 포도밭에 몰래 숨어들어간 여우가 먹음직하게 익은 포도송이를 따먹으려고 발돋움도 해보고 뛰어도 봤지만 끝내 포기하고 돌아서면서 여우가 한 말이다. 이솝우화에 나오는 '신포도와 여우이야기'는 실패한 상황에서도 진실을 인정하는 대신 자기합리화를 하는 경우를 일컫는 얘기다. 실제를 인정하지 않고 신념을 지키는 인지의 부조화현상은 미국의 심리학자 레온 페스팅거(Leon Festinger)가 만든 용어다. 그는 1950년대 초 흥미있는 뉴스를 접했다. 당시 어느 마을의 사이비교주는 조만간 큰 홍수로 인류의 종말에 대한 신의 계시를 받았다고 신도들과 철야기도에 들어갔지만, '그날'은 오지 않았다. 그런데 청명한 날씨를 보며 교주는 이렇게 말했다. "우리의 기도로 인류는 마침내 멸망의 문턱에서 구원을 받았다." 신도들은 축제를 벌였고 교주에 대한 믿음은 더 깊어졌다. 인간은 기대와 다른 현실에 직면했을 때 합리적인 추론보다는 부조리하지만 자신의 신념과 일치하는 생각을 하게 되는 경향이 있다. 이것이 바로 인지부조화의 원리다. 어리석은 선택을 했더라도 어떻게든 그 선택이 불가피한 것이었다고 믿으며, 오류를 바로잡기보다는 스스로 생각을 바꾸려는 심리를 일컫는 말이다. 상품을 구매한 고객의 경우도 종종 상품을 경험한 가치가 기대했던 가치에 미치지 못하더라도 자신의 결정을 합리화하려는 심리적 상태를 지니게 되는 인지부조화에 빠질 수 있다.

비자는 반복적인 구매를 하게 되고 소비경험을 다른 사람에게 전달하기도 하지만 불만족한 소비자는 추가적인 구매를 중단하게 되고 불만스러운 경험을 다른 소비자들에게 전달한다. 기업은 구매 후 행동에 대한 만족도를 높이기 위해 고객관계를 강화하고 다양한 소통채널을 통해 불만요인을 확인하고 즉각적으로 이를 해소하는 피드백체계를 구축·운영해야 한다.

2. 구매행동의 영향요인

(1) 문화적 요인

■ 문화

문화(culture)란 한 사회의 개인이나 인간집단이 자연을 변화시켜온 물질적 · 정신적 과정의 산물로서 구성원들의 심리와 행동에 영향을 미치는 모든 환경요인을 말한다. 소비자들은 자신이 속한 문화의 영향권에서 기본적 가치와 인식, 욕구, 행동양식을 습득한다. 문화는 소비자행동에 전반적인 영향을 미친다. 공통적인 삶의 방식에 따라 서로 비슷한 가치관을 갖는 사람들끼리 공유하는 하위문화가 형성된다. 인종, 지역, 종교, 세대에 따라 공유하는 하위문화가 다르므로 기업은 하위집단의 문화적 차이를 식별하고, 소비자들의 구매욕구에 적합한 상품의 가치를 전달해야 한다.

■ 사회적 계층

모든 사회는 상류층, 중류층, 하위층 등 사회계층 구조로 형성된다. 사회적 계층은 소득, 직업, 연령, 교육수준, 사회적 영향력 등의 다양한 기준에 따라 분류되며, 동일한 계층에 속하는 사람들은 유사한 가치관과 욕구, 소비행태를 지니게 된다. 기업은 소비자집단을 분류하는데 사회적 계층을 기준으로 삼는 경우가 많으며, 이 기준에 따라 동질적인 소비자집단의 구매행동을 규명하고, 이들의 욕구를 파악한다.

(2) 사회적 요인

■ 준거집단

소비자는 구매를 결정할 때 주변사람들이 무엇을 가지고 있는지 혹은 자신을 어떻게 평가하는지를 고려하게 된다. 특히 의식주와 관련된 구매나 외형적으로 드러나는 상품을 구매할 때 주변을 의식하는 경향이 강하다. 이처럼 구매결정과정에서는 비교의 기준으로 삼는 자신의 준거집단의 영향을 받는다. 준거집단은 가족이나 동료, 동호회 등 자신이 속해있는 집단 그리고 자신이 소속되기를 원하는 집단을 말한다. 준거집단은 개인의 생활양식이나 태도, 자아실현의 목표 그리고 나아가서 개별상품에 대한 선호도에도 영향을 미친다. 준거집단에는 전문성과 지식, 개성, 리더십 등으로 구성원들의 행동양식에 영향을 주는 여론선도자가 존재한다. 여론선도자는 상품에 대한 평판을 형성하는 과정에서 중요한 역할을 한다.

■ 가족

가족은 소비자의 구매행동에 큰 영향을 미치는 요소이다. 가족구성원들의 상품구매에 대한 관여의 정도나 역할은 구매의 대상이나 구매과정, 생활양식에 따라 달라진다. 전통적으로 주택이나 자동차 등의 고가의 상품인 경우 남편의 영향력이 컸으나 오늘날에는 자녀와 부인의 영향력이 늘고 있다. 이와 같은 영향력의 변화는 상품의 계획단계부터 판매에 이르기까지 서비스기업의 마케팅에 새로운 조류를 형성하고 있다.

(3) 개인적 요인

■ 연령과 성별

상품의 구매는 나이가 들면서 행태가 변화한다. 특히 의류와 외식, 가구, 레저 등은 연령에 따라 선호도에 차이가 있으며, 가족의 라이프스타일에 따라서도 구매행동이 달라진다. 독신, 신혼부부, 육아와 청소년 자녀를 둔 가족, 노년부부 등의 단계를 거치면서 일상생활과 행동양식이 변화한다. 기업은 주요고객의 연령이나 라이프스타일을 파악하고 그들이 어떠한 상품을 선호하는가에 따라 마케팅전략을 수립한다.

■ 라이프스타일

라이프스타일은 개인이 세상을 살아가는 방식이나 시간과 돈을 소비하는 방식을 말한다. 일이나 취미, 쇼핑, 레저 및 친목활동 등의 생활방식, 일상생활에 가치를 두는 개별적인 관심이나 견해 등으로 표현된다. 소비자의 라이프스타일은 구매하는 상품의 유형이나 시장수요를 결정한다. 기업은 소비자의 라이프스타일을 분석함으로써 구매자의 가치관이나 생활방식, 소비패턴 등이 어떻게 구매행동에 영향을 미치는가를 파악한다.

■ 개성과 자아

개성(personality)은 다른 사람과 구별되는 속성으로서 생리적, 심리적, 사회환경적 요인을 모두 포함하는 개념이다. 소비자의 행동은 개성과 환경의 상호작용으로 나타난다. 개성은 특정 상품이나 브랜드선택에 많은 영향을 미치기 때문에 기업은 주요 고객이 어떤 개성을 가지고 있는가를 파악하는 것이 중요하다. 또한 자아(self concept)는 자신에 대해 지니는 생각을 말한다. 자아개념에는 스스로 어떤 사람인가에 대한 인식, 그리고 어떤 사람이고자 하는가에 대한 이상적 개념이 포함된다. 소비자는 실제적 자아개념에 어울리는 특정 상품이나 브랜드를 통해 이상적 자아개념을 실현하고자 하는 욕구를 지닌다.

(4) 심리적 요인

■ 동기

인간이 지니는 다양한 요구들 가운데 행동을 불러일으킬 만큼 충분한 수준의 강도를 가지고 있을 때 이를 동기(motive)라고 한다. 욕구에는 배고픔, 목마른 등의 생리적 욕구, 존경과 인정감 등의 심리적 욕구가 있으며 이들은 모두 본능적인 충동에서 비롯된다. 이 욕구들 가운데 행동을 결정짓는 욕구를 동기라고 하며, 사회적 규범을 수용하는 과정에서 억제되어 무의식 속에 자리잡게 된다. 사람은 자신의 행동에 대한 동기를 잘 인식하지 못하지만, 상품을 구매하고자 하는 내면에는 동기가 존재한다. 기업은 소비자의 무의식적 동기를 파악하기 위해 심층면접이나 심리적 도구를 이용하기도 한다.

■ 학습

학습(learning)이란 경험에 의해 형성된 신념이나 태도, 행동의 변화를 말한다. 인간의 모든 행동은 학습의 결과로 일어나는 지속적인 변화로서 동인(drive), 단서, 반응 및 강화의 상호작용을 통해 이루어진다. 동인은 행동을 유발하는 강한 내적자극을 말한다. 예를 들어 배고픔은 음식점을 찾도록 동기화시킨다. 단서(clue)는 언제, 어디서, 어떻게 반응할 것인가를 결정하는데 영향을 주는 자극이다. 예를 들어, 음식점의 간판이나 인터넷검색으로 확인된 사이트는 구매에 영향을 주는 단서가 된다. 반응(response)은 충동이나 단서에 자극을 받아 취하는 행동을 말한다. 단서를 통해 발견한 음식에서 만족할만한 결과를 얻었다면 반응은 강화된다. 이와 같은 과정을 통해 배가 고플 때 구매자는 그 음식점을 다시 찾게 될 가능성이 높아진다. 습관적 구매와 같은 일상적 구매행동은 모두 학습의 결과이다. 기업은 자사의 상품을 강한 동인과 연계시키거나 동인을 유발하는 단서를 찾아 이를 활용하고 긍정적 결과를 강화함으로써 안정적인 고객을 확보하게 된다.

■ 신념과 태도

신념이란 자신이 가진 믿음이나 생각에 대하여 흔들림없는 태도를 취하며 변하지 않는 것을 말한다. 소비자는 특정한 상품에 대한 신념을 통해 태도를 형성하며 구매행동에 영향을 받는다. 이때 태도란 한 개인이 어떤 대상에 대해 지속하는 호의적 · 비호의적 감정을 말한다. 예를 들어, 특정한 국적항공사의 서비스가 최고라는 말을 한다면, 이는 그 소비자의 태도를 나타내는 말이며, 이 태도는 신념을 바탕으로 형성되며 소비자들의 상품에 대한 구매의도에 영향을 미치게 된다. 기업은 고객과의 소통을 통해 소비자집단이 자사의 브랜드나 상품에 대해 긍정적인 신념을 갖도록 해야 한다.

3. 고객의 소리(VOC)

(1) 고객의 소리(Voice Of Customer, VOC)란 무엇인가?

■ VOC의 정의

고객의 소리(VOC)란 고객이 기업에 들려주는 모든 종류의 피드백을 뜻하는 용어이다. 기업의 경영활동에 대한 고객의 피드백으로 각종 문의, 불만, 제안, 칭송 등의 정보가 모두 '고객의 소리'에 포함된다. 다양한 방식으로 접수된 고객의 소리는 서비스개선과 혁신을 위한 마케팅에 널리 이용된다. VOC 관리시스템은 콜센터에 접수되는 고객불만 등의 사항을 접수부터 처리가 완료될 때까지 처리상황을 실시간으로 관리하고 처리결과를 관련 담당부서별로 지표화하여 관리하고 평가함으로써 고객서비스를 향상시키는 관리시스템이다. VOC관리는 기업뿐 아니라 각종 민원, 제도개선, 불편사항 등에 대한 시민의 의견을 반영하기 위해 정부행정기관이나 공공기관에서도 이용하고 있다.

■ VOC의 등장과 발달

VOC관리의 초기단계에서는 기업들이 주로 전화나 인터넷게시판을 통해 고객불만을 신속하게 처리할 수 있는 프로세스를 구축·운영하였으나 상호소통보다는 고객의 불만을 해결하는 역할에 한정되었으며, 유사한 불만이 반복되는 문제점을 해결하는 데 어려움을 겪었다. VOC를 위한 관리시스템이 등장하면서 단순한 불만처리가 아닌 문제의 근본적 원인을 해결이 가능하게 되었으며 다양한 채널로 VOC를 통합하여 분석하는 방식으로 고도화되었다. 오늘날에는 기업내부의 VOC에도 관심을 기울이고 있으며, VOC는 기다리는 것이 아니라 발굴하고 실시간 고객과 소통하는 적극적 개념으로 바뀌어 SNS 등 기업에 접수되지 않는 외부의 VOC에도 관심을 두고 있다. 최근에는 VOC의 중요성이 높아짐에 따라 이를 독립적인 시스템으로 도입함으로써 빅 데이터의 활용과 함께 고객관계관리를 보완하거나 대체하는 경향이 나타나고 있다.

(2) VOC의 목적과 유형

■ VOC의 목적

다양한 방법으로 수집된 고객의 피드백은 다음과 같은 목적으로 활용된다.

- 고객의 만족도 파악
- 고객의 니즈와 기대를 반영한 서비스개발
- 고객의 제안을 반영한 서비스개선
- 고객과의 유대감 강화
- 고객의 충성도 강화

■ VOC의 유형

VOC의 유형은 제기하는 내용에 따라 제안형, 불만형, 만족형 등으로 구분할 수 있다.

- 제안형 VOC : 제품의 성능이나 고객서비스, 서비스절차 등에 대한 고객의 소리로서 불평이나 불만을 전달하려는 목적보다는 개선의 목적이 더 우선시되는 경우이다.

- **불만형 VOC** : 서비스실패나 제품의 결함으로 인해 발생하므로 불만이 재발되지 않도록 구조적인 해결이 필요하며, VOC가 접수된 후에 제안형태로 전환하여 개선점을 찾아야 한다. 서비스기업에서는 고객불만의 해결과 재발방지를 위해 소비자불만관리프로그램을 도입·운영하기도 한다.
- **만족형 VOC** : 서비스 및 상품의 우수성을 객관적으로 평가하여 서비스 품질유지와 교육훈련에 활용한다.

(3) VOC관리의 속성

■ 즉각적인 처리

관리시스템은 VOC에 즉각적으로 반응함으로써 서비스품질과 고객만족도를 높이도록 설계되어야 한다. 고객요구에 대한 신속한 반응은 VOC관리에서 가장 중요한 속성이다.

■ 다양한 수집채널

다양한 채널을 이용하여 고객요구를 적극적으로 수집하도록 설계되어야 한다. VOC를 접수하는 접점은 인터넷 고객센터, 홈페이지, SNS 등의 온라인접점, 콜센터, A/S직원의 방문, 고객의 방문의 오프라인 접점, 그리고 장기적인 고객조사를 통한 고객반응접수, 모니터링을 통한 제품과 서비스의 반응접수 등의 내부적 수집채널과 웹사이트, 언론매체의 고객조사 등 외부적 수집채널이 있다. 이 밖에 서비스모니터링의 한 방법으로 접점에서 고객으로 가장한 조사원이 서비스현장의 품질을 측정하는 미스터리쇼퍼도 VOC수집채널로 이용된다.

■ 정보시스템

고객정보의 효과적 활용을 위해 다양한 형태의 데이터를 종합관리하는 중앙의 DB에 저장하고 회사의 고객관리부서나 경영의사결정에 활용될 수 있도록 정보시스템으로 통합하여 관리한다.

■ 고객 및 내부프로세스 피드백

VOC에 대해 즉각적으로 반응함으로써 서비스품질과 고객만족도를 높이도록 관리시스템이 설계되어야 하며, 신속한 대응은 고객만족에 가장 직접적 영향을 미치므로 VOC관리에서 가장 중요한 속성이다. 분석된 VOC정보를 경영프로세스의 개선에 활용하기 위해서는 내부프로세스 피드백을 통해 VOC의 전달내용이 전사적으로 공유되어야 한다. 경영관리부서는 고객과 직접 접촉할 수 있는 고객프로그램을 지속적으로 개발·제공해야 하며, 고객의 피드백은 VOC정보의 피드백, 해피콜 등을 통해 측정하고 평가한다. 내부적으로는 VOC정보를 고객서비스 개선을 위한 절차와 규정, 교육·훈련 등에 반영한다.

그림 4-3 VOC 업무의 흐름

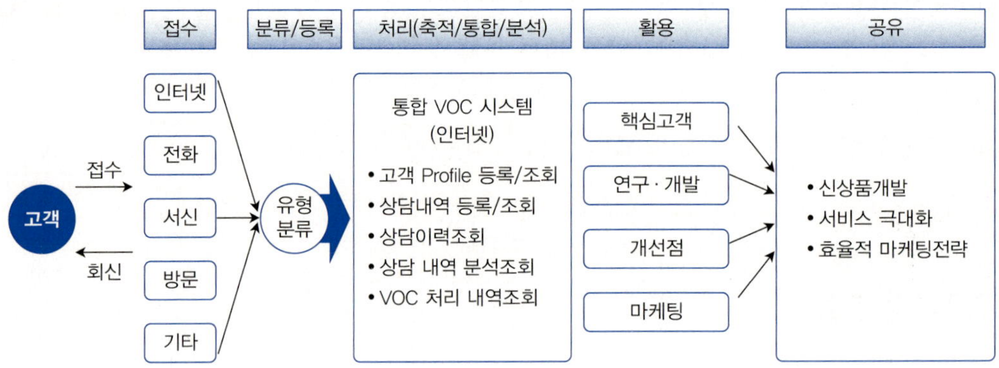

자료 : 김화연 편저, SMAT 서비스마케팅 · 세일즈, 박문각, 2016, p.112

(4) VOC의 관리

VOC의 관리는 〈그림 4-3〉에서 보는 바와 같이 고객의 피드백수집, 처리, 분석, 공유, 반영의 순으로 구성된다. 고객의 소리는 전화, 팩스, 이메일, 홈페이지, SNS, 구전, 언론매체 등을 통해 다양한 채널로 접수되며, 처리과정에는 접수와 대응, 처리결과와 고객평가, 마무리까지 단계까지의 시간과 만족도를 지표로 만든다.[9)] 접수된 정보는 유형별로 분류되어 고객의 유형, 상담내역과 상담이력, VOC처리내역 등을 조회하여 반복적 실패방지, 관련부서의 내부역량분석, 사업기회분석, 요구사항의 친화도분석 등에 활용할 수 있도록 분석하여 그 결과를 담당부서에 전달하거나 전 직원이 공유토록 한다.

4. 불량고객과 우수고객

고객은 구매행동의 유형에 따라 불량고객과 우수고객, 그리고 구매의 숙련정도에 따라 몇 가지 유형으로 구분해 볼 수 있다. 고객의 유형에 대한 구분은 실제로 서비스기업들이 접점에서 효과적으로 서비스를 제공하기 위해 흔히 활용하는 방식이다.

(1) 불량고객

서비스에 대해 비협조적으로 행동하거나 불량한 행동을 하는 고객이다. 서비스제공과정에서 많은 불량고객이 존재하는 경우에는 다른 고객에게도 부정적 영향을 주어 기업의 이미지와 서비스전달에 영향을 미치게 되며, 다음과 같은 유형으로 구분된다.

■ 제이커스터머(Jay customer)

무단횡단자를 뜻하는 '제이워커(J walker)'에서 유래되었으며, 무례하거나 거친 언행, 기물파손 등을 하는 고객으로 기업과 직원, 다른 고객에게 부정적 영향을 미치는 유형의 고객이다. 제이커스터머는 서비스나 제품을 잘못 소비하거나 사용하여 기업의 약점을 공격하고 보상을 요구하는 불량고객을 의미하는데, 다음과 같은 유형으로 나누어진다.

- **도둑형**(thief) : 대가를 지불할 의사가 없으며 제품 및 서비스를 도둑질하는 유형
- **위법형** : 서비스접점의 운영규칙이나 규정을 준수하지 않는 고객
- **내분형** : 서비스접점에서 다른 고객과 논쟁하거나 불량한 행동을 하는 고객
- **호전형** : 서비스접점에서 큰 소리, 욕설, 외설, 위협, 모욕 등의 행동을 하는 고객
- **파괴형** : 회사시설이나 물품에 손상을 가하는 행동을 하는 고객
- **부랑자형** : 지불능력없이 구매하고 고객 및 도망치는 고객

■ 무책임한 고객

감정적이고 비합리적인 사고로 자기중심적으로 행동하는 고객으로서 서비스접점에서 불안전성과 실패, 충돌이라는 위험상황을 유발하기 쉬운 고객의 유형이다. 개방적이지 못하며 타협에 서투르며 안하무인으로서 사람을 상하관계로 다루거나 상대를 낮추어 보려는 경향이 있다. 다른 고객에 불편을 주거나 영업에 방해가 되며, 원칙과 규정 등을 무시하는 경향이 있으며 사회성이 부족하며 자만과 과시지향적 행동을 하는 고객이다.

■ 블랙컨슈머(black consumer)

보상을 목적으로 계획적이고 의도적으로 악의적 행동과 민원을 제기하는 소비자를 의미한다. 블랙컨슈머의 부당한 요구는 기업에 부담으로 작용하며 다른 소비자의 손실을 초래한다. 종종 이들의 위법성으로 인해 불량고객으로 분류하기보다는 범죄로 분류되기도 한다. 블랙컨슈머의 일반적 형태는 다음과 같다.

- **억지주장** : 규정이나 법규를 무시하고 자신의 요구만 주장하고 규정에 따라 처리한 후에도 자신의 요구에 미치지 못한 경우는 또 다른 민원을 제기한다.
- **무례한 행동** : 대화를 거부하며 무조건적인 요구와 폭언을 하며 직원에게 비인격적인 화풀이를 한다.
- **부당한 요구** : 정신적인 피해를 이유로 과다한 금전적 보상을 요구한다.
- **협박과 위협** : 언론이나 인터넷에 유포하겠다고 위협하거나 대표와의 면담을 요청한다.
- **업무방해** : 전화나 홈페이지에 반복적인 악성민원을 제기하여 업무를 방해하고 기업의 이미지

를 훼손한다.

(2) 우수고객

우수고객은 기업이 고객에게 제공하는 비용에 비해 고객이 기업에 제공하는 가치가 높은 정상적 고객으로서 기업과 거래관계에서 법과 규칙을 준수하며, 구매행동이 예측가능한 소비자의 유형이다. 경제능력의 한도내에서 절제된 지출을 하며 기업과 거래약속을 잘 지키며 정당한 고객불만을 제기하고 만족한 경우에는 다른 사람을 추천하는 행동을 하는 특징을 지니는 고객을 일컫는다.

■ 화이트컨슈머(white consumer)

화이트컨슈머는 기업과 소비자의 관계를 상생의 관계로 인식하고 소비자로서의 권리와 의무에 충실한 우수고객으로서 소비자와 기업의 상생, 소비자의 정직한 권리, 소비자의 발전적 제안과 사회적 책임을 중요한 가치로 인식하고 행동한다.

■ 책임형 고객

이성적이고 합리적으로 판단하며 서비스의 참여에 적극적인 고객을 말한다. 책임형 고객의 행동은 개방적, 사교적, 타협적이며 유연하면서도 소비자의 책임과 권리에 충실하다. 서비스 프로세스의 공동생산자로서 지식, 경험, 상식과 양심을 가지고 성실하게 자신의 역할을 다한다.

(3) 숙련도에 따른 고객의 유형

고객이 서비스의 공동생산자로서 숙련된 정도에 따라 서비스에 대한 기대와 역할이 달라진다. 고객숙련도가 높다는 것은 고객역할에 요구되는 역량을 갖추고 서비스 프로세스에 참여할 가능성이 높다.

표 4-1 서비스 숙련도에 따른 고객별 특성

고객구분	고객의 특성
숙련고객	▪ 고객의 역할에 필요한 역량이 있으며 서비스 프로세스에 적극적으로 참여하는 우수고객 ▪ 기업은 숙련고객에게 더 많은 역할의 기회를 제공할 필요가 있음 ▪ 고객은 더 많은 보상의 기회로 동기부여가 됨
학습지원 고객	▪ 서비스 프로세스의 참여의지는 있으나 고객역할의 수행역량을 갖추지 못한 고객 ▪ 역량개발을 위한 학습지원을 제공해야 함
태도개발 고객	▪ 역량을 갖추고 있으나 고객의 역할을 서비스제공자에게 전가하는 고객 ▪ 고객역할의 수행에 따른 보상으로 참여를 유도할 수 있는 요소에 대한 학습이 필요
미숙련고객	▪ 불완전판매로 인해 서비스가치에 대한 이해가 부족한 고객 ▪ 고객역할에 필요한 역량이 없고 태도가 함양되어 있지 않음 ▪ 태도개발과 역할수행에 대한 학습지원이 필요한 고객

다카지마야(高島屋)백화점의 고객감동 스토리

다카지마야(高島屋)백화점은 본래 1931년 미곡상으로 창업. 오늘날 약 1만명의 종업원을 거느린 일본 최고의 백화점이다. 창업주였던 이다신치(飮田新七)가 후손들에게 당부한 이 말은 다카시마야의 직원뿐 아니라 일본의 모든 상인들에게 금과옥조로 전해지고 있다. 일본 최고의 백화점으로서 성공의 비결은 무엇일까. 서비스접점에서 있었던 작은 사건이 이 서비스기업의 경영철학을 잘 설명해 준다.

포도 한송이 사건

1989년 3월 초순의 어느 날.

남루한 옷차림을 한 40대 초반의 중년남자가 다카시마야 지하식품부에 들어왔다.

그는 포도 두 송이가 놓인 식품코너 앞에 서서 깊은 한숨만 쉬고 있었다.

이상하게 여긴 지하식품부의 여직원이 손님에게 다가갔다.

그는 포도가 사고 싶은데 돈이 모자라니 몇 알만이라도 팔 수 있느냐고 물었다.

그 포도 두 송이의 값은 무려 2만엔이었다.

여직원은 잠시 고민했다.

포도 한송이의 가격은 1만엔이다. 그런데 고객은 2천엔밖에 없다고 했다.

뭔가 사연이 있는 것 같긴한데 차마 물어볼 수는 없었다.

잠시 후 직원은 가위를 가져와 2천엔 어치를 잘라서 포장지에 곱게 싸서 손님에게 팔았다.

중년의 남자는 포도를 사가지고 빠르게 사라졌다. 그리고 두어달이 지난 후 5월 4일자 마이니치신문(每日新聞)의 독자투고란에는 이런 기사가 실렸다.

> "우리에게 神만큼이나 큰 용기를 준 다카시마야 식품부 여직원에게 정말 감사드린다. 내가 치료하던 어린환자는 5년 6개월의 짧은 생애를 마감했다. 그러나 마지막 소원이었던 포도를 먹을 수 있었다. 그 여자아이는 혈액암 환자로서 더 이상 치료를 해도 회생의 여지는 없었다. 마지막으로 포도를 먹고 싶다는 이 아이의 소원을 아버지는 너무 가난해서 들어줄 수 없었다. 그런데 그 소원을 다카시마야의 여직원이 들어주었다."

부녀는 도쿄의 변두리 단칸방에 살고 있었다. 암으로 죽어가고 있던 딸은 마지막 소원으로 포도가 먹고 싶다고 했다. 아버지는 포도를 사기위해 백방으로 뛰었다.

그러나 때는 3월. 아직 냉장기술이 발달하지 않았던 당시에 포도는 어디에도 없었다. 아버지가 마지막에 포도를 발견한 곳이 일본 최고의 백화점인 다카지마야 백화점식품부였다. 그러나 가진 돈은 전부가 2천엔이었다. 딸의 마지막 소원을 들어주고 싶었으나 가진 돈이 부족했다. 그런데 여직원이 포도를 잘라서 팔았다. 포도송이는 2천엔 어치를 잘라내면 상품의 가치가 사라진다. 이 직원은 규정을 어겼지만 손님을 차별하지 않았다. 고객의 요구는 최대한 들어주라는 백화점의 방침에 충실히 따랐던 것이다.

자칫 그냥 묻혀 버릴 수 있었던 이 사건은 아이의 백혈병치료를 담당하던 의사가 사연을 신문칼럼을 통해 밝히면서 세상에 알려졌다. 그 기사를 읽은 1천만명의 도쿄시민들은 함께 울었다. 이 일로 인해 다카시마야 백화점은 일본 최고명성의 백화점임이 다시 한번 입증되었다. 손해를 감수하면서까지 진정으로 고객을 배려한다는 것을 확인해 준 것이다.

오늘날 다카시마야는 그 포도 한송이의 서비스정신을 판매매뉴얼에 넣고 사원교육을 실시하고 있다. 고객존중의 정신을 아로새기기 위해서이다. 그리고 그 일을 계기로 '로즈클럽'이라는 것을 만들었다. 다카시마야 백화점의 상징은 장미인데 오늘날 로즈클럽에서는 고객이 어떠한 문의를 하여도 거기에 맞는 서비스를 제공하고 있다. 다카지마야 백화점의 사훈 "우리의 목표는 친절"이 단순한 구호만이 아님을 이 사례는 잘 보여준다. 고객을 차별하지 말고, 남을 돕는 마음을 갖자는 창업주의 유언처럼 이 백화점은 고객 한 사람 한 사람을 모두 소중히 배려한다. 이 상징적인 일화만큼이나 다카시마야는 여전히 일본 최고의 백화점으로 인정받고 있다.

각 주

1. Philip Kotler, Gary Armstrong, *Principle of Marketing, 12th Ed.*, Prentice Hall, 2008, pp.27~28.
2. Elaine K. Harris, *Customer Service*, 6th ed. Pearson Education, 2013. p.5~6.
3. Fitzsimmons, J. A., Fitzsimmons, M. J. & Sanjeev K. *Service Management 8th ed.*, McGraw-Hill, 2014, pp.102~103.
4. Elaine K. Harris, *Customer Service 6th ed*, Pearson Education, 2013, p.18.
5. 플래시몹(flash mob)은 갑자기 접속자가 폭증한다는 뜻의 플래시 크라우드(flash crowd)와 참여 군중을 뜻하는 스마트몹(smart mob)의 합성어다, 하워드 라인골드(Howard Rheingold)의 저서 〈*Smart Mobs(2002)*〉에서 처음 언급되었으며, 플래시 모버(flash mober)들의 이러한 행동은 SNS를 이용해 의미없는 행위를 재미로 즐긴다는 의미를 담고 있다.
6. Elaine K. Harris, *Customer Service 6th ed*, Pearson Education, 2013, p.19~20.
7. Jochen Wirtz, Patrica Chew, Christopher Lovelock, *Essentials of Services Marketing*, Prentice Hall, 2012, pp.159~160.
8. Philip Kotler, Gary Armstrong, *Principle of Marketing* 12th Ed., Prentice Hall, 2008, p.44.
9. 김화연 편저, SMAT 서비스마케팅 · 세일즈, 박문각, 2016, pp.110~113.

CHAPTER 05

서비스접점

제1절 서비스접점의 이해

1. 서비스접점이란?
2. 서비스접점의 속성
3. 대면적 커뮤니케이션

제2절 서비스접점과 조직

1. 서비스접점의 유형
2. 서비스접점의 진화 : 셀프서비스
3. 서비스접점의 조직구조

제3절 감정노동과 현장직원

1. 감정노동
2. 현장직원은 왜 중요한가?
3. 서비스접점의 갈등과 서비스감성
4. 현장직원의 자질과 감성적 역량
5. 현장직원의 선발과 교육 · 훈련
6. 직업윤리

서비스접점은 고객이 서비스를 경험하고 기업이 그 가치를 제공하는 물리적 또는 추상적 장소를 말한다. 고객이 기업과의 짧은 경험의 순간을 통해 서비스상품에 대한 만족과 불만족을 결정하는 접점은 서비스의 가치를 발견하는 '진실의 순간'이기도 하다. 고객을 직접 대면하는 현장직원의 서비스마인드와 감성적 역량은 서비스의 경쟁력을 좌우한다. 본장에서는 서비스접점의 개념과 유형, 감정노동을 수행하는 서비스 종사자의 요건 등을 학습한다.

Keywords: 서비스접점, 진실의 순간(MOT), 커뮤니케이션 스킬, 비언어적 표현, 메라비언의 법칙, 셀프서비스, 언택트서비스, 현장직원, 감정노동, 감성지능(EQ), 직업윤리

"객실승무원의 밝은 미소와 감정노동"

객실승무원의 '본업'은 승객의 안전과 기내보안을 확보하는 일이다. 그러나 기내복도 사이로 무거운 기내식카트를 끄는 동안에는 육체노동을 하고, 비상착륙이나 비상탈출에 대비해 정신노동을 해야 한다. 이러한 육체노동과 정신노동을 수행하는 승무원들에겐 또 다른 노동이 있다. 감정노동이다. 객실승무원은 승객이 즐겁고 안전한 곳에서 충분한 배려를 받고있다는 느낌을 받도록 관심을 기울여야 하기 때문이다.

승무원에게 밝은 미소는 일의 한 부분이다. 자아와 기분을 잘 조정해 승객들이 보기에 일이 힘들지 않아 보이게 해야 한다. 남들이 볼 때 미소를 짓는 일이 힘들다는 게 티가 난다면, 그 승무원은 일을 잘하지 못하는 것이다. 자신의 피로감이나 짜증을 감추는 것도 승무원업무의 일부다. 승무원이 서비스를 제공하는 동안 피로나 짜증을 잠시라도 한 번에 떨칠 수 있다면 이런 감정들을 감추는 것이 쉽겠지만 이 감정들을 떨치려는 노력 때문에 그들은 감정노동을 하게 된다. 종종 승무원들은 자신의 미소가 마음에서 우러나오는 것이 아니라 자신에게 요구되는 것으로 해석하고 노력해야 한다.

항공사의 직원중에서도 승무원은 고객과 가장 많이 접촉하고, 회사의 상품을 가장 잘 나타내는 직원이다. 승객은 서비스를 떠올릴 때 체크인 카운터직원이나 게이트안내직원, 기내청소부, 분실물보관직원, 기내식 조리사를 떠올리지 않는다. "승무원이 일하는 한 시간을 위해서는 운항과 정비 등 지원부서에서는 평균 10.5시간을 들여 뒷받침합니다. 승객 한 분의 비행을 위해 모두 100시간 정도가 소요됩니다. 그러나 승객은 승무원과 나눈 접촉만을 기억합니다." 객실승무원의 중요성과 감정노동의 강도를 나타내는 말이다.

항공사의 이미지광고에서도 아름답고 말쑥하게 차려입은 승무원이 기업을 대표한다. 고객의 기대감을 높이기 위해 종종 서비스의 내용을 감각적으로 표현하기도 한다. 예를 들어, 업계에서 항공기는 평균 10~15%가 연착하고 있지만, 광고는 시간을 지키는 약속과 함께 기내의 사진은 넓은 공간과 쾌적한 서비스를 보여준다. 그러나 이런 경우는 흔치 않을 뿐 아니라 항공사는 이런 상황이 바람직하지도 않다. 고객의 감성적 욕구에 초점을 맞춘 서비스광고일 뿐이다.

어디에서나 볼 수 있는 미소도 역시 그 승무원이 친절하고 도움을 주려는 사람이며, 어떤 요구에도 준비가 되어 있다는 메시지를 전달하는 것이다. 항공사의 밝은 이미지 이면에는 감정노동이 있다. 객실에서 머무르는 시간 동안 통제된 공간의 불편함보다 쾌적함을 만들기 위해 감정노동을 수행하는 객실승무원들의 밝은 미소에는 대면서비스의 진수가 담겨있다. 서비스경영이 만들어 내는 최고의 가치가 구현되는 현장이 바로 객실이고, 승무원은 가치의 생산자다.

제1절 서비스접점의 이해

서비스를 전달받는 현장에서 고객은 '진실의 순간'을 맞이 한다. 진실의 순간은 투우사와 투우가 맞서는 순간에 칼을 투우의 급소에 꽂는 결정적 순간을 맞이하는 것처럼 고객은 모든 서비스의 접점마다 그 가치를 결정하는 순간을 경험하게 된다. 본절에서는 서비스접점의 개념과 접점에서 어떻게 서비스의 가치가 결정되는가를 설명한다.

1. 서비스접점이란?

(1) 서비스접점의 개념

서비스접점(service encounter)이란 서비스를 제공하기 위해 고객과 '마주하는' 물리적 또는 추상적 장소이다. 물리적 장소는 고객이 서비스를 제공받기 위해 사람 또는 사물과 접촉하는 접점이며, 추상적 장소는 전화나 인터넷온라인 등과 같은 매개를 통해 서비스를 지각하는 접점이다. 모든 서비스접점은 '진실의 순간'으로 비유된다. 서비스경영에 있어 진실의 순간이란 고객이 서비스패키지의 각 요소에 담겨있는 진실을 직접 경험하는 순간을 의미하기 때문이다.

(2) 서비스접점의 중요성

고객은 서비스접점의 짧은 경험을 통해 서비스의 품질과 가치를 인식하게 된다. 고객이 처음으로 서비스를 경험하는 경우에 그 접점에서 기업 또는 서비스전반에 대한 첫인상이 결정되기도 한다. 고객은 기업이나 서비스의 내용에 대해 구체적인 판단기준을 갖고 있지 않기 때문에 서비스접점에서 긍정적인 경험이 많거나 인상적일수록 기업과 서비스에 대한 전반적인 이미지는 좋아진다. 반대로 부정적인 경험이 많을수록 기업과 그 서비스에 대한 평가에 불리하게 작용한다. 따라서 서비스접점은 고객만족과 서비스의 성패를 결정하는 가장 중요한 요소이다.

2. 서비스접점의 속성

서비스접점에서는 고객과 기업 간의 상호작용이 이루어진다. 상호작용에는 대면방식의 인적서비스뿐 아니라 사물과 사람, 사물과 사람 간의 소통을 통해 제공되는 서비스가 모두 포함된다. 현장직원과의 대면적 접촉뿐 아니라 회사의 로비나 영업장출입, 주차장진입, 체크인, 안내방송, 인터넷에 의한 특정 웹사이트접속, 콜센터직원과의 통화 등 비대면적 접촉이 모두 서비스 프로세스이며, 이 접점에서 서비스기업과 고객 간의 상호작용이 이루어진다. 다음의 몇 가지 이론과 모델은 고객의 행동을 이해하는데 필요한 서비스접점의 속성들이다.

(1) 고객이 경험하는 수많은 '진실의 순간(MOT)'

■ 진실의 순간이란?

진실의 순간(moment of truth, MOT)은 고객이 회사나 제품에 대한 이미지를 형성하게 되는 15초 내외의 짧은 순간을 일컫는 마케팅용어다. 현장직원과 접촉하거나 광고를 볼 때 고객이 어떤 특정시점에서 갖게 되는 느낌이 기업의 이미지, 때로는 생존을 결정짓는다는 뜻으로 스페인의 경제학자 리처드 노먼(Richard Norman)이 최초로 사용하였다.[1] MOT는 본래 스페인 투우경기에서 유래하였다. 즉, 투우사와 투우가 서로 맞서는 대결에서 투우사는 투우가 눈을 내려까는 결정적인 순간에 칼을 투우의 등에 있는 급소에 꽂는 순간을 진실의 순간(스페인어 'Moment De La Verdad')이라고 한다. 이는 곧 피하려해도 피할 수 없는 순간인 동시에 실패가 허용되지 않는 결정적 순간을 말한다. 고객은 접점마다 서비스의 가치를 결정하는 수많은 진실의 순간을 경험하게 된다. 이 개념은 1980년대 초반 네덜란드의 스칸디나비아항공사(SAS)가 서비스혁신에 성공을 거두면서 서비스관리에 도입되었다. 기업의 입장에서는 고객이 경험하는 모든 서비스 프로세스의 각 요소가 MOT이며, MOT에는 서비스의 가치와 품질에 대한 고객의 인식에 결정적인 영향을 미치는 모든 상황이 포함된다.

■ 고객이 경험하는 진실의 순간들

패키지로 제공되는 서비스를 경험하는 고객은 모든 접점마다 MOT를 맞이한다. 예를 들어, 항공기의 승객은 한 번의 여행을 통해서도 수많은 MOT를 접하게 된다. 좌석의 예약에서 공항의 탑승수속, 항공기의 탑승과 하기, 기내식 음료서비스와 기내판매, 목적지공항을 떠나기까지 서비스접점에서 새로운 경험들을 통해 서비스에 담겨있는 '진실'을 발견한다. 서비스전달과정에서 고객이 발견한 진실은 곧 하나의 패키지로 지각되어 서비스의 가치를 결정하게 된다. 예를 들면, 다음과 같은 서비스의 과정들이 항공기 탑승객에는 모두 MOT이다.

- 여행정보를 얻기위해 콜센터에 전화했을 때
- 인터넷을 이용하여 항공권을 예약할 때
- 예약을 취소하기 위해 콜센터에 전화할 때
- 공항의 체크카운터에서 담당자에게 다가갔을 때
- 운항지연으로 공항에서 무작정대기할 때
- 게이트에서 탑승권을 건네줄 때
- 탑승하여 승무원의 환영인사를 받을 때
- 기내에서 좌석을 찾을 때
- 기내좌석의 작동방법을 물을 때
- 기내식을 바꿔달라고 요청했을 때

(2) 서비스대면의 범위

서비스에는 고객과 대면하는 정도에 따라 다양한 수준의 접점이 있다. 콜센터의 전화나 인터넷을 통해 접촉하는 서비스가 있는가 하면, 의료상담이나 컨설팅과 같이 직접적인 대면을 통해 제공되는 서비스가 있다. 고객접촉의 수준에 따라 서비스의 유형은 〈그림 5-1〉과 같이 구분된다.[2]

■ 높은 수준의 대면서비스

고객과 서비스제공자 간의 직접적인 접촉이 많은 서비스의 유형이다. 고객이 서비스시설을 방문

그림 5-1 서비스유형별 고객의 접촉정도

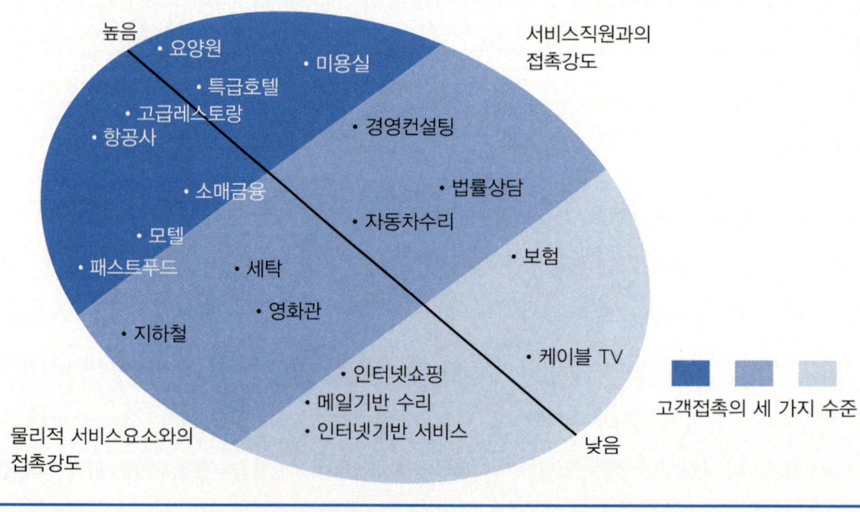

자료 : Jochen Wirtz, Patrica Chew, Christopher Lovelock, *Essentials of Services Marketing*, Prentice Hall, 2012.

할 때 그들은 서비스공장에 들어가는 것과 같다. 예를 들어, 호텔은 객실생산을 의미하며, 식당은 음식료서비스를 생산하고 병원은 건강을 다루며, 항공사는 운송서비스를 생산하는 공장에 각각 비유된다. 서비스의 초점이 사람에게 놓이기 때문에 물리적 환경과 함께 현장직원과의 상호작용을 통해 가치있는 경험을 창출하는 데 집중하게 된다. 서비스전달과정에서 고객은 기업이 제공하는 많은 물리적 단서에 노출되는데, 이때 물리적 단서란 건물의 인테리어, 장비나 비품, 현장직원의 태도나 외모, 다른 고객 등을 뜻한다.

■ 낮은 수준의 대면서비스

고객과 서비스제공자 간의 직접적인 접촉보다는 매우 제한된 물리적 접촉이 이루어지는 서비스의 유형이다. 대체로 회사전체적인 관점에서 물리적 유통경로를 통해 원격으로 접촉이 이루어진다. 예를 들면, 전화나 인터넷 등을 통해 은행과 금융거래를 하거나 인터넷으로 상품을 구매하는 온라인쇼핑이나 콜센터 등은 대면서비스의 기회가 적다. 정보통신의 발달과 함께 서비스의 편의성을 중요시하는 소비자가 늘면서 높은 수준의 대면적 서비스들이 낮은 수준의 대면서비스나 비(非)대면 서비스로 이동하는 경향이 늘고 있다.

■ '언택트' 서비스

고객과 마주하지 않고 서비스와 상품 등을 판매하는 비대면, 즉 언택트(un-contact: 'untact')방식으로서 기술을 활용해 서비스기업이 소비자와 직접적으로 대면하지 않고 상품이나 서비스를 전달하는 방식이다. 사람과의 접촉을 최소화하는 등 비대면형태의 서비스는 2020년 세계적 감염병인 COVID-19(코로나19)를 계기로 더욱 확산되었다.[3] 오늘날 기술발전으로 키오스크·VR(가상현실), ATM·챗봇 등의 첨단기술을 활용해 접점의 직원이 고객과 직접 대면하지 않고 상품이나 서비스를 제공하는 서비스의 영역이 점차 늘어나고 있다.

(3) 서비스생산(survuction)시스템

고객에게 시각적으로 구현되고 고객에 의해 경험이 되는 물리적 환경을 서비스생산시스템이라고 한다. 서비스생산을 뜻하는 'servuction'은 서비스(service)와 생산(production)의 줄임말로서 주로 고(高)접촉서비스에서 고객과 기업 간의 모든 상호작용에서 나타나는데, 고객은 서비스를 경험하는 동안 서비스환경, 현장직원, 그리고 심지어 다른 고객들과도 상호작용을 한다. 서비스기업은 고객이 원하는 서비스경험을 생산하기 위해 모든 상호작용이 조화를 이루도록 해야 한다. 서비스 생산시스템은 다음과 같이 고객의 눈에 보이지 않는 기술적 핵심과 눈에 보이는 전달시스템으로 구성된다.

■ **기술적 핵심**

기술적 핵심(technical core)이란 서비스의 투입요소들이 상품으로 전환되는 과정에서 핵심이 되는 기술을 말한다. 음식점의 조리실, 항공사의 운항통제실, 호텔의 보안실과 같이 대체로 무대의 후방에 위치하여 고객에게 보이지는 않으나 서비스를 계획·생산하고 운영시스템을 담당한다.

■ **전달시스템**

서비스의 전달시스템(delivery system)은 완성된 상품이 고객에게 전달되는 프로세스를 뜻한다. 이 시스템은 서비스운영시스템의 가시적인 부분으로서 건물, 설비 등 물리적 환경, 현장직원 등과 같이 무대 위인 전방에 위치하여 서비스의 전달을 담당한다. 〈그림 5-2〉에서 보는 바와 같이 서비스를 경험하는 고객(A)도 고객(B)에게 서비스를 전달하는 역할을 한다.

그림 5-2 서비스전달시스템

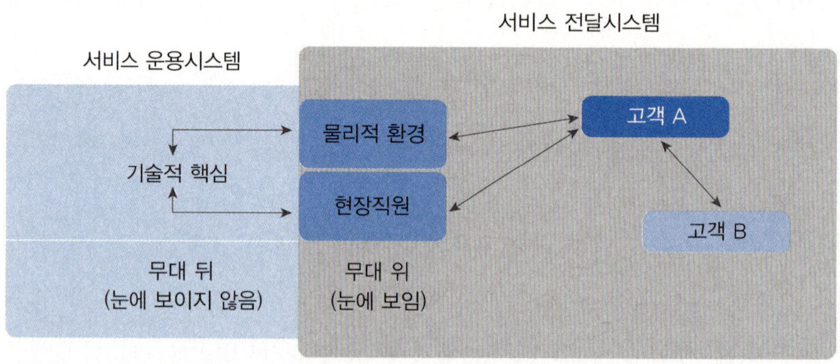

자료 : Jochen Wirtz, Patrica Chew, Christopher Lovelock, *Essentials of Services Marketing*, Prentice Hall, 2012, p.52.

(4) 서비스의 전달매체

통합적 관점에서 보면, 극장(theater)은 서비스와 그 생산시스템을 통해 어떻게 새로운 가치가 창출되는가를 잘 보여준다. 서비스시설과 현장직원이 모두 한자리에 있을 때 무대는 고객을 위해 기억에 남을 만한 서비스전달을 위한 서비스접점이 된다. 서비스전달은 고객이 일종의 공연을 경험하는 일련의 사건으로 구성된다. 호텔과 항공사, 병원과 같이 고접촉서비스인 경우, 무대와 등장인물의 역할을 통해 서비스가 어떻게 전달되는가를 보자.

- 서비스시설 : 드라마가 펼쳐지는 무대가 있는 서비스시설에서 세트는 하나의 막에서 다른 막으로 바뀐다. 여행객은 공항에 도착하여 탑승수속카운터로 이동하고, 다시 탑승구로 이동하며 비행기의 기내에 도착하는 과정은 무대의 막이 바뀌는 것과 같다. 어떤 무대는 커피자판기

처럼 간단한 소품만을 필요로 하는 반면, 오락시설과 로비, 레스토랑과 객실을 갖춘 호텔과 같이 세심한 소품들이 필요한 무대도 있다.

- **현장직원** : 무대에 등장하는 현장직원들은 무대뒤의 지원을 받아 연기를 하는 등장인물에 비유된다. 경우에 따라서는 특별히 제작된 의상을 갖추어야 한다. 호텔리어, 승무원, 의사 등이 입는 유니폼은 무대연기를 위해 입는 의상이라고 할 수 있다.

성공적인 연출을 위해서는 무대연기자들의 역할과 그들이 따라야 하는 대본이 훌륭해야 한다. 극장에서 배우는 역할을 이해하고 대본에 익숙해야 하는 것처럼 대면서비스에 있어서 현장직원의 역할과 대본에 대한 지식은 고객을 대면하는 동안 서비스제공자와 고객의 행동을 이해하고 관리하는 데 매우 중요하다.

3. 대면적 커뮤니케이션

고객의 니즈와 요구를 파악하여 서비스를 개발·제공하는 모든 서비스패키지의 시작과 끝은 고객과의 커뮤니케이션에 있다. 특히 고객과 직접 대면하는 접점의 커뮤니케이션은 서비스의 경쟁력을 좌우한다. 언어적 표현뿐 아니라 비언어적 표현은 특히 고객과 대면하는 서비스접점의 현장직원이 갖추어야 할 중요한 커뮤니케이션 기술이다.

(1) 언어적 표현과 비언어적 표현

■ 언어적 표현

언어는 사회적으로 정립된 기호체계로서 커뮤니케이션의 기본요소이다. 언어는 사람이 생각이나 느낌을 소리나 글자로 나타내는 것으로서 인간은 언어를 통해 자기가 생각한 바를 표출하고 타인의 의사를 수신하여 이해하려고 한다. 언어적 커뮤니케이션은 서비스에 있어 기업과 상품에 대한 신뢰를 형성하는 데 중요하다.

■ 비언어적 표현

몸짓이나 시각 또는 공간 등을 상징적으로 이용하여 의사를 표현하는 커뮤니케이션 방법으로 언어의 사용없이 생각이나 감정을 소통하는 것을 말한다. 비언어적 표현들은 언어와 더불어 정보가 전달되는 상황과 해석에 대한 중요한 단서를 제공하는데, 감성적·정서적인 정보를 무의식적으로 드러나는 경우가 많으므로 신뢰성이 높은 커뮤니케이션 수단이 된다.

(2) 비언어적 커뮤니케이션

고객을 직접 대면하는 서비스접점에서는 비언어적 표현이 보다 중요한데, 비언어적 커뮤니케이션이 왜 중요하고 효과적인 기법은 무엇인지를 알아보자.

■ 메라비언의 법칙

심리학자 메라비언(Albert Mehrabian)의 연구에 따르면,[4] 효과적인 커뮤니케이션을 위해서는 언어(words)자체에 의한 표현보다 당사자의 자세와 용모, 제스처 등 외적으로 보이는 시각이미지, 그리고 목소리에서 느껴지는 분위기나 어조(tone), 음색(voice color) 등의 청각이미지가 중요하다. 메라비언의 법칙(The Law of Mehrabian)은 의사소통에서 비언어적 요소가 언어보다 중요하다는 사실을 강조하는데, 이 경험의 법칙에 따르면 상대방으로부터 받는 의사소통의 이미지를 결정하는 요소의 비중은 다음과 같다.

- 언어 : 7%
- 시각이미지 : 55%
- 청각이미지 : 38%

비언어적 표현은 특히 짧은 시간에 좋은 이미지를 주어야 하는 서비스접점에서 중요하다. 예를 들어, 현장직원의 친절한 안내를 받더라도 그의 말에 신뢰가 가지 않을 수도 있는데, 이러한 불신은 직원의 말투와 눈빛, 시선, 몸짓 등에서 고객이 부자연스러움을 인지하기 때문이며 목소리가 불안정하고 자신감이 없거나 제스처가 부자연스럽다면 소통의 신뢰도는 낮아진다. 이 법칙은 대인적인 커뮤니케이션에 있어 전달하고자 하는 내용자체보다는 이를 전달하는 비언어적 표현이 더 중요함을 의미한다.

■ 'S.O.F.T.E.N'기법

비언어적 대화의 기술은 서비스의 품질을 결정하는 요소가 된다. 효과적인 커뮤니케이션 스킬의 구성요소를 약자로 나타내어 이를 'S.O.F.T.E.N' 기법이라고 한다. 비즈니스를 위한 대화나 협상, 서비스현장 등에서 유용하게 활용되는 이 커뮤니케이션 기법은 대화의 내용보다는 다음과 같은 6가지 비언어적 자세의 중요성을 강조한다.

- **밝은 미소**(Smile) : 대면하는 상대방에 대해 호감을 주는 얼굴이 소통을 원활하게 한다. 고객과의 접점에서 커뮤니케이션을 위해 중요한 것은 '밝은 미소'라는 비언어적 표현이다. 모든 비즈니스대화에 있어서 가장 중요한 첫 대면은 언어적 표현이 아니라 미소와 웃음이다.
- **열린 자세**(Open gesture) : 대화에 알맞은 자유로운 제스처를 말한다. 열린 자세는 상대에 대

한 관심과 여유를 나타낸다. 예를 들어, 양팔과 손을 벌리는 제스처가 의사전달에 도움이 되는가하면 팔짱을 끼거나 비스듬한 자세는 상대의 마음을 닫게할 수 있다.

- **상체를 기울인 경청**(Forward leaning) : 이는 상대의 말에 관심이 있다는 의미로 몸을 약간 앞으로 기울인 상태에서 듣는 것을 말한다. 경청하고 있음을 나타내는 비언어적 표현인 동시에 대화의 몰입도를 높이는 효과가 있다.
- **가벼운 접촉**(Touch) : 악수, 등이나 어깨의 두드림 등 가벼운 접촉은 의사소통의 높이는 효과가 있다. 상대에 대해 관심과 친밀감을 나타내는 비언어적 표현으로 인간관계를 강화한다.
- **마주보는 시선**(Eye contact) : 대화하는 상대의 눈을 마주하는 것은 대화에 있어 가장 기본으로서 부드럽고 진지하게 바라보는 것이 필요하다. 예를 들어, 고객과의 대화중에 상대의 얼굴을 보지 않고 눈을 돌려 주위를 둘러보는 자세는 산만한 이미지를 준다.
- **고개끄덕임**(Nodding) : 상대의 말을 들으면서 고개를 끄덕이는 것은 상대방이 전달하는 내용에 대한 경청의 자세와 이해를 나타내는 표현이다. 전달되는 말의 중요성이나 깊이에 따라 횟수와 끄덕임의 정도를 달리하는 것이 자연스럽다.

(3) 경 청

경청(傾聽)은 효과적인 커뮤니케이션의 필수조건이다. 이는 상대의 말을 단순히 듣는 것이 아니라, 상대방이 전달하고자 하는 말의 내용, 의사전달의 동기와 대화의 정서에도 관심을 기울여 이해된 것을 상대방에게 알리는 과정이다. 즉, 경청은 상대의 말을 귀담아 듣고 내용을 이해하려는 자세로 집중하는 것이다. 경청은 고객요구의 요점을 정확히 파악하는 커뮤니케이션 스킬의 하나로 선입견이나 고정관념이 배제되어야 하며, 진심으로 상대의 말에 집중하는 자세가 필요하고 상대의 말을 끝까지 듣기전에는 자신의 판단이나 해석을 경계해야 한다.

뒤센의 미소(Duchenne Smile)

미국의 대선후보경선이 한창이던 2016년 4월 어느날. TV의 저녁뉴스에서는 정치인들의 미소가 눈길을 끌었다. 뜨겁게 맞붙은 공화당의 두 후보, 1위 도널드 트럼프와 이를 추격중인 테드 크루즈의 웃는 모습이 화면에 비추어졌다. 당시 크루즈의 표정이 오싹할 정도로 기이하고 불편하다는 지적까지 나온 뒤였다. '뒤센의 미소'라고 불리는 활짝 웃는 웃음 대신 억지웃음 때문이었다. 언행이 과격한 듯해도 웃을 땐 천진난만한 트럼프와 대조를 이루었다. 민주당 힐러리 클린턴도 소탈한 미소로 인기몰이 중이었는데, 두 사람 표정엔 공통점이 있었다. 입꼬리만 올라간 가짜웃음이 아니라 까치발모양의 눈가 주름이 특징인 진짜 미소, 즉 뒤센의 미소를 짓는다는 것이었다.

뒤센의 미소란 '표정의 문법(1862)'이라는 저서를 통해 마음 속에서 우러나오는 진짜미소와 가짜미소를 비교한 프랑스의 심리학자 기용 뒤센(G. Duchenne)의 이름을 딴 진짜미소를 말한다. 웃음근육을 발견한 그는 입과 눈까지 모두 움직이는 미소는 뇌가 웃는 표정에서 즐거움을 감지하기 때문에 웃으면 더 즐거워진다는 것이다. 주변에서 접하는 진짜 웃음들에는 몇 가지 특징이 발견된다.

- 입술끝이 위로 당겨 올라간다.
- 두 눈이 안쪽으로 약간 모아진다.
- 눈가 근육이 움직이며 주름이 진다.
- 두 뺨의 상반부가 올라간다.

진정한 미소는 시련을 이겨내는 긍정의 힘을 길러준다. 뒤센의 미소를 자주 짓는 게 자신과 남에 행복감을 전달하고, 일상의 어려움이나 역경으로부터 제자리에 돌아오는 회복탄력성(resilience)을 강화시켜준다는 연구들도 많다. 한편, 억지로 만들어진 가식적인 웃음으로 팬암의 미소가 있다. 지금은 파산했지만 팬암항공사(Pan Am) 승무원들의 당시 웃음은 진정성 있는 밝은 미소와 대비되는 거짓웃음으로 비유되곤 한다. 감정노동에 시달리는 서비스접점일수록 자신과 고객의 행복을 위해 얼굴근육부터 활발하게 움직여보자. 일상적인 현대생활에 지친 심신의 회복탄력성에도 도움이 된다. 눈매와 입꼬리를 말아 올리는 뒤센의 미소를 늘 기억하자.

밝은 웃음은 자신과 고객 모두에게 행복감을 더해준다(뒤센의 미소 vs. 팬암의 미소)

제2절 서비스접점과 조직

1. 서비스접점의 유형

서비스접점의 종류는 매우 다양하다. 오늘날의 정보통신기술은 서비스접점에서 이루어지는 고객과 서비스기업 간의 상호작용에 많은 영향을 미친다. 서비스접점의 기술은 특히 전통적인 대면적인 방식을 탈피하여 다양한 형태의 서비스접점으로 발전되었다. 예를 들어, 인터넷과 공항의 무인발권시스템인 키오크스(KIOSK)는 항공여객들의 서비스에 대한 기대와 행동양식에 변화를 가져왔다. 일부고객들은 더 이상 콜센터의 예약직원과 통화를 하거나 공항에서 탑승권을 받기위해 체크인카운터에 줄을 설 필요없이 인터넷과 무인자동발권시스템을 이용하고 있다. 단순한 서비스인 대면적인 인터페이스가 기술로 대체되고 있는 것이다. 서비스기술의 혁신으로 인해 세분화되고 있는 서비스접점은 다음과 같이 다섯 가지 유형으로 구분된다.[5)]

그림 5-3 서비스접점상에서 기술의 역할

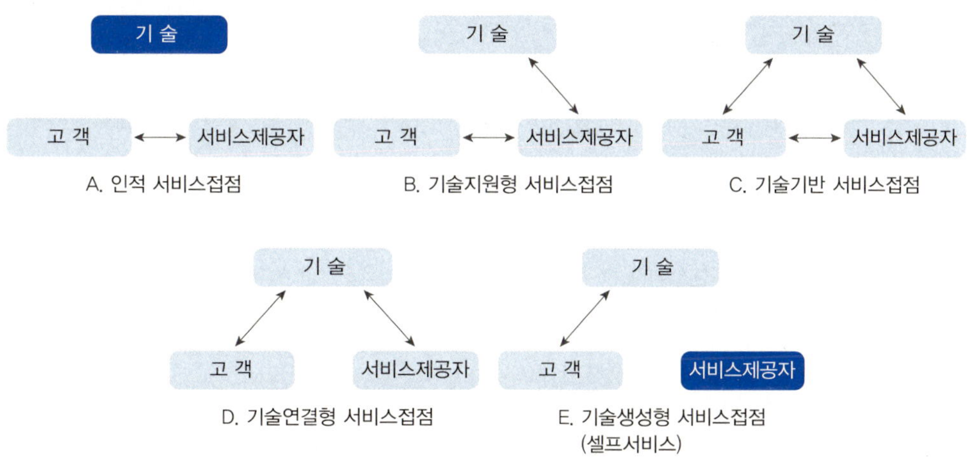

자료 : Craig M. Froehle and Aleda V. Roth, "New Measurement Scales for Evaluing of Technology–Mediated Customer Service Experience." *Journal of Operations Management* 22, No(Feb. 2004), p.3. Fitzsimmons, J. A., Fitzsimmons, M. J. & Sanjeev K., ibids., 2014. p.108에서 재인용

(1) 인적서비스접점

인적서비스접점이란 기술을 사용하지 않은 형태의 서비스접점이다. 이러한 유형의 접점에서는 고객이 서비스를 담당하는 현장직원과의 상호작용을 위해 직접적으로 대면하게 된다. 미용실이나 물리치료사처럼 인적노동이나 인간적 감성이 수반되는 하이터치(high touch) 서비스가 대표적인 경우이다. 대부분의 개인적 관리차원의 서비스가 이 유형에 해당되며, 법률상담이나 세무 및 경영 컨설팅, 정신신경과 상담 등의 전문서비스들도 여기에 속한다.

(2) 기술지원형 서비스접점

기술지원형(technology assisted)의 서비스접점은 대면적인 서비스의 전달이 용이하도록 서비스 제공자가 기술을 사용하는 형태를 말한다. 안과검진, 치과, 엑스레이 검사 등 많은 의료서비스들이 이 유형에 속한다. 항공사들은 전통적으로 승객의 탑승수속을 위해 여객예약기록(passenger name record, PNR)시스템을 이용해 오고있으나 오늘날에는 점차 기술생성형의 서비스접점이 늘어나면서 무인발권시스템(KIOSK)을 통한 셀프체크인 방식이 늘어나고 있다.[6)]

(3) 기술기반형 서비스접점

기술기반형(technology-facilitated) 서비스접점은 고객과 서비스제공자가 모두 동일한 기술을 사용하는 경우에 해당된다. 예를 들면, 금융상담원이나 재무설계사는 고객과의 상담에서 데이터베이스에 저장된 금융데이터나 재무모델을 활용해 각기 다른 투자위험들에 대한 예상수익을 보여줄 수 있다. 기술지원형 서비스보다 기술에 대한 의존도가 높으며, 고객과 서비스제공자는 각각 기술과 정보를 독립적으로 이용하여 서비스 프로세스에 참여한다.

(4) 기술연결형 서비스접점

기술연결형(technology-mediated) 서비스접점은 고객과 서비스담당자 간의 상호작용을 위해 기술이 매개로 이용되는 경우이다. 따라서 서비스접점에서는 대면적인 접촉이 이루어지지 않는다. 레스토랑예약이나 콜센터처럼 서비스접점에서의 상호작용은 주로 전화나 온라인을 통해 이루어진다. 위성위치확인(GPS)기술을 활용해 현재의 위치를 확인하는 네비게이션 서비스, 자동응답시스템(ARS)을 이용한 금융거래나 예약조회 등이 이러한 유형에 해당된다.

(5) 기술생성형 서비스접점

기술생성형(technology generated) 서비스접점이란 서비스를 제공하는 현장직원의 업무가 모두 셀프서비스 기술로 대체된 경우에 해당된다. 즉, 해당 서비스가 고객에게 아웃소싱되어 고객이 스스로 서비스를 생성하는 형태라 할 수 있다. 서비스제공비용의 절감을 위해 서비스접점이 점차 늘어나고 있다. 은행의 ATM과 인터넷은행, 패스트푸드점의 무인발권시스템, 온라인예약, 콜센터의 대화형 음성응대(IVR)기술 등의 다양한 서비스형태로 발전하고 있는 분야이다.

2. 서비스접점의 진화 : 셀프서비스

(1) 셀프서비스의 확대

■ **셀프서비스의 경제적 효과**

교통카드, 카페테리아, 톨게이트의 하이패스 차선, 주차장의 자동인식서비스, 무인경비시스템과 은행의 ATM 등은 일상생활에서 보편화된 셀프서비스의 전형이다. IT를 이용하고자 하는 기업의 동기와 소비자의 편익이 이러한 셀프서비스의 확대를 촉진하는 원천이다. 기업의 중요한 동기는 비생산적인 활동에 지불되는 비용의 제거에 있다. 예를 들어, 콜센터를 통한 고객응대에는 건당 7달러의 비용이 들지만, 온라인으로 처리될 경우 단지 10센트만이 소요된다. 한편, 고객들이 셀프서비스를 수용하거나 오히려 더 선호하는 배경에는 상대적으로 편리한 고객화의 과정, 서비스의 정확성과 신속성, 편리성 등이 있다.

■ **확대되는 서비스영역**

오늘날 대면방식의 인적서비스는 점차 기계로 대체되고 있으며, 더 나아가 인터넷에 기반을 두고 언제 어디서든 제공이 가능한 전자서비스로 전환되고 있다. 이러한 변화는 산업혁명이후 생산과정에서 인간의 노동력이 기계로 대체되었던 과거의 변화와 유사하게 진행되고 있다. 셀프서비스는 서비스가치를 증가시키지 못하거나 수익확대의 기회가 없는 단순서비스에 투입되는 노동력을 기술로 대체하여 비용을 절감하는 것으로 시작되었다. 그러나 현대사회에서는 다양한 분야에서 시간과 공간의 제약이 없이 정확·신속한 서비스를 구현함으로써 그 영역이 크게 확대되고 있다. 〈표 5-2〉는 서비스부문에 셀프서비스 기술이 적용되고 있는 사례들을 나타내고 있다.

표 5-2 셀프서비스의 진화

서비스산업	사람과의 접촉	자동화된 서비스	인터넷 기반서비스
은행	창구직원(텔러)	ATM	온라인 은행거래
식료품점	체크아웃 점원	셀프체크아웃 창구	온라인 주문/픽업
공항	여행사 직원	키오스크(KIOSK)	탑승권 프린트
식당	종업원	자판기	온라인 주문/배송
영화관	티켓박스 직원	키오스크로 구입	온라인(VOD) 시청
서점	점원	인터넷판매	온라인 쇼핑
교육기관	선생, 교수	인터넷강의	원격강의
카지노	딜러	컴퓨터포커	온라인 포커

자료 : James A. Fitzimmons, "Is the Future of Service Self-service?" *Managing Service Quality* 13, No.6(2003), p.444. Fitzsimmons, J. A., Fitzsimmons, M. J. & Sanjeev K., ibids., 2014. p.110에서 재인용.

(2) 창조적 부문으로의 서비스이동

셀프서비스로 서비스접점이 확대됨으로써 사회·경제적 변화가 나타났다. 대인적인 의료서비스와 컨설팅 등과 같은 높은 수준의 인적서비스를 수반하는 하이터치서비스[7)]를 제외한 단순·반복적업무로 구성되는 숙련도가 낮고 부가가치가 낮은 서비스직종은 점차 셀프서비스로 전환되고 있다. 따라서 셀프서비스 부문의 확대는 향후 서비스산업의 성장이 의료와 같은 고숙련도 부문과 전문직 등의 지식기반부문, 그리고 문화예술 등의 창조적 부문에 한정되어 높은 수준의 감성이 수반된 서비스가 집중될 것임을 시사한다.

3. 서비스접점의 조직구조

(1) 서비스접점의 삼각구조

앞서 설명한 바와 같이 서비스의 특성 가운데 하나는 고객이 서비스의 생산과정에 적극적으로 참여한다는 점이다. 고객이 경험하는 모든 진실의 순간에는 서비스제공자와 상호작용이 이루어진다. 서비스가 제공되는 현장에서는 서비스조직과 현장직원, 고객 간의 공통적인 관계구조가 형성된다. 이를 서비스접점 삼각구조라고 한다. 이 구조에서는 각 주체들 간에 다음과 같은 협력과 갈등이 발생한다.

우선, 서비스조직은 현장직원이나 고객의 이해관계와 항상 일치하지 않는다. 모든 서비스기업은 경쟁력을 확보·유지함으로써 경영의 성과를 극대화하고자 하므로 서비스의 효율성에 관심이 놓여진다. 그결과 경영자의 입장에서는 서비스의 전달과정을 통제하기 위해 서비스접점의 현장직

그림 5-4 서비스접점의 삼각구조

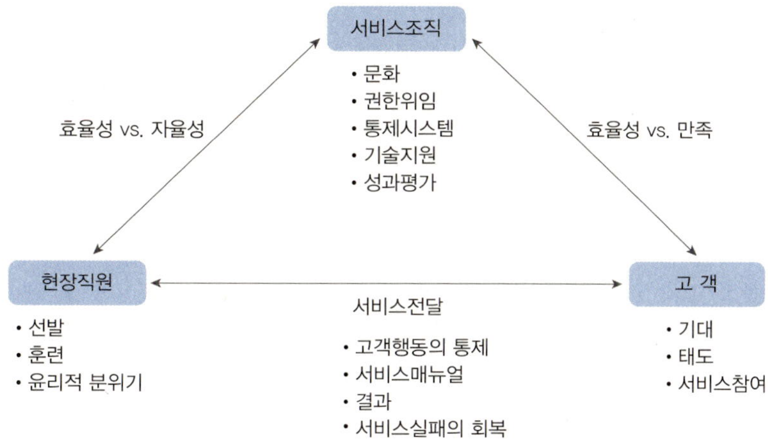

자료 : Fitzsimmons, J. A., Fitzsimmons, M. J. & Sanjeev K., *ibids*., 2014. p.110

원에 대한 자율권과 재량권을 제한하는 규칙과 절차 등을 강화하고자 한다. 이러한 서비스규제는 고객에게 제공되는 서비스의 범위를 제한하기 때문에 고객의 불만을 야기할 수 있다. 한편, 현장직원과 고객은 상호작용의 과정에서 주도권에 대한 욕구를 갖는다. 현장직원은 접점에서 업무를 보다 용이한 방식으로 처리함으로써 스스로의 부담을 줄이기 위해 고객의 행동을 통제하려 한다. 이와 반대로 고객의 입장에서는 서비스접점에서 보다 많은 혜택을 얻기 위해 현장직원과의 상호작용과정을 주도하고자 한다. 따라서 서비스접점의 삼각구조는 서비스조직과 고객, 현장직원 간에 균형을 유지함으로써 상호이익이 되도록 해야 한다. 접점에서 어느 한쪽이 과도하게 상호작용과정을 지배하고자 할 때, 진실의 순간에서 장애가 발생하게 된다. 다음은 서비스접점들에서 각 주체들이 상호작용을 주도할 때 흔히 발생하는 갈등의 유형과 특성을 각각 설명하고 있다.

(2) 서비스접점의 유형별 특성

■ 서비스조직 주도형접점

모든 기업은 본질적으로 생산성 향상과 원가절감을 위해 효율성을 강화한다. 서비스기업은 서비스패키지의 전달체계를 표준화하여 생산성을 높이고자 한다. 이 과정에서 현장직원의 재량권은 통제된다. 고객의 입장에서는 표준화된 서비스에 대한 선택권만을 갖게 되므로 맞춤형의 서비스는 제공받기 어렵다. 예를 들어, 맥도날드나 도미노피자 등의 프랜차이즈 서비스기업들은 서비스접점을 주도하고 통제하는 구조화된 조직과 환경을 구축하고 있다. 이들 기업은 고객들의 서비스기대를 낮추도록 학습시킴으로써 경영의 성과를 높인다. 흔히 관료주의로 비유되는 경직된 조직에서 발생하는 고객불만의 대부분은 현장직원에게 고객요구를 처리할 수 있는 재량권이 위임되지 않는 조직주도형의 접점에서 발생한다. 이러한 경우에 현장직원은 고객의 입장과 욕구를 이해하면서도 대안을 찾을 수 없고, 직무에 대한 만족감이 줄어들 수 있다.

■ **현장직원 주도형접점**

서비스담당자는 고객의 요구로 인한 업무의 부담을 줄이기 위해서 서비스접점의 활동범위를 축소하려고 하는 경향이 있다. 현장직원이 자율적인 지위를 갖는 경우, 고객에 대해 상당한 통제권을 갖고 권한을 행사하는데 비해 고객의 입장에서는 서비스제공자가 전문적인 지식을 갖고있다고 인식하기 때문에 현장직원의 판단을 신뢰하게 된다. 예를 들면, 의사와 환자 사이의 상호작용에서는 현장직원이 주도하는 접점의 갈등구조가 잘 드러난다. 이 경우에 환자는 고객으로 인식되지 않을 수도 있으며, 서비스접점에서 종속적인 위치에 놓여진다. 또한 서비스조직으로서 병원은 의사로부터 경영의 효율성과 무관한 요구사항에 직면하기도 한다.

■ **고객주도형접점**

고객주도형의 서비스접점에서는 고객 스스로 원하는 서비스를 주도적으로 제공받는다. 이 조건에서는 표준화된 서비스와 개인이 원하는 서비스를 스스로 통제할 수 있다. 표준화된 서비스란 셀프서비스와 같이 인적서비스를 거의 필요로 하지 않는 단순한 형태의 서비스만으로 고객의 욕구를 충족시켜 줄 수 있다. 예를 들어, 신용카드단말기가 설치된 셀프서비스 주유소에서 고객은 그 누구와도 상호작용을 필요로 하지 않는다. 한편, 형사사건에 대한 법정변론과 같이 고객화된 서비스인 경우에는 서비스조직의 모든 자원이 활용되어야 하고, 효율성면에서도 많은 비용을 수반한다.

(3) 서비스접점의 유형별 성공요인

서비스접점의 삼각구조는 앞서 설명한 바와 같이 주로 사람들 상호작용에 초점을 두고 있다. 그러나 오늘날의 서비스현장에서는 고객과 서비스기업 간의 거래특성에 따라 접점의 유형이 달라진다. 기계가 사람에게 서비스를 제공할 수도 있고, 기계가 또다른 기계에 서비스를 제공할 수 있으며, 사람이 기계에 서비스를 제공하거나 기계가 사람에 서비스를 제공하는 경우도 있다. 오늘날의 디지털시대에는 점차 사람에 의해 제공되는 서비스가 기계로 대체되는 경향이 늘고 있다. 특히 금융, 유통, 정보통신 등의 서비스분야에서는 대부분의 서비스기업들이 고객을 위한 웹사이트를 운영하고 있다. 사람과 사람, 사람과 기계, 기계와 기계상호 간의 서비스접점에서 서비스의 특성에 따라 각각의 가치를 성공적으로 창출하는 요인들은 〈표 5-3〉에서 보는 바와 같다.

표 5-3 서비스접점의 유형별 성공요인

고객	서비스제공자	
	사 람	기 계
사람	▪좋은 인성을 갖춘 현장직원의 확보 ▪대면접촉에 의한 높은 서비스품질 ▪커뮤니케이션의 편리성 ▪인적서비스 지원능력 ▪신뢰성과 공감능력을 갖춘 직원	▪다양한 이용자들의 인터페이스 ▪다수의 고객확보 ▪거래의 보안성 ▪편리한 접근성 ▪인적서비스의 보조적 지원
기계	▪편리한 접근성 ▪신속하고 정확한 반응 ▪거래결과의 확인 ▪원격 모니터링	▪하드웨어 및 소프트웨어 호완성 ▪서비스 프로세스의 모니터링 ▪거래기록 및 보완성 ▪서비스의 일관성

제3절 감정노동과 현장직원

현장직원은 서비스조직과 고객 간의 중심에 위치하여 서비스를 전달한다. 본절에서는 서비스접점에 위치하는 현장직원이 수행하는 감정노동과 이를 성공적으로 수행하기 위한 인적요건을 설명하고 현장직원의 선발과 교육·훈련 등을 살펴본다.

1. 감정노동

(1) 감정노동의 개념

감정노동(emotional labor)이라는 용어는 사회학자인 호흐실드(Arlie R. Hochschild)가 저서〈*The Managed Heart*, 1983〉를 통해 처음 등장한 개념이다.[8] 개인의 자질 또는 인간의 특성으로 인식되던 '감정'이 어떻게 시장에서 상품화가 가능한 자원으로 바뀔 수 있는지, 시장에서 사람들이 그 자원을 어떻게 활용하는지, 그리고 감정을 상품으로 만드는 것이 개인에게 어떤 의미인지 등을 규명한 데에서 시작되었다. 감정노동은 말투나 표정, 몸짓 등 드러나는 감정표현을 직무의 한 부분으로 인식한다. 따라서 특정한 감정의 상태를 연출하거나 유지하는 일체의 감정적 관리가 직무수행에서 중요한 경우, 이를 감정노동이라고 한다. 감정노동은 정신과 기분이 잘 조절되어야 하고, 각자의 개성을 구성하는 본질이라고 여기는 부분까지도 희생해야 하는 상황이 생기기도 하는데, 주로 서비스업종의 종사자에 해당되는 노동의 한 개념이다.

(2) 정서와 감정, 기분의 이론적 구분

조직에 속한 구성원의 일상적 활동은 이성뿐만 아니라 다양한 정서의 영향을 받는다. 정서는 구성원의 직무성과에 영향을 미치기 때문에 서비스조직에서는 구성원의 정서에 대한 이해가 선행되어야 한다. 정서란 사람들이 경험하는 광범한 느낌을 포괄하는 용어이며, 느낌은 특정대상에 따라 감정과 기분으로 구분된다. 감정이란 어떤 사람이나 사물에 대해 갖은 강한 느낌을 말한다. 즉, 어떤 것에 대해 행복해지고, 누군가에 대해 화가나고, 무언가를 두려워할 때 나타나는 것이 감정이다. 기분은 상황적인 자극이 부족하고 감정보다는 덜 강한 느낌을 말한다. 감정이 특정대상에 대한 반응인데 비해, 기분은 특정대상을 염두에 둔 느낌은 아니다.[9)] 정서와 감정, 기분의 관계를 나타내면 〈그림 5-5〉와 같다.

그림 5-5 정서와 감정, 기분의 의의 및 관계

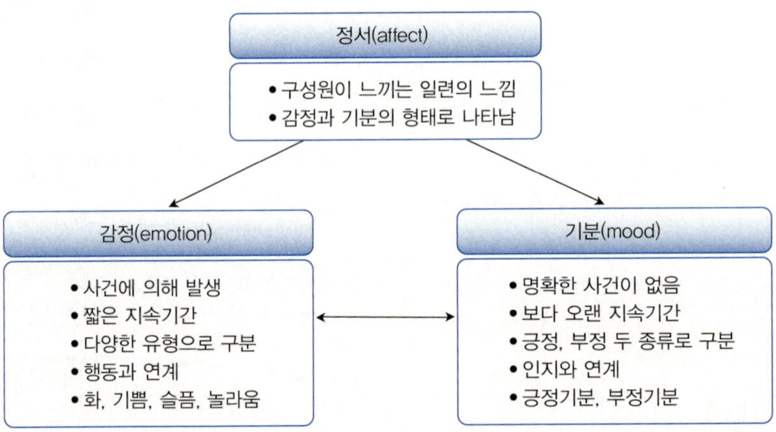

자료 : 이동명, 정서노동과 행복, 무역경영사, 2020, p.50.

정서, 감정, 기분은 이처럼 이론적으로는 구별되는 개념이다. 느낌의 구체적 '대상'이 있을 때에는 감정을, '일상'적인 긍정적 또는 부정적 느낌은 기분이라는 용어를 사용한다. 양자를 포괄하는 일반적 용어가 정서이다. 그러나 조직연구에서는 이 세 가지 개념이 서로 호완적으로 사용된다. 본서에서는 일반적·포괄적 느낌을 의미하는 감정이라는 용어를 사용하며, 심리학의 정서노동과 같은 의미로 감정노동으로 표현한다.

(3) 감정노동과 그 개념의 확대

조직에서 감성의 개념이 본격적으로 논의되기 시작한 것은 감정노동이라는 개념이 나타난 1980년대 이후부터이다. 조직이 요구하는 감정을 표현하고 그 대가를 받는 감정노동은 오늘날 상품과 같이 고객에 제공되는 서비스의 요소로 인식된다. 감정노동의 개념이 조직에 도입된 후 조직론에서는 구성원이 감정노동을 수행한 결과로 나타나는 직무만족의 감소, 감정에너지의 상실 등에 관심을 두게 되었다. 감정노동 및 그 결과로서의 부정적 측면과는 달리 인간의 삶이나 조직생활에서 긍정적 측면을 강조하는 경향이 2000년대 전후로 나타났는데, 이러한 흐름이 긍정조직론이다. 긍정조직론에서는 구성원의 긍정적 감성을 강조한다. 개인이 지닌 밝고 명랑한 정서는 다른 구성원과의 긍정적 인간관계를 촉진하여 긍정적 조직분위기를 형성하고, 나아가 조직의 생산성을 증대시키는 효과를 가져온다는 것이다. 또 조직의 긍정적 분위기 및 생산성 향상은 다시 구성원의 정서를 긍정적으로 전환시키는 선순환 과정으로 이어진다. 오늘날에는 개인의 행복과 조직의 성과향상의 원천으로 인간의 긍정적 정서를 강조하고 있다. 호흐실드는 백화점 여성노동자를 대표적인 감정노동자로 보았는데, 당시 백화점들은 감정생산을 위해 '미소의 여왕(Smile Queen)' 콘테스트 등의 방식을 경쟁적으로 도입하기도 했다.[10)]

(4) 감정노동과 지식노동, 육체노동

서비스산업이 발달하면서 서비스접점에서 고객과의 상호작용을 담당하는 현장직원의 감정노동에 대한 관심이 높아지고 있다. 고객과의 접점에서 서비스담당자의 주된 역할 중 하나는 조직에서 요구하는 바람직한 정서를 표현하는 것이다. 예를 들어, 항공사승무원은 고객에게 밝은 표정을 지어야 하고, 장의사는 슬픈모습을 보여야 하며, 의사는 중립적인 정서를 표현해야 한다. 오늘날 감정노동에 대한 개념은 고객응대에서 벗어나 상호작용이 필요한 다양한 영역으로 확대되고 있다. 즉, 상사와 부하, 동료 간 상호작용과정에서도 정서적 교류가 필요하며, 이는 조직의 모든 구성원이 어느 정도 감정노동을 수행하고 있기 때문이다. 실제로 모든 직업에는 육체노동, 지식노동, 감정노동의 성격을 일부 포함하고 있다. 연구원의 경우는 지식노동의 비중이, 콜센터직원이나 영업사원의 경우는 감정노동의 비중이 상대적으로 크며, 건설현장에서 근무하는 근로자는 육체노동의 비중이 크다. 일반적으로 고객에게 제공되는 제품이나 서비스의 품질이 중요하거나 대체적 공급자의 선택폭이 크거나 고객과 대면시간이 긴 경우에는 상대적으로 감정노동의 비중이 큰 직무에 속한다.

2. 현장직원은 왜 중요한가?

고객의 입장에서 현장직원과의 만남은 서비스의 가장 중요한 경험이다. 기업으로서는 현장직원들에 의해 전달되는 서비스의 수준과 방법은 기업과 상품의 경쟁우위뿐 아니라 차별화의 중요한 요소가 된다. 현장직원은 서비스접점에서 다음과 같은 역할을 수행한다.

- **서비스생산의 핵심** : 현장직원은 서비스에서 가장 눈에 보이는 위치에 있다. 그들은 서비스를 수행하며 서비스의 품질에 결정적인 영향을 미친다.
- **기업의 대표성** : 현장직원은 기업을 대표한다. 고객의 관점에서 보면 서비스접점의 현장직원은 곧 기업으로 인식된다.
- **브랜드의 핵심** : 현장직원과 서비스는 종종 브랜드를 구성하는 핵심요소이다. 브랜드의 약속을 충실히 전달하거나 또는 제대로 전달하지 않을 사람이 바로 서비스접점의 직원이다.
- **판매자** : 현장직원은 고객과의 서비스접점에서 판매를 직·간접적으로 수행하는 역할을 한다. 만족스러운 서비스를 통해 고객의 반복구매와 새로운 고객의 창출에도 영향을 미친다.
- **서비스 생산성의 결정** : 현장직원은 서비스접점의 생산성을 결정하는 역할을 한다. 생산성의 높고 낮음은 현장직원의 개별적인 서비스역량에 따라 상품의 구매수준이 달라진다.

3. 서비스접점의 갈등과 서비스감성

(1) 정서와 갈등

앞서 설명한 감정노동은 조직의 표현규칙에 따라 바람직한 정서를 드러내는 것이라고 할 수 있다. 조직의 표현규칙과 관련하여 서비스접점에 위치하는 현장직원의 정서는 두 가지로 구분할 수 있다. 표현규칙과는 상관없이 자신이 현재 느끼는 감정이 있다. 이를 실제정서(felt emotion)라 한다. 반면에 조직이 요구하는, 즉 자신의 실제정서와는 상관없이 외부로 드러내야 하는 바람직한 정서가 있는데, 이를 표현정서(displayed emotion)라 한다. 만일 실제정서와 표현정서가 일치한다면 '진실된' 감정노동이 가능하다. 호흐실드는 이러한 노동은 감정노동이 아니며, 두 정서가 일치하지 않는 경우에 표면적으로 행동하는 것을 감정노동으로 정의하였다. 구성원은 자신이 느끼는 정서가 조직이 요구하는 규칙과 다르다면 자신의 감정을 조절하여 표현규칙과 일치시켜야 한다. 자신의 느낌이 조직이 요구하는 정서와 다를 때 이를 정서부조화라 한다.

(2) 서비스접점의 갈등

조직에서의 갈등은 구성원의 정서와 가치체계가 다른 정서와 가치체계와 일치하지 않을 때 발생하는 정서부조화현상이다. 갈등은 대부분 조직에서 존재하게 되는데 다양한 형태로 나타난다. 서비스접점에서 나타나는 갈등의 일반적 유형은 다음과 같다.

■ 개인의 갈등

개인이 자신의 가슴속에 품고 있는 불일치로서 역할갈등이라고도 한다. 개인의 가치관과 조직의 가치관 간의 차이, 개인의 윤리의식과 조직의 윤리의식 간의 차이가 주된 원인이다. 서비스 현장직원은 자신의 직업적 욕구와 성격, 자아의식, 신념 사이에서 흔히 마찰을 경험한다. 예를 들어, 직무에 따라서는 무례한 고객에게도 상냥하고 정중히 응대할 것을 요구할 수 있다. 문제를 야기하는 대부분의 문제고객은 과도한 요구, 불합리하거나 듣기를 거부하며 모든 것을 고객의 방식으로 요구하는 경우에 겪게되는 역할수행상의 갈등이다.

■ 고객과 조직의 갈등

조직과 조직에 의해 겪는 갈등은 개인과 고객 간의 갈등, 그리고 개인과 조직 간의 조직내 갈등으로 나누어진다. 고객과 접촉하는 현장직원은 직무의 목표와 회사의 마케팅목표 모두를 고려해야 한다. 즉, 고객을 욕구를 충족시켜야 하는 동시에 서비스전달과정이 효율적이고 생산적으로 수행되도록 요구를 받는다. 예를 들어, 물을 원하는 고객에게 “죄송합니다만 우리 레스토랑에서는 물을 서비스하지 않지만 우수한 탄산음료를 판매합니다.”로 응대하는 현장직원의 갈등은 고객의 욕구와 회사의 영업방침 간의 차이로 인해 겪게되는 고객과의 갈등이다. 한편, 조직내 갈등은 개인 간의 개성이나 자아가 불일치함으로써 발생한다. 개인 간의 불일치는 조직내에서 구성원들이 각각의 업무를 수행하는 과정에서 흔히 나타나게 된다. 조직행동학에서 서비스직원을 조직경계관리자라고 하는데, 이는 조직의 안과 밖의 세상을 연결하는 역할수행자이기 대문이다. 예를 들어, 조직경계관리자는 현장직원을 종종 고객의 정서와 반대방향으로 이끌어 역할을 수행할 때 스트레스를 느끼며 결과적으로 개인과 조직 간의 갈등으로 나타나게 된다.

■ 고객 간의 갈등

고객 사이의 갈등은 금연구역에서의 흡연, 대기행렬에 끼어들기, 영화관에서의 통화, 레스토랑이나 기내에서의 무례한 행동 등에서 흔히 나타난다. 다른 고객으로부터의 불만이 표출되거나 이를 예방하기 위해 현장직원은 두 고객모두를 만족시킬 수 없는 상황에 처하게 될 때 고객 간의 갈등으로 인해 스트레스를 받게 된다. 접점의 직원은 다양한 갈등과 스트레스를 경험하더라도 여전히 고객에게 상냥하고 정중하게 응대하도록 요구받기 때문이다.

4. 현장직원의 자질과 감성적 역량

(1) 현장직원의 자질

■ 인성

고객과의 대면접촉이 많거나 감정노동의 강도가 높은 현장일수록 직무스트레스로 어려움을 겪는 직원이 있는가 하면 다양한 사람들과 상호작용의 기회를 즐기는 직원도 있다. 직원에 따라 서비스일선의 업무를 지루하고 반복적인 것으로 생각하는가 하면 다양한 사람들을 만나는 기회로 생각하기 때문이다. 성공적인 서비스수행을 위해 현장직원에게 상황에 대응하는 유연성, 고객의 모호한 요구에 대한 이해력과 인내심, 고객행동의 관찰 및 상황에 대한 대응능력, 그리고 고객과 공감하는 능력 등이 필요하다. 특히, 고객에 대한 공감능력(empathy)은 현장직원이 지니는 경험과 교육수준, 업무지식, 영업훈련, 지성 등의 요건들에 비해 가장 중요한 인성(人性, personality)으로 평가된다. 인성이란 자신만의 생활스타일로서 다른 사람들과 구분되는 지속적이고 일관된 독특한 심리 및 행동양식을 말하는데, 일상생활을 유지하기 위한 개인의 방법을 특정하는 일련의 습관이라 할 수 있다. 인성에는 변화하지 않는 구조적 측면과 함께 유동적이고 변화하는 학습효과의 측면이 모두 포함된다.

■ 서비스마인드

고객과의 접점서비스를 구성하는 요소로는 흔히 외형적 동작(Smile), 제도적 지원(System), 현장직원의 감성(Sense) 등 세 가지가 대표적이다. 이를 3S라 하는데, 이 가운데 현장직원의 감성을 서비스마인드라고 한다. 이때 마인드란 어떤 특정한 방식으로 세계를 보는 하나의 성향으로서 어떤 기술이 아니라 정서적 태도나 삶의 방식 그 자체를 말한다. 즉, 다른 사람과는 구별되는 자신만의 정신세계의 체계를 의미하며 다른 사람이 볼 수 없는 특정한 상황이나 사물, 현상을 살펴보는 개인의 태도라 할 수 있다. 예를 들어, 검정색 선글라스를 끼고 세상을 볼 때 모든 색깔이 검게보는 것과 마찬가지이다. 이처럼 서비스마인드란 서비스를 인식하거나 수행할 때 개인이 지니는 정신세계의 기본체계로서 서비스업무의 가장 중요한 요소이다.

(2) 감성적 역량

서비스접점에서는 다양한 감성적 측면이 강조된다. 서비스성과에 직접적인 영향을 미치는 개인 고유의 총체적인 감성적 역량에 평가하는 대표적인 이론과 지표들은 다음과 같다.

■ 감성지능(Emotional Intelligence)

감성지능은 자신과 상대의 감정과 의식의 상태를 파악하고 그것을 결부시켜 이해하며 정서적으로 잘 반응하는 능력이다. 감성지능은 인간의 정신작용을 기억력위주의 인지능력으로 구분하는 지능지수(IQ)와는 구별되는 개념이며, 감성지능의 수준은 감성지수(Emotional Quotient, EQ)로 측정한다. EQ는 1980년대에 시작되어 골만(D. Goleman)의 저서 〈*Emotional Intelligence*(1995)〉를[11] 계기로 기존의 지능만을 검사하는 지능지수(IQ)가 설명할 수 없는 개인의 역량을 평가하는 지표로 발전되었다. 예를 들어, 조직에서 상사나 동료, 부하직원들 간에 얼마나 원만한 관계를 유지하고 있으며, 개인이 팀워크에 기여하는 정도 등을 평가하는 개인의 역량지표로 이용된다. 감성지능은 선천적으로 결정되기도 하지만 교육·훈련을 통해 자기개발이 가능한 개인능력으로서 다음과 같이 다섯 가지 요소로 측정된다.[12]

- 자기인식 : 자신이 느끼는 감정을 신속하게 알아차리는 인지능력
- 자기조절 : 자신의 감정을 적절히 조절하고 변화시키는 자제능력
- 동기부여 : 일과 성취에 대한 욕구정도
- 감정이입 : 다른 사람의 감정을 자신의 것처럼 느끼는 공감능력
- 대인관계능력 : 다른 사람의 의사나 감정에 적절하게 대처하는 능력

감성지능은 접점의 직원이 자신과 고객의 감정과 정서를 인지하고, 그것들의 차이를 변별하, 생각하고 행동하는데 있어 필요한 역량을 결정하는 중요한 요소다.

■ 가드너의 다중지능(Mulitiple Intelligence)이론

하버드대 심리학 교수인 하워드 가드너(Howard E. Gardner)는 1980년경부터 인간의 심리검사에서 발생하는 몇 가지 물음에 관심을 갖기 시작했다. IQ 점수가 높은 데도 왜 어떤 사람은 인생에서 실패하는 걸까? 혹시 개인의 역량측정에서 다른 측면을 놓치고 있는 것은 아닐까? 1983년 그는 저서 〈마음의 틀(*Frames of Mind*)〉을 통해 단순히 IQ만으로 인간의 잠재적 능력을 판단하는 것은 비현실적이며, 단일척도로서의 '지능'에 대한 낡은 개념은 폐지해야 한다고 주장했다.[13] 인간에게는 다양한 능력이 있지만 그 정도는 사람마다 다르게 나타나기 때문이다. 그의 연구는 IQ로 규정되었던 사고능력에 대한 기존의 인식을 바꾸어 놓았으며, 인간의 능력을 완전히 새로운 각도에서 바라보게 하는 계기가 되었다. 가드너는 인간의 지능을 음악지능, 신체운동지능, 논리수학지능, 언어지능, 공간지능, 인간친화지능, 자기성찰지능, 자연친화지능, 실존지능 등으로 분류하였다.

IQ가 높다고 반드시 성공하는 것은 아니다

1921년 심리학자 루이스 터먼(Lewis Terman)은 지능지수 IQ와 사회적 성공 간의 상관성을 규명하고자 했다. 실험대상인 초등학교에서 IQ가 130 이상으로 두뇌가 명석한 학생 1,470명을 대상으로 실증연구를 했다. '정신적인 요소를 제외한다면 개인의 성공에 지능만큼 중요한 것은 없다'라고 말했던 터먼은 높은 지능지수를 가진 사람들에 강한 믿음을 보였으나 분석결과, 그들중에 전국적으로 이름을 떨친 사람은 극소수에 불과했다. 다수가 평범한 직업에 종사했으며 놀랄만큼 많은 사람이 심지어 터먼이 실패로 보는 수준에서 경력을 마무리지은 것으로 밝혀졌다. 글래드웰(Malcom Gledwell)은 저서 〈*Outlier*(2008)〉에서 그 이유를 '실용지능(practical intelligence, PI)'에서 찾았다. 그는 PI를 '뭔가를 누구에게 발휘해야 할지, 언제 말해야 할지, 어떻게 말해야 최대의 효과를 거둘 수 있을지 등을 아는 능력'이라고 정의하고, 방법에 관한 지능의 중요성을 제기했다. 즉, 기존의 지능은 무엇을 해야 하는가와 관련되어 있을 뿐 자신이 그것을 알고 할수 있는 것과는 무관하며, 본질적으로는 실천의 문제로 상황을 올바로 판단하고 자신이 원하는 것을 얻는데 필요한 지능이 중요하다고 보았다. 결정적으로 이것은 IQ로 측정되는 분석능력과는 다른 종류의 지적능력이라고 그는 결론지었다.

한편, 칼 알브레히트(Karl Albrecht)는 멘사(Mensa) 회원들을 면담한 결과, IQ 점수가 높은 사람들로 구성된 국제단체인 Mensa는 IQ 점수만으로 회원을 운영하는데, 회원 가운데는 뛰어난 인지능력에도 불구하고 다른 사람들과 잘 어울리지 못하고 감정의 기복이 심한 사람들도 있었다. 따라서 IQ가 반드시 육아, 사업, 직원관리나 작곡능력을 의미하는 것은 아니며, 마찬가지로 제트기를 조종할 수 있는 능력(운동감각지능)이나 어려운 방정식문제를 해결하는 능력 또한 아니라고 주장했다.

▸ Karl Albrecht, *Practical Intelligence*(2009)

■ 실용지능(Practical Intelligence, PI)

칼 알브레히트는 저서 〈*Practical Intelligence*(2009)〉에서 가드너가 분류했던 9개 유형의 다중지능을 재분류하여 다음과 같이 실용지능(PI)을 포함한 6개 지능으로 정의하였다.

- 관념지능 : 기호추론, 수학, 형식논리학
- 사회지능 : 사회적 맥락을 이해하고 사람을 상대하는 능력
- 실용지능 : 상식
- 감성지능 : 내면의 경험을 인식하고 관리하는 능력
- 심미지능 : 구성, 설계, 음악, 예술, 문학적 감각
- 운동감각지능 : 운동, 무용 등 신체적 이용능력

사회적 성공을 위해서는 정신적 유연성, 적극적 사고, 분별있는 언어사용, 그리고 아이디어의 존중 등을 습관화할 필요가 있다. PI란 다음과 같은 네 가지 스킬을 균형있게 발휘하는 능력을 의미한다.[14)]

1) 확산적 · 수렴적 사고

확산과 수렴 사이에서 자유롭게 선택할 수 있는 능력으로서 'D–C'축이라고도 한다. 확산적 사고는 하나의 중심적 아이디어에서 다양한 관련 아이디어로 확장하는 사고의 유형으로 나무가 가지를 뻗는 형태의 사고패턴이다. 수렴적 사고는 가지를 잘라내는 사고패턴으로서 많은 아이디어와 대안중에서 그 대상을 점차 좁혀 몇 개의 중요한 아이디어를 도출함으로써 효과적인 의사결정을 할 수 있다.

2) 추상적 · 구체적 사고

추상적 사고는 사물보다는 개념과 관련된 사고를 말한다. 특정한 무언가가 아니라 전반적인 이해라고 할 수 있다. 예를 들어, 특정한 얼굴과 이름을 가진 사람을 생각하고 말하는 대신 '인간'을 떠올린다면 추상적 사고에 가까워진다. 구체적 사고는 오감을 통해 직접 자각할 수 있는 것과 관련된 사고로서 직접적 경험과 밀접한 관계가 있다. 어떤 대상을 개념화하기 위해서는 구체적인 것에서부터 추상적인 것에 이르기까지 다양한 가능성을 끌어낼 수 있는 능력으로서 'A–C' 축이라고 한다.

3) 논리적 · 직관적 사고

어느 쪽이든 필요한 경우 단일프로세스 안에서 두 가지를 통합할 수 있는 능력이라는 뜻에서 '직관–논리적 사고'이라고 한다. 논리적 사고는 단계별 사고로 정해진 절차와 체계를 따르는 데 비해 직관적 사고는 논리를 적용하기 전에 부분적 사고만으로 판단하는 의식단계를 말한다. 문제해결을 위해서는 두 가지 패턴을 균형있게 결합해야 하며, 이를 'L–I' 축이라고 한다.

4) 이성적 · 감성적 사고

감성의 경험과 이성적 사고를 적절히 조절하는 능력을 의미하며, 감성–이성적 사고라고 하며 이를 'R–E' 축이라고 부른다. 이성과 감성을 상반된 사고의 패턴은 양립할 수 있으며 동시적 사고가 가능하다. 예를 들어, 가치는 감성적 측면의 사고이지만 현실적으로 이를 구현하는 과정에서는 이성적 측면의 사고가 필요하다.

〈그림 5–6〉은 네 가지 양극에 속하는 측면들을 다양한 상황과 문제에 맞도록 균형있게 결합할 수 있음을 보여준다. 어떤 상황에서도 네 가지 축 가운데 유용한 스킬을 적용할 수 있다. 다양한

그림 5-6 실용지능(PI)의 다양한 측면

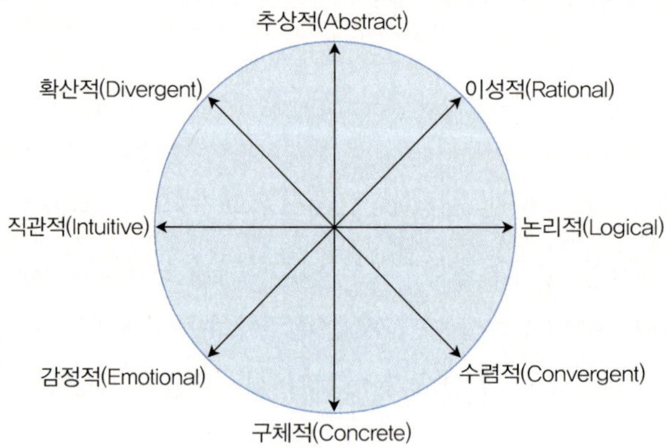

자료 : Karl Albrecht, *Practical Intelligence: The Art and Science of Common Sense*, Pfeiffer&Company, 2009, p.58.

패턴의 적용에 익숙해지면 직면하는 상황마다 원활한 문제해결이 가능하게 됨을 의미한다.

5. 현장직원의 선발과 교육·훈련

감정노동의 수행자인 현장직원을 확보하고 그들의 잠재력을 구현하기 위한 교육·훈련은 서비스의 경쟁력을 좌우한다. 서비스기업의 인적자원관리는 제10장에서 다루어지므로 여기에서는 현장직원의 선발과 교육훈련에 대해 먼저 살펴보자.

(1) 선 발

잠재력이 풍부한 우수한 인력의 확보는 모든 기업의 관심사이다. 기업이 직원을 선발하기 위해 후보자의 서비스성향과 자질 등을 측정·평가하는 데 표준화된 방법은 없으나 서비스역량을 판단하기 위해 다양한 면담기법들이 개발·운영되고 있다. 대표적인 방법으로는 추상적 질문, 상황스케치, 역할연기 등의 기법을 들 수 있다.

■ 추상적 질문

이 방법은 다양한 질문을 통해 현장에서 당면하게 되는 상황에 대응하는 지원자의 능력을 평가한다. 지원자의 인식을 평가할 수 있는 질문으로 다음과 같은 예를 들 수 있다. "당신의 경험에 비추어 가장 대처하기 힘든 고객은 어떤 타입이며 그 이유는 무엇입니까?" 한편, 지원자가 얼마나 많은 업무지식과 정보를 알고 있는지를 판단하기 위해서는 다음과 같은 질문을 던질 수 있다. "고객이 가장 심각하게 생각하는 불만사항들은 무엇입니까?" 그리고 지원자의 대인적 역량을 판단하기 위해 다음과 같이 물어볼 수 있다. "어떻게 고객을 대하고 있습니까?"또는 "그와 같은 형태의 고객을 대하는데 가장 이상적인 방법은 무엇입니까?" 추상적 질문일수록 새로운 환경에 적응하는 능력을 파악하기 위해 직무에 대한 지각력과 유연성을 평가하는 데 유용하다.

■ **상황스케치**(situational vignette)

이 방법은 특정한 상황을 부여하고 이에 관한 질문으로 지원자의 문제해결능력을 평가하는 방법이다. 예를 들어 다음과 같은 상황스케치를 생각해 보자.[15)]

> "귀국하는 항공편의 어느 탑승객이 출국당시 기내에서 구입한 화장품케이스의 파손상태가 심해 반품을 요구하였다. 승객은 환불을 요구하고 있는데, 숙면중인 기내에서 그의 말은 좀처럼 알아 듣기가 힘들다. 해당 화장품이 카탈로그에는 없기 때문에 우리 항공편에서 판매한 것이 아니라는 것을 알고 있다면, 당신은 요구에 어떻게 응대할 것인가?"

이와 같이 제시된 상황에 대한 대응은 지원자의 직관과 대인능력, 상식, 판단력 등에 관한 역량을 파악하는데 도움이 된다. 이에 덧붙여 지원자의 상황적응능력에 대해 더 많은 정보를 얻고자 한다면 다음과 같은 추가적 질문도 가능하다. "만일 이 승객이 갑자기 화를 내고 우긴다면 어떻게 대처하겠는가?" "이 문제를 해결하기 위해 어떤 조치를 할 것인가?"이와 같이 상황스케치는 주어진 상황에 대처하는 지원자의 사고능력을 평가한다.

■ **역할연기**(role playing)

역할연기는 지원자를 모의실험상황에 참여시킴으로써 서비스환경을 실제상황처럼 연출하고 이에 대한 반응을 요구하는 기법이다. 역할연기는 주로 직원선발의 마지막 단계에서 사용되며, 제3자를 함께 참여시켜 상황의 구현을 돕기도 한다. 이 방법은 지원자가 스트레스 상황에서 보이게 되는 행동을 관찰하는 데 효과적이다. 지원자는 당면한 상황에서 직접 행동으로 반응하기 때문에 추상적 질문이나 상황스케치에 비해 보다 현실적인 반응을 관찰할 수 있다. 특히 서비스접점의 현실을 가정한 상황에서 지원자의 장점과 단점을 평가하는 기회가 된다. 그러나 이 방법은 지원자 간의 직접적인 비교가 어려우며, 구체적인 대사를 필요로 할 뿐만 아니라 사전에 연기를 위한 준비에 번거로움이 뒤따른다.

(2) 교육 · 훈련

교육·훈련은 선발된 인력이 조직목표를 달성하는 데 기여할 수 있도록 잠재력을 개발하는 과정이다. 교육·훈련에는 사내교육과 외부위탁교육, 기타 파견교육 등이 있다. 사내교육에는 사원을 집합하여 교육을 받는 세미나, 워크숍과 같은 집체적 교육과 직급에 따른 리더십교육, 기타 소양교육 등의 다양한 방법이 있다. 서비스기업의 경우, 교재나 지침서에는 고객응대예절, 고객정보의 보고와 작성, 용모와 에티켓, 안전수칙 등에 대해 비교적 상세히 기술하고 있다. 그러나 서비스 프로세스에서 고객과의 상호작용에 대해서는 밝은 미소와 친절 등을 강조하는 수준에 그치는 경우가 많다. 실제 서비스접점에서 고객과 현장직원 간의 상호작용과정에서는 언제든지 곤란한 상황이 발생하게 되는데, 이에 대한 교육·훈련이 현장직원의 역량강화에 중요하다. 곤란한 상황들은 다음과 같이 문제고객을 응대해야 하는 경우와 서비스가 실패한 경우의 두 가지로 구분된다.[16)]

■ 문제고객

서비스접점의 직원이 고객과의 소통과정에서 애로를 겪는 요인은 대부분은 서비스의 기술적인 문제와 무관하게 발생한다. 전달시스템으로는 충족될 수 없는 비현실적인 기대를 지닌 문제고객으로 인해 발생하는 어려움이다. 예를 들면, 항공기 기내에 반입할 수 없는 여행용가방을 반입한 탑승객이나 식당에서 손뼉을 치고 큰소리로 직원을 부르는 고객의 경우이다. 〈표 5-4〉는 문제고객의 일반적 유형들이다.

표 5-4 문제고객의 유형

① 합리적이지 못한 요구
서비스기업이 제공하지 않은 서비스 혹은 적절하지 못한 시간과 관심을 필요로 하는 고객요구 (예) "내 가방을 모두 기내로 들여오고 싶습니다." 혹은 "내 좌석이 불편하니 앞쪽의 통로쪽으로 옮겨주세요."
② 모욕적이거나 적대적 태도
언어나 행동으로 현장직원을 부적절하게 대우하는 것 (예) "이봐요! 내 술은 어디에 있나?" 여직원을 거칠게 대하는 레스토랑 손님
③ 부적절한 행동
술에 취해 있거나 부적절하게 행동하는 고객 (예) 술에 취해 비행도중 내리겠다고 하는 승객 혹은 호텔의 로비에서 소란 피우는 손님
④ 예기치 못한 요구
의학적 혹은 언어소통의 어려움을 지닌 고객에 대한 특별한 취급 (예) "내 아이가 지금 많이 아프다." 혹은 생소한 외국어로 묻는 고객.
⑤ 규정에 위반되는 요구
안전규정, 법률, 회사정책 때문에 충족시킬 수 없는 고객요구 (예) "출발지연으로 난 지금 와인을 좀 마셔야 하겠습니다." 혹은 "식사계산서를 각자 지불할 수 있도록 손님별로 계산서를 나누어 주십시오."

■ 서비스실패

서비스접점에서 발생하는 서비스의 실패는 현장직원이 고객과 상호작용하는데 큰 부담이되지만 한편으로는 서비스회복을 위해 신속한 대응과 유연성을 발휘하는 기회이다. 서비스의 실패에는 〈표 5-5〉와 같은 유형들이 있다.

서비스접점에서 피할 수 없는 어려움에 직면하는 경우, 곤란한 상황의 악화를 방지하기 위해서는 교육·훈련과 대인관계를 경험한 현장직원이 필요하다. 이를 위해 서비스기업은 주어진 상황별 대응지침을 접점의 직원이 학습하도록 프로그램을 마련해야 한다. 예를 들어, 문제고객으로부터 '합리적이지 못한 요구'에 직면하였을 때 현장직원은 다른 고객에게 불편을 줄 수 있음을 지적하면서 고객의 요구를 들어주는 것이 공정하지 못함을 설득할 수 있어야 한다. 이를위해 각 상황별로 대응법을 마련하여 훈련할 수 있다. 예를 들어 "죄송합니다만 회사규정에 의하면 승객 한 분당 기내선반이나 좌석아래에 넣을 수 있는 휴대수하물 2개만 기내반입을 허용하고 있습니다. 짐표를 받으시고 최종목적지까지 큰 짐을 부치시겠습니까?" 라고 응대하는 등의 훈련이 필요하다.

일반적인 방법으로는 커뮤니케이션에 대한 교육훈련이 있다. 이 방법은 현장직원이 고객과의 상호작용에서 접할 수 있는 유형별 상황에 대하여 대응방법의 목록을 작성하고, 주어진 상황에 가장 적절한 대응을 선택하는 규칙을 개발한다. 역할연기는 이러한 문제해결의 경험을 습득하는데 효과적이다. 적절히 교육훈련을 받은 현장직원은 전문가로서 서비스접점을 통제할 수 있어야 한다. 이는 곧 서비스만족도의 향상에 도움이 되고, 서비스제공자 입장에서는 스트레스와 좌절감을 줄이는 효과가 있다.

표 5-5 서비스실패의 유형(例示)

① 서비스제공불능
정상적으로는 가능하며, 기대할 수 있는 서비스가 제공되지 못하는 상황 (예) "난 창가쪽의 좌석을 예약했습니다." 혹은 "왜 현금자동인출기가 고장입니까?"
② 서비스지체
서비스가 예기치 않게 지연되어 고객들이 기다려야 하는 상황 (예) "왜 내가 탑승할 비행기가 도착하지 않았습니까?" 혹은 "우리는 이곳이 한 시간 동안 있었지만 아무도 우리 주문을 받지 않았습니다."
③ 마음에 들지않는 서비스
받아들일 수 있는 표준에 적합하지 못한 서비스 (예) "내 의자는 뒤로 젖혀지지 않네요." 혹은 "제기랄, 비누에 머리가락이 붙었군!"

6. 직업윤리

(1) 직업윤리란 무엇인가?

윤리란 개인이나 집단의 행동을 규율하는 일련의 규칙이다. 대부분의 직장인들은 언제든지 윤리적으로 갈등을 일으키는 상황에 직면할 수 있다. 윤리란 무엇이며 왜 우리의 직업과 삶에서 문제가 되는가? 직업윤리는 직업인에게 요구하는 직업적 양심과 사회적 규범을 구성하는 요소로서 행위의 옳고 그름, 선과 악, 도덕성 등에 대한 판단기준의 체계이기 때문이다. 서비스조직의 문화와 교육훈련에 의해 직원윤리가 형성되는데, 접점직원에게 있어 직업윤리는 업무를 수행하면서 스스로 판단을 내려야 하는 상황에 직면했을 때 소속된 조직이 표방하는 가치에 의해 학습된대로 행동하는 가이드라인이다. 윤리적 문화가 좋지 못할 경우 조직에 대한 신념의 약화, 고객관계의 저하, 생산성 및 조직몰입도의 저하 등 경영비용이 늘어나게 된다. 대면적 서비스가 업종일수록 현장직원의 직업윤리를 강화하기 위해 다양한 차원의 교육훈련과 근무환경을 조성하고, 공유된 가치와 건전한 관행, 표준화된 절차, 소통채널 등을 구축하는 것이 중요하다. 직장인이 윤리적 덕목으로는 책임감, 성실성, 정직과 신뢰성, 팀워크 등을 들 수 있다.

(2) 서비스기업의 윤리경영

윤리경영(ethical management)이란 회사의 경영이나 활동에 있어 기업의 윤리를 최우선가치로 생각하며, 투명하고 공정하며 합리적인 업무수행을 추구하는 태도의 형성을 목표로 한다. 이는 기업경영에 있어서 무엇보다도 윤리, 즉 이익을 추구하는데 투명한 가치관을 정립하고 공정한 업무를 수행하는 것을 말한다. 윤리경영은 또한 시장의 윤리, 즉 사회·경제적 주체인 동시에 건전한 시민으로서 권리와 의무를 다하는 태도로 정의되기도 한다.

현실적으로 철저한 감독없이 근무하는 접점직원은 종종 고객과의 갈등을 처리하는 과정에서 윤

표 5-6 서비스접점의 비윤리적 행동유형(예시)

서비스 본질 호도	고객호도	일반적 실상
▪ 빈방이 없음에도 금연실 예약 ▪ 미끼상술사용 ▪ 불필요한 서비스유발 ▪ 서비스제공자의 책임과 임무를 그릇되게 설명 ▪ 특정 서비스혜택을 과장	▪ 예약보증 ▪ 불필요한 서비스실시 ▪ 불필요한 항목을 넣어 계산서를 부풀림 ▪ 고객 소지품파손을 은닉 ▪ 보증서비스 적용을 어렵게 함	▪ 고객을 불공정 혹은 불손하게 대함 ▪ 고객의 요구에 무반응 ▪ 규정된 회사방침의 불이행 ▪ 고객신용카드정보를 빼냄 ▪ 고객정보를 제3자와 공유함

리적 기준과 적당히 타협 또는 절충할 수도 있는 상황에 놓여진다. 〈표 5-6〉은 현장직원이 그들의 실수를 덮고, 기업의 수익을 높이고, 불만을 제기하는 고객을 만족시키기 위해 어떻게 비윤리적인 행위로 연결될 수 있는지를 예로 든 것이다. 비윤리적 또는 기회주의적인 행위로 인한 부정적 결과를 예방하고 신뢰와 성실에 바탕을 둔 서비스문화를 구축하기 위해서는 현장직원에 대한 직업윤리를 강화하는 노력이 필요하다.

건전한 기업문화와 윤리적 경영을 위해서는 윤리규정의 제정, 윤리위반에 대한 징계 등의 공식적 규제가 필요하며 이와 함께 조직구성원 간의 토론, 상호감시, 윤리적 분위기의 조성 등의 비공식적 규제가 윤리적 행동을 강화하는데 유용하다. 윤리적 경영은 궁극적으로 서비스품질과 직원들의 직무만족도 향상에 도움이 된다.[17] 특히 공식적 규제로 형성되는 사회적·문화적 분위기는 개인 또는 조직이 윤리적 행동을 스스로 강화하고 감시하는 데 효과적이다.

윤리적 의사결정의 문제는 그 판단이 한 개인과 관련된 것이 아니고 상급자의 지시나 고객의 요구, 회사의 제도와 규정, 또는 다른 어쩔 수 없는 상황과 관련된 경우에 어려워진다. 진실을 말하거나 적절한 행동을 결정해야 할 때는 쉬운해법을 찾기에 앞서 주변으로부터 정직한 사람으로 인정받는 것이 우선이다. 윤리적인 문제가 대두되는 상황에 부딪히게 되면 서비스담당자는 스스로 다음과 같은 질문을 던져볼 수 있다.[18]

- 이 일은 합법적인가?
- 이 일은 공정한가?
- 이 일이 내키지 않는가?
- 여론이 나의 행동을 옳다고 생각할 것인가?
- 내가 아는 사람들이 내가 한 행동에 대해 말할 것이 두려운가?

이러한 질문들은 윤리적인 행동을 선택할 때 기준이 될 수 있다. 이는 윤리적인 문제가 쉽게 해결될 수 있다는 것을 의미하기 보다는 상황을 분석함으로써 어떤 것이 옳은 행동인지를 판단하는 것을 용이하게 해준다. 윤리문제에 있어 고려할 점은 '옳은 일'이 '사람들이 가장 좋아하는 일'과 항상 일치하지 않는다는 점이다. 옳은 일을 한다는 것은 개인의 고결함을 유지하는 일이며, 기업의 평판은 현장직원들이 어떤 행동을 했을 때 그것이 고심끝에 얻은 최적의 행동임을 고객에게 설득하는 데 도움이 된다.

각 주

1. Richard, Normann, *Service Management: Strategy and Leadership in Service Business*, English version, John Wiley & Sons, 1983.
2. Jochen Wirtz, Patrica Chew, Christopher Lovelock, *Essentials of Services Marketing*, Prentice Hall, 2012, pp.51~53.
3. '언택트(untact) 서비스는 마케팅의 편의성 제고를 위해 COVID-19의 확산이전부터 새로운 조류를 형성했다. 언택트서비스가 마케팅에 가장 두드러진 분야는 특히 유동고객이 많은 백화점과 쇼핑몰이다. 또 패스트푸드 업계에서도 언택트마케팅이 늘고 있는데, 안내단말기인 키오스크를 통해 주문 및 결제를 처리하는 매장이 빠르게 늘고 있다.
4. Albert Mehrabian, *Silent Message*, Wadsworth Publishing Co. 1971.
5. Fitzsimmons, J. A., Fitzsimmons, M. J. & Sanjeev K., *ibid.*, 2014. pp.108~109.
6. 'kiosk'란 본래 옥외에 설치된 대형천막이나 현관을 뜻하는 페르시아어 용어로서 간이판매대나 소형매점을 의미한다. 오늘날에는 누구나 쉽게 이용할 수 있도록 공공장소에 설치한 무인단말기를 뜻하며, 셀프서비스 스테이션(self service station)이라고도 한다. 주로 터치스크린 방식으로 정보를 얻거나 구매·발권·등록등의 서비스를 제공한다.
7. 하이터치(high touch)란 높은 감성의 수준을 의미하며, 기술과 대비되는 인간적인 감성을 말한다. 미국의 미래학자 존 네이스비츠(John Naisbitts)의 저서 Megatrends: *The New Directions Transforming our Lives*(1982)를 통해 하이테크와 함께 하이터치 현상이 소개되었다. 고도의 기술이 도입되면 될수록 그 반동으로 인해 고객은 보다 인간적이고 따뜻함을 선호한다는 내용인데, 이와 같은 인간적인 반응을 '하이터치'라고 부른다.
8. Arlie R. Hochschild, *The Managed Heart: Commercialization of Human Feeling*, Univ. of California Press, 1983.
9. 이동명, 정서노동과 행복, 무역경영사, 2020, p.50.
10. Grandy A. A. "When 'the slow must go on': Surface and deep acting as determinants of emotional exclusion and peer-rated service delivery." *Academy of Management Journal*, Vol.46, pp.86~96.
11. Daniel Goleman, *Emotional Intelligence; Why It Can Matter then IQ*, Scientific America Inc. 1995.
12. EQ는 미국 예일대학교 심리학교수 피터 샐로베이(Peter Salovey)와 뉴햄프셔대학교 심리학 교수 존 메이어(John D. Mayer)가 이론화하였으며, 심리학자인 대니얼 골맨(D.Goleman)이 저서

*Emotional Intelligence (1995)*를 통해 대중화됨으로써 EQ 테스트가 일반화되었다.

13. Howard E Gardner, *Frames of Mind: The Theory of Multiple Intelligences*, Basic Books, NY, 1983.
14. Karl Albrecht, *Practical Intelligence: The Art and Science of Common Sense*, Pfeiffer&Company, 2009, pp.7~10.
15. 비네트(vignette)는 특정한 사람·상황 등을 분명히 보여주는 짤막한 글·행동(小品文)인데, '스케치'의 의미를 담고 있다. 스케치((sketch)라는 단어는 즉흥적인 완성을 의미하는 그리스어 낱말 σχέδιος(schedios)에서 비롯되었다. 이 방법은 개략적인 상황(situation)을 스케치하여 제시하고 적응능력을 평가하는 방법이다.
16. Fitzsimmons, J. A., Fitzsimmons, M. J. & Sanjeev K. *Service Management 8th ed.*, McGraw-Hill, 2014, p.119.
17. Charles H. Schwepker, Jr. and Michael D. Hartline, "Managing the Ethical Climate of Customer-Contact Service Employees." *Journal of Service Research 7*, no.4(May 2005), pp.377~97.
18. Elaine K. Harris, *Customer Service*, Pearson Education, Inc. 2013, p.23.

CHAPTER 06

고객만족

오늘날 기업의 모든 활동은 고객을 어떻게 만족시킬 것인가에 초점을 둔다. 고객도 기업과의 상호작용을 통해 서비스의 전달과정에 참여한다. 예를 들어, 건축가가 집을 지으려면 고객에게 무엇을 원하는지 무엇을 선호하는지 먼저 물어보아야 하며, 얼마나 많은 소통을 했는가에 따라 건축물에 대한 만족도는 달라진다. 항공기를 타는 승객의 경우에는 기내서비스에 대한 기대가 이미 형성되어 있다. 그러나 고객이 기대하는 수준을 파악하여 개별적으로 그 기대를 충족시키는 일은 쉽지 않다. 본장에서는 고객의 만족과 충성도의 개념을 설명하고, 고객의 관계를 어떻게 형성·유지하고 그들과 효과적으로 소통해야 하는가를 공부한다.

Keywords : 고객만족, 고객불만, 고객만족경영, 카노(Kano)모형, 마무리서비스, 고객관계관리(CRM), 보상프로그램, 비금전적 보상, 커뮤니케이션 채널

“감동적인 결승골, 기억에 남는 마무리”

축구시합이 끝났을 때 심판은 호루라기를 분다. 당신이 지금 운동장을 떠나고 있다고 생각해 보라. 당신이 응원하는 팀이 경기시작 5분만에 결승골을 넣어 이긴 경우와 마지막 5분을 남기고 결승골을 넣어 이긴 경우 중 어떨 때 더 기분이 좋겠는가?

경기를 시작한 지 5분만에 결승골을 넣어 이겼다면 만족스럽기는 하겠지만 기억에 남을 경기라고 하긴 어렵다. 그것보다는 마지막에 골을 넣어 승리했을 때의 흥분과 열정이 그 멋진 경험을 기억에 오래 남게 할 것이다.

농담의 첫째줄은 사람의 주목을 끈다. 그러나 기억에 남는것은 급소를 찌르는 한 구절이다. 고전소설은 독자들에게 보답하기 위해 마지막부분에서 스토리를 반전시킨다. 영화감독은 강렬한 클라이맥스를 가져올 줄거리를 구상하는 데 초점을 둔다. 이 모든 것의 성공비밀은 ‘짠한 감동의 마무리’다.

이 비밀은 서비스를 제공하는 데도 적용된다. 이 비법의 내용은 명확하지만 실제로 그러한 일이 발생할까? 공항의 황량한 수하물수취대에서 불안감으로 떨고 있는 고객을 홀로 남겨두고 기내서비스에만 집중하는 데 많은 돈을 쓰는 항공사처럼 되면 안 된다. 서비스기술에 대한 수많은 연구들이 분석적 방법에 의존한다. 논리는 두뇌의 좌반구에 의존하기 때문에 우리는 이를 좌뇌적 사고라고 부른다. 서비스매니저들은 전화응답건수, 반응속도, 불량률 등의 계량적 통계치를 측정하고 분석한다. 이런 측면들이 만족스러운 서비스를 제공하는데 일단은 중요하다. 그러나 서비스가 적당히 만족스럽고 우수한 그런수준을 넘어서기 위해서는 고객과 정서적으로 연결되어야만 한다. 이런 상황은 두뇌의 우반구에서 관장한다. 이곳이 감정의 긍정적인 인식을 촉발하는 곳이다.

정말 탁월한 서비스경험은 고객의 마음에서 일어난다. 따라서 탁월한 고객서비스는 고객의 마음 속에 긍정적인 인상을 줄 수 있는 행동과 말, 신호들이 무엇인가를 아는 것에서부터 출발한다. 이는 각 서비스 단계에서 고객의 심리적 판단에 영향을 주는 단서들을 잘 관리해야 함을 의미한다. 처음에 제대로 잘 시작하라. 그리고 가속도가 붙게하라. 무엇보다도 서비스가 최고의 정점에 이를 때까지 고객의 인식을 잘 관리하라. 라이브콘서트의 마지막 순간에 관객들은 열광하면서 ‘앙코르’를 외친다. 이 사람들이 주변사람들에게 열변을 토하면서 콘서트에 대한 소문을 낸다. 그들은 그것을 더 원하게 된다. 서비스에서도 고객들이 이와 똑같은 경험을 하게 할 수 있다. 모든 서비스는 기억에 남는 마무리가 중요하다. 기억해두자 Finishing Touch!

▸ *The Finishing Touch*(Tony Cram, 2010) 中에서

제1절 고객만족의 이해

어떻게 고객을 만족시킬 것인가? 오늘날 모든 기업들의 최대관심은 고객만족이다. 고객만족은 곧 기업이 생존하기 위한 필수조건이기 때문이다. 서비스에 내재된 편익을 통해 고객의 기대를 충족시키는 요소들은 다양하다. 서비스의 품질뿐 아니라 서비스에 대한 고객의 주관적 선호도, 브랜드에 대한 충성도나 서비스를 구매하고 사용하는 환경 등이 모두 포함된다. 여기에서는 고객만족의 개념과 충성도를 정리하고, 고객만족이 서비스기업의 경영에 왜 중요한가를 살펴보자.

1. 고객만족의 개념

(1) 고객만족의 의미

고객만족(customer satisfaction, CS)이란 고객에게 최대의 만족을 주는 것에서 기업의 존재이유를 찾고, 만족한 고객들이 기업의 제품이나 서비스를 반복구매함으로써 이윤을 극대화하는 경영의 기법이자 철학이다. 고객만족의 구체적인 정의는 고객이 느끼는 상품의 가치가 구매당시의 기대와 일치하는 것을 말한다. 상품의 사용가치가 기대했던 가치보다 미흡하면 만족하지 못하고, 지각된 가치가 기대가치와 일치하면 만족하게 된다. 이때 상품이 무형의 서비스인 경우, 사용가치는 고객이 서비스를 직접 경험함으로써 지각된 가치의 정도를 말한다.

지각된 가치가 기대한 가치보다 높으면, 고객은 매우 만족하거나 감동을 경험하게 된다. 고객의 만족도가 높을수록 고객의 충성도는 높아지며, 이는 기업의 성과향상으로 이어진다. 따라서 고객지향적인 기업일수록 제공할 수 있는 것만을 약속하고, 실제로는 약속한 것보다 더 많은 가치를 제공함으로써 고객을 만족시키고 나아가 감동시키고자 한다. 감동을 경험한 고객들은 반복적 구매

표 6-1 고객만족과 상품가치

만족도	가치조건
고객불만족	기대가치 >사용가치
고객만족	기대가치 = 사용가치
고객만족/고객감동	기대가치 <사용가치

를 통해 기업에 공헌하게 되며, 해당 상품의 가치를 잠재적 고객에게 전파하는 역할도 한다.

(2) 고객의 충성도

오늘날 기업들은 가격을 낮추거나 차별적인 서비스를 통해 자사의 제품과 서비스에 대한 고객의 충성도를 높이고자 한다. 고객의 충성도란 기업이 제공하는 제품이나 서비스를 구매한 후 형성되는 호의적인 태도를 의미하며, 이는 재구매의도로 나타나고 거래관계를 지속시킨다.[1] 충성도가 높은 고객일수록 지속적인 구매를 하고 새로운 고객을 창출하는 데 도움을 준다. 제품이나 기업에 대한 높은 고객충성도의 획득과 유지는 기업의 매출액 및 시장점유율의 향상, 고객유지비용의 감소 등으로 나타나며, 이는 곧 기업의 경제적 이득으로 실현된다.

(3) 서비스상품의 고객만족

서비스상품은 고객의 주관적 경험에 의해 평가되고 만족도가 결정된다. 따라서 객관적으로 좋은 서비스를 제공하기란 쉽지 않다. 경쟁적인 시장에서 지속적으로 우수한 상품을 공급·유지하기 위해서는 기업고유의 차별화된 서비스경쟁력이 필요하며, 이를 통해 고객만족을 실현할 수 있다.

2. 고객만족이 중요한 이유

(1) 고객만족경영의 의미

고객만족경영은 고객만족을 전사적인 기업목표로 정하고 모든 활동을 전개하는 경영방식이다. 서비스상품은 객관적 실체가 존재하지 않는다. 따라서 고객은 서비스상품을 구매하기 전에 광고, 판매원, 주변사람 등으로부터 얻은 정보를 바탕으로 서비스의 가치에 대한 기대를 형성한다. 그리고 서비스를 경험함으로써 그 가치를 지각한다. 높은 수준의 고객만족은 기업이 추구하는 궁극적인 목표이다. 만족한 고객은 미래에 반복적으로 서비스를 구매하며 다른 사람에게 긍정적인 경험을 전달한다. 반면, 불만족한 고객은 만족한 고객과 반대로 반응한다. 그들은 구매를 중지하고 입소문을 통해 부정적인 평판을 형성한다. 고객만족은 기업이나 상품에 대한 고객의 충성도, 시장점유율, 수익성 향상 등으로 구현되어 기업의 성과를 높여준다. 고객만족경영은 고객만족을 궁극적인 기업의 목표로 추구하는 경영이념으로서 경영의 모든 부문을 고객의 입장에서 생각하고 고객만족을 통해 기업의 생존과 발전을 도모하는 것으로 1980년대 들어 미국과 유럽 등지에서 주목받기 시작해 세계적으로 확산되었다.

(2) 고객만족의 경제적 효과

오늘날 모든 기업이 고객만족에 집중하는 이유는 무엇인가? 이 물음은 고객만족의 기대효과를 통해 설명된다. 고객만족으로부터 기대되는 이점은 다음과 같이 두 가지 측면으로 설명된다.[2] 첫째는 적극적인 측면으로서 만족한 고객을 통해 새로운 고객을 창출할 수 있다. 만족스러운 서비스의 적극적 효과는 시장지배력확보, 시장점유율 상승, 평판의 향상, 그리고 프리미엄 가격 등으로 나타난다. 실증연구들에 의하면, 우수한 서비스를 제공하는 기업은 시장점유율의 상승폭이 상대적으로 크고 이로 인해 보다 많은 수익을 올릴 수 있으며, 추가적인 프리미엄 가격으로 상품을 판매할 수 있고 마케팅비용도 절감할 수 있다.[3] 둘째는 소극적인 측면으로서 현재 확보되어 있는 고객을 안정적으로 유지할 수 있는 이점이다. 고객만족은 고객선호도를 높여 기존 고객의 이탈을 줄이는 효과가 있다. 이와 같은 고객만족의 효과를 구체적으로 정리하면 다음과 같다.[4]

- **신규고객획득비용감소** : 기존의 고객이 이탈하면 시장지위를 유지하기 위해 새로운 고객을 확보해야 하는데 신규고객의 획득에는 추가적 비용이 든다. 또한 신규고객의 경우, 기존 고객에 비해 더 많은 유지비용이 필요하다. 반면, 충성도가 높은 고객은 오래 유지할수록 고객단위당 수익률이 증가한다.
- **고객구매의 증가** : 일반적으로 서비스에 만족하는 고객은 보다 높은 구매성향을 지닌다. 서비스에 만족한 고객은 빈번하게 구매를 하며 새로운 상품에도 관심을 갖는다.
- **서비스비용의 감소** : 고객이 만족한 이유를 알게 되면 고객에 대한 서비스비용을 낮출 수 있다. 기업으로서는 만족고객의 니즈와 구매패턴을 더 잘 알기 때문에 회사내의 서비스자원을 더 효율적으로 활용하여 서비스비용을 절감할 수 있다.
- **시장정보의 획득** : 만족한 고객은 시장에 대해 자신의 정보를 기업과 공유하고자 한다. 고객이 제공하는 시장정보에는 경쟁사의 마케팅정보뿐 아니라 고객의 불만사항이나 제안사항, 새로운 시장의 니즈 등이 포함되어 시장의 변화를 파악하는데 도움을 준다.
- **프리미엄 가격의 형성** : 서비스에 만족한 고객은 지불하는 상품가격에 상대적으로 덜 민감하다. 구매결정과정에서 고객은 서비스가치를 높게 지각하기 때문에 종종 프리미엄을 추가한 가격을 지불한다.[5]
- **잠재고객의 창출** : 서비스를 만족스럽게 경험한 고객은 다른 잠재적 고객들에게 긍정적인 입소문을 내준다. 구전의 효과는 자발적이고 간접적이며, 서비스상품의 가치를 입증하는 효과가 있다.

〈그림 6-1〉은 시간이 경과함에 따라 유지비용은 감소하는 반면 만족한 고객의 구매증가로 인한

그림 6-1 **고객만족의 경제적 효과**

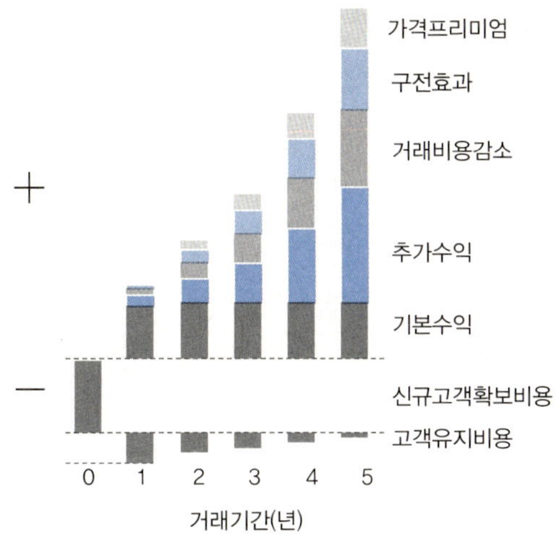

자료 : Jochen Wirtz, Patrica Chew, Christopher Lovelock, *Service Marketing 2nd* ed. Pearson Education, 2013, p.360.

추가수익, 서비스비용의 감소, 구전효과와 가격프리미엄 등으로 인해 고객만족이 기업의 전체적인 수익성을 향상시키고 있음을 나타내고 있다.

3. 고객만족도의 결정

(1) 서비스의 한계효용체감

서비스에 대한 고객의 만족도에는 한계효용체감의 법칙이 성립된다. 한계효용의 체감이란 재화의 단위가 늘어날수록 추가되는 재화단위에 대한 효용이 점차 줄어드는 것을 말한다. 서비스에 대한 고객의 만족도는 욕구가 충족되면, 다음 단계의 기대욕구가 상승하여 이전단계의 서비스수준으로는 동일하게 만족도가 향상되지 않는다. 고객은 서비스에 대해서 가지고 있던 불만이 해소되면 그것을 당연하다고 느끼고 다시 새로운 것에 대한 기대를 하기 때문이다. 예를 들어, 항공사의 좌석구매는 예약티켓을 구매하고 공항에서 탑승권을 교부받던 절차가 인터넷을 통해 간소화되어 공항에서 신분증제시만으로 간단히 탑승수속을 마치는 방식으로 편리성이 향상되었으나 고객의 만족도는 향상되지 않았다.

(2) 고객의 만족요인과 불만족요인 : 카노모형(Kano model)

서비스가 적극적이면 고객의 만족도는 증가한다. 고객의 만족도는 만족요인과 불만족요인이 동시에 작용하기 때문에 서비스의 노력정도와 만족도는 반드시 비례하지 않는다. 고객은 자신의 욕구가 충족된 상태에서도 아직 여전히 불만족인 상태일 수 있다. 이 같은 고객의 욕구와 서비스의 만족도 간의 관계는 카노(Noriaki Kano)의 모형으로 설명된다.[6)]

서비스에 대한 고객의 반응은 두 가지 차원의 만족과 불만족요소에 의해 각각 결정된다고 설명하는 카노모형은 서비스요소와 고객의 만족도의 관계를 나타낸다.[7)] 이 모형에 따르면, 효과적인 서비스를 위해서는 고객의 만족과 불만족이라는 주관적 차원, 그리고 고객욕구의 충족과 미충족이라는 객관적 차원을 동시에 고려해야 한다. 〈그림 6-2〉에서 보는 바와 같이 x축은 서비스결과의 차원에서 고객의 욕구를 어느 정도 잘 충족시켰는가를 나타내는 서비스전달의 척도이고, y축은 고객이 느끼는 불만족과 만족의 정도를 나타낸다. 불만족도 곡선은 서비스가 충족되더라도 불만이 줄어들뿐 만족도는 증가하지 않는 반면, 만족도곡선은 서비스가 충족되면 만족도는 증가하지만 충족되지 않더라도 고객은 불만을 느끼지는 않는다.

서비스의 만족도를 결정하는 요인들 가운데 만족도에 긍정적인 영향요인에는 서비스의 기본속성, 전달속성 및 매력속성 등의 세 가지가 있다. 반면에 만족도와 무관하거나 오히려 부정적인 영향을 미치는 요인에는 무관심속성, 의문속성 및 역효과속성 등이 있다. 다음의 요인들 가운데 앞의 세 가지 요인은 긍정적 요인이고 나머지는 무관심 또는 부정적 요인에 해당된다.

그림 6-2 고객만족에 대한 카노(Kano) 모델

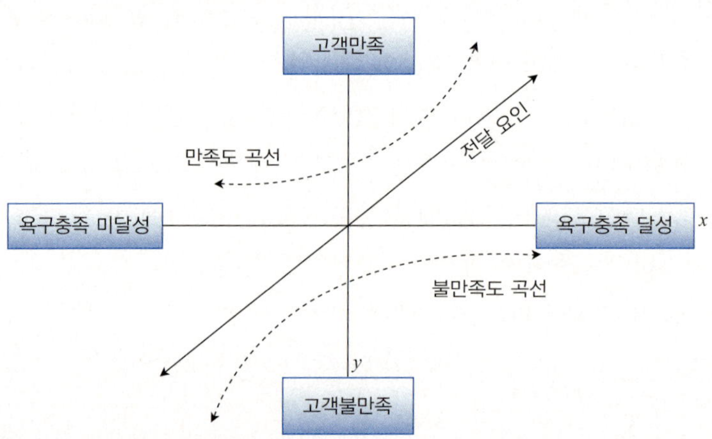

자료 : Kano, Noriaki, et al. "Attractive quality and must-be quality" *The Journal of the Japanese Society for Quality Control*, 1984, pp. 41.

■ 기본적 요인

서비스가 반드시 갖추고 있어야 할 요인이다. 이 요인은 달성되거나 심지어 초과달성되더라도 그 자체만으로는 만족도를 높이지 못한다. 그러나 충족되지 못하면 고객은 불만족을 느낀다. 예를 들어, 치과병원의 대기실에서 고객은 의자가 있을 것으로 기대한다. 앉아 있지 못하고 서있는 채로 기다려야 한다면 실망할 것이다. 그렇다고 값비싼가죽으로 된 안락의자라고 해서 만족도가 더 높아지는 것은 아니다.

■ 전달요인

고객이 기대하고 있고, 서비스의 전달이 좋을수록 만족도가 더 높아지는 일차원적인 요인이다. 서비스의 전달속성은 만족과 불만족의 경험을 결정하는 직접적인 요인이다. 예를 들면, 환자를 안심시켜주는 치과의사의 매너는 환자의 자신감을 불러일으킨다. 환자가 안심하면 할수록 만족도는 더 높아진다.

■ 매력요인

예상하지 못한 훌륭한 서비스를 제공받으면, 고객은 환희 또는 기쁨을 느끼므로 환희요인 또는 매력요인이라고도 한다. 그러나 기대하지 않은 서비스이기 때문에 제공받지 않더라도 불만족을 느끼지는 않는다. 이와 같은 매력요인은 고객의 만족도에 긍정적인 영향을 준다. 예를 들면, 치과치료를 받은 직후 당신의 입크기에 잘 맞아 칫솔질이 더 쉽고 더 효과적인 칫솔을 선물받을 경우 고객은 기쁨을 느낀다.

■ 무관심 및 불확실요인

고객이 제공받는 서비스에 대해 가치를 느끼지 않는 요인이다. 따라서 고객의 만족 또는 불만족에 영향을 미치지 않는 요인이다. 예를 들어, 치과의사가 인근의 칫솔판매점을 추천한다면, 고객들은 이 추천에 대해 가치를 느끼지 않을 것이다. 한편, 고객의 기대가 모호하거나 서비스의 결과가 불확실한 요인이 있다. 치과병원의 대기실TV에 스포츠채널을 틀어 놓는다면 이를 좋아하는 고객도 있겠지만 이를 좋아하지 않는 고객도 있을 것이다.

■ 역효과요인

서비스가 제공되면 오히려 고객의 불만족을 일으켜 역효과를 내는 요인이다. 예를 들어, 외과의사가 실없는 농담을 하는 것보다 환자는 의사의 진지한 태도를 선호한다.

그림 6-3 만족도 곡선: 서비스경험

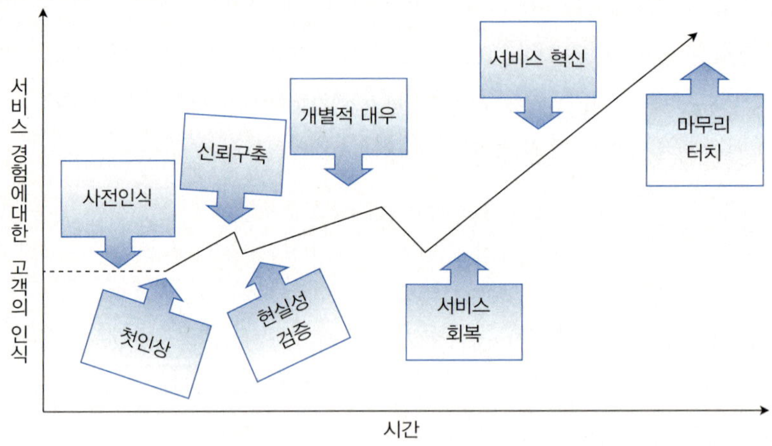

자료 : Tony Cram, *Finishing Touch(Pearson Education*, 2010) 〈역서〉 고객서비스의 크레센도 법칙(시그마북스, 2013) p.34.

(3) 고객인식의 측정

어떻게 고객의 인식을 측정할 것인가? 전통적으로 경제학자들은 인간이 쾌락을 추구하고 고통을 회피한다는 가정하에 인간의 행동을 설명하면서 행복이나 효용을 '좋은 느낌의 합에서 나쁜 느낌의 합을 뺀것'으로 정의하였다.[8] 만족도곡선은 고객의 인식변화를 나타내는데, 크램(Tony Cram)은 고객이 서비스를 받고있는 동안 기분을 읽을 수 있다고 가정하고 시간경과에 따라 고객이 경험하는 동안 변화하는 고객의 마음상태를 그래프로 나타냈다.

〈그림 6-3〉에서 수직축은 고객의 인식이 시간의 흐름에 따라 긍정적인지 아니면 부정적인지를 나타내고 있다. 점선은 서비스에 대한 기대수준이며, 실선은 서비스에 대한 고객의 느낌이 오르내리는 것을 보여준다. 성공적인 서비스란 고객의 느낌이 시간의 경과에 따라 증가하다가 서비스가 마무리되는 단계에서 최고점에 달하도록 하는 것이다.[9] 따라서 서비스가 마무리되는 시점에 고객이 긍정적인 마음을 간직한 상태에서 다른 사람에게 경험한 서비스를 추천할 의도를 갖도록 하고, 필요할 때는 언제나 다시 돌아와 충성고객이 되도록하는 것이 서비스의 목표가 된다.

(4) 고객만족도 향상을 위한 기본지침

고객만족은 기업의 존립과 발전을 위한 필수조건이다. 흔히 고객감동, 고객가치경영, 고객중심 등의 다양한 슬로건들은 모두 고객의 만족도를 극대화하기 위한 의지의 표명이다. 서비스산업계에서는 고객의 기대를 충족시키고, 고객만족의 수준을 향상시키기 위해 다양한 기법들이 개발되어 있는데, 공통적인 기본지침들은 다음과 같다.

■ 고객의 새로운 니즈파악

고객이 무엇을 필요로 하는지에 대한 최신정보를 끊임없이 파악해야 한다. 고객이 느끼는 서비스의 가치는 언제든지 변할 수 있기 때문이다. 고객마다 다양하게 내재되어있는 서비스의 니즈를 인지하고, 고객이 무엇을 기대하고 있는지를 확인하는 것이 중요하다.

■ 서비스표준의 설정

서비스의 기본이 되는 표준이 마련되어야 한다. 서비스담당자는 서비스의 기본적 내용과 절차를 정확히 알고 이에 기초하여 고객의 기대에 맞추어 서비스를 제공해야 한다. 이는 고객만족도와 무관하게 비용을 발생시키는 과도한 서비스를 방지하는 효과가 있다.

■ 만족요인에 대한 역량의 집중

고객의 만족과 불만족을 결정하는 서비스전달요인에 역량을 집중하고, 고객의 기대를 초과하는 노력이 중요하다. 이를 위해서는 고객만족도를 직접 높일 수 있는 요인을 찾아내고 그곳에 투자하고, 경쟁적 환경일수록 경쟁기업과 차별화된 서비스를 개발해야 한다.

■ 고객감동을 주는 서비스 마무리

서비스 프로세스의 마무리는 고객이 서비스경험을 기억하는 가장 중요한 단계이다. 긍정적인 기억을 위해 고객에게 감동을 주는 예상치 못한 서비스를 개발해야 한다. 서비스의 필수적 요인들이 충족되는 경우, 성공적인 마무리는 고객의 감동을 극대화한다. 서비스의 마지막단계에서 기대하지 않았던 환대는 고객에게 감동을 주기 때문이다.

제2절 고객충성도

1. 고객의 충성도는 왜 필요한가?

(1) 고객자산으로서의 충성도

경영에 있어 충성도는 특정한 기업이나 브랜드에 대한 고객의 우호적 감정이다. 기업의 입장에서 고객의 충성도는 장기적인 수익의 원천이므로 고객자산이다. 충성도로 인해 반복구매를 하는 단골고객을 흔히 상용고객(常用顧客)이라고도 한다. 반면에 고객의 이탈은 구매를 중단하고 그들의 충성도를 다른 회사로 옮기는 것이다. 이탈비율이 높아지는 것은 품질에 문제가 있다는 것을 의미하며, 이는 기업의 경제적 손실로 이어진다.

(2) 고객충성도의 경제적 가치

충성도가 높은 고객은 경제적으로 얼마나 가치가 있을까? 서비스기업의 충성고객이 서비스기업의 수익에 얼마나 기여하는가를 분석한 라이첼드와 사세르(F. Reichheld & W. Earl Sasser)의 연구에 따르면, 한 기업과 오랫동안 관계를 지속할수록 기업의 수익에 더 많이 기여하는 것으로 나타났다. 〈그림 6-4〉에서 보는 바와 같이, 고객충성도를 확보하는 데에는 대부분 1년 이상이 소요되고, 수익은 고객관계가 오래될수록 증가한다. 이는 고객만족의 경제적 효과가 시간경과에 따라 증가하는 앞의 설명과 마찬가지다. 충성고객의 경제적 가치는 다음과 같이 네 가지 요인으로 설명된다.[10)]

- **매출의 증가** : 일반적으로 기업고객은 시간이 경과할수록 기업의 성장에 따라 서비스구매의 규모를 늘이며 개인고객도 가족구성원 수가 늘거나 소득이 오르면 구매력이 증가한다. 두 유형의 고객 모두 높은 수준의 서비스를 제공하는 기업으로부터 구매를 강화하게 된다.
- **운영비용의 절감** : 고객의 서비스경험이 늘어날수록 기업에 대한 요구사항은 줄어든다. 예를

그림 6-4 서비스기업의 고객 1인당 수익창출변화

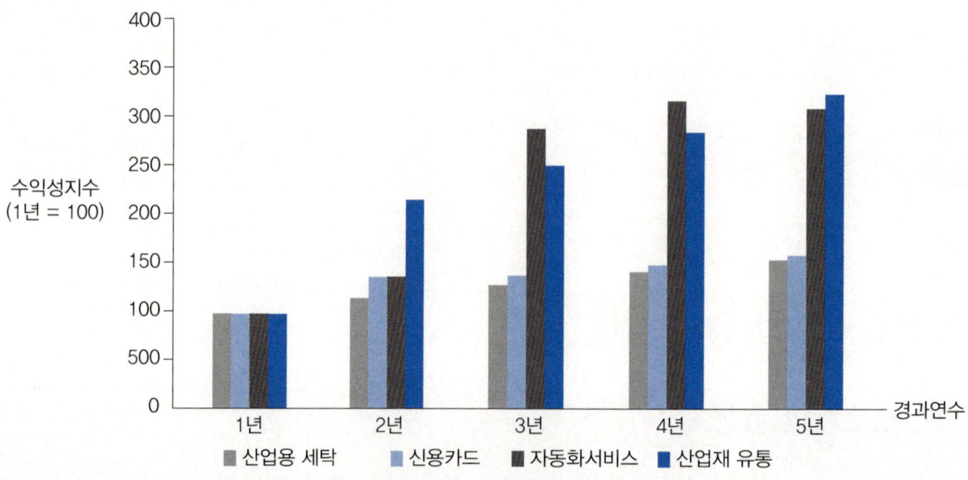

자료 : Frederick F. Reichheld and W. Earl Sasser, Jr., "Zero Defection: Quality Comes to Services," *Harvard Business Review*, 1990, pp.105-111. Jochen Wirtz et al., *ibid.*, p.361에서 재인용.

들어, 정보와 지원에 대한 필요성이 줄어들어 고객 스스로 서비스를 충족시키고, 서비스경험을 통해 서비스 프로세스의 오류를 줄임으로써 생산성 향상에 기여한다.

- **고객추천에 의한 수익창출** : 긍정적인 경험에 의해 좋은 평판이 형성됨으로써 새로운 고객을 추천하게 된다. 추천된 추천고객은 무료서비스나 광고 등의 촉진활동을 줄여줌으로써 신규고객의 확보에 따르는 마케팅비용을 절감시켜준다.
- **프리미엄 가격의 구매** : 충성도가 높은 상용고객은 고객만족에 따라 할인구매보다는 정상가격을 지불하는 경향이 있다. 만족도가 높은 경우에는 프리미엄 가격을 지불하기도 한다. 고객은 서비스제공자를 신뢰할 때, 더 많은 금액을 지불하는 경향이 있기 때문이다.

(3) 고객이 충성하는 이유

고객은 처음부터 특정한 기업이나 상품을 선호하거나 신뢰하지는 않는다. 고객의 충성도는 상품의 구매를 통해 확신과 사회적 이점, 특별대우 등의 요소를 경험함으로써 형성된다. 서비스상품을 경험하는 고객들의 충성도는 다음과 같이 세 가지 편익에 의해 형성된다.[11)]

■ 확신편익(confidence benefit)

기업과의 확고한 관계를 통해서 서비스를 제공받는데 잘못될 위험이 적고, 제대로 된 서비스를 받을 것이라는 확신, 서비스제공자에 대한 신뢰감, 구매에 대한 낮은 수준의 불안, 기대하는 것에 대한 사전적 인지, 그리고 기업으로부터 가장 높은 수준의 서비스를 받을 것이라는 고객의 느낌 등으로 인한 편익이다.

■ 사회적 편익(social benefit)

고객과 담당직원 간에 서로 알고 지내고 이름을 알기도 하며, 서비스기업에 대한 우정 및 관계를 통해 특정 사회적 측면에 대해 즐기는 것 등으로 인한 편익이다.

■ 특별대우(special treatment)

서비스상품의 구매에 대해 더 좋은 가격을 제안하고, 대부분의 고객에게는 불가능한 할인조건의 제공, 특별서비스, 대기상황에서 우선적인 배려, 다른 고객들보다 더 빠른 서비스제공 등의 편익이다.

2. 고객충성도의 구축과 관리

오늘날 대부분의 기업들은 브랜드에 대한 충성도를 구축하기 위해 다양한 방법으로 노력을 기울

그림 6-5 고객충성도의 관리모형(Wheel of Loyalty)

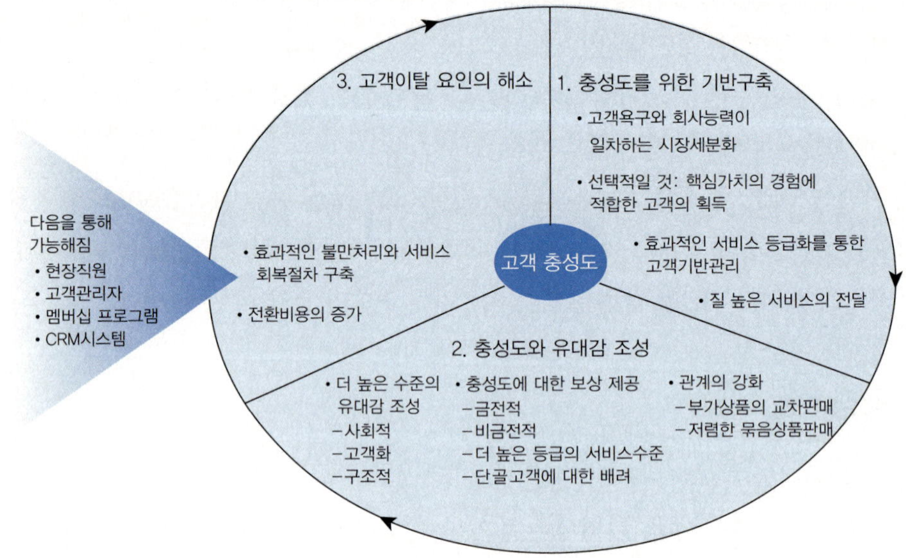

자료 : Jochen Wirtz et al., *ibid.* p.365.

인다. 고객의 충성도는 〈그림 6-5〉와 같이 상호연계된 세 가지 마케팅활동에 의해 구성되며, 이 순환과정을 충성도바퀴(Wheel of Loyalty)라고 한다.[12)]

(1) 충성도를 위한 기반구축

고객의 충성도를 창출하기 위한 체계적인 접근이 필요하며, 적절한 고객의 세분화, 고객이 느끼는 매력의 제공, 제공된 서비스에 대한 고객만족의 유발 등의 과정이 요구된다. 이를 과정별로 살펴보면 다음과 같다.

1) 표적고객의 설정

충성도관리는 고객의 욕구와 기업의 서비스역량에 기초하여 시장을 세분화하는 것에서 시작된다. "우리의 서비스는 누구에게 초점을 맞추어야 하는가?"에 대한 물음을 통해 서비스상품의 구매주체가 되는 표적고객(target)을 설정하고, 이들에게 기업이 제공할 수 있는 서비스역량을 집중한다. 기업의 역량을 고객의 욕구에 맞추어 표적고객을 선별하기 때문에 고객의 관점에서 가치가 있다고 인식하는 서비스를 효과적으로 제공할 수 있다. 이같은 노력은 기업과 고객이 모두 만족하는 윈-윈(win-win)의 조건을 충족시킬 수 있다. 수익은 서비스비용이 아닌 서비스의 성공으로 인한 고객만족에서 창출되기 때문이다.

2) 고객가치중심의 서비스

일반적으로 구매빈도가 높거나 구매량이 많은 고객일수록 일반고객에 비해 수익성이 더 높다. 가격에 민감한 고객은 상대적으로 낮은 가격의 상품을 찾아 브랜드를 바꾸는 경향이 높기 때문에 충성도를 구축하기 어렵다. 한편, 잠재적으로 고객충성도가 있는 고객은 욕구가 상대적으로 까다로운 반면, 일단 충성도가 구축되면 장기적으로 높은 수익을 창출할 수 있다. 고객과의 기반을 구축하는 과정에서는 고객의 숫자보다는 기업수익에 대한 기여하는 고객의 가치를 우선적으로 고려해야 한다.

3) 서비스의 등급화

고객의 유지는 고객과 기업 간의 상호이익을 위한 전제로 한다. 그러나 거래에서 고객마다 각기 다른 기대와 욕구를 갖기 때문에 수익성 단계별로 고객욕구에 따라 상이한 서비스수준을 적용하는 것이 바람직하다. 이를 위해 자이사믈(Zeithaml) 등은 〈그림 6-6〉과 같이 4단계의 피라미드 구조를 통해 고객서비스를 개념적으로 등급화하였다.[13)]

- **플래티넘**(platinum) : 이 고객층은 기업의 고객중 극소수에 해당된다. 구매력이 높으며 기업의 수익성에 많은 기여를 한다. 이 고객층은 가격에는 민감하지 않으나 서비스품질에 대해서는 가장 높은 기대수준을 갖고 있으며, 새로운 서비스를 위한 투자에 긍정적인 태도를 갖는다. 예를 들어, 항공사의 경우에는 100만마일 이상을 탑승한 상용고객(million miler)이 여기에 해당된다.
- **골드**(gold) : 이 고객층은 플래티넘 고객층보다 대체로 규모가 크다. 그러나 각각의 고객은 플

그림 6-6 고객서비스 피라미드

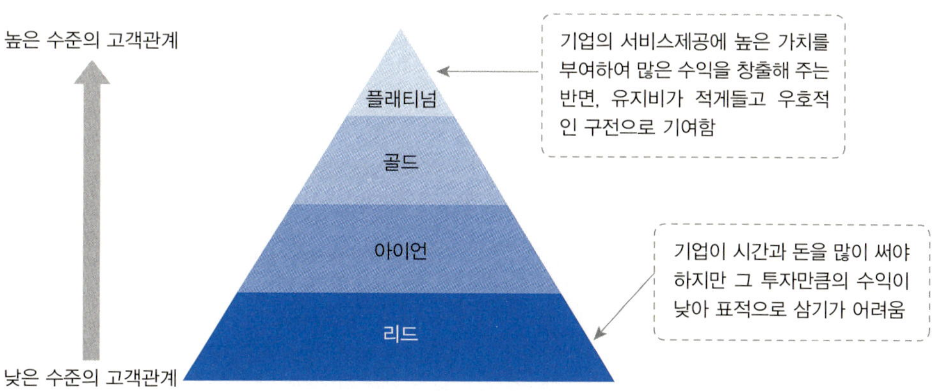

자료 : Jochen Wirtz et al., *ibid.* p.365.

래티넘 고객에 비해 수익에 대한 기여도는 상대적으로 낮으며 가격에 대해 민감하고 기업에 기여하는 정도는 낮다. 항공사의 경우, 일정규모 마일이상의 탑승실적을 가진 멤버십자격의 회원이 해당된다.

- 아이언(iron) : 서비스기업이 관리하는 고객중 가장 많은 비중을 차지하는 계층이다. 규모의 경제를 달성하는데 중요한 집단으로서 고객의 안정적 기반을 구축하고 유지하는데 중요하다. 그러나 대부분 낮은 수준의 수익을 창출하기 때문에 특별대우의 대상은 아니다.
- 리드(lead, 납) : 이 고객층은 기업에 낮은 수준의 수익을 가져다준다. 이들은 종종 아이언고객층과 같은 수준의 서비스를 요구하므로 회사의 입장에서는 종종 영업손실을 입기도 한다. 항공사의 경우, 할인된 단체항공권이나 특별판촉프로그램을 이용하는 승객이 해당된다.

4) 고객만족과 서비스품질의 충족

충성도의 구축은 고객만족을 전제로 한다. 제품이나 서비스에 매우 만족하거나 감동한 고객은 기업에 대해 좋은 평판의 전파하는 역할을 하며, 스스로 구매를 반복하고 긍정적 경험을 제3자에게 전달한다. 고객만족과 충성도 간의 관계는 〈그림 6-7〉에서 보는 바와 같이 이탈, 무관심, 호감의 세 영역으로 나누어진다. 고객이탈영역은 낮은 수준의 고객만족에서 일어나며, 전환비용이 높거나 다른 선택이 없는 경우가 아니면 다른 기업이나 상품으로 전환하고자 한다. 특히 불만족한 고객은 부정적인 평판을 형성함으로써 기업에 직접적인 피해를 준다. 무관심영역은 중간수준의 만족도를 느끼는 고객에 해당된다. 이들 고객은 더 좋은 대안을 발견하면 다른 영역으로 기꺼이 전환할 수 있다. 그리고 호감영역은 만족도가 매우 높은 수준의 고객으로서 다른 서비스기업에 대해

그림 6-7 고객만족과 충성도의 관계

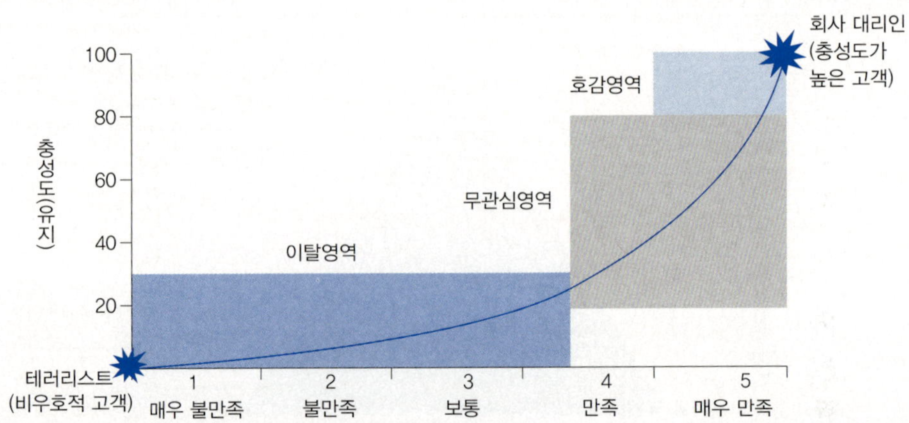

자료 : Jochen Wirtz et al., *ibid.* p.365.

나타내지 않는 높은 수준의 충성도를 보인다. 이들 고객은 공개적으로 해당기업이나 상품에 대해 호감을 표시하며, 다른 잠재적 고객들에게 추천하고자 한다.

(2) 고객과의 유대감유지 · 강화

유대감(fellowship)이란 서로 밀접하게 연결되어 있는 공통된 느낌을 말한다. 고객에 의해 구축된 충성도를 발전시키기 위해서는 고객-기업 간의 유대감을 유지하고 강화할 수 있는 다양한 마케팅전략이 필요하다. 유대감을 형성하기 위한 전략으로는 부가상품에 대한 교차판매와 저렴한 가격의 묶음판매 등을 통한 고객관계의 강화, 보상프로그램에 의한 유대감조성, 높은 수준의 유대감 구축 등의 세 가지가 있다.

1) 고객관계의 강화

고객과 기업 간에 유대감을 유지 · 강화하기 위해서는 고객관계의 강화가 필요하다. 묶음판매 또는 교차판매를 이용하여 고객관계를 강화시킬 수 있다. 묶음판매는 단일의 서비스상품들을 묶어 다양하게 구성하여 판매하는 것을 말한다. 예를 들어, 은행의 고객으로 하여금 예금계좌와 함께 신용카드, 자동차할부대출, 주택담보대출과 연금가입 등을 함께 거래토록함으로써 관계를 강화시킬 수 있다. 고객의 입장에서는 높은 전환비용을 부담해야 하는 반면, 개별상품의 구매에 따른 부수적 이점을 동시에 제공받을 수 있다. 교차판매는 자체상품뿐 아니라 다른 회사의 상품까지 판매함으로써 이윤창출의 기회를 확대하는 방식이다. 고객의 입장에서는 원스톱쇼핑을 통해 구입과정에서 편리함을 느낀다.[14)]

2) 보상프로그램

고객의 선호도를 강화하고 구매비중을 높이기 위해서는 반복구매에 대한 보상프로그램을 개발하는 것이 중요하다. 보상프로그램은 흔히 마일리지 제도로 알려져 있으나 실제로는 다양한 방법들이 이용되고 있다. 보상프로그램은 주로 서비스의 구매빈도와 구매가치 등에 비례하여 인센티브 방식으로 제공되는데, 인센티브에는 금전적 보상과 비금전적 보상이 있다.

■ 금전적 보상

고객에 대한 금전적인 보상은 구매할인, 마일리지 등과 같이 고객충성도에 대한 보상차원에서 물질적 편익(hard benefit)이 제공된다. 신용카드회사의 캐시백, 항공사와 호텔의 마일리지 제공을 비롯하여 백화점, 수퍼마켓, 통신회사, 카페, 극장, 주유소 등 서비스시장에서 널리 이용되는 보상방식이다.

■ **비금전적 보상**

고객의 충성도에 대하여 심리적으로 보상하는 방식이다. 충성도에 비례하여 콜센터대기에 대한 우선권부여나 특별서비스의 제공, 항공사의 경우, 무료수하물허용량의 확대, 공항라운지의 무료사용, 좌석의 업그레이드 등이 이에 해당된다. 이 밖에도 고객의 특별한 요청에 대한 응대와 노력, 감사의 표시 등 무형적 보상이 포함된다.

3) 높은 수준의 유대감구축

일반적인 고객로열티 프로그램은 경쟁기업의 모방에 노출되기 쉽다. 따라서 서비스기업은 지속가능한 경쟁우위를 유지하기 위해 다양한 방법으로 유대감을 강화하고 있다. 대표적인 방법으로는 사회적 유대, 고객화유대, 구조적 유대 등이 있다.

■ **사회적 유대감**

사회적 유대는 주로 현장직원과 고객 사이의 개인적인 관계에 기반을 둔다. 이러한 개인적 유대감은 상호신뢰를 통해 형성되고 강화된다. 사회적 유대는 물리적인 유대에 비해 관계구축이 어렵고 시간이 소요되는 반면, 장기적으로 관계가 유지되며 경쟁회사의 모방이 어렵다. 예를 들어, 교육기관에서 강사와 고객인 학생 간에 형성된 사회적 유대는 충성도가 오래 지속되며, 고객 간에 공유된 관계나 경험이 있을 때 유대감은 더 강화된다.

■ **고객화 유대감**

서비스기업이 충성고객에게 차별화된 서비스를 성공적으로 제공했을 때 형성되는 유대감인데, 단골고객은 고객화유대가 성공적인 충성고객이라고 할 수 있다. 예를 들면, 항공사의 객실승무원들은 일등석에 탑승한 승객의 선호도를 파악하여 최적의 서비스를 제공함으로써 고객화된 유대감을 강화한다. 고객화를 통해 특별한 서비스에 익숙한 고객은 다른 기업으로부터 같은 수준의 서비스를 제공받기 어렵기 때문에 기업이 충성고객을 유지하는데 효과적이다.

■ **구조적 유대감**

구조적 유대감은 고객의 행동을 서비스기업의 일부분으로 만들어 기업에 고객을 연계시킴으로써 생성된다. 프로젝트의 합작투자, 정보처리의 공유 등과 같이 주로 서비스기업과 고객기업(B2B), 서비스기업과 고객(B2C)의 상황에서 형성되는 유대감이다. 예를 들어, 자동차렌트회사는 여행자에게 자동차의 종류, 보험의 범위 등을 포함한 과거여행기록을 회사홈페이지에서 확인할 수 있도록 함으로써 고객이 새로운 예약이 필요한 경우에 서비스이용의 편리성을 제공한다.

(3) 고객이탈의 최소화

고객은 경험하는 서비스에 만족하지 않을 경우, 충성고객이라 하더라도 언제든지 거래기업을 바꿀 수 있다. 고객이 경쟁자로 전환하는 요인들은 무엇이며, 이러한 전환을 줄이는 방법은 무엇인가? 고객이동이라고도 불리는 고객이탈의 원인과 이를 최소화하는 방법을 살펴보자.

1) 고객이탈의 원인

고객의 이탈을 줄이기 위해서는 고객전환의 원인을 이해하는 것이 무엇보다도 중요하다. 여러 서비스분야에서 고객의 이탈원인을 분석한 실증연구에 따르면, 충성고객이 서비스제공자를 전환하는 이유들은 다음과 같다(괄호안은 복수응답의 비율).[15)]

- 중요한 서비스의 실패(44%)
- 서비스품질에 대한 불만족(34%)
- 높은 가격 또는 정직하지 못한 가격(30%)
- 시간지연 · 장소변경으로 인한 불편함(21%)
- 서비스실패에 대한 불성실한 응답(17%)

그림 6-8 고객의 기업으로부터 이탈하는 원인

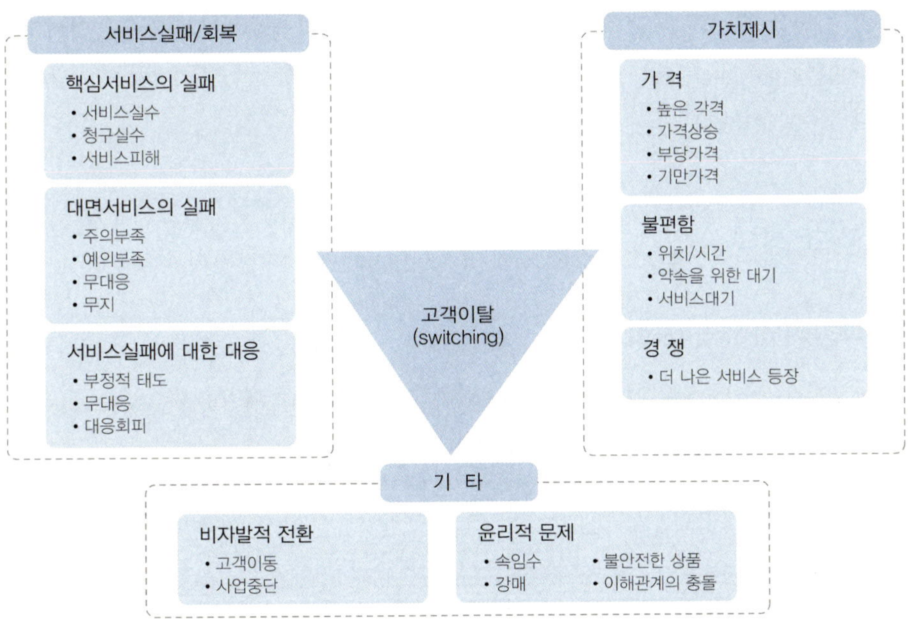

자료 : Jochen Wirtz et al., *ibid.* p.377.

2) 효과적인 불만처리와 서비스 회복절차

효과적인 불만처리와 훌륭한 서비스회복은 불만족한 고객을 유지하는데 매우 중요한 서비스과정이다. 고객관리가 성공적인 기업은 고객이 자신의 문제를 편하게 소통할 수 있도록 고객의 소리(voice of customer, VOC) 등의 다양한 커뮤니케이션 채널을 구축·운영한다. 그리고 이를 통해 적절한 서비스회복전략으로 문제를 해결한다.

3) 전환비용의 증가

고객이탈을 줄이는 또 다른 방법은 전환장벽을 높이는 것이다. 대부분의 서비스에는 전환비용이 수반되는데, 주로 기존의 거래기업과의 계약불이행에 의해 발생된다. 예를 들어, 고객은 현재 거래은행의 계정을 다른 은행으로 바꾸는데 시간과 노력이 필요하며, 체크카드와 신용카드, 다른 금융서비스가 현재의 계정과 연계되어 있을 때 이와 같은 번거로움이 뒤따른다.

제3절 고객관계관리(CRM)

오늘날 기업들은 대부분 고객가치를 극대화하기 위한 관리체계를 구축·운영하고 있다. 고객관계관리(Customer Relationship Management, CRM)는 치열한 경쟁적 환경에서 등장한 마케팅개념인 동시에 이를 지원하는 고객정보관리시스템이다.

1. CRM의 개념

(1) 고객관리인식의 변화

정보기술(IT)의 발전에 따라 고객과 기업은 모두 인터넷을 기반으로 다양한 정보에 접근이 용이해졌다. 고객은 정보를 이용하여 상품가격을 쉽게 비교할 수 있게 되었을뿐 아니라 직접 가격을 결정할 수 있게 되었다. 시장의 주도권이 생산자에서 수요자중심으로 변함에 따라 산업계에는 정보기술을 이용하여 고객정보를 전략적으로 활용할 필요성이 대두되었다. 이와 같이 데이터기술의 발달은 고객의 욕구와 구매행태에 대한 지식과 정보수집과 분석기능을 강화시킴으로써 고객관리방식에 큰 변화를 가져왔다. 특히 서비스에서는 기업과 고객(Business to Customer, B2C) 간의 관

표 6-3 고객관리의 변화추이

	판매 (1970년대)	고객만족 (1980년대)	DB마케팅 (1990년대)	CRM (현재)
고객관점	수동적 구매자	선택적 구매자	개성화 · 다양화	능동적 파트너
고객관계	시장에 일방적 공급	고객만족도 측정 일방적 관계	세분화된 고객과의 일방적 관계	개별 고객과 쌍방향 의 사소통
고객관리	단순 영업중심	영업 및 AS	IT기술 중심	전사적 관리

계가 거래중심에서 관계중심으로 전환되었다.

(2) CRM의 정의

CRM의 기본적 개념은 다음과 같이 정의된다. 우선, 고객을 장기적·지속적으로 관리하는 마케팅기법이다. 동시에 표적고객에 대해 집중적으로 관리함으로써 고객으로부터 안정적이고 장기적인 이익을 창출하는 경영방식이다. 고객관리의 측면에서 보면, CRM은 기업이 관계를 맺게 되는 고객의 생애(life cycle)상의 접점요소를 파악하고 체계화하기 위한 전략과 시스템이다. 즉, CRM은 고객으로 하여금 상품과 서비스에 대한 필요성을 인지토록 하고, 구매의 관심과 접근을 유도하며 경험의 가치를 극대화하고 문제발생에 대한 신속한 해결 및 재구매를 유도하고 고객의 이탈을 방지함으로써 고객가치를 극대화하는 관리기법이다.

(3) CRM의 목적

CRM은 기업과 고객 간의 모든 접점에서 관계를 강화함으로써 잠재적 고객영역에서 신규고객을 개발하고, 확보된 고객의 만족도를 향상시켜 이탈고객을 방지하는 동시에 고객의 가치를 판단하여 차별적 서비스를 제공함으로써 고객관계를 강화하여 수익성을 극대화하는 것을 목표로 한다.

2. CRM의 원리와 구성요소

(1) CRM의 기본원리

CRM은 고객을 자산으로 인식하여 활용가치를 중시하고 외형적인 시장점유율의 확대보다는 고객의 기여도를 중시하는 경영이념을 바탕으로 한다. 관리기법으로서 CRM은 첫째, 고객의 충성도를 활용한 로열티마케팅의 원리를 적용한다. 이는 핵심적인 주요 고객층을 특화하여 관리하며, 자사 상품에 대한 고객의 자발적인 요구를 상품계획에 반영하여 핵심 고객층을 확대해 나간다. 둘째, 원 투 원 마케팅(one to one marketing)을 특징으로 한다. 이는 기업과 고객이 밀착된 관계를 유지하는 커뮤니케이션을 통해 개인의 니즈를 이해하고 개별행동의 결과를 분석하여 개별적으로 응대한다. CRM은 개별마케팅을 통해 자사상품에 대한 고객의 충성도를 자산으로 인식하여 고객가치를 극대화하는 것이다.

고객의 로열티자산 = 고객의 본원가치 – 고객관리비용

고객의 본원가치란 고객이 자사의 상품을 구매하는 총액뿐 아니라 고객으로 유지되는 기간 동안 회사에 기여하는 모든 경제적 가치를 말한다. 고객관리비용이란 고객을 확보·설득·유지하는데 소요되는 모든 비용을 의미한다. 고객로열티자산을 극대화하기 위해 CRM은 고객·관계·관리의 세 가지 요소를 효과적으로 관리하는 것이다. 즉,

- C–Customer(고객)
- R–Relationship(관계)
- M–Management(관리)

로 각각의 의미를 살펴볼 수 있다. 이는 곧 고객을 새롭게 인식하고, 어떻게 관계를 형성하여 유지하며, 효과적으로 관리하는가에 대한 해법을 규명하는 데에서 출발하고 있다. 예를 들면, 우리 회사의 고객은 누구인가? 핵심 고객층은 어떤 사람들인가? 고객은 무엇을 원하고 요구하는가? 고객이 요구하게 될 혜택이나 서비스는 무엇인가? 고객의 평생가치를 극대화할 수 있는 방안은 무엇인가? 등에 대해 분석하고 각각의 방안을 찾아 고객관리에 활용하는 것이다.

(2) CRM의 구성요소

CRM은 고객마다 기업과의 관계, 거래규모, 니즈 등의 차이로 인해 서비스 프로세스 및 데이터 등의 관리요소가 상이하다는 것은 전제로 한다. 오늘날 고객은 상품에 대한 접근채널이 다양하고 개인정보의 변경이 빈번하며, 기능이나 가격 등의 정량적인 가치뿐 아니라 정성적인 가치에 영향을 받기 때문에 전사적 차원에서 종합적인 고객정보를 이용해 CRM을 구축해야 한다.

표 6-4 CRM의 마케팅효과

업무영역	CRM 도입의 기대효과
마케팅기회분석	• 수익 및 고객평생가치(lifetime value, LTV) 증대 • 신규고객 유치 및 기존 고객활성화 • 고객 라이프사이클 상의 결정적 시점에 효과적 마케팅활동 • 평생고객으로 가치를 창출할 수 있게 함
영업지원활동	• 시장에서의 경쟁력 있는 제품의 파악 및 신속한 대응전략수립 • 수익성 높은 고객분류와 target 마케팅
마케팅관리	• 시장변화 및 고객의 니즈에 맞은 상품개발 • 상품에 대한 시장 반응의 신속한 파악 및 보완 • 고객니즈변화에 대한 신속한 파악 및 대응
고객서비스	• 고객만족 및 고객충성도 증대 • 고객유지율 향상 • 고객의 구매행태에 대한 이해 • 묶음판매와 교차판매기호의 증대 및 활용
커뮤니케이션	• 고객니즈에 맞는 커뮤니케이션 채널 구축 • 비용을 최소화할 수 있는 고객유도

제4절 고객커뮤니케이션

전통적인 고객커뮤니케이션과 달리 서비스기업은 상품이 지니는 무형성을 극복하기 위해 고객과의 소통을 위해 차별화된 방법을 필요로 한다. 여기에서는 고객만족을 위해 무형성의 문제를 어떻게 해결하기 위한 커뮤니케이션의 방법들을 살펴보자.

1. 서비스의 무형성 극복

서비스는 유형의 대상이 아닌 무형의 경험 또는 실천을 통해 가치가 실현된다. 서비스의 무형성은 기업이 고객에게 상품의 속성이나 편익을 설명하는 것을 어렵게 한다. 서비스의 무형성이 지니는 문제점들과 이를 극복하기 위한 방법들은 다음과 같다.

(1) 추상성(abstractness)

물리적 대상과 직접적으로 연결되어 있지 않다. 따라서 서비스와 무형적 개념을 연결할 수 있는 단서나 사례를 제시하는 것이 중요하다. 주로 광고를 통해 서비스의 전형적인 소비자편익을 보여줌으로써 추상성의 문제를 극복한다. 예를 들어, 항공기 탑승객이 보여주는 만족스러운 미소는 서비스의 구체성을 강화해 준다.

(2) 보편성(generality)

보편성은 일련의 대상, 사람, 혹은 이벤트를 구성하는 구체적인 항목을 의미한다. 예를 들어, 항공운송에 있어서는 항공기좌석, 승무원, 기내서비스 등이 이에 해당한다. 서비스를 보여줄 수 있는 물리적 대상은 존재하지만 서비스를 구성하는 보편적인 구성요소들을 경쟁항공사보다 차별화된 서비스임을 알리는 것이 어렵다. 보편성의 문제를 해결하기 위해 서비스기업은 예를 들어, 자사의 웹사이트에 서비스품질수상실적, 고객만족에 대한 통계, 성공적인 서비스의 에피소드 등을 제시해 차별화된 서비스의 내용을 전달한다.

(3) 경험의존성(experience)

서비스는 구매전에 탐색하거나 구매할 수 없다. 물리적 서비스속성은 사전에 확인될 수 있으나 무형의 서비스는 경험에 의존해야만 한다. 예를 들어, 높은 신뢰를 전제로 하는 의료서비스 등의 경우 고객은 반드시 서비스제공자를 신뢰해야만 서비스구매가 가능하다. 따라서 기업은 서비스를 경험해 본 소비자의 추천, 우수한 서비스에 대한 평판, 자격요건 등의 정보를 제시함으로써 소비자들의 사전적 탐색을 돕는다.

(4) 심리적 무형성(mental impalpability)

대부분의 서비스는 상당히 복잡하고 다차원적이며 고객의 느낌에 따라 새롭고 가치있는 것으로 제공된다. 따라서 서비스를 사용하는 것이 어떨지, 어떤 편익이 주어질지에 대해 고객은 명확히 판단할 수 없다. 서비스기업은 고객이 서비스를 경험하는 동안 발생되는 각 단계를 설명하거나 고객의 문제점에 대한 해결과정, 서비스에 대한 고객의 경험 등을 적극 활용한다.

2. 커뮤니케이션 채널

무형의 서비스상품에 대해 고객과 소통하기 위해서는 대상으로 하는 고객을 구체적으로 설정하고, 커뮤니케이션 수단과 방법을 모색해야 한다. 즉, 고객과의 효과적인 커뮤니케이션을 위해서는 다음과 같은 물음에 충실해야 한다.

- 소통해야 하는 표적고객은 누구인가?
- 고객과 소통하고자 하는 내용은 무엇인가?
- 언제, 무엇을 통해 어떻게 소통할 것인가?

일반적으로 커뮤니케이션 채널은 크게 두 가지로 구분된다. 하나는 마케팅채널로서 전통적인 대중매체나 인터넷, 서비스의 전달경로 등을 통해 회사내부의 메시지를 조직의 내·외부에 메시지를 전달하는 채널이다. 다른 하나는 조직외부에서 제공되는 메시지를 이용하는 방법으로서 기업이 통제할 수 없는 커뮤니케이션 채널이다. 서비스기업이 이용할 수 있는 커뮤니케이션 채널을 정리하면 〈그림 6-9〉와 같다.

그림 6-9 서비스기업의 커뮤니케이션 채널

자료 : Adrian Palmer, *Principle of Services Marketing*, MaGraw-Hill, 6th ed., 2011. p.450.

(1) 전통적인 마케팅채널

■ 광고

광고(advertisement)는 마케팅에서 가장 널리 이용되는 고객과의 커뮤니케이션 채널이다. 서비스에 대한 소비자의 인지를 형성하고 설득하며 상품을 기억하도록 하는 역할을 할 뿐 아니라 상품의 본질적 가치와 실제적 정보를 소비자에게 전달하여 기억하도록 한다. 기업의 입장에서는 길고 화려한 상업적 광고보다는 대중들에게 눈에 띄고 잠재적 고객들에게 메시지를 효과적으로 전달하기 위해 보다 창의적인 광고를 개발하고자 노력한다. 고객이 서비스에 대해 낮은 관심을 갖고 있는 경우, 서비스경험 그 자체와 감성적인 자극에 초점을 놓여진다.

■ PR

PR(Public Relation)은 건전한 대중관계를 뜻한다. 사회적으로 관심을 끄는 기업활동의 공시, 특별행사의 개최, 공익을 위한 사회적 활동 등을 통해 기업에 대해 긍정적인 인상을 사회적으로 형성하는 모든 대외적 활동으로서 특정상품의 판매를 촉진하기 위한 광고와는 구별된다. 널리 이용되는 PR기법으로는 특별이벤트를 통한 기업의 우호적인 공공성확보, 기금활동, 지역사회행사의 참여와 지원, 보상프로그램, 공공적 성격의 단체나 국가적 행사의 후원 등과 같은 방법들이 대표적이다.

■ 직접 마케팅

직접 마케팅에는 DM이나 이메일, 문자메시지 등의 방법들이 널리 이용된다. 이들 채널들은 확보된 고객과 잠재적 고객에 대한 정보를 이용하여 보다 세분화된 고객들에게 개인적인 메시지로 소통할 수 있는 장점이 있다. 개인적인 커뮤니케이션을 통해 소비자의 관심을 자발적으로 유도할 수 있으며, 기업의 특정 메시지에 흥미를 보이는 고객을 대상으로 서비스기업과 개인 간의 관계를 강화할 수 있다. 특히 웹사이트와 함께 이메일은 개인적 소통에 유용한 수단이다.

■ 판매촉진 및 전시회

판매촉진(promotion)은 인센티브를 수반한 고객 커뮤니케이션에 포함된다. 판매촉진활동은 잠재적 고객들을 대상으로 구매를 하거나 구매량을 늘이거나 더 빈번한 구매가 이루어지도록 유도한다. 이벤트행사, 샘플이나 쿠폰, 가격할인, 선물 등의 수단은 고객들의 구매행동을 유발한다. 판매촉진을 통해 확보된 고객은 상대적으로 재구매율이 낮으므로 기업은 판매촉진의 활용에 신중할 필요가 있다. 전시회는 홍보의 특정한 형태로서 기업고객을 대상으로 하는 마케팅에 효과적인 방법이다. 오늘날 많은 산업에서 전시회는 대중매체의 관심을 유발하고 기업고객은 다양한 최신정보를 한 곳에서 접할 수 있는 장점이 있다.

■ 인적판매

인적판매(personal selling)는 대인서비스를 이용하여 고객의 선호도를 높이고 구매를 유도하는 전통적인 마케팅기법이다. 주로 자사의 판매원이나 판매대리점, 유통전문회사 등을 이용하여 고객에게 전문적인 조언이나 교육, 상담 등을 제공함으로써 특정상품의 구매를 촉진하는 방법이다. 신규고객을 확보하기 위해서는 비용이 많이 소요되는 대면적인 판매보다는 SNS나 전화 등을 활용하여 고객과 접하는 소셜마케팅 기법이 널리 이용된다.

(2) 인터넷

1) 기업의 웹사이트

인터넷을 통한 광고는 합리적인 비용으로 전통적인 커뮤니케이션 채널을 보완하거나 대체할 수 있다. 서비스기업은 자사의 웹사이트나 온라인광고를 통해 다음과 같은 목적으로 고객과 소통할 수 있다.

- 소비자의 인식과 흥미의 유발
- 서비스정보의 제공과 상담
- 이메일과 채팅공간을 이용한 쌍방향 커뮤니케이션의 활성화
- 서비스판매 및 활용방법에 대한 설명
- 검색엔진을 통한 고객의 요구사항에 대한 정보의 제공

2) 인적 커뮤니케이션의 강화

대중매체를 통한 커뮤니케이션은 기업이 전달하고자 하는 메시지가 소비자집단 또는 잠재고객을 대상으로 일방적으로 전달된다. 이에 비해 인적 커뮤니케이션은 특정개인을 대상으로 인적판매나 텔레마케팅의 방법 등으로 쌍방향 커뮤니케이션이 가능한 반면, 소비자의 거부감과 높은 비용이 부담이 된다. 오늘날 정보통신기술은 그 중간영역의 커뮤니케이션 채널을 확대하고 있다. 인터넷은 특정서비스나 상황에 대한 정보의 제공뿐 아니라 이를 통해 고객과 상호작용하는 소프트웨어가 개발됨으로써 쌍방향소통에 널리 이용되고 점차 늘어나고 있다.

(3) 서비스전달경로

서비스상품의 전달경로는 서비스기업으로 하여금 고객과의 직접적인 커뮤니케이션을 가능하게 할뿐 아니라 메시지의 전달효과가 상대적으로 높다. 메시지는 서비스판매점이나 현장직원, 셀프서

비스와 같은 채널을 통해 전달된다.

1) 서비스판매점

안내문, 포스터, 표지판, 홍보책자, 비디오 등의 다양한 매체가 구비된 서비스전달환경을 조성함으로써 서비스판매점의 물리적 환경은 고객에게 중요한 메시지를 전달한다. 건물의 인테리어와 디자인 등도 기업의 포지셔닝을 강화하여 고객이 긍정적인 서비스경험을 할 수 있도록 해준다.

2) 고객서비스 현장직원

담당직원은 전화 혹은 이메일이나 직접적인 대면 등을 통해 고객과 접촉한다. 현장직원의 커뮤니케이션은 핵심서비스를 수행할 뿐만 아니라 상품정보의 제공, 예약서비스와 결제, 문제의 해결 등 다양한 부가서비스를 수행한다. 서비스기업의 브랜드가치는 서비스기업에 대한 고객의 개인적인 경험을 통해 형성되기 때문에 현장직원의 역할은 고객만족과 커뮤니케이션에 매우 중요하다.

3) 셀프서비스 전달접점

ATM, 키오스크(KIOSK), 웹사이트 등은 모두 셀프서비스 전달접점에 해당된다. 인적서비스없이 고객과 상호작용하는 서비스접점이기 때문에 명료한 표지판과 사용설명서, 불편사항의 처리 등에 대한 정보가 중요하다. 새로운 서비스상품의 소개, 교차판매 등의 정보를 제공하는데 채널로 유용하게 이용된다.

(4) 조직외부의 커뮤니케이션 채널

서비스기업이나 상품에 대한 정보는 조직내부뿐 아니라 외부에서 형성되는 구전이나 블로그, 언론매체 등의 채널을 통해 간접적으로 고객에게 전달된다.

1) 구전(口傳)

구전(word of mouth, WOM)은 고객의 서비스기대와 만족에 직접적인 영향을 미친다. 고객은 기업의 광고 등 촉진활동보다 서비스를 먼저 경험한 다른 소비자들의 추천을 더 믿는 경향이 있으며, 서비스구매의 불확실성이 높을수록 구전에 의존하게 된다. 흔히 구전의 중요성에 대해 '만족한 고객은 모두가 믿는 유일한 광고이다'라고 비유되기도 한다. 또한 구전은 이메일외에도 채팅, 소셜미디어, 온라인커뮤니티 등의 SNS에 의해 빠르게 확산되는 특성이 있다.

2) 온라인 구전- 블로그

블로그(blog)는 웹(web) 로그(log)의 줄임말로 1997년 미국에서 처음 등장하였다. 소비자들이 자신의 관심사에 따라 일기 · 칼럼 · 기사 등을 자유롭게 올릴 수 있는 일종의 1인 미디어로서 소비자 간의 자유로운 커뮤니케이션이 가능하다. 각 분야별로 전문가 수준의 정보가 생성되어 전파되며, 서비스의 경험이나 질문과 답변 등의 방식으로 서비스의 내용과 가치가 평가되기도 한다. 웹게시판, 개인홈페이지, 컴퓨터기능이 혼합되어 있고, 소프트웨어를 무료 또는 싼가격에 구입할 수 있다. 인터넷홈페이지 제작과 관련된 지식이 없어도 자신의 공간을 만들 수 있다는 장점이 있다.

3) 트위터

트위터(twitter)는 블로그와 홈페이지의 인터페이스기능, 메신저기능 등을 결합한 소셜네크워크서비스(SNS)로서 2006년부터 서비스가 시작되었다. 본래 트위터는 '지저귀다'의 뜻 그대로 재잘거리듯이 일상의 작은 얘기들을 짧게 올릴 수 있는 온라인공간으로서 개인들이 의견, 생각, 경험을 서로 공유하기 위해 사용된다. 오늘날 서비스기업들은 다양한 방법으로 트위터를 활용하고 있는데, 주로 실시간으로 고객의 질문에 응대하거나 새로운 상품으로 소개하는 수단으로 이용한다.

4) 언론보도

대중매체의 보도는 기업의 PR활동의 일환으로 이루어지거나 방송 · 출판 등의 독자적인 취재를 통해 이루어지기도 한다. 온라인매체의 비중이 늘어나고 있음에도 불구하고 일반소비자를 대상으로 폭넓게 메시지를 전달하기 위해서는 전통적 언론매체의 보도가 여전히 중요한 커뮤니케이션 채널로 이용된다.

3. 고객만족의 성공과 실패

서비스접점에서는 종종 미리 정해진 서비스의 절차나 관행으로 인해 고객의 감성을 해치는 경우가 있다. 이는 곧 고객만족의 실패나 고객의 불만으로 나타난다. 실증연구들에 따르면, 서비스품질과 고객만족을 결정하는 중요한 요소로서 인상적인 마무리를 강조하고 있다.[16] 특히 경쟁이 치열할수록 평범한 서비스만으로는 충분하지 않으며, 인상적인 마무리가 있어야 고객은 서비스경험을 보다 긍정적으로 기억한다. 다음 사례들을 통해 서비스현장의 고객들은 어디에서 만족을 느끼는가를 생각해 보자.[17]

(1) 서비스의 실패와 성공사례

잘 훈련된 미소짓는 직원들이 수하물접수대로 당신을 안내하거나 셀프체크인을 어떻게 하는지 친절하게 설명해 줌으로써 승객들은 유쾌하고 멋진여행을 시작한다. 비행기에 탑승을 하면 승무원들은 탑승객을 따뜻한 인사로 맞이한다. 그러나 비행이 끝났을 때의 광경을 한번 그려보라. 일상적으로 이루어지는 서비스과정에는 별다른 차이가 없어 보이지만, 다음의 두 가지 상황에서 고객의 경험과 만족감이 달라진다. 고객의 입장에서 생각해 보자.

사례 1. 시작과 끝이 다른 서비스

승객들은 허리를 곧추세워서 앉아야 하며 좌석탁자는 접어 넣고, 전자기기는 끄고 안전벨트는 착용하라는 지시를 받는다. 착륙을 하면 목적지도시에 온 것을 환영한다는 딱딱한 메시지가 흘러나온다. 승객들은 안전벨트를 해제하라는 램프가 채 꺼지기도 전에 서둘러 일어서고 싶어한다. 그들은 머리위의 수하물선반 아래에 엉거주춤 서서 이상한 자세로 몸을 꼬고있고, 좌석손잡이는 엉덩이를 파고 든다. 승객들이 줄지어 기내를 빠져나갈 때, 승무원은 250명 승객에게 로봇처럼 작별인사를 한다. 당신은 출입국심사를 위해 줄을 서고, 마침내는 언제 어디서 당신의 수하물이 나타날지 모르는 상태에서 수하물 찾는곳에 혼자 서있는 당신을 발견한다. 당신이 걱정에 휩싸여 있는 동안에 행복한 웃음을 띤 승무원들은 자기들끼리 농담을 주고받으며 당신곁을 지나간다.

사례 2. 인상적인 마무리서비스

비행기가 게이트를 향해 굴러가고 있는 동안, 승무원이 승객들에게 좌석에 앉아서 도착 시 행동요령과 특별히 필요한 현지의 입국절차에 대한 간결하면서도 세심한 안내사항들에 귀를 기울여 달라고 한다. 화면에는 터미널과 수하물 찾는곳의 전경이 나온다. 계속해서 환전에 대한 정보, 연계교통편 그리고 심지어는 날씨에 대한 정보도 나온다. 이 안내가 끝나면서 도어가 열리는 카운트다운이 시작된다. 승무원이 "수하물 찾는곳에서 도움이 필요하시면 저희를 찾으세요."라고 말한다. 수하물 찾는곳은 항공사가 마련한 화분들이 놓여있어 밝고 상쾌하다. 승무원들은 이미 거기에 있을 직원들을 안내한 상태다. 음악이 흘러나온다. 당신은 칫솔을 살 수 있고 화장실은 깨끗하다. 안내판에는 연계교통에 대한 정보가 있고, 환전소에서는 그 지역화폐의 소액권과 동전을 판매한다.

(2) 실패한 서비스사례

서비스의 어려움에 대한 표현 가운데에는 '멋지게 하는 것이 중요한 게 아니라 망치지 않는 것이 중요하다'는 말이 있다. 특히 미흡한 마무리는 고객의 서비스경험에 결정적으로 나쁜결과를 가져오기도 한다. 제공자의 입장에서는 서비스의 모든 프로세스가 고객에게 좋은 경험이 되기를 원한다. 그러나 현실적으로 서비스과정에서 다음의 사례들과 같이 서비스제공에 실패하는 경우가 종종 발생한다.

사례 1.

웹디자이너들은 독특하면서도 인상적인 홈페이지를 만드는 것에 대해 자부심을 갖는다. 이 페이지는 모든 사람이 체크를 하게 되는 페이지다. 그 다음 페이지에 대해서는 시간을 좀 덜 들이고, 내비게이션 구조에서 더 아래로 내려갈수록 시간과 노력은 덜 들어간다. 수준이 떨어지고 에러가 나타난다. 그림과 삽화는 최신의 것들이 아니다. 이것이 바로 첫인상은 훌륭하지만 마무리는 미약하게 끝나는 웹사이트의 모습이다.

사례 2.

부에노스아이레스에 있는 쉐라톤파크타워에서 손님들을 따뜻하게 맞이하는 모습은 교과서적이라고 할 수 있을 만큼 훌륭하다. 그러나 투숙의 말미에 가서는 얘기가 달라진다. 현관짐꾼이 당신을 택시로 안내해 태워주고는 팁을 달라고 손을 내민다.

사례 3.

전자제품 대리점의 환경은 현대적이고 생동감있으며 매력적이다. 최신의 상품들이 잘 진열되어 있다. 매장직원들은 상품정보에 대해 잘 알고 있다. 그러나 전시된 제품이 출고되어 나오는 데는 10여분이나 걸린다.

사례 4.

은행의 정면은 멋진 모습을 하고 있다. 조명과 분위기는 수준급이다. 은행직원은 당신이 자동차 구매에 대해 이야기하고 있는 동안 커피를 권한다. 자동차를 처음 사게되는 당신은 기대가 크다. 모든 양식과 절차에 대한 설명이 끝나고 마지막으로 자동차구매용 대출을 받으려고 하는데 확인해보니 신용등급이 낮아 대출이 되지 않는다는 것이다.

사례 5.

전문직 종사자들은 컨설팅계약을 취급한다. 최초보고서는 솔직하고 새로운 시각에서 접근한다. 계약은 신속하고 효율적으로 진행된다. 도전적인 요소가 담긴 실행계획이 제시된다. 그러나 송장이 다른 주소지로 배달되고 예상치 못한 비용이 부과된다.

사례 6.

환자는 치료가 잘 되었다. 간호사는 가능한 한 기분이 좋도록 치료를 해주었다. 병실은 깨끗하고 밝으며 인간존중과 사생활보호는 잘 되었다. 의사는 모든 것을 명확하게 설명해 주었다. 의사가 퇴원확인서에 서명을 해주었다. 그런데 이 환자가 약국에서 약을 타는데 한 시간이나 걸렸다.

(3) 성공적인 서비스사례

서비스제공과정에서 고객에게 가장 기억되는 것은 마무리단계의 경험이다. 고객의 지각에 영향을 주는 것이 마지막 부분이기 때문이다. 거래의 맨 마지막부분은 고객에게 그 경험을 긍정적으로 생각하게 만든다. 다음의 성공적인 사례들을 통해 고객이 왜 서비스경험을 다시 하고 싶도록 만드는가를 생각해 보자.

사례 1.

멋진 마무리를 잘하는 K카페의 레스토랑 웨이터는 계산기를 내밀 때 초콜릿과 사탕과자묶음을 같이 선사한다. 이런 식의 마무리는 팁을 받을 가능성을 다섯배나 증가시킨다. 라이언에어의 기장들은 항공기가 착륙할 때 정시에 도착한 것을 알리는 팡파레를 울린다. 그리고 이 팡파레에는 착륙이후 그 공항에서 일어나는 모든 일은 이 항공사의 책임이 아니라는 것을 명백하게 공지하는 것이기도 하다.

사례 2.

현대자동차 미국판매법인(HMA)은 구입후 사흘안에 차량이 마음에 들지 않으면 구매금액을 전액되돌려 주는 파격적인 마케팅전략을 2020년부터 시행하고 있다. 이 회사는 2009년에도 새 차를 팔면 구매자가 차를 몰고나갈 때 이후 12개월 안에 직장을 잃을 경우 새로 산 그 차를 가지고 오면 환불해준다는 약속을 했다. 돈 걱정은 말고 새로 산차를 즐기라는 배려였는데, 당시 금융위기에도 불구하고 이 '현대 어슈어런스'로 판매량은 늘었다.

사례 3.

퍼스트 그레이트 웨스턴(First Great Western, 영국의 열차회사)은 금요일 밤에 일등석 손님에게 와인을 무료로 제공하여 일주일 간의 쌓은 스트레스를 말끔히 씻어준다.

사례 4.

영국의 헤멜 헴스테드(Hemel Hempstead) 병원의 사파리병동은 강렬한 마무리터치를 시행한다. 어느 환자는 습관적으로 터지는 코피를 치료하기 위해 외래환자로 수술을 받았다. 이틀 뒤인 금요일 오후 5시가 막 지난 시간에 한 간호사가 전화를 해서 회복은 잘 되어가고 있는지를 체크하고 환자의 상태는 어떤지 물으면서, 문제가 발생하면 연락하라고 전화번호를 알려주었다.

사례 5.

영국의 샌드위치 전문점인 '프레타망제(Pret a Manger)'의 샌드위치 서빙점원들은 서빙마지막부분에서 세 가지 행동을 한다. 간단하지만 효과적인 이 행동들은 강렬한 마무리가 되게 만든다. 잔돈은 반드시 고객의 손에 직접 놓아주고, 다음으로 고객의 눈을 바라보며, 마지막으로 뭔가를 이야기 한다. 그 마지막 말은 '감사합니다!' 일수도 있고 '안녕히 가세요.'일 수도 있고, 오늘의 날씨나 뉴스에 관한 것일 수도 있고, 어떤 것이든 머리에 떠오르는 것일 수도 있다. 이 세 가지 행동으로 고객은 행복할 수 있다. 실제 고객중에는 그 점원에게 즉석에서 현금으로 보너스를 주는 고객도 있다.

- 손 : '잔돈을 고객의 손에 놓아 주라'
- 눈 : '고객의 눈을 바라보라'
- 입 : '고객에게 작별인사를 할 때 뭔가를 이야기하라'

서비스전달과정에서 고객에게 가장 기억되기 쉬운 것은 마무리단계에서 인지되는 강렬한 경험이다.

각 주

1. '로열티(royalty)'라 함은 흔히 특정기업이 보유한 특허권, 저작권 또는 산업재산권 등의 지적자산을 사용하고 이에 대해 에 대한 사용료를 사용하고 보유기업에게 소정의 대가를 지급하는 것을 의미한다. 그러나 마케팅에 있어 미시적으로 고객의 구매행태를 설명하는 요소로서 로열티는 특정한 상품이나 기업에 대한 고객의 우호적 태도로서 충성도를 의미한다.
2. Zeithaml, Valarie A. Bitner, Mary Jo, *Service Marketing: Integrating Customer Focus Across the Firm, 7th ed.* McGraw-Hill, 2003. Ch.17. 'The Financial and Economic Effect of Service'.
3. 서비스품질이 상위 20%인 회사들은 경쟁사에 비해 평균 8% 정도의 가격프리미엄을 얻는 것으로 알려져 있다. Karl Albrecht, Ron Zemke, *Service Americe*, McGraw-Hill, 2002, p.43.
4. Jochen Wirtz, Patrica Chew, Christopher Lovelock, *Essentials of Service Marketing 2nd ed.* Pearson Education, 2013, pp.358~360.
5. 자이사믈과 비트너(Zeithaml & Bitner)는 골재와 석재를 공급하는 회사인 Graniterock사가 경쟁사보다 우수한 서비스로 인해 다른 회사보다 30%의 가격을 더 받고 있는 사실을 예로 들고 있다. 그 회사는 고객이 요청하면 근무시간 외에도 배달을 해주고 24시간 셀프서비스가 가능한 시스템을 갖추고 있다.
6. 일본 동경대학의 노리아키 카노(Noriaki Kano) 교수는 1980년대 초 서비스에 대한 실증연구에서 서비스에 대해 분석할 때 서비스의 기계적인 결과와 소비자의 만족도를 분리해야 한다는 것을 밝혔다. Kano, N., Takahashi, F. and Tsuji, S., "Attractive quality and must-be quality" *The Journal of the Japanese Society for Quality Control*, 1984, pp. 39~48.
7. 카노(Kano)모형은 시장조사 등으로 수집된 '고객의 소리'(Voice of Customer)를 분석하여 고객의 니즈를 파악함으로써 새로운 상품을 개발하는 데 흔히 이용된다. Kano, N. et al., *ibids*, 1984, pp. 39~48.
8. 프란시스 에지워스(Francis Edgeworth)는 온도계처럼 사람들의 기분을 오르내리는 상태를 기록하는 정신물리학적 기계인 쾌락측정기(Hedonimeter)를 고안해 보려고 했다. *The Economist(Dec. 2006)*에 따르면, 오늘날 좌측전 뇌의 스캔자료와 얼굴, 눈 근육의 수축정도에 근거한 미소의 특정치, 그리고 보고서 자료를 조합하면 쾌락정도를 측정하는 것이 가능하다고 한다. Edgeworth, F. Y. *Mathematical Psychics: An Essay on the Application of Mathematics to the Moral Sciences*(C Kegan Paul and Co. 1881).Tony Cram, *Finishing Touch(Pearson Education*, 2010) 〈역서〉 고객서비스의 크레센도 법칙(시그마북스, 2013) p.33에서 재인용.
9. Tony Cram, *Finishing Touch(Pearson Education, 2010)* 〈역서〉 고객서비스의 크레센도 법칙(시

그마북스, 2013) pp.33~34.

10. Jochen Wirtz, Patrica Chew, Christopher Lovelock, *Essentials of Services Marketing*, 2nd ed., Prentice Hall, 2013, pp.358~360.
11. Jochen Wirtz et al., *ibid., p.362.*
12. 조셴 워츠(Jochen Wirtz) 등은 고객충성도를 어떻게 구축하고 유지하는가에 대해 고객관리모형인 '충성도 바퀴(Wheel of Loyalty)'로 설명하고 있다. 이하의 내용은 충성도 바퀴모형을 통해 정리하였다. JochenWirtz et al., *ibid.*, pp.363~377를 참조.
13. Valerie A. Zeithaml, Roland T. Rust, and Katherine N. Lemon, "Th e Customer Pyramid: Creating and Serving Profi table Customers," *California Management Review* Vol.43, No.4, 2001, pp.118~142. Jochen Wirtz et al., *ibid.*, p.367에서 재인용.
14. 교차판매(cross selling)는 특히 서비스산업에서 보편화되고 있다. 예를 들어, 전통적으로 은행은 전통적인 예금과 대출이 수익모델이었으나 오늘날에는 수익성확보를 위해 투자신탁회사나 보험회사의 상품 등 다른 금융부문의 판매채널을 이용해 자사의 상품을 판매하는 방카슈랑스(Bancassurance)로 전환되었다. 교차판매는 기업이 고객에게 다양한 상품을 제공할 수 있는 원스톱(one stop)판매로서 마케팅전략의 하나다.
15. Susan M. Keveaney, "Customer Switching Behavior in Service Industries." *Journal of Marketing* Vol.59, 1995, pp.71~82. Jochen Wirtz et al., *ibid.*, p.375에서 재인용.
16. Hansen, D. E. & Danaher, P. J., "Inconsistent Performance during the Service Encounter: What's a good start worth?", Journal of Service Research, Vol.1, Feb. 1999. pp.227~235.
17. 이하 내용은 Tony Cram, Finishing Touch(Pearson Education, 2010) 〈역서〉 고객서비스의 크레센도 법칙(시그마북스, 2013) pp.285~292의 내용 재구성.

CHAPTER 07

고객불만과 서비스회복

제1절 서비스품질

1. 서비스품질의 이해
2. 서비스품질의 측정과 관리

제2절 고객불만

1. 고객의 불평행동
2. 고객의 행동특성과 불만의 원인

제3절 서비스회복

1. 서비스회복의 개념
2. 불만족한 고객감정의 관리

제3절 서비스회복의 성공과 실패사례

1. 효과적인 서비스회복의 지침
2. 서비스회복의 성공사례

서비스품질은 고객의 경험으로 평가된다. 학계에서는 신뢰성, 대응성, 확신성, 공감성, 유형성의 다섯 가지 요소에 대한 고객의 기대와 고객의 경험 간의 차이를 통해 서비스품질을 설명한다. 고객의 기대가 지각된 경험에 못 미치게 되면, 불만족을 느끼고 지각된 경험이 고객의 기대 이상이면 만족감을 느낀다. 무형적인 상품특성의 속성으로 인해 서비스의 실패는 언제든지 발생하므로 서비스현장에서는 예상치 않은 고객의 불만을 신속히 해결해야 한다. 소비자의 심리와 구매행태를 이해하는 것이 중요한 이유다. 서비스기업은 서비스 실패를 예상해 회복에 대한 교육훈련과 전략을 마련하고 있다. 본장에서는 서비스품질의 개념과 고객불만, 그리고 서비스회복을 각각 설명하고 성공과 실패사례를 각각 소개한다.

Keywords : SERVQUAL, 반응성, 확신성, 공감성, 불평행동, 공정성이론, 서비스회복, 심리적 회복, 비스실패의 패러독스, 고객충성도 강화, 감정관리

"US항공 1549편의 허드슨강 불시착사고"

2009년 1월 15일.

시애틀의 타고마(Tacoma)행 US항공 1549편이 뉴욕 라구디아공항을 출발했다.

그런데 노스캐롤라이나 샬롯지역을 지나던 중 캐나다 거위떼를 만나 두 엔진이 모두 꺼졌다. 거위가 엔진속으로 빨려들어가는 버드스트라크(bird strike)사고였다. 비행기는 허드슨강에 불시착하였다. 다행히 150명의 승객과 5명의 승무원전원이 살아 남았다. 이 사고로 기장이었던 체슬리 설리 설렌버그(Chesley Sully Sullenberger)는 영웅이 되었다. 기장의 조종기술과 비상대처능력 덕분에 US항공사를 이용하던 승객 150명은 살아 남을 수 있었다.

그러나 여행가방과 지갑, 안경, 열쇠꾸러미 등을 모두 잃어 버리고 물에 흠뻑 젖은 신세가 되었다. 물에 젖은 휴대전화는 작동이 되지 않았고, 친척들은 근심걱정으로 어찌할 바를 모르는 패닉상태에 빠졌다. US항공사는 이 상황을 어떻게 회복했는가? 아래는 그 비행기가 불시착한 직후 사고를 수습하기 위해 그 항공사가 취한 행동들이다.

- 고객서비스 센터에서는 800번 전화를 이용하여 걱정하고 있는 친척들에게 전화를 걸어 정보를 알렸다.
- 사고소식을 접하자마자 항공사는 본부에서 차출한 100명으로 구호팀을 편성하여 현장으로 급파했다.
- 회사의 재무관리 매니저인 스콧 스튜어트(Scott Stewart)는 직원들이 승객들을 위한 의약품, 세면도구, 개인적 물품을 구매할 수 있도록 승객용 플러스신용카드의 긴급자금을 준비했다.
- 직원들은 허드슨 강에 휴대전화를 잃어버린 승객들을 위하여 요금이 선불된 휴대전화를 마련하였다.
- 보온복과 같은 마른 의복들을 준비하였다.
- 따뜻한 식사가 제공되었다.
- 특수임무팀을 구성하여 잃어버린 소지품을 대체해 주는 작업을 진행했다.
- 승객들에게 새로운 항공편과 24시간 문을 여는 뷔페가 있는 호텔방을 제공했다.
- 항공기이용을 원치않는 사람들에 대해서는 열차표나 렌터카를 예약해 주었다. 당연히 많은 승객들이 운전면허증을 잃어버렸기 때문에 US항공사의 고위직임원이 렌트카회사인 허르츠(Herz)사의 사장에게 전화를 걸어 승객들이 면허증 없이 차를 렌트할 수 있도록 해주었다.

- 승객들이 자신의 차와 집의 자물쇠를 열 수 있도록 하기 위해 열쇠공을 고용하여 열쇠를 잃어버린 승객들을 도울 수 있게 했다.

긴급한 요구가 처리된 직후에 US항공사는 승객들과 접촉을 계속 유지하였다. 여러 번에 걸친 서신을 통해 항공권비용을 환불하고, 분실한 소지품에 대한 보전금으로 일단 5,000달러를 지급했을 뿐만 아니라 이 금액 이상의 물건을 분실한 사람들에 대해서는 이의신청을 할 수 있도록 하였다. 더불어 회장겸 사장인 도우 파커(Doug Parker)는 모든 승객들에게 개인적으로 서신을 보내어 이용횟수가 가장 많은 승객에게 부여하는 '회장이 지정한 지위(Chairman's preferred status)'를 12개월동안 제공할 것을 약속했다. 이 지위에는 승객과 동반자에게 1등석에 여유가 있을 경우, 좌석을 제공하면서 좌석선택권을 주고 우선적으로 탑승수속을 할 수 있는 권리가 부여된다.

예상치 않은 사고로 서비스에는 실패하였지만 서비스회복은 성공하였다. 불시착사고가 난 이후 6주 동안 1549항공편에 탔던 승객의 1/3 이상이 US항공을 다시 이용했다.

▸ *Business Week*(2009. 2. 19) 中에서

제1절 서비스품질

1. 서비스품질의 이해

(1) 서비스품질의 개념

서비스의 품질(service quality)이란 고객이 경험한 편익의 수준이다. 편익은 시장에서 고객의 주관적인 판단으로 결정된다. 이론적으로는 고객이 기대하는 요구수준과 실제로 경험을 통해 지각된 수준 간의 차이(gap)로 결정되는 서비스에 대한 전반적 판단을 서비스품질이라고 한다. 물적상품은 객관적인 기준에 따라 품질이 평가되는 반면, 서비스는 고객의 감성적 지각을 통해 품질이 결정된다. 넓은 의미의 서비스품질은 서비스고유의 성질뿐 아니라 선호도나 기호 등 감각적 요소들을 포함하여 고객욕구를 충족시키는 요소들로 구성된다. 고객의 기대가치와 지각된 사용가치가 일치할 때 고객은 만족하지만 고객의 기대가치가 사용가치보다 높거나 미달하게되면, 고객감동이나 고객의 불만으로 나타나게 된다.

(2) 서비스품질의 특성

고객이 지각하는 편익의 정도에 의해 결정되는 서비스품질의 특성은 다음과 같다. 첫째, 서비스가 지니는 무형성과 추상성으로 인해 객관적인 판단이 어렵다. 따라서 고객은 간접적인 유형적 단서인 서비스접점의 물리적 환경이나 현장직원, 서비스시스템 등을 통해 종합적으로 품질수준을 판단한다. 둘째, 서비스품질은 결과뿐 아니라 프로세스에 대한 평가를 모두 반영한다. 즉, 서비스 제공과정의 경험이 품질의 중요한 결정요소가 된다. 셋째, 서비스에 대한 전체적인 평가를 통해 형성된 고객의 태도이다. 개별요소의 구체적 속성보다는 서비스패키지에 대한 전반적인 기대와 경험의 차이로 품질수준이 결정된다. 넷째, 서비스접점에서 고객과의 상호작용에 의해 결정되므로 서비스접점의 물리적 환경과 현장직원의 업무역량은 중요한 요소로 작용한다.

2. 서비스품질의 측정과 관리

서비스의 품질은 무엇이고, 어떻게 측정되는가? 이는 1980년대부터 활발히 다루어져온 주제인데, 서비스품질은 고객이 서비스의 본질을 느끼게 되는 진실의 순간(Moment of Truth)의 경험들을 통해 서비스에 대한 만족 또는 불만족을 통해 평가된다. 서비스품질의 측정은 간단하지 않다. 왜냐하면 서비스품질은 객관적으로 측정할 수 있는 물리적 특성을 지닌 제품과는 다르게 심리적 특성을 포함한 무형적 요인들에 의해 결정되기 때문이다. 서비스품질을 측정하는 방법으로는 SERVQUAL 모형과 서비스 현장실사의 두 가지 방법이 대표적이다.

(1) SERVQUAL 모형

오늘날 서비스품질의 측정에 널리 이용되는 방법으로 서비스 품질평가모형(SERVQUAL model)이 있다.[1] 파라슈라만 등(A. Parasuraman, Valarie A, Zeithaml, and Leonard L. Berry, PZB)은 고객이 서비스품질을 측정하기 위해 이용하는 10개의 요인을 확인하고, 후속연구를 통해 이들 요인들을 유형성, 신뢰성, 보장성, 반응성, 공감성 등의 다섯 가지 차원으로 구분하여 SERVQUAL 모형을 개발하였다.[2] 모형의 기본원리는 각 차원별로 고객이 기대했던 서비스수준과 실제로 경험한 서비스수준 간의 차이를 통해 서비스의 품질을 평가한다. 〈그림 7-1〉에서 보는 바와 같이, 서비스의 기대수준은 고객이 서비스 구매시점에서 서비스에 대한 기대를 나타내며, 경험한 서비스수준은 특정한 서비스에 대해 지각된 성과를 의미한다. 구체적으로는 서비스지식, 기업의 서비스정책, 서비스의 전달과 고객커뮤니케이션 등에 대해 고객의 기대와 서비스의 성과 간의 차이를 분석함으로써 서비스의 전반적인 품질수준을 측정하는 것이다.

그림 7-1 SERVQUAL 모형에 의한 서비스품질측정

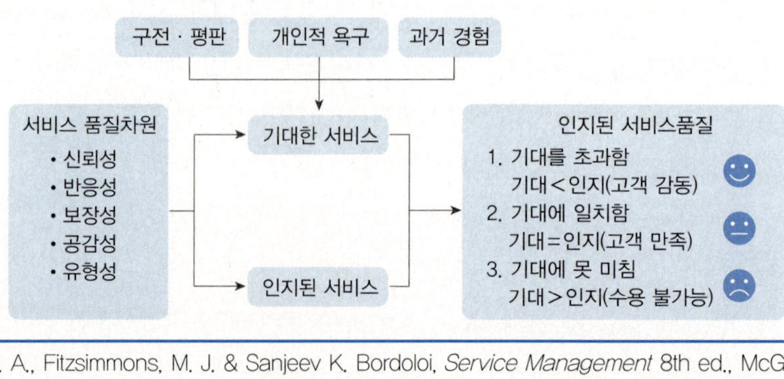

자료 : Fitzsimmons, J. A., Fitzsimmons, M. J. & Sanjeev K. Bordoloi, *Service Management* 8th ed., McGraw-Hill, 2012, p.170.

SERVQUAL 모델은 오늘날 서비스산업의 다양한 업종에서 서비스품질을 분석하는 방법으로 널리 이용된다. 이 평가모형을 구성하는 다섯 가지 서비스품질의 결정요인들은 다음과 같다.

■ **유형성(tangibles)**

고객의 눈을 통해 직접 경험하는 서비스속성이다. 즉, 서비스접점에서 경험하는 서비스시설, 직접 대면하는 현장직원, 사업장의 분위기 등에 의해 평가되는 서비스의 수준이다. 고객은 서비스현장에서 기업이 제공하는 최신의 장비나 시설, 직원들의 용모, 서비스현장에 적합한 분위기 등을 경험함으로써 기대했던 서비스수준과 비교한다.

■ **신뢰성(reliability)**

구매당시에 약속된 서비스를 정확히 수행하는 정도를 말한다. 계획된 대로 정확한 시간에 원하는 서비스가 제공되는가? 문제가 있을 때 관심을 갖고 제대로 해결하는가? 서비스의 내용은 믿을만한가? 등과 같이 고객이 서비스기업과 상품에 대해 느끼는 신뢰감을 통해 평가되는 품질요소이다.

■ **보장성(assurance)**

보장성이란 서비스의 이행에 대한 보증의 정도를 뜻하며, 신용과 거래의 안전성, 서비스역량, 예의 등의 네 가지 요소로 결정된다. 서비스의 신용은 서비스기업에 대한 신뢰와 믿음을 의미하며, 거래의 안전성이란 서비스거래에 대해 불안함이 없이 고객이 보호받고 안전하다고 느끼는 정도를 말한다. 서비스역량은 서비스를 제공하는 과정에서 요구되는 전문성이나 정보 등에 대한 수준으로 평가된다. 예의는 현장직원의 정중함과 배려, 친절 등에 대해 고객이 느끼는 수준이다.

■ **반응성(responsiveness)**

고객요구에 대해 신속하게 응대하고 서비스를 제공하는 정도를 말한다. 문제가 발생할 경우 얼마나 빨리 해결하는가? 현장직원은 항상 기꺼이 고객을 도와주고 즉각적인 서비스를 제공하는가? 등 고객의 요구나 문제해결을 위해 신속하게 반응하는 정도를 말한다.

■ **공감성(empathy)**

고객에 대한 이해와 배려, 고객과의 소통의 능력 등을 말한다. 현장직원이 고객에게 개별적인 관심을 제공하는 정도, 고객의 소리를 경청하고 요구를 이해하려는 노력, 고객의 애로와 요구에 대해 진심으로 공감하고 소통하는 태도 등을 통해 고객은 서비스의 수준을 판단한다.

SERVQUAL 모델은 모두 22개의 평가항목에 대해 고객을 대상으로 설문조사를 통해 지각된 만족도 수준을 측정한다. 고객들이 설문지문항에 대해 그들이 동의하는 정도와 동의하지 않는 정도를 차별화된 수준으로 응답함으로써 서비스품질의 요인들에 대한 모든 만족수준을 파악한다. 〈표

표 7-1 서비스품질평가를 위한 설문항목(ABC항공사)

평가요소	평가항목
유형성	1. 최신의 항공기를 운영하고 있다. 2. 기내의 인테리어는 세련되고 쾌적해 보인다. 3. 공항과 기내의 직원들은 옷차림과 용모가 단정하다. 4. 공항의 탑승수속 카운터의 직원과 시설은 편리하고 세련되었다.
신뢰성	5. 항공기의 출발과 도착시간을 잘 지킨다. 6. 승객에게 문제가 있을 때, 관심을 갖고 적극적으로 해결해 준다. 7. 항공사에 대해 늘 믿음이 간다. 8. 항상 약속한 절차대로 체크인과 탑승, 운항을 이행한다. 9. 승객의 탑승기록을 잘 기록하고 관리하여 예약이 편리하다.
반응성	10. 출발의 지연이나 연착 등 운항변경 상황을 신속히 알려준다. 11. 객실승무원들은 기내에서 승객요구에 즉각적으로 응대한다. 12. 객실승무원들은 항상 기꺼이 승객을 도와준다. 13. 모든 현장직원들은 바쁠 때에도 고객의 요구에 신속히 반응한다.
보장성	14. 항공사의 평판과 명성을 신뢰한다. 15. 항공안전에 대해 문제가 없다고 믿는다. 16. 항공사의 모든 직원들은 정중하고 예의가 바르다. 17. 객실승무원들은 기내안전한 역량을 갖추고 있다.
공감성	18. 객실승무원들은 고객의 개인적 관심에 대해 진지하게 응대한다. 19. 운항시간과 탑승게이트는 승객의 편의를 충분히 반영하고 있다. 20. 공항의 직원과 객실승무원들은 고객의 편의를 세심히 배려한다. 21. 객실승무원들은 고객의 쾌적한 탑승을 위해 진심으로 행동한다. 22. 객실승무원들은 승객의 요구나 불편함을 잘 이해한다.

주) 모든 평가항목은 다음과 같은 척도에 대해 고객이 설문형식에 응답토록 구성된다.

전혀 동의하지 않는다 　　　　보통이다 　　　　전적으로 동의한다

① ________ ② ________ ③ ________ ④ ________ ⑤ ________

7-1〉은 가상의 ABC항공사에 대한 서비스품질을 결정하는 설문항목들을 예시한 것이다.

한편, 정보통신기술의 발달은 서비스의 제공시스템을 크게 변화시키고 있는데, 현장직원이 웹사이트로 대체됨으로써 온라인접점이 늘어나고 있다. 오늘날 서비스기업들은 고객을 반복적으로 유인할 수 있는 웹사이트를 경쟁적으로 개발하고 있으며, 온라인서비스 접점인 웹사이트에 대한 서비스품질의 향상에 관심을 기울이고 있다. 이를 위해 e-서비스품질(electronic service quality, E-S-QUAL)평가모형이 널리 이용되고 있다.[3] E-S-QUAL 모형은 다음과 같이 네 가지 요소로 인터넷서비스의 품질을 평가한다.

- **효율성**(efficiency) : 사이트의 접속과 검색의 용이성 및 속도
- **가용성**(availability) : 언제든지 이용이 가능한 사이트의 정확한 기술적 기능

- 이행성(fulfillment) : 주문된 물품의 신속·정확한 납품 및 충분한 재고수준
- 보안성(privacy) : 신용카드이용에 따른 안전성과 고객정보의 보호수준

(2) 현장서비스 실사

서비스의 품질을 측정하는 두 번째 방법은 직접 서비스가 제공되는 현장에서 고객을 대상으로 질의·응답을 통해 판단하는 실태조사다.

■ 현장서비스 실사의 개념

서비스품질을 보다 직접적으로 측정하기 위해서는 서비스가 전달되는 현장을 방문하여 실태를 조사하는 방법이 효과적이다. 서비스전달과정에서 직접 경험하고 눈으로 관찰한 수많은 서비스요소들이 서비스품질에 대한 고객의 평가에 영향을 미치기 때문이다. 따라서 서비스가 제공되는 환경에 대해 실사를 함으로써 서비스를 고객의 관점에서 체계적으로 평가할 수 있다.

현장서비스 실사(實査)는 서비스경험을 고객의 관점에서 평가하는 방법이다. 고객들은 종종 경영자나 관리자들이 간과하는 부분을 알아챌 수 있기 때문에 고객의 관점에서 서비스가 계획에 따라 제대로 운영되고 있는지를 파악하는 것이 중요하다. 이와 유사한 방법으로 고객만족도 조사가 있다. 그러나 현장서비스 실사가 처음부터 끝까지 고객의 경험을 바탕으로 서비스의 모든 전달과정을 시스템으로 평가하는데 비해 고객만족도 조사는 서비스품질의 현재 수준과 관련한 전체의 만족도를 평가하는 점에서 차이가 있다. 또한 고객만족도 조사는 서비스에 대한 고객의 태도, 의견, 인지도를 측정하는데 비해 현장서비스의 실사는 서비스전달시스템의 각 단계별로 효과성에 대한 고객의 평가를 측정하는 측정한다는 점에서 차이가 있다. 따라서 현장서비스 실사는 서비스의 운영과 프로세스에 관심을 두고 개선점을 찾기위한 관리체계의 진단을 목적으로 하는 넓은 개념이다.

■ 현장서비스 실사의 설문사례

현장서비스 실사의 사례를 통해 서비스품질이 어떻게 측정되는가를 살펴보자.[4)] 다음의 사례는 레스토랑을 대상으로 실시하는 방법이다. 설문은 레스토랑에서의 식사경험에 관한 문항들로 구성되어 있다. 설문문항은 먼저 주차장에서 레스토랑입구에 이르는 것에서 시작해 레스토랑 안으로 들어와 입구에서 인사를 받고, 테이블배정을 기다린 뒤 안내를 받고 음료와 식사를 주문하고, 음식을 받아 식사를 마친 다음 마지막으로 계산서를 받아 음식값을 지불할때까지의 전체과정에 대한 질문들로 구성된다. 이 설문조사에 포함된 질문들은 서비스흐름에 따라 단계별범주로 구성된다. 즉, 예약이 접수된 상태 → 직접 대면해서 제공받은 서비스사항 → 대기 → 식탁 및 장소의 세팅 → 실내분위기 → 제공된 음식의 모양새 → 계산서의 제시 → 판촉이나 묵시적인 판매권유 → 봉

사료요구 등이다. 따라서 이 방법은 고객이 서비스를 제공받는 과정에서의 총체적인 경험을 처음부터 끝까지 살펴볼 수 있다.

이에 비해 고객만족도 조사는 간단한 항목에 대한 평가로 구성된다. 예를 들어, 레스토랑의 고객만족도를 조사하는 경우에 설문문항들은 서비스전달 프로세스의 다섯 가지 주요 부문(예약, 정보, 경험, 부대시설, 만족도)으로 구분된다. 각 부문에는 고객이 경험한 사항에 대한 질문들이 포함된다.

고객만족도를 평가의 일반적 도구로 이용되는 설문조사. 서비스평가는 전달과정에 대한 고객의 총체적인 경험에 기초한다.

제2절 고객불만

현대사회에서 서비스에 대한 고객의 불평은 흔한 일이다. 호텔, 레스토랑, 은행과 병원, 항공사 등 모든 서비스부문에서 발생하는 고객의 불평은 담당자가 직접 경험하거나 입소문, 대중매체의 보도 등을 통해서도 일상적으로 접한다. 과연 서비스가 과거에 비해 나빠졌는가? 한편으로 보면 그렇지 않다고 볼 수 있다. 24시간 은행서비스 등과 같이 자동화되고 첨단화된 서비스가 등장해 과거에는 누리지 못하던 서비스를 향유하고 있기 때문이다. 그럼에도 불구하고 많은 사람들은 서비스가 악화되었다고 불평을 하게 된다. 본절에서는 고객의 불평행동과 고객의 서비스구매행태를 살펴보고, 성공적인 서비스회복이 어떻게 가능한가를 설명한다.

1. 고객의 불평행동

(1) 서비스실패에 대한 고객의 반응

고객의 불평이란 서비스의 경험이 기대했던 수준에 미달하는 경우, 그리고 심리적·물질적 손실이 발생하는 경우에 이를 개선하거나 보상해 주기를 바라는 요구나 주장이다. 서비스가 기대에 미치지 못하는 경우, 고객의 불만은 다음과 같이 공개적인 행동이나 개인적인 행동으로 표출하거나 또는 아무런 행동도 보이지 않은 경우가 있다.

- **특정한 형태의 공개적인 행동을 취함** : 민사 또는 형사상의 소송을 취하거나 소비자단체 등을 통해 손해의 배상을 요구함
- **특정한 형태의 개인적인 행동을 취함** : 해당 서비스의 구매를 포기하거나 서비스기업을 이탈하여 다른 곳으로 이동함
- **어떠한 행동도 취하지 않음** : 불만에 대해 공개적이거나 개인적인 표출을 하지 않음

이와 같은 고객의 다양한 불평행동은 하나 또는 복합적인 형태로 표출된다. 서비스실패로 인한

그림 7-5 서비스실패에 대한 고객의 반응

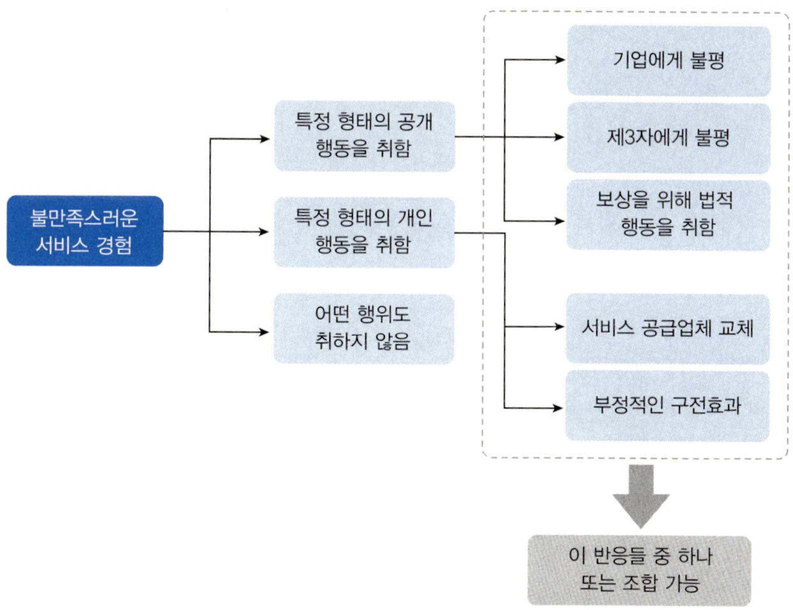

자료 : Jochen Wirtz, Patrica Chew, Christopher Lovelock, Essentials of Services Marketing, 2nd ed., Pearson Education, 2013, p.394.

고객이탈은 해당고객에 의한 수익의 감소뿐 아니라 다른 고객에게 파급됨으로써 손실이 확대되기도 한다. 예를 들어, 고객의 불쾌한 서비스불만은 인터넷게시판의 게재, 블로그 등의 SNS를 통해 수많은 고객들에게 영향을 미칠 수 있다.

(2) 고객은 왜 불평하는가?

서비스는 기본적으로 고객의 불만을 야기하지 않은 고객을 가정하여 계획되고 수행된다. 그러나 서비스기업은 항상 고객의 불만에 노출되어 있으며, 어떠한 기업도 모든 고객을 완전하게 만족시킬 수는 없다. 서비스실패에 대해 일부고객은 불평에 따르는 시간적·심리적 부담에도 불구하고 불만사항을 표출한다. 일반적으로 소비자행동에 대한 연구들에 따르면, 불평을 표출하는 심리적 요인으로는 다음의 네 가지가 있다.[5)]

- **보상의 획득** : 종종 고객은 서비스불만에 대한 환불, 보상의 요청 등과 같은 경제적 손실을 회복하거나 해당서비스를 다시 제공받기 위해 불평을 한다. 이때 경제적 손실의 회복과 서비스의 반복제공이 동시에 뒤따르기도 한다.
- **분노의 표출** : 일부고객은 자존감을 회복하기 위해서나 자신의 분노와 좌절을 표출하기 위해서 불평을 한다. 서비스전달과정이 지나치게 규격화되어 있거나 현장직원이 무례할 경우 고객의 자존심과 공정성 등의 감정을 자극할 수 있다.
- **서비스개선의 제시** : 고객이 특정 서비스에 대해 전문적 지식이나 특별한 관심이 있는 경우, 서비스의 개선을 위해 자신의 불만사항을 제시한다. 이와 같은 불평은 서비스에 대한 피드백 기능을 하는 긍정적인 효과가 있다.
- **다른 고객을 위한 배려** : 일부고객은 다른 고객을 위해 자신의 불만을 제기한다. 그들은 다른 고객이 똑같은 문제를 경험하지 않기를 원하기 때문에 문제점을 전달하여 서비스가 개선되기를 원한다.

(3) 서비스의 고도화와 서비스의 역설

산업의 발달에 따라 오늘날의 소비자들은 과거에 비해 경제적으로 풍요로운 삶을 영위한다. 그러나 현대인들은 더 많은 재화와 서비스를 향유하고 있음에도 불구하고 불만은 줄지않고 있다. 서비스산업이 고도화되고 서비스의 수준이 향상되고 있지만 품질에 대한 평가가 오히려 악화되는 경향이 나타나고 있다. 이와 같은 현상을 서비스의 역설(service paradox)이라고 한다. 이같은 현상은 서비스에 익숙해진 고객의 기대가 높아지는 만큼 감성적 만족이 뒤따르지 못하기 때문이다. 오늘날 서비스기업들은 효율성의 제고, 비용절감 등을 위해 노동집약적인 부분을 기계화·자동화로 대체하고, 제조업에 적용되어오던 계획, 조직, 훈련, 통제 및 관리 등의 기능을 서비스관리에 적극 활용하고 있다. 실제로 많은 서비스부문에서는 서비스의 효율화를 통해 성공을 거두고 있다. 패스트푸드의 프랜차이즈, 수퍼마켓, 자동판매기 등이 대표적인 경우에 해당된다. 서비스의 고도화에도 불구하고 오늘날 다음과 같은 요인들로 인해 서비스의 역설이 성립한다.

- 표준화, 기계 및 시스템기술에 대한 높은 의존성
- 서비스의 동질화와 인간성의 상실
- 서비스기술의 복잡화
- 서비스기업의 이윤추구를 위한 효율성 강조

(4) 불만족한 고객 중 어느 정도가 불평을 할까?

■ 고객의 불평비용

앞서 설명한 바와 같이, 불만족한 고객들이 모두 불평을 표출하는 것은 아니다. 불만의 표출은 고객의 입장에서도 비용이 드는 일이기 때문이다. 실증연구결과들에 따르면, 서비스실패를 경험한 고객중에는 평균적으로 5~10% 고객만이 실제로 불평을 한다. 불만족한 나머지 고객들은 왜 불평을 하지 않을까? 불만족한 고객들은 대부분 불편사항을 신고양식에 기재하거나 이메일을 보내는데 시간을 낭비하고 싶어하지 않기 때문이다. 특히 불만사항이 어떤 노력을 기울일 만큼 중요하지 않다고 생각되면 불만을 표출하지 않는다. 더구나 불만을 전달해도 자신의 문제에 대해 관심을 갖거나 문제해결에 적극적이지 않을 것으로 생각하는 경향이 있다. 또한 불평을 위한 소통채널을 알지 못하거나 불평에 대해 스스로 불쾌하게 느끼고 대면으로 인한 스트레스를 회피하고자 하는 경우에 이를 표출하지 않는다.

■ 표출된 불평의 의미

사우스웨스트 항공(SWA)은 세계 최초의 저비용항공사로 성공신화를 이룩한 항공사이다. 고객

표 7-3 불평하는 승객 1명이 미치는 부정적 영향(SWA, *LOVE LINE*, 1994)

- 불평하는 1명의 승객 "서비스가 불만이다!" → 침묵하는 25명의 승객
- 침묵하는 25명의 승객 → 평균 12명에게 불만을 입소문으로 전달
  (약 10%는 20명 이상에게 전달)
- 불평하는 1명의 승객 → 총 300명의 불만족한 예비고객
- 연간 6만 명의 불평고객 × 25명 = 150만 명(불만족 고객)
- 150만 명 × 12명(입소문) = 1,800명(불만족 예비고객)

만족에 집중한 SWA의 다음 사례를 통해 고객의 불평이 지니는 의미를 생각해 보자. SWA는 회사의 간행물인 LOVE LINE(1994)를 통해 고객의 불평이 지니는 부정적 효과에 대해 다음과 같이 설명하고 있다. "서비스에 대해 불평을 하는 1명의 승객이 있다면, 그 서비스에 대해 이미 25명의 침묵하는 승객이 있다. 침묵하는 승객들마다 평균 12명에게 불만을 전달하고 침묵하는 승객들 중 10%는 20명 이상에게 전달한다." 따라서 1명의 불평고객은 곧 300명의 불만족한 예비고객들이 있음을 의미한다. 당시 이 항공사에 전달된 불평건수가 연간 6만건이 보고되었는데, 이는 150만명의 불만고객이 존재하고, 불만족한 예비고객은 1,800만명으로 늘어날 수 있음을 뜻한다. 이 보고서에 따르면, 불만고객들은 항공사의 서비스회복노력 등에 의해 약 82~95%가 본래의 항공사로 복귀하는 것으로 확인되었다.

2. 고객의 행동특성과 불만의 원인

(1) 서비스고객의 행동특성

넓은 의미에서 서비스는 흔히 사람과 사람 간에 일어나는 모든 행위로 이해되기도 한다. 따라서 서비스를 제공하는 주체의 관점에서 보면, 주변의 모든 사람들이 고객인 셈이다. 서비스의 가치는 고객의 감성적인 만족에 의해 결정된다. 따라서 성공적인 서비스를 위해서는 고객의 행동을 감성적인 차원에서 이해하는 것이 중요하다. 기업의 입장에서 보면 서비스를 인식하는 고객의 행동은 다음과 같은 특징을 지닌다.[6)]

■ 독선적 행동

고객은 독선적이고 자기중심적으로 서비스의 가치를 판단한다. 서비스를 제공받을 때 회사나 직원의 입장을 고려하기에 앞서 고객자신의 이익과 편의에 따라 독선적으로 행동한다. 따라서 모든 서비스는 고객의 입장에서 이해되고 제공되는 것이 이상적이다. 예를 들어, 불평을 제기하는 고객에게 회사의 규정을 자세히 설명하는 태도는 회사의 입장을 우선하는 것이므로 불만을 처리하는데 효과적이지 않다.

■ 보호에 대한 기대욕구

고객 모든 경우에 있어 우선적으로 보호받기를 원한다. 따라서 불만을 제기하는 고객에 대해 단순한 불만의 해결만으로는 충분하지 않다. 고객의 감성 혹은 정서까지 수용할 수 있는 태도로 응대해야만 다양한 고객의 욕구를 충족시킬 수 있다.

■ 서비스선택의 유동성

고객의 선택은 언제든지 변할 수 있다. 자신의 이익이나 편의를 위해 자신에게 유리한 서비스상품이나 기업을 결정할 수 있는 선택권을 행사한다. 따라서 서비스접점에서 최상의 서비스를 제공하는 것이 필수적이다.

■ 서비스경험에 대한 망각

고객은 자신이 경험하는 일상적인 서비스에 대해 만족하면서도 쉽게 망각한다. 특히 경쟁적인 서비스환경일수록 고객은 기억에 남을만한 특별한 서비스경험만을 기억하는 경향이 있다. 따라서 서비스는 매뉴얼의 준수여부나 명시적인 성과보다는 고객의 감성에 초점이 놓여져야 한다.

■ 실패한 서비스에 대한 소극적 표출

경험적으로 서비스에 불만을 느낀 고객은 대부분불평으로 감정을 표출하지 않는다. 극히 일부의 불평고객을 제외하고는 구전 등으로 불만을 전파하거나 다른 경쟁사로 이동한다. 따라서 서비스를 실행하기에 앞서 사전적으로 고객의 불만사항을 예방하는 것이 중요하다.

■ 고객정보의 제공

서비스기업은 고객의 불평이나 제언을 통해 충족시키지 못하는 고객의 욕구를 파악할 수 있으며, 서비스에 대한 개선과 관련하여 다양한 정보를 획득할 수 있다. 따라서 고객과 시장에 관해 유용한 정보를 담고있는 고객의 불만사항을 적극적으로 활용해야 한다.

■ 서비스약속에 대한 의심

대부분의 고객은 경험을 통해 확인하기 전까지는 기업이 제시하는 서비스정보를 믿지 않는다. 서비스의 실체를 확인하기 어렵기 때문에 구매에 앞서 다양한 채널을 통해 불확실성을 해결하고자 한다. 따라서 서비스정보에 대한 신뢰도를 확보하기 위해서는 다양한 채널로 고객과 소통하는 노력이 필요하다.

(2) 공정성

고객의 불만은 공정성이론(equity theory)으로 설명된다. 공정성이란 고객이 기업 간의 교환과정에서 서비스를 향유하기 위해 투자한 시간·금전·노력 등의 비용과 고객이 경험하는 편익이 균형을 이루는 것을 말한다.[7] 만약 자신이 부담한 비용보다 편익이 적다고 지각하면, 고객은 서비스거래가 불공정하다고 느끼게 되고 불만으로 나타나며, 불만을 느끼는 고객은 자신이 공정하게 처리되기를 기대한다.

실증연구들에 따르면, 불만고객들은 자신이 공정하게 대우받지 못했을 뿐 아니라 충분한 보상을 받지도 못했다고 느끼는 경향이 있다. 이 경우 고객들의 반응은 즉각적이고 감성적이며 지속적으로 불만을 나타난다. 고객은 다음과 같이 세 가지 측면에서 불만사항이 공정하게 처리되기를 기대한다.

- **불만처리절차의 공정성(procedural justice)**

서비스에 대한 불만을 공정하게 처리하기 위해서는 고객에게 적용되는 회사의 방침과 규정이 명확해야 한다. 고객은 기업이 서비스약속에 대해 공정한 절차를 적용하여 최선을 다하기를 기대한다.

- **상호소통의 공정성(interactional justice)**

불만고객은 서비스기업과의 상호소통을 기대한다. 서비스를 회복하고자 하는 기업의 직원과 고객 간에 충분한 이해과정이 필요하다. 따라서 실패에 대한 솔직한 인정과 문제해결을 위한 노력에 대해 고객이 이해할 수 있도록 상호 간에 소통하는 것이 필요하다. 고객은 서비스회복의 노력이 진심이며 공정하고 정중하게 처리되기를 기대한다.

- **결과의 공정성(outcome justice)**

서비스실패로 인해 야기되는 불편함과 손실에 대해 고객이 받게되는 보상은 공정해야 한다. 보상의 대상은 서비스실패 자체에 대한 보상뿐 아니라 불만의 표출에 따르는 시간과 노력, 심리적 부담까지도 포함되기를 기대한다.

제3절 서비스회복

"곧 시정해 드리겠습니다!"라는 말은 소비자들에게 언제나 듣기 좋은 말이다. 자신의 이름이 불리는 것을 듣는 것에 이어 두 번째로 가장 듣고 싶어하는 말로 알려져 있다. 문제점을 고친다는 것은 고객중심의 서비스관점에서 높이 평가받는 덕목이다. 여기에서는 서비스회복의 개념과 사례를 통해 서비스기업이 고객의 불만에 직면하여 서비스를 어떻게 회복하는가를 학습한다.

1. 서비스회복의 개념

(1) 서비스회복의 의미

서비스회복(service recovery)은 서비스에 실패한 후에 문제를 해결하고 고객과의 우호적인 관계를 유지하기 위한 체계적인 노력이다. 즉, 고객으로부터 불만이 제기된 사항을 수정하거나 회복하기위해 기업이 취하는 일련의 활동이다. 고객은 서비스실패에 대한 서비스접점에서의 반응을 기억하고, 이 기억은 부정적 구전활동으로 이어진다. 경우에 따라서는 기업과의 관계를 끊고 다른 기업으로 이탈하기도 한다. 서비스에 대해 고객의 기대를 실패이전의 수준으로 되돌리는 방법에는 두 가지가 있다.

- 심리적 회복 : 사과나 공감을 통해 심리적으로 불만을 해소하는 심리적 노력
- 물질적 회복 : 심적·물적피해를 물질적으로 보상하는 유형적 노력

(2) 서비스회복은 왜 중요한가?

기업이 서비스실패에 대해 고객이 감정표현을 전달할 수 있는 소통채널이 잘 마련되어 있거나 서비스접점에서 고객의 불만사항에 대해 신속하고 적절하게 대응하는 경우에는 오히려 고객의 충성도가 향상될 수 있으며, 서비스품질에 대한 고객정보를 확보하고 업무수행능력을 개선하는 기회가 된다. 따라서 서비스회복활동이 중요한 이유로는 첫째, 불만고객의 이탈과 서비스에 대한 부정적인 구전을 막고 본래의 충성도를 회복하는 서비스과정이라는 점을 들 수 있으며, 둘째, 서비스의 실패를 통해 확인된 서비스요소를 개선하고 효과적으로 관리할 수 있는 계기가 된다. 셋째, 서비스의 회복과정을 통해 고객과 소통함으로써 시장의 니즈와 욕구를 파악하는 기회가 된다.

(3) 서비스회복에 대한 두 가지 견해

실패한 서비스는 가치가 회복될 수 있는가? 불만족을 경험하는 고객은 본래의 충성도가 악화될 수밖에 없는가? 서비스현장에 대한 연구들은 서비스실패에 대해 다음과 같이 두 가지 상반된 견해를 제시하고 있다.

■ 최고의 고객만족은 무결점서비스

서비스는 처음부터 끝까지 원활하게 수행되어야 한다. 하나의 실패는 모두를 잃는 것이다. 아무리 훌륭한 서비스회복이라 할지라도 무결점의 서비스에서 얻는 고객의 만족감과 비교될 수는 없다

는 견해이다. 따라서 고객을 만족시키는 가장 좋은 방법은 일관성 있게 완전한 서비스를 제공하는 것이다. 서비스접점에서 고객이 경험하는 100번의 진실의 순간에서 99번을 만족시켰더라도 단한 번 고객이 불만을 갖게된다면 그 결과는 99가 아니라 0이 된다는 것이다. 서비스를 전달하는 과정에서 100개의 요소 가운데 한 가지가 불만이라면, 고객은 1개의 불만족스러운 사항만을 기억한다. 이를 흔히 100-1=99가 아닌 100-1=0이 되는 것으로 비유된다. 고객이 만족한 상태에서는 서비스에 대해 지불한 대가로 지각하는데 비해 불만족한 상태에서는 약속에 대한 불이행으로 지각하여 부정적 효과가 훨씬 더 확대되어 나타나기 때문이다. 서비스회복은 서비스실패에서 초래되는 손실을 최소화시키는 수단일뿐 고객에게 깊은 신뢰감을 심어주는 것은 아니라는 것이다.

■ 서비스회복에 의한 고객충성도 강화

비가 온뒤에 땅은 더 굳어진다. 실패한 서비스가 성공적으로 회복된다면, 서비스실패로 불만에 가득찼던 고객을 오히려 충성스러운 고객으로 전환시킬 수 있다는 견해이다. 고객의 입장에서 보면, 서비스를 처음부터 순조롭게 제공받은 경우에 비해 서비스의 실패와 회복과정을 통해 기업에 대해 더 좋은 인상을 갖게 되고, 결과적으로 높은 우호적 관계가 형성되어 좋은 평판을 형성하는데 도움이 된다. 기업의 입장에서는 성공적인 서비스회복을 통해 고객의 충성도를 강화하는 동시에 서비스의 개선점을 확인할 수 있으며, 긍정적 경험의 구전으로 잠재적 고객들에 대한 홍보효과도 기대할 수 있게 된다. 서비스의 실패를 성공적으로 만회함으로써 오히려 고객은 기업을 더 이해하게 되고, 기업에 대한 충성도를 더 높여준다는 의미에서 이를 흔히 서비스실패의 역설이라고 한다.

최근까지의 실증연구들은 두 가지 견해를 모두 부정하지 않는다.[8] 서비스역설은 존재할 수도 있고 존재하지 않을 수도 있다. 그러나 모든 고객은 무결점의 서비스를 더 선호하고, 기업의 입장에서는 고객을 만족시키는 것이 경제적으로도 효과적이며, 고객을 유지하고 좋은 평판을 형성하는 가장 좋은 방법이라는 점에서는 모두 동의한다.

(4) 서비스실패의 역설(逆說, paradox)

■ 서비스실패의 역설이란?

서비스회복은 고객의 불만족을 해결하여 본래의 기대수준으로 회복하는 것을 의미한다. 그러나 성공적인 회복으로인해 불만이 해소되었을 경우, 고객은 오히려 서비스실패가 없었을 경우보다 더 높은 긍정적 감정을 갖게되고 기업에 대한 충성도가 향상된다. 이와 같은 논리적 부조화현상을 서비스실패의 역설이라고 한다.

그림 7-7 서비스회복의 패러독스

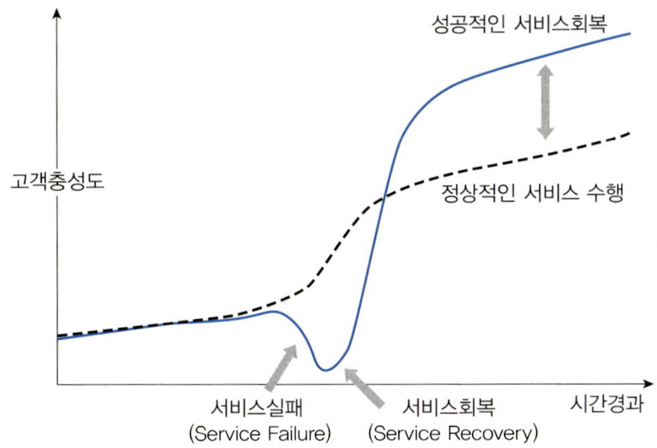

■ 서비스회복과 고객의 충성도

고객의 불만이 만족스럽게 해결되는 경우, 고객의 충성도는 이전보다 더 향상될 수 있다. 실증연구에 따르면, 서비스회복에 만족한 고객은 불만족한 상태의 고객보다 15배만큼 더 해당기업을 추천할 가능성이 있다. 실증연구에 따르면, 고객이 불만족했거나 서비스과정에서 중요한 문제가 있었지만 불만을 제기하지 않는 경우, 그 기업의 상품을 재구매할 의사는 9%에 불과한데 비해 고객의 불만족에 대한 처리를 못하더라도 고객의 불평에 대해 경청하는 것만으로도 재구매율은 19%로 상승했다. 그리고 불만족이 서비스회복을 통해 고객만족으로 이어지는 경우, 고객의 유지율은 82%로 나타났다.[9)] 불만고객이 이탈하는 경우, 기업은 해당고객과의 거래기회를 잃는 것보다 더 큰 손실을 입게되며, 해당고객으로부터 기대되는 장기적인 고객가치도 모두 상실하게 된다. 부정적인 구전정보로 인해 다른 고객도 해당기업과 거래를 하지않는 결과로 나타나기 때문이다. 따라서 불만고객의 관리는 서비스비용보다는 고객의 미래가치에 더 관심을 두어야 한다.

2. 불만족한 고객감정의 관리

(1) 서비스실패와 고객의 감정

대부분의 고객들은 서비스가 잘못되었을 때 이에 대한 사후조치가 미흡했던 경험을 갖고 있다. 기업은 무결점의 서비스를 지향한다. 그러나 서비스는 본질적으로 무결점을 보장하는 데 한계가 있다. 서비스는 제공자와 고객이 함께 공동으로 생산함으로써 가치를 창출하는 속성이 있으며, 서비스의 가치는 경험에 의해 사후적으로 평가되고, 고객마다 주관적인 기준으로 가치를 지각하기

감정의 공유, 감정을 다스리는 법

감정에 휘둘리는 것은 아무런 도움이 되지를 않는다. 흥분한 상태에서 무엇보다 중요한 것은 상대방에 대한 기대치를 낮추어야 한다는 사실이다. 그러면 상대방이 무례하거나 불공정한 태도를 보여도 쉽게 흥분되지 않는다. 반대로 상대방이 기대치를 뛰어넘는 모습을 보이면 상대적으로 기분이 좋아져서 협상이 훨씬 부드럽게 진행된다.

'복수는 냉정할 때 해야 제 맛.'

감정에 휘말릴 때는 이 말을 기억하라. 상대방이 화났을 때 덩달아 화내는 것은 도움이 되지 않는다. 이성적이고 냉정함을 유지해야 조금이라도 더 이득을 취할 수 있다. 상대방의 감정에 휩쓸리지 마라. 분노의 표출은 자살행위와 같다.

한번은 법정밖에서 두 변호사가 다투는 모습을 보았다. 한 변호사가 다른 변호사에게 마구 고함을 질렀다. 그는 상대의 고함을 묵묵히 듣고만 있다가 짧게 한마디했다.

"고생하십니다."

상대방을 완전히 무력화시키는 똑똑한 대응이다. 누구나 노력하면 자신의 감정을 통제할 수 있지만 상대방의 감정에 대응하는 일은 쉽지 않다. 다음은 감정적인 사람을 상대하는 방법이다.

- 상대방이 감정적으로 변하는 순간을 포착하라
- 상대방의 감정과 인식을 이해하려고 노력하라
- 상대방의 감정과 목표의 근원을 파악하라
- 자신의 대화법이 상대방을 자극하는지 살펴라
- 사과와 양보, 공감을 통해 상대방의 감정에 호응하라
- 신뢰를 쌓기위해 노력하라
- 자극적인 발언을 삼가라
- 제3자의 도움을 받아라
- 잘못된 사실이 있으면 즉시 바로 잡아라

상대가 감정적으로 변하는 순간, 대개는 진정하라고 말할수록 상대방은 더욱 흥분하기 마련이다. 진정하라는 말은 자칫 상대가 부당하게 화를 내고 있다는 뜻이 될 수 있다. 일단은 상대의 감정에 공감하고 흥분하는 이유를 이해하려고 노력하라. 이때 논리나 이성을 내세우는 것은 별로 도움이 되지 않는다.

여자들은 종종 남자친구에게 "문제를 해결해 달라는 게 아니야. 그냥 내 말을 들어 달라고!" 하고 말한다. 자신의 감정에 호응해 달라는 뜻이다. 칭찬, 어깨 두드리기, 경청 등 호응의 형태는 사람마다 다를 수 있다. 어떤 것이든 상대방의 감정을 이해하는 태도를 보여주는 행동이라면 좋다.

▶ Stuart Diamond, "감정의 새로운 정의" *Getting More*(2010)

때문에 품질에 대한 불만족은 필연적으로 발생한다.

따라서 서비스실패는 불만족한 사항의 조치에 대한 실제 내용보다는 조치에 대해 고객이 어떻게 감성적으로 지각하는가에 따라 서비스회복의 성패가 결정된다. 고객이 문제가 있다고 느끼거나 실망감을 갖게되었다면, 현장직원은 이를 회복시켜야 할 시점에 당면하게 된다. 정상적인 절차에 따라 정확하게 서비스를 했다거나 불가피하게 문제가 발생했다는 것은 중요한 것이 아니다. 고객의 부주의나 비현실적인 기대때문으로 설득해서도 안 된다. 서비스의 회복은 문제의 원인과 무관하게 적절한 조치를 통해 불만이 해소되도록 고객의 감정흐름을 잘 파악하고 관리하는 것이 중요하다.

(2) 고객행동의 행동과학적 해석

서비스에 관한 실증연구들은 고객의 행동을 행동과학의 방법으로 접근하고 있다. 행동과학적 연구에 따르면, 고객은 그들의 경험을 매순간 비디오로 찍듯이 모두 기억하는 것이 아니라 좋았던 순간과 나빴던 순간들만을 스냅사진과 같이 단편적으로 기억한다. 따라서 서비스경험에 대한 전반적인 평가는 각 순간들에 대한 경험의 강도와 시간흐름의 순서에 따라 영향을 받는다. 바람직한 결과를 얻기 위해서는 서비스가 끝나는 시점에 도달하는 동안 긍정적인 '진실의 순간'에 대한 강렬한 기억을 많이 만드는 것이 중요하다. 따라서 서비스불만에 대한 회복과정에서 지각하는 고객의 경험은 해당 서비스를 통해 서비스기업이 긍정적인 기억으로 남도록 하는 중요한 요소가 된다.

(3) 서비스회복을 위한 접근방법

불만고객들은 자신들의 피해에 상응하는 서비스제공자의 회복노력을 기대하는 심리가 있다. 기업의 입장에서는 서비스회복을 위한 체계적인 절차와 현장직원에 대한 재량권의 부여, 서비스접점에서 발생할 수 있는 다양한 상황에 지속적인 훈련이 필요하다. 불만고객에 대한 기업의 서비스회복노력에는 두 가지 형태가 있다.

■ 심리적 노력(psychological efforts)

불만족한 고객에게 서비스 실패상황을 이해하고 개선하고자 하는 노력을 심리적으로 보여주는 것이다. 심리적 노력에는 감정이입과 진심을 담은 사죄 등이 필수적이다. 서비스담당직원은 회복과정에서 이 두 가지 노력을 적절히 조합하여 신속하게 대처했을 때 효과적인 결과를 기대할 수 있다. 그러나 이 가운데 하나를 소홀히 하게되면 오히려 역효과가 발생할 수 있다. 예를 들어, 감정이입이 없이 진심이 아닌 형식적인 사과를 하거나 규정만을 설명하게 되면 오히려 고객의 불만을 악화시킬 수 있다.

■ 유형적 노력(tangible efforts)

서비스 실패상황에 대한 공감과 사죄를 통해 고객에게 정중히 사과했다면, 그 다음 단계로는 여전히 불만을 갖고 있는 고객에게 대해 사은품이나 할인쿠폰제공, 무료서비스이용권 등과 같은 유형적 보상을 제공검토해야 한다. 유형적 보상은 불만족고객에게 서비스실패로 인한 심적·물적피해에 대해 경제적 보상을 하는 것이다.

(4) 불평고객의 감정관리

■ 신속한 대응의 원칙

"화난 사람은 위험하다." 이는 불평고객을 설명하는 적절한 표현이다. 서비스에 불만족한 고객의 일부는 불평으로 감정을 표출한다. 서비스제공자의 입장에서 보면, 화가 난 고객은 서비스접점의 업무를 수행하는데 장애가 된다. 한편, 고객의 입장에서는 서비스의 실패가 사람을 짜증나게 한다. 고객중에는 자신들이 소홀하게 취급받고 있다거나 질나쁜 서비스를 받고 있다거나 존중받지 못하고 있다고 느낄 때 불평을 하거나 때로는 분노를 표출한다. 화난고객에게는 서비스에 대한 절차나 정보를 제공하는 것이 어렵다. 화난고객은 현장직원들을 당황하게 만들고, 고객들을 또 짜증나게 하거나 불안하게 만들며, 때로는 시설이나 비품을 파손하고 심지어는 서비스현장의 질서를 해칠 수도 있다. 따라서 불평하는 고객의 감정을 이해하고 그들을 신속히 진정시키는 것이 중요하다. 불평고객은 신속히 대응하고 구체적인 문제의 해결에 착수해야 한다.

■ 불평고객의 감정완화

고객의 분노를 완화시키는 방법에는 여러 가지가 있지만 간단할수록 가장 좋은 방법이다. 그러나 서비스접점에서 발생하는 다양한 유형의 불평에 대한 정해진 대응방법은 없다. 현장의 상황에 따라 현장직원은 고객의 불만에 신속하게 공감하여 감정을 완화시키는 것이 중요하다. 서비스제공과정에서 언제든지 일어날 수 있는 다음의 사례들을 통해 불평고객의 감정에 어떻게 접근하고 해결되는가를 살펴보자.

#사례1 : 불만에 대한 공감

불평고객의 감정을 진정시키기 위해서는 고객과 문제의 상황에 대해 공감해야 한다. 문제상황의 해결과정은 고객의 말을 경청하는 것에서 시작된다. 고객의 불평은 현장직원의 인격과는 무관하다. 다음과 같은 예를 들어 보자. "뭐 이런 형편없는 회사가 있어요?"라는 표현은 담당직원의 인격에 대한 비난이 아니라 자신의 분노를 표출하는 것이다. 현장직원은 고객의 말을 가로막지 않으면서 경청한다. 그리고 화난 고객이 또 다시 불만을 쏟기위해 잠시 숨을 돌리는 기회를 이용한다.

"우리가 어떻게 해결해야할지 한번 같이 보시죠." 또는 "제게 잠깐 시정할 수 있는 시간을 주셨으면 합니다." 등과 같은 긍정적인 말로 대응을 구체화한다. 화난고객의 불평에 직면해서 실패에 대한 논리적 설명이나 소극적인 대응은 오히려 상황을 더 악화시킬 수 있다. "뭔가 잘못된 것 같습니다. 바로 확인해 드리겠습니다."등과 같이 고객의 불평에 공감하는 긍정적 반응이 필요하다.

#사례2 : 직접적 소통

분노가 담긴 편지나 이메일에 대해서는 가능한 한 전화 등의 직접적인 방법으로 응답하는 것이 바람직하다. 화난고객에게는 직접적인 의사소통이 문서화된 의사소통보다 미안함과 공감을 전달하는데 더 적합하다. 편지나 이메일 등의 간접적 소통은 서비스의 문제점을 설명하고 시정을 약속할 수는 있지만 화난감정을 완화시키는 효과는 크지않기 때문이다.

#사례3 : 분노의 조절

고객이 직접 대면하지 않은 콜센터는 보다 빈번하게 분노의 표적이 된다. 특히 불평에 대해 시정조치를 위한 응답을 받기위해 오랜 시간을 기다리게 되는 경우, 상황은 더 악화될 수 있다. 만약 고객이 화난감정을 억제하지 못하고 지나친 험담이나 욕설 등을 하는 경우, 지나친 언행이 용납되지 않는다는 단호한 경고를 주는것은 효과적인 응대방법이 된다. 예를 들어, '저는 위협이나 욕설이 사용될 때는 전화를 계속하지 못하게 되어 있습니다. 방금전에 하신 말씀은 듣지않은 것으로 하겠습니다. 그러나 만약 계속 그런식의 말씀을 하시면 저는 이 전화를 끝내야합니다.'라는 방식으로 말할 수 있다. 최초로 불만에 응대한 직원이 그 전화를 상사나 더 경험이 많은 직원에게 연결해 드리면 어떻겠느냐고 응대하는 경우, 고객이 분노가 완화될 수 있다. 확전을 각오하고 있는 고객의 입장에서 새로운 목소리를 듣는것은 분노를 진정시키는 효과가 있다.

이상의 예에서 보는 바와 같이 고객의 분노가 일단 진정되면 담당직원에게는 서비스회복을 시작할 수 있는 여건이 마련된 것이다. 서비스접점의 직원은 자신이 잘못하지 않았더라도 분노하여 모욕적인 행동을 하는 고객을 응대할 준비가 되어 있어야 한다. 불평고객의 감정을 관리하는데 가장 중요한 것은 고객이 기업의 문제점을 확인시켜주고, 불평고객과의 관계를 회복하여 미래의 서비스 만족도를 향상시키는 기회가 된다는 사실이다. 〈표 7-4〉는 서비스접점에서 불평고객을 효과적으로 대응하여 서비스를 회복하기 위한 지침을 예시한 것이다.[10]

표 7-4 불평고객에 대한 효과적인 대응방법

1. **신속하게 행동하라**: 고객의 불평이 발생한다면 현장에서 즉각적으로 대처하라. 서비스접점이 아닌 곳에서 불평이 생긴 경우라도 가능한 한, 24시간 이내에 신속히 대처해야 한다.
2. **고객의 감정을 파악하라**: 불평을 공감하는 것은 고객과 정서적 연대감을 형성하고, 불평고객과 본래의 관계를 다시 확인하는 것은 관계회복을 위한 시작단계이다.
3. **고객과 논쟁하지마라**: 불평고객에 대한 대응의 첫 번째 목적은 문제의 해결방법을 찾는데 필요한 정보를 얻는 것이다. 고객이 잘못되었다는 것을 증명하려거나 논쟁하는 것은 바람직하지 않다.
4. **고객입장에서 문제를 이해하고 있음을 보여라**: 고객의 시각으로 상황을 보는것은 그들이 무엇이 잘못된 것이라고 생각하는 것과 왜 그들이 화가났는지 이해할 수 있는 최선의 방법이다. 현장직원은 문제의 상황을 성급히 판단하지 말아야 한다.
5. **사실을 확인하고 원인을 찾아라**: 서비스실패는 고객에 대한 오해, 제3자의 잘못된 행동의 결과일 수 있다. 직원의 실수인 경우라면, 즉시 사과하라. 고객의 분노가 완화될수록 보상에 대한 기대는 더 낮아진다. 마치 스스로 방어하려는 것처럼 행동하지 마라. 그러한 행동은 해당조직이 뭔가 감추거나, 상황에 대해 적극 해결할 의사가 없는 것처럼 보일 수 있다.
6. **고객이 유리하게 해석하라**: 고객의 불평이 항상 진실하지 않을 수 있다. 그러나 현장직원은 불평의 이유가 사실과 다르더라도 입증될 때까지는 정당한 불평으로 받아들여야 한다. 다만, 불평의 사유가 보험금이나 소송 등과 관련이 있을 경우, 추가적인 조사에 대비하여 서비스 전달과정에 대한 기록의 확인은 필요하다.
7. **앞으로 어떻게 문제해결을 할 것인지를 설명하라**: 서비스현장에서 해결되지않는 문제인 경우, 문제해결을 어떻게 할 것인지를 고객에게 설명하라. 이를 통해 고객은 문제가 앞으로 어떻게 해결될 것인가를 알 수 있게 된다.
8. **문제해결의 진행과정을 고객에게 알려라**: 모르는 상태로 있는 것을 좋아하는 사람은 없다. 불확실성은 사람이 걱정하고 스트레스를 받게 하는 원인이다. 그러므로 어떻게 문제해결이 진해되고 있는지에 대한 정보를 확인할 수 있도록 해야한다.
9. **보상을 검토하라**: 고객이 지불한 만큼의 서비스편익을 경험하지 못했거나 지연 · 결항 · 목적지 공항의 변경 등으로 시간적 · 경제적 손실 또는 심각한 불편함을 느꼈다면, 금전적인 보상이나 기타방법의 보상이 필요하다. 보상은 서비스실패로 분노한 고객의 법적행동을 줄이는데 효과적인 방법이다.
10. **서비스실패 이전의 고객감정을 회복하라**: 서비스회복에서 가장 어려운 것 중 하나는 고객의 신뢰를 이전의 수준으로 되돌리는 일이다. 불평고객이 부정적인 경험으로 구전으로 파급하지 않도록 해야하며, 다시는 같은실수를 반복하지 않도록 조치가 취해진다는 사실을 고객이 알도록 해야한다. 성공적인 서비스회복노력은 고객의 충성도와 긍정적인 구전효과를 창출할 수도 있다.
11. **시스템에 대한 자기점검을 통해 서비스를 향상시켜라**: 고객의 이탈이 있게 되면, 우연에 의한 실수인지 시스템의 문제인지를 확인해야 한다. 고객이 제기하는 모든 불평은 최대한 서비스시스템을 개선하는 정보로 활용할 필요가 있다. 서비스실패가 고객의 오해에서 비롯된 경우라도, 이는 곧 고객과의 커뮤니케이션이 원활하지 못했음을 의미한다.

자료 : Jochen Wirtz, Parica Chew, Christopher Lovelock, *Essentials of Services Marketing*, 2nd ed., Pearson Education, 2013. p.406.

제4절 서비스회복의 성공과 실패사례

고객과 현장직원은 모두 서비스실패가 예상되지 못한 경우에는 적절하게 대처하기 어렵다. 그러나 서비스실패에 직면해서 서비스담당자가 예상치 못한 상황에 어떻게 대응할 것인가를 판단하는 것은 곧 서비스회복의 성패를 결정한다. 서비스불만이나 곤란한 상황에 처했던 고객이 서비스접점에서 제공된 서비스회복을 경험함으로써 당초 서비스실패가 일어나지 않았을 경우에 비해 오히려 더 높은 만족감을 갖게 된다. 그러나 서비스접점에서 일상적인 서비스 프로세스가 원활하고 고객의 불평이 없다고 해서 고객이 만족한 것은 아니다. 고객의 불만이 제기되지 않는 것도 역시 고객의 만족을 의미하지는 않는다. 서비스현장에서 겪을 수 있는 다음의 사례들은 서비스회복의 의미와 함께 서비스의 보이지 않은 실패를 유형별로 정리한 것이다.

1. 효과적인 서비스회복의 지침

서비스는 언제든지 실패할 수 있기 때문에 회복은 매우 중요한 활동이다. 실패한 서비스는 어떻게 효과적으로 회복해야 하는가? 효과적인 서비스회복을 위한 세 가지 원칙은 다음과 같다.[11] 〈그림 7-8〉은 효과적인 서비스회복 시스템의 구성요소를 나타낸 것이다.

그림 7-8 효과적인 서비스회복 시스템의 구성요소

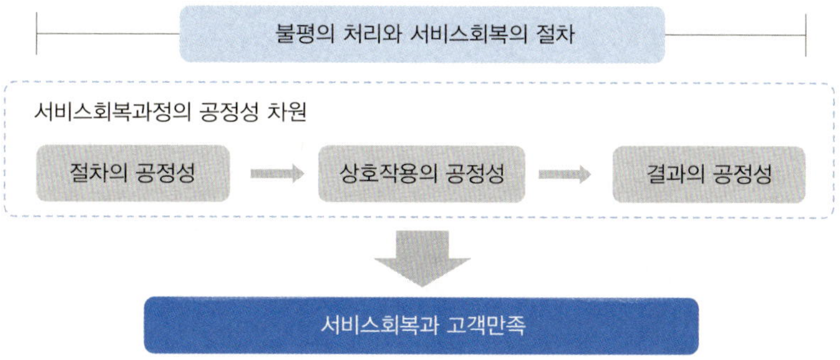

표 7-5 고객불평에 대한 장애를 줄이는 방법

불만사항전달의 장애요인	장애요인의 해소방법
불편함 • 정확한 불평전달수단을 찾기 어려움 • 불평에 따르는 추가적인 번거로움	피드백을 용이하게 함 • 고객과 소통하는 채널의 공지 • 편리한 불평접수 채널의 운영
애매모호한 조치 • 불만사항의 조치에 대한 불확실성	불만사항의 조치에 대한 확실한 전달 • 서비스회복절차를 갖추고 고객에게 알림 • 피드백에 따른 개선점을 부각시킴
불쾌함 • 무시당하는 것에 대한 두려움 • 말다툼이나 당황스러운 상황	불평전달의 경험을 긍정적으로 만듬 • 고객의 불평전달에 감사 • 현장직원에 대한 교육훈련 • 익명성 허용

자료 : Jochen Wirtz et. al., *ibids@*, p.400.

(1) 고객불평에 대한 피드백채널

서비스기업은 어떻게 불만족한 고객이 서비스실패에 대해 부담없이 불평하도록 할 것인가? 가장 좋은 방법은 불만족을 느끼는 고객들이 왜 불평을 안하는지를 파악하는 것이다. 〈표 7-5〉에서는 불평하지 않는 장애요인을 극복하기 위해 취할 수 있는 일반적인 방법들을 나타낸 것이다. 많은 기업들은 수신자부담의 콜센터 운영, 웹사이트를 이용한 불만사항의 전달, 개별접점에서 고객이 쉽게 이용할 수 있는 고객의견카드의 제공 등과 같은 방법으로 불평을 수집하는 소통채널을 마련하고 있다.

(2) 서비스회복 시스템의 구축

서비스실패의 회복에는 적극성과 계획성, 그리고 분명한 가이드라인이 필요하다. 즉, 성공적인 서비스회복을 위해서는 적극적인 서비스회복의 절차, 계획된 절차, 훈련된 서비스회복절차, 그리고 권한 위임에 의한 서비스회복절차 등이 마련되어야 한다.

■ 적극적인 서비스회복

서비스회복은 고객의 불평에 앞서 미리 준비되어 있고 이에 대해 적극적이어야 한다. 현장직원은 고객이 불만족함을 나타내는 신호를 느낄 수 있어야 하고, 고객이 문제를 겪고 있는지를 확인하는 노력이 필요하다. 예를 들면, 웨이터는 식사를 하다가 그만둔 고객에게 다음과 같이 물어볼 수 있을 것이다. "선생님, 혹시 문제가 있었나요?" 이에 대해 고객은 다음과 같이 대답할 수 있다. "괜찮아요. 전 별로 배고프지가 않네요." 또는 "이 스테이크는 완전히 익었네요. 난 반정도 익은 스테이크를 주문했는데." 두 번째 대답은 고객이 불만족한 상태에서 레스토랑에 다시는 오지않는 결과를 가져올 수 있지만, 이 경우에 웨이터에게는 서비스회복의 기회가 여전히 남아있다.

■ **서비스회복기술의 훈련**

고객과 현장직원은 서비스실패가 예상치 못한 경우에 발생하게 되면 적절하게 대응하기 어렵다. 따라서 일상적인 서비스실패와 정해진 회복절차에 대해 효과적인 교육훈련이 필요하다. 이는 서비스접점의 직원으로 하여금 확신과 기술을 습득하게 하여 근로의욕도 향상시킬 수 있다.

■ **서비스회복을 위한 재량권**

현장직원에게는 불평고객을 만족시키기 위해 필요한 판단과 커뮤니케이션 기술을 활용할 수 있는 권한이 필요하다. 특히 기업이 미리 마련해 놓은 매뉴얼이나 가이드라인에서 벗어난 상황에서 담당자의 재량권은 더욱 필요하다. 현장직원은 문제를 즉각 해결하고 고객의 선의를 회복하기 위해 판단하고 회복비용을 지출할 수 있어야 한다. 권한을 위임받은 담당자는 비정상적인 상황에서 주인의식을 갖고 위임받은 권한에 따라 고객의 문제를 해결할 수 있어야 한다.

(3) 적정한 보상수준의 결정

불평의 처리와 효과적인 서비스회복을 제도화하기 위한 방법으로 흔히 활용하는 것이 서비스보증이다. 서비스보증은 서비스가 일정기준에 미달한 경우에 불평고객으로 하여금 손쉬운 교환, 환불, 할부 등의 한 가지 또는 그 이상의 보증을 받도록해주는 것이다. 서비스보증은 고객의 입장에서 구매와 관련하여 위험을 줄여주는 효과가 있으며, 서비스의 품질을 향상시키는 강력한 도구가 된다.[12] 서비스보증은 다음과 같은 기준에 따라 설계되고 제공되어야 한다.

- **약속에 대한 무조건적 보증** : 보증을 통해 약속이 되었다면, 그것은 조건이 없어야 하고 고객이 당연하게 생각토록 해야 한다.
- **이해하기 쉬운보증** : 보증에서 얻을 수 있는 이익을 고객이 명확하게 이해할 수 있어야 한다.
- **고객에게 가치가 있는 보증** : 보증은 고객에게 중요한 것이어야 하고, 보상은 서비스실패를 보상하고도 남을 정도라야 한다.
- **요청이 용이한 보증** : 보증은 요청하기 쉬워야 한다. 보증을 요청하기 위해 많은 시간과 노력이 들지않아야 한다.
- **보상받기 용이한 보증** : 서비스실패가 발생하면, 고객이 문제없이 쉽게 보증을 받을 수 있어야 한다.
- **확실한 보증** : 기업이 제공하는 보증을 고객이 믿을 수 있도록 해야 한다.

2. 서비스회복의 성공사례

서비스회복은 일상적인 비즈니스 현장에서 주의를 끄는 기회가 되기도 한다. 정시에 도착하는 열차를 누가 눈여겨 볼 것이며, 예상하고 있던 전화나 배달을 누가 새롭게 느끼겠는가? 좋은 서비스를 제공한 것의 결과는 당연한 것을 받았다는 생각을 갖게 한다. 반면에 문제를 해결하기 위해서는 엄청난 노력이 필요하다. 서비스의 실패는 제공자에 의해 발생하기도 하지만 고객에 의해 발생하기도 한다. 다음의 사례에서는 다양한 원인에 의해 발생한 실제 상황에서 서비스기업과 현장 직원이 어떻게 서비스실패를 회복했는지를 소개한다.

(1) 서비스제공자에 의한 서비스실패

많은 경우에 서비스실패는 계획의 미비나 서비스의 전달이 약속을 지키지 못하는 서비스제공자에 의해 발생한다. 다음의 예를 통해 실패한 서비스가 어떻게 회복에 성공하였는지를 보자.

사례 1 : "일본 난바 우동가게의 서비스회복"

일본의 오사카에는 난바(難波, なんば)라는 상점골목이 있다. 골목은 항상 깔끔하게 청소되어 있어 상점들이 고객을 대하는 서비스자세를 풍경으로 보여준다. 어느날 한 노신가가 상점골목을 찾았다가 골목어귀에서 두평 남짓한 우동가게를 발견하고 들어갔다.

"우동 한 그릇 주십시오."

주문을 끝내고 기다리던 노신사의 눈에는 '고객을 언제나 왕처럼 모십니다!"라는 글귀가 보였다. 김이 모락모락 피어나는 우동 한 그릇을 놓고 몇 젓가락들던 노신사는 갑자기 젓가락을 놓고 일어나 짐을 챙겨 계산대로 갔다.

우동이 식지도 않았는데, 다 먹지도 않고 계산을 하려는 노신사를 보고 주인이 물었다.

"손님, 뭐 불편하신 게 있으신지요?"

"아니요, 급한 일이 생겼습니다."

계산을 끝낸 노신사가 나가자 주인은 손님이 앉았던 자리로 가보았다.

'이런!'

숨을 헐떡거리며 뛰어간 우동집주인은 손님을 불러 세웠다.

"손님! 정말 죄송하게 되었습니다."

주인은 허리를 90도로 굽혔다. 그리고 굽힌자세로 계속 말을 이었다.

"손님, 우동에 머리카락이 빠진것을 몰랐습니다. 어떻게 용서를 구해야 할지요."

주인이 계속 허리를 굽히고 있자 그 노신사는 젊은주인의 어깨에 손을 얹으며 말했다.

"됐습니다. 이제 그만 고개를 드시지요."

"아, 아닙니다. 손님께 용서를 구한 다음에 허리를 펴도 괜찮습니다."

주변에서 길을 가던 행인들은 마치 구경거리가 난 것처럼 모여들었다. 우동집주인은 창피함이나 부끄러움도 없이 진심을 다해 고개를 숙이고 손님께 용서를 구했다.

"모두 용서했으니 이제 고개를 드시지요."

그제야 우동집주인은 고개를 들었다. 그리고 손님한테 받은 우동값을 건네주었다.

"돈은 됐습니다. 우동맛이 아주 좋다고 해서 한번 가본 것인데, 대신 우동을 다시 한그릇 말아주시오."

주인은 손님을 모시고 다시 돌아왔다.

"거 참 맛이 좋습니다."

노신사가 평생먹어본 우동맛중에서 이 젊은 주인이 말아 준 우동은 정말 맛있었고, 특히 국물에서 느껴지는 깊은 맛과 향이 독특했다.

"주인의 꿈은 무엇입니까?"

우동을 다 먹은 노신사가 나가면서 물었다.

"제 꿈은 일본에서 제일 맛있는 우동을 파는 것입니다."

노신사는 조금 놀란표정으로 웃으며 말했다.

"그래요? 일본에서 제일 큰 우동집사장이 되는 게 아니구요?"

"네."

"그 꿈은 반드시 이루어질 겁니다."

주인은 노신사를 정중하게 밖에까지 배웅했다. 진심어린 사과를 받으면서 노신사는 마음이 한결 편해져서 돌아갔다.

그리고 우동집주인의 일상은 계속되고 있었다.

그러던 어느 날 한통의 편지가 주인앞으로 배달되었다.

"이번주말 점심에 회사직원들에게 우동을 한 그릇씩 돌릴 생각입니다. 직접와서 조리해 줄 수 있는지요?"

주인은 곧바로 그 회사의 담당자에게 전화를 걸어 약속을 잡았다. 주말출장을 위해 주인은 정성들여 육수를 만들었고, 주말이 되자 그는 회사의 식당으로 식재료를 운반해 가서 우동을 말아주기 시작했다. 그런데 줄을 선 직원들 가운데 나타난 사람이 있었는데, 그는 얼마전에 식당을 다녀간 노신사였다. 노신사는 바로 일본 최대의 요식업체 회장님이었던 것이다. 배식을 마치고 나자 회장은 우동집주인을 자신의 사무실로 불렀다.

"역시, 오늘 우동맛은 최고였습니다. 그런데 말입니다, 꿈이 일본 최고의 맛을 자랑하는 우동을 파는것이라 했지요?"

"네."

"그럼, 우리 회사의 우동프랜차이즈 사업부를 맡아보시지요."

조그만 우동집주인으로서는 엄청난 기적이 아닐 수 없었다. 그후로 그는 노신사의 회사가 추진하는 프랜차이즈 사업부에서 회사의 지원아래 가장 맛있는 우동을 만드는 경영자가 되었다. 노신사가 그 젊은 주인을 선택한 이유는 정말로 손님을 왕처럼 생각하고 있다는 것을 진심으로 느낄 수 있었기 때문이었다. 훌륭한 서비스는 고객에게 진심어린 마음을 전달하는 것이라는 점을 그 노신사는 잘 알고 있었던 것이다.

그 일이 있고 난 뒤로 일본의 오사카에 있는 난마와 도톤보리([道頓堀, どうとんぼり)의 상점골목 상인들은 매일새벽마다 상점골목을 청소하고 있다. 한 명도 빠짐없이 거리청소에 나서는 상점주인들은 언제나 고객들에게 최고의 서비스를 하기위해 서비스의 기본철학을 공표하고 이를 지키기 위해 노력하고 있다. 상인들은 스스로 다짐한 이 약속을 지키기 위해 서비스헌장을 만들어 스스로 점수를 채점도 한다. 비록 한 그릇의 우동이었지만, 젊은 주인이 보여준 겸손의 자세는 고객에게 감동을 주기에 충분했다.

▶ 긍정의 생각(김형수, 함께북스, 2015) 중에서

사례 2 : "파손된 책의 불만해결이 가져온 홍보효과"

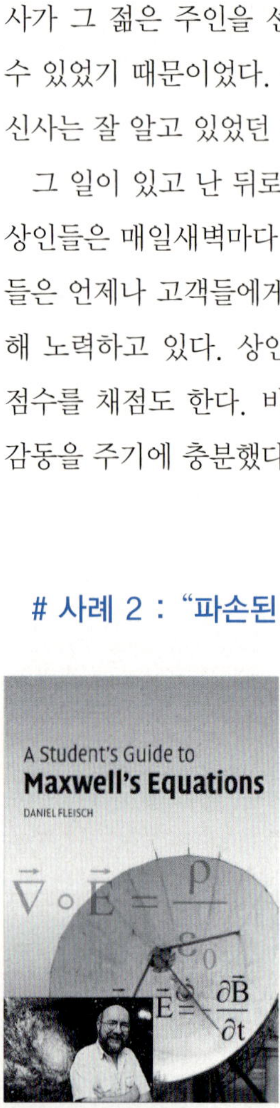

크리스마스 선물은 정시에 도착해야 했다.

캐나다에 거주하는 미첼 쿠하치에게는 아마존에서 발송하는 물리학교과서 '맥스웰 방정식참고서(A Student' s Guide to Maxwell's Equation)'가 들어있는 소포를 받고 반가웠다. 이 책은 전기자기학을 공부하는 그의 조카에게 줄 선물이었다. 아마존에서 보낸 소포가 도착한 것은 2008년 12월 24일이었다. 그런데 난감하게도 쿠하치가 그 책을 훑어보는 중에 1쪽에서 38쪽까지가 빠진 불량품인 것을 발견했다. 그는 즉각 아마존 웹사이트에 고객불만 댓글을 올리고 그 책에 대해 별 하나의 점수를 주었다. 이 책의 저자인 Daniel Fleish 교수는 이 댓글을 보고 새책으로 빨리 교환해줘야 한다고 판단했다.

그러나 그날은 크리스마스 이브였다. 책을 즉각 배달할 수 있는 특송회사를 찾을 수가 없는 상황이었다. 그 교수는 크리스마스 날 아침 6시 비행기를 타고 오하이오에서 오타와로 날아간 다음,

차를 렌트해 직접 운전하고는 미첼 쿠하치의 집으로 가서 새책으로 바꿔주었다. 별 하나의 점수를 주었던 댓글은 수정되었다.

"별 하나를 주었던 저의 평가는 이제 별 다섯 개로 변경됩니다. 그러나 이렇게 별 다섯 개로 변경하는 것을 알려드리는 것은 결말이 만족스러웠기 때문입니다. 겨울 궂은날 저자가 보여준 관심과 훌륭한 서비스는 감동적이었습니다." 수많은 사람들이 이 댓글을 읽었다. 아마존에서 이 책보다 더 많은 댓글과 평가를 받은 물리학 교과서는 없었다.

(2) 고객의 실수에 의한 서비스실패

서비스실패는 종종 고객에 의해 발생하기도 한다. 그러나 예상치 못한 상황에 직면하여 당황하거나 실망한 고객에게 서비스절차와 책임의 소재를 설명하는 것은 적절치 않다. 다음의 사례를 통해 예상치 못한 상황에서 서비스기업이 어떻게 서비스회복에 성공하고 고객의 충성도를 향상시켰는지를 살펴보자.

사례 1 : 연착된 항공편, "서비스만족의 역설"

고객은 언제 서비스에 만족하는가?

승객은 일상적인 운항스케쥴이 지켜질 때 불만족을 느끼지 않는다. 흥미있는 예가 있다. 비행기가 연착될 것이라는 말을 들은 어느 승객이 실제로는 비행기가 정시에 도착했음에도 불구하고 그 항공사의 서비스에 대한 만족도 평가에서 하위점수를 준다.

반면에 비행기가 실제로 연착되었음에도 불구하고 갈아 탈 비행기를 잡을 수 있도록 신속하게 이동시켜 주는 항공사직원의 보살핌과 관심을 받은 승객은 그 항공사에 대해 감사하게 여긴다. 그 승객은 그 항공사에 대해 높은 평점을 준다.

서비스실패에 오히려 고객이 만족하는 서비스의 역설이다. 항공사의 적절한 서비스회복노력이 가져다 주는 긍정적인 결과인 것이다.

사례 2 : 고객의 실수, 서비스실패의 역설

고객은 종종 서비스요구를 잘못 전달하거나 서비스의 내용을 제대로 이해하지 못하는 경우가 있다. 서비스상품은 무형성을 지니는 동시에 제공받는 시점에서 비로소 생산이 되고 소비가 된다. 이러한 특성으로 인해 서비스를 경험하는 단계에서는 늘 서비스실패가 발생할 수 있다. 실패한 서비스를 성공적으로 회복하는 경우, 오히려 고객의 만족도가 이전보다 나아질 수 있다.

서비스회복은 기업의 잘못에 의해 발생하지만 종종 고객의 실수에서도 비롯된다. 예를 들어, 승객이 인천공항에서 뛰듯이 나와서 리무진셔틀버스를 탔을 때, 여권을 매표소바닥에 떨어뜨렸다.

그런데 공항매표소 직원이 여권을 나에게 돌려주었을 때 나는 말할 수 없이 감사했다. 그 여직원은 여권에 있는 승객의 사진을 자세히 살펴보고 있다가 승객이 공황상태에서 되돌아 오는것을 보고 바로 얼굴을 알아본 것이다. 서비스접점의 현장직원은 문제가 발생했을 때 고객의 문제를 알아보고 곧바로 해결해준다는 것이 존재의 이유가 된다. 그 승객은 그 경험을 통해 이렇게 말할 것이다. "그 공항은 믿어도 됩니다. 만약 일이 잘못되었다 하더라도 거기서는 언제든지 신속하게 문제를 해결해 줄 겁니다. 나는 인천공항이 최고라고 누구에게라도 말할 것입니다."

 # 사례 3 : "공항에서 비자발급을 구원한 여행사직원"

공항의 항공기탑승은 늘 긴장감을 준다.

문제가 고객자신의 잘못으로 인해 발생했을 때 그 고객을 돕는것은 훨씬 더 큰 명성을 얻을 수 있게 해 준다. 쿠바는 여행자의 입국비자요건이 매우 까다롭다. 한 가족이 쿠바행 비행기를 타기 위해 히드로공항에서 탑승수속을 밟고 있었는데, 그들은 여행자카드를 갖고 있지 않았기 때문에 탑승이 거부되었다.

마침 그 사람들의 줄 뒤에 서있던 사람이 맞춤형 여행사인 트레일 파인더스의 고객이었다.

그 사람은 트레일 파인더스가 켄싱텐여행센터에서 그에게 쿠바여행자 카드를 발급해 주었다고 하면서 그 전화번호를 알려주었다. 결과는 이렇다. 이 긴급한 전화를 받고 트레일파인더스 비자팀 직원 중 한 사람이 한 뭉치의 쿠바여행자 카드를 가지고 오토바이에 뛰어올라 히드로공항으로 달려가서 정시에 갖다줌으로써 그 가족은 비행기를 탑승할 수 있었다.

위기상황에서 구조받은 그 가족은 감사하기 이를 데 없었다.

이런 극적인 스토리는 새로운 고객을 만들게 하고 또 그 회사를 널리 추천하게 만든다. 사람들은 훌륭한 서비스회복을 기억한다.

각 주

1. SERVQUAL은 서비스품질의 의미인 Service Quality의 합성어로 이 모형을 흔히 '서브퀄모델'이라고도 한다.
2. A. Parasuraman, Valarie A, Zeithaml, and Leonard L. Berry, "A Conceptual Model of Service Quality and its Implications for Future Research," *Journal of Marketing* Vol.49, 1985, pp.41~50. Valarie A, Zeithaml, A. Parasuraman, and Leonard L. Berry, *Delivering Quality Service*, NY, The Free Press, 1990. SERVQUAL모형은 최초로 평가모형을 개발한 세 학자 이름

의 이니셜을 따서 'PZB모형'이라고도 한다.

3. A. Parasuraman, Valarie A. Zeithaml, and Arvind Malhotra, "E-S-QUAL: A Multiple-Item Scale for Assessing Electronic Service Quality," Journal of Service Research 7, no.3(Feb. 2005), pp.213~33.
4. Fitzsimmons와 Maurer는 레스토랑을 대상으로 한 현장서비스의 실사방법을 개발한 바 있다. A. Fitzsimmons and G. B. Maurer, *Walk-through Audit to Improve Restaurant Performance*,(1991). Fitzsimmons, J. A., *ibid.*, 2012, p.176에서 재인용.
5. Jochen Wirtz, Parica Chew, Christopher Lovelock, *Essentials of Services Marketing*, 2nd ed., Pearson Education, 2013. p.395.
6. 대한항공 인력개발센터, 항공운송기본과정, '서비스마인드' 참조.
7. 공정성이론을 처음 개발한 사람은 애덤스(J. Stacy Adams)인데, 모든 조직의 내부구성원, 조직과 개인, 조직과 조직 간의 상호 교환과정에서 나타나는 조직행동을 설명하는 이론이다. 불공정한 차이(discrepancy)는 투입보다 산출이 클때도 생기지만 투입보다 산출이 적을때 불공정성이 더욱 크게 나타난다.
8. 1992년에서 2007년 사이에 이루어진 서비스실패의 역설에 관한 연구 15편 가운데 7편은 서비스실패의 역설의 타당성을 지지하였다. 다른 8편은 이를 부정하며, 고객을 만족시키는 가장 좋은 방법은 일관성있는 무결점서비스를 제공하는 것이라고 결론지었다. Tony Cram, *The Finishing Touch*, Prentice Hall, 2010. p.132.
9. Customer Care Measurement & Consulting(CCMC), 2007 National Customer Rage Study, Customer Care Alliance, 2007. Jochen Wirtz *et al.*, p.399에서 재인용.
10. Jochen Wirtz, Parica Chew, Christopher Lovelock, "Guidelines for the Front-Line," *Essentials of Services Marketing*, 2nd ed., Pearson Education, 2013. p.399.
11. Jochen Wirtz, Parica Chew, Christopher Lovelock, *Essentials of Services Marketing*, 2nd ed., Pearson Education, 2013. p.399~405.
12. 실증연구에 따르면, 불만족한 고객이 불평하기 이전에 서비스보증이 있다는 것을 모르고 있는 경우라도 회사가 그들의 불평을 진지하게 받아들이는 것과 서비스실패를 처리하기 위해 미리 계획된 회복절차를 마련하고 있다는 것을 아는 것만으로도 해당기업에 대해 좋은 인상을 갖는다. Sara Bjorlin Lide and Per Skalen, *The Effect of Service Guarantees on Service Recovery*(2003). Jochen Wirtz *et. al.*, p.405에서 재인용.

CHAPTER 08

서비스마케팅(I)

제1절 마케팅의 기초지식

1. 시장세분화의 개념과 의의
2. 표적시장의 선정
3. 포지셔닝의 개념과 의의
4. 마케팅믹스

제2절 서비스마케팅관리

1. 서비스마케팅 믹스 : 7Ps
2. 서비스 상품관리
3. 서비스 유통관리
4. 가격결정과 수익관리
5. 서비스촉진관리

Service Marketing Mix

기업은 무엇으로 어떻게 시장에 접근해야 하는가? 여기서 '무엇'이란 기본적으로 서비스영역과 핵심역량에 대한 문제이며, '어떻게'란 고객에게 접근하는 서비스전략에 관한 문제로서 모두 마케팅의 영역에 속한다. 사업영역이나 경쟁우위전략의 선택에는 시장과 고객에 대한 이해가 필요하며, 마케팅전략의 수립에는 고객의 욕구와 반응을 고려해야 한다. 서비스경영의 초점은 시장과 고객뿐 아니라 서비스접점에 놓이기 때문에 서비스마케팅의 영역은 넓다. 따라서 본서에서는 마케팅을 두 개의 장으로 구성하여 마케팅을 다루었으며, 본장에서는 마케팅의 기초적 내용으로서 서비스마케팅의 발전과정과 마케팅믹스를 설명한다. 이어 제9장에서는 서비스접점과 고객만족에 초점으로 둔 서비스마케팅의 기법들을 소개한다.

Keywords: 시장세분화, 마케팅믹스 7P, 포지셔닝, 서비스브랜딩, 서비스플라워, 서비스상품, 가격결정, 유통관리, 촉진관리, 수입관리(RM), 가격탄력성

"고객의 정보를 포착할 마음의 준비가 필요하다"

새 차를 구입할 때를 생각해 보라. 당신은 본 적이 없는 특이한 색상의 모델을 선택하고 새 차가 나오기까지 기대에 차서 기다린다. 그러나 자동차대리점에서 그 차를 몰고 집으로 오는 길에 같은 모델에 같은 색상의 차를 십여대쯤 만나게 된다. 그들도 당신과 같은 모델을 당신처럼 오늘 구입했을까? 아니다. 그런 차는 늘 주위에 있었다. 하지만 당신은 이제야 의식하게 된 것이다. 당신의 마음이 이전에는 눈치채지 못했던 걸 인식할 준비가 된 것이다.

준비가 되었다는 건 우리가 어떤 것을 보려고 새로운 자각에 대해 생각을 집중하고 그쪽으로 생각의 방향을 맞추는 것이다. 당신의 마음에 신경을 쓰게 되면 그것이 무엇이든 다음부터는 그걸 인식하게 된다. 고객과 상호작용을 할 때 쉽게 눈에 띌만한 곳에 고객정보의 도구를 놓아두는 이유다. 이전에는 눈치채지 못했던 것을 인식하고 듣도록 직원들의 마음을 준비시키는 방법인 것이다.

유튜브에 이 개념을 보여주는 좋은 비디오가 있다. 이 비디오에는 하얀색 옷을 입은 네 사람과 검은색 옷을 입은 네 사람이 등장한다. 내레이터가 말한다.

"이것은 인지테스트입니다. 하얀색 팀이 공을 몇 번이나 패스할까요?"

시청자들은 하얀색 팀이 공을 앞뒤로 패스하는 것을 지켜본다.

"13번입니다."

모두가 정확한 답을 맞혔다며 기뻐한다. 내레이터의 다음 질문때까지는 말이다.

"그런데 화면에서 걸어가는 곰은 보셨나요?"

"뭐...?"

그리고 똑같은 비디오를 다시 보여준다. 그제야 공을 앞뒤로 패스하는 사람들 한가운데에서 곰 한 마리가 지나가는 것을 알아본다. 비디오는 이렇게 끝맺는다.

"당신이 찾지 않는 건 놓치기가 쉽습니다."

이보다 더 진정성 있는 이야기는 없다. 오로지 생산성에만 초점을 맞추기 때문에 많은 직원이 자기 눈앞에 있는 고객정보를 보지 못한다.

저마다 회사의 사정에 맞는 직원용 인식테스트를 만들 수 있다.

예를 들어, 패스트푸드레스토랑의 경우, 우리는 여러 고객이 카운터에 와서 음식과 음료를 주문하는 비디오를 보여준다. 그리고 카운터 뒤에서 일하는 사람에게 각각의 고객이 주문한 것과 그들이 요금을 계산한 방법같은 자세한 사항을 말해달라고 요청한다. 그들이 대답한 후 우리는 그 고객들에 대한 추가적인 사항을 말해 달라고 부탁한다. 직원들은 어리둥절한 표정을 짓는다. 이후 우리는 비디오를 다시 틀어서 처음에 그들이 놓친 몇몇 고객의 정보를 보여준다. 예를 들어, 한 고객은 그들 회사의 기업로고가 보이는 이름표를 달고 있었다. 또 다른 고객은 힐튼 헤드(Hilton Head)라는 스웨터를 입고 있었고 또 다른 고객은 자신의 아이사진을 열쇠고리에 달고 있었다.

고객정보는 어디에나 있다. 누군가의 사무실을 방문하면, 대학졸업장이나 가족사진, 휴가지에서 찍은 사진이 벽에 걸려 있게 마련이다. 메이즈인터내셔널 청소원들에게는 고객정보를 얻을 수 있는 기회가 많다. 회사는 직원들이 이러한 기회를 포착할 수 있도록 교육한다. 예를 들어, 그들이 청소하는 식탁근처에는 자녀가 받은 트로피나 상장이 있을 수 있다. 메이즈인터내셔널은 가정청소를 마친뒤에 감사카드를 남기는데, 이 경우 카드를 다음과 같은 말로 마무리할 수 있다.

"수영대회에서 아드님이 좋은 성적을 거두신 걸 축하하고 싶습니다."

▸ *Customer Service Revolution*(John R. Dijulius Ⅲ, 2015) 中에서

제1절 마케팅의 기초지식

시장은 어떤 제품의 구매자와 잠재적 구매자, 즉 소비자집단으로서의 의미를 지닌다. 다양한 대안이 존재하는 경쟁적 상황과 소비자의 기호나 욕구는 다양하고 항상 변한다는 사실을 고려할 때 시장에서 경쟁우위를 확보하는 것은 중요하고 어려우며, 확보하더라도 이를 지속해야 한다. 본절에서는 '시장의 세분화 → 표적시장의 선정과 포지셔닝 → 마케팅믹스관리' 등의 순으로 이어지는 마케팅의 의사결정을 살펴보자.

1. 시장세분화의 개념과 의의

(1) 시장세분화의 개념

■ 시장세분화는 왜 필요한가?

고객만족은 기업을 경영하는 데 있어 가장 중요한 문제 가운데 하나이다. 경쟁적 상황에서는 자사의 상품에 대한 소비자의 관심을 끌어 구매를 유도하고, 상품에 만족하여 다시 구매하도록 하는 일이 중요하다. 고객의 욕구를 파악하여 이를 충족시켜 주는 것, 그리고 이를 통해 기업의 이익을 창출하는 경영이념 또는 철학을 '마케팅컨셉'이라고 한다. 그러나 고객의 다양한 욕구를 모두 충족시키는 것은 경제적으로나 현실적으로 불가능하다. 개별고객의 특성과 욕구의 차이를 고려하지 않고 일반대중을 대상으로 무차별적으로 마케팅활동을 전개하는 것도 한계가 있기 때문이다.

■ 시장세분화의 의의

시장세분화(market segmentation)는 고객의 욕구가 다양하여 개인마다 다르다는 가정하에 시장을 몇 개의 동질적인 그룹, 즉 유사성 있는 세분시장(market segment)으로 나누는 것이다. 동질적 그룹 또는 유사성이란 연령, 지역, 소득, 성별, 라이프스타일 등과 같은 고객의 속성에 기초한다. 따라서 시장세분화는 효과적인 고객서비스를 위해 여러 세부시장으로 나누고 세부시장별로 최적의 서비스를 제공하려는 데 목적이 있다. 예를 들면, 시장세분화를 통해 아기를 돌봐주는 시설을 갖춘 헬스클럽, 고객에게 교통편의를 제공하는 안과병원 등 비슷한 요구를 가진 고객들을 파악할 수 있다. 서비스시장을 세분화하는 일반적 기준들은 다음과 같다.[1)]

- 필요한 서비스의 유형
- 현재 고객들 간의 유사점
- 가장 바쁜 업무시간과 그 시간대의 고객특성
- 고객이 요구하는 고객서비스의 정도
- 회사제품이나 서비스에 적절한 세분화의 다른 기준

(2) 시장세분화와 마케팅전략

■ 시장세분화와 마케팅과정

시장세분화는 한정된 기업자원의 효용을 극대화하기 위해 마케팅역량을 집중할 수 있는 표적시장(target market)을 정하고, 표적시장에서 고객의 마음속에 자사상품의 특성을 인식하도록 하는 포지셔닝(positioning)을 위해 마케팅믹스를 결정하고 각각 실천 프로그램을 개발하기 위한 마케팅의 출발점이다. 이와 같은 시장세분화 → 표적시장선정 → 포지셔닝의 과정을 'S–T–P 분석'이라고 하며, 이는 마케팅전략수립의 기초가 된다.

그림 8-1 시장세분화와 마케팅의 흐름

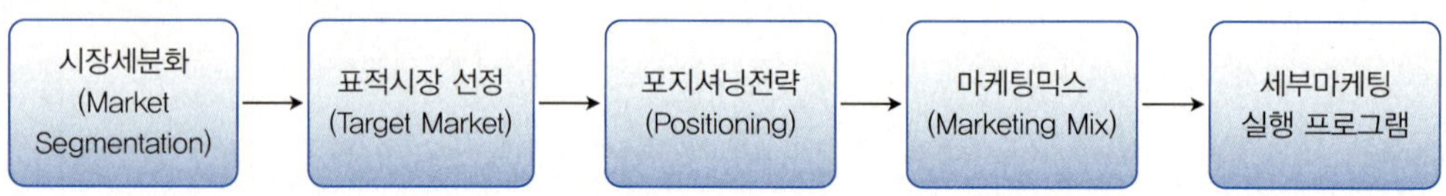

■ 시장세분화의 목적

시장세분화의 목적은 다음과 같다. 첫째, 고객은 각자 원하거나 중요하게 생각하는 상품속성, 선호하는 가격수준, 구매빈도, 쇼핑습관 등이 다양하기 때문에 욕구나 선호도체계가 유사한 그룹으로 나누기 위한 것이다. 둘째, 표적시장의 선정과 진입의 우선순위를 결정하는 데 필요하다. 한정된 인력, 자본, 기술, 마케팅능력 등을 효율적으로 사용하려면 성공가능성이 가장 높은 시장을 목표로 선정해야 하기 때문이다. 셋째, 효과적인 마케팅프로그램의 계획 및 실행을 위한 목적이다. 표적시장이 결정되면 시장과 고객특성에 맞는 마케팅프로그램을 마련할 수 있다. 넷째, 고객의 욕구나 수요변화를 쉽게 파악하고 이에 신속하게 대응할 수 있다.

(3) 시장세분화의 유의점

위에서 설명한 시장세분화의 필요성과 의의에도 불구하고 시장세분화는 과도하지 않도록 유의해야 한다. 시장세분화는 세분시장별로 다른 소비자욕구에 적절히 대응함으로써 전체적인 영업성과를 높이기 위한 전제일뿐 그 자체가 목적은 아니기 때문이다. 지나친 시장세분화는 마케팅의 수행에 따르는 비용을 과도하게 증가시킬 수 있다. 서비스생산측면에서 소품종을 대량으로 생산할 때에 비해 다품종을 소량으로 생산할 때의 생산비가 더 커지는 것과 같이 시장별로 다른 접근을 하려면 마케팅비용 역시 증가하게 된다.

2. 표적시장의 선정

(1) 표적시장이란?

일단 시장을 세분화하고 나면 다음 단계의 결정은 이들 세분시장중에서 어느 것을 목표로 삼을 것인가 하는 점이다. 목표시장은 하나의 세분시장이 될 수도 있고 모든 세분시장이 될 수도 있다. 물론 소수의 한정된 세분시장을 목표로 삼는 것도 가능하며, 단계적으로 목표시장의 수를 늘려갈 수도 있다. 표적시장의 선정은 제한된 자원의 효율적 사용으로 성과를 높이기 위한 목적이며, 세분시장의 크기와 성장성, 세분시장내의 경쟁자 수 및 경쟁정도, 기업의 자원과 경쟁우위 등을 고려하여 선정한다. 기업이 성장전략을 추구한다면 보다 많은 세분시장을 표적으로 정할 수 높으며, 수익성에 우선한다면 비용 대비 수익이 낮은 세분시장은 포기할 수 있다. 그리고 특정이미지, 예를 들어 고급이나 명품이미지를 추구하는 경우에는 소수의 한정된 고소득층 세분시장만을 목표로 정한다.

(2) 표적시장 선정의 전략적 대안

시장세분화를 전제로 했을 때 표적시장 선정과 관련된 마케팅전략의 대안은 집중적 마케팅전략과 차별적 마케팅전략으로 구분할 수 있다. 또한 시장세분화의 개념을 적용하지 않는 전략으로 비차별적 마케팅전략을 택할 수도 있다.

■ **집중적 마케팅전략**

소수의 한정된 세분시장을 표적으로 하여 기업이 보유한 자원을 집중투입하고 전문화하는 전략이다. 새로운 시장진출의 초기단계나 자원과 역량에 한계가 있는 경우, 전문화 또는 고급의 이미지로 해당 세분시장에서 수익성을 높이기 위해 흔히 선택하는 전략이다. 그러나 장기적으로 기업

그림 8-2 표적시장별 마케팅전략

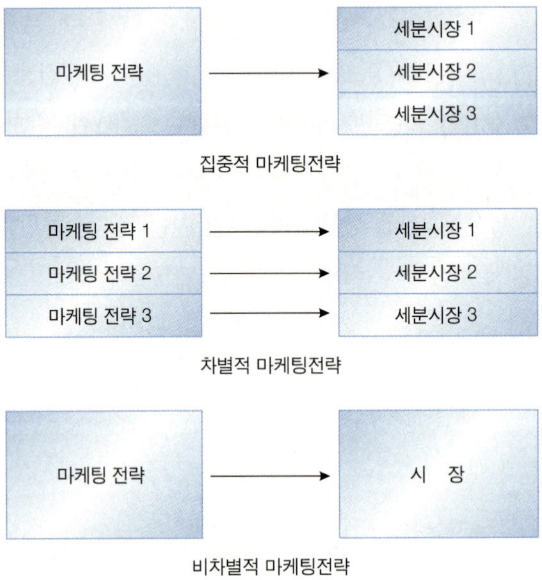

의 성장을 추구하기에는 한계가 있다. 해당 세분시장의 크기나 성장이 충분치 못하거나 강력한 경쟁자가 진입할 수도 있기 때문이다.

■ 차별적 마케팅전략

세분시장별로 특성에 맞게 차별화된 제품과 마케팅프로그램을 적용하는 전략이다. 특정 세분시장에 깊숙이 진출하기보다는 폭넓은 시장의 다양한 소비자욕구를 최대한 충족시킴으로써 보다 많은 소비자를 고객으로 흡수하는데 목적이 있다. 차별적 마케팅전략은 보다 많은 소비자를 흡수할 수 있다는 장점이 있지만, 생산, 관리 및 마케팅비용이 추가로 수반되는 단점이 있다. 세분시장의 경계가 모호하거나 특히 세분시장별로 별도의 상표로 대응하는 복수의 상표전략을 사용할 경우에는 자사제품끼리 서로 경쟁적 관계에 놓일 수도 있다.

■ 비차별적 마케팅전략

시장세분화의 개념을 적용하지 않는 것으로 대중마케팅(mass marketing)전략을 의미한다. 고객의 다양한 욕구에 초점을 맞추는 것이 아니라 가장 공통적인 욕구를 파악하여 이를 충족시키고자 하는 전략이다. 하나의 제품과 마케팅프로그램을 공통으로 적용하기 때문에 규모의 경제를 실현할 수 있는 장점이 있는 반면, 다양한 고객의 욕구를 고려하지 못하는 단점이 있다.

3. 포지셔닝의 개념과 의의

(1) 포지셔닝의 개념

시장세분화와 표적시장 선정후 기업이 당면하는 과제는 해당 표적시장 내에서 경쟁자들과 어떻게 경쟁할 것인가 하는 문제다. 대부분의 표적시장에는 동일한 소비자들을 대상으로 경쟁하는 경쟁기업과 경쟁제품이 있기 때문이다. 포지셔닝(positioning)이란 목표시장의 소비자들에게 어떻게 경쟁상품과 차별화하여 소구할 것인가를 결정하는 것이며, 소비자들의 마음속에 경쟁상품과 차별화된 인식을 심어주고자 하는 마케팅활동을 말한다. 즉, 소비자들의 지각속에 적절한 위치를 잡는 활동을 의미한다.

(2) 포지셔닝의 중요성

포지셔닝이 중요한 이유는 경쟁제품과 브랜드가 너무나 많다는 데 있다. 소비자들은 구매를 결정할 때 이처럼 다수의 대안을 그때마다 새로 평가하기도 하지만, 개인의 인식속에 위치시키는 일종의 범주화작업을 통해 결정하는 경우가 많다. 따라서 소비자들의 마음속에 자사의 브랜드나 상품을 차별적으로 위치시키는 것이 중요하다. 포지셔닝에는 브랜드의 속성, 이미지, 원산지 등 다양한 기준이 적용될 수 있다. 예를 들어, '맥주의 왕'이라는 슬로건으로 세계 최고의 브랜드를 구축하고 있는 버드와이저(Budweiser)는 미국에서 블루칼라 노동자계층의 사람들이 즐겨마시는 맥주로 곡물향과 탄산감으로 맛이 야성적이라는 이미지로 포지셔닝전략에 성공했다. 한국기업들의 해외시장진출 초기에는 '품질에 비해 가격이 저렴한 제품'이라는 점이 강조되었으나 삼성전자는 1993년 초일류기업을 위한 '신경영선언' 이후 '디지털기술의 선두주자'라는 점을 부각시키며 과거의 포지셔닝을 변경하는데 성공하였다.

4. 마케팅믹스

기업은 시장과 고객의 욕구를 보다 충실하게 반영하고 보유한 자원을 효율적으로 사용하기 위해서는 시장을 세분화하고 표적시장을 선정하여, 표적시장 내에서 경쟁자와의 차별화를 염두에 둔 포지셔닝전략을 수행해야 한다. 선정된 표적시장에 어떤 상품을 어느 수준의 가격으로, 어떤 방법을 통해 제공할 것인가? 기업은 이처럼 구체적인 물음에 대해 목표로 정한 시장에 접근하는 효과적인 마케팅프로그램을 설계해야 하는데, 이러한 마케팅프로그램을 마케팅믹스라 한다.

(1) 마케팅믹스란?

마케팅믹스(Marketing Mix)란 '기업이 목표시장에서 마케팅목표를 달성하기 위하여 사용하는 마케팅수단들의 집합'으로 정의된다. 마케팅믹스는 기업이 제품의 매출이나 수요, 고객의 반응과 태도에 영향을 주기위해 활용할 수 있는 모든 수단으로 구성되며, 흔히 제품(product), 가격(price), 촉진(promotion), 유통(place) 등 네 가지의 변수로 구분되는데 이를 4P라고 한다.[2] 기업의 입장에서 마케팅믹스는 통제가 가능한 관리변수이며 마케팅목표달성을 위한 구체적인 정책수단이다. 제품의 기능이나 디자인, 제품구색의 다양성 정도, 가격수준, 광고의 주제와 구체적인 메시지, 광고모델, 판촉프로그램, 유통경로 등은 기업이 나름대로의 판단에 따라 내릴 수 있는 결정사항인 것이다. 이에 비해 외부환경은 기업의 마케팅성과에 영향을 미치지만 기업이 통제할 수 없는 변수들로 구성된다. 예를 들어, 소득수준의 향상에 따른 건강에 대한 관심증가는 관련제품이나 서비스의 수요증가로 이어져 관련기업의 성과에 긍정적인 영향을 미치게 되며, 전반적인 경기변동은 기업의 노력에 관계없이 경영성과에 직접적인 영향을 주게 된다. 마케팅은 〈그림 8-3〉과 같이 통제가 불가능한 환경변수 하에서 통제가 가능한 최적의 마케팅변수의 조합을 구성하는 것이라고 할 수 있다.

그림 8-3 마케팅환경과 마케팅믹스

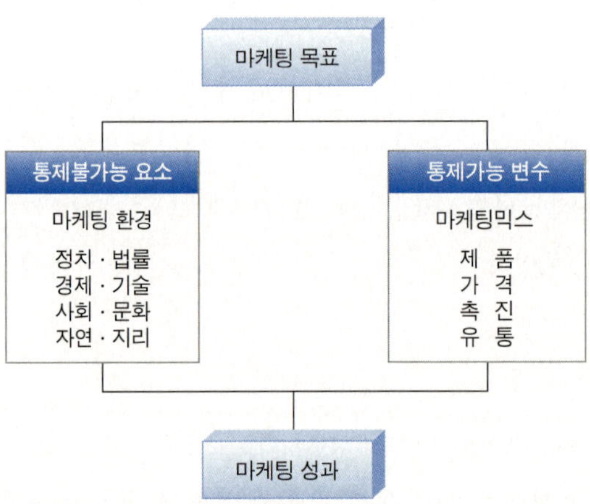

(2) 마케팅믹스의 구성요소 4Ps

마케팅믹스는 기업의 구체적인 마케팅수단들의 묶음을 의미하는데, 다음과 같이 네 가지 변수들로 구성된다.

표 8-1 마케팅믹스(4P)의 구성요소

구분	제 품	가 격	유 통	촉 진
구성요소	상표 품질, 기능 특징, 디자인 포장, 용량 보증, 반품 서비스 제품구색	가격결정 : 할인, 공제 차별적 가격 : 인상, 인하 할부조건 신용조건	경로의 길이 범위 계열화 정도 유통기관선정 운송, 보관	광고 메시지 매체전달자 대행사 인적판매 판매촉진 홍보

■ 제품변수(product)

마케팅믹스로서의 제품은 단지 유형의 형태를 갖춘 제품자체만을 의미하는 것이 아니라 제품의 구매 및 사용과 관련된 각종 서비스나 무형의 이미지 등이 모두 포함된다. 제품관련 변수에는 품질, 특징, 디자인, 기능, 포장, 용량, 상표, 보증, 반품, 서비스, 제품구색 등 기업이 제품의 개발·생산계획을 위해 결정하는 변수들이 포함된다.

■ 가격변수(price)

가격정책에는 가격의 결정과 가격의 결과와 조절·변경 등과 관련한 전략이 포함된다. 가격의 결정은 마케팅목표, 원가, 수요상태, 경쟁기업의 가격전략 등을 고려하여 해당 제품이나 서비스의 가격수준을 정하는 것이며, 가격의 조절과 변경이란 결정된 기본가격을 상황의 변화나 소비자들의 특성에 맞추어 변화시키는 것을 말한다. 가격조절은 할인, 공제, 세분시장별 차별가격, 촉진을 위한 단기적인 가격인하 등으로 이루어진다. 한편 가격의 변경이란 전반적인 가격수준을 높이거나 낮추는 것으로서 원가나 수요의 변화, 가격경쟁 등이 가격변경의 주요 원인이다.

■ 촉진변수(promotion)

촉진이란 기업이나 제품·서비스에 대해 호의적 반응을 갖게하거나 제품·서비스를 구매하도록 표적시장을 대상으로 수행하는 커뮤니케이션 활동이다. 일반적으로 광고, 인적판매, 판매촉진, 홍보 등 크게 네 가지의 촉진수단으로 구분되며, 광고의 경우 광고매체, 메시지주제 및 구체적 표현양식, 대행사, 메시지전달자 등을 결정한다.

■ 유통변수(place)

유통이란 제품이나 서비스를 생산자로부터 최종 소비자에게 이동시키는 과정과 그 과정에서 일어나는 기업의 활동을 말하며, 유통경로란 전달과정의 경로, 혹은 그 과정에 참여하는 기업 및 개인의 집합이다. 생산자의 입장에서 유통과 관련한 의사결정의 대상에는 유통의 단계와 범위, 수직적 통합 또는 계열화, 협력회사의 선정과 관리, 운송·보관 등이 포함된다.

제2절 서비스마케팅관리

서비스상품은 일반적인 물적상품과 달리 무형이므로 제조기업을 위해 개발된 기존의 마케팅개념과 기법을 그대로 서비스조직에 적용하는 데에는 한계가 있다. 본절에서는 서비스상품의 특성이 일반적인 마케팅의 경우와 어떻게 다른지를 살펴보자. 마케팅믹스에 프로세스, 물리적 환경, 사람을 더하여 러브락(Christopher Lovelock) 등이 제시한 서비스마케팅의 7P 가운데 기존의 4P인 상품, 가격, 유통, 촉진을 먼저 설명한다. 나머지 3P에 대해서는 제9장에서 별도로 다룬다.

1. 서비스마케팅 믹스 : 7Ps

물적상품을 대상으로 하는 전통적 마케팅에서는 제품, 가격, 유통, 촉진 등을 하나의 조합으로 구성하기 때문에 마케팅믹스 4P의 개념으로 마케팅활동을 정의한다. 그러나 서비스상품의 특성으로 인해 마케팅믹스 개념으로는 서비스마케팅의 문제를 충분히 다룰 수 없다. 특히 전통적인 마케팅믹스에서는 서비스를 경험하고 전달되는 고객과의 접점을 관리하는 개념이 포함되지 않기 때문에 러브락(Christopher Lovelock) 등은 서비스전달과 관련된 3개의 Ps, 즉 프로세스(Process), 물리적 증거(Physical evidence), 사람(People)을 추가하여 서비스마케팅 믹스를 다음과 같이 7P로 정의하고 있다.[3)]

(1) 상품요소(Product)

서비스상품은 마케팅전략의 핵심이다. 상품의 설계가 잘못되면 다른 나머지 믹스의 요소들이 잘 실행되더라도 고객에게 가치를 창출하기는 어렵다. 따라서 마케팅의 출발은 가치를 창출하는 서비스의 개념을 만드는 것부터 시작해야 한다. 서비스상품은 고객의 기본적인 욕구를 충족시켜 주는 핵심상품과 고객이 핵심상품을 더욱 효과적으로 사용할 수 있도록 가치를 더해주고 서로 강화시키는 보조적 요소로 구성된다. 보조적 요소에는 정보제공, 구매주문, 주문접수, 고객환대, 예외적 서비스의 처리 등이 포함된다.

(2) 장소와 시간(Place and Time)

서비스의 유통은 물리적 경로나 인터넷 등 온라인경로를 통해 다양하게 수행된다. 예를 들어, 은행은 금융거래를 위해 지점방문, ATM, 인터넷뱅킹 등 다양한 경로를 제공한다. 특히 많은 정보기반의 서비스는 인터넷을 통해 유통된다. 기업은 서비스를 고객에게 직접 전달하거나 중개료를 받는 유통기관 등을 통해 전달한다. 서비스요소를 고객에게 전달하기 위해 기업은 유통경로와 방법 이외에도 이러한 서비스들이 언제 그리고 어디에 전달할 것인가를 결정해야 한다. 서비스는 대부분 고객이 존재하는 장소에서 실시간으로 전달되므로 속도와 시간, 그리고 장소의 편의성이 서비스전달의 중요한 요소가 된다.

(3) 가격과 비금전적 지출(Price and Other User Outlays)

가격은 기업과 고객 간에 가치의 교환을 결정하는 중요한 요소로서 기업의 수익에 직접적인 영향을 미친다. 가격전략은 종종 고객의 유형, 전달시간과 장소, 이용가능한 생산능력 등의 요인과 시간에 따라 가격수준이 변동하는 특성이 있다. 고객의 입장에서 가격은 원하는 편익을 얻기위해 지불하는 비용이며, 서비스의 가치를 평가하기 위해 고객은 서비스품질 외에도 시간이나 노력과 같은 비금전적 요소도 함께 평가한다. 서비스상품은 일시적이며 시간이 지나면 그 가치가 소멸되므로 시설과 설비, 노동력은 생산능력일뿐 서비스자체는 아니다. 수요가 없다면 사용되지 않는 생산능력은 낭비되고 기업은 가치를 창출하는 기회를 잃게 된다. 반면 수요가 생산능력을 초과하는 경우 고객들은 실망하거나 기다리게 된다. 따라서 서비스기업은 탄력적인 가격전략을 통해 잉요가능한 생산능력과 수요 간의 균형을 찾는 것이 중요하다.

(4) 촉진과 교육(Promotion and Education)

모든 마케팅활동에는 고객과의 커뮤니케이션을 전제로 한다. 커뮤니케이션은 고객에게 필요한 정보와 조언을 제공하고, 서비스상품이나 브랜드의 이점에 대해 설명하며, 적절한 시점에서 행동을 유도하기 위한 것이다.서비스마케팅에 있어서 커뮤니케이션은 교육을 기반으로 한다. 특히 신규고객에게는 교육이 중요하며, 서비스기업은 고객들을 대상으로 서비스의 편익과 이를 얻는 방법, 가장 좋은 결과를 위해 어떻게 서비스과정에 참여해야 할지를 알려줄 필요가 있다. 서비스는 무형적 요소가 가치창출을 주도하기 때문에 이를 가시화하거나 이해하기 어렵다. 따라서 서비스기업은 고객을 경쟁력있고 생산적으로 교육함으로써 기업은 생산성을 높이고 비용을 낮추며, 고객은 지불하는 가격을 낮출 수 있게 된다. 또한 고객 간의 상호작용이 서비스경험에 영향을 준다. 고객이 어떻게 행동하는가는 기업이 나타내려고 하는 이미지와 기업이 만들고자 하는 경험을 강화하거나 감소시킨다. 따라서 적절히 세분화된 시장을 정해 마케팅커뮤니케이션을 통해 고객이 적절한 행동을 할 수 있는 학습이 필요하다.

(5) 프로세스(Process)

서비스를 고객에게 전달하기 위해서는 효과적인 서비스전달과정을 설계하고 실행해야 한다. 이를 위해서는 다음과 같은 과제를 해결해야 한다. 첫째, 투입과 산출의 변동성을 조절해야 한다. 서비스는 생산과 소비가 동시에 이루어지므로 최종 '조립'은 실시간으로 수행된다. 서비스가 여러 장소에 분산되어 생산되는 경우 표준화된 절차, 서비스품질에 대한 관리, 직원에 대한 교육, 업무의 자동화 등을 통해 변동성에 대비해야 한다. 둘째, 고객과의 공동생산에 집중해야 한다. 예를 들어, 은행의 상담직원에게 고객은 먼저 어느 정도 투자하기를 원하는지, 부담할 위험과 원하는 수익률은 어느 정도인지 등의 욕구를 이해시키고 조언을 구하게 된다. 고객의 참여는 셀프서비스의 형태를 띠게 되는데, 이러한 인터넷을 이용한 서비스기술의 이용 가능성은 전달시스템에 따라 결정된다. 셋째, 수요와 공급의 균형이 필요하다. 서비스생산에 있어 재고란 서비스전달과정의 대기를 의미한다. 따라서 프로세스관리는 수요와 공급능력의 균형화, 대기형태와 대기시스템의 설계, 고객의 대기심리관리와 밀접한 관계가 있다.

(6) 물리적 증거(Physical evidence)

판매하는 상품의 내용이 고객이 서비스현장으로 들어오도록 해야 하는 경우에는 서비스 근거 또는 서비스케이프[4]개념의 물리적 근거에 대한 설계가 마케팅을 구성하는 중요한 요소가 된다. 빌딩의 모양, 조경, 이동수단, 인테리어가구, 설비, 직원의 용모, 인쇄물 등 가시적인 단서들은 모두 서비스품질을 결정하는 유형의 근거가 된다. 기업은 서비스환경이 고객만족과 서비스 생산성에 큰 영향을 주기 때문에 이를 관리해야 한다.[5]

(7) 사람(People)

서비스기술의 발전에도 불구하고 대부분 서비스는 고객과 서비스직원 간의 상호작용을 통해 생산되고 소비된다. 고객은 서비스기업 간의 차이를 서비스직원의 태도와 기술의 차이에서 인식한다. 서비스기업들은 체계적인 인적자원관리(HRM)를 통해 직원의 채용과 교육·훈련, 동기부여, 보상과 유지 등에 각별한 노력을 기울여야 한다. 직무수행에 필요한 기술외에도 현장직원들은 대면적/비대면적 서비스를 제공할 역량을 갖추어야 한다. 역량이 탁월한 인적자원을 많이 보유한다는 것은 서비스기업이 경쟁우위의 핵심요소 가운데 하나를 확보하는 것이다.

2. 서비스 상품관리

(1) 상품의 핵심요소와 보조서비스

서비스상품은 핵심상품과 이를 보조하는 서비스가 묶여 하나의 서비스패키지로 구성된다. 핵심상품은 고객에게 제공되는 편익과 솔루션에 기초한다. 예를 들어, 활력을 주는 스파치료나 신나는 롤러코스터의 핵심서비스는 바람직한 경험이고, 기업의 경영컨설팅이나 수리서비스의 핵심서비스는 문제해결이다. 핵심서비스에는 보조서비스가 수반된다. 보조서비스에는 두 종류가 있는데, 하나는 촉진적 서비스로서 서비스전달에 필요하거나 핵심상품의 사용을 돕는 역할을 한다. 예를 들어, 고객이 필요로 하는 서비스장소와 시간, 가격안내와 주의사항, 예약확인, 판매와 서비스조건

표 8-2 촉진적 서비스와 가치증대 서비스

촉진적 서비스	가치증대서비스
• 정보(information) • 주문(order-taking) • 청구(billing) • 지불(paying)	• 자문(consultation) • 환대(hospitality) • 보관(safekeeping) • 예외적 서비스(exception)

자료 : Jochen Wirtz, Patrica Chew, Christopher Lovelock, *Essentials of Service Marketing*, Pearson Education, Ltd. 2013, p.98.

등은 촉진을 보조하는 서비스들이다. 다른 하나는 가치증대서비스로서 고객에게 추가적 가치를 제공한다. 예를 들어, 맞춤형 조언이나 자문, 인사와 대기실의 편의시설, 교통편제공 등은 핵심상품의 가치를 높여준다. 이들 보조서비스는 경쟁자의 서비스에 비해 핵심상품을 차별화하고 포지셔닝함으로써 상품가치를 더하는 역할을 한다.

〈그림 8-4〉는 8개의 보조서비스의 유형을 마치 꽃잎처럼 표현하고 있는데, 이를 서비스플라워라고 한다. 각 꽃잎은 고객이 서비스를 접하는 순서에 따라 시계방향으로 나타내고 있다. 예를 들어, 요금지불이 서비스전달 이전에 이루어질 수도 있으며, 잘 설계되고 관리되는 서비스기업일수록 플라워의 중심부와 각 꽃잎이 신선하고 잘 구성되어 있다. 이와 반대로 잘못 설계되었거나 품질이 열악한 서비스인 경우, 꽃잎이 빠지거나 시들게 되는 것과 같고 핵심상품이 완벽하더라도 꽃이 매력적이지 않을 수도 있다.

그림 8-4 서비스플라워(Flower of Service)

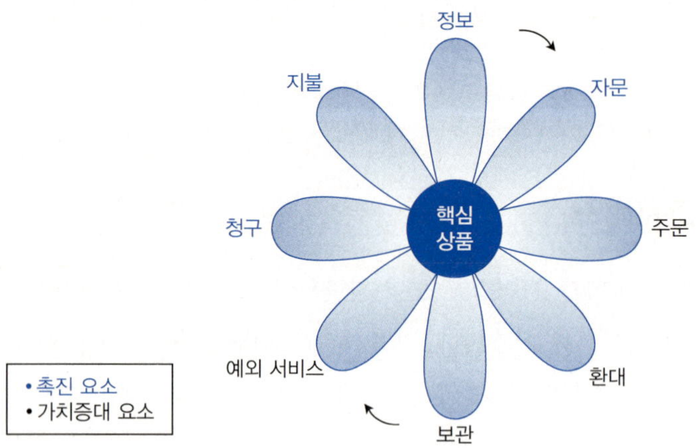

자료 : Jochen Wirtz, et al. *ibids*, p.98.

(2) 서비스 수명주기

서비스 수명주기(service life cycle)는 제품수명주기와 마찬가지로 시간의 경과에 따라 도입기, 성장기, 성숙기, 쇠퇴기의 4단계로 구분된다. 서비스는 무형성, 비분리성, 이질성, 소멸성의 특성을 지니기 때문에[6] 서비스특성을 반영한 마케팅전략이 요구된다. 〈표 8-3〉은 각 수명주기별로 서비스특성과 마케팅전략을 나타낸 것이다.[7]

그림 8-5 서비스 수명주기

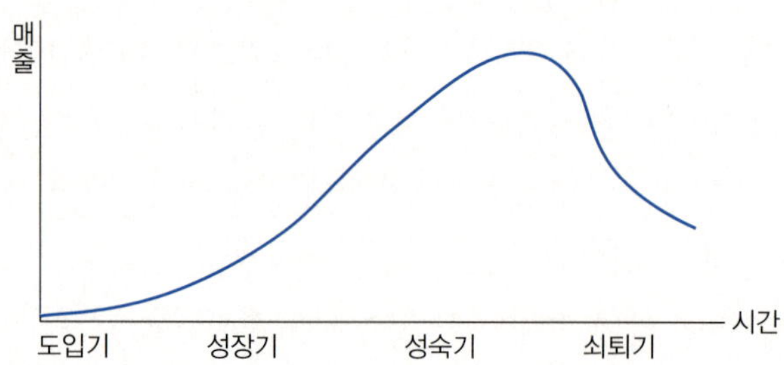

■ 도입기

새로운 서비스상품이 시장에 도입되는 단계이다. 이 단계에서는 경쟁자의 수가 없거나 제한적이지만 서비스혁신의 내용을 저작권이나 특허로 보호받기 어렵기 때문에 경쟁자가 쉽게 모방할 수

표 8-3 서비스 수명주기별 특성과 전략

	도입기	성장기	성숙기	쇠퇴기
특성	• 경쟁–적거나 없음 • 마진–낮음 • 현금흐름–적자 • 세분시장–구분없음	• 경쟁–급격한 증가 • 마진–높음 • 현금흐름–흑자 • 세분시장–명확한 구분 • 시장성장속도–빠름 • 신규기업–진입쇄도	• 경쟁–극심해짐 • 세분시장–명확한 구분 • 시장성장속도–둔화 • 부실기업–퇴출 • 브랜드–평준화	• 경쟁–감소 • 현금흐름–적음 • 이윤–감소 • 시장성장속도–감소
전략	• 고객참여 유도 • 초기수용자의 반응확인 • 산업전체의 수요형성 • 촉진 유인물 제공 • 긍정적 구전의 자극	• 경쟁우위 전략개발 • 브랜드 선호 유도 • 서비스 충성도 제고 • 반복구매 유도	• 경쟁우위전략개발 • 영업비용 감소 • 특정세분시장에 집중 • 보조서비스의 추가 • 설득형 광고의 사용	• 철수 • 수확 • 제거 • 비용절감 • 재활성화

자료 : 이유재, 서비스마케팅, 학현사, 2013, p.92.

있다. 서비스기업은 신규서비스의 수용을 위해 다양한 촉진전략을 수행한다.

■ 성장기

점차 시장이 확장되고 수요가 증가하므로 신규서비스를 제공하는 기업은 지출보다 수입이 더 빠르게 늘어난다. 잠재적 이윤으로 인해 다른 경쟁자들이 시장에 진입하게 되고 경쟁은 증가하므로 서비스기업은 지속적인 경쟁우위전략을 개발하고 시장점유율확대에 집중한다.

■ 성숙기

매출의 성장세가 둔화되어 안정세에 접어드는 단계이다. 시장점유율을 늘이거나 성장세를 지속하기 위해서는 경쟁자의 고객을 확보해야 하므로 시장의 경쟁은 심화된다. 시장전체의 수익성은 감소하므로 경쟁력이 열위에 있는 기업들은 시장에서 퇴출된다. 시장경쟁에서 생존·발전하기 위해서는 차별적인 마케팅이 필요하다.

■ 쇠퇴기

시장에 새로운 상품이 등장함으로써 기존 상품의 매출이 감소하는 단계이다. 서비스의 수요감소로 기업은 서비스 포트폴리오에서 수익성이 낮은 부문을 철수하게 된다. 쇠퇴기에는 투자지출을 줄이고 서비스의 내용을 축소하며, 수익성이 유지되기 힘들 경우 시장에서 철수하여 새로운 표적시장을 찾는다.

(3) 브랜드관리

■ 브랜드의 의미

브랜드(brand)는 기업에 대해 고객이 갖는 이미지를 생성하고 기업을 식별할 수 있도록 도와주는 것이다. 기업은 의도된 브랜드이미지를 강화할 수 있도록 서비스를 만들어내는 데 주력해야 한다. 효과적인 브랜드는 고객에게 중요하고 차별화된 서비스를 제공함으로써 마케팅의 우위를 점하는 데 도움이 된다.[8)] 무형의 서비스상품에 있어 브랜드는 서비스의 품질과 신뢰성을 판단하는 중요한 지표가 된다. 서비스는 개별상품처럼 포장되고 전시될 수 있는 외형적 실체를 갖지 않기 때문에 개별상품의 브랜드보다는 기업자체의 브랜드가 더 큰 의미를 지닌다. 브랜드화는 자사의 상품을 다른 상품과 차별화한다.

■ 서비스브랜드전략

서비스기업의 브랜드전략은 다음과 같이 네 가지가 있다.

- **단일브랜드**(branded house) : 단일브랜드를 다양한 상품에 적용하고 그룹이나 기업도 하나의 브랜드를 사용한다. 단일 브랜드를 사용하면 브랜드가 과잉팽창하거나 약화될 위험이 있다.
- **하위브랜드**(sub-brands) : 기업의 이름이나 대표브랜드가 존재하며 상품자체가 구분되는 별도의 이름을 갖는 경우이다. 예를 들어, FedEx는 새로 확장한 육상운송서비스의 브랜드를 FedEx Ground라는 하위브랜드를 만들었고 상표의 색깔도 종전의 색깔과 구분하여 다른 느낌을 주도록 하였으며, FedEx Home Delivery, FedEx Trade Networks, FedEx Supply Chains 등의 다양한 하위브랜드도 함께 사용하고 있다.
- **보증브랜드**(endorsed brands) : 상품의 브랜드가 지배적 위치에 있으면서 기업의 브랜드도 확고한 경우에 사용하는 브랜드전략이다. 호텔의 경우 보증브랜드전략을 선호한다. 예를 들어, 인터콘티넨탈호텔그룹(Intercontinental Hotel Group)은 기업브랜드 자체도 잘 알려져 있지만, 여기에 속한 호텔·리조트(Intercontinental Hotel & Resort.), 호텔인디고(Hotel Indigo), 홀리데이인호텔·리조트(Holiday Inn Hotel 7 Resorts), 홀리데이인 익스프레스(Holiday Inn Express) 브랜드 역시 유명하다. 동일한 고객이라도 가족과의 휴가여행과 업무여행은 각기 요구가 다르기 때문에 각 브랜드가 독특한 가치를 가져야 상이한 고객욕구를 충족시킬 수 있다.
- **개별브랜드**(house of brands) : 개별상품에 대한 브랜드전략이다. 예를 들어, 염 브랜드(Yum! Brands)사는 전세계적으로 수 만개의 레스토랑을 소유하고 있다. Yum!브랜드는 낯설지만 그들이 보유하고 있는 A&W, Kentucky Fried Chiken, Pizza Hut, Taco Bell 등의 레스토랑은 각각 차별화된 브랜드로 촉진활동을 한다.

■ 브랜드명

서비스브랜드는 고객으로 하여금 무형의 서비스를 시각화하고 이를 신뢰하게 하므로 브랜드자산의 구축은 이름에서 나온다. 브랜드파워를 형성하기 위해서는 다음과 같은 네 가지 요소가 중요하다.

- **차별성** : 경쟁사와 쉽게 구분할 수 있어야 한다. 이를 위해 구체적이며 기업특성을 잘 드러내는 표현이라야 하며, 해당 서비스영역에서 일반화되지 않은 단어를 사용하여 차별화해야 한다. 현실에서 독특한 이름을 찾아내기 어려우므로 가공의 단어를 사용하는 것도 필요하다.
- **연관성** : 서비스속성이나 편익을 상징해야 한다. 즉 서비스의 성격과 편익을 잘 드러내도록 이름을 지어야 기업과 서비스를 이해하기 쉽다. 연관성은 단순히 서비스의 내용을 나열하기보다는 서비스상품이나 기업의 특성을 표현하는 것이 바람직하다.
- **기억 용이성** : 쉽게 이해하고 사용할 수 있으며 경험을 기억할 수 있어야 한다. 기억을 용이하게 하는 요소로는 독특함, 간결함, 단순함 등이다. 간결성과 단순성은 로고를 제작할 때 효과적으로 그랙픽을 만들 수 있도록 해준다.
- **유연성** : 불가피한 환경의 변화에 마케팅전략을 수정할 수 있어야 한다. 이를 위해서는 장기적인 관점에서 브랜드를 설정해야 하고 주기적인 평가가 뒤따라야 한다. 유연성이 있는 브랜드는 기업의 현재 사업뿐 아니라 미래의 사업방향, 세계화의 추세까지도 포함할 수 있어야 한다.

■ 브랜드자산의 구축

브랜드화 또는 브랜딩(branding)이란 모든 산업에서 기업과 상품에 적용되는 개념이다. 관리가 잘 되는 기업의 브랜드는 고객이 쉽게 인지할 수 있고 그 의미까지 잘 이해할 수 있다. 브랜드는 기업이 어떻게 사업을 수행하는가를 나타내므로 성공적인 서비스브랜드의 구축을 위해서는 다음과 같은 기준에 충실해야 한다.[9] 첫째, 과감한 차별화가 필요하다. 차별화된 기업일수록 자신의 명확한 브랜드개성을 만들 수 있다. 둘째, 자신고유의 명성을 결정하고 강화해 나가야 한다. 시간이 지나면서 유명해지는 기업들은 고객이 진정으로 가치있게 생각하는 서비스를 제공하고 경쟁자보다 더 효과적으로 서비스를 제공하며 고객이 경험과 구전을 통해 기업의 스토리가 전달된다. 셋째, 정서적인 연결을 구축해야 한다. 이는 친밀함, 매력, 신뢰와 같은 강한 느낌을 포함하는데, 고객과 정서적으로 유대감을 형성할수록 고객의 충성도가 높아진다. 넷째, 브랜드의 내재화가 필요하다. 서비스직원은 기업이고 브랜드를 만드는 주체로서 고객을 위해 경험을 제공해야 한다. 현장 직원들이 서비스의 개념과 가치를 내재화할 때 이러한 역할을 충실히 수행할 수 있다. 〈그림 8-6〉은 브랜드자산을 구축하고 가치를 높이기 위해 서비스기업이 조직의 내·외부에서 다양한 방법으로 고객에게 제공하는 메시지의 원천별로 나타내고 있다.

그림 8-6 서비스-브랜드모델

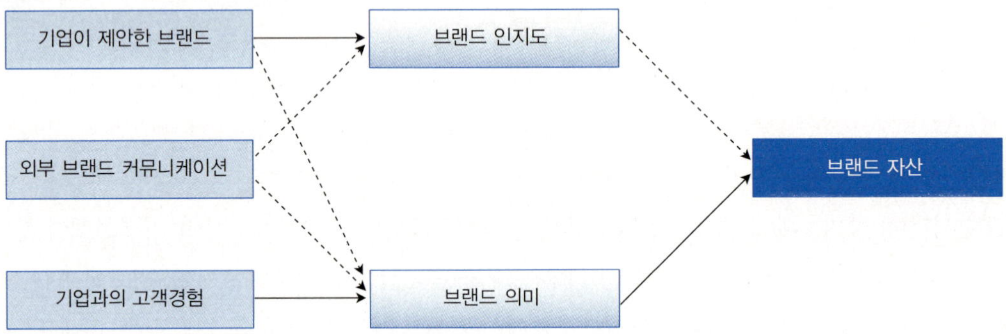

자료 : Jochen Wirtz, et al. *ibids*, p.112.

(4) 서비스상품개발

경쟁적 환경에서 서비스기업은 현재의 서비스를 효과적 생산·전달해야 할 뿐만 아니라 혁신을 통해 개선을 지속하면서 서비스에 대한 새로운 접근을 시도해야 한다. 서비스상품의 개발이란 대규모의 혁신, 신규사업, 기존 시장을 위한 신상품개발, 상품계열의 확대, 서비스상품의 개선 및 스타일의 변화를 포함하는 개념이다.

■ **스타일변경(style change)**

혁신의 가장 단순한 형태이며 프로세스나 성과에 대한 변경은 포함하지 않는 서비스개발의 하나다. 스타일변경은 종종 쉽게 눈에 띌 수 있으며, 소비자의 구매욕구를 자극하는 동시에 접점직원에게는 동기부여를 제공한다. 인테리어의 단장, 서비스직원의 새로운 복장, 서비스매뉴얼의 수정 등이 대상이 된다.

■ **서비스개선(service improvement)**

혁신의 가장 일반적인 형태로서 현재 상품의 기능에 대한 변경을 비롯하여 핵심상품이나 보조서비스의 개선까지를 포함한다. 문제가 되는 작은 부분이 대부분이지만 소비자가 인지하고 있는 모든 서비스요소들이 개선의 대상이 된다. 이는 간단한 개선일 수 있으나 고객에게는 독특하고 놀라운 경험을 제공해 줄 수 있다.

■ **보조서비스혁신(supplementary service innovation)**

기존의 핵심서비스에 촉진적 보조서비스나 가치증대 서비스의 요소를 추가하거나 기존의 보조서비스를 상당한 수준으로 개선하는 방식이다. 예를 들어, 레스토랑에서 수족관이나 살아있는 앵무새, 폭포, 유리섬유로 만들어진 원숭이, 환경관련정보를 알려주는 인공지능나무, 자연의 소리 등을 통해 고객에게 즐거움과 신선함을 선사한다면, 보조서비스를 통해 핵심서비스의 가치를 증대시키는 효과가 있을 것이다.

■ **프로세스 라인확장**(process line extension)

기존 서비스에 새로운 전달방식을 추가하는 것이다. 기존 고객에게 새로운 편리함 또는 색다른 경험을 제공하거나 전통적 서비스 프로세스에 익숙해 있는 신규고객에게 어필하기 위한 목적의 서비스개발이다. 일반적으로 프로세스 라인의 확장은 기존의 많은 접촉이 일어나는 고객서비스에 접촉의 빈도가 낮았던 서비스를 추가하는 것을 의미한다. 예를 들어, 직원의 서비스전달을 보완하기 위해 셀프서비스를 추가하거나 전화나 인터넷기반의 금융서비스를 만드는 경우나 웹사이트에서 직원과 고객이 실시간으로 접촉하여 대화하는 서비스가 여기에 해당된다.

■ **상품라인확장**(product line extension)

현재의 상품계열에 새로운 상품을 추가하는 것을 말한다. 이 형태의 새로운 서비스는 기존 고객의 다양한 욕구를 충족시키기 위해 개발되거나 서로 다른 욕구를 가진 신규고객에게 어필하기 위해 개발된다. 예를 들어, 식당에서 개와 주인이 같은 장소에서 식사를 할 수 있도록 개를 위한 메뉴를 개발하여 제공하는 경우가 여기에 해당된다.

■ **주요 프로세스혁신**(major process innovation)

새로운 편익이 추가된 새로운 방식으로 기존의 핵심상품을 전달하는 새로운 프로세스개발을 의미한다. 예를 들어, 책을 구매하기 위해 서점에 가는 대신에 모바일이나 아이패드를 소유한 소비자는 같은 책을 e-book의 형태로 애플의 iBookstore에서 구입할 수 있도록 하는 경우가 해당된다.

■ **핵심 서비스혁신**(major service innovation)

종전에 없던 전혀 새로운 핵심상품의 등장을 의미한다. 서비스혁신에는 흔히 새로운 서비스 특성과 획기적인 프로세스가 포함된다. 예를 들어, 인공지능에 의한 법률서비스 상담이나 증권투자자문, 우주왕복선을 이용한 우주여행상품 등이 여기에 해당된다.

이와 같은 서비스상품의 개발에는 불확실성이 뒤따른다. 예를 들어, 은행업계에서는 기존의 고객과의 수익창출확대를 위해 저가의 보험금융상품을 개발·출시하기도 했으나 이러한 연장상품은 실패하였다. 다양한 서비스상품의 개발이 어려운 데에는 그만한 이유가 있는데, 서비스상품개발이 성공하기 위해서는 다음의 세 가지 요소가 충족되어야 하기 때문이다.[10)]

- 시장시너지(market synergy) : 새로운 상품은 기존 기업의 이미지, 전문지식, 자원 등과 잘 부합해야 한다. 기업이 고객의 구매행동을 잘 이해하고 신상품출시 후에 고객에게서 강력한 지

지를 받게 된다면 경쟁상품보다 고객의 욕구를 더 효과적으로 충족시킬 수 있다.

- 조직요인(organizational factors) : 조직내의 협력과 조정이 필요하다. 개발자들은 참여과정을 통해 신상품의 장점과 가치를 잘 알고 있지만, 출시전에 직원들은 직접적인 경쟁상품에 대한 정보만 알고 있을 뿐만 아니라 신상품을 잘 이해하지 못할 수 있으므로 개발의도 개발상품을 충분히 이해하고 공유해야 한다.
- 시장조사요인(market research factors) : 신상품개발전에 세밀하고 정확하게 설계된 시장조사가 필요하다. 조사준비단계에서 수집될 정보에 대해 충분한 논의가 이루어지고, 명확한 아이디어 형태의 정보를 얻기 위해서는 시장조사전에 이미 잘 정의된 상품개념이 설계되고 생산·전달되어야 한다.

3. 서비스 유통관리

(1) 유통관리의 대상

서비스상품의 유통은 무형의 경험, 성과, 솔루션 등이 대상이므로 물리적으로 저장되고 배송되지 않는다. 따라서 서비스상품은 생산자로부터 소비자에게 전달되는 서비스의 흐름으로 이해해야 한다. 서비스의 무엇이 유통되는가? 서비스의 흐름에 따라 유통의 대상은 다음과 같이 세 가지로 구분된다.[11)]

- 정보와 촉진흐름(information & promotion flow) : 서비스정보와 관련된 정보와 촉진의 유통으로서 서비스구매에 관심이 있는 고객확보를 목적으로 한다.
- 협상흐름(negotiation flow) : 서비스의 특징, 내용, 구매계약조건 등과 관련하여 합의에 이르는 과정으로서 예매나 예약서비스와 같이 서비스 사용권리의 판매를 목표로 한다.
- 상품흐름(product flow) : 인적처리나 소유권처리를 포함한 서비스는 대부분 배송에 필요한 물리적 시설을 요구한다. 그러나 인터넷금융거래나 원격학습같은 정보처리서비스의 경우, 상품의 흐름은 집중된 웹사이트를 활용하는 전자적 경로를 통해 이루어진다.

(2) 서비스 전달방식의 형태

서비스의 유통과 전달방식은 서비스기업의 포지셔닝전략에 따라 고객과 접촉하는 유형이 결정된다. 서비스의 전달방식은 고객이 선호하는 유통채널을 반영해야 한다. 서비스기업은 다음과 같은 전달방식 가운데 하나의 유통지점을 운영할 것인지 아니면 여러 지역에 다수의 유통지점을 둘

것인지를 결정해야 한다.

- **고객이 서비스기업을 방문하는 경우** : 서비스가 전달되는 입지의 편리성, 운영시간 등을 고려한다. 예를 들어, 잠재고객들의 자택이나 직장인근에 마트나 대형매장에 입지를 정하는 경우 소매중력모형[12] 등을 이용한 통계분석이 필요할 수 있으며, 은행의 영업시간을 고객의 편의에 맞추어 조정할 수도 있다.
- **서비스기업이 고객을 방문하는 경우** : 일부유형의 서비스는 제공자가 고객을 방문한다. 서비스기업이 고객을 찾아가는 경우는 기계장비수리, 방충·방제와 같이 서비스대상이 이동불가능한 경우, 또는 먼거리에 있는 고객이 서비스기업을 방문하기 어려운 경우가 여기에 해당된다.
- **서비스거래가 원격으로 수행되는 경우** : 고객이 원격거래를 통해 서비스기업과 접촉하는 때에는 서비스시설을 보지 못하거나 서비스직원을 만나지 못하는 경우, 콜센터나 이메일, 인터넷 매체 등에 의해 수행된다. 대부분 정보에 기반한 상품은 장소에 제약없이 온라인을 통해 즉시 배달될 수 있다.

(3) 사이버공간에서의 서비스전달

통신과 IT기술의 발달로 서비스전달에 대한 새로운 방법들이 속속개발되고 있다. 예를 들어, Swissotel Hotel & Resort는 비즈니스고객을 대상으로 온라인예약을 장려하는 프로모션을 진행한 결과, 개선된 웹사이트를 통해 7개월 동안 접수된 예약건수는 종전의 두 배에 달했다.[13]

호텔, 항공사, 렌터카와 같은 글로벌서비스업계의 정보, 자문, 주문서비스는 고도화되어 기존의 핵심고객을 위한 서비스전달 채널들이 통합되고 있다. 예를 들어, 글로벌호텔그룹들은 세계 각국의 출장전문여행사, 유통업체, 비즈니스와 컨벤션플래너 등이 고객에게 원스톱 서비스를 제공할 수 있도록 해외영업소나 현지법인을 연결하거나 직접 운영하기도 한다.

(4) 유통중개회사

기업의 핵심업무에서 벗어나 있고 수익성이 낮은 업무들을 종종 아웃소싱의 대상이 된다. 예를 들어, 전화콜센터와 인터넷이용의 증가추세에도 불구하고 크루즈여행사와 호텔리조트, 항공사들은 여행상담, 예약과 결제, 발권 등 고객서비스의 많은 부분을 여행사나 글로벌유통기업과 공동으로 수행하고 있다. 고객이 만족할만한 서비스를 제공하기 위해 서비스기업은 하나 또는 다수의 유통중개회사와 협력관계를 구축·운영해야 한다.

〈그림 8-7〉은 핵심상품과 정보제공, 자문, 그리고 예외적 서비스 등의 보조서비스가 최초 서비

그림 8-7 서비스전달을 위한 역할분담

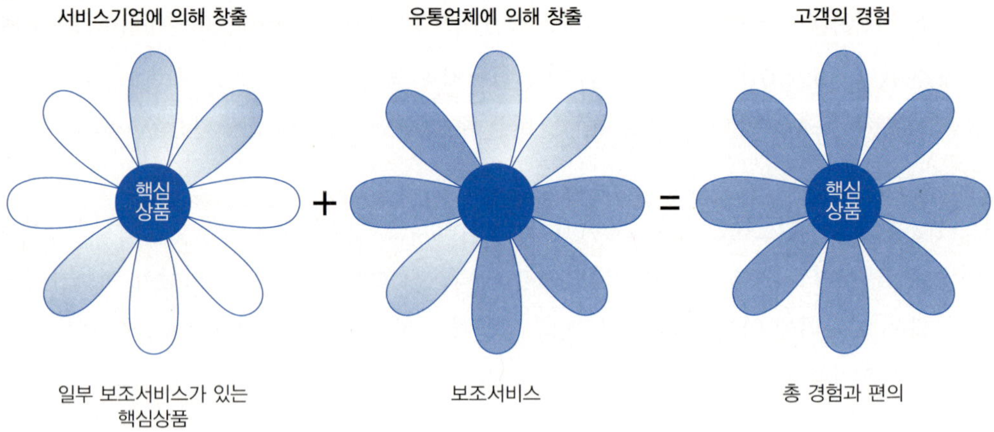

자료 : Jochen Wirtz, et al. *ibids*, p.140.

스제공자에 의해 전달되는 과정을 서비스 플라워모형으로 나타낸 것이다. 이들을 제외한 나머지 보조서비스는 유통회사에 의해 제공됨으로써 서비스전달이 완성된다. 서비스기업은 유통중개회사와 연계하여 서비스전달의 전체과정에서 매듭없이 일관된(seamless) 서비스를 제공하여 고객이 이를 경험하도록 해야 한다.

4. 가격결정과 수익관리

(1) 서비스가격정책의 목표

서비스는 생산과 동시에 소비되는 특성으로 인해 시장의 수요·공급상황에 따라 거래가격이 수시로 변동하므로 고객들은 서비스의 가격정책에 대해 이해하기 힘들고 불안정하며 종종 비윤리적이라고 생각하기도 한다. 모든 상품의 가격은 기업의 목표에 대한 이해를 기반으로 결정되어야 한다. 일반적으로 가격정책은 〈표 8-4〉와 같이 수익과 이익, 수요창출, 고객기반구축 등의 목표를 위해 수립된다.

(2) 가격정책의 유형

일반적으로 상품의 가격을 결정하는 데에는 원가, 경쟁의 정도, 그리고 고객가치 등의 세 가지 기준이 적용된다.

표 8-4 서비스가격정책의 목표

수익과 이윤 목표	
이윤추구	원가충당
• 이윤의 극대화 • 특정 수준의 이윤달성 • 시간에 따라 가격과 표적시장을 다르게 설정하여 한정된 자원으로 최대수익창출, 이것은 일반적으로 수익관리시스템으로 구현가능	• 모든 서비스제공에 소요된 비용을 간접비를 포함하여 충당 • 한 가지 서비스제공에 소요된 비용을 간접비를 제외하고 충당 • 추가판매나 고객추가에 따른 비용 증가분을 충당
충성도 및 고객기반 관련 목표	
수요창출	고객기반구축
• 최소수준의 수익이 얻어지는 전제하에서 수요극대화(수용능력에 제한이 없을 경우) (예 : 많은 비영리기관은 비용관리가 필요하지만 수익보다 고객의 이용을 높이는 것이 목표이다) • 생산능력 활용을 잘할수록 모든 고객에게 가치를 더할 수 있을 때(꽉찬 관중은 연극이나 농구경기의 열광을 더한다), 최대수용능력 도달	• 서비스의 사용과 채택촉진, 높은 시설투자비용을 수반하는 신규 서비스, 혹은 구입보다 구입후 사용에 의한 수익이 더욱 큰 멤버십유형의 서비스(이동통신서비스, 생명보험 등)의 경우 특히 중요 • 시장점유율 증대 혹은 대규모 고객기반구축, 비용우위를 확보할 수 있는 규모의 경제기회가 있을 때(예 : 개발비 혹은 고정비가 높은 경우), 또는 사용자가 증가할수록 서비스가치가 증대되는 네트워크 효과(예 : 페이스북, LinkedIn)가 있을 때 유용하다.

자료 : Jochen Wirtz, et al. *ibids*, p.140.

■ 원가지향적 가격결정(cost based pricing)

서비스를 제공하는데 필요한 노동력과 설비 등으로 서비스기업은 제조기업보다 고정비용의 비중이 높다. 물리적 시설투자가 많은 병원이나 대학, 대량의 운송수단을 필요로 하는 택배회사나 항공사, 네트워크를 구축하고 운영하는 철도나 이동통신사, 가스공급회사 등이 상대적으로 높은 고정비용을 부담한다. 고정비용부담이 높고 복잡한 상품계열을 운영하는 서비스기업일수록 활동요소별로 원가를 분석하는 관리회계의 역할이 중요하다.

■ 가치지향적 가격결정(value based pricing)

고객은 지각된 효용과 지불하는 비용을 비교하여 지각된 효용이 더 높을 때 서비스를 구매한다. 그러나 고객이 가치를 평가하는 것은 주관적이고 고객마다 다르다.[14] 서비스에 대해 지각된 전체 효익에서 서비스비용을 뺀것을 서비스상품의 순가치라 한다. 순가치가 양(+)이라야 고객은 서비스를 구매한다. 고객들은 경쟁상품을 평가할 때에도 상대적 순가치를 비교하여 큰 쪽을 선택한다. 서비스의 품질이나 가치를 판단할 수 있는 고객의 기준은 이질적이므로 가치에 대한 별도의 관리가 필요하다. 고객은 서비스구매가격을 금전적 비용뿐 아니라 구매와 사용에 드는 정보탐색, 구매, 서비스상품의 소비에 따르는 시간과 노력, 번거로움 등의 비금전적 비용도 인식하므로 이를 가격에 반영한다.

■ 경쟁지향적 가격결정(competition based pricing)

유사한 서비스를 제공하는 기업들은 경쟁자의 가격정책을 고려하여야 한다. 서비스가 차별적이지 않은 경우 고객들은 최저가의 서비스를 선택하므로 원가우위를 점한 기업이 가격선도자가 된다. 가격경쟁은 대체서비스의 증가, 경쟁자 또는 대체재의 증가, 수요의 감소, 산업내의 공급과잉 등에 따라 심해진다.

(3) 수익관리(Revenue Management, RM)

■ 수익관리의 의의

수익관리(RM)란 서비스상품의 가격을 수요의 변동 및 예약상황에 따라 다르게 적용하여 서비스의 총수입을 극대화하는 판매기법이다. 재고가 불가능한 호텔의 객실이나 항공기 좌석 등에 적용되는 수익관리시스템은 시즌이나 요일, 시간대별로 수요의 변동상황에 대한 과거의 통계자료에 기반하여 미래수요를 예측하고, 상황에 따라 예약우선순위와 가격을 다르게 적용하여 수익을 극대화하는 마케팅기법이다.

■ 수요의 가격탄력성과 수익관리

수익관리가 효과적으로 수행되기 위해서는 가격변동에 따른 수요의 변동을 분석하여 세부시장별로 적용해야 한다. 가격의 변화율($\triangle P/P$)에 대한 수요의 변화율($\triangle D/D$)을 수요의 가격탄력성이라고 한다.

$$\text{가격탄력성(price elasticity)} = \frac{\text{수요변화율}(\triangle D/D)}{\text{가격변화율}(\triangle P/P)}$$

가격탄력성이 1 이상이면 가격의 변화가 수요의 변화에 확대되므로 탄력적 수요라 하며, 1 미만이면 가격의 변화에 비해 수요의 변화가 적어 비탄력적 수요라 한다. 수익관리는 가격탄력성이 1 미만인 경우, 가격을 올리더라도 수요의 감소가 상대적으로 적기 때문에 수익면에서 유리한 반면, 가격탄력성이 1 이상인 경우, 가격을 올리면 수요가 상대적으로 더 줄기 때문에 전체수익의 크기는 감소한다.

〈그림 8-8〉은 가격의 작은 변화가 수요에서 큰 변화를 나타내는 가격탄력성이 높은 경우(D_e)와 가격의 큰 변화가 수요에 적게 영향을 미치는 비탄력적인 경우(D_i)를 각각 나타낸 것이다.

그림 8-8 가격탄력성의 예시

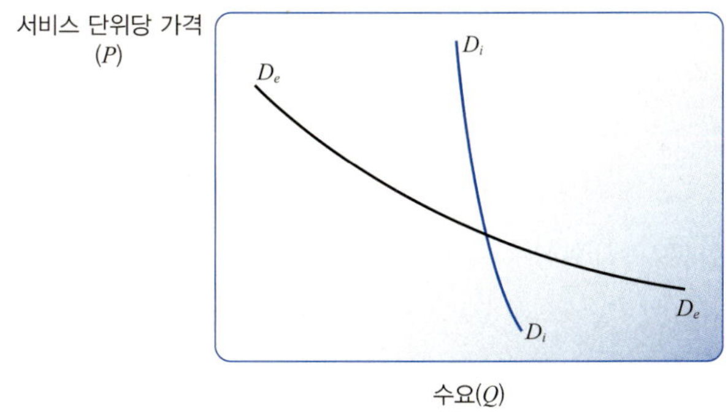

■ 수익관리와 가격결정

기내에 나란히 앉은 승객들 간에도 항공권구매를 위해 지불한 요금은 각기 다를 수 있다. 그러나 좌석요금의 차이에도 불구하고 모두 효용의 수준에 차이없이 서비스상품의 구매에 만족한다면, 수익관리가 성공적으로 운영되고 있음을 의미한다. 수익관리는 고객의 욕구, 선호도, 지불능력 등을 판단하여 핵심서비스, 서비스상품의 물리적 특성과 무형적 특성으로 구성되는 상품의 가격을 결정하는 것이다. 고객이 원하는 상품과 가격이 균형점을 찾아 가격결정에 활용하기 위해서는 수요곡선의 가격탄력성에 대한 이해와 정확한 수요예측이 필요하다. 〈그림 8-9〉는 항공사의 좌석판

그림 8-9 RM의 판매가격과 수요곡선

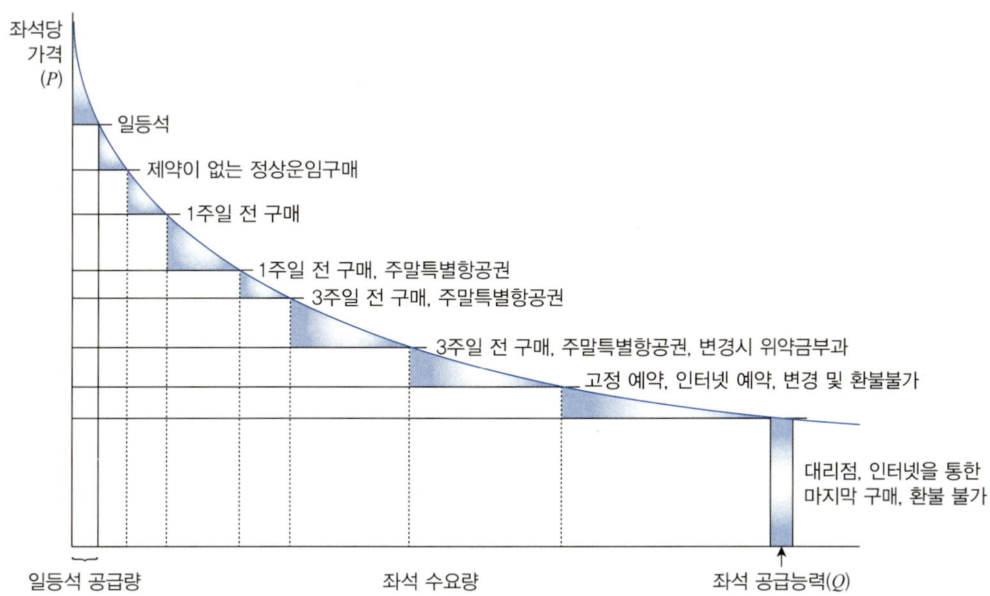

매가격과 수용능력을 고려한 가격결정을 예시한 것이다. 항공권의 수요와 가격의 수요함수에서 요금이 낮은 우측구간의 일반석에서는 가격의 변동에 따라 수요량의 변화가 큰 반면, 일등석을 나타내는 좌측구간에서는 가격의 변동에 대한 수요의 변화가 상대적으로 적으므로 공급자는 공급좌석이 남지 않도록 출발전까지 시간의 경과에 따라 운임할인을 통해 항공편당 총판매수입을 극대화할 수 있다. 〈그림 8-9〉에서 음영부분은 소비자잉여(혜택)를 나타내는데, 가격을 차별화하여 소비자잉여를 줄이는 만큼 항공사의 수익은 증가하게 된다. 이와 같은 수익관리기법에 의한 서비스가격의 결정은 호텔과 병원, 전력과 통신회사, 법률사무소, 컨설팅 등 재고상품이 없는 서비스상품의 가격이 모두 적용된다.

5. 서비스촉진관리

(1) 마케팅 커뮤니케이션

촉진(promotion)이란 기업이 자사의 제품이나 서비스의 편익, 속성, 장점 등을 잠재적 구매자에게 알리고 설득하는 기능을 뜻한다. 마케팅 커뮤니케이션은 촉진수단인 광고, 판매촉진, 홍보, 인적판매 등을 위해 고객과 소통하는 핵심활동이다. 오늘날 촉진은 서비스제공자의 일방적인 전달이 아닌 소비자와 상호작용하는 커뮤니케이션 활동으로 전환되었다. 마케팅커뮤니케이션은 단순한 미디어광고나 PR, 전문판매원보다 넓은 개념이며, 현재 고객뿐 아니라 잠재적 고객들을 대상으로 다양한 방법이 이용된다. 특히 서비스시설의 위치와 분위기, 색감이나 그래픽요소의 활용 등 기업의 로고, 직원의 용모와 행동, 웹사이트디자인 등의 요소들은 고객의 마음속에 서비스상품에 대한 인상을 남기게 되는데, 이와 같은 마케팅 커뮤니케이션은 서비스 프로세스의 각 단계에서 다음과 같은 역할을 한다.

■ 서비스 포지셔닝과 차별화

경쟁자와 비교하여 자사의 서비스와 제품이 고객의 욕구를 충족시키기 위한 최상의 해결책임을 설득하기 위해 마케팅 커뮤니케이션을 활용한다. 예를 들어, FedEx는 배송서비스의 우수한 품질과 신뢰성을 증명하기 위해 여러 고객만족평가기관에서 입증된 고객만족지수 등의 성과지표를 광고하거나 전시한다.

■ 서비스직원과 후방 서비스의 공헌에 대한 커뮤니케이션

높은 수준의 접점 서비스인력과 후방의 지원인력은 서비스를 차별화하는 요소가 된다. 서비스현장의 직원을 보여주는 광고는 잠재고객들이 서비스상품의 특징을 이해하는 데 도움을 주며, 광고, 웹사이트 등은 최상의 서비스를 제공한다는 확신을 줄 수 있고 후방 지원부서에서 일어나는 업무를 고객에게 보여줄 수도 있다. 예를 들어, 스타벅스는 커피의 품질과 신선함을 강조하기 위해 커피원두가 어떻게 경작되고 수확되며 생산되는지를 보여주기도 한다.

■ 커뮤니케이션 콘텐츠를 통한 가치의 부가

정보와 자문은 상품에 가치를 부가하는 중요한 방법이다. 잠재적 고객은 자신에게 필요한 서비스의 종류, 적정한 시간과 장소, 가격, 특정한 형태, 서비스에 따른 기능과 혜택 등에 대한 정보를 필요로 한다. 커뮤니케이션은 상품정보를 제공하여 서비스상품에 가치를 더한다.

■ 고객의 서비스생산 참여촉진

고객이 서비스생산에 적극적으로 참여하기 위해서는 서비스내용에 대한 교육과 학습이 필요하다. 고객의 학습을 위한 대표적인 방법은 실제로 서비스전달과정을 보여주는 것이다. TV나 SNS의 동영상은 서비스전달 프로세스의 순서를 보여줄 수 있는 효과적인 수단이다.

■ 생산능력에 적합한 수요의 조절

광고와 판매촉진은 고객의 이용시기를 변화시켜 주어진 시간에 수요를 조절하는 데 도움을 준다. 예를 들어, 호텔과 같이 높은 고정비가 발생하는 서비스기업의 경우에는 수요가 적은 비수기에 서비스이용을 촉진하기 위해 가격할인 외에도 업그레이드된 객실을 제공하거나 무료조식권을 제공할 수 있다.

(2) 마케팅 커뮤니케이션 계획

효과적인 커뮤니케이션전략 계획을 수립하기 위해서는 다음의 '5Ws 모델'이 제시하는 체크리스트를 적용하는 것이 유용하다.[15)]

- 표적은 누구인가(Who)?
- 무엇을 커뮤니케이션하고 달성할 것인가(What)?
- 이를위해 어떻게 커뮤니케이션할 것인가(How)?
- 어디에서 커뮤니케이션하는가(Where)?
- 언제 커뮤니케이션이 이루어져야 하는가(When)?

우선 누구를 대상으로 정의하고(who), 커뮤니케이션 대상을 구체화한 후(what), 사용가능한 커뮤니케이션 수단(how)을 모색해야 한다. 커뮤니케이션 활동의 스케줄링(when)이나 위치(where)와 관련된 문제들은 상황에 따라 각각 달라질 수 있다.

■ 표적고객의 정의

가망고객, 이용고객, 그리고 서비스직원은 커뮤니케이션 전략의 대상이 된다.

- **잠재고객** : 고객에 대한 정보가 제한적이기 때문에 미디어광고, PR, 이메일캠페인이나 직접 메일, 인터넷광고 등과 같은 전통적 커뮤니케이션 수단을 주로 이용한다.
- **이용고객** : 고객접촉직원에 의한 교차판매나 업셀링과 같은[16] 판매노력, 판매시점(POS)의 촉진, 서비스접점의 유통정보와 같은 저비용채널을 이용할 수 있다. 고객정보의 데이터베이스를 이용한 이메일, 문자메시지, 직접 메일(DM) 또는 전화 등 개별화된 정보로 커뮤니케이션할 수도 있다.
- **직원** : 직원은 대중매체를 통한 커뮤니케이션 마케팅의 2차적 대상이 된다. 이용고객과 잠재고객을 대상으로 한 광고캠페인은 직원들 특히 현장직원의 판매를 촉진하는 효과가 있다. 특히 광고의 내용이 고객과의 약속을 지키는 직원들을 묘사하고 있다면 이는 직원의 행동을 형성하는 수단이 된다. 직원에게 직접적으로 행해지는 커뮤니케이션은 기업고유의 매체를 활용하는 내부마케팅의 일부이다.

■ 커뮤니케이션 목표의 구체화

커뮤니케이션의 목적은 앞의 5Ws 모델에서 무엇을 소통하고 달성해야 하는가에 대한 답이 된다. 서비스기업에 있어 교육 및 촉진의 목적은 다음과 같다.

- 기업과 브랜드에 대한 기억가능한 이미지창출
- 익숙하지 않은 서비스나 브랜드에 대한 흥미와 인지도 형성
- 경쟁사의 서비스와 비교
- 특정 브랜드의 강점과 편익을 전달함으로써 선호도 형성
- 경쟁사의 서비스 대비 자사의 서비스재정립
- 유용한 정보와 조언을 통한 지각된 위험과 불확실성 감소
- 서비스보증 등의 확신제공
- 인센티브를 통한 구매의 독려
- 고객의 친밀감 유도
- 자사서비스의 장점을 최대한 활용할 수 있는 고객의 학습
- 비수기 수요를 자극하고 성수기 수요를 비수기로 전환
- 가치있는 고객의 확인 및 직원에 대한 보상

(3) 마케팅 커뮤니케이션 채널

각각의 커뮤니케이션 요소는 전달할 메시지의 종류와 노출하고자 하는 세분시장과 관련된 독특한 특징을 지니는데, 인적커뮤니케이션, 광고, 홍보 및 PR, 판매촉진, 교육지침서, 기업디자인 등을 총체적으로 커뮤니케이션 믹스라고 한다. 소통하고자 하는 모든 메시지가 서비스기업 내부에서 나오는 것은 아니며, 일부는 기업이 아닌 외부에서 제공되기도 한다. 〈그림 8-10〉에서 보는 바와 같이 기업이 제공하는 메시지는 일반매체나 인터넷 등 전통적인 마케팅채널을 통해 전달되는 메시지와 서비스기업 내부에서 제공되는 메시지로 구분된다.

그림 8-10 고객에게 제공되는 메시지원천

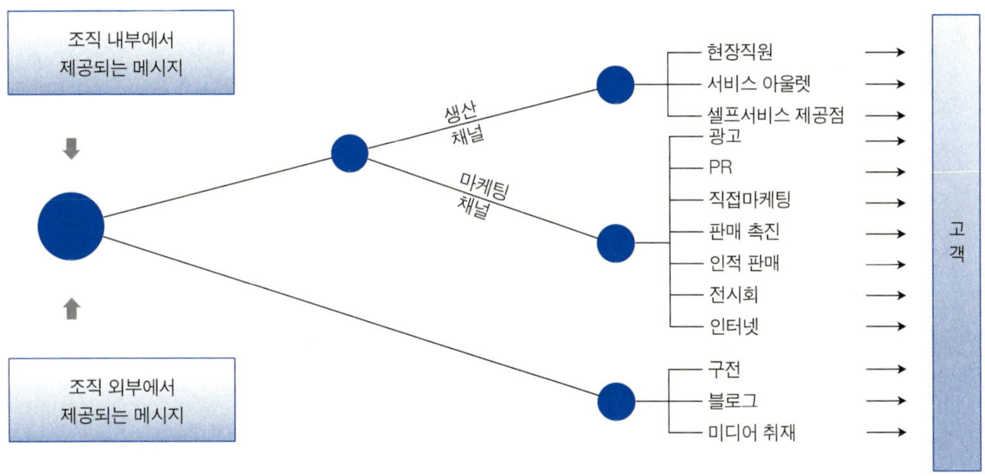

자료 : Adrian Palmer, *Principles of Service Marketing*, Londen, McGraw-Hill, 6th ed. 2011, p.450.

(4) 커뮤니케이션의 윤리적 문제와 고객정보의 보호

서비스기업은 커뮤니케이션과 관련하여 윤리적 문제와 고객의 개인정보보호를 함께 고려해야 한다.

■ 윤리적 문제

소비자는 서비스의 품질이나 이용에 대한 정보를 미리 판단하는 것이 어렵기 때문에 마케팅 커뮤니케이션 수단에 의존하게 된다. 비현실적인 서비스에 대한 약속은 대부분 내적 커뮤니케이션의 문제로 발생한다. 어떤 경우에는 비윤리적인 광고주와 판매원의 판매욕구에 의해 과장된 약속을 하기도 한다. 이는 소비자들이 현실보다 더 좋은 결과를 얻는다고 생각하도록 촉진하는 것이다.

비윤리적인 마케팅활동을 감시하기 위해 각종 소비자보호단체가 활동하고 있다.

■ 개인정보보호

사생활보호는 윤리적 문제의 또 다른 문제이다. 텔레마케팅, 우편, 이메일의 증가는 그것을 원치않는 사람에게는 매우 불편한 일이 된다. 각국 정부와 단체 등에서도 소비자를 보호하기 위해 이러한 활동에 금지하는 법·제도가 강화되고 있다.

각 주

1. Elaine Harris, *Customer Service*, Pearson Education, Inc. 6th ed. 2013, pp.56~57.
2. 마케팅믹스(marketing mix) 4P의 개념은 미시간대학교 교수였던 맥카시(Edmund J. McCarthy)가 1960년 자신의 저서 〈*Basic Marketing: A Managerial Approach*〉에서 처음 사용한 이후 현대적 의미의 마케팅개념을 설명하는 키워드로 정립되었다.
3. 본서의 마케팅은 러브락 등이 제시한 서비스마케팅의 7P에 따라 내용을 구성하였다. 본장에서는 일반마케팅 믹스 4P를 설명하고, 나머지 3P는 제9장에서 다루어진다. Jochen Wirtz, Patrica Chew, Christopher Lovelock, *Essentials of Service Marketing*, Pearson Education, Ltd. 2013, pp.20~23.
4. 서비스 스케이프란 서비스(service)와 스케이프(scape)의 합성어로 고객이 서비스접점에서 인식하는 서비스경험에 가치를 더하기 위해 서비스기업이 인위적으로 제공하는 물리적 환경이다.
5. Hei-Lim Michael Lio and Raymond Rody, "The Emotional Impact of Casino Servicescape," UNLV, *Gaming Research Review Journal*, Vol.13, Oct. 2009, pp.17~25.
6. 서비스상품의 공통적인 특성은 무형성(Intangibility), 이질성(Heterogeneity), 생산과 소비의 비분리성(Inseparability), 소멸성(Perishability) 등 네 가지로 나타내며, 흔히 'IHIP'라고도 한다.
7. 이유재, 서비스마케팅, 학현사, 2013, p.92.
8. Jochen Wirtz, Patrica Chew, Christopher Lovelock, *Essentials of Service Marketing*, Pearson Education, Ltd. 2013, p.107.
9. Leonard L. Berry, "Cultivating Service Brand Equity," *Journal of the Academy of Marketing Science*, Vol.28, 2000, pp.128~137. Jochen Wirtz, et al. *ibids*, pp.110~112에서 재인용.
10. 이와 관련한 대표적인 연구들은 Scott Edgett and Steven Parkinson, "The Development of New Financial Services," *International Journal of Service Industry Management*, Vol.5, 1994,

pp.24~38; Christopher D. Storey and Christopher J. Easingwood, "The Impact of the New Product Development Project on the Success of Financial Services," *Service Industries Journal*, Vol.13, 1993, pp.40~54; Michael Ottenbacher, Juergen Gnoth, and Peter Jones, "Identifing Determinants of Success in Development of New High-Contact Services," *International Journal of Service Industry Management*, Vol.17, 2006, pp.344~363 등이 있다. Jochen Wirtz, et al. *ibids*, p.115에서 재인용.

11. Jochen Wirtz, Patrica Chew, Christopher Lovelock, *Essentials of Service Marketing*, Pearson Education, Ltd. 2013, p.124.
12. 중력모형(gravity model)이란 물리학의 중력이론을 응용하여 규모가 큰 유통지점이 넓은 상권을 가지며, 많은 고객을 유인한다는 소매점의 입지에 관한 이론이다.
13. Swissotel Hotel & Resort는 전 세계 고객들에게 높은 수준의 서비스를 제공하는 것을 긍지로 삼는 호텔이다. Jochen Wirtz, Patrica Chew, Christopher Lovelock, *Essentials of Service Marketing*, Pearson Education, Ltd. 2013, p.133.
14. 자이사믈(Valarie Zeithaml)은 고객이 지각하는 서비스의 가치(value)를 (i) 가치는 저가이다. (ii) 가치는 내가 상품에서 얻고자 하는 것이다. (iii) 가치는 내가 지불한 가격만큼 얻을 수 있는 품질이다. (iv) 가치는 내가 지불한 가격만큼 얻기를 원하는 것이다. Valarie Zeithaml, "Consumer Perceptions of Price, Quality, and Value," *Journal of Marketing*, Vol.52, 1988, pp.2~21. Jochen Wirtz, et al. *ibids*, p.156~157.에서 재인용.
15. Jochen Wirtz, Patrica Chew, Christopher Lovelock, *Essentials of Service Marketing*, Pearson Education, Ltd. 2013, pp.195~196.
16. 업셀링(up-selling)이란 같은 고객이 이전에 구매한 상품보다 더 비싼상품을 사도록 유도하는 판매방법을 말하며, 교차판매(cross selling)는 자사의 상품판매에 한정하지 않고 다른 상품을 함께 판매하는 적극적인 판매방식을 말한다.

CHAPTER 09

서비스마케팅(Ⅱ)

제1절 서비스 프로세스관리

1. 서비스 프로세스설계
2. 서비스 공동생산자 : 고객
3. 셀프서비스 기술

제2절 서비스의 물리적 증거

1. 서비스수요
2. 서비스공급관리 : 대기행렬관리
3. 물리적 환경의 구축

제3절 서비스직원관리

1. 비즈니스 매너
2. 내부마케팅

서비스마케팅이란 무엇인가? 서비스를 이해하려면 먼저 이 물음에 답할 수 있어야 한다. 디지털전환으로 경영의 패러다임이 변함에 따라 산업현장에서는 이미 전통적인 마케팅의 개념이 변하고 있다. 서비스경영에서 시장 접근의 프레임을 넓힌 것은 환경적응을 위한 과제가 그만큼 늘어나는 것을 의미한다. 본장에서는 제8장에 이어 서비스마케팅믹스 7P 중 서비스 프로세스, 물리적 증거, 사람 등 나머지 3P를 설명한다.

Keywords: 시장세분화, 표적시장, 이질성, 마케팅믹스 7P, 포지셔닝, 서비스브랜딩, 서비스플라워, 서비스상품, 가격결정, 유통관리, 촉진관리, 수입관리(RM), 가격탄력성

"고객설득의 일관성과 마케팅"

한국전쟁 당시 많은 미군포로들이 중국군 포로수용소에 수감됐다. 중국 공산당은 가혹한 고문으로 포로를 복종시키는 북한과는 사뭇 다른 방식으로 포로를 다뤘다고 알려져 있다. 중국군은 특히 무자비한 태도를 피하고 이른바 '관용적' 방식을 사용했는데 이는 사실상 포로를 대상으로 한 정교한 심리적 공격이었다. 예를 들어, 중공군은 포로들에게 전혀 심각해 보이지 않는 반미적 또는 친공산주의적 발언들, "미국은 완벽하지 않다"거나 "공산국가에는 실업문제가 없다"와 같은 언급을 요구했다. 포로들이 이런 작은 요구를 수용하면, 그와 관련해 좀 더 실질적인 요구가 이어졌다. 미국이 완벽하지 않다는 동의를 얻어내면, 어떤 면이 완벽하지 않다고 생각하는지 구체적으로 지적해보라고 요구하는 식이었다. 그래서 미군포로가 몇 가지 구체적인 사례를 얘기하면, 그런 '미국의 문제점'을 목록으로 작성해 서명하라는 요구가 이어졌고 다른 포로들과의 토론시간에 자신이 작성한 목록을 직접 읽도록 했다. 목록을 읽으면 "결국 당신은 정말 그렇게 믿고 있는 거지?"라는 식의 질문을 했고, 나중에는 작성한 목록을 더 확대하고 미국의 문제들을 더 자세히 논의하라고 요구했다.

그러고 나면 포로수용소뿐만 아니라 남한의 미군들에게까지 송출하는 반미성향의 라디오방송에서 그 포로의 실명을 밝히면서 그가 작성한 문서를 공개했다. 그 미군포로는 순식간에 적군을 돕는 '협력자'로 전락하는 것이다. 여기서 주목할 것은 미군포로가 위협이나 강제에 따라 글을 쓴 것이 아니라는 사실이다. 여러 단계를 거치면서 자신의 자아 이미지가 자신의 행동 및 '협력자'라는 새로운 꼬리표에 맞도록 변했을 뿐이다. 심리학자들은 연구를 통해 "전체적으로 협력을 거부한 사람은 소수에 불과한 반면, 대다수가 한두번에 걸쳐 자신에게 사소해 보이지만 중국으로서는 얼마든지 유리하게 활용할 수 있는 행위들로 중국에 협력행위를 했다. …… 이런 방법은 취조중에 자백과 자아비판, 정보 등을 끌어내는 데 특히 효과적이었다." 라고 밝혔다.

영업조직에서도 이 같은 방법을 자주 사용한다. 영업사원들은 작은 제품에서 시작해 점점 큰 제품으로 판매를 확대한다. 첫 거래의 목표는 이익을 올리는 것이 아니라 고객과 거래를 시작하는 것이다. 아무리 값싼 제품의 거래라도 상관이 없다. 그런 방식으로 고객을 첫 거래에 끌어들이고 나면 자연스럽게 더 큰 규모의 거래로 발전해간다. 영업관련 잡지 〈*American Salesman*〉은 이 점을 간결하게 설명해놓았다.

"이 전략의 핵심은 작은 주문에서 시작해 상품전체로 판매범위를 확대해 나가는 것이다...... 이렇게 생각해 보라. 혹시 상대방이 전화상담에 들인 시간과 노력에 전혀 못 미치는 작은 주문을 한다해도 일단 주문한 이상 그는 잠재고객이 아니다. 진짜고객이 된 것이다(Green, 1965, p.24)."

작은 요구에서 시작해 결국 그와 관련한 더 큰 판매승낙을 얻어내는 영업기법을 '한발 들여 놓기'이라고 한다. 고객을 설득하는 일관성의 위력을 이용하는 마케팅기법이다.

▶ 설득의 심리학(로버트 차왈디, 2009) 中에서

제1절 서비스 프로세스관리

서비스 프로세스란 서비스가 고객을 대상으로 어떻게 제공되고 연결되며, 어떻게 고객의 경험을 창출하는지를 관리하는 과정으로서 서비스마케팅 믹스7P의 요소 중 하나다. 접촉이 많은 서비스일수록 고객은 서비스운영의 일부가 되며, 원활한 프로세스는 고객의 가치있는 경험을 형성한다. 잘못 설계된 프로세스는 결과가 서비스전달을 지연시켜 고객을 짜증나게 하거나 낮은 품질의 서비스를 제공해 고객이 실망하게 된다. 본절에서는 서비스 프로세스의 설계와 공동생산자로서의 고객, 셀프서비스기술에 대해 살펴본다.

1. 서비스 프로세스설계

(1) 플로차트와 청사진개발

1) 서비스 플로차트의 활용

플로차트(flowchart)는 고객에게 서비스를 제공하는 데 있어서 각 단계별업무와 특징을 보여주는 기법으로서 전체적인 고객의 서비스경험을 관리하는 데 유용한 도구다. 플로차트는 소비자가 경험하는 접점의 순서를 나타냄으로써 핵심서비스의 단계와 보조서비스 요소의 제공단계를 시간흐름별로 이해할 수 있도록 한다. 예를 들어, 레스토랑에서 음식과 음료는 핵심서비스 요소이고, 예약, 발렛파킹, 코트룸, 안내원, 주문메뉴, 계산과 지불, 화장실이용 등은 보조서비스에 해당된다. 〈그림 9-1〉은 모텔투숙, 태블릿PC, 일기예보, 건강보험 등에 대한 서비스전달 프로세스를 나타내고 있다.[1] 플로차트는 제1장에서 설명한 서비스의 네 가지 범주, 즉 사람에 대한 처리, 소유물에 대한 처리, 정신적 자극에 대한 처리 및 정보에 대한 처리 등에 따라 고객이 참여하는 정도가 다르다는 것을 보여준다. 다음의 서비스 프로세스를 보자.

■ **모텔투숙 : 사람에 대한 처리**

늦은 저녁, 먼 여행길에 점점 피곤해진다. 빈방이 있다는 사인을 확인하고 가격도 합리적이다. 깨끗하게 치장된 건물과 잘 정돈된 주변을 확인하면서 주차를 한다. 프런트에 들어섰을 때 친절한 직원이 반겨주며 객실키를 건네주면 방앞쪽으로 차를 주차하고 안으로 들어간다. 샤워를 하고 잠

그림 9-1 서비스전달의 유형별 플로차트(flowchart)

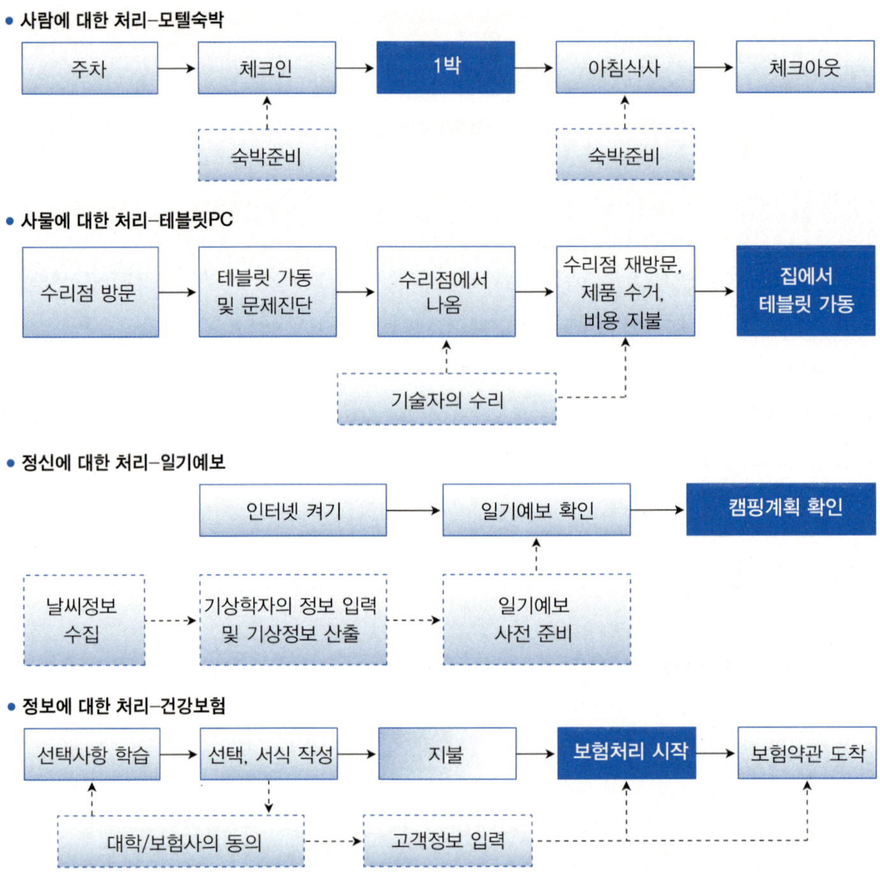

자료 : Jochen Wirtz, Patrica Chew, Christopher Lovelock, *Essentials of Service Marketing*, Pearson Education, Ltd. 2013, p.229

자리에 든다. 숙면을 한 후 아침에 일어나 샤워를 하고 옷을 입고 짐을 꾸린다. 프런트에 가서 무료커피, 주스, 도넛을 먹고 키를 돌려준 다음 가격을 지불하고 출발한다.

■ 태블릿PC 수리 : 소유물에 대한 처리

태블릿을 사용하는데 화면의 해상도가 좋지 않다. 짜증이 난 나머지 인근에 서비스센터가 있는지 확인해 본다. 서비스센터에서 깔끔한 용모의 담당엔지니어가 태블릿을 세심하고 빠르게 살핀다. 담당엔지니어는 그 태블릿을 수리해야 한다고 얘기하고 그의 프로다운행동에 감동한다. 가격도 합리적이다. 수리에 대한 1년의 보증을 약속받고 3일내로 수리될 것이라는 답변을 듣는다. 담당자는 태블릿을 가지고 사무실뒤편으로 사라지며 고객은 그 자리를 나선다. 물건을 찾으러 갔을 때, 담당엔지니어는 수리내역을 설명하고, 잘 작동되는지를 보여준다. 고객은 가격을 지불하고 태블릿을 가지고 서비스센터를 떠난다. 집으로 돌아왔을 때 태블릿을 켜고 잘 작동되는 것을 확인한다.

■ 일기예보 ; 정신적 자극에 대한 처리

공원으로 캠핑을 계획중이다. 그러나 친구중 한명이 주말에 매우 추울것이라는 예보를 들었다고 말한다. 저녁에 집에 돌아와 인터넷을 켜고 일기예보를 확인한다. 기상캐스터는 72시간 후에 추위가 몰려올 것이라고 알려준다. 그러나 가려는 지역이 북쪽이다. 이 정보를 듣고 친구에게 캠핑을 가도 괜찮을 것이라고 일러준다.

■ 건강보험 ; 정보에 대한 처리

대학에서 신학기 시작전에 정보를 메일로 보낸다. 메일에는 유학생들에게 건강보험 선택사항도 함께 알려준다. 비록 자신이 건강하다고 생각하더라도 주변친구의 경험을 떠올린다. 친구는 최근 자신의 실수로 인한 사고 때문에 많은 병원비를 부담했다. 보험에 들어있지 않았기 때문이다. 필요이상의 보험료를 내고 싶지 않은 생각에 카운슬러에 상담을 요청한다. 등록할 때, 학생진료센터뿐 아니라 병원의 진료비용까지도 해결할 수 있는 보험을 선택한다. 치료내역에 대한 몇 가지 질문응답하며 빈칸을 채우고 이에 서명한다. 보험료가 청구되고 우편으로 보험확인증을 수령한다. 이제 더 이상 예상치 못한 의료비지출을 걱정할 필요는 없다.

이와 같이 서비스를 이용하는 과정에서 고객의 역할은 서비스유형별로 다르다. 앞의 두 경우는 물리적인 프로세스를 포함하고 있으며, 뒤의 두 경우는 정보에 관한 프로세스이다. 모텔의 서비스는 숙박을 위한 침실, 욕실, 주차, 기타 물리적 시설들과 같은 건물 등 물리적 외형에 따라 품질이 결정된다. 이때 패키지의 일부로서 간단한 아침식사를 제공하면 그 가치를 더할 수 있다. 그러나 수리점에서 고객의 역할은 기계가 무엇이 잘못되었는지 간단한 설명을 하는 것, 물건을 놓고가는 것, 그리고 수리가 끝난후 다시 찾아가는 것 등으로 제한된다. 다만 직원에 대한 신뢰가 필요하며 1년의 보증기간이 위험부담을 줄여준다. 일기예보의 경우와 건강보험을 드는 경우에는 고객의 행동이 무형적이며, 그 역할 또한 제한적이다. 보도매체는 정보로 경쟁하기 때문에 그래픽디자인과 기상캐스터의 프리젠테이션, 예보스케줄성, 정확도와 평판 등으로 품질이 결정된다. 고객은 일기예보를 알기위해 비용을 지불할 필요도 없으며, 건강보험을 드는것 역시 무형적 활동이지만 시간과 정신적인 노력이 필요하다. 고객은 몇 가지 선택사항을 확인하고 계약서를 작성하고 건강관리에 대한 선택에 상응한 비용을 부담하게 되는데 보험혜택에 대한 설명이 고객의 결정에 영향을 미친다.

2) 서비스청사진

서비스의 디자인이나 재설계를 위해 쓰이는 유용한 방법으로 청사진(blue print)기법이 있다. 서비스청사진은 고객과 직원, 서비스시스템의 상호작용을 나타내는 지도이다. 특히 청사진은 핵심적인 고객활동과 고객과 직원이 어떻게 상호작용하는지 서비스직원에 의한 전방활동과 이러한 활동이 어떻게 후방활동과 시스템에 의해 지원되는지를 나타낸다. 서비스청사진은 현장직원의 역할과 운영프로세스, 공급과 정보기술, 그리고 고객과의 상호작용 등을 보여줌으로써 기업이 마케팅과 운영, 인적자원을 보다 효율적으로 관리할 수 있게 한다. 서비스청사진에는 다음의 기본요소들이 포함된다. 서비스청사진의 설계에 대한 구체적 내용은 제11장 서비스디자인과 운영관리에서 다루기로 한다.

- **전방활동**(front stage actions) : 바람직한 투입과 산출물, 서비스가 전달되는 순서 등 전반적인 고객경험에 대해 나타낸다.
- **후방활동**(backstage activities) : 특정한 전방활동을 지원하기 위해 수행되는 활동이다.
- **전방활동의 물리적 증거**(physical evidence) : 고객이 서비스품질을 평가하는 데 이용되는 시설설비 등의 외형적 존재나 상태를 의미한다.
- **지원프로세스와 소모품** : 지원프로세스의 대부분은 정보로 구성되며 각 단계별로 정보시스템에 의해 제공된다. 전방직원에게 즉각적이고 올바른 정보가 제공되지 않는다면, 은행, 온라인 중개업, 도서관의 대출프로세스도 제대로 수행될 수 없게 된다. 소모품 또한 전방단계화 후방단계에서 모두 원활하게 공급되어야 한다.
- **잠재적 실패점**(potential fail point) : 청사진은 프로세스에서 잠재적 실패점을 확인할 수 있는 기회를 제공한다. 실패점은 어떤 일이 잘못되어 서비스품질에 악영향을 미칠 위험이 있는 곳이다. 잠재적 실패점을 인식할 때 예방계획을 세울 수 있다.
- **고객 대기시간설정** : 청사진을 통해 고객이 보통 기다려야 하는 프로세스의 단계와 잠재적인 대기지점을 확인하고 대기시간이 고객의 불편함이 되지 않도록 다양한 대안을 모색하는 활동이다.
- **서비스표준과 목표** : 고객의 기대를 반영하여 각 활동별로 서비스표준과 목표를 설정할 수 있다. 청사진에는 각 단위업무의 수행시간과 예상대기시간 등이 포함되므로 마케팅 및 운영인력과 관련하여 표준을 마련하는데 유용한 정보를 제공한다.

(2) 서비스실패의 점검

■ 실패점의 규명

고객의 관점에서는 핵심서비스를 제공받을 때가 가장 심각한 실패점이 될 수 있다. 서비스전달에는 시간이 소요되므로 전달과정에서 고객이 기다려야 하는 지체가능성이 항상 존재한다. 즉, 전방단계와 후방프로세스의 모든 단계에서는 서비스실패와 지체의 가능성이 있으며, 실제로 실패는 지체나 실수를 만회하는 데 소요되는 시간으로 인해 발생한다. 서비스관리자는 서비스실패와 대기의 문제를 해결하기 위해 서비스전달 시스템의 설계과정에서 모든 가능성을 확인해야 한다.[2] 실패점이 규명되면 실패의 원인에 대한 분석이 필요하다. 이러한 분석은 오차의 위험을 줄이는 활동으로서 서비스의 품질을 보증하는 과정에 해당된다. 예를 들면, 제조업의 전사적 품질관리(Total Quality Control)기법으로서 공정상의 실수를 예방하는 안전장치로 '포카요케(ポカヨケ, poka-yoke)'라는 개념이 있다.[3] 도요타자동차에서 시작한 이 개념은 서비스직원이 올바른 순서와 속도로 직무를 올바르게 수행할 수 있도록 한다. 예를 들어, 자동차의 기어를 주차 "P"로 놓지 않으면 시동이 걸리지 않도록 해 운전자가 자동차를 안전하지 않은 상태로 출발하는 것을 방지한다. 병원에서 외과수술을 위해 의료도구 탁자위에 각 도구들이 올바르게 위치되도록 함으로써 수술을 마무리하기 전까지 모든 수술도구가 신속·정확하게 활용되도록 하는것도 마찬가지다.

■ 서비스표준과 목표설정

청사진은 어떤 서비스와 프로세스속성이 중요한지 파악할 수 있도록 해준다. 프로세스의 각 단계에서 설정된 표준은 고객을 만족시킬 만큼 충분히 높게 설정되어야 한다. '측정되지 않는 것은

그림 9-2 서비스표준과 목표설정

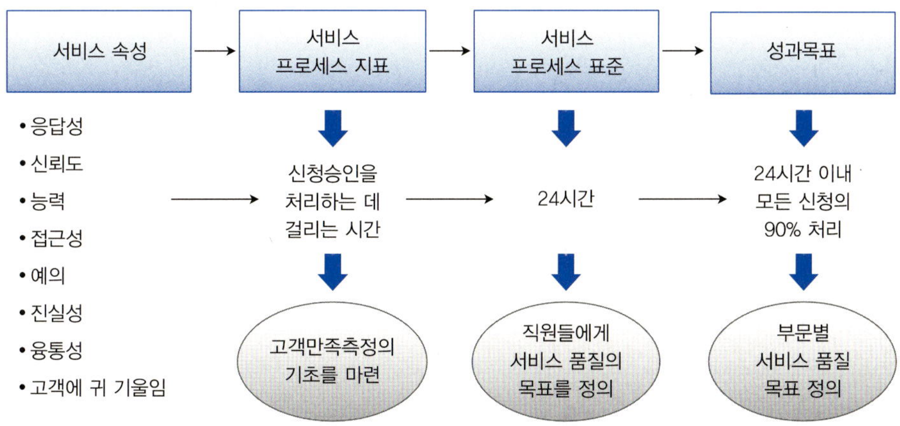

자료 : Jochen Wirtz, et al. *ibids*, p.242.

관리하지 않는다.'라는 표현과 같이 규모가 큰 조직일수록 개별프로세스의 성과는 측정되고 표준과 비교·평가해야 하므로 목표가 명확해야 한다. 예를 들어, 금융서비스의 '응답성'이라는 속성은 '대출신청의 승인을 처리하는 데 걸리는 시간'을 지표로 이용할 수 있다. 서비스표준은 고객의 기대와 이를 충족시키는 비용에 기초하여 설정되어야 한다. 〈그림 9-2〉는 서비스 프로세스의 표준과 목표설정의 과정을 나타낸 것이다.[4)]

■ 고객의 지각과 정서

서비스전달에 있어 처음과 끝은 언제나 중요하다. 프로세스의 시작이 잘못되면 고객은 장소를 이탈할 수 있는 반면, 시작이 잘 되었을 경우 서비스의 수행에서 발생하는 작은 실수에 대해 관용의 폭이 넓어지며, 강렬한 마무리는 전반적인 만족과 좋은 인상을 지속시켜 준다. 고객의 경험을 관리하기 위해 서비스단계별로 고객의 정서를 관리할 필요가 있는데, 고객의 정서와 느낌을 나타내는 플로차트를 '정서프린트(emotion print)'라고 한다. 예를 들어, 임신중인 산모가 태아의 초음파 사진을 처음 볼 때는 행복하고 기쁜감정을 느끼는 반면, 태아의 기형아 여부를 검사할 때는 걱정을 하게 된다. 따라서 병원은 프로세스의 각 단계에서 고객의 정서를 예상하여 현장직원이 적절히 대응해야 한다.

(3) 서비스 프로세스의 재설계

"서비스 프로세스는 강철판과 같아서 녹슬기 마련이다. 과거 부드럽고 빛나던 것도 녹슬게 되어 있다." 서비스 프로세스는 기술, 소비자의 욕구, 부가서비스의 특성, 새로운 상품의 등장 등의 변화로 시간이 지남에 따라 진부해질 수 있는데, 이를 '조직의 녹(institutional rust)'이라고 한다.[5)] 프로세스의 진부화는 전달체계, 규율과 규범, 비공식적 표준에 대한 약화 등 내부의 원인에 의해 발생한다. 프로세스의 재설계가 필요한 징후는 많은 정보의 교환, 유용하지 않은 데이터, 과도한 통제와 예외의 증가, 불편하고 불필요한 절차에 대한 고객불만의 증가 등으로 나타난다. 프로세스의 재설계를 위해서는 서비스품질과 생산성을 동시에 개선할 기회를 찾아야 한다. 서비스청사진의 점검은 업무의 수행방법을 재설계하기 위해 필요하며, 다음과 같은 효과를 얻을 수 있다.

- 서비스 실패의 예방
- 서비스 전달시간의 단축
- 생산성 향상
- 고객만족도 향상

2. 서비스 공동생산자 : 고객

(1) 고객참여수준

고객참여는 서비스를 생산·전달하는 동안 고객이 제공하는 정신적, 물리적, 정서적 행동과 지원을 의미한다. 사람에 대한 서비스 또는 고객과 제공자 간에 실시간 접촉이 이루어지는 서비스의 경우, 어느 정도의 고객참여는 서비스전달에 있어 불가피하며, 고객의 참여정도는 다음과 같이 구분된다.[6)]

■ 낮은 참여수준

직원과 시스템이 모든 일을 담당하며 서비스는 표준화되는 경향이 있다. 고객은 서비스생산과정에서 존재하는 것만으로 역할을 다한다. 영화감상 혹은 버스를 타는 경우, 일상적인 청소나 유지 및 보수와 같은 소유물에 대한 처리에 있어 고객은 프로세스에 참여하지 않는다.

■ 중간 참여수준

고객은 서비스제공과 생산에 있어서 기업을 도울 필요가 있는 경우에 해당된다. 예를 들어, 정보의 제공, 개인적인 노력, 물리적 소유를 제공해야 하는 것 등을 포함한다. 예를 들어, 고객이 세금환급을 위해 세무사와 상담할 경우, 세금환급과 관련한 자료를 제공해야 하며 회계사의 질문에 충분히 대답할 수 있어야 한다.

■ 높은 참여수준

서비스의 공동생산을 위해 서비스제공자와 활발하게 상호작용하며, 고객의 적극적인 참여없이 서비스가 생산되기 어려운 경우이다. 고객이 자신들의 역할을 적절히 수행하지 못하면 서비스성과에 부정적인 영향을 미치게 된다. 예를 들어, 결혼상담이나 교육서비스가 이러한 범주에 속하며, 병원환자의 경우에도 의사의 처방을 충실히 수행해야 효과를 거둘 수 있다.

(2) 서비스 공동생산자로서의 고객

서비스 프로세스에 참여하는 고객은 서비스의 공동생산자가 된다. 서비스상품이 생산되고 전달되어 소비되는 동안 고객과 서비스직원이 상호작용할 때 그 가치가 창출되는데, 이는 서비스 프로세스에서 고객이 활발하게 참여하는 것을 의미하며, 그 책임도 기업에 한정되지 않는다. 고객의 성과는 서비스품질과 생산성에 영향을 미치기 때문에 기업은 과업을 잘 수행하는 데 필요한 기술과 동기를 갖도록 고객을 학습시켜 익숙하도록 해야 한다. 더 나아가 기업은 가치창출에 고객이 어떻게 기여하는지를 보여줄 필요도 있다.

3. 셀프서비스 기술(Self Service Technologies, SST)

서비스생산에 있어서 가장 바람직한 형태의 고객참여는 고객의 시간과 노력이 서비스직원의 노력을 대체하는 경우이다. SNS나 전화통화, 인터넷기반 서비스에서 고객이 자신의 단말기를 제공하는 것처럼 오늘날 고객은 직접 서비스를 생산하는 다양한 셀프서비스 기술(SST)을 이용하는 기회가 늘고 있다.

(1) 셀프서비스에 대한 고객의 심리

고객의 입장에서 SST의 이용에는 장·단점이 모두 있다. SST의 장점은 다음과 같다.

- 시간절약과 신속한 서비스, 시간과 장소의 유연성 등에 의한 편의성 향상
- 비용의 절감
- 서비스전달의 통제가능성

반면에 소비자는 SST에 의한 서비스제공이 원활하지 않을 때 이를 기피하게 된다. 서비스기기의 운영이 불안정하거나 비밀번호가 틀릴 때, 사이트접속이 불안정하거나 ID와 암호가 잘못 입력되었을 때 불편을 겪는다. SST가 잘 작동되더라도 고객이 이용하기 어렵게 설계된 프로세스는 기피하게 된다.

(2) 셀프서비스 기술(SST)의 특성

SST의 문제는 효과적인 서비스 회복시스템을 구축하기 어렵다는 점이다. 효과적인 서비스관리를 위해서 서비스관리자는 다음과 같은 기본적 질문에 집중하여 자사의 SST를 유지·관리해야 한다.

- SST가 신뢰할 만큼 잘 작동하고 있는가?
- SST가 대면적 서비스보다 더 나은가?
- SST가 실패할 경우 서비스실패를 회복할 다른 시스템이 있는가?

(3) 소비자의 거부감관리

서비스 프로세스에서 고객의 참여수준이 높아지고 SST로 서비스 프로세스가 점차 이동함에 따라 소비자의 행동에도 변화가 필요하게 된다. 소비자는 SST사용으로 인한 스트레스를 기피하기

때문에 소비자의 저항을 처리하는 방법이 필요하다. 따라서 서비스 프로세스의 변경과 혜택을 알리고 미래에 소비자가 무엇을 해야 하는지를 설득하여 태도의 변화를 촉진하기 위해서는 고객과의 커뮤니케이션이 중요하다.

제2절 서비스의 물리적 증거

고객이 경험하는 물리적 서비스증거(Physical evidence)는 서비스에 대한 경험을 형상화하고, 고객만족을 결정하는 마케팅믹스 7P의 한 요소이다. 서비스환경은 설계뿐 아니라 이를 실행하는 데에도 많은 시간과 노력이 뒤따른다. 본절에서는 서비스환경의 핵심요소인 물리적 증거들을 마련하는데 필요한 수요와 공급관리측면의 요소들을 먼저 살펴보고 그 내용을 설명한다.

1. 서비스수요

서비스기업은 고객에게 물리적 증거로 제공하는 인력과 장비, 시설 등 물리적 증거들을 효과적으로 활용해야 한다. 이를 위해서는 고객의 편익을 창출하고 기업의 수익성을 향상시키기 위해 수요와 생산능력의 균형을 맞추는 전략이 필요하다.

(1) 수요와 생산능력의 불균형

서비스상품은 생산능력이 정해지는 데 비해 수요가 변동하므로 수요와 공급의 균형점을 찾기 어렵다. 성수기에는 잠재고객들이 이용할 수 없게 되고, 비수기에는 시설과 인력을 활용할 수 없어 어려움을 겪는다. 고정된 서비스 생산능력은 다음의 네 가지 상황가운데 하나에 직면하게 된다.

- 수요가 최대 생산능력을 초과하는 경우 : 수요의 수준이 최대 공급능력을 초과하고 그 결과, 고객들은 서비스를 이용하지 못하게 되고 기업은 손해를 보게 된다.
- 수요가 최적 공급능력을 초과하는 경우 : 고객은 잃지 않지만 상황이 매우 혼잡하여 서비스품질은 낮아지고 고객은 불만족하게 된다.
- 수요와 공급이 최적의 생산수준에서 균형을 이루는 경우 : 직원과 시설은 업무가 과중하지만 지체없이 고객들에게 양질의 서비스를 제공할 수 있다. 고객은 만족하고 기업은 이익을 볼 수

그림 9-3 서비스 생산능력과 수요의 변동

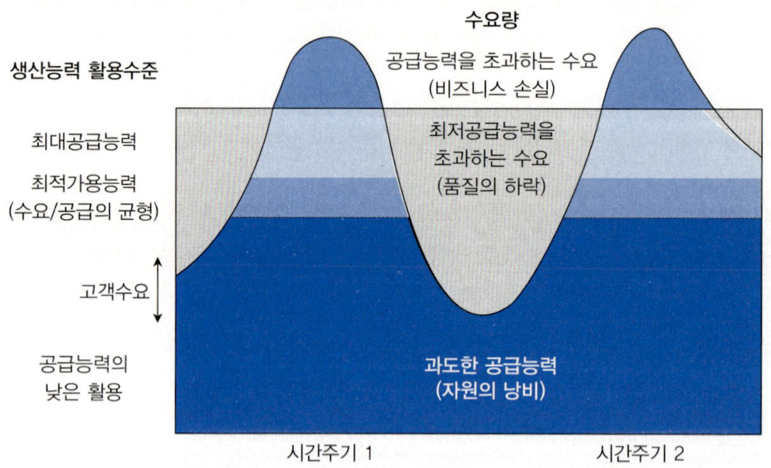

있다.

- 생산능력을 초과하는 경우 : 수요가 최적 생산능력보다 낮고 자원이 충분히 활용되지 않으며 낮은 생산성을 보인다. 고객들은 실망스러운 경험으로 하고 해당 서비스를 선택하는데 부정적 태도를 갖는다.

(2) 생산능력과 수요관리의 설계

생산능력과 수요의 불균형문제를 해결하는 방법으로는 두 가지 방법이 있다. 하나는 수요변동을 충족시킬 수 있는 서비스 생산능력의 수준을 조절하는 것이다. 이를 위해서는 생산능력을 결정하는 요소들을 확인하여 공급량을 조절해야 한다. 다른 하나는 수요의 수준을 관리하는 것이다. 이는 수요패턴과 서비스단위별로 수요결정변수를 파악하고 수요의 변화를 관리하는 것이다. 전자는 서비스 생산능력에 대한 설계이며, 후자는 생산관리에 대한 설계에 해당된다.

1) 생산능력(capacity)의 설계

서비스기업에 있어 생산능력이란 서비스를 생산하는 데 필요한 인적자원과 물적자산을 말하며, 서비스유형에 따라 다음과 같이 구분된다.

■ 물리적 시설(physical facilities)

고객을 수용하기 위해 설계된 물리적 시설, 사람에 대한 처리나 정신자극의 제공에 필요한 물리적 시설을 모두 포함한다. 예를 들어, 의료시설, 호텔, 여객기, 강의실 등이 해당된다. 고객에게 제공하기 위한 제품의 저장 및 처리를 위해 설계된 물리적 시설로는 배관, 창고, 주차시설, 화물열차 등이 해당되며, 사람, 소유물, 정보에 대한 처리를 위한 물리적 시설은 종류가 많고 다양하며 상황에 따라 변경해야 한다. 예를 들어, 병원의 진료장비나 공항의 안전요원, 톨게이트, 은행의 ATM 등이 해당된다.

■ 노동력(labor)

고객과의 대면이 많은 서비스뿐 아니라 접촉이 적거나 비대면적 서비스인 경우에도 노동력은 생산능력을 결정하는 핵심요소가 된다. 서비스직원이 충분하지 않다면 고객의 대기시간이 길어지고 서비스품질은 저하된다. 전문적인 서비스일수록 정보에 기반한 성과와 고부가가치 생산을 위해 고도의 전문화된 노동력이 필요하다.

■ 서비스인프라(infrastructure)

서비스의 생산을 위해 기반이 되는 공공 및 민간부문의 서비스인프라가 필요하다. 예를 들어, 공공서비스의 생산능력은 운송서비스를 위한 공항시설과 교통관제, 교통망의 구축, 에너지공급을 위한 발전시설 등이 서비스를 제공하기 위한 인프라에 해당된다.

2) 생산관리(operations management)의 설계

서비스기업은 수요변동에 대해 생산능력을 조절해야 한다. 생산관리자는 서비스공급을 조절하기 위해 다음과 같은 방법들은 활용할 수 있다.

- 비수기의 가동률 유지계획
- 현장직원의 다기능화 훈련
- 임시직원의 고용
- 고객의 셀프서비스이용촉진
- 서비스공유를 위한 고객참여의 유도
- 생산능력의 유연화
- 여분의 시설과 장비에 대한 공유 및 임대

3) 수요예측(demand forecasting)

수요를 통제하고 조절하기 위해서는 수요의 변동주기와 패턴을 예측해야 한다. 서비스관리자는 다음과 같은 질문을 통해 수요에 영향을 미치는 요인을 확인할 수 있다.[7]

■ 수요는 예상주기대로 움직이는가?

- 하루(시간별)
- 일주일(요일별)
- 한 달(요일 또는 주별로 다름)
- 1년(월별, 계절별 또는 휴일별)
- 별도의 다른 시간

■ 이러한 주기의 원인은 무엇인가?

- 고용스케줄
- 결제청구/세금납부 및 세금환급시기
- 급여일자
- 개학 및 방학
- 기후의 계절적 변화
- 공휴일 또는 종교휴일
- 자연적 변화

■ 수요가 불규칙하게 변하는가?

- 날씨에 따른 일별변화
- 전염병 감염 등의 위생문제
- 사고, 화재, 범죄
- 자연재해(지진, 태풍, 화산폭발 등)

■ 서비스수요의 변화가 시장세분화로 설명될 수 있는가?

- 이용고객 또는 이용목적의 차이
- 거래별 수익성의 차이

서비스에 대한 수요는 단일주기에 의해 영향을 받기도 하지만 복수의 주기에 의해 동시에 영향을 받는다. 대중교통의 경우, 하루 중 출퇴근시간과 기타 시간대의 수요가 다르고 주말이나 평일이 각기 다르며 계절적 영향에 따라 이용객 수가 달라진다. 이러한 복합적 요인은 〈그림 9-4〉와 같이 나타낼 수 있다. 하루 중 네 가지 시간대와 요일별 두 가지 시간대, 그리고 계절별 세 가지 시간내를 결합하면 최대 24가지의 시긴별 독특힌 수요의 수준을 알 수 있다. 전형적인 수요의 유형에 따라 서비스능력을 최적화하는 마케팅믹스를 개발할 수 있다.

그림 9-4 시간대별 수요의 유형

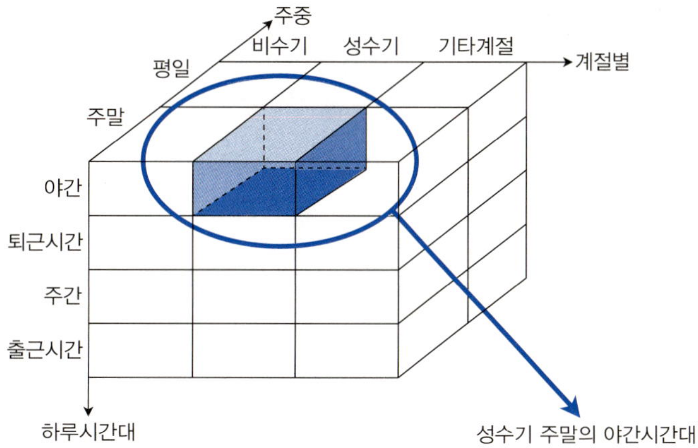

자료 : 이유재, 서비스마케팅, 학현사, 2013, p.452.

4) 수요관리

서비스기업은 마케팅믹스변수 4P를 통해 수요를 조절할 수 있다. 가격은 수요와 공급균형을 맞추는데 가장 효과적인 변수이며, 상품과 유통전략, 커뮤니케이션의 변화도 수요의 패턴을 변화시키는 데 유용하다.

■ 가격과 비금전적 비용의 조절(Price)

수요와 공급의 균형을 형성하는 가장 직접적인 방법은 가격을 조절하는 것이며, 비금전적 비용도 수급조절에 효과가 있다. 예를 들어, 성수기에 시간과 노력에 대한 비용이 증가하는 것을 소비자가 알고 있다면, 혼잡하고 불편한 환경에서 기다리며 시간을 보내는 대신 다른 시간대를 이용할 것이다. 마찬가지로 더 낮은 가격은 쇼핑, 여행, 수리 등 서비스의 종류에 상관없이 소비자의 구매시간에 영향을 미친다.

■ 서비스상품의 재구성(Product)

서비스의 내용을 재구성함으로써 수요의 집중과 분산을 조절할 수 있다. 서비스가 제공되는 시간동안 제품의 변화를 꾀하는 방법이다. 즉, 계절이나 시간대에 따라 상품의 구성을 바꾸어 수요의 계절별, 요일별, 시간대별 수요의 변동에 맞게 서비스상품을 재구성할 수 있다. 예를 들어, 리조트는 계절별로 상이한 고객의 니즈를 확인하여 핵심서비스의 구성을 달리할 수 있으며, 레스토랑은 하루 중 다른 시간대에 메뉴를 달리하여 조명이나 장식 등을 바꾼 바(bar)로 운영할 수 있고, 음식점에서는 바쁜 점심시간대의 메뉴는 손쉽게 준비할 수 있는 음식만을 제공하기도 한다.

■ 서비스전달시간과 장소의 수정(Place)

서비스를 전달하는 시간과 장소를 바꿈으로써 수요를 변화시킬 수 있다. 서비스가 가능한 시간을 수정하는 전략은 날짜, 계절 등에 따른 소비자선호의 변화에 대응할 수 있다. 예를 들어, 소비자는 주말에 여유시간이 많기 때문에 주중보다 주말에 더 많은 영화방영시간대를 배정하고, 유통업자는 고객이 몰리는 금요일 오후와 토요일에는 객장의 영업시간을 연장한다. 또한 고정된 장소에서 서비스를 제공하는 대신 고객에게 새로운 장소에서 서비스를 제공하는 이동서비스는 소비자의 선호도를 높일 수 있다. 이동도서관, 이동세차서비스, 가정배달식사, 출장요리서비스, 이동의료장비 등이 서비스장소를 수정한 경우다.

■ 촉진과 교육(Promotion)

마케팅믹스의 다른 변수들이 바뀌지 않더라도 커뮤니케이션을 통해 수요를 변화시킬 수 있다. 디자인, 광고, 홍보, 판매메시지 등은 성수기에 소비자들이 학습하는 데 효과적이며, 비수기에는 서비스구매를 촉진할 수 있다. 또한 서비스직원은 고객이 비수기를 선호하도록 유연한 스케줄정보를 제공할 수 있다. 이와 함께 가격, 서비스특성, 유통에서의 변화도 함께 커뮤니케이션에 반영해야 한다. 기업이 마케팅믹스의 변화로 효과를 얻기 위해서는 고객에게 상품에 대한 정보를 제공해야 하기 때문이다.

2. 서비스공급관리 : 대기행렬관리

(1) 서비스 대기관리란?

생산과 소비가 동시에 이루어지는 서비스상품은 재고로 남기는 것이 어렵고 수요도 고객의 욕구에 따라 외생적으로 발생하는 특징이 있다. 서비스가 실시간으로 전달되는 접점에서 수요가 공급을 초과하는 경우, 공급자는 선착순으로 서비스를 제공하기 위해 고객에게 대기를 요청하거나 사전예약의 기회를 제공해야 한다. 그러나 대기와 예약시스템을 동시에 적용할 경우, 먼저 예약한 사람에 비해 대기해야 하는 고객의 불편을 줄여줘야 하므로 대기행렬(waiting line)의 문제에 직면한다. 고객의 대기시간을 최소화하여 비용과 고객만족 간의 균형을 맞추는 방법들은 다음과 같다.

- 대기시스템의 설계
- 예약시스템의 구축
- 세분시장별 맞춤형 대기시스템의 구축
- 거래시간단축을 위한 프로세스 개선

그림 9-5 대기행렬의 유형

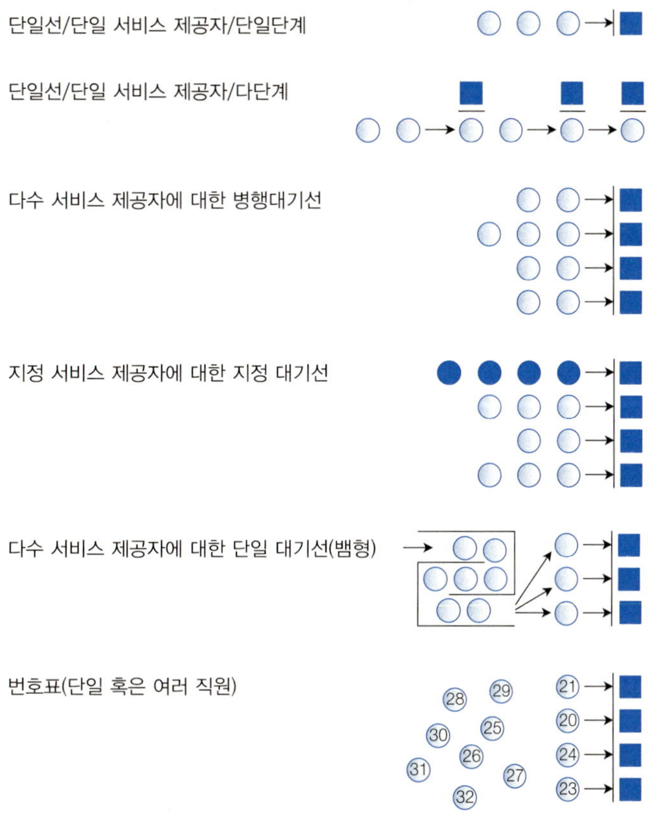

(2) 서비스대기의 유형

대기에는 다양한 유형이 있으며, 기업은 고객의 예약과 도착시간에 적합한 유형을 선택해야 한다. 〈그림 9-5〉는 서비스접점의 일반적인 대기행렬의 유형을 나타낸 것이다.

■ 단일 대기행렬과 단일제공(single line, sequential stages)

고객은 몇 단계의 대기행렬을 거치게 된다. 그러나 어떤 단계에서는 대기시간이 더 오래 걸릴 수도 있다. 카페테리아의 경우, 계산대에 대기선이 존재하는데 이는 직원이 음식을 제공하는 데 걸리는 시간보다 계산과 거스름 돈을 받는데 더 시간이 걸릴 수도 있다.

■ 다단계제공에 의한 단일 대기행렬(a single line to multiple servers)

다수제공자에 대한 다수의 대기행렬 간의 불균형문제를 해결하는 방법으로서 공항의 탑승수속, 우체국 우편물접수 등에서 사용되는 방식이다.

■ **다수제공에 대한 평행 대기행렬(parallel lines to multiple servers)**

다수의 제공자가 다수의 고객을 처리하는 방식으로 고객이 몇 개의 대기행렬 중 하나를 선택한다. 공항의 보안검색, 철도승차권발권 등에 적용된다. 대기행렬의 이동속도가 모두 같지 않은 것이 단점이다.

■ **지정된 대기선(designated lines to designated servers)**

특정유형의 고객들에 대해 별도의 대기선을 지정한다. 수퍼마켓계산대의 소량구매고객, 항공기의 일등석과 비즈니스석 등은 각각 다른 서비스를 제공한다.

■ **다수제공자에 대한 단일 대기행렬(a single line "snake" to multiple servers)**

다수제공자의 문제점을 해결하기 위해 단일의 대기행렬에 대해 순차적으로 다수의 제공자를 제공하는 방식이다. 공항의 출입국수속, 관광지의 입장 등에 적용된다. 대기행렬모양에 따라 '뱀형(snake type)'행렬이라고도 한다.

■ **번호표 순번대기(taking a number)**

서서 대기하는 고객의 불편함을 줄여주기 위해 오래 기다려야 하는지를 가늠하게 하고 잠시 다른 일을 볼 수 있도록 해준다. 관공서나 병원접수, 은행 등에서 이용된다.

서비스관리자는 여러 가지 대기행렬관리방법을 조합해 적용할 수 있다. 예를 들어, 한 줄의 대기행렬이 있는 카페의 경우, 마지막 계산대에는 2명의 직원이 응대할 수 있다. 마찬가지로 소규모 병원에서는 환자가 하나의 접수대에서 등록을 하고, 순차적으로 검사와 진단, 처방의 단계를 거치게 되며, 마지막으로 처음의 그 접수대에서 수납하고 진료를 끝낼 수 있도록 한다.

(3) 세분시장의 대기시스템

대부분 대기시스템의 기본절차가 선착순이라 하더라도 모든 대기시스템이 똑같은 방식으로 운영되지는 않는다. 시장세분화를 통해 고객의 유형별로 차별화된 대기관리를 설계할 수 있으며, 유형별로 구분하는 기준은 다음과 같다.

- 긴급성(urgency) : : 많은 병원의 응급실에서 간호사는 환자를 받아들이고, 어떤 환자에게 우선적인 진료를 해야 하는지, 어떤 환자는 스스로 접수하도록 하고 순서가 올 때까지 대기하도록 해야 하는지를 결정한다.
- 서비스시간(duration) : 서비스에 걸리는 시간에 따라 고객의 대기유형을 구분한다. 예를 들어, 은행, 대형매장, 공항 등의 서비스에는 단순업무의 빠른 처리를 위해 패스트트랙(fast

track) 또는 익스프레스 라인을 운영한다.

- 프리미엄 가격(premium price) : 추가적인 프리미엄 가격을 지불하는 경우 고객의 대기유형을 구분한다. 예를 들어, 항공사는 일등석 승객을 위해 일반석 승객과 구분하여 직원을 추가배치하여 탑승수속을 돕고 경우에 따라서는 별도의 패스트트랙도 제공한다.
- 고객의 중요도 : 기업이 판단하는 고객가치에 따라 대기유형을 구분한다. 예를 들어, 마일리지 클럽의 회원은 대기목록에서 우선권을 부여받으며, 콜센터연결에도 대기시간이 최소화되도록 한다.

(4) 대기시간과 고객의 지각

누구나 돈을 낭비하는 것만큼이나 비생산적인 활동에 시간을 낭비하는 것을 회피하므로 서비스 지연으로 인한 고객의 불만족은 종종 강한 감정, 심지어 분노를 자극한다. 고객은 상황에 따라 각기 다른 방식으로 대기시간을 경험한다. 놀이공원의 대기시간과 시내버스의 대기시간에 대한 고객의 불만의 정도가 다른 것은 기다림에 대한 고객의 지각에 차이때문이다. 고객이 기다리는 스트레스와 불쾌감에 대한 지각의 유형은 다음과 같다.

- 활용되지 못하는 시간 : 아무것도 하고 있지 않을 때 시간은 매우 늦게 가는 것처럼 느껴진다. 서비스기업은 대기시간 동안 고객이 덜 지루할 수 있도록 주의를 돌릴 수 있도록 무엇인가를 제공하는 것이 좋다.
- 혼자기다리는 시간 : 동반자가 있는 경우 기다리는 것은 덜 지루하다. 친구와 함께 이야기하는 것은 시간이 빨리 가도록 느끼는데 도움이 된다.
- 물리적인 불편함 : 대기를 위한 물리적 지원시설이 없을 때 신체적 피곤함을 더 느끼게 된다. 앉아서 기다린다고 하더라도 온도가 너무 높아 쾌적하지 않다면 기다림을 더 지루하게 생각한다.
- 서비스전후의 기다림과 서비스중의 기다림 : 테마공원에 입장하기 위해 기다리는 것은 공원의 놀이기구를 타기위해 기다리는 것보다 더 지루하게 느낀다.
- 불공정한 기다림 : 공정한 것과 불공정한 것에 대한 인식은 문화에 따라 다르지만, 대기하는 것이 공정하다고 느낄 때 기다림에 대한 부정적 효과를 줄일 수 있다.
- 익숙하지 않은 기다림 : 서비스를 자주 이용하는 고객은 무엇을 해야 할지 알기 때문에 기다리는 동안 걱정이 적다. 그러나 새로운 고객이나 상황이 생소한 이용객은 대기시간이 얼마인지 무슨 이유인지를 알고자 한다.
- 설명이 없는 기다림 : 기다림에 대해 어떠한 설명이 없는 경우, 대기시간 동안 불안감과 함께

어떤 일이 벌어질 것인지에 대한 걱정이 추가되고, 낯선 위치에서 기다리는 동안 고객은 안전을 우려하게 되고 기다림을 더 길게 느낀다.

- **중요하고 가치있는 기다림** : 서비스가 중요하고 가치있을수록 고객은 기다림에 너그럽다. 예를 들어, 빠른 매진이 예상되는 인기스포츠 이벤트나 콘서트를 보기위해 고객은 불편한 위치에서 밤새 기다리기도 한다.

(5) 예약시스템을 통한 수요관리

예약시스템을 이용하면 대기행렬을 관리하는 방법외에도 수요를 분산하여 서비스수요를 재고로 관리할 수 있다. 예약에 널리 이용되는 컴퓨터예약시스템(CRS)은 수요를 관리하는데 다음과 같은 기능이 있다.

- **초과수요의 분산** : 예약과정에서 고객이 원하는 시간대에 서비스제공이 가능하다는 것을 확인토록 함으로써 특정시간에 집중되는 수요를 분산할 수 있다.
- **수요의 통제** : 예약시스템은 이른 시간부터 늦은 시간까지 고객이 시간을 선택할 수 있도록 하거나 서비스의 수준을 선택하게 하거나 심지어 장소를 선택하게 할 수 있다. 시간대별로 수요를 조절함으로써 생산이 가능한 수준에서 수요가 통제되고 서비스가 원활하게 제공되도록 한다.
- **수익의 관리** : 세분화된 시장별로 수익관리를 가능하게 한다. 예약을 통해 기업은 비상시의 서비스제공을 위해 일정시간을 할당할 수 있다. 예상치 못한 서비스나 수요가 집중되는 성수기의 서비스에 대해서는 상대적으로 높은 가격을 부과하고, 여유시간이 많은 경우에 가격을 할인함으로써 전체적인 수익을 높일 수 있다.

(6) 대기행렬관리사례 : 인천국제공항(ICN)의 여객흐름관리시스템(PFMS)

■ 개요

공항은 대기행렬의 관리가 중요한 서비스조직이다. 인천국제공항은 개항초기의 공항혼잡도를 대폭개선하여 2006년부터 14년 연속으로 세계공항협회(ACI)의 서비스평가(ASQ)에서 1위를 수상하는 신기록을 세웠다. ACI의 서비스평가는 승객이 공항에 도착하여 경험하는 항공사체크인, 출입국심사, 보안검색, 길찾기, 공항편의시설 등 총 34개의 서비스접점을 대상으로 하며, 가중치가 높은 요소는 대기행렬로 인한 이용객의 스트레스수준이다. 출국절차의 첫 단계인 탑승수속과정에서 대기시간의 지체는 스트레스를 유발하고, 보안검색의 긴 대기행렬은 여객의 스트레스를 가중시킨다.

■ 수요예측시스템의 구축

ICN는 2004년 '승객예고제'를 도입하였다. 2001년 개항당시 최첨단 공항임에도 불구하고 출입국 대기시간이 너무 길다는 이용객들의 불만과 처음으로 받은 ACI 공항서비스 평가의 초라한 성적표를 개선하기 위해 새로운 시스템을 구축하였다.[8] 이 수요예측방식은 항공사별 예약정보를 이용하여 이튿날 출국하는 여객 수를 여객터미널의 접점별로 예측해서 홈페이지와 모바일 앱 등에 공지하는 방식이다. 하루전 항공사의 예약정보를 활용하기 때문에 여객이 몰리는 성수기에도 비교적 정확한 예측이 가능하다.

■ 여객흐름관리시스템

서비스접점의 긍정적인 고객경험을 높이기 위해서는 이용객들이 스트레스를 가장 많이 받는 구간이 어디인지를 먼저 파악해야 한다. 공항이용객들이 받는 스트레스는 항공사체크인을 위해 줄지어 기다릴 때부터 시작된다. 스트레스는 오랜 기다림끝에 탑승수속단계에서 여권, 항공권 등 서류를 확인하고 수하물을 계측하는 과정에서 정점에 달한다. 위탁수하물 중량이 기준을 초과하여 재포장을 해야 하는 경우는 스트레스가 가중되며, 이어지는 보안검색을 위한 대기와 실제 촉수검색에서도 스트레스를 느끼고 출국심사과정으로 이어진다. 〈그림 9-6〉은 공항이용객이 대기행렬마다 느끼는 스트레스의 정도를 나타낸 것이다.

여객흐름관리시스템(Passenger Flow Management System, PFMS)은 항공사에서 체크인정보를 받아 공항의 시설물과 여객의 흐름을 빅 테이터로 분석하여 실시간으로 제공되는 출국장별 정보로 대기시간을 최소화하여 여객을 안내하는 관리시스템이다. 터미널내부의 다양한 사이니지(signage) 시설도[9] 이용객에 대한 길안내서비스를 지원하는데, 이를 통해 운항정보를 조회할 수 있고 항공권의 바코드를 스캔하면 현재 위치에서 탑승구까지의 이동경로를 3D맵으로 볼 수 있다.

그림 9-6 공항 이용객의 서비스 프로세스별 스트레스 변화

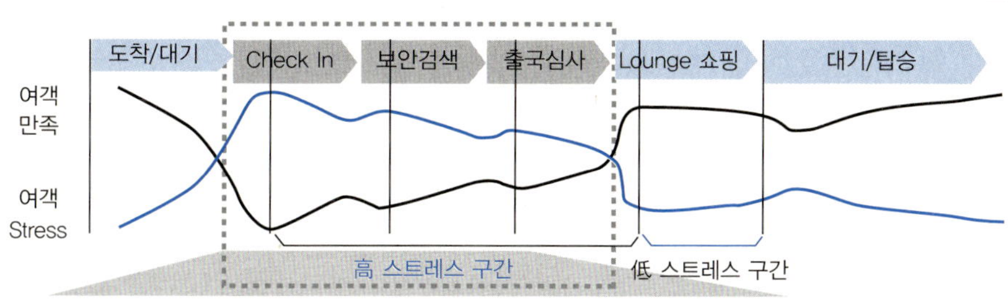

자료 : 인천국제공항공사(IIAC)

■ 셀프서비스 기술(SST)의 활용

공항이용객의 스트레스에는 접점마다 대기시간에 대한 지각의 차이가 작용한다. 똑같은 시간이 지체되었다고 하더라도 수동적으로 체크인을 할 경우와 여객 스스로 셀프체크인을 했을 때의 스트레스 정도에는 차이가 있다. 국제공항들은 셀프체크인, 출입국수속자동화시스템 등을 통해 서비스 공급능력과 여객의 만족도를 제고하고 있다. ICN의 셀프서비스 기술(SST)은 자동출입국심사, 셀프체크인, 셀프백드롭 순으로 활용되고 있다.

- 자동출입국심사 : 지문과 안면의 생체정보를 이용한 출입국심사 서비스
- 셀프체크인 : 단말기에서 여객이 직접 좌석을 선택하고 발급받는 서비스
- 셀프백드롭 : 단말기를 이용해 여객이 직접 수하물을 위탁할 수 있는 서비스

ICN는 SST를 확대하여 출입국절차(C.I.Q)의[10] 개선과 제2여객터미널의 오픈(2018)으로 52분 걸리던 출국소요시간을 30분으로 단축하였으며, 이 과정에서 SST와 스마트패스 서비스가 큰 영향을 미쳤다.

■ 스마트패스 서비스

스마트패스(Smart Pass) 서비스는 여객의 생체정보를 활용하는 복합적인 서비스 프로세스이다. 여객이 공항에 도착하기 전에 모바일기기를 사용하여 여권, 탑승권, 생체정보를 등록하여 스마트패스를 생성하면 공항의 모든 신분확인과정에서 생체인증이 싱글토큰(single token)방식으로 단순화되어 항공사체크인, 수하물위탁, 출국장진입, 보안검색, 출국심사, 항공기탑승확인 등 모든 프로세스에서 고객의 대기시간을 줄여준다.

그림 9-7 공항의 대기시간축소를 위한 스마트패스 서비스

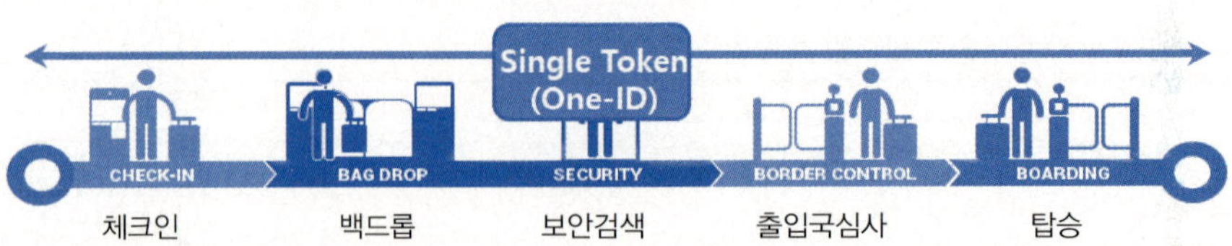

3. 물리적 환경의 구축

고객이 경험하는 물리적 환경은 서비스경험을 형상화함으로써 고객의 만족도에 결정적인 역할을 한다. 물리적 증거로 구성되는 서비스환경은 설계뿐 아니라 실행하는 과정에서도 많은 시간과

노력이 수반된다. 흔히 서비스 스케이프(service scape)로 불리는 서비스환경은 물리적 환경의 스타일, 외관 또는 기타 요소의 결합을 의미한다. 물리적 단서의 개념과 서비스환경의 목적, 서비스환경에 대한 소비자반응이론, 환경요소를 결합한 환경계획 등을 살펴보자.

(1) 물리적 증거란?

물리적 증거란 서비스가 전달되고 서비스조직과 고객 간의 상호작용이 이루어지는 환경요소를 뜻한다. 이는 무형적인 서비스상품을 생산·소비하는 데 이용되는 모든 유형적 요소를 포함하는 개념이며, 고객의 구매의사결정에 영향을 미치고, 접점직원의 태도와 생산성에도 영향을 미치는 유형의 요소다. 물리적 증거는 물리적 환경과 기타 유형적 요소로 구분된다.[11)]

■ 물리적 환경

물리적 환경은 서비스 스케이프(service scape)라고도 하며,[12)] 외부환경과 내부환경으로 구성된다.

- **외부환경** : 외부의 물리적 환경은 특히 새로운 고객을 확보하는데 유용하다. 건물이나 시설 등 외형이나 주변환경 등은 서비스기업의 차별화된 이미지구축에 결정적인 역할을 한다. 특히 테마파크나 리조트 등 위락산업의 경우 시설의 외형이 사업의 성패를 결정하며, 주차장의 용이성이 서비스선택의 중요한 기준이 되기도 한다.
- **내부환경** : 건물내부의 색상이나 장식, 의자나 침대 등의 가구, 서비스제공에 필요한 시설물 등의 내부환경은 고객과 직원의 만족도 및 생산성과 직결된다. 예를 들어, 고객의 생일축하사진이나 방문했던 유명인사들의 서명과 사진, 병원에 걸려있는 의사의 학위증, 고객만족수상패 등은 고객의 신뢰를 얻는 데 도움이 되는 내부환경요소다.

■ 기타 유형적 요소

서비스직원의 유니폼과 용모, 기업을 알리는 광고전단, 운송차량, 명함이나 문구류, 콘서트의 입장권이나 팜플렛, 계산서 등은 서비스전달에 수반되는 유형적인 요소로 서비스의 품질이나 첫인상에 영향을 미친다.

(2) 물리적 환경의 목적

■ 고객경험과 구매행동의 형성

고객접촉이 많을수록 물리적 환경의 설계와 고객접점직원의 업무수행방식은 고객경험을 형성하는 데 중요한 역할을 한다. 물리적 환경은 고객과 직원이 적절한 감정과 반응을 유발하고 궁극적으로 기업에 대한 충성도로 연결된다. 예를 들어, 투자자문이나 컨설팅 등을 하는 전문서비스회사는 로비의 가구와 장식을 매우 격조있고 고급스러운 인상을 남기도록 설계한다.

■ 이미지, 포지셔닝, 차별화의 수단

서비스환경은 고객이 서비스품질을 판단하는 단서로 활용한다. 따라서 서비스 스케이프는 가치제안의 일부가 될 수 있다. 고객에게 차별적인 서비스경험의 수준을 나타내어 서비스욕구를 자극하는 수단이 된다. 예를 들어, 놀이공원은 서비스 스케이프를 자신들의 제공물을 돋보이도록 하는 수단으로 활용하며, 독특하고 다양한 직원의 복장과 매력있는 시설은 시각적 효과를 강화한다.

■ 서비스접촉과 생산성 향상

서비스접촉을 용이하게 하고 생산성을 증대시킨다. 예를 들어, 보육원에서는 장남감을 가지고 논후 어디에 놓아야 하는지 벽과 바다에 선을 표시하며, 패스트푸드 레스토랑과 학교카페테리아에서는 식기반납대를 설치하고 벽에 이를 공지하여 식사후 식기반납을 안내한다.

(3) 서비스 스케이프

■ 서비스 스케이프의 개념

서비스 스케이프(serice scape)란 사회적 요인과 영향을 배제한 인공적으로 만들어진 물리적 환경이나 시설을 따로 구분한 환경을 뜻하며,[13] 서비스접점에서 마주치는 물리적 공간배치, 기능성, 심미적 매력에 관련된 물리적 요인들이 모두 포함된다. 간판, 주차장, 건물 등의 외부속성과 시설물의 디자인과 배치, 조명 등 내부속성은 모두 고객이 느끼는 서비스품질에 결정적인 영향을 미치는 서비스 스케이프의 구성요소들이다.

■ 서비스 스케이프모형

일반적으로 고객은 주변여건, 공간과 기능성, 사인과 상징물, 인공물 등을 전체적으로 지각하기 때문에 효과적인 물리적 환경설계의 핵심은 개별차원들이 전체적으로 잘 어우러지게 하는 것이다. 동일한 환경이라 하더라도 고객이 누구이고 무엇을 좋아하는지에 따라 고객과 직원에게 각기 다른 효과를 미치게 된다. 비트너(Mary J. Bitner)의 서비스 스케이프모형은 〈그림 9-8〉에서 보는 바와 같이 포괄적으로 서비스환경의 주요차원을 나타낸다.

서비스환경에는 직원의 반응이 포함되는데, 결국 직원은 고객보다 서비스환경에 더 많이 머무르게 된다.[14] 따라서 효과적인 서비스환경의 설계를 위해서는 환경이 어떻게 접점직원의 생산성을 높이고 전달하는 서비스의 품질을 강화하는지를 반영해야 한다. 내부고객과 직원의 반응은 품질지각과 신념 등의 인지반응, 느낌과 기분 등의 정서반응, 불편함이나 쾌적함 등의 생리반응 등으로

그림 9-8 서비스 스케이프모형

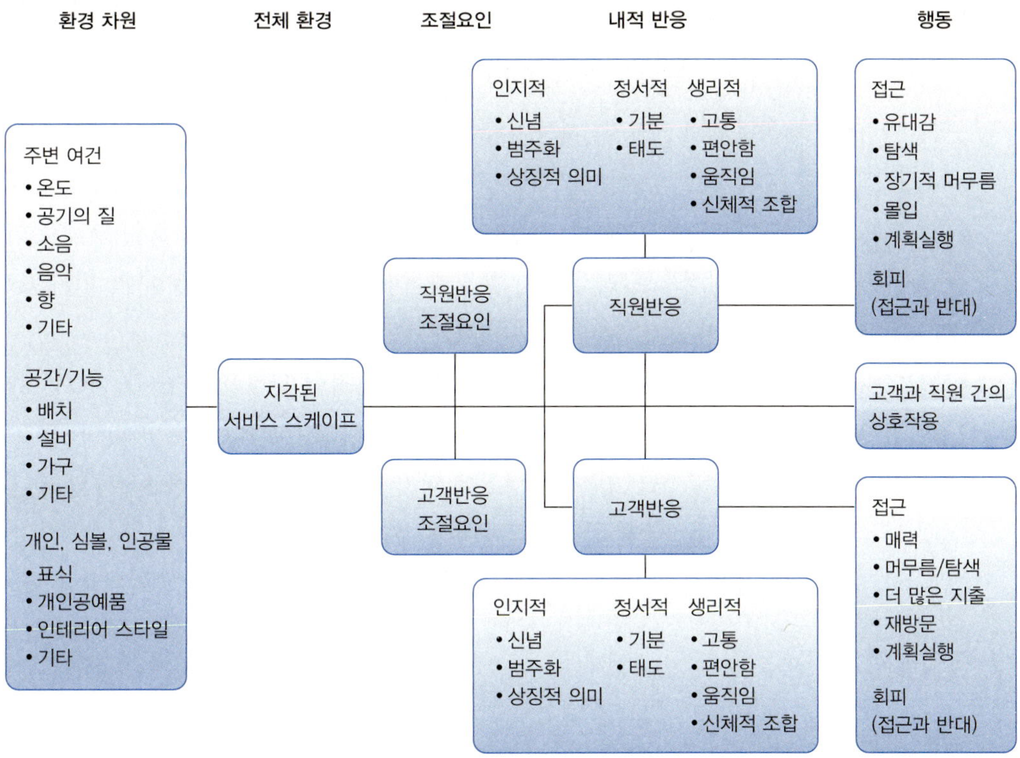

자료 : Mary Jo Bitner, "Service Scapes: The Impact of Physical Surroundings on Customers and Employees," *Journal of Marketing* 56, 1992, pp.57–71. Jochen Wirtz, et al. *ibids*, p.305에서 재인용.

구분된다. 이러한 심적반응은 사람이 붐비는 수퍼마켓을 기피하거나, 여유로운 환경에서는 오래 머무르며 충동적으로 더 많은 돈을 지출하는 행동으로 반응하게 된다. 이때 중요한 것은 고객과 종업원의 행동반응이 생산성을 높이거나 고품질의 서비스구매로 나타나야 한다는 점이다.

(4) 물리적 환경의 차원

서비스환경에는 고객과 직원의 반응을 형성하는 수많은 요소들이 포함된다. 여기에서는 서비스 스케이프모형내 서비스환경의 주요차원인 주변요소, 공간배치와 기능성, 표지판, 상징과 인공물, 그리고 환경요소로서의 사람에 대해 살펴보자.

1) 주변요소(ambient conditions)

실내온도, 조명, 음악, 냄새, 색상, 전망 등과 같은 환경의 배경을 형성하여 인간의 오감(五感)에 영향을 미치는 요소들을 말한다. 주변요소가 극단적이거나 오랫동안 익숙한 경우에는 그 영향이 쉽게 인식되지만 사람들이 인식하지 못하는 경우라도 무의식적으로 행동에 영향을 미치게 된다.

- **음악**(music) : 음악은 아무리 작은 소리라도 서비스상황에서 사람의 지각과 행동에 강력한 영향을 미친다. 음악은 템포, 크기, 하모니와 같은 다양한 요소들은 총체적으로 지각되며, 음악이 지각과 행동에 미치는 영향은 개인에 따라 다르다.
- **향기**(scent) : 음악다음으로 중요한 요소인 향기는 대기에 퍼져있는 향 또는 냄새로 고객에 의해 의식적 또는 비의식적으로 지각되며, 특정제품과 관계없이 분위기, 감정, 평가, 그리고 구매욕구나 영업장내의 행동에도 영향을 미친다.
- **색상**(color) : 음악과 향기외에 색상 또한 소비자의 감정에 영향을 미친다. 색상은 자극과 진정을 유도하고 표현적이며 인상적이고 문화적으로 활기를 부여하는 상징적인 것으로 종종 표현된다. 즉, 색은 일상의 모든 곳에서 생활에 활기를 주고 모든 사물에 아름다움과 극적요소를 더한다. 심리학에서는 색의 색깔을 뜻하는 색조(hue), 색의 진하고 연한정도를 뜻하는 명암(value), 색조의 밀도와 백색의 혼합정도를 뜻하는 채도(chroma) 등의 차원으로 정의한다.

2) 공간배치와 기능성

공간배치는 층별계획, 집기의 크리와 모양, 계산대, 기구, 설비의 배열 등을 일컫는다. 기능성은 서비스성과를 높일수 있는 배치물의 능력을 말한다. 두 차원 모두 고객이 느끼는 친숙함과 서비스 수행능력에 영향을 미친다.

3) 표지판, 상징과 인공물

고객은 서비스환경과 전달과정에서 제시되는 표지판, 상징, 인공물 등을 통해 가정 먼저 기업의 이미지를 유추하게 된다. 표지판은 서비스상황에서 행동지침을 알려주기 위해 자주 사용된다.

4) 서비스 환경요소로서의 사람

서비스를 제공하는 직원과 고객, 이들의 외모와 행동은 서비스환경에 의해 생성되는 인상을 강하거나 약하게 할 수 있다. 고객을 직접 대면하는 현장직원의 용모에 대한 중요성을 강조하기 위해 심미적 노동(aesthetic labor)이라는 용어가 사용되기도 한다. 디즈니테마파크에서는 일하는 직원을 배우(cast)로 인식하는데, 일단 복장을 갖추고 나면 고객을 위한 배우의 역할을 해야 하기 때문이다. 한편, 서비스를 처음 경험하는 고객은 서비스기업의 단골이 될지를 결정하기 전에 현재의 고객들을 살펴보게 된다. 한마디로 직원과 고객은 모두 서비스 스케이프의 일부이며, 물리적 외형은 분위기를 연출하는 하드웨어이고, 사람들은 경험을 만들어내는 소프트웨어다.

(5) 환경요소의 결합

개인은 환경의 특정한 부분이나 각각의 디자인을 보지만 소비자의 반응에 영향을 미치는 것은 각 특징의 전체적인 조화이다. 즉 소비자는 서비스환경을 총체적으로 인식한다. 예를 들어, 호텔 객실의 바닥이 완벽한지는 환경을 구성하는 다른 요소들에 의해 결정된다. 여기에는 색상, 인테리어소재, 조명, 판촉물, 전체적인 상표의 지각과 회사의 포지셔닝 등이 포함된다. 따라서 서비스 스케이프는 종합적으로 물리적인 외관에 초점을 두고 환경을 이용하는 고객의 관점에서 설계되어야 한다.

서로 다른 환경요소가 고객의 기대를 얼마나 만족시켰는지 확인하기 위해서는 서비스과정의 절차, 의사결정, 의무적 활동 등으로 나누어 고객의 경험전체를 관찰할 수 있다. 〈표 9-1〉은 고객이 영화상영관을 갔을 때 관찰한 자료를 보여준다. 이는 서비스기업이 고객의 시각에서 서비스 프로세스를 이해함으로써 서비스환경의 문제점을 인식하고 개선점을 찾을 수 있도록 한다.

표 9-1 고객이 지각한 서비스환경(영화관 방문사례)

서비스 경험절차	서비스 환경디자인	
	기대이상	기대이하
주차장 찾기	귀중품을 보관해 주는 경비원이 있는 입구근처의 밝고 넓은 공간	부족한 주차공간 때문에 다른 주차장으로 와야 하는 경우
표 구매를 위해 줄서기	겨울의 전략적인 배치, 개봉예정작 포스터, 긴 대기시간을 위한 연예뉴스, 상영영화와 시간대 쉽게 확인, 티켓구매가능 여부 명확한 표시	긴 대기시간, 상영영화와 시간대를 확인하기 힘들며, 티켓이 남아 있는지 확인하기도 어려움
상영관으로 들어가기 위한 티켓확인	상영관 위치에 대한 명확한 방향이 있는 매우 잘 정비된 로비, 손님의 경험을 강화시켜 줄 수 있는 영화 포스터	쓰레기가 여기저기 버려진 더러운 로비, 상영관 방향의 불명확함과 잘못 표시된 경우
영화가 시작되기 전에 화장실 가기	매우 청결하고, 장소가 넓고 밝으며 잘 건조된 바닥, 잘 정리되어 있고 장식도 좋으며 정기적으로 닦인 깨끗한 거울	더러움, 참기힘든 냄새, 깨진변기, 핸드타월, 비누, 휴지가 없음, 사람들이 북적거림, 더러운 거울
상영관에 들어가서 자리를 찾음	결점없는 상영관 : 잘 디자인 된 좋은 의자, 자리를 찾기에 충분한 조명, 넓고 편안한 의자, 각 의자마다 음료수와 팝콘 놓는 공간, 적절한 온도	휴지가 널린 바닥, 부서진 의자, 끈적거리는 바닥, 우울하고 어두운 조명, 불이 들어오지 않은 출구 표시
영화보기	훌륭한 음향시스템과 필름 품질, 좋은 관객, 영화보기를 즐겁고 기억에 남게 하는 전반적인 것	평균이하의 음향과 영상동구, 금연사인 또는 다른 주의사인이 없어서 담배피면서 떠드는 비호감 관객, 영화관람을 불쾌하게 하는 전반적인 것
상영관 떠나기 및 차로 돌아오기	친절한 서비스직원이 떠나는 고객에게 인사함, 밝은 조명의 출구 및 안전한 주차장, 주차장으로 돌아가는데 필요한 표시	좁은 복도로 사람들이 몰림, 조명이 없거나 어두워서 차를 찾기 어려움

자료 : Albrecht, S. *World's Executive Digest*, Dec. 1996, Jochen Wirtz, et al. *ibids*, p.316에서 재인용.

제3절 서비스직원관리

유능하고 동기부여가 잘된 직원이 탁월한 서비스와 생산성을 구현할 수 있다. 사람(People)은 성공적인 서비스기업들의 경쟁력을 결정하는 마케팅믹스 7P 가운데 하나다. 서비스를 제공받는 고객은 외부고객이며, 직원은 내부고객이 된다. 본절에서는 외부의 고객과 내부고객인 직원을 모두 잘 관리하는 서비스기업들의 공통점인 서비스직원의 비즈니스매너와 에티켓을 소개하고, 직원 대상의 내부마케팅에 대한 기본원리를 설명한다.

1. 비즈니스 매너

고객의 관점에서 직원과의 대면 또는 비대면은 서비스전달과정에서 서비스의 품질을 판단하는 진실의 순간에 해당된다. 서비스의 최전방에서 직원이 전달하는 서비스수준과 방법은 기업의 경쟁력과 차별화를 결정하는 기본요소이며, 그 근원에는 이들이 고객을 상대하는 매너와 에티켓이 있다.

(1) 매너와 에티켓

■ 개념

매너(manner)는 수행해야 하는 일을 행동하는 구체적인 방식으로 타인을 위한 배려의 언행을 형식화한 것이다. 매너의 기본은 상대방을 존중하는 데 있으며, 상대방에게 불편이나 피해를 끼치지 않도록 배려하는 행동방식이다. 이와 유사한 개념의 에티켓(etiquette)은 사회생활의 모든 상황에서 취해야 하는 사회적 불문율로서 바람직한 행동양식을 뜻한다. 에티켓은 법적구속은 없지만 사회생활을 부드럽게 하고 쾌적한 기분을 갖도록 하기 위해 지켜야 할 규범적 성격을 가진다. 에티켓을 외적행동으로 표현한 것을 매너라고 한다.

■ 서비스매너

서비스매너(service manner)는 서비스경제사회에서 직업인이 갖추어야 할 배려의 언행으로서 경쟁력의 원천이 된다. 적절한 서비스매너를 위해서는 고객과의 접점에서 이루어지는 서비스에 관한 이해와 지식뿐 아니라 다음과 같이 신뢰감을 주는 행동능력이 필요하다.

- 고객에게 호감을 줄 수 있는 표정
- 고객에게 신뢰감을 줄 수 있는 바른자세와 동작
- 단정한 용모와 복장
- 호감을 줄 수 있는 어투와 의사소통능력
- 고객을 이해하는 마음을 표현하는 공감능력
- 고객과의 상호신뢰를 구축하는 능력

(2) 비즈니스 응대

1) 인사매너

인사는 마주 대하거나 헤어질 때 예의를 표하거나 또는 그러한 말이나 행동으로서 만남의 과정에서 인간관계를 형성하기 위한 기본적 절차다. 인사는 서로의 마음을 열게하는 효과적인 방법이며, 자신의 인격과 교양을 나타냄으로써 이미지를 긍정적으로 높일 수 있는 수단이다. 서비스에 있어서 인사는 고객에 대한 환영과 봉사의지의 표현이다.

■ 인사의 6대 포인트

- 인사는 내가 먼저한다.
- 밝은 표정으로 한다.
- 상대방의 얼굴을 보면서 한다.
- 밝은 목소리로 분명하게 인사말을 한다.
- 진심에서 우러나오는 인사를 한다.
- 인사는 시간과 장소, 상황을 고려해야 한다.

인사는 시간(Time)과 장소(Place), 상황(Occasion)의 세 가지를 고려하여 'TPO별 인사법'이라고도 한다.

■ 인사의 종류

인사는 때와 장소 등 상황에 따라 달라진다. 눈으로 예의를 표시하며 상체를 숙이지 않고 가볍게 머리만 숙여인사하는 목례(目禮), 허리를 약간 굽혀서 약식으로 하는 약례(略禮), 일상생활에서 가장 많이 행하는 보통례(普通禮), 서서하는 인사로서는 가장 정중한 인사법인 정중례(鄭重禮) 등이 있다.

표 9-2 인사의 종류와 상황별 인사법

구분		내용
목례	방법	• 눈으로 예의를 표하는 인사이다. • 상체를 숙이지 않고 가볍게 머리만 숙여서 인사한다.
	상황	• 실내나 복도에서 자주 마주치는 경우 • 양손에 무거운 짐을 들고 있는 경우 • 모르는 사람과 마주칠 경우 • 통화중일 경우
약례	방법	• 허리를 15도 정도 살짝 숙여서 인사하고, 시선은 자신의 발끝에서 2.5m 정도 거리를 둔다. • 짧은 시간에 이루어지는 인사이므로 반드시 미소를 보내는 것을 잊지 말아야 한다.
	상황	• 실내나 통로, 엘리베이터 안과 같이 협소한 공간 • 화장실과 같은 개인적인 공간 • 상사나 손님을 여러 차례 만나는 경우 • 손아랫사람에게 인사하는 경우 • 동료나 친한 사람과 만나는 경우 • 상사가 주재하는 회의, 면담, 대화의 시작과 끝에
보통례	방법	• 인사중 가장 많이 하는 인사로, 상대에 대한 정식 인사이다. • 허리를 30도 정도 살짝 숙여서 인사하고, 시선은 자신의 발끝에서 2.0m 정도 거리를 둔다. • 인사말을 같이 해야 하며, 허리를 너무 빨리 세우면 가벼운 인사의 느낌이 들기 때문에 주의해야 한다.
	상황	• 손님이나 상사를 만나거나 헤어지는 경우 • 보편적으로 처음 만나 인사하는 경우 • 상사에게 보고하거나 지시를 받을 경우
정중례	방법	• 허리를 45도 정도 살짝 숙여서 인사하고, 시선은 자신의 발끝에서 1.5m 정도 거리를 둔다. • 가장 정중한 표현이므로 가벼운 표정이나 입을 벌리고 웃는 행동은 삼가는 것이 좋다.
	상황	• 감사의 뜻을 전할 경우 • 잘못된 일에 대해 사과하는 경우 • 면접이나 공식 석상에서 처음 인사하는 경우 • VIP고객이나 직장의 CEO를 맞이할 경우

자료 : 김화연 편저, SMAT 서비스커뮤니케이션, 박문각, 2015, p.23.

2) 소개매너

사람을 처음 만났을 때 첫인상은 상호관계의 형성에 중요한 역할을 하므로 사회생활에서 소개에 대한 매너는 비즈니스와 사교의 기본이 된다. 소개와 악수의 순서는 손아랫사람을 손윗사람에게, 연소자를 연장자에게, 지위가 낮은 사람을 지위가 높은 사람에게, 남성을 여성에게, 회사사람을 외부고객에게 먼저 한다.

3) 보행과 탑승매너

■ 보행

보행 시 상급자나 여성, 연장자는 길안쪽으로 걷고, 안내자는 바깥쪽으로 걸어가며 안내한다. 보행 시 이동에 불편함이 없는지 살피고, 가는 방향에 대해 알려주며 안내한다. 인원에 따라 서열별로 이동을 하며 아랫사람은 윗사람왼쪽에서 걷고, 3명 이상이 걷는 경우 윗사람이 가운데에서 걸으며, 홀수일 경우 중앙에 윗사람이 위치하며, 짝수일 경우 중앙의 오른쪽에서 걷는다. 앞뒤로 보행 시 윗사람이 앞에서 걷는다.

■ 탑승

자동차와 열차, 비행기, 선박 등의 탑승은 보행시의 매너에 따른다. 그러나 자동차의 양쪽문을 모두 열 수 있는 경우, 윗사람과 여성이 먼저 탑승하고 난 후에 아랫사람이 탑승하고 하차할 때에는 아랫사람이 먼저 내려 윗사람과 여성의 하차를 돕는다. 우측통행으로 문을 열 수 있는 경우, 아랫사람이 먼저 안쪽으로 탑승하고 윗사람이 운전기사의 대각선자리에 탑승한다. 운전사가 있는 경우, 운전사의 대각선 뒷좌석이 상석이고, 운전석옆이 말석이다. 차주가 운전하는 경우는 운전석 옆좌석에 나란히 앉는 것이 매너이고 운전석의 뒷좌석이 말석이 된다.

(3) 이미지 및 이미지메이킹

■ 이미지란?

이미지는 개인이 어떠한 대상에 대해 가지는 일련의 신념, 아이디어 및 인상의 총체로서 마음속에 그려지는 감각적 영상 또는 심상을 의미한다. 이미지란 지각적 요소와 감정적인 요소가 결합되어 형성되므로 주관적이며 직접 경험이 없이도 형성된다. 개인이나 조직의 행동, 언어, 사고방식과 태도 등 시각적인 요소외에 수많은 감각에 의한 이미지가 포함되어 인간이나 사물 등에 대한 정서를 동반하는 주관적 평가이므로 개념을 명확히 정의하기 어렵다.

이미지는 용무, 복장, 표정, 얼굴, 체형, 신체적 특징 등 표면적으로 드러나는 외적이미지, 그리고 인간의 심리적, 정신적, 정서적인 특성들이 고유하게 형성되어 심성, 생각, 습관, 감정, 지식 등의 결합으로 형성되는 내적이미지, 그리고 사회에서 대인 간 상호교류를 통해 형성되는 사회적 이미지 등으로 구분된다. 이미지를 구성하는 요소에는 지적, 표정, 태도, 복장, 감성, 음성 등이 있다.

■ 이미지메이킹

이미지는 학습이나 정보에 의해 형성될 수 있은데, 이미지메이킹(image making)이란 개인이 추구하는 목표를 위해 이미지를 통합적으로 관리하는 것이다. 예를 들어, 외모를 개선하여 내면의 자신감을 형성하거나 외적이미지를 강화해서 긍정적인 내적이미지를 만들어내는 노력이 해당된다. 따라서 이미지메이킹은 외형만 치장하는 것이 아니라 자신의 본질과 내면의 능력, 장점 등을 표현함으로써 자존감을 높이고 대인관계능력을 향상하는 노력이다. 이미지는 커뮤니케이션에 의해 형성되고 수정되며 변화될 수 있다. 학습을 통해 이미지를 형성하기 위한 방법들은 다음과 같다.[15]

- 인상/표정 및 상황별제스처
- 용모 · 복장 등 퍼스널컬러(personal color)
- 목소리훈련

■ **퍼스널브랜딩**

퍼스널브랜딩(personal branding)은 자신을 브랜드화하여 특정분야에 대하여 먼저 자신을 떠올릴 수 있도록 만드는 과정이다. 개인이 가지고 있는 가치관, 비전, 장점, 역량 등을 분석하여 개인의 포지션과 목표를 정하고 차별화하여 경력이나 자기계발 등의 지침이 되도록 한다. 이미지메이킹보다 적극적이고 목표지향적인 개념이다.

2. 내부마케팅

서비스전달과정에서 직원의 역할은 절대적이다. 서비스현장의 직원은 그들자체가 서비스이고, 고객의 눈에 비치는 조직 그 자체이며 마케팅수행자이기 때문이다. 여기에서는 기업내부의 직원을 대상으로 한 내부마케팅의 개념과 인력관리의 순환과정을 살펴보자. 서비스기업의 내부고객에 대한 관리는 제10장 인적자원관리에서 별도로 다룬다.

(1) 내부마케팅의 개념

내부마케팅(internal marketing)이란 내부고객을 대상으로 교육 · 훈련과 동기부여, 리더십 등 고객에 대한 집중을 강화하기 위해 수행하는 마케팅활동이다. 내부고객이란 자신의 업무를 수행하기 위해 투입되는 다른 부서의 직원이나 부서 등 조직내부에서 서비스를 제공받는 직원을 의미한다. 조직행동에 있어서 서비스담당자는 흔히 조직의 내부와 외부를 연결하는 경계관리자로 정의되기도 하는데, 조직의 경계를 넘나들며 조직내 · 외부의 커뮤니케이션을 담당하기 때문이다. 서비스담당자는 현장직원에게 할당하는 업무의 경계를 분명히 함으로써 일선업무에서 나타나는 다양한 상황의 대처로 직원의 갈등을 최소화해야 한다. 종종 현장직원을 종종 반대방향으로 끌어당겨 역할갈등을 겪게 하고 결과적으로 스트레스를 받게할 수도 있다. 현장직원의 스트레스는 조직과 고객, 직원과 고객 간의 갈등을 나타날 수도 있으므로[16] 따라서 기업은 외부고객의 만족을 위해 내부고객을 먼저 만족시키는 것이 중요하다.

(2) 인력관리의 순환구조

서비스실무를 담당하는 직원의 중요성과 서비스업무가 얼마나 어려운가를 이해하기 위해서는 인력관리의 전반적인 순환구조를 살펴봐야 한다. 일선의 서비스직원이 어떻게 하는가에 따라 기업의 성과가 좌우된다. 예를 들어, 열악한 업무환경은 낮은 수준의 서비스로 연결되는데 이는 기업의 관리자가 직원을 대했던 것과 똑같이 직원이 고객을 대하는 경우가 많기 때문이다. 높은 이직률을 보이는 기업은 흔히 '실패의 순환(cycle of failure)'에 빠진다. 규칙과 절차를 중시하고 직업의 안정성을 제공하는 다른 직장 또한 바람직하지 않는 평범한 순환을 겪을 수 있다. 그러나 내부고객이 잘 관리된다면 '성공의 순환(cycle of success)'라고 불리는 서비스고용의 선순환주기가 형성된다.[17)]

■ 실패의 악순환

기업에 따라서는 생산성 향상을 위해 서비스과정을 간소화하거나 낮은 임금을 지급하는 등의 경영방식으로 인해 발생하는 실패의 순환은 인력관리의 형태에서 빈번히 나타나는 현상이다. 이 순환과정에는 '직원실패의 순환'과 '고객실패의 순환'이 함께 존재하며, 이들은 상호작용을 한다. 직원실패의 순환(employee cycle of failure)은 특정직무에 대한 낮은 교육수준과 낮은 임금에서 시작되며, 결과적으로 고객의 요구에 효과적으로 응하지 못하는 무능한 직원이 생겨난다. 그들은 자신의 직무에 불만을 품게 되며 고객에게 불손한 태도로 일관한다. 이는 결국 기업의 전반적인 서비

그림 9-9 인력관리실패의 악순환

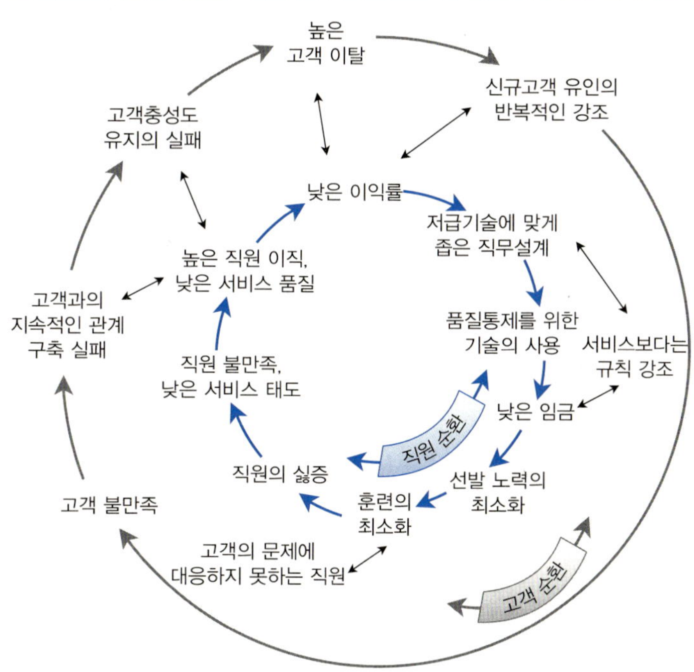

자료 : MIT Sloan Management Review(1991), Jochen Wirtz, et al. *ibids*, p.328에서 재인용.

스품질을 저하시키고 고용과 해고가 반복되는 현상을 야기하며, 낮은 수익으로 인해 기업은 반복해서 저임금근로자를 고용하게 되고, 〈그림 9-9〉에서 보는 바와 같이 악순환으로 이어진다.

실패의 악순환은 새로운 고객을 유치하는 과정에서도 발생하는데 직원의 업무만족도가 떨어지면 이용고객 또한 만족도가 떨어진다. 반복적인 해고와 고용으로 서비스를 이용하는 고객은 항상 새로운 직원을 경험하게 되고 이로 인해 상용고객이 감소하며, 불만족한 고객은 기업과 브랜드에 대한 충성도가 낮아지고 심지어 이탈하기 때문에 기업은 판매실적유지를 위해 끊임없이 새로운 고객의 확보를 요구하며 직원들을 교체한다.

■ 성공의 선순환

서비스직원의 관리에 성공하는 기업들은 더 나은 임금과 환경으로 역량이 풍부한 직원을 확보한다. 종전보다 업무에 대해 과거보다 더 나은 교육, 동기부여를 통해 기업은 유능한 신규직원을 모집하고 선발하는 데 집중한다. 전문화된 채용과 강화된 직원훈련과 더 많은 임금 등은 직원이 고객에게 좀더 나은 서비스를 제공할 수 있게 만들어 주는 동기가 된다. 직원의 교체가 드물 경우 고객은 친숙한 직원에게 지속적이고 안정된 서비스를 받는 기회가 늘게되며, 이는 고객의 충성도를 높여주고 충성도가 높아질수록 기업의 수익도 함께 증가하게 된다. 기업은 고객유지를 통해 고객

그림 9-10 인력관리성공의 선순환

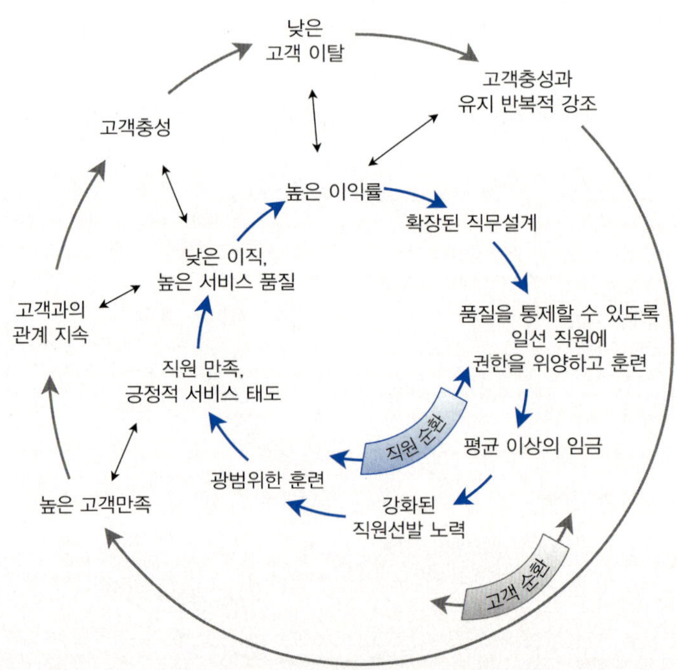

자료 : *MIT Sloan Management Review*(1991), Jochen Wirtz, et al. *ibids*, p.332에서 재인용.

의 충성도강화나 신규고객확보를 위해 별도의 노력이 필요하지 않게 된다. 그 결과는 고객만족은 선순환으로 이어지며 인사관리의 순환에서 가장 이상적인 결과를 기대할 수 있다.

(3) 서비스문화

■ 서비스리더십과 문화

조직의 문화는 기업의 가치나 목표, 비전 등을 구축하거나 변화시킬 수 있다. 직원은 자신의 가치, 믿음, 태도와 직장의 조직문화가 일치할 때 자신의 잠재력을 구현한다. 베리(Leonard Berry)는 성공적인 서비스기업들에서 핵심가치를 확인하였는데, 이들의 핵심가치에는 우수성, 혁신성, 즐거움, 팀워크, 존경, 도덕적이고 윤리적인 원칙, 사회적 이익 등이 포함된다. 이러한 가치는 기업문화의 일부를 구성하는데, 일반적으로 서비스문화의 개념은 다음과 같이 정의된다.[18)]

- 조직안에서 무엇이 중요한지에 대한 공유된 생각
- 왜 중요한지에 대해 공유된 가치와 믿음

기업이 추구하는 가치와 믿음이 모든 직원에 의해 공유되기 위해서는 가치와 믿음이 그들에게 서서히 스며들고 환기되어야 하며, 직원은 이를 지속적으로 학습해야 한다. 강력한 서비스문화는 우선 전체조직을 일선에 두고 역량을 집중하며, 사업의 성패가 서비스접점에서 결정되고 있음을 알고 있다. 서비스지향적인 기업일수록 경영자는 많은 현장의 정보를 수집하여 서비스상황을 잘 이해한다.

그림 9-11 서비스기업의 역(逆)피라미드 조직

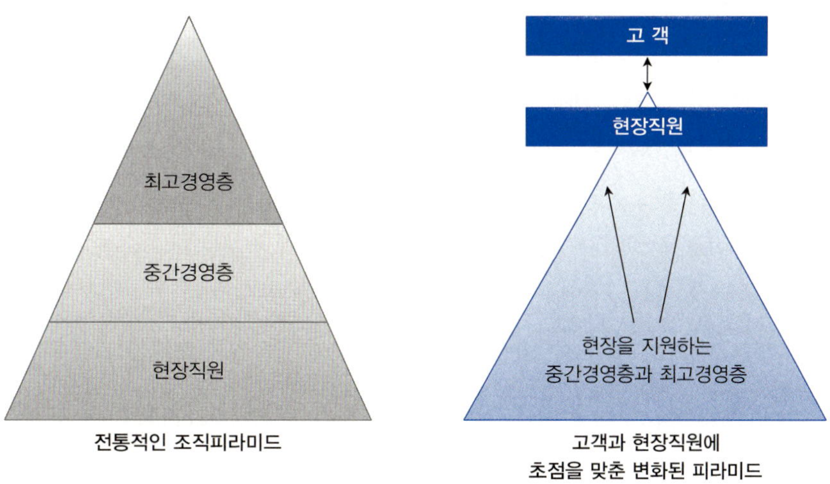

이를 위해 경영자는 정기적으로 고객과 대화하고 함께 일하고, 스스로 직접 고객을 상대하는 데 시간을 보냄으로써 적극적으로 서비스 프로세스에 참여한다. 〈그림 9-11〉은 서비스현장의 중요성을 강조하는 역(逆)피라미드 조직을 나타내고 있다. 이러한 형태의 조직에서는 고객에게 서비스가 전달되는 서비스접점을 지원하는 것이 최고경영자와 중간관리자의 역할이다.

■ 서비스가치의 내부공유

서비스조직에서는 모두가 누군가에게 서비스하고 있다.[19] 서비스기업의 직원이라면 누구나 서비스역할이 있으며, 고객과 마주치는 일이 없는 감독관, 중간관리자, 심지어 경영진도 예외는 아니다. 성공적인 서비스기업이라면 "우리 관리부서의 목적은 무엇인가?"라는 물음에 "직원에 대한 지원"이라고 답할 수 있어야 한다. 조직은 고객에게 봉사하는 직원들을 지원하기 위해 존재하기 때문이다. 고객과의 접촉기회가 없는 부서의 직원은 종종 내부문제에만 집중한다. 정보, 절차, 형식, 보고 등에 많은 노력과 시간을 집중할 경우 업무프로세스가 내부지향적으로 변할 수 있다. "고객을 돌보는 것은 다른 사람의 몫이다. 내임무는 보고서를 제시간에 올리는 것이다." 이처럼 일부 직원들이 고객과의 관계에 대한 감각을 잃게 되면 조직은 관료적인 조직이 되고, 이는 자신이 생산하는 결과가 어떻게 시장의 요구를 충족시키는지조차 무관심하게 된다. 누군가 "난 고객과 아무 상관도 없어" 하고 말하는 것도 심각한 착각이다. 서비스기업의 구성원들은 다음과 같은 메시지를 공유할 필요가 있다. "고객을 직접 서비스하지 않고 있다면 고객에게 서비스를 하는 누군가에게 서비스를 해야 한다." 서비스가치의 내부공유는 내부마케팅의 핵심으로서 서비스기업의 인적자원관리의 목표가 된다.

■ 서비스조직의 고객접촉

서비스기업은 고객접촉의 수준에 따라 조직을 구분할 수 있다. 첫 번째 조직은 접점에 위치한 현장직원으로서 이들은 고객과 직접 대면 또는 비대면접촉을 한다. 두 번째 조직은 2차적인 서비스직원으로서 고객을 직접 상대하지는 않으나 이따금 고객과 마주치는 감독자나 관리자들이며, 세 번째 조직은 그 밖의 임원이나 직원들로서 이들은 서비스를 지원하는 역할을 한다. 예를 들어, 레스토랑에서 1차적 서비스직원은 손님에게 음식을 서빙하는 홀담당직원이며, 2차 집단은 식사를 준비하는 조리사이고 서비스를 지원하는 사람은 조리실의 감독관과 지배인이다.

■ 경영과 서비스

경영은 그 자체가 서비스인가? 서비스경영에 있어서 이는 맞는 말이다. 고객중심의 문화에서 경영은 특별한 형태의 서비스로 다른 서비스와 마찬가지로 그 역할과 성과를 평가받는다. "경영이라고 우리가 부르는 것 대부분은 자신의 임무를 달성하는 데 오히려 방해가 되고 있다" 내부고객인

직원을 대상으로 서비스를 해야 하는 경영의 역할을 종종 간과하는 데 대한 드러커(Peter Drucker)의 지적이다. 서비스의 상호작용측면에서 이러한 내부서비스와 내부마케팅의 철학이 중요하다. 조직내 모든 사람이 고객을 상대하고 있다는 조직문화는 아직도 많은 서비스기업에선 생소한 개념이지만, 서비스시장에서 경쟁우위를 확보하기 위해서는 새로운 모델로 인식할 필요가 있다.

각 주

1. Jochen Wirtz, Patrica Chew, Christopher Lovelock, *Essentials of Service Marketing*, Pearson Education, Ltd. 2013, p.229.
2. 특정한 서비스의 제공과 전달형태가 잘못될 수 있는 모든 상황에 대한 인식을 강조하기 위해 미국 마이스터협회 회장이었던 마이스터(David Maister)는 '실수가능성(Opportunity to Screw Up, OTSU)'이라는 용어를 사용하였다. Jochen Wirtz, et al. *ibids*, p.240에서 재인용.
3. 포카 요케(ポカヨケ, poka-yoke)는 품질관리의 측면에서 실수를 방지하도록 행동을 제한하거나 정확한 동작을 수행하게끔 하도록 강제하는 여러 제한점을 정해 실패를 방지하는 방법을 뜻하는 용어이다. 도요타자동차에서 처음 고안됐으며, 본래 '실수(ぽか)를 피하다(避ける)'는 뜻에서 유래되었다.
4. Jochen Wirtz, Patrica Chew, Christopher Lovelock, *Essentials of Service Marketing*, Pearson Education, Ltd. 2013, p.242.
5. Christopher H. Lovelock, *Product Plus*, McGraw-Hill, 1994, pp.354~355.
6. Mary Jo Bitner, William T. Faranda, Amy R. Hubbert, and Valarie A. Zeithaml, "Customer Contributions and Roles in Service Delivery," *International Journal of Service Industry Management*, Vol.8, 1997, pp.193~205.
7. Jochen Wirtz, Patrica Chew, Christopher Lovelock, *Essentials of Service Marketing*, Pearson Education, Ltd. 2013, p.272.
8. 2001년 개항초기 인천국제공항(ICN)은 국제공항협회(ACI)의 평가에서 항공사체크인 32위, 출국심사 16위, 보안검색 15위, 공항직원 친절도 18위 등 세계적 공항들과 격차가 컸다. ICN는 소프트웨어 개선을 통해 서비스품질의 제고를 위한 획기적인 대책이 필요함을 절감했고, 특히 불만이 집중된 대기행렬의 해결을 위해 수요예측시스템 구축에 집중했다.
9. 사이니지(signage)는 TV·PC·모바일에 이은 제4의 스크린으로 불리며 공공장소나 상업공간에

설치되는 디스플레이를 말한다. 정보통신기술(ICT)과 결합해 다양한 콘텐츠를 제공하면서 기존 옥외광고물을 빠르게 대체하고 있다.

10. C.I.Q란 항공이나 선박을 이용하여 공항 또는 항만으로 출·입국할 때 반드시 거쳐야 하는 3대 수속절차로 세관검사(Customs), 출입국관리(Immigration), 검역(Quarantine) 등을 의미한다.
11. 이유재, 서비스마케팅, 학현사, 2013, p.244.
12. 서비스 스케이프(service scape)는 풍경을 의미하는 '랜드스케이프(land scape)', 바다경치를 의미하는 '씨스케이프(sea scape)' 등에 붙이는 접미사인 스케이프(scape)를 서비스(service)와 합성한 것으로 인공적으로 만들어진 환경을 의미한다.
13. 환경심리학의 기본모델을 제시한 비트너(Mary Jo Bitner)는 '서비스 스케이프'라는 통합모델을 개발하였다. Mary Jo Bitner, "Service Scapes: The Impact of Physical Surroundings on Customers and Employees," *Journal of Marketing* 56, 1992, pp.57~71.
14. Jochen Wirtz, Patrica Chew, Christopher Lovelock, *Essentials of Service Marketing*, Pearson Education, Ltd. 2013, pp.304~305.
15. 이미지메이킹(image making)은 서비스경영 실무역량프로그램의 주요내용에 포함된다. 구체적인 내용은 김화연 편저, SMAT 서비스커뮤니케이션, 박문각, 2015, pp.79~122.
16. 경계관리자(boundary spanner)란 경계를 연결하는 사람의 뜻으로서 조직의 경계를 넘나들며 조직 내·외부의 커뮤니케이션을 원활히 하는 역할을 담당한다. 각 직원에게 할당하는 업무의 경계를 분명히 함으로써 일선업무에서 나타나는 다양한 상황의 대처로 현장직원의 갈등을 최소화하는 데 목적이 있다. Jochen Wirtz, et al. *ibids*, p.325. 직원의 갈등에 대해서는 본서 제10장에서 다루어 짐.
17. '실패의 순환(cycle of failure)'와 '성공의 순환(cycle of success)'이라는 용어는 Leonard L. Schlesinger and James L. Heakett, "Breaking the Cycle of Failure in Services." *Sloan Management Review*(Spring 1991, pp.17~28)에서 처음 사용되었으며, 러브락(Christopher H. Lovelock)이 저서 *Understanding Services Management*(1995)에서 '평범의 순환(cycle of mediocrity)' 개념을 추가하였다.
18. Leonard L. Berry, *Discovering the Soul of Service*, The Free Press, 1999. 〈역서〉 서비스불변의 법칙, 김앤김북스, 2014, p.91.
19. Albrecht Karl and Ron Zemke, *Service America in the New Economy*, Revised ed., McGraw Hill, 2002, pp.152~153.

CHAPTER 10

인적자원관리

경영학은 기업에서 사람을 관리하는 문제에서 출발하였다. 현대 경영학을 탄생시킨 테일러(F.W. Taylor)는 당시 미국철강회사의 감독자로서 관심은 근로자의 생산성 향상이었다. 그의 저서 과학적관리법(*Scientific Management*, 1911)은 그래서 오늘날의 인사관리(人事管理)의 출발점으로 평가받는다. 산업이 고도화되고 시장의 경쟁이 심해지면서 사람의 중요성이 부각되었고 사람에 대한 관리는 인적자원의 관리(HRM)로 개념이 확대되었다. HRM은 인적자원의 확보와 교육훈련, 보상과 유지 등에 대한 관리활동이다. 본장에서 인적요소의 비중이 큰 서비스기업이 인적자원을 어떻게 확보하고 관리해야 하는가를 학습한다.

Keywords: 인력계획, 직무분석, 리크루트, 조직문화, 임파워먼트, 성과평가, 커뮤니케이션 스킬, 경청의 BMW기법, 설득의 법칙

“척 보면 압니다” … 관상, 취업의 비밀통로

관상면접은 있는 듯 없고 없는 듯 있는 존재다. 기업들은 하나같이 관상면접의 존재를 부인한다. 그러나 역술가나 관상가 중 일부는 “기업에서 직원을 채용할 때 관상을 봐주고 있다”고 한다. 신입사원채용 때는 물론이고 경력직 사원선발이나 임원의 승진심사에도 관상면접이 동원된다고 한다.

“면접자가 들어와 자리에 앉으면 얼굴생김새, 앉은 자세, 목소리를 살피고 이력서에 쓰인 생년월일으로 회장과의 궁합을 맞춰본다. ‘눈이 나쁘다. 코가 빈약하다. 그러나 회장과 궁합이 좋아 회사에 덕을 가지고 온다’는 식으로 간단하게 평가한 뒤 ○, △, × 표시해 제출한다.”

면접장에 관상전문가가 배석하지 않더라도 관상과 인상이 채용에 알게 모르게 영향을 미치는 것은 사실이다. 한 헤드헌터는 “상당수의 기업이 비밀리에 관상을 본다”며 “관상 혹은 인상이 좋지 않은 사람은 추천해봐야 뽑히지 않기 때문에 추천에서 배제한다”고 털어놓았다. 그는 “눈빛이 사납거나 우울하게 생긴 사람, 표정이 밝지 않은 사람, 불편한 기운을 자아내는 사람 등이 그에 해당한다”고 설명했다.

인재의 적재적소 배치위한 툴

공식적으로는 확인된 바 없지만 삼성그룹의 창업주 고(故) 이병철 회장이 관상가를 앉혀 두고 신입사원을 채용했다는 일화는 유명하다. 이에 대해 유명한 얼굴 전문연구가는 “이 회장이 관상으로 보려했던 것은 첫째 복이 있는가, 둘째 배신하지 않고 충성을 다할 것인가, 셋째 건강과 체력이 좋은가였다”고 전했다. 조직생활에 적합한 인재를 찾는 것, 즉 인성(人性)평가의 방법으로 관상면접이 쓰인 셈이다.

그는 생김새뿐 아니라 걸음걸이, 앉은 자세, 말투, 찰색(察色) 등을 통해서도 사람 됨됨이와 특성을 파악한다. 위를 보고 걷는 사람은 유아독존 성향이 강하고, 뒤에 기대지 않고 앞으로 나와 앉는 사람은 적극적인 성격의 소유자이며, 목소리가 크면 성격이 개방적이고 호탕한 편이라는 것이다.

그러나 최근 들어 채용과정이 체계화되면서 관상면접의 빈도는 줄었다. 관상면접관들은 “90년대까지만 해도 봄철이 되면 면접보러 다니느라 바빴지만, 최근 2~3년 사이에는 한두 회사만 관상면접을 부탁한다”고 말한다. 이 전문가는 “2000년 이후 2, 3세 경영체제로 바뀌면서 관상면접 의존도가 확 줄었다”고 밝혔다.

그렇다고 채용전 인성파악의 중요성이 줄어든 것은 아니다. 오히려 인성평가의 중요성은 확대되고 있다. 각 회사가 자신들이 원하는 인성을 가진 사람을 서류심사나 역량면접만으로 파악할 수 없기 때문이다. 따라서 인성평가의 방식이 관상에서 심리학을 바탕으로 과학적으로 설계된 인·적성테스트로 바뀌는 추세다. 대기업들의 인·적성 테스트는 각 기업이 원하는 인재상을 발굴할 수 있도록 특화, 개발된 것으로 크게 직무적성평가와 인성평가로 나뉜다. 인성평가의 목적은 리더십과 조직적응력, 즉 개개인의 성품을 파악하는 것이다.

임상심리학이나 산업심리학적 지식을 가진 전문가가 관상가를 대신해 면접장에 배석하는 것도 달라진 채용트렌드다. 기업에 인성평가와 관련한 컨설팅을 제공하며 인성면접관으로 활동하는 한 컨설팅대표는 "임원들 뒤에 배석해 면접자들의 대인관계나 자기관리능력을 위주로 평가한다"며 "그 때문에 면접자들에게 관상가로 오해받는 일도 종종 있다"고 말했다.

인성면접관은 면접자들에게 협력과제를 제시하고 행동을 관찰한다. 토론면접이나 단체과제를 수행할 때 면접자들의 말과 행동을 관찰하며 팀워크책임감, 창의성 등을 1~5점 척도로 평가한다.

직무에 따라 중점적으로 평가하는 인성요인은 달라진다. 예를 들어 카지노나 백화점직원을 채용할 때는 '자기통제력'이 가장 중요한 평가요소다. "이런 직무의 사람들은 근무하면서 돈 감각이 대단히 약해질 수 있기 때문"이라는 면접관들의 설명이다.

밝은 표정, 바른자세노력으로 갖추기

관상면접은 오래되고 비밀스러운 취업의 사다리다. 아직 과학으로 검증된 바 없기에 정식채용절차로 진입할 수도, 기업들이 드러내놓고 활용할 수도 없지만 면접관들은 피면접자의 관상과 인상에 직·간접적으로 영향을 받는다.

평가대상자가 관상면접에 대비해 준비할 수 있는 것이 아주 없지는 않다. 관상면접에서 높은 점수를 얻는 바른 걸음걸이와 앉은 자세, 또박또박한 말투는 노력으로 얻을 수 있다. 굳이 관상면접관이 배석하지 않았더라도, 그런 태도는 누구에게나 호감을 불러일으킨다. 듀오아카데미에서 맞선을 앞둔 이들과 취업준비생들에게 이미지컨설팅을 강의하는 한 전문가는 "이미지란 게 보이는 외모에 국한한 게 아니다. 당당한 태도, 예의바른매너, 밝은 표정 등을 갖추면 생김새의 단점을 충분히 보완할 수 있다"고 강조했다.

철학자 임마누엘 칸트 또한 "표정을 통해 성격을 알 수 있다. 눈에 선량함과 씩씩함, 마음의 평정이 드러나면 사랑받을 가치가 있다고 여기게 된다"고 말했다('관상의 문화학'). 결국 관상면접이라는 '비과학적' 관문도 면접자 자신의 마음과 자세, 그리고 노력여하에 달려있는 것 아닐까. 밝은 표정과 바른자세는 관상가뿐만 아니라 일반인에게도 호감을 준다. 관상과 인상은 알게 모르게 취업에 영향을 미친다.

▸ 주간동아(2009. 5. 13)

제1절 서비스기업의 인적자원

1. 사람은 왜 기업의 자산인가?

(1) 서비스직원은 왜 중요한가?

"사람은 가장 중요한 자산이다." "참호속에 있는 사람들이 조직의 진정한 영웅이다." 경영의 세계에서 익숙한 이 슬로건들은 서비스기업이 실천해야 하는 명제다. 그러나 현실에서는 종종 간과되곤 하는데 실제로 많은 기업이 현장의 직원을 조직의 기획이나 관리부문의 직원보다 덜 중요하다고 생각하기 때문이다. 서비스접점에서 일하는 사람은 대개 낮은 임금을 받고 연구와 교육, 자기개발의 기회를 적게 받으며 성장과 발전의 잠재력이 낮고 이직률도 높다. 심리학이나 사회학을 연구하는 학자들은 서비스접점에서 일상적으로 반복되는 고객과의 대면적 또는 비대면적 접촉이 동물적 본능의 상호작용을 반복하는 것이라고 설명한다.[1] 다양한 상황에서 고객을 상대하는 접점직원들은 거래에 도움이 되는 회사의 규정과 매뉴얼에 자신의 역량을 더해 업무를 수행하게 된다. 예를 들어, 현자직원에게 체계적인 교육훈련과 영업전략에 대한 이해가 더해질 경우, '누구에게나 무엇이든 팔 수 있다'는 막연한 믿음이나 자신감에 맡기는 경우보다 더 높은 성과를 달성할 수 있는데, 기업이 직원을 인적자원으로 인식하고 관리해야 하는 이유다. 서비스기업에 있어 역량을 갖춘 인적자원은 서비스의 경쟁력을 결정하는 핵심요소다.

(2) 성공적인 서비스기업의 특징

일반 제조기업과 달리 서비스에 종사하는 기업은 인적자원의 비중이 상대적으로 높고 그만큼 직원들의 역량과 동기부여가 기업의 성과에 미치는 영향은 크다. "회사가 직원을 잘 보살펴 주면, 그들은 고객을 잘 보살핀다." 인적자원의 중요성을 단적으로 표현했던 메리어트 인터내셔널의 전 CEO 빌 메리어트(Bill Marriott)의 말이다. 그는 저서 〈*Without Reservation(2013)*〉를 통해 다음과 같은 5가지 경영철학을 밝히고 있는데,[2]고객과의 대면이 많은 기업일수록 현장직원에 더 많은 가치를 부여해야 함을 강조하고 있다.

- 직원부터 보살펴라(put people first)

- 최고를 추구하라(pursue excellence)
- 변화를 수용하라(embrace change)
- 성실하게 행동하라(act with integrity)
- 세상을 위해 일하라(serve our world)

힌킨과 트레이시(Timothy R. Hinkin & J. Bruce Tracey)는 미국의 〈*Fortune*〉지가 선정한 100대 기업 가운데 단순·반복업무와 저임금, 높은 이직률과 낮은 수준의 교육훈련 등의 직원을 고용하는 서비스업종에 속한 21개 기업을 선정해 인력관리방식을 분석한 결과, 성공적인 기업에는 다음과 같이 6가지 공통적인 특징이 있음을 밝혀냈다.[3)]

■ 사람중심의 조직문화(Organizational Culture)

가치의 공유, 원활한 내부소통으로 관리자와 현장직원 간에 상호배려의 강한 조직문화가 형성되어 있다. 기업내부의 커뮤니케이션뿐 아니라 SNS를 비롯한 다양한 채널로 외부의 고객, 지역사회 등과 유대감을 강화하고 있다.

■ 유연한 근무(Flexibility in Scheduling)

노동법규나 가족의 구성, 사회경제적 환경의 변화에 따른 노사간 근로계약과 작업환경에 유연하게 적응할 수 있도록 동일직무를 함께 수행하는 직무공유제, 주간근무시간 범위내에서 압축하여 근무하는 집중근무제, 정해진 총근로시간의 범위내에서 개별근로자가 원하는 대로 출퇴근시간을 조정할 수 있는 선택적 근로시간제 등을 운영한다.

■ 혁신적인 직원채용(Innovative Staffing)

채용과 유지가 고용주의 고유권한이라는 프레임에서 벗어난 채용방식을 통해 직원을 충분히 배려하고 있다는 암시를 준다. 자사의 웹사이트에 우수사원에 대한 포상제도를 공개하여 유능한 후보자를 리크루트하며, 유능한 직원에게 신입직원의 추천권을 부여하거나 채용단계에서의 엄격한 절차를 적용하여 직원의 자긍심을 높여준다.

■ 훈련 및 개발(Training & Development)

확보된 인적자원의 유지와 잠재력개발을 위해 조직문화에 적응할 수 있도록 오리엔테이션 프로그램을 충분히 활용하며, 다양한 업무현장을 이해할 수 있도록 사내의 교육프로그램을 운영함으로써 사회화된 태도, 업무지식, 리더십교육과 코칭을[4)] 이용하여 직원들에게 충분한 학습의 기회를 제공한다.

■ **성과관리(Performance Management)**

개인 및 부서별 업무에 대한 공정한 평가 및 관리를 위해 핵심성과지표(Key Performance Index, KPI)와 연계한 객관적 지표를 공개적으로 설정하고, 다양한 업무성과 데이터를 종합하여 평가한다. 성과를 평가하는 지표는 일관성을 유지하고 공개함으로써 당사자나 해당 부서가 향후 개선할 수 있도록 유도한다.

■ **보상혜택(Compensation & Benefits)**

직원들의 소속감고취와 동기부여를 위해 인센티브방식의 경제적 보상프로그램을 다양하게 운영한다. 모든 기업은 영업성과에 대해 보너스를 지급하고 이익을 공유하며 직원과 그 가족을 대상으로 한 각종 보험의 가입, 교육비지원, 육아 및 가정돌봄프로그램의 운영 등의 복리후생, 그리고 지역사회기부 및 사회공헌활동을 다양하게 수행하고 있다.

2. 인적자원관리(HRM)란?

(1) HRM의 의미

인적자원관리(human resource management)는 조직내의 사람을 인적자원으로 인식하고 이를 관리하는 활동이다. 사람은 조직의 목적을 달성하기 위해 투입되는 자원 가운데 가장 중요한 자원이다. 똑같은 일이라도 누가 담당하느냐에 따라 성과가 달라진다. 유능한 인적자원을 보유하더라도 역량을 구현할 수 있는 업무에 배치하고 적절한 교육훈련과 동기부여가 뒤따르지 않으면 확보한 인적자원이 오히려 조직에 부담이 될 수 있다. HRM은 조직에 필요한 직무에 따라 요건과 규모를 파악하여 지원자를 모집, 선발, 유지, 평가, 보상, 훈련하는 활동과 관련된 일련의 의사결정이다. 노동집약적 산업에서 서비스산업, 지식집약적 산업으로 경제와 산업이 발전함에 따라 HRM의 기능이 조직에서 차지하는 위상은 높아지고 중요성도 더 강조된다. 창의성과 고도의 전문지식이 기업의 경쟁력이 되는 기업일수록 인적자원의 역할은 절대적이다. 대표적인 전문서비스 기업인 마이크로소프트, 아마존, 구글의 성공사례는 얼마나 적합한 인적자원을 확보·유지하느냐가 곧 조직의 성패를 좌우함을 보여준다. 서비스기업은 상품의 무형성, 수요변동의 계절적 변동, 직무별 다양한 급여, 그리고 노동집약도의 다양성 등으로 인해 인적자원에 대한 관리가 상대적으로 어렵다.[5] 무형적 요소의 비중이 높을수록 표준화가 상대적으로 어려운 반면, 고객과의 접촉기회가 많아 현장직원이 고객만족에 미치는 영향도 커진다. 사회복지, 컨설팅, 투자자문사 등의 업종에서는 서비스제공자의 개인역량이 성과에 직접적인 영향을 미치는 반면, 피자배달, 패스트푸드 등의 업종에서는 서비스제공자의 개인역량이 성과에 미치는 영향이 제한적이며, 자판기서비스와 같이 인적요인의 영향이 거의없는 경우도 있다. 한편, 유형적 서비스의 비중이 높은 업종일수록 서비스의 표준화가 쉽다. 예를 들어, 패밀리레스토랑, 비즈니스호텔은 서비스접점의 유형적 요소를 표준으로 정하는 것이 상대적으로 용이하다.

(2) 인적자원의 주요 내용

HRM은 조직의 목적과 전략에 맞게 필요한 사람을 선발하고 유지, 보상하고 퇴직할 때까지 관리하는 일련의 관리활동을 말한다. 모든 조직은 그 목적과 전략에 따라 수행하는 업무의 성격이 결정되는데, 인적자원의 계획과 전략은 조직이 추구하는 목적과 전략에 맞게 소요되는 인력의 규모와 성격을 파악하고 이를 어떻게 적재적소에 충원할지를 결정한다. 모집과 선발은 인력계획에 따라 직무에 적합한 필요인력을 시험, 면접 등의 선발도구를 이용하여 선별하는 과정이다. 선발된 인력은 자신이 수행한 업무에 대한 평가를 정기적으로 받고 업무와 업무성과에 따라서 보상을 받는다. 또한 성과평가를 통해 적절한 피드백이 진행되고 업무와 성과향상을 위한 적절한 교육과 훈련을 받는다. 평가와 보상, 교육, 훈련은 주기적으로 반복하여 시행되며, 조직을 떠나는 인력에 대해서는 이직 및 퇴직관리가 진행된다. 〈그림 10-1〉은 HRM의 주요 내용을 과정별로 나타낸 것이다.

그림 10-1 인적자원관리(HRM)의 관리과정

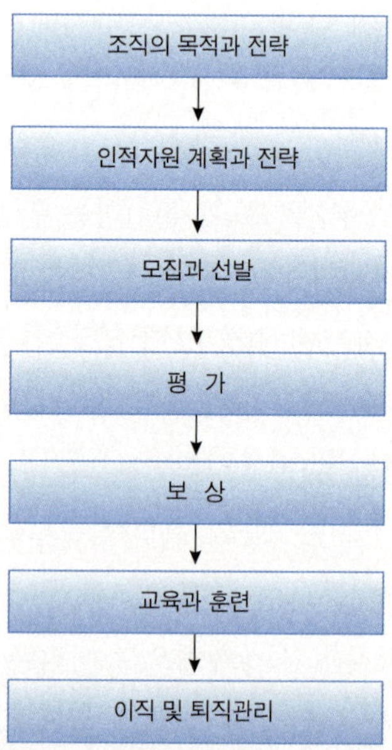

3. 인적자원관리(HRM)

(1) 인력계획

■ 인력계획의 의의

과거에는 인사부서에서 하는 일은 생산이나 판매부서에서 이직이나 퇴직으로 결원이 생기거나 조직규모의 확대로 충원의 필요성이 생기면 그때마다 현장에서 필요로 하는 인력을 선발하고 이와 관련된 급여, 복리후생, 개인의 신상정보를 관리하는 수준이었다. 그러나 HRM의 중요성이 대두되면서 보다 체계적이고 전략적인 접근이 필요하게 되었다. 인력계획은 어떤 직무에 어떤 자격과 능력을 갖춘 사람이 언제 얼마나 필요한지를 예측하고, 이들을 적시적소에 모집·선발하기 위한 계획을 수립하는 것이다. 예를 들어, 종업원의 퇴직이 예상되는 경우에는 미리 충원계획을 세우고 사람을 선발할 수 있고 과업의 수행에 차질을 초래하는 영향이 적다. 그러나 예상치 못한 이직이나 퇴직의 예측은 어려우며, 사업영역을 확대하고자 한는 경우에도 인력의 예측이 필요하다.

■ 인력계획의 수립

인력계획은 다음과 같은 단계를 거친다. 첫째, 특정한 조직의 부분에 대하여 조직의 목적이 미치는 영향을 파악한다. 조직의 목표가 정해지면 이에 따라 일의 분화가 생기고 각 부서와 구성원이 해야 할 일의 범위와 성격이 결정된다. 둘째, 조직의 목표와 이에 따라 과업이 요구하는 기술과 경험, 능력과 자질을 파악한다. 이를 위해서 직문분석이 필요하며, 이를 통해 작성한 직무기술서와 직무명세서를 토대로 필요한 자질에 맞는 인력을 파악한다. 세째, 현재의 인적구성을 평가해서 추가로 요구되는 인적자원의 규모와 성격을 정한다. 이를 위해 현재 인력의 기술과 자질 등 역량을 파악한 데이타에 따라 기존 인력을 배치할 것인지 새로운 인력을 추가로 선발할 것인지를 결정한다. 끝으로, 파악된 인적자원을 충족시킬 실천방안을 찾는다. 노동시장의 수급상황을 고려하여서 효과적인 실천방안을 찾아야 하는데, 채용과 아웃소싱, 감원, 임시직고용 등의 방법을 모두 검토한다.

■ 직무분석

직무분석(job analysis)은 인적자원계획뿐만 아니라 모집, 선발, 평가, 보상, 교육, 훈련 등 인적자원관리의 모든 부분에서 필요하다. 조직의 목표달성을 위해서 각각의 부서원들이 담당하고 책임져야 할 세부과업이 무엇인지를 파악하고 적절한 과업의 수행에 필요한 기술과 경험, 교육수준과 전문지식이 무엇인지도 알아야 한다. 이를 위해서 직무분석이 필요한데, 직무분석에는 해당 직무를 담당하는 실무자의 의견과 상위감독자의 의견을 반영해야 하며, 직무분석의 결과로 직무기술서(job description)와 직무명세서(job specification)가 작성된다. 직원마다 개인이 수행해야 하는 과

표 10-1 직무기술서와 직무명세서

구 분	직무기술서	직무명세서
개념	직무수행과 관련된 과업의 구체적 내용과 책임을 명시	직무수행에 필요한 전문지식, 기술, 능력 등의 요건을 명시
주요 내용	• 직무 및 소속직군 명칭 • 직무의 개요 및 내용 • 과업별 중요도 및 난이도 • 과업수행빈도(연, 월, 주, 일별) • 직무수행의 방법 및 절차 • 사용장비, 도구 등의 목록	• 직무 및 소속직군 명칭 • 요구되는 교육수준, 성별 • 요구되는 지식, 능력 및 기술 • 요구되는 자격사항 • 요구되는 교육 및 경력 • 작업조건을 고려한 육체적 능력

업의 구체적 내용과 책임을 명시한 것을 직무기술서라고 하며, 효과적인 직무수행에 필요한 전문지식, 기술, 능력 등의 요건을 명시한 것을 직무명세서라고 한다. 직무명세서에 따라서 적합한 자질을 가진 후보자를 찾기 때문에 직무기술서와 직무명세서는 항상 업데이트되어야 하고 현재 조직이 처한 경영환경과 목표를 반영해야 한다.

(2) 모집과 선발

오늘날 기업들은 직원의 리크루트와 선발에 많은 관심을 기울이고 있는데, 역량이 풍부한 인재를 발굴하고 선발하는 것이 조직의 발전과 직결되는 중요한 문제라는 인식때문이다. 채용 후 교육·훈련과 동기부여의 방법으로 인재의 잠재력으로 구현할 수 있지만 처음부터 좋은 인재를 영입하는 것이 최선의 방법이다. 기업이 잠재력이 풍부한 우수인재의 확보를 위해 경쟁한다. 따라서 모집(리크루트)과 선발은 조직에 적합한 인재를 찾고 영입하는 과정이다.

■ **모집(recruitment)**

모집 또는 리크루트란 기존의 직무나 새 직무를 채울자질이 우수하고 능력이 뛰어난 자격있는 많은 사람이 자신의 회사에 지원하게끔 만드는 것이다. 일정한 지원자의 풀이 형성되면 조직의 입장에서는 우수한 인재를 선발하기가 훨씬 용이해진다. 일반적인 리크루트의 방법은 지인이나 종업원의 소개와 추천, 내부공지, 캠퍼스방문, 신문광고, 인터넷광고, 직업훈련소나 에이전시, 헤드헌터를 통한 모집, 직업박람회 등이 있으며, 자사의 홈페이지와 특정의 전문구인 사이트를 널리 이용한다.

리크루트의 대상에 따라 내부와 외부를 나눌 수 있는데, 회사내부에서 리크루트하는 경우에는 이미 검증된 사람을 대상으로 하므로 지원자의 동료와 상사를 통해서 장점과 약점을 잘 파악할 수 있으며, 지원자의 과거성과에 대한 평가자료도 이용할 수 있어 개인역량을 평가하는 데 유리하다.

서비스기업이 신입사원을 뽑을 때 무엇에 초점을 둘까?

서비스기업이 성공하는 데 핵심요소 중 하나는 서비스역량이 있는 사람을 확보하는 일이다. 현장직원에겐 지식과 기술외에도 고객을 상대할 때 필수적인 요소들이 있다. 직원개인의 서비스역량을 결정하는 다음의 요소들이다. 첫째, 직원은 적어도 적당한 자긍심과 성숙함을 갖추고 고객을 상대해야 한다. 고객과의 접점에선 자신과 상대의 정서와 상황 등을 정확히 판단하는 감성지능(EQ)이 높은 직원이라야 적격이다. 둘째, 서비스직원은 상당히 높은 수준의 사교적 기술이 필요하다. 자기생각을 명확하게 표현할 수 있어야 하며 대인관계의 기본요령을 알고 고객과 우호적 관계를 만드는 언행을 실천해야 한다. 커뮤니케이션 스킬이 필요한 이유다. 셋째, 다양한 사람과의 접촉을 잘 견뎌야 한다. 심리적 부담이나 스트레스에 시달리지 않고 고객을 잘 상대할 수 있어야 한다. 강한 인성이 중요한 이유다.

감정노동을 하는 직업의 세계에선 직원자신이 행동의 도구가 된다. 감정노동자는 의도적으로 상황에 자신의 감정을 맞춰야 한다. 막무가내로 불평하는 고객에게 공감을 표하면서 끝까지 경청하는 게 힘들 수도 있지만 바로 그게 접점직원이 해야 할 일이다. 이러한 요건들은 주관적이라 측정하기 어렵다. 대부분의 서비스업종에선 필기시험이 사라졌다. 필기시험으로는 이러한 능력을 증명하기가 어렵기 때문이다. 각양각색인 이력서를 평가하고 일대일 인터뷰를 하는 것 말고도 직원채용에 효과적인 방법들은 많다. 예를 들어, 많은 기업들은 행동으로 판단하는 역할극방식의 인터뷰가 성공적이라고 말한다. 구체적인 문제를 가진 고객과 대화하는 내용의 대본을 읽어준 뒤 면접자가 고객의 역할을 맡아 지원자에게 담당직원의 입장에서 대응방법을 묻는다. 단순히 예, 아니오 식의 대답보다는 주관식의 날카로운 문제에 최대한 융통성 있게 대응하는 게 유리한다. 화가 난 고객의 테이프를 보여주고 지원자들끼리 역할극을 해보라고 주문하는 경우도 있다. 지원자는 면접자가 대본에 따라 읽어주는, 화가 난 고객의 말을 잘 들은 후 큰 소리로 대답한다. 일대일 면접을 하기전에 먼저 전화나 화상으로 역할극 시험을 보도록 함으로써 잘못하는 지원자를 사전에 걸러내는 경우도 있다. 온라인인터뷰는 면접관과 지원자의 소중한 시간과 노력을 줄여준다.

디즈니월드는 프론트직원의 채용프로세스가 유명하다. 먼저 관심이 있는 사람들에게 비디오를 한 편 보여주고 난 후에 지원서를 받는다. 이 비디오는 회사와 그 회사에서 일할 사람의 '궁합'을 자세히 설명해 준다. 디즈니는 이 비디오를 보고 약 10~15%의 지원자가 디즈니지원을 포기하기 때문에 시간과 비용이 절감된다고 말한다. 모든 선발시스템은 심리적 강인함과 스트레스속에서도 일할 수 있는 능력이 있는지를 판단한다. 친밀하게 고객을 접해야 하는 업무일수록 스트레스를 이겨낼 수 있는 대인능력이 필요하기 때문이다. 이런 점에선 방학동안 편의점이나 식당에서 아르바이트했던 작은 경험이 소중한 평가지표가 될 수 있다. 특히 대면서비스를 수행한 경험기간이 길수록 면접에서 좋은 점수를 받을 가능성이 많다. 아무리 지적능력이 뛰어난 지원자라고 해도 불만에 찬 고객을 상대하는 것은 전혀 다른 일이기 때문이다.

내부리크루트는 구성원들에게 진급에 대한 동기부여를 제공하고 스스로의 능력을 향상시킬 수 있는 반면, 조직에 새로운 바람을 불어넣기에는 적합하지 않은 단점이 있다. 월트디즈니사의 경우, 주로 내부조직원들을 우선적으로 모집한다. 반면에 외부에서 리크루트하는 경우에는 내부에서보다 비교적 다양하고 많은 지원자의 풀을 형성할 수 있고 새로운 시각과 분위기를 조직에 불어넣을 수 있으나 지원자의 능력과 잠재력을 검증하는 데는 한계가 있는데, 활용할 수 있는 정보가 입사지원서, 이력서 등으로 한정되기 때문이다. 외부에서의 리크루트방법은 광고, 리크루트회사, 캠퍼스리크루팅, 인터넷리크루팅, 추천 등이 있다. 보다 양질의 지원자를 확보하기 위하여 보상과 경력개발에 강조점을 두고 리크루트를 하거나 기업의 명성에 의존하는 경우도 있다.

■ 선발

선발(selection)의 목적은 모집한 지원자중에서 성공적으로 과업을 수행하고 성과를 높일 수 있는 역량을 갖춘 인재를 뽑는 것이다. 효과적인 선발을 위해서는 직무분석, 인적자원계획과 적절한 모집이 선행되어야 한다. 선발의 목적은 조직과 직무에서 기대하는 성과를 발휘하는 적절한 능력을 가진 사람을 선발하는 것이다.

일반적으로 선발에 사용되는 도구는 직무적성검사, 심리검사, 성격검사, 면접, 직무시뮬레이션, 토론, 직무관련시험 등이 있다. 이 가운데 면접은 가장 많이 쓰는 선발도구중에 하나로서 지원자의 성향 등을 파악하고 지원서에 적힌 내용을 확인하거나 추가로 설명을 들으며 직무와 지원자의 성향과 능력의 적합성 여부를 판단한다. 면접은 신입사원채용에서 가장 손쉽고 중요한 선발방법이다.

(3) 유지관리

유지관리란 확보된 인적자원을 대상으로 교육과 훈련을 통해 역량을 제고시켜 업무를 부여하고 업무성과에 따라 보상하는 한편, 그들이 능력을 계속 유지하고 회사에 남아 있도록 정신적 안정감과 경제적 보상을 하는 것을 말한다. 서비스기업의 인적자원에 대한 유지관리의 핵심은 인력배치이며 다음과 같은 문제를 주로 다룬다.

■ 적재적소의 인력배치

적재적소의 배치는 일과 사람의 최적결합을 결정하는 일이다. 인력의 효과적인 활용을 위해서는 직무분석을 통해 파악된 업무수행의 자격을 정하고 이에 적합한 인력을 배치해야 한다.

■ 잠재능력 개발

사람을 특정 업무에 배치하는 것은 그 사람의 지식이나 기술을 획득하는 경로를 결정한다. 직원의 배치는 인적자원의 업무능력을 결정할뿐 아니라 직업에 대한 효능감과 만족도 등을 좌우하므로 장기적인 경력개발을 통해 잠재능력이 구현되도록 배치해야 한다.

■ 비공식집단의 활용

인력의 배치는 기업내부의 비공식집단활동에도 영향을 미친다. 직원의 동기부여와 업무성과는 상사, 동료, 부하의 공식적 관계뿐 아니라 함께 일하는 동료나 준거집단 등과 형성된 유대감을 공유하는 비공식집단에 의해서도 영향을 받는다. 조직에 대한 긍정적 감정이 비공식집단내에서 공유될 경우 업무에 긍정적인 효과를 미치게 된다.

인적자원의 유지관리는 경기변동과 시장환경, 회사의 정책변화 등으로 부문별로 인력규모와 자격요건이 수시로 변하기 때문에 사직, 해고, 명예퇴직 등의 상황에 직면하기도 한다. 이직의 관리는 장기적인 인력수급의 균형을 고려해 인력의 충원과 함께 고려해야 하며, 자발적 의지에 의한 사직, 강제해고, 계약의 만료에 따른 퇴직 등도 대상이 된다.

(4) 성과평가

■ 성과평가의 목적과 기능

성과평가는 구성원이 주어진 직무와 조직의 성과목표를 어느 정도 달성하였는가에 대한 평가다. 성과평가는 조직구성원의 보상과 승진, 해고 등에 사용된다. 성과평가를 기초로 보상의 수준을 정하고 승진여부와 전직, 해고 등의 자료로 이용되며, 교육과 훈련, 배치에도 활용된다. 평가항목과 배경, 절차를 어떻게 정하는가에 따라 성과평가의 결과와 구성원들의 동기부여, 조직의 전체성과가 달라지므로 성과평가는 조직의 목적과 일치해야 한다.

성과평가는 정확하고 공정해야 한다. 공정하지 못한 성과평가는 구성원들 사이에 갈등을 야기하고 조직에 몰입하지 않게 만들며 동기부여를 불러 일으키지 못한다. 조직에서의 성과평가는 개인의 성과가 정해진 기간안에 명확하게 드러나는 일부직무를 제외하고는 대부분은 정확하게 평가하기 어렵다. 과업이 단절되어 있지 않고 이어져 있고 여러 사람의 노력과 협력을 필요로 하는 경우가 많기 때문에 조직에서 개개인의 성과를 명확하게 정의하고 객관적으로 평가해야 한다.

■ 성과평가의 요소와 방법

평가의 목적이 분명할수록 성과평가의 객관성이 확보되고 지속가능하다. 평가를 위해서는 업무수행에 필요한 구체적인 능력과 기술들이 항목별로 제시되고 이러한 요소들은 측정가능해야 한다. 측정도구의 스케일도 평가목적에 부합해야 하며, 가능하면 자기평가의 항목이 있는 것이 좋다. 성과에 대한 상사나 동료의 피드백이 구체적으로 전달될수록 향후의 성과향상에 도움이 된다. 기업에서 널리 이용되는 성과평가방법으로는 목표설정방법(MBO), 다면평가법, 에세이법, 중요사건법, 행동기준평가법(BARS), 강제할당법, 서열법 등이 있다.[6] 사무직과 전문직에서 가장 많이 쓰이는 MBO는 연초나 분기초에 각자가 자신의 성과목표를 명확히 스스로 설정하고 기술하여 이런 목표를 어떻게 달성할 것인가에 대한 실행계획을 만든다. 이때 설정되는 목표는 구체적이고 달성 가능하며 적당하게 도전적인 목표가 좋고 목표는 계량화할 수 있거나 객관적인 측정이 가능해야 한다. 평가시점에서는 자신이 앞서 제시한 성과목표를 어느 정도 달성하였는지를 평가확인하고 이에 대한 피드백을 상사로부터 제시받는다.

다면평가법은 피평가자를 관찰할 수 있는 위치에 있는 여러 사람들의 평가를 종합하여 평가하는 방법이다. 전통적인 평가방법은 주로 상사에 의한 평가에 의존하지만 다면평가에서는 상사뿐만 아니라 동료, 부하, 거래선, 고객 등 다양한 측면에서 피평가자의 과업수행을 평가할 수 있는 사람들이 평가함으로써 보다 객관적이고 종합적인 측면의 성과피드백을 받을 수 있다. 행동기준법은 성과와 관련해 적절한 행동에서부터 부적절한 행동까지 행동의 구체적인 사례를 적시하고 피평가자가 이런 행동을 보였으면 해당 항목에 대해서 체크하는 방식으로 평가를 하는데, 직무를 구성하는 다양한 과업의 행동사례를 구체적으로 제시하고 평가자가 체크하도록 함으로써 평가가 용이하게 하고 타당성을 높인다. 중요사건법은 일상의 과업행동중 적절하거나 부적절하다고 생각되는 피평가자의 행동을 기술하여 평가의 자료로 활용하는 방식이다. 에세이법은 피평가자의 장점, 약점 등을 일지형식으로 기록하여 평가자료로 활용하며, 강제할당법은 몇몇의 항목을 제시하고 피평가자의 행동을 가장 잘 보여주는 순서대로 항목의 등수를 매겨서 평가하는 방법이다. 서열법은 여러 명의 피평가자가 존재할 때 상대적 등수를 매기는 방식이다.

(5) 보 상

종업원은 자신의 일의 수행과 성과의 결과로 보상을 받는다. 적절한 보상은 조직구성원의 동기를 부여하고 성과향상을 유도하며 이직을 줄이고 더욱 조직에 몰입하게 만든다. 보상을 통해 구성원은 회사가 자신에 대한 태도와 평가를 확인할 수 있다.

▪ 보상의 종류와 고려요소

보상에는 크게 내재적 보상과 외재적 보상이 있다. 내재적 보상은 직무만족, 성취감, 보람, 인정, 성장감, 자부심 등과 같이 행위자가 스스로 느끼는 심리적인 보상이다. 외재적 보상은 연봉의 인상, 승급, 승진, 후생복리와 같이 조직으로부터 부여받는 것이다. 합리적인 조직관리를 위해서는 외재적 보상뿐만 아니라 구성원의 내재적인 보상에도 관심을 기울여야 하고, 성취감과 보람을 느낄 수 있도록 직무를 설계하고 권한과 책임을 부여해야 한다.

성공적인 보상이 되기 위해서 조직은 구성원이 무엇을 가치있는 보상으로 지각하는지를 파악할 필요가 있다. 자신의 노력이 조직으로부터 인정받지 못해 회사를 떠날 수도 있으며, 상사와 부하로부터 신뢰와 존경, 인정을 받고 성취감을 느끼는 것이 연봉 등의 경제적 보상 못지않게 중요하다고 느끼는 경우도 있다. 따라서 구성원의 시각에서 만족감을 느낄만한 심리적인 보상도 제공해야 한다. 내재적인 보상의 방법으로 직무확대, 직무다양화, 전환배치 등의 프로그램을 통해도 구성원의 성취동기와 만족을 고취할 수 있다.

보상의 가장 중요한 기준은 공정성이다. 공정성에는 같은 회사내에서 비슷한 직무를 수행하는 종업원들과 비교하는 내적공정성이 있고 회사밖의 동종 업종의 다른 회사의 직원과 비교하는 외적공정성이 있다. 회사안에서 비슷한 일을 하는 다른 사람에 비교해서 자신의 보상이 적다고 지각이 되면 그 사람은 조직에 대해서 불만을 느끼게 되며, 회사밖의 사람들과 비교해서 낮은 보상을 받고 있다고 느끼면 이직을 생각할 수도 있다. 성공적인 보상시스템이 되기 위해서는 내적공정성과 외적공정성을 다 고려해야 하고 이를 충족해야 한다.

■ 보상의 형태

보상의 가장 기본적인 형태는 급여이며, 성과에 대한 보상은 기본적인 급여와 각종 보너스, 인센티브, 후생복리 등으로 구성된다. 기본급여는 월급 또는 일당의 형태로 지급된다. 급여는 개인이 조직에서 담당하고 있는 직무의 가치를 따져서 지급하는 직무급과 개인이 가진 기술에 따라서 지급하는 직능급, 개인의 자질과 능력에 따라 지급하는 능력급, 개인이 조직에서 근무한 연수에 따라 결정하는 연공급, 개인의 성과에 따라 지급하는 성과급 등이 있다.

회사에서 경비원이 하는 일과 연구개발부서에서 하는 직무의 성격이 다르고 조직의 목적을 달성하는데 공헌하는 정도가 다르므로 각각의 직무가치를 평가, 분석하여 직무의 상대적 가치에 따라 차등적으로 지급하는 급여방식이 직무급이다. 직능급은 개인이 직무를 수행하기 위해서 습득한 기술과 기능의 수준, 수, 직무관련지식의 범위, 숙련도 등을 고려해서 결정한다. 직원은 보다 많은 직무관련기술을 익히고 배움으로써 급여를 올리는데 회사의 입장에서는 인적자원활용의 유연성을 높이고 생산성을 향상시킬 수 있다. 능력급은 직무를 효과적으로 수행하기 위해서 필요한 여러 자질과 능력에 따라 보상한다. 예를 들어, 재무담당자는 재무와 회계자료정리능력, 데이터분석능력, 정확한 판단력, 의사소통능력, 성실성과 신뢰성 등의 능력이 과업의 수행에 필요할 것이다. 해당 재무부서 담당자들은 이런 자질을 얼마나 가지고 있으며 업무수행에서 얼마나 잘 발현되느냐에 따라 보상받게 된다. 연공급은 조직에서 근무한 연수에 따라 차등적으로 지급되는데 근무기간이 늘어날수록 보상도 증가한다. 성과급은 수행한 과업의 결과에 따라서 지급되는데 보험판매직이나 자동차판매직의 경우에는 성과에 대한 정의가 비교적 명확하고, 판매한 실적이 개인별로 귀속됨으로 적용하기가 용이하다. 최고경영자(CEO)의 경우에는 기업의 성과지표에 따라 연봉으로 결정되며, 종종 장기적 성과향상을 위한 인센티브로 스톡옵션[7]을 제공받기도 한다. 복리후생은 모든 임직원을 대상으로 급여외에 제공되는 혜택을 말한다. 여기에는 모든 사업장에 의무적으로 적용되는 국민연금, 건강보험, 고용보험 및 산재보험 등 4대 보험을 비롯하여 회사별로 휴가, 경조사, 차량과 식대, 동아리활동과 자기계발, 장학금, 육아지원프로그램 등이 포함된다.

(6) 교육 · 훈련

좋은 인재를 선발하는 것도 중요하지만 선발한 인재들을 교육하고 훈련시키는 것도 중요하다. 기업을 둘러싼 경영환경이 급변하고 끊임없이 신기술과 지식이 쏟아져 나오는 환경에서는 학습하지 않는 조직은 쉽게 도태되고 만다. 기업에서 실시하는 교육훈련은 성과향상, 신입사원 오리엔테이션, 자기개발, 성희롱과 재해예방, 안전교육, 리더십향상, 동기부여, 직무지식과 기술의 습득, 고객관련교육, 팀빌딩, 다양성의 이해, 문제해결능력의 제고 등 다양하다. 효과적인 교육훈련을 위해서는 먼저 학습이 필요한 분야마다 요구되는 교육훈련의 수준과 내용은 수요조사를 통해 파악해야 한다. 그리고 설문, 인터뷰, 관찰 등을 통한 수요조사로 해당 업무에서 새롭게 필요로 하는 기술과 지식, 훈련을 파악한 후에 교육훈련의 목표를 구체적으로 정해야 한다.

교육훈련의 방법은 업무상 수행하는 교육훈련과 업무외적으로 수행하는 교육훈련이 있다. 특히 업무에서 상사나 동료로부터 받는 교육을 OJT(On-the-Job Training)이라고 하는데, 선배나 상사는 업무를 수행하는 방법에 대해서 시범을 보이고 피교육자가 직접 업무를 수행함으로써 학습토록 한다. OJT는 일선에서 가장 많이 활용되는 교육훈련기법으로 별도의 시간과 장소를 필요로 하지 않는 장점이 있으나 교육을 담당하는 상급자에 따라 교육의 내용이 달라질 수 있는 단점이 있다. 업무와 별도로 이루어지는 교육훈련방식으로는 별도의 장소에서 행해지는 각종 강의와 실습, 단체워크숍 등이 있다. 강의는 단시간에 많은 인원을 적은 비용으로 교육시킬 수 있지만 학습의 효과에 대한 피드백이 필요하다. 효과적인 교육훈련을 위해서는 내용이 직무분석의 내용과 일치해야 하고 장소와 시기가 적절해야 하며 흥미와 동기를 유발하는 교육방법이 적용되어야 한다.

4. 서비스기업의 HRM

서비스기업은 마케팅과 운영, 인적자원이 상호 유기적으로 작동해야 하므로 고객을 상대하는 기업은 실제로 '야전공장'에 비유된다.[8] 고객은 서비스가 필요할 때마다 공장에 출입하는 셈이며, 고객이 생산에 적극적으로 개입하는 경우가 많고 서비스산출물이 생산되자마자 소비되므로 고객접촉이 많은 서비스일수록 인적자원의 역량과 책임감은 경쟁력을 결정하는데 중요한 요소가 된다.

그림 10-2 인적자원과 마케팅, 운영관리의 통합

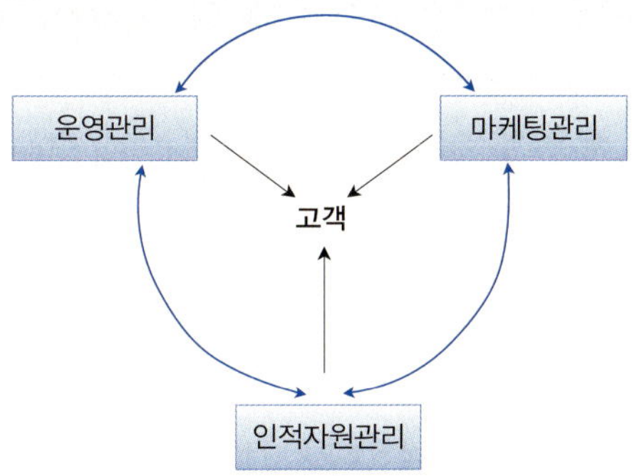

자료 : Vochen Wirtz, Patrica Chew, Christopher Lovelock, *Service Marketing*, 2th ed. Pearson Education, 2012, p.480.

〈그림 10-2〉는 서비스기업의 인적자원관리가 마케팅과 운영관리와 함께 고객에 초점을 둔 통합 구조로 구성되어 있음을 나타내고 있다.

(1) 서비스직원의 기본요건

원활한 서비스제공을 위해서는 이를 수행할 수 있는 인적자원이 먼저 확보되어야 한다. 서비스직원은 업무지식과 기술적 측면 외에도 고객을 상대하는 데 몇 가지 요건을 갖추어야 한다.[9] 첫째, 서비스직원은 업무수행에 대한 자긍심과 성숙함을 갖추어야 한다. 기분이 항상 우울하거나 자신의 인생과 환경에 대해 불만이 많은 사람은 고객을 관대하고 친절하게 대하기 어렵다. 둘째, 서비스직원은 상당히 높은 수준의 사교적 기술이 필요하다. 자신의 생각을 명확하게 표현할 수 있어야 하며 대인관계의 기본규칙을 잘 알고 고객과 좋은 관계를 만들고 유지하는데 필요한 말과 행동을 할 수 있어야 한다. 셋째, 사람과의 접촉을 잘 견뎌야 한다. 심리적 부담이나 스트레스를 느끼지 않고 여러 상황에서 고객을 응대할 수 있어야 한다. 이러한 주관적 역량은 측정하기 어려우므로 인력계획과 선발단계에서 충분히 고려해야 한다.

(2) HRM의 유형

서비스는 서비스제공자의 고객접촉도와 노동집약도에 따라 프로세스의 유형이 〈표 10-2〉와 같이 네 가지로 구분된다.[10]

- **서비스숍**(Service shop) : 노동집중도는 낮지만 고객과의 상호작용과 개별화의 정도가 높은 경우에 해당된다. 이는 제조업에서 개별화의 정도가 높은 프로세스를 공정중심의 작업장(job

표 10-2 서비스 프로세스의 유형

		고객과의 상호작용/개별화	
		낮음	높음
노동 집중도	낮음	서비스 팩토리(Service Facctory) 예) 운송업, 호텔, 리조트	서비스숍(Service Shop) 예) 병원, 수리 센터
	높음	대중서비스(Mass Service) 예) 소매 금융업, 학교 등	전문서비스(Prolessional Service) 예) 전문의, 변호사, 컨설턴트

자료 : Schmenner, R. W. *Service Operations Management*, Prentice-Hall, Englewood Cliffs, NJ, 1995. p.11

shop)이라고 부르는 것과 같다. 병원, 자동차 등의 수리센터가 이 유형에 속한다.

- **서비스팩토리**(Service factory) : 노동의 집중도가 낮고 고객과의 상호작용이나 개별화도 낮은 경우에 해당된다. 대부분 운송업이나 호텔, 리조트 등이 이 유형에 속한다.
- **대중서비스**(Mass service) : 노동의 집중도가 높고 고객과의 상화작용이나 개별화의 정도는 낮은 경우에 해당된다. 소매금융업, 학교, 대형유통업 등이 이 유형에 속한다.
- **전문서비스**(Professional service) : 시설이나 장비에 의존하는 것과 달리 노동의존도가 높고 고객과의 상호작용이나 개별화가 높은 경우에 해당된다. 전문의사, 변호사, 컨설턴트, 건축가 등의 서비스가 이 유형에 속한다.

서비스기업은 이와 같은 서비스업무의 특성을 각각 직원의 리크루트와 선발, 교육훈련, 통제와 보상 등에 반영하고, 다음과 같이 적절한 관리방식을 적용해야 한다.[11)]

■ 방임형(Professional style)

의사와 회계사 등의 전문서비스 담당자뿐 아니라 기업의 임원, 서비스기획자 및 교육훈련 담당자에게는 전문가 특성을 고려한 방임형의 HRM방식이 적용된다. 고객에 대한 서비스의 개별화정도가 높고 전문성이 요구되며 서비스전달자의 업무재량권이 높기 때문에 인적자원에 대한 모집과 선발과정이 까다로우며, 채용이후에도 별도의 교육훈련프로그램이 필요한 경우도 있다. 서비스 프로세스에서 단일의 패러다임이 없기 때문에 고객만족의 수준으로 성과를 평가한다. 직원에 대한 리더십과 도덕성이 요구되며 인구통계적 특성을 고려하여 인적자원을 구성하는 경향이 있다.

■ 참여형(Participative style)

서비스의 표준화 정도가 높고 내부통제가 용이한 대형매장이나 학교 등의 대중서비스를 수행하는 직원에 대해 효과적인 인적자원관리방식이다. 서비스제공을 위한 매뉴얼이 제공되므로 서비스직원의 재량권은 상대적으로 적으며 서비스접점 직원의 채용에는 태도와 인성 등이 중요시되며 기

그림 10-3 서비스특성에 의한 HRM 유형(style)

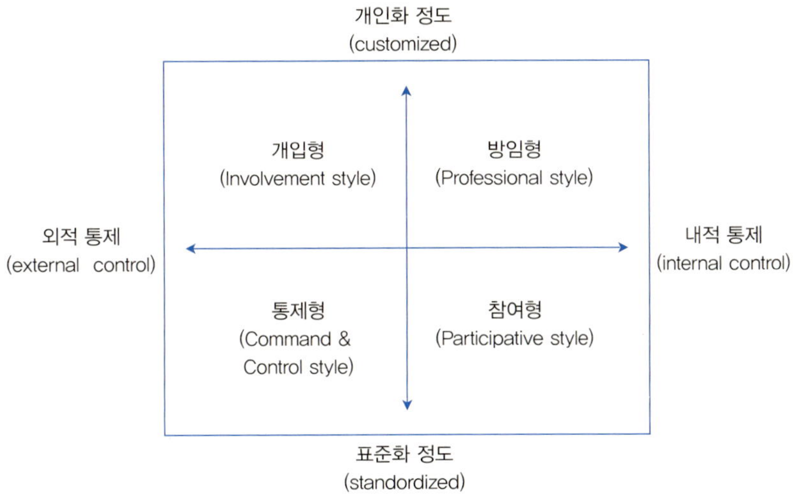

자료 : Conrad Lashley, "Matching the management of human resources to service operations", *International Journal of Contemporary Hospitality Management*, Oct. 1998, p.28.

존직원의 추천으로 리크루트하는 경우가 많다. 채용후 훈련은 스킬중심으로 구성되며 업무성과는 팀별 상대적 비교나 고객의 칭송과 불만건수 등 객관적 지료로 평가한다. 대중적 서비스에서는 현장직원의 소속감과 조직의 참여도가 서비스품질을 좌우함으로 팀워크중심으로 인적자원을 관리하는 방식이다.

■ **통제형(Command and Control style)**

서비스의 표준화 정도가 높고 외부적인 통제가 비교적 용이한 호텔이나 항공사 등의 서비스팩토리 유형에서 효과적인 인적자원관리방식이다. 고객경험을 통해 서비스매뉴얼이 표준화되어 있어 서비스 프로세스에 대한 감독이 용이하며, 고객의 칭송과 불만에 대해 명확한 기준이 마련되어 있는 반면, 접점직원의 재량권은 제한적으로만 허용된다. 직원의 리크루트와 선발, 평가 등이 비교적 단순하여 스크립트형식으로 이루어지며, 성과의 평가는 객관적 지표에 의해 가능하다.

■ **개입형(Involvement style)**

고객에 대한 서비스가 개별적으로 제공되고 서비스 프로세스에 대한 통제가 비교적 용이한 병원, 자동차정비 등의 서비스숍의 유형에서 효과적인 인적자원관리방식이다. 서비스에는 무형적 요소가 많으나 이를 유형적 요소로 표준화함으로써 서비스직원은 고객경험의 표준에 충실할 수 있다. 직원의 재량권은 제한적으로 허용되며 접점에서 고객과 상호작용하는 역량과 성과가 채용과 성과평가에서 중요하다. 관리자는 도덕성과 직원에 대한 리더십이 중요한 평가요소가 된다.

5. 조직문화

(1) 조직문화란?

조직의 내부에 보편적으로 존재하는 고유의 사고(思考)와 행동양식으로서 조직내의 구성원들 대다수가 공유하는 신념 · 가치관 · 인지(認知) · 행위규범 · 행동양식 등을 총칭한다. 조직문화는 조직이 대외적 환경에 적응하고 내부적으로 통합화하는 과정에서 생기는 다양한 문제들을 해결하는 과정에서 모색되고 개발되어 장기적으로 형성된다. 문화는 구성원들의 공통된 경험을 바탕으로 하여 이루어진 것이므로 조직이라는 하나의 공동체를 결속시켜 주고 구성원들이 일체감과 조직에 대한 충성심을 갖도록 한다.

조직구성원의 행동과 의사결정은 조직구성원 간의 관계에 영향을 미치는 조직의 분위기나 환경에 영향을 받으며, 경영자의 행동이나 가치에도 직접적인 영향을 받는다. 조직문화는 회사내에 존재하는 전통, 관습을 의미하는 것으로 주로 핵심가치로 대표되기도 하며 경쟁력의 중요한 요소이므로 기업경영의 효과성을 측정할 때 중요한 요소가 된다.

(2) 서비스기업의 조직문화

서비스기업의 경영에 있어서 가장 중요한 것은 회사가 공유하는 가치와 규범, 믿음, 철학 등이다. 조직의 문화가 고객을 섬긴다는 목적을 향해 분명하고 의식적으로 집중되어 있어야 고객이 만족하는 품질의 서비스를 제공하고 평판을 지속할 수 있다. 구성원들이 알 수 있는 객관적인 서비스표준, 효율적인 피드백시스템, 잘 정의된 서비스패키지, 훌륭한 전달시스템, 적정한 교육 · 훈련, 그리고 경영관리능력이 강한 조직문화형성에 중요하다. 서비스접점에서 고객요구를 책임지는 담당직원의 직감은 조직의 문화에 깔려있는 믿음에 충실하게 된다. 알브레히트와 젬키는 이에 대해 "문화는 자산이다. 공유된 믿음이 커뮤니케이션을 쉽고 경제적으로 만들어주며 공유된 가치가 강한협력과 헌신을 유발하기 때문이다. 이것은 매우 효율적이다. 문화는 공유된 가치와 믿음이 조직과 그 구성원, 다른 관계자의 요구를 따라가지 못할 때 부담이 된다."라고 강조한다.[12)]

제2절 서비스직원

1. 접점은 왜 서비스 경쟁력인가?

(1) 일류의 고객서비스가 어려운 이유

서비스접점의 직원은 서비스기업의 경쟁력을 결정하는 핵심요소다. 일류 고객서비스가 드문이유는 직원이나 기업에 두 가지를 요구하기 때문인데, 하나는 '돈을 쓰는 것'이고 다른 하나는 '실제 행동을 취하는 것'이다.[13] 고객서비스의 중요성에 대해서는 공감하지만 실제로 최고의 고객서비스를 위해서는 무엇을 해야할지 모르는 경우가 많다. 고객서비스를 위해서는 좋은 태도, 좋은 인성을 갖추는 것 이상을 조건이 필요하다. 일류 고객서비스를 제공하기 위해서는 먼저 서비스기술과 함께 고객서비스를 진단하여 현재 상태가 고객의 욕구를 충족시키고 있는가를 판단해야 한다. 고객의 욕구는 항상 변한다. 변하는 것은 사람들 뿐만이 아니라 고객과 기업을 둘러싼 환경도 변한다. 고객관련규정이 수년전에 만들어졌거나 고객이 바뀌었다면 고객욕구에 맞는 새로운 규정을 개발해야 한다.

(2) 진실의 순간 ; "마지막 4피트"

서비스품질은 접점을 담당하는 직원의 역량에 따라 최종적으로 결정되므로 고객과 직접 소통하는 접점직원이 최대한 역량을 발휘할 수 있도록 하는 것이 중요하다. 알브레히트와 젬케는 판매사원교육전문가의 경험을 통해 진실의 순간에 발휘되는 서비스직원의 중요성을 다음과 같이 비유한다.[14] "모든 서비스 비즈니스에 있어서 판매에 가장 영향을 많이 미치는 요소는 바로 마지막 4피트"라고 말한다. 매장에 들른 고객이 서비스가 광고와는 다르다고 생각하는 순간 막대한 광고비는 증발해버린다. "광고의 목적은 고객을 가게문 입구까지 데리고 오는 것이다. 그 이후 광고는 더 이상 당신을 위해 해줄 게 없다. 마지막 4피트를 담당하는 것은 바로 가게에서 일하는 점원들이다." 이는 판매나 서비스직원이 고객의 진정한 요구와 관심을 능숙하게 처리하지 못해 그 기회를 놓치는 것을 의미한다. 판매사원은 다른 업종의 종사자에 비해 상대적으로 공식적 교육수준이 낮기 때문에 대부분 경험을 통해 판매요령을 터득해야 한다. 오랜 근무경력으로 상품, 가격, 기타 판매조건 등에 익숙하지만 서비스철학과 기법을 학습할 기회는 적다. 단순한 광고보다 서비스접점의 기

아슬아슬한 사건이 당신의 성패를 좌우한다

바쁘고 사람이 북적대는 식당에서 고객이 종업원에게 "제가 시간이 별로 없는데요."라고 말하자 그 직원은 "좀 기다리시지요. 전 가능한 한 빨리 일하고 있습니다. 손님 눈에도 보이듯이 손님보다 먼저 오신분들이 많습니다."라고 퉁명스럽게 대답한다. 고객과 종업원 사이에는 결국 따뜻함이나 유머가 사라져버리고 조용하고 냉정하며 형식적인 거래만이 남는다. 이때가 바로 아슬아슬한 순간이다. 진실의 순간이 악화된 것이다. 종업원이 아직도 곁에 있다면 손님은 "그러면 가장 빨리되는 음식이 뭐죠?"라고 물어본다. 비난할 생각이 전혀없는 고객은 단지 자신의 특별한 요구를 전달하려고만 한다. 그는 결국 '다른 곳으로 갈걸. 다음에는 꼭 그래야지'하고 마음먹는다. 이 에피소드는 어느 누구도 꼭 옳고 그르다고 따질 수는 없지만 상황은 이미 엎질러진 물이다. 결국 패자는 식당서비스이다. 그 고객은 다시 찾아오지 않을 것이기 때문이다. 이와 같은 진실의 순간은 비즈니스에 큰 영향을 미칠 수 있다.

▸ Albrecht Karl and Ron Zemke, *Service America in the New Economy*(2002) 중에서

술개발이 오히려 전체매출과 이익을 증대시킬 수 있다.

2. 서비스담당자의 임파워먼트

(1) 임파워먼트(empowerment)란?

고객서비스에서 임파워먼트란 고객의 니즈에 맞추고 문제발생 시 신속한 대응을 위해 서비스담당자에게 고객을 도울 수 있는 범위를 스스로 결정할 수 있도록 재량권을 부여하는 것이다. 서비스 접점에서는 회사규정에 예시되어 있지 않은 상황이나 고객과 종종 직면할 수 있는데, 재량권을 가진 담당자는 고객요구의 수용여부나 고객을 도울 수 있는 의사결정을 신속하게 할 수 있다. 예를 들어, 고객이 어떤 문의를 위해 회사와 접촉하려는 경우, 고객들은 전화를 받는 담당자에게 상황을 설명한다. 재량권을 가진 담당자는 위임받은 권한으로 자신이 판단하여 결정을 내릴 수 있지만, 담당자가 상급자에게 문제를 설명하고 허락을 받는 동안 고객을 기다리게 한다면 모두 손해를 보게 된다. 고객은 기다려야 하고 상급자에게 똑같은 내용을 되풀이해서 설명해야 하는 담당자는 무력감을 느끼게 되며 그들의 고유업무에서 제외되는 동안 상사는 잘 모르는 고객의 성급한 설명을 다시 들어야 한다. 고객서비스 담당자에 대한 재량권부여는 이러한 상황을 줄여준다. 현장직원에게 상황에 따라 의사결정의 재량권을 부여하는 것이 '임파워먼트'의 핵심이다.

(2) 효과적인 임파워먼트

재량권에는 서비스기업의 철학과 목표를 공유하는 기업문화가 형성되어 있어야 한다. 기업의 문화는 내부적으로 공유되는 가치와 믿음, 규범으로 구성된다. 재량권이 허용되는 문화에서는 서비스담당자는 자신의 권한과 문제해결안의 범위가 어느 정도인지 알고 있으며, 상사는 이를 지지하게 된다. 이를 위해 조직의 미션과 목표를 명시한 공식적인 문서가 마련되고 이를 구성원들이 쉽게 볼 수 있도록 공시해야 한다. 기업이 추구하는 목표와 이를 달성하기 위한 수단이 미션으로 표현되어야 재량권이 효과적으로 발휘될 수 있다. 수많은 고객과 접촉하는 서비스담당자는 가장 많은 고객의 질문과 문제에 대한 해결책이 무엇인지 알고 있으므로 재량권부여는 문제해결의 기회도 된다. 고객서비스 담당자가 일상적인 문제를 스스로 처리할 수 있는 재량권을 갖게 되면 특별한 문제를 다루는 데 더 많은 시간을 할애할 수 있고 고객에게 더 봉사할 수 있으며 담당자의 재량권을 강화하면 상급자는 고객문제에 소비하는 시간을 절약할 수 있다.

(3) 서비스담당자에 대한 임파워먼트 단계

서비스담당자에 대한 재량권부여는 가이드라인을 만들고 직원을 훈련시키고 결과를 받아들이고 긍정적인 결과에 보상하는 등의 단계가 필요하다. 임파워먼트가 효과를 거두기 위해서는 다음의 조건이 충족되어야 한다.[15)]

- **서비스목표** : 달성하고자 하는 서비스의 모습을 시각적으로 제시하여 회사가 추구하는 목표가 직원들에게 어떤 이익을 줄 것인지를 인상적으로 보여준다.
- **재량권범위** : 서비스담당자 스스로 재량권의 범위를 결정하여 자신의 선택에 대한 책임과 결과의 피드백을 받는다. 단, 직원이 실수에 대해 처벌보다는 개선을 유도한다.
- **보상** : 재량권부여의 긍정적인 결과를 인정하고 보상함으로써 담당자가 재량권을 통해 회사에 기여할 수 있는 동기를 부여한다.
- **장기적 성과** : 재량권의 발휘는 단기적으로 성과가 나타나기 어려우므로 장기적인 관점에서 성과를 평가해야 한다.

(4) 서비스 공동생산

■ 공동생산과 자기자족

고객서비스에서 재량권을 활용하는 방법 가운데 하나는 고객에게도 재량권을 주는 것이다. 공동생산이란 고객자신이 받게 될 서비스일부에 참여하고 노력을 제공하는 것으로서 고객은 서비스과정에 참여하기를 원하고 그 일을 즐길수도 있다. 따라서 서비스시스템은 고객의 서비스참여를 허용하고 장려하도록 설계되어야 한다. 다른 조건이 동일하다면, 고객서비스시스템은 고객이 많이 참여할수록 더 효율적이다.[16] 공동생산은 고객의 자기자족의 개념을 반영한다. 자기자족의 욕구는 고객 스스로 니즈를 충족시키기 위해 서비스현장의 시스템을 사용하여 문제를 해결할 때 충족된다. 공동생산과 고객자기자족 간에는 차이가 있다. 공동생산은 병원에서 검진순서를 기다리는 동안 문진을 작성하는 것과 같이 특정시간에 발생하는 데 비해 자기자족은 언제 어디서나 고객이 원할 때 가능하므로 고객에게 또 다른 독립감을 제공해 준다. 예를 들어, 어떤 가전제품을 사용하려는 고객은 매뉴얼을 찾는것보다 인터넷에서 정보를 탐색할 수 있다. 오늘날 일부기업들은 더 이상 보증서나 사용설명서를 첨부하는 대신 제품을 구매할 때 고객이 온라인에 접속해 구매한 제품에 대한 정보를 등록하여 원하는 정보를 쉽게 얻도록 하고 있다. 고객이 원하는 시간과 장소에서 긍정적인 고객서비스 경험을 할 수 있을 때 고객의 만족도는 더 높아진다.

■ 공동생산의 활용

공동생산이 효과적인 이유는 첫째, 고객이 참여할 때 그들이 일종의 주인의식을 갖기 때문이다. 즉, 고객은 서비스의 성공에 공헌하는 느낌이 들게 된다. 둘째, 고객은 서비스경험뿐만 아니라 무력하게 기다리기 보다는 스스로 역할을 수행하고 있다고 인식하기 때문이다. 셋째, 서비스담당자는 업무와 책임을 공유한 누군가가 있다는 생각 때문에 업무를 수행하는 데 부담이 줄어든다.

공동생산은 고객에게 모든 일을 하도록 맡기는 것이 아니라 고객과 파트너십을 창출하는 과정이다. 그러나 공동생산이 모든 고객이나 모든 고객서비스 상황에 적절한 것은 아니며, 상류층고객을 위한 환경에서는 고객이 서비스에 직접 참여하기를 기대하기는 어렵다. 이러한 유형의 고객은 자신들이 그 가격을 충분히 지불하기 때문에 서비스를 제공받아야 한다고 인식한다. 다음의 예는 서비스접점에서 고객을 공동생산자로 만드는 스킬이다.

- **전화를 건 고객에게 필요한 준비를 하도록 요구한다** : 주문을 하기위해 전화를 걸었을 때 담당자가 잠시 기다리게 한 후 제품카탈로그와 신용카드사용여부를 물어본다면, 이는 잠재적 고객을 서비스협조자로 만드는 과정이다.
- **중요한 정보는 반복한다** : 고객에게 주문을 다시한번 확인하도록 요청하는 것은 실수를 줄이고 고객에게 다시한번 생각할 기회를 주는 것이다.
- **고객을 공동생산 참여자로 학습시킨다** : 고객정보나 주문서의 기재요령안내, 대형매장의 빠른 계산대안내, 레스토랑의 대기중인 고객에게 미리 메뉴를 보여주는 것, 주차장의 쇼핑카트반환장소안내 등은 사소하지만 고객을 공동생산 참여자로 만드는 방법들이다. 고객은 회사가 자신에게 기대하는 바를 알게 되면 빠르고 효과적으로 돕게 된다.

- 고객에게 왜 참여자가 되어야 하는지를 학습토록 한다 : 서비스제공자와 구매자가 어떻게 공동생산이 서로 도움이 되는지 알게되면 고객은 더 적극적으로 참여하게 된다.

■ 사례 : 서비스공동생산

고객의 서비스 프로세스참여는 곧 서비스제공자와 고객과의 공동생산을 의미하며, 다음과 같은 사례들이 있다.

〈공동생산의 예〉

- 고객이 원하는 샐러드를 스스로 골라먹게 하는 샐러드 바
- 고객이 스스로 음료를 리필하는 레스토랑
- 샐프서비스 복사점
- 한달 동안 유효한 세차권
- 대학내의 셀프광고판
- 진료를 기다리는 동안 치료나 보험에 대한 문진을 환자 스스로 작성하는 것
- 고객에게 여러분의 계좌번호나 고객의 진료카드번호를 알려주는 것
- 은행에서 고객에게 미리 입금표을 나눠주고 작성하게 하는 것
- 전화고객지원라인
- 셀프서비스 주유소

제3절 커뮤니케이션 역량

고객서비스의 기본은 효과적인 커뮤니케이션(communication)이다. 커뮤니케이션은 둘 이상의 사람들 사이에서 정보나 아이디어 또는 이해를 공유하는 과정이다. 이와 유사한 개념으로 의사소통은 가지고 있는 생각이나 뜻이 서로 통하는 사전적 의미에 한정될 수 있다. 따라서 본절에서는 비즈니스를 위해 개인 간에 서로 생각, 느낌 등의 정보를 주고받는 일. 말이나 글, 그 밖의 소리, 표정, 몸짓 등을 포함하는 개념으로서 커뮤니케이션이라는 용어를 그대로 사용한다.

1. 커뮤니케이션의 개요

(1) 커뮤니케이션의 정의와 기능

커뮤니케이션이란 서로 다른 의미와 이해를 지닌 사람들이 공통적으로 언어 또는 비언어적인 수단을 통해 상호 소통하는 것으로서 개인이 사회적 생활을 영위하는 기본적 수단이며 도구이다. 커뮤니케이션의 어원(語源)은 '공통되는' 또는 '공유한다'라는 뜻의 라틴어 'communis'에 두고 있다. 커뮤니케이션은 우리가 관련을 맺고있는 사람 혹은 세상을 통해 메시지를 보내고, 받고, 해석하는 과정이다.

넓은 의미에서 기업과 고객 간에는 직·간접적인 다양한 방법으로 커뮤니케이션이 이루어지는데, 서비스접점의 커뮤니케이션은 서비스의 품질과 고객만족에 결정적인 영향을 미친다. 커뮤니케이션에는 내·외부적으로 행동이 통제, 동기부여의 강화, 감정표현과 사회적 욕구의 표출, 정보제공 등의 기능이 있다.

표 10-3 커뮤니케이션의 기능

행동의 통제	직원들이 따라야 할 조직의 권력구조와 공식지침에 대한 이해와 관리를 위한 통제
동기부여 강화	특정 목표의 설정, 목표달성을 위한 피드백, 바람직한 행동의 강화 등을 위한 동기의 부여
감정과 욕구의 표출	사회적 상호작용을 원하는 조직구성원들이 구성원들의 만족감과 애로의 표출
정보의 제공	조직의 바람직한 의사결정을 위한 대안을 제시와 평가를 위한 정보의 제공

(2) 커뮤니케이션의 기본원칙

■ 명확한 목표

전달하거나 얻고자 하는 내용에 대한 명확한 목표가 정해져야 한다. 정확한 목표의 이해를 위해서는 시각적 자료를 함께 활용하며, 커뮤니케이션을 통한 변화가 목표라면 원하는 상태를 명확히 이해하고 그 결과를 분명히 정해야 한다.

■ 커뮤니케이션 수단

상대방이 잘 이해하기 쉬운방법을 선택한다. 언어외에도 어떤 비언어적인 수단을 어떻게 표현할 것인지를 생각하고 상대방이 쉽게 받아들일 수 있도록 적절히 표현한다.

■ 피드백

전달자는 자신의 메시지가 잘 전해지고 있는지 확인해야 한다. 필요할 경우 수신자에게 이해하고 있는지를 물을 수 있다. 비언어적인 수단을 통해 전달되는 메시지를 잘 관찰한다.

■ 공감적 관계

공감은 상대방에게 표현된 외형적 의미를 넘어서 내면적 의미까지 읽고 이해하고 있다는 것을 전달해야 한다. 상대방의 호흡, 말하는 톤, 속도와 같도록 조절한다. 상대방의 움직이는 리듬을 관찰하여 그와 상응하는 리듬으로 움직여 준다.

■ 명확한 전달

말끝을 흐리지 말고 자신감있게 분명한 발음으로 말한다. 목소리는 조용하고 안정적으로 하며, 정보전달 시 구체적이고 명확하게 말한다.

(3) 커뮤니케이션의 제약요인들

커뮤니케이션의 오류는 전달자의 문제와 수신자의 문제, 그리고 상황에 따라 각각 장애요인을 구분할 수 있다.[17)]

■ 전달자(말하는 사람)의 문제

목적의식의 부족	전달자가 의사소통에 대한 정확한 목적의식이 없을 경우 메시지의 내용이 정확하지 않아 문제가 발생함
미숙한 대인관계	전달자가 충분한 인간관계적 상호작용을 경험하지 못했을 경우, 상대방의 질문에 대답하지 않고 자신의 말만 반복하는 등 일방적인 대화를 하게 되는 문제가 발생함
미숙한 전달능력	전달자의 불명확한 말투와 화술부족으로 인해 말하는 의도가 무엇인지 제대로 파악하지 못하게 되어 의사소통과정을 왜곡시키는 문제가 발생함.
혼합 메시지의 사용	언어적, 비언어적으로 불일치한 메시지인 '이중메시지' 또는 '혼합 메시지'로 인해 의사가 명확하지 않아 문제가 발생함.
오해와 편견	전달자의 심리상태와 주관적인 견해가 오해와 편견으로 인해 영향을 받아 메시지의 정확한 전달을 방해하는 문제가 발생함.
정보의 여과	전달자는 수신자가 긍정적으로 메시지를 지각할 수 있도록 정보를 제공하는데 의도적으로 수신자가 듣고 싶어 할 정보는 전달하고 듣기 싫어 할 정보는 여과하여 원활한 커뮤니케이션을 방해하는 문제가 발생함.

■ 수신자(듣는 사람)의 문제

경청의 문제	상대방의 이야기를 들을 때 건성으로 듣거나 무성의한 태도를 보이는 것으로 인한 문제
부정확한 피드백	수신자가 전달자의 의도를 정확하게 파악하지 못하고 임의로 해석하여 반응을 보내거나 자신에게 유리한 내용만 경청하는 것으로 인한 문제
왜곡된 인지와 감정적 반응	수신자의 과거경험에 따른 오해와 왜곡된 인지 또는 그릇된 지각 때문에 전달자의 메시지를 잘못 이해하고 수용하는 문제

평가적 경향	수신자가 전달자로부터 메시지를 전달받기도 전에 메시지의 가치를 평가하여 실제 의미를 왜곡하는 문제
신뢰도의 결핍	수신자가 전달자의 신뢰하지 않을 경우 전달자의 메시지를 전적으로 신뢰하지 않아 커뮤니케이션에 왜곡이 발생하는 문제
선입견	사고에 대한 수신자의 선입견이 메시지 수용과 해석에 영향을 미치는 문제

■ **커뮤니케이션의 상황에 따른 장애요인**

① 단어활용의 문제

② 비언어적 메시지오용(예 시계를 보거나 옷매무새를 다듬는 행동)

③ 과중한 정보

④ 시간적 압박

⑤ 지위의 차이

⑥ 커뮤니케이션 분위기

2. 커뮤니케이션 이론과 기법

모든 서비스패키지의 시작과 끝에는 커뮤니케이션에 있다. 고객을 응대하는 서비스접점의 직원이 갖추어야 할 커뮤니케이션 기법을 관련이론과 경청, 말하기, 조직커뮤니케이션 기법으로 나누어 살펴보자.[18)]

(1) 커뮤니케이션관련 이론

사람과 사람, 사람과 조직, 그리고 조직 간의 커뮤니케이션에는 많은 심리적·사회적 요인이 작용하게 되며, 그 효과를 설명하는 많은 관련이론이 있다. 고객과의 커뮤니케이션과 그 효과를 설명하는 관련이론들은 다음과 같다.

■ **피그말리온 효과(Pygmalion effect)**

자신이 만든 조각상을 사랑한 피그말리온에 대한 신화에서 유래한 것으로 '말이 씨가 된다'라는 속담처럼 누군가 예언을 하면 사람들의 믿음이나 기대, 예측이 그 대상에게 그대로 실현되는 경향이 있다. 이는 다른 사람으로부터 긍정적인 기대를 받으면 그 기대에 부응하기 위해 노력하게 되고, 실제 긍정적인 결과를 이어지는 효과를 말한다. 교사가 학생에게 거는 기대가 실제로 학생의 성적향상에 효과를 미친다는 사회심리학자의 이름을 따서 교육학에서는 이를 '로젠탈효과(Rosenthal effect)'라고도 한다.

■ 낙인효과(Stigma effect)

어떤 사람이 나쁜 사람으로 낙인(烙印, stigma)찍히면 그 사람에 대한 부정적 인식은 사라지지 않으며 실제로 그렇게 되는 경향을 말한다. 과거에 대한 나쁜기억은 웬만해선 사라지지 않으며 무의식적으로 그렇게 행동하게 된다. 기업의 경우 시장에서 신뢰를 잃으면 기업이 추후 어떤 발표를 해도 시장에서는 부정적으로 받아들여지는 것도 낙인효과 때문이다.

■ 플라시보 효과(Placebo effect)

긍정적인 심리적 믿음이 신체를 자연적으로 치유하는 효과를 말한다. 좋아질 것이라는 믿음과 기대, 그리고 왜 좋아질지에 대해서 나름대로 생각한 논리가 약을 먹거나 수술을 받지않아도 실제로 증상이 호전되는 것과 같다. 즉, 의사가 효과없는 가짜약 혹은 꾸며낸 치료법을 환자에게 제안했는데, 환자의 긍정적인 믿음으로 인해 병세가 호전되는 현상이다. '플라시보'라는 단어는 원래 '좋아지게 하다, 만족스럽게 하다'는 의미의 라틴어에서 유래되었다.

■ 노시보 효과(Nocebo effec)

약의 효능보다 말 한마디가 환자에게 더 강력한 영향을 미칠 수 있다. 약을 올바로 처방했는데도 환자가 의심을 품으면 약효가 나타나지 않는 현상으로 불신 또는 부작용에 대한 염려와 같은 부정적인 믿음 때문에 실제로 부정적인 결과가 나타나는 현상을 일컫는다. 노시보는 의학에서 환자에게 실제로는 무해하지만 해롭다는 믿음 때문에 해로운 영향을 끼치는 물질을 말한다. 플라시보 효과와 반대되는 개념이다.

■ 호손효과(Hawthorne effect)

인간은 다른 사람의 시선을 인식할 때, 본래 의도나 천성과 다르게 행동하는 현상을 말한다. 경영학자들이 미국 일리노이주에 있는 전기회사 호손공장의 근로자들을 대상으로 생산성 향상에 대한 실험을 진행하는 동안 근로자들은 자신이 관찰되고 있다는 것을 의식하고 있었고, 그 결과 근무환경이나 조건에 상관없이 높은 생산성을 보였다. 호손실험은 인간의 내면에 존재하는 감성적 측면이 일의 성과에 중요하다는 인간관계론의 출발점이 되었다.

■ 바넘효과(Barnum Effect)

사람들이 보편적으로 가지고 있는 성격이나 심리적 특징을 자신만의 특성으로 여기는 심리적 경향을 말한다. 심리학자 포러(Bertram Forer)가 성격진단실험을 통해 바넘효과를 처음으로 증명한 까닭에 '포러효과'라고도 한다. 사람들은 누구에게나 다 적용될 수 있는, 광범위하거나 애매모호한 이야기를 듣더라도 나에게만 해당하는 특별한 이야기로 재해석해서 듣는 경향이 있다. 일상에서 흔히 접하는 '오늘의 운세'도 사람들이 보편적으로 가지고 있는 심리적 경향을 이용하는 사례이다.

■ 링겔만 효과(Ringelmann effect)

집단속에 참여하는 개인의 수가 늘어갈수록 성과에 대한 개인의 공헌도가 오히려 떨어지는 현상을 말한다. 독일심리학자 링겔만은 줄다리기 실험을 통해 집단에 속한 개인의 공헌도 변화를 측정한 결과, 혼자서 일할 때보다 집단속에서 함께 일할 때 노력을 덜 기울이기 때문에 나타나는 현상을 발견했다. 개인의 수가 증가할수록 성과에 대한 개인의 공헌도가 현격히 저하되는 현상으로, '시너지효과'의 반대개념이다.

■ 리플효과(Ripple effect)

물방울을 떨어뜨리면 그 지점에서 멀리 떨어질수록 파장이 커지는 것처럼 부정적 효과가 점차 확산되는 현상을 일컫는다. 하나의 큰 사건이 연쇄적으로 영향을 미치는 것을 의미한다. 한 국가의 경기침체가 다른 국가로까지 연쇄적으로 확산되거나 조직의 일부인원을 야단쳤을 때, 그 파동이 다른 구성원들에게 미치는 부정적 영향이 대표적이다. 이와 유사한 개념으로 나비의 작은 날개짓이 날씨변화를 일으키듯, 미세한 변화나 작은 사건이 추후 예상하지 못한 엄청난 결과로 이어진다는 의미의 '나비효과(Butterfly effect)'가 있다.

(2) 듣기 : 경청스킬

■ 경청의 의미와 장애요인

경청(傾聽)이란 귀를 기울여 듣는 것을 뜻한다. 커뮤니케이션에 있어 상대방의 말을 들으면서 자신과 비교하거나 판단을 내리느라 전적으로 집중하지 못하거나, 들은 내용이라 하더라도 시간이 지날수록 기억량은 줄게 된다. 일반적인 경청의 장애요인들은 다음과 같다.

표 10-3 경청의 장애요인

낮은 관심/무관심	상대방의 말을 들으면서 머리속으로 다른 생각을 하거나 메시지내용에 대해 무관심할 경우 경청은 어렵다.
평가적인 청취	상대방의 이야기를 들으면서 머리속으로 상대방의 이야기에서 잘못된 점을 지적하고 판단하는 것에 열중한다.
말하기를 선호하는 경향	전달자의 메시지를 듣는 순간에도 자신이 할 말을 생각하는 경우 경청은 어렵다.
편견과 선입견	전달자에 대한 평판이나 근거없는 편견은 경청을 방해한다.
문제의 유사성이나 해석방식의 차이	전달되는 내용이 자신의 경험과 유사하거나 전달자와 다르게 상황을 해석하고 이해하는 것은 경청의 방해 요소이다.
문화적 차이	국가별 관습이나 사회경제적 격차 등으로 인한 문화의 차이는 경청을 방해할 수 있다.
동정심	공감이 아닌 동정심은 냉정한 판단을 할 수 없게 하므로 경청에 방해가 된다.

■ 효과적인 경청방법

말하기보다 듣는 것이 중요하다. 효과적인 경청을 위해 다음과 같은 노력이 필요하다. 첫째, 경청을 위해서는 한번 말하고, 두번 듣고, 세번 맞장구치는 것이다. 이를 '경청의 1·2·3 기법'이라고 한다. 둘째, 말하는 사람에게 동화되도록 노력해야 한다. 이때, 동화(同化)란 상대방이 말하는 정황과 같은 유사한 정황에 대해 같은 반응을 보이는 심리적 노력이다. 셋째, 내용을 명확하게 이해하기 위해서는 질문이 필요하다. 넷째, 전달자의 메시지에 관심을 집중하고 인내심을 가져야 하며. 다섯째, 산만해질 수 있는 요소를 제거하고 메시지중 동의할 수 있는 부분을 찾아야 한다. 이와 같은 경청방법은 자세(body), 분위기(mood) 및 말의 내용(words)을 대상으로 하는데 각 대상의 첫 글자를 따서 이를 'BMW 기법'이라고 한다.

표 10-4 효과적인 경청자세

자세(body)	표정이나 눈빛, 자세 등을 상대방에게 집중하라.
분위기(mood)	말투나 음정, 음색, 속도, 음의 고저 등을 적절하게 표현하라.
말의 내용(words)	상대방의 말을 다시 확인하고 상대가 원하는 것에 집중하라.

(3) 말하기 스킬

말하기는 생각이나 느낌, 의견 등을 말(words)로 정확하게 표현하는 것이며, 자기의 의사를 상대편이 알아들을 수 있도록 말로 표현하는 일이다. 말의 내용과 말하는 방식에 따라 긍정적이고 편한 관계가 되기도 하고 부정적이고 불편한 관계가 되기도 한다. 서비스접점에서 상대방과 말하고 경청하는 태도와 스킬은 고객관계의 방향과 수준을 결정한다. 서비스접점마다 다양하게 발생하는 상황에 따라 서비스직원의 효과적인 말하기는 많은 훈련을 필요로 하는 영역이다. 표현의 종류별로 말하기 스킬을 정리하면 다음과 같다.

- **긍정적인 표현** : 긍정적인 부분을 강조하여 표현하는 것이다. 부정적인 표현은 상대방의 자존심을 상하게 하여 불쾌감을 느끼게 한다. 같은 내용이라도 긍정적인 부분을 강조해서 말하면 거부감을 줄일 수 있다. 긍정적인 내용과 부정적인 내용을 함께 말해야 할 때는 긍정적인 것을 먼저 말하고 부정적인 것은 나중에 말한다.
  (예시) 이곳에서는 금연입니다 (×) ⇨ 건물바깥에 흡연실이 마련되어 있습니다(○)
- **청유형의 표현** : 누구나 자신이 주도권을 원하기 때문에 명령형의 표현은 거부감을 불러일으킬 수 있다. 상대방이 내부탁을 듣고 스스로 결정해서 따라올 수 있도록 상대방의 의견을 구하는 표현을 사용한다.

(예시) 조금만 기다려 주세요(×) ⇨ 조금만 기다려 주시겠습니까? (○)

- **개방적인 표현** : 대화를 진행하면서 상대방의 이야기를 많이 듣기위해서는 상대방에게 적절히 질문하는 요령이 필요하다. '예/아니요' 방식의 폐쇄형질문은 줄이고 개방적인 질문을 하도록 유도한다.

(예시) 오늘 하루 즐거우셨습니까? (×) ⇨ 오늘 하루 어떠셨나요? (○)

- **완곡한 표현** : 대화를 부드럽게 이끌어 가기 위해서는 '안됩니다/모릅니다', '이것 아니면 저것' 식의 직설적이고 강압적인 표현은 피하는 것이 좋다.

(예시) 모르겠습니다 (×) ⇨ 제가 알아봐 드리겠습니다 (○).
⇨ 그렇게 하는것보다 이렇게 하면 어떨지요? (○).

- **쿠션언어의 사용** : 상대방이 원하는 것을 들어주지 못하거나 상대방에게 부탁해야 할 경우, 기분이 나빠지는 것을 최소화할 수 있는 표현을 사용한다.

(예시) 미안합니다만/ 죄송합니다만/ 실례합니다만/ 바쁘시겠지만.

- **자신의 메시지(I-메시지) 사용** : 대화의 주체가 '너'가 아닌 "내'가 되어 전달하고자 하는 표현법이다. 상대방에게 나의 의사를 충분히 전달하면서도 상대방이 기분 나쁘지 않게 자신의 행동을 반성하고 개선할 마음을 가지도록 한다. I-메시지화법의 형식은 '상황(상대방의 행동) → 결과(나에게 미친 영향) → 느낌(나의 느낌)'이 된다.

(예시) 넌 왜 그렇게 하니? (×) ⇨ 네가 그렇게 하니까 내 마음이 상해 (○)
자네는 왜 매일 지각인가? (×) ⇨ 자네가 지각할 때마다 나는 신경이 곤두선다네 (○).

- **신뢰화법** : 말 어미의 선택에 따라 상대방에게 신뢰감을 줄 수 있는 대화법이다. '다까'체로 끝나는 정중한 화법을 70%, '요조'체로 끝나는 부드러운 화법을 30% 정도 사용하는 것이 바람직하다.

(예시) 정중한 화법 : ~입니다/ ~입니까?('다까'체)

(예시) 부드러운 화법 : ~예요/ ~죠('요조'체)

- **맞장구화법** : 상대방의 이야기에 관심이 있고 이를 귀담아 듣는것으로 반응해 주는 화법이다.

(예시) 가벼운 맞장구 : 그렇군요/ 그렇습니까?
동의 맞장구 : 정말 그렇겠군요/과연
정리(피드백) 맞장구 : 그 말씀은 ~라는 것이지요?
재촉맞장구 : 그래서 어떻게 되었습니까?
몸짓 맞장구 : 고개끄덕임/ 갸우뚱/ 눈맞춤 등

- **질문기법** : 질문이후 다양한 정보를 알 수 있고 대화가 이어질 수 있는 질문이 효과적이다. 효과적인 질문은 고객의 심리적 방어를 해소하는 효과가 있지만, 고객이 힘들거나 불편한 질문

은 오히려 대화의 방해요소가 될 수 있다. 직접형의 질문(폐쇄형 질문)은 고객이 이해하기 쉬우면서 직접적인 답을 찾기위한 질문이지만 자주사용하게 되면 고객을 압박하는 느낌을 줄 수 있다. 고객의 생각을 더 듣는 확장형질문(개방형질문)은 고객에게 새로운 관점을 제시하면서 간접적으로 직원의 의견을 반영할 수 있다.

3. 조직 커뮤니케이션

(1) 조직 커뮤니케이션이란?

조직의 커뮤니케이션은 대인적 커뮤니케이션이나 소집단의 경우에 비해 종적인 인간관계로 이루어지며, 위계질서가 잘 갖춰져 있다. 업무적 요소가 강하므로 계약적 관계로 인하여 공식적이고 커뮤니케이션의 범위가 분명하며 지속성을 지니는 특성이 있다.

(2) 커뮤니케이션 프로세스

커뮤니케이션은 개인이나 조직 또는 개인 간에 전달한 메시지가 있고 그 목적이 있을 때 하게 된다. 송신하는 측이 메시지를 상징적 형태로 부호화(encoding)하여 채널을 매개로 전달하면 수신하는 측은 그 의미를 해석하게 된다.[19] 이와 같은 양측 간 의미의 전달과정이 〈그림 10-4〉에서 나타내는 커뮤니케이션 프로세스이다.

커뮤니케이션 프로세스는 ① 송신자, ② 부호화, ③ 메시지, ④ 채널, ⑤ 해석, ⑥ 수신자, ⑦ 소음, 그리고 ⑧ 피드백 등의 요소로 이루어진다. 송신자(sender)는 생각을 부호화하여 메시지를 만들고, 부호로 바뀐 메시지는 물리적 형태로 전환된다. 물리적 형태는 말이나 글처럼 언어를 메시지로 표현할 수도 있고, 얼굴표정이나 손동작 등의 제스처를 메시지로 표현할 수도 있다. 채널

그림 10-4 커뮤니케이션 프로세스

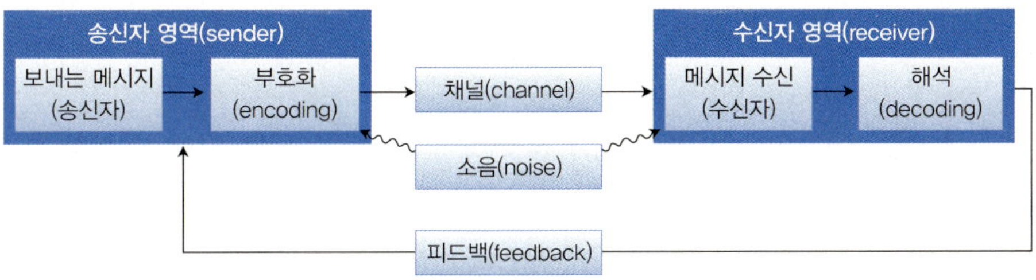

자료 : Stephen P. Robbins & Timothy A. Judge, *Organizational Behavior*, Pearson Education Limited, 2013, p.372.

은 메시지가 이동하는 매체를 뜻하며, 송신자는 공식적 또는 비공식적 매체 가운데 하나를 선택하게 된다. 공식적 채널은 조직에 의해 형성되며 구성원들의 업무와 관련하여 메시지가 전달된다. 이는 조직내의 권력위계에 따라 정해지는 전통적인 채널이다. 이에 비해 비공식적 채널은 개인 간의 필요에 따라 자생적으로 형성되며, 수신자는 메시지를 전달받아 상징적 의미를 이해하게 되는데 이 과정이 부호를 해석하는 단계이다. 소음은 인지적 문제, 과다한 정보, 의미의 불일치 또는 문화적 차이 등과 같이 메시지의 분명한 전달에 장애가 되는 요소들을 말한다. 커뮤니케이션의 각 요소를 연결하는 피드백은 메시지가 제대로 전달되고 있는지를 확인하는 과정이다.

(3) 조직 커뮤니케이션의 유형

■ 공식적 커뮤니케이션

조직 구성원 간의 공식적 관계를 전제로 의사소통의 권한과 절차가 분명한 상태에서 이루어지는 커뮤니케이션으로서 결재, 문서전달, 공식회의, 보고 등의 과정이 포함된다. 공식적 커뮤니케이션에는 하향적 커뮤니케이션과 상향적 커뮤니케이션, 그리고 수평적 커뮤니케이션 등이 있다.

- **하향적(downward) 커뮤니케이션** : 주로 하위계층의 구성원들에게 직무에 관련된 정보를 전달해 주는 목적으로 한다. 회사의 정책과 규정, 작업지시서와 절차, 보고서, 게시판, 사보, 전자메일, SNS 등의 방법이 이용된다.
- **상향적(upward) 커뮤니케이션** : 하급자의 의견 및 정보 등을 상위계층에 전달하는 것을 말한다. 하급자의 성과보고, 제안제도, 고충상담 등의 방법이 있다.
- **수평적(lateral) 커뮤니케이션** : 조직내 대등한 위치에 있는 구성원 간에 발생하는 커뮤니케이션 형태로서 업무협조를 증진하고 상사와 부하 사이의 수직적 커뮤니케이션을 원활하게 한다.
- **비공식적 커뮤니케이션** : 조직의 공식적 통로를 거치지 않는 의사소통이다. 주로 조직 구성원들 간에 평소의 대면·비대면접촉을 통한 잡담·풍문·밀담 등의 형태로 나타나는 다양한 의사소통이다. 비공식적 커뮤니케이션은 우정·상호신뢰·존경심 등 주로 인간관계를 바탕으로 한 의사소통이므로 인간의 내적욕구, 즉 심리적 만족감을 충족시켜 주며 공식적 커뮤니케이션의 불충분한 면을 보완하는 역할을 한다. 정보의 내용이 구체적이고 공식적 채널을 이용하지 않기 때문에 전달이 신속하며, 소통과정에 융통성과 신축성이 있는 반면, 왜곡된 정보가 전달되는 경우가 많으며, 조직의 위계질서를 저해하거나 조직내의 갈등을 유발하는 단점도 있다.[20)]

(4) 조직 커뮤니케이션의 개선과 활용

■ 커뮤니케이션의 개선방법

전달자	• 수용자의 입장에서 생각한다. • 문명하고 적절히 표현하고, 사례를 들어 설명한다. • 커뮤니케이션 후 검토와 피드백을 한다 • 구두지시와 메모를 반복사용하여 이해도를 향상시킨다. • 분위기, 장소, 시기 등의 물리적 환경을 효과적으로 활용한다.
수신자	• 전달자의 입장에서 적극적으로 경청한다. • 전달내용을 완벽하게 이해한다. • 전달된 메시지를 자신의 언어로 재진술하여 수용한다.
제도적 개선	• 고충처리제도, 제안제도 등을 마련하여 구성원의 의견을 조사한다. • 핫라인을 설치한다. • 다양한 계층의 이해관계자가 참여하는 간담회나 미팅을 갖는다.

■ 커뮤니케이션의 활용

상사와의 커뮤니케이션	• 상사의 지시를 잘 수령하고 보고체계를 잘 이행한다. • 상사의 행동양식, 업무처리방식, 가치관, 생활태도, 대화스타일 등을 미리 알고 대응한다. • 항상 배우는 자세를 유지한다.
동료와의 커뮤니케이션	• 평소 동료의 상황과 업무에 대해 관심을 갖고 동료와의 연관성을 잊지 않는다. • 더불어 성장하고 적극적으로 돕는 자세를 가진다. • 동료가 없는 곳에서 험담하지 않는다.
부하와의 커뮤니케이션	• 부하를 지도하고 육성하는 리더십을 갖춘다. • 직무에 대한 고충이나 개인적인 어려움을 들어주고 노하우를 공유하거나 동기부여를 한다. • 항상 모범적인 태도를 유지한다.

4. 설득기법

비즈니스목적의 상호작용에 있어 상대방의 동의를 얻어내는 설득은 대인적 소통뿐 아니라 기업이 제품이나 서비스를 홍보하거나 광고하는데 있어 필요한 개념이다.

(1) 설득의 의미

설득이란 설득메시지를 전달받는 사람에게서 공감을 이끌어내는 과정이다. 이때, '공감'이란 설득의 목표에 해당하는 특정한 사건이나 대상에 관한 사람들의 행동을 변화시키는 것뿐 아니라 내재된 태도나 신념까지 변화시키는 것을 뜻한다. 설득은 듣는 사람이 자신의 의견에 공감하도록 이유를 붙여 말하는 것으로 듣는 사람을 자신의 입장과 같아지도록 만드는 것이다. 설득할 때에는 충분한 이유를 함께 말해야 하고, 이는 믿을 수 있고 타당하며 객관성이 확보된 이유라야 한다. 설득은 자신이 바라는 것을 이루고자 하는 의사를 표현하고 상대방의 이야기를 들으며 상호의사를 공유하는 과정이다.

(2) 설득의 원칙

심리학자인 로버트 치알디니(Robert B. Cialdini)는 자신의 저서 〈Influence: *Science and Practice*(2010)〉에서 심리변화와 그 영향력에 대한 고찰을 통해 다음과 같이 설득과정에서 상대방의 심리에 영향을 미치는 6가지 행동원리를 제시했다.[21)]

■ 상호성의 원칙(reciprocation)

주고받음을 통해 상대의 마음을 열게 하는 것이다. 호의를 베풀고 호의를 받는 가운데 상호 간의 신뢰성이 형성되기 때문이다. 상대를 빚진상태로 만들어 허락을 얻어내는 도구로 사용할 수 있다. 원치않는 호의에도 빚진감정은 생겨나기 때문이다. 샘플을 받아본 상품은 사게 될 가능성이 높다.

■ 일관성의 원칙(commitment and consistency)

사람이 일관된 행동을 지속하려는 본능을 활용하는 것이다. 일관성이란 어떤 입장을 취하게 되면 그 결정에 대해 일관된 태도를 유지하는 것이다. 이때 일관된 행동에 대해 높은 가치를 부여하는 환경에서는 일관된 행동에 대한 맹목적인 욕구가 있다. 내가 선택한 상품과 서비스가 최고라고 믿는 심리를 파고든다. 한번 선택한 것은 버리기 아깝고 약속은 약속을 낳는다.

■ 사회적 증거의 원칙(social proof)

가장 많이 팔린 상품이 가장 좋은 상품이다. 다수의 행동, 다수의 증거를 활용한다. 개인은 특정 상황에서 자신의 행동이 옳고 그름은 얼마나 많은 다른 사람들이 같은 행동을 하느냐를 보고 판단하는 성향이 있다. 즉, 다른 사람의 행동을 보고 더 쉽게 설득이 된다.

■ 호감의 원칙(liking)

친절한 직원이 파는 상품을 살 확률이 높다. 끌리는 사람을 더 좋아하게 되므로 친밀한 관계를 형성하고자 한다. 어떤 사람의 긍정적인 특성 하나가 그 사람 전체를 평가하는 데 결정적인 영향을 미치며, 사소한 공통점에도 호감을 느낀다. 칭찬해 주는 사람을 좋아하고, 친구의 부탁을 거절하기 힘든 것도 마찬가지다.

■ **권위의 원칙(authority)**

전문가의 의견이나 공신력 있는 자료를 이용하여 신뢰를 얻는다. 의사나 교수 등 전문가가 인정하는 상품이라고 설득한다. 옷차림이나 고급승용차와 같은 권위의 상징물에 따라 예우가 달라진다. 권위의 법칙에 대항하는 자기방어가 있으므로 소비자에게 상품의 장점을 믿게하려면 단점도 적절히 언급한다.

■ **희귀성의 원칙(scarcity)**

한정판매 "얼마 없습니다!", 시간제한 "이제 곧 끝납니다!" 백화점세일의 마지막날에 손님이 몰린다. 금지된 것을 더욱 원하게 되어 결국 그것이 더욱 가치있는 것으로 인식하는 사회·심리적 현상이다. 따라서 현재 누리고 있는 권리의 상실에 대한 두려움으로 그 특권을 되찾기위해 행동한다. 어떤 대상에 대한 이용 가능성이 줄어들수록 심리적 저항이 커지게 된다.

(3) 서비스단계별 커뮤니케이션

■ **준비단계**

예상되는 잠재고객을 파악하기 위해 평소 해당 서비스를 이용하는 고객이나 정보원을 활용하여 예상 고객의 명단과 그들이 선호하는 서비스유형 등을 예측하고 분석한다. 서비스를 효과적으로 제시하기 위해 추가적인 정보를 수집한다. 이를 위해 다른 서비스직원과의 정보교환, 대중매체에서 소개된 서비스에 관한 기사, 개인적 관찰 등을 통해 예산잠재고객들이 원할만한 정보를 통합한다.

■ **설득단계**

잠재고객의 주의를 끌고 설득을 시작한다. 이때 서비스직원이 자신의 소개와 해당 서비스 및 제품의 특징을 소개한다. 고객이 서비스에 호감을 느끼고 구매하도록 상품을 소개하며, 서비스직원이 각 서비스 및 상품이 갖는 혜택과 장점을 설명하고 소비자의 구매를 유도한다. 그리고 고객이 구매하지 않으려는 문제를 해결하기 위해 각 서비스상품에 대한 소비자의견에 경청하면서 부정적 의견을 해결한다. 끝으로 고객의 구매결정을 도와줄 수 있는 정보를 제공하여 서비스판매를 종결한다.

■ **고객관계관리**

지속적인 고객관계유지를 위해 해당 서비스를 경험한 고객의 질문에 신속히 응대하고 소비자들이 겪고있는 문제들을 즉각적으로 해결한다.

각 주

1. Albrecht K. and Ron Zemke, *Service America in the New Economy*, McGraw-Hill, 2003, pp.143~144.
2. 빌 메리어트(Bill Marriott)는 창업자 J. 월러드 메리어트(Willard J. Marriott)의 메리어트 인터내셔널을 승계하여 60년 간의 경험을 저서 〈*Without Reservation, 2013*〉로 남겼다. 국내번역서 〈어떻게 사람을 이끌것인가(중앙mb, 2015)〉.
3. 실증분석에 따르면, Fortune지가 2008년부터 2009년까지 선정한 100대 기업가운데, 해당기준에 따라 노동집약적 기업인 외식 및 유통업 5개사, 병원 12개사, 호텔 4개사 등 21개사 등이 포함되었다. R. Hinkin Timothy & J. Bruce Tracey, "What Makes It So Great?" *Cornell Hospitality Quarterly*. Vo.51, 2010, pp.158~170.
4. 코칭이란 개인의 목표를 성취할 수 있도록 자신감과 의욕을 고취하고, 잠재력을 최대한 발휘할 수 있도록 돕는 것이다. 경험과 지식으로 지표를 제시해주는 멘토링(mentoring)이나 지식을 전달해주는 티칭(teaching), 상담과 조언을 하는 카운슬링(counseling)과 달리 코칭은 계약관계로 맺어진 수평적인 파트너십에 기초한다. 본래 코칭이란 용어는 마차를 가리키는 'coach'에서 유래된 것으로서 사람을 목적지까지 운반한다는 의미에서 목표점에 도달한다는 의미로 진화했다.
5. J. Bruce Tracey, "A Review of Human Resources Management Research" *International Journal of Contemporary Hospitality Management*, Vo.26, 2014, p.692.
6. 목표관리(Management By Objectives, MBO)는 조직의 목표와 개인의 목표를 통합하기 위해 1950년대 후반 도입된 관리기법이며, 행동기준평가법(Behaviorally Anchored Rating Scales, BARS)은 피평가자의 구체적인 행동을 기준으로 성과를 평가하며 스미스(Smith, D. A.)와 켄달(Kendall, S.)에 의해 개발된 기법으로서 중요 사건기록법과 특성평가인 도표척도법을 결합한 것이다.
7. 스톡옵션(stock option)은 경영진의 동기부여를 위해 일정수량의 자사주식을 미리 정해진 가격에 따라 매수할 권리를 미리 주고 기업가치가 높이는 만큼 이를 매각하여 보상받도록 하는 인센티브수단이다.
8. Vochen Wirtz, Patrica Chew, Christopher Lovelock, *Service Marketing*, 2th ed. Pearson Education, 2012, p.481.
9. Karl Albrecht and Ron Zemke, *Service America in the New Economy*, McGraw-Hill, 2003, pp.162~164.
10. Schmenner, R. W. *Service Operations Management*, Prentice-Hall, Englewood Cliffs, NJ,

1995. p.11

11. Conrad Lashley, "Matching the management of human resources to service operations", *International Journal of Contemporary Hospitality Management*, Oct. 1998, pp.24~33.
12. Albrecht Karl and Ron Zemke, *Service America in the New Economy*, Revised ed., McGraw Hill, 2002, pp.151~152.
13. Elaine K. Harris, *Customer Service*, Pearson Education, Inc, 2012, pp.3~4.
14. 알브레히트와 젬키는 저서에서 판매사원 교육과 계발 전문가인 Richard Israel의 경험을 소개하면서 서비스접점에서는 늘 회사의 성패를 좌우하는 직원과 고객 간의 아슬아슬한 사건들로 '진실의 순간'이 지속된다는 것이다. Albrecht Karl and Ron Zemke, *Service America in the New Economy*, Revised ed., McGraw Hill, 2002, p.144.
15. Elaine Harris, *Customer Service* 6th ed. Pearson Education, Inc. 2013, p.65.
16. William H. Davidow and Bro Uttal, *Total Customer Service; The Ultimate Weapon*, New York; Harper Collins, 1990.
17. 김화연 편저, SMAT 비즈니스 커뮤니케이션, 박문각, 2019, p.182.
18. 이하는 한국생산성본부의 국가직무능력표준(NCS)인 서비스경영자격제도 SMAT의 기초과정인 '비즈니스 커뮤니케이션'에 대한 일부내용을 발췌하였다. 자세한 내용은 SMAT 비즈니스 커뮤니케이션(김화연 편저, 박문각, 2019)을 참고.
19. Stephen P. Robbins & Timothy A. Judge, *Organizational Behavior*, Pearson Education Limited, 2013, p.372.
20. 비공식적 커뮤니케이션은 포도넝굴처럼 복잡한 인간관계에서 구성원 간에 왜곡된 정보나 사실과 다른 유언비어를 유통시킬 수도 있다. 소문, 구전, 풍문 등의 전달로 인해 부정적 의미를 함축한 그레이프바인(grapevine)에 비유되기도 한다. 그러나 구성원 간의 소통뿐 아니라 외부고객과의 다양한 유대와 관계를 형성해 자생적인 커뮤니케이션이 촉진하므로 조직관리와 마케팅에 있어 기업의 입장에서 비공식 커뮤니케이션 채널을 적극적으로 활용하고 있다.
21. 애리조나 주립대학교의 심리학 및 마케팅학과 교수인 로버트 치알디니(Robert B. Cialdini)는 2003년에는 사회 심리학 분야의 공로를 인정받아 도널드 T. 캠벨상을 수상했다. 그의 저서 *Influence: Science and Practice*(5th ed. Pearson Education, Inc. 2009)는 6가지 설득의 원칙을 중심으로 구성되었으며, 국내에도 번역되어 〈설득의 심리학〉(21세기북스, 2019) 시리즈로 출간되었다.

PART III

서비스운영관리

기업은 제품과 서비스를 생산함으로써 생존하고 발전한다. 운영관리기능은 영리, 비영리조직을 막론하고 제품과 서비스를 생산하는 시스템에 필수적이다. 시스템마다 변형의 유형이나 투입과 산출요소는 달라도 생산·운영관리의 본질은 같다. 따라서 모든 기업은 자본과 노동, 그리고 기술을 사용하여 자원의 변형활동을 수행한다. 서비스기업의 운영시스템은 무형적 측면이 강하므로 이해가 쉽지않고 관리 및 통제에 어려움이 수반된다. 본편에서는 서비스의 생산관리에 해당하는 서비스계획과 운영의 원리를 공부한다. 이어서 글로벌 서비스경영과 4차 산업혁명의 디지털환경에서 나타나는 서비스혁신의 본질과 사례들을 소개한다.

CHAPTER

11

서비스디자인과 운영관리

생산관리 또는 운영관리의 목표는 고객이 필요로 하는 상품을 최소한의 비용으로 생산·제공하는 것이다. 서비스상품의 비용과 품질, 유연성에 전사적 역량을 집중할 수 있도록 설계되어야 시스템이 원활하게 운영된다. 운영시스템에서는 서비스활동으로 투입-산출의 변환이 일어난다. 이때 운영(operations)이란 투입을 산출로 변환하는 서비스의 생산과정이며, 서비스시스템은 고객에게 보이는 부분과 보이지 않는 부분이 모두 유기적으로 작동해야 서비스기업은 고객을 만족시킬 수 있다. 본장에서는 서비스의 생산관리를 설명하고 구체적으로 서비스디자인, 지원설비와 프로세스, 서비스시설의 입지선정 등의 기본을 공부한다.

Keywords: 수요관리, 서비스가치, 고객접촉방식, 프로세스품질, 서비스청사진, 설비배치, 병목구간, SERVQUAL, 서비스갭모델, 서비스생산성

“물류혁신의 대명사, 페덱스의 탄생과 성장”

혁신적인 서비스시스템 디자인의 성공사례로 페더럴익스프레스(FedEx)를 들 수 있다. 항공을 통해 서류와 작은 화물을 하루만에 배달하는 것을 보장하는 서비스개념은 회사설립자인 프리드릭 스미스(Frederic W. Smith)가 대학시절 제출한 기말과제의 주제였다. 물론 당시로서는 터무니없는 아이디어였고, 그가 제출한 과제물은 “C”를 받았다. 그러나 지금 FedEx는 항공화물의 글로벌표준이 되었다. 전통적으로 항공화물은 더디고 믿을 수 없었는데, 여객서비스에 초점을 두는 항공사에 의해 부수적인 서비스로 제공되었기 때문이었다. 전기공학도였던 스미스의 천재성은 배선함을 통해 많은 단자를 연결하는 전기네트워크와 화물운송 네트워크와의 유사점을 파악했다는 데 있다. 이러한 통찰력을 바탕으로 미국 멤피스(Memphis)에 모든 화물을 정리하는 거점센터를 두는 허브-스포크(hub-spoke) 네트워크가 탄생했다. 미국전역의 도시에서 한 밤중에 거점으로 도착한 비행기는 소화물을 내려놓고 약 2시간 동안 대기한 후 다음 날 아침배달할 소화물을 싣고 되돌아가게 된다. 다시 말해서 로스엔젤레스에서 샌디애고로 전달할 화물은 일단 로스엔젤레스에서 멤피스로 간 후, 멤피스에서 샌디애고로 비행기를 통해 전달되는 것이다. 심한 기상이변으로 비행기의 이착륙이 힘들거나 화물분류에 오류가 발생하는 예외적인 경우가 아니라면 허브-스포크 네트워크 디자인은 화물이 다음날 목적지에 도착하는 것을 보장한다. FedEx의 서비스는 전달시스템 디자인자체가 기존 항공화물 경쟁업체와 차별화하는 경쟁우위를 제공한다. 현재 FedEx는 세계 곳곳에 거점을 추가하고 인접한 대도시지역 간의 운송은 트럭을 이용하고 있으며, 하루에 300만개 이상의 소화물을 전 세계 220개국에 전달하고 있다.

▸ *Service Management*(James A. Fitzmmons *et al*, 2014) 中에서

제1절 서비스디자인

서비스디자인은 창조적 활동의 영역이다. 경쟁사와 차별화된 서비스를 위한 노력은 서비스의 개념과 전략을 수립하는 단계에서 시작된다. 서비스디자인에는 입지선정, 고객 및 작업의 흐름을 위한 설비디자인과 배치, 서비스제공자를 위한 절차와 직무설계, 품질보증을 위한 특정, 고객의 참여와 장비선택, 적정능력의 확보 등의 이슈가 포함된다. 본절에서는 서비스디자인 개발의 배경과 디자인요소, 전략적 포지셔닝에 대해 살펴본다.

1. 서비스개발환경

서비스산업의 발전을 촉진하는 서비스의 개발은 다음과 같이 IT기술의 진화와 인터넷의 확산, 서비스혁신과 인구통계적 변화 등의 환경요소들을 배경으로 한다.

(1) 정보기술(IT)

정보기술은 서비스전달과정에 변화를 가져와 중개기능을 수행함으로써 새로운 사업기회를 창출하는 가치사슬을 생성하고 있다. 스마트폰 등 인터넷에 연결가능한 IT기기가 소형화되면서 서비스전달을 위한 물리적 공간의 제약없이 새로운 서비스전달이 가능한 환경이 되었다. 예를 들어, 은행의 경우 온라인접속만으로 계좌조회와 이체, 청구서지불, 결재 등이 가능해지면서 서비스가 간소화되었다. 가치사슬이란 서비스접점의 고객서비스 기본활동과 구매 · 기술개발 · 인사 · 재무 · 기획 등의 지원활동이 부가가치를 창출하는 것을 말하며,[1] IT는 서비스를 지원하는 과정에서 부가가치를 생성하는 인프라를 제공한다.

(2) 인터넷

인터넷에서 이용할 수 있는 서비스는 전자우편, 원격회의, 파일전송, 유튜브뉴스, 정보검색, 동영상대화와 토론, 전자게시판, 온라인게임과 쇼핑 등으로 보편화되었다. 동영상이나 음성데이터를 실시간으로 방송하는 서비스나 화상회의 등 새로운 서비스가 확산됨으로써 서비스의 영역이 확대되었다. 서비스기업의 인터넷은 가장 효과적으로 고객과 연결되는 채널이다. 무선통신기술이 발전함에 따라 소셜네트워크서비스(SNS)는 기존의 고객과 연결하거나 새로운 고객창출의 기회를 폭넓게 제공하고 있다.

(3) 혁 신

새로운 제품기술의 도입은 서비스의 혁신을 촉진하는 효과가 있다. 예를 들어, 과거 DVD 플레이어는 비디오임대서비스를 활성화시켰고 영화에 대한 수요를 재생산했으며, 오늘날에는 모바일서비스를 제공하는 넷플릭스(Netflix)의 탄생이라는 또 다른 혁신으로 이어졌다. 새로운 서비스개념은 종종 기존 서비스가 고객욕구를 충족시키지 못하고 있음을 느끼는 현장의 직원들로부터 나오기도 한다. 예를 들어, 택시에 대한 고객수요가 많다는 것을 알게 된 프론트데스크의 아이디어는 호텔이 공항셔틀서비스를 제공하는 계기가 되었다. 서비스혁신은 다른 활동에서 얻을 수 있는 정보를 활용해 이루어지기도 하고,[2] 예상치 못한 사건을 통해 만들어지기도 한다.

(4) 인구통계학적 변화

연령구조와 출산율, 근로인구 등 인구통계학적 변화는 서비스수요에 영향을 미치는 중요한 변수다. 세계적으로 베이비붐세대가 55세 전후로 은퇴하기 시작하면서 건강관리와 금융서비스에 대한 수요가 증가하였으며, 늘어나는 인간의 수명은 활동적인 삶을 유지하기 위한 건강관련서비스 수요를 증가시켰다. 연금계획의 수정은 투자상담과 재무서비스에 대한 수요를 창출하며, 증가한 여가시간은 항공과 크루즈여행, 레스토랑, 호텔 및 리조트의 수요에 영향을 미치고 있다.

2. 서비스디자인의 구성

서비스디자인의 개념은 건축물의 설계에 비유된다. 건축가의 설계는 기초, 구조, 배관, 전기 등 건축물의 모든 시스템을 설명하는 엔지니어링 도면의 형태로 옮겨진다. 이러한 디자인과정과 유사한 것이 두 가지의 시스템요소로 구성되는 서비스디자인 개념이다. 첫 번째 요소는 전달시스템, 설비디자인, 입지선정, 공급능력계획 등의 구조적 요소이고, 두 번째 요소는 정보, 품질, 서비스접점, 공급능력 및 수요관리 등의 관리적 요소이다. 이 시스템요소들은 일관성 있는 서비스를 생산할 수 있도록 기술적으로 설계되고 구현되어야 한다. 여기에서는 탈장(脫腸)수술을 전문으로 하는 캐나다토론토에 소재한 숄다이스 병원(Shouldice Hospital)의 사례를 통해 서비스디자인의 구조적 요소와 관리적 요소가 각각 어떻게 구성되고 작동되는지를 살펴보자.[3]

(1) 서비스디자인의 구조적 요소

■ **전달시스템**

숄다이스 병원의 특징은 모든 프로세스에서 환자가 공동생산자의 역할을 한다는 점이다. 예를 들어, 환자는 수술전에 스스로 털을 깎고, 수술후에는 수술대에서 내려와 회복실로 걸어간다.

■ **설비디자인**

설비는 운동과 빠른 회복을 목적으로 설계되어 있다. 회복기간은 보통 4일이내이며 이는 일반병원의 약 절반에 해당된다. 병실에는 TV나 전화 등의 편의시설이 없으며, 환자는 걸어서 라운지나 샤워실, 카페테리아에 가야 한다. 넓은 병원마당은 산책에 적합하게끔 조경을 하였으며, 인테리어도 전형적인 병원의 분위기를 없애고 카펫와 장식으로 꾸며 놓았다.

■ **입지**

숄다이스 병원은 항공편을 편리하게 이용할 수 있도록 대도시지역에 입지하여 세계적인 서비스 시장지위를 확보하고 있다. 또한 배후도시의 인구가 많아서 간단한 통보만으로도 예약이 취소된 시간에 수술에 응해줄 수 있는 예비환자의 확보가 용이하다.

■ **서비스공급계획**

서혜부 탈장수술은[4] 대부분 긴급하지 않은 대기수술의 성격을 갖기 때문에 사용가능한 시간대에 고객을 모아서 한꺼번에 수술하는 일정을 수립할 수 있으므로 서비스의 공급력을 집중할 수 있다. 이처럼 수술일정의 수립이 용이한 것은 마치 객실가동률이 높은 호텔과 같이 병원운영을 가능하게 하며, 입원실과 청소, 배식 등의 보조적 서비스를 집중하는 데 유리하다.

(2) 서비스디자인의 관리적 요소

■ **정보**

숄다이스 병원의 서비스가 가진 특징은 병원과 환자의 지속적인 관계유지를 나타내는 연례적 환자모임에서 찾아볼 수 있다. 환자에 대한 정보를 지속적으로 유지함으로써 충성고객의 기반을 구축하며, 효과적인 구전효과를 기대할 수 있다. 정기적인 확인진료서비스를 무료로 제공하여 수술경과에 대한 개인별 데이터베이스를 구축하는 효과도 거두고 있다.

■ **품질**

이 병원의 가장 두드러진 서비스품질의 특성은 모든 의사로 하여금 서혜부 탈장치료를 위한 숄다이스의 치료방식을 준수하도록 요구하며, 이는 결과적으로 환자들에서 발생하는 서혜부 탈장의 재발을 낮추는 성과를 거두고 있다. 또한 수술에 어려움이 있는 환자는 수술을 시행했던 의사에게 의뢰하여 진료하도록 하고 있다. 일상적인 병원에 머물렀다기 보다는 짧은 휴가를 다녀온 것과 같은 경험을 갖도록 함으로써 고객이 인지하는 서비스품질을 높인다.

■ 서비스접점

직원과 환자가 함께 식사하는 방식을 통해 가족적인 분위기를 만드는 서비스문화를 강화하고 있다. 모든 직원은 환자들에게 조언해주고 빠른 회복을 도모할 수 있도록 돕기위한 훈련을 받는다. 아침에 이미 수술을 받았던 환자들은 저녁에 새로운 환자와 대화를 나누면서 수술전에 갖게 되는 두려움을 줄여준다.

■ 서비스공급능력 및 수요관리

사전에 우편설문조사를 통해 환자가 선별되며 예약을 통해서만 진료와 입원이 허용되므로 시기와 적합성이라는 측면에서 수요에 대한 통제가 효과적으로 이루어진다. 예약이 취소되어 결원이 생기는 경우는 외래환자나 지역에 거주하는 대기 환자를 입원시켜 보충하도록 함으로써 서비스의 공급력을 높인다.

(3) 고객의 서비스가치

새로운 서비스혁신을 고객이 수용하기 위해서는 디자인 프로세스가 고객중심의 관점에서 구축되어야 한다. 고객의 관점에서 서비스의 가치는 다음과 같이 산출된다.

$$\text{서비스가치} = \frac{\text{고객에게 제공된 결과물} + \text{프로세스 품질}}{\text{고객이 지불한 가격} + \text{서비스 획득비용}}$$

■ 고객에게 제공된 결과물

고객들은 아무 이유없이 제품을 구매하지 않는 것처럼 서비스의 구매는 결과적으로 고객의 욕구를 충족시켜야 한다. 예를 들어, 레스토랑의 분위기가 쾌적하고 친절한 서비스가 제공되더라도 음식은 반드시 만족스러워야 한다. 그러나 주유소에서 자동차에 주유해주는 서비스에 대해서는 소비자마다 차이가 있으며 고객에 따라 셀프서비스를 더 선호할 수 있다. 따라서 서비스의 가치를 결정하는 것은 고객이 결과물에 대해 느끼는 만족의 수준이다.

■ 프로세스 품질

서비스가 전달되는 방식도 고객에게 제공되는 결과물만큼이나 중요할 수 있다. 서점에서 책을 구매할 때 들이는 노력과 인터넷을 통한 구매의 편의성을 비교해보자. 고객이 서비스의 전달과정에 참여하기 때문에 프로세스 품질에서 이루어지는 개선의 정도는 고객이 수용할 수 있는 수준이어야 한다. 예를 들면, 우편서비스는 저렴하고 신속한 배달을 위해 가정에 직접 배달하는 방식을 택하기보다는 우편함을 설치하는 방식을 택하게 된다. 설치비용과 우편함을 열기 위한 번거로움이 뒤따르지만 우편물의 안전성은 확보된다.

■ 지불비용

품질과 비용 사이에 역(逆)의 관계가 반드시 성립하지는 않는다. 서비스품질의 균일성이 높아지면 고객이 지각하는 것과 기대하는 것이 더 잘 부합하기 때문에 당연히 비용이 줄어들게 된다. 예를 들어, 고객 스스로 가치를 부가하는 셀프서비스를 통해 고객들이 쉽게 서비스를 받게하면 비용도 줄어든다.

■ 서비스획득비용

서비스를 획득하기 위한 비용도 지불비용처럼 중요한 요소임에도 불구하고 서비스기업들은 종종 고객이 가격에만 관심을 두는 것으로 생각하는 경우가 종종 있다. 예를 들어, 책을 사기위해 서점을 찾아가는 것보다 인터넷으로 책을 주문하는 편의성이 고객에겐 배송비용보다 더 높은 가치를 부여한다. 고객이 지불하는 서비스획득비용을 낮추는 방법을 모색하는 것도 경쟁전략이 된다.

3. 서비스 프로세스의 포지셔닝

(1) 프로세스의 다양성과 복잡성

서비스기업은 서비스전달구조의 다양성과 복잡성을 통해 자사의 상품과 브랜드를 포지셔닝할 수 있다. 포지셔닝은 다음의 두 가지 요소를 고려해 프로세스의 구조를 결정해야 한다.

■ 다양성

서비스전달과정의 각 단계들에서 허용된 다양성의 정도는 서비스의 고객화(customization)를[5] 위해 서비스제공자에게 부여된 재량권 또는 자율성의 수준을 결정한다. 예를 들어, 변호사는 고객과의 상호작용에서 판단, 재량, 상황대처 등이 요구되기 때문에 법률보조원보다 훨씬 높은 다양성이 요구되며, 헤어살롱은 전통적인 방식을 새롭게 개발하는 높은 다양성을 추구해야 한다. 높은 다양성은 고객화에 대해 프리미엄 가격을 기꺼이 지불할 의사가 있는 고객을 확보하는 전략을 추구한다. 반면, 세무서비스를 제공하는 세무사는 정해진 세금의 납부와 환급을 준비하는데 도움이 필요한 중산층 납세자들을 표적고객으로 낮은 다양성의 반복적 업무를 수행하므로 한정된 기술을 가진 직원들을 활용하여 저렴한 비용으로 일관된 품질의 서비스를 제공한다.

■ 복잡성

서비스전달과정에서 각 단계의 수와 복잡성의 정도에 의해 포지셔닝전략을 추구한다. 전문화는 서비스의 범위를 줄이는 집중화전략으로서 결과적으로 낮은 복잡성을 띠게 된다. 예를 들어, 소매업계에서는 아이스크림, 쿠키, 커피처럼 단 한 가지 제품만을 판매하는 전문점이 늘어나고 있다. 이러한 전략이 성공하기 위해서는 서비스가 독특하거나 뛰어난 품질로 인식되어야 하는 반면, 적극적인 시장침투나 수입의 극대화를 위해서는 보다 많은 서비스를 추가하는 전략이 필요하며, 그 결과 높은 복잡성을 지닌 서비스구조가 만들어진다. 예를 들어, 수퍼마켓은 은행, 약국, 꽃집, 서점, 패스트푸드 등의 서비스확대를 통해 대형매장으로 발전한다.

(2) 서비스청사진[6)]

■ 청사진의 기능

청사진(blue print)은 서비스전달 프로세스를 구성하는 모든 활동의 지도 또는 흐름도를 말한다. 서비스관리자가 서비스를 최종적으로 실행하기 전에 종이 위에 도표를 작성함으로써 서비스개념을 검증하여 서비스시스템에 대해 정확한 이해를 도모한다. 관리자는 청사진을 통해 서비스지연이나 실수가 발생할 수 있는 지점들을 파악하고, 서비스에 대한 고객의 인식을 파악함으로써 문제해결을 돕는다.

■ 청사진의 활용

서비스청사진은 다음과 같은 질문들에 문제를 해결하는 방법이다. 고객행동을 유도하기 위해 어떤 표지판을 세울것인가? 업무중에 생략하거나 고객이 셀프서비스를 할 수 있는 서비스요소가 있는가? 어떤 업무활동이 잘못 처리될 가능성이 큰가? 예를 들면, 음식주문을 받을 때 실수를 하지 않기 위해 메뉴항목에 번호를 매기는 방안을 생각해 볼 수 있을 것이다. 〈그림 11-1〉은 호텔서비스의 청사진을 나타낸 것이다. 그림 맨위에서 물적증거라고 표시된 부분은 고객이 볼 수 있거나(예: 호텔외관, 종업원의 유니폼, 객실인테리어 등) 직접 경험할 수 있는 것(예: 체크인을 위한 대기, 샤워, TV시청, 식사 등)들을 포함한다. 기업은 이 부분이 고객의 기대 및 호텔의 이미지와 상응하는지를 고려해야 한다. 상호작용선을 가로지르는 수직흐름선들은 고객과 업체(예: 서비스카운터) 간의 직접적 접촉을 나타낸다. 여기서 예상할 수 있는 질문들은 다음과 같다. 고객서비스는 같은 사람이 제공해야 하는가? 아니면 다른 사람에 의해(예: 가방운반) 제공해도 괜찮은가? 입구의 접객직원, 체크인담당자, 가방운반직원, 음식배달직원 간에는 각기 다른 대면/비대면기법이 필요한가?

그림 11-1 호텔의 서비스청사진(예시)

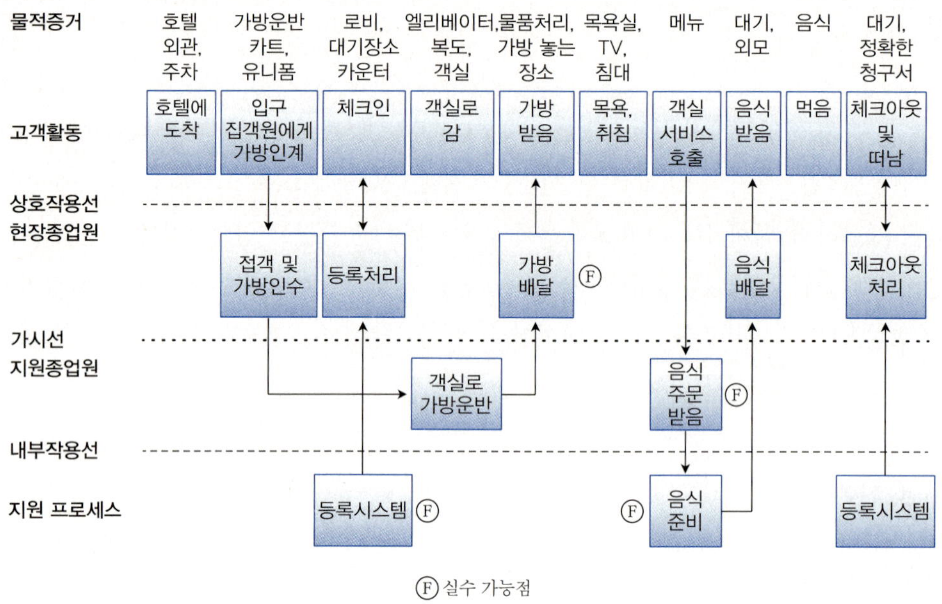

자료 : FFB, *Service Management*, McGraw-Hill, 2014, p.87.

고객과 접촉하는 현장직원의 행동은 두 부분으로 이루어지며, 고객의 행동과 병행하여 수행된다. 상호작용선과 가시선 사이의 활동들은 고객들이 훤히 볼 수 있는 것들로서 '무대위에 올려진' 행동이라고 할 수 있다. 가시선 아래를 '무대뒤'와 같이 고객들이 볼 수 없는 행동들이 나타나 있다. 이 영역에서는 무대위에서의 불필요한 지연을 피하기 위해 무대뒤의 인력을 적절히 배치하는 문제를 고려해야 한다. '내부작용선' 아래에는 지원프로세스가 나타나 있는데, 여기서 주로 제기되는 질문은 등록시스템, 조리실인원 등과 같은 후방지원시스템의 수용력과 관련한 것들이다.

(3) 프로세스 디자인의 분류

서비스 프로세스는 다양성, 서비스대상, 고객접촉의 정도 등의 기준에 따라 분류된다. 〈표 11-1〉에서 보는 바와 같이 서비스는 넓은 의미에서 낮은 다양성, 즉 표준화된 서비스와 높은 다양성, 즉 고객화된 서비스로 구분된다. 이 두 가지 범주안에서 서비스 프로세스의 대상은 재화, 정보, 사람 등이며, 고객접촉의 정도는 무접촉, 간접접촉, 직접접촉 등으로 구분된다.

■ 다양성

표준화된 서비스는 한정적으로 정의되고 집중화된 대량서비스를 위해 설계된다. 일상적이고 반

표 11-1 서비스 프로세스의 분류

<table>
<tr><th colspan="2" rowspan="2">고객접촉 정도</th><th colspan="3">낮은 다양성(표준화된 서비스)</th><th colspan="3">높은 다양성(고객화된 서비스)</th></tr>
<tr><th>재화</th><th>정보/이미지</th><th>사람</th><th>재화</th><th>정보/이미지</th><th>사람</th></tr>
<tr><td colspan="2">접촉없음</td><td>• 드라이클리닝
• 자동판매기로 재고 보충</td><td>• 신용카드
• 대금명세서 처리</td><td rowspan="2"></td><td>• 자동차수리
• 맞춤양복</td><td>• 컴퓨터프로그래밍
• 건물디자인
• 설계</td><td rowspan="2"></td></tr>
<tr><td colspan="2">간접접촉</td><td></td><td>• 가정에서 컴퓨터로 식료품 주문
• 전화로 계좌 잔액 조회</td><td></td><td>• 항공관제사의 착륙감독
• TV경매에 참가</td></tr>
<tr><td rowspan="2">직접접촉</td><td>고객서비스 제공자의 상호작용 없음(셀프서비스)</td><td>• 자동판매기의 운영
• 기성가구의 조립</td><td>• 현금자동입출금기에서 현금 인출
• 즉석사진촬영</td><td>• 엘리베이터 운영
• 에스컬레이터 탑승</td><td>• 부페식당에서 음식선택
• 식료품점에서 자율포장</td><td>• 병원에서 병력기록 작성
• 도서관에서 정보를 찾음</td><td>• 렌트자동차 운전
• 헬스클럽설비 이용</td></tr>
<tr><td>고객서비스 제공자의 상호작용</td><td>• 레스토랑에서 제공하는 음식
• 세차</td><td>• 강의
• 일상적인 금융거래 처리</td><td>• 대중교통수단
• 예방접종실시</td><td>• 가정용 카페트 청소
• 조경서비스</td><td>• 초상화
• 카운셀링</td><td>• 미용실
• 외과수술시행</td></tr>
</table>

자료 : Reprinted with permission Urban Wemmerlov, "A Taxonomy for Service Process and Its Implications for System Design," *International Journal of Service Industry Management 1*, no. 3(1990), p.29

복적인 서비스는 상대적으로 낮은 기술적 역량의 서비스제공자를 필요로 한다. 서비스의 반복적인 속성은 수작업을 자동화로 대체하는 원인이 된다(예: 자판기, 자동세차기). 서비스제공자의 재량권을 줄이는 것은 일관된 서비스품질을 유지하는 방법이지만 접점의 다양한 상황에 대처하는데 어려움이 뒤따른다. 이러한 개념을 서비스디자인의 생산라인방식이라고 부른다. 고객화가 필요한 다양성 높은 서비스는 제공과정에서 유연성과 판단력을 요구하며, 고객과 서비스제공자 간에 많은 정보가 교환된다. 고객화된 서비스의 이러한 특징으로 인해 서비스제공자는 높은 수준의 기술과 분석능력을 갖추어야 한다. 예를 들어, 상담이나 조경과 같이 프로세스를 일정하게 디자인하기 어려운 경우에는 의사결정의 자율성과 재량권을 서비스담당자에게 위임하는 것이 유리하다.

■ 서비스 프로세스의 대상

서비스 프로세스의 대상에 따라 디자인의 초점과 내용이 달라진다.

- **재화** : 서비스 프로세스가 이루어지는 재화가 고객이 소유한 경우와 기업에 의해 제공되는 경우 각각 구별이 필요하다. 자동차수리나 세탁과 같은 서비스는 고객의 자산을 대상으로 수행되는 반면, 레스토랑의 서비스는 보조적 용품이나 분위기, 환대 등이 패키지로 제공된다.

- **정보처리** : 자료의 수집, 처리, 분석과 같은 정보처리업무는 모든 서비스시스템에서 발생하며, 대부분 후방업무에 속하는 활동이다. 반면에 상담서비스처럼 고객과 서비스직원 간의 직접적인 상호작용을 통해 정보가 제공되는 서비스도 있다.
- **사람** : 프로세스의 대상이 사람일 때 신체적 변화(예; 미용실, 의료서비스)나 공간적 변화(예; 버스승차, 자동차렌트)가 일어난다. 이러한 서비스의 높은 고객접촉과 인간적 감성, 즉 '하이터치(high touch)'의 속성[7] 때문에 서비스제공자는 기능뿐만 아니라 대인관계능력을 갖춰야 한다. 고객이 직접 서비스시스템에 참여하므로 설비의 디자인과 입지에도 관심을 기울여야 한다.

■ 고객접촉의 형태

고객의 접촉방식에 의한 서비스 프로세스를 분류할 수 있는데, 고객을 직접 또는 간접으로 접촉하는 방식에 따라 서비스기업의 포지셔닝전략이 달라지므로 접촉형태는 시스템의 설계와 개선에 영향을 미친다. 고객접촉의 형태는 두 가지로 나눌 수 있다.

- **직접적 고객접촉** : 고객이 물리적으로 참여해 서비스를 창출하는 것으로 서비스제공자와 상호작용이 없는 경우와 상호작용이 있는 경우로 구분된다. 셀프서비스는 고객이 종종 필요한 시간에 필요한 노동력을 제공하기 때문에 ATM이나 키오스크처럼 고객이 기계와 상호작용하는 방법을 학습해야 한다. 반면에 고객이 서비스담당자와 직접접촉을 원하는 경우, 현장직원에게는 서비스전달을 위한 대면서비스에 대한 교육훈련과 입지, 배치, 디자인 등에 대한 지식이 필요하다.
- **간접적 고객접촉** : 고객이 서비스전달시스템과 분리되기 때문에 제조업형태의 접근방식이 필요한 경우다. 입지선정, 설비디자인, 작업일정, 직원교육 등에 관련된 의사결정은 효율성에 따라 결정된다. 고객과의 접촉이 없는 드라이클리닝이나 자동차수리 등이 해당된다.

(4) 서비스시스템의 디자인방식

고객이 경험하는 서비스속성들의 묶음인 서비스패키지는 명시적 서비스와 묵시적 서비스, 지원설비, 보조용품, 정보 등의 요소로 구성된다. 서비스시스템에서는 이러한 특징들이 조화를 이루도록 시스템을 디자인하는 것이 핵심적인 요소인데, 서비스시스템의 디자인에는 다음과 같은 방식들이 적용된다.

■ 생산라인방식(production line approach)

운영의 효율성과 일관된 품질보장을 위해 통제된 환경에서 정형화된 서비스를 제공하는 방식이다. 특정 도구와 기계설비가 생산성 향상을 위해 제공되며, 원가절감으로 경쟁적 우위를 점할 수 있다. 맥도날드는 이러한 생산라인방식을 서비스에 적용한 대표적인 사례이다. 원자재는 별도의 장소에서 준비되기 때문에 직원은 크기, 품질, 일관성 등에 관한 재량권을 갖지 못하며, 저장설비는 미리 결정된 제품믹스를 위해 특별히 설계되어 서비스에 불필요한 음식이나 음료를 위한 여유공간을 허용하지 않는다. 이 방식의 특징은 다음과 같다.

- **직원의 재량권제한** : 생산라인의 장점은 표준화와 품질의 일관성이다. 표준화된 일상적인 서비스에 있어 고객들은 서비스성과의 일관성에 가치를 부여한다. 소비자들이 제조업체의 제품간에 차이를 구별할 수 없는 것처럼 어느 대리점에서도 같은 수준의 서비스를 기대하며, 직원의 재량권은 고객화가 필요한 경우에만 제한적으로 허용된다.
- **분업** : 생산라인방식은 전체적인 작업을 단순한 작업단위로 세분화한다. 작업세분화를 통해 기능별로 전문화하며, 분업은 직원이 직무수행에 필요한 기능에만 집중할 수 있도록 한다.
- **서비스인력의 대체** : 인력을 기계설비로 대체한 제조기업의 경우와 같이 예를 들어, 은행의 창구직원 대신에 ATM이 사용되는 것처럼 서비스인력을 기술로 대체하는 방식이다.
- **서비스의 표준화** : 한정된 서비스옵션을 제공함으로써 수요를 예측하고 미리 계획할 수 있으므로 규정된 과업내용과 고객의 순차적 흐름이 일상적인 서비스의 프로세스가 된다. 표준화는 통제를 용이하게 하므로 서비스품질의 일관성을 확보하는 데 유리하다.

■ 공동생산자로서의 고객(co-production)

대부분의 서비스전달과정에는 고객이 공동생산자로 참여하며, 고객참여는 고객화를 촉진한다. 전달시스템의 범위는 고객이 참여하는 정도에 따라 셀프서비스에서 서비스제공자에게 전적으로 의존하는 방식까지 다양하다. 다음의 특징들은 서비스전달과정에서 고객이 공헌할 수 있는 몇 가지 유형들이다.

- **셀프서비스** : 셀프서비스는 개별화된 서비스를 고객의 노동력으로 대체하는 가장 높은 수준의 생산방식이다. 공동생산자인 고객은 자신이 제공한 노동력의 혜택을 낮은 비용으로 돌려받는다. 그리고 셀프서비스에 대한 고객의 성향에 따라 고객을 세분화하기도 한다. 예를 들어, 샐러드바의 대중화는 샐러드의 양과 내용을 고객마음대로 정하도록 함으로써 가능해졌다. 공동생산은 필요한 시점에 고객이 추가적인 서비스능력을 발휘하기 때문에 서비스의 수급불균형도 해결할 수 있다.
- **예약을 통한 수요집중의 분산** : 서비스는 시간경과에 따른 상품가치의 소멸성으로 인해 시간대별, 요일별, 계절별수요의 변동에 따라 공급을 조절하는 것이 프로세스 관리상의 어려움이다. 서비스의 공급능력에 맞도록 예약을 통해 서비스의 소비를 고객이 스스로 조절하는 공동생산자의 역할을 하도록 돕는다. 따라서 서비스기업은 수요의 집중화문제를 해결하기 위해

예약제도를 활용하고 이를 통해 고객의 서비스 대기시간을 줄인다.

- **고객제작의 콘텐츠** : 인터넷은 고객과의 공동생산을 촉진한다. 예를 들어, 지식공유를 위한 웹사이트는 개인들이 자료를 추가하고 검색·보완하는 과정을 통해 자체적으로 통제되기 때문에 모든 자료의 입력이 한 사람의 관점에 의해 이루어지는 경우보다 더 풍부한 정보를 제공할 수 있다.

■ 고객접촉방식(customer contact)

서비스시스템의 디자인은 고객접촉방식에 따라 달라진다. 서비스관리자는 효율성을 높이기 위해 서비스운영을 설계하기 위해 전달시스템을 고객접촉의 정도에 따라 각각 다르게 디자인할 수 있다.

- **고객접촉의 정도** : 고객접촉이란 시스템내에 고객이 물리적으로 참여하는 것을 뜻한다. 고객접촉의 정도는 고객이 서비스시스템내에서 소비하는 시간을 총 서비스제공시간으로 나눈 비율로 측정한다.
- **고접촉과 저접촉운영의 분리** : 서비스시스템을 고접촉과 저접촉운영으로 분리할 때 각 부문은 독립적으로 설계되어야 한다. 고접촉운영은 직원의 대인능력이 중요하며, 고객이 서비스의 시간과 내용에 상대적으로 많은 영향을 미치기 때문에 직무와 활동수준이 불확실하다. 반면, 저접촉운영은 고객접촉으로부터 상대적으로 더 분리될 수 있으며, 고객과의 커뮤니케이션 유지가 필요하다. 서비스분리는 후방업무의 운영이 공장과 같이 일정계획에 따라 이루어져 효율성을 높이는 이점이 있다.
- **판매와 서비스전달** : 서비스전달에 있어 비용과 판매기회 간에는 상충관계가 있다. 서비스전달비용이 많이 들수록 고객접촉이 많아져 판매기회가 늘어나게 된다. 대면적 서비스는 숙련도가 높은 접점직원을 배치할수록 충성고객을 확보할 기회가 늘어난다. 반면, 웹사이트는 저렴한 비용으로 보다 많은 잠재적 고객에게 접근할 수 있지만 고객의 다양한 욕구를 충족시키는 데에는 한계가 있다. 〈그림 11-2〉는 판매기회와 전달비용을 고려한 서비스디자인의 관계를 나타내고 있다.

■ 정보에 대한 권한위임(information empowerment)

오늘날 IT의 발달로 인해 고객과 서비스에 대한 정보없이는 서비스의 제공이 불가능하게 되었다. 서비스기업에 있어 IT의 중요한 기능중 하나는 직원과 고객모두에게 정보에 대한 권한을 부여한다는 점이다.

- **직원에 대한 권한위임** : 서비스직원은 컴퓨터의 데이터베이스에 고객정보를 저장하고 필요한

그림 11-2 판매기회와 서비스디자인

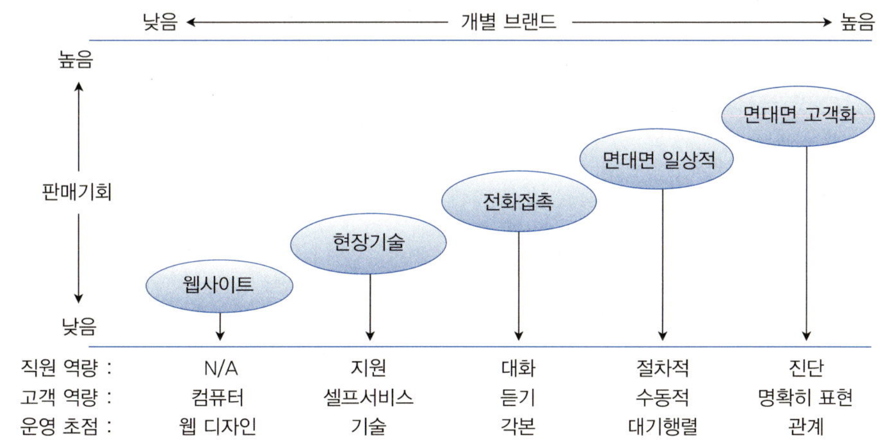

자료 : FFB, *Service Management*, McGraw-Hill, 2014, p.80.

정보를 언제든지 활용할뿐 아니라 공간적·시간적 제약이 해소됨으로써 조직의 내부 또는 외부와 자유롭게 정보를 교환하고 협력할 수 있다. 예를 들어, 항공사의 비행기운항이 취소되었을 때 담당직원은 문제해결을 위해 자사의 다른 항공편뿐 아니라 제휴항공사의 좌석을 조회하고 예약할 수 있다.

- **고객에 대한 권한위임** : 고객역시 IT에 의해 권한을 행사할 수 있다. 고객은 서비스제공자에게 전적으로 의지하는 대신 인터넷을 이용하여 공간적 제약없이 서비스 프로세스에서 능동적인 역할을 한다. 예를 들어, 의료문제에 관한 의문을 가진 고객은 원하는 정보를 세계 각국에서 구할 수 있으며, 심지어 인터넷을 통해 원하는 서비스를 직접 제공받을 수도 있다.

제2절 서비스 지원설비와 프로세스

서비스의 물리적 환경은 고객과 서비스직원의 인식과 행동에 영향을 미친다. 설비디자인을 위해서는 서비스의 목적, 공간의 적정성, 유연성과 심미적 요소, 환경요인 등이 모두 고려되어야 하며, 설비의 배치에는 양적흐름, 공간계획 등이 반영되어야 한다. 제조업의 생산관리나 산업공학에서 다루어지는 공정관리와 작업흐름의 분석기법들은 서비스상품의 생산 및 소비프로세스에 맞게 적절히 수정되어 적용된다. 본절에서는 설비의 디자인과 배치, 프로세스분석 등을 살펴보고, 모든 프로세스흐름의 용어가 사용되는 서비스기업의 예로 설명한다.

1. 설비디자인

서비스설비의 디자인과 배치는 서비스패키지의 구성요소 중 하나로 서비스운영에 직접적인 영향을 준다. 앞의 숄다이스 병원의 서혜부 탈장수술의 성공요인의 대부분은 훌륭한 설비의 디자인과 배치때문이다. 예를 들어, 병원의 수술실을 그룹화해서 의사들은 수술중에 서로 자문을 주고받는 것이 용이하다. 환자에게는 수술후에 조기보행을 위한 시설을 마련하고 공동식당에서 식사를 제공받도록 함으로써 좀 더 걷도록 만들어 빠른 쾌유를 유도한다. 다른 환자와의 회복속도비교표를 통해 확인할 수 있게 하고 TV시청은 각자 병실에서 하지 못하게 함으로써 환자 혼자누워 고통을 느끼는 시간을 줄인다. 디자인에서 고려해야 하는 요인은 서비스조직의 특성과 목적, 공간적 요구와 가용성, 유연성, 심미적 요소 및 지역사회와 환경 등이다.

(1) 서비스조직의 특성과 목적

설비의 디자인에는 핵심서비스의 기능을 우선적으로 반영해야 한다. 예를 들어, 은행에서는 금고가 위치할 공간의 확보가 중요하며, 병원은 환자의 프라이버시가 보장되는 진료공간의 확보가 중요하다. 설비는 서비스의 기본조건외에도 소비자들의 서비스인식에 도움을 준다. 예를 들어, 맥도날드의 황금색 간판은 그것이 무엇인지 즉각적으로 인식할 수 있게 해주며, 학교나 장례식장과 같이 외부의 설계가 내부서비스에 대한 물리적 단서를 제공한다. 디자인은 서비스의 기능을 나타내는 적절성도 중요하다. 주유소는 밝은색 계통의 개방된 조립식철제구조가 적절한 반면, 안전성을 보장해야 하는 은행의 경우는 이와 대비되는 디자인이 좋다.

(2) 토지가용성과 공간

서비스설비가 위치하는 대지에는 비용, 주변지역의 규제, 가용면적 등의 제약조건이 수반된다. 지방에 위치한 서비스설비는 상대적으로 넓은 공간의 확보가 가능하지만 도시지역에서는 토지이용률이나 외부구조 등에 대한 법률적 규제를 먼저 검토해야 하며, 주차공간 등의 지원시설과 미래의 확장가능성도 함께 고려할 필요가 있다.

(3) 유연성

서비스수요의 변동성에 적절히 대응하기 위한 유연성이 필요하다. 유연성은 미래를 위한 디자인이라고 할 수 있다. 디자인단계에서는 미래의 확장가능성을 고려해 어떻게 디자인해야 하는가? 현재의 서비스설비가 앞으로 다른 서비스를 추가하려면 어떻게 디자인해야 하는가? 등의 문제를 함께 생각해야 한다. 미래를 위한 디자인은 당장 추가비용이 발생할 수 있으나 장기적으로 전체비용을 절감할 수 있는지를 함께 검토해야 한다.

(4) 안전성

서비스시설에 대한 안전시스템은 디자인에서 가장 기본이 되는 요소다. 예를 들어, 감시카메라(CCTV)는 서비스시설의 안전성을 강화하는 데 유용하다. 은행이나 편의점에서는 범죄예방에 효과적이며, 요양원에서는 가족이 환자를 돌보는 광경을 보거나 보모가 집에서 아이를 돌보는 모습을 확인하는 수단이 된다. 안전성 목적의 설비디자인은 바람직하지 않은 결과를 예방하기 위해 다양한 수단을 필요로 한다.

(5) 심미적 요소

설비의 외형이 지니는 심미적 요소들은 서비스의 매력에 직접적인 영향을 준다. 예를 들어, 명품의 여성옷을 찾는 고객이 백화점의 의류매장에 들어서면 카펫이 깔려있고 옷걸이 사이에는 공간이 넉넉하고, 선반에는 옷들이 여유있게 걸려 있으며 간접조명으로 은은한 분위기를 느낀다. 그리고 즉시 서비스할 준비가 되어 있는 우아한 판매원을 보게 되며, 전시장과 떨어진 곳의 탈의실은 널찍하며 옷입은 모습을 여러 각도에서 볼 수 있게 삼면이 거울로 되어 있고, 매장의 분위기는 우아하고 관심을 끌기 충분한 느낌을 주도록 설계되어 있다. 이와 같은 디자인의 심미적 요소는 소비자의 인식과 행동에 영향을 미치며 설비배치는 직원뿐 아니라 제공되는 서비스가치에도 영향을 미친다.

(6) 지역사회와 환경

지역사회와 환경은 서비스설비의 디자인에 중요한 요소이다. 소음이나 냄새 등의 공해, 주민들의 안전을 저해하거나 불편함이나 혐오감을 줄 수 있는 요소들은 사전에 검토하여 디자인단계에서 반영해야 한다. 이를 위해 예상되는 환경요인별로 지역사회와 규제기관 등의 동의를 얻어야 하며, 지역사회와 서비스환경이 생태계를 건전하게 조성할 수 있도록 설비를 디자인하고 서비스지침을 마련해야 한다.

2. 프로세스분석

(1) 프로세스유형

서비스 프로세스에는 컨설팅처럼 개별적인 계약에 따라 수행되는 프로젝트서비스, 병원처럼 다수의 특화된 다종소량으로 제공하는 잡숍(job shop)방식의 서비스, 항공사처럼 고객그룹을 대상으로 동시적 서비스를 제공하는 일괄처리(batch)서비스, 카페테리아처럼 고정된 생산시설로 제공되는 서비스, 그리고 전기나 가스처럼 끊임없이 서비스가 전달되는 연속서비스 등 다양한 유형이 있다. 〈표 11-2〉은 서비스 프로세스를 공정관리의 유형별로 나타낸 것이다.

표 11-2 서비스 프로세스 유형별 경영과제

프로세스 유형	서비스 예	특 징	경영 과제
• 프로젝트	• 컨설팅	• 개별계약	• 직원채용과 일정계획
• 잡숍(job shop)	• 병원	• 다수의 특화된 부서	• 사용율균형화와 환자 일정계획
• 배치	• 항공	• 동시에 서비스받은 일단의 고객그룹	• 좌석 등 시간이 지나면 사라져 버리는 자산의 가격책정
• 흐름	• 카페테리아	• 생산흐름의 고정화	• 수요변동에 인력조정
• 연속	• 전기	• 끊김없는 배달	• 유지보수와 능력계획

자료 : FFB, *Service Management*, McGraw-Hill, 2014, p.149.

(2) 흐름도(Flow Chart) 분석

흐름도는 문제나 작업의 범위를 결정하고 분석한 내용을 명확히 나타낼 수 있도록 필요한 작업단위와 처리순서를 통일된 기호와 도형을 사용하여 도식적으로 표시하는 것이다. 흐름도분석은 서비스 프로세스를 논리에 따라 표준화된 기호를 사용하여 개선이 필요한 작업을 찾아내 시스템의 서비스능력을 개선하는 방법이다. 서비스 흐름분석에 널리 이용되는 수영장 레인흐름도(Swim lane flowchart)는 레인(lane)사이에서 일어나는 일을 집중조명하여 마치 수영장의 레인과 같이 기능별라인을 가로지르는 조직의 활동을 나타낸다.[8)] 최종 흐름도는 개별기능 간 활동의 조정에 도움이 되고 교육훈련에도 유용하며, 서비스개선을 위한 창의적인 아이디어 도출하는 데 유리하다. 예를 들어, 이용자의 불편을 줄이기 위해 프로세스를 어떻게 개선하는 것이 바람직할까? 이 문제에 대해 온라인 Q&A 시스템을 구축하면 신청자가 서비스 프로세스에 스스로 해결할 수 있기 때문에 서비스접점에서 현장직원이 신청고객을 대면할 필요성을 줄여준다.

- 단락 ○ : 프로세스에서 시작과 종료를 표시하는 타원
- 작업 □ : 프로세스나 실행단계를 표시하는 직사각형
- 결정 ◇ : 질문이나 분기점을 나타내는 다이아몬드형
- 대기 ▽ : 대기시간이나 상품의 재고를 나타내는 역삼각형
- 흐름 → : 고객이나 정보의 이동을 나타내는 화살표

예를 들어, 은행의 대출서비스에 대한 프로세스의 흐름도를 살펴보자. 고객은 은행으로부터 대출을 받기위해 보유한 부동산을 담보를 제공하려고 한다. 은행은 담보자산에 대한 정확한 기술과 소유권이 다른 저당권설정없이 깨끗하다는 증명서를 요구하게 된다. 아울러 고객의 지불능력이 충분한지 신용을 조회한다. 대부분의 금융기관은 자금을 융자해 주기에 앞서 이러한 절차에 따라 서비스를 제공한다. 〈그림 11-3〉은 대출신청에 대한 프로세스를 단순화해 그린 흐름도이다. 도표에서는 각 활동을 수행하는데 소요되는 평균예상시간을 사이클타임(cycle time : CT)으로 표시하였다.

그림 11-3 은행대출 서비스의 프로세스 흐름도

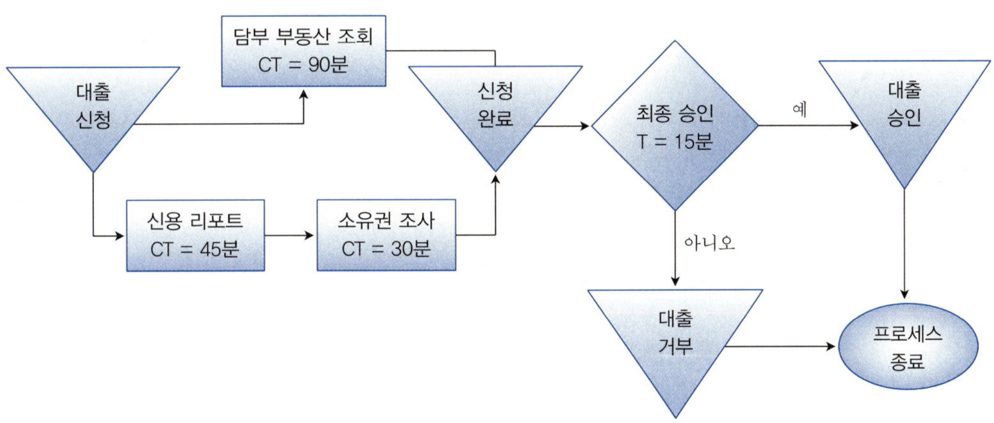

(3) 간트차트(Gantt chart)

간트차트는 목적과 시간의 두 기본적 요소를 이용하여 만드는 흐름도를 말하며, 간트(Henry Gantt)에 의해 고안되어 공정관리에서 이용되기 시작했다. 프로세스의 주요활동을 파악하여 각 활동의 일정을 시작하는 시점과 끝나는 시점을 연결한 막대모양으로 표시하여 전체의 프로세스를 한눈에 볼 수 있게 한다. 〈그림 11-4〉에서 세 건의 대출신청을 시간의 흐름에 따라 살펴보자. 담보부동산조회는 대출신청자 1번 다음에 2번 또 다음 3번이 연속되고 있어 비정상적 활동이 된다. 부

그림 11-4 은행 대출 서비스의 칸트 차트(Gantt chart)

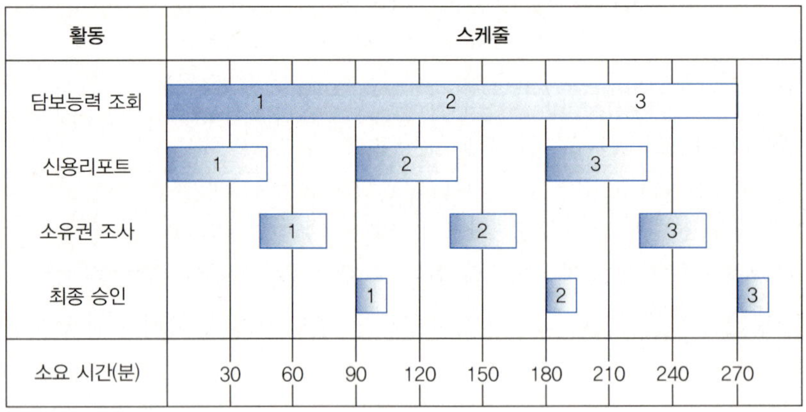

동산조회활동은 쉴 틈이 없으므로 이를 산출물을 지연시키는 병목이라 부르며, 사이클타임(CT)이 90분이라는 것은 한 건의 담보대출신청이 완료되기까지 매번 소요되는 시간이다. 또한 신용리포트와 소유권조사는 시스템의 생산성에 어떠한 손실도 주지 않으며 하나로 합쳐도 된다. 이때 총 소요시간은 두 활동의 소요시간 45분, 30분을 합해 총 75분이 된다. 각 사이클타임이 90분이므로 이렇게 합치더라도 여전히 15분의 여유가 있다. 간트차트는 작성과 이해가 쉽다는 장점이 있으며, 특히 서비스관리자가 흐름도를 작성하는 과정에서 활동별일정과 필요자원에 대해 세밀하게 검토할 수 있다.

(4) 프로세스 기본용어

앞의 예를 통해 프로세스 기본용어를 설명해 보자. 서비스담당자가 각 활동에 한명씩 배치되어 있으며 대출신청자의 수요는 무한하다고 가정한다.

■ 사이클타임(CT)

연속되는 서비스단위의 시작과 완료까지 소요되는 평균시간을 나타낸다. 특정 작업의 경우 CT는 해당 활동을 수행하기 위해 걸리는 평균시간이다. 사례에서 신용리포트를 받기위해 평균 45분이 소요된다. 그러나 사이클타임은 여러 서비스제공자가 같은 작업을 수행하는 작업장에도 적용될 수 있다. 〈그림 11-4〉에서 담보부동산 조회의 경우 두 사람이 조회업무를 담당하고 있다면 이 작업장에 대한 CT는 90분/2로 45분이 된다. 마지막으로 전체시스템의 CT도 설정할 수 있는데, 이를 통해 연속해서 서비스를 받고 돌아가게 되는 고객간의 시간차이를 알 수 있다. 그러나 시스템의 CT는 병목작업을 규명한 후에 결정되어야 한다.

■ 병목작업(bottle neck)

프로세스흐름의 지연을 해결하는 작업을 말한다. 병목작업은 CT가 가장 긴 작업으로서 앞의 사례에서 CT = 90분인 담보부동산의 조회를 통해 프로세스의 이동속도를 촉진시켜 전체시스템의 CT를 단축한다. 병목구간은 작업자의 처리능력, 정보, 특히 서비스의 경우는 고객의 도착률 등에 의해 영향을 받는다. 병목현상을 제거하기 위해서는 대기라인의 형태를 개선하거나 대기장소를 설치해 작업의 중단을 방지하고 산출을 적절하게 조절해야 한다.

■ 서비스공급력(capacity)

서비스공급력은 서비스시스템의 단위시간당 산출량으로 나타낸다. 제한이 없는 특정작업의 서비스공급력은 시간당처리가능한 작업량으로 측정되다. 예를 들어, 소유권조사작업의 서비스공급력은 한 건의 신청을 처리하는데 30분이 소요되므로 시간당 2건이 된다. 전체시스템의 서비스처리능력은 병목작업의 서비스공급력에 따라 결정된다. 은행대출의 예에서 담보부동산 조회작업이 가장 긴 CT = 90분을 가진 병목작업이 되므로 전체시스템의 서비스공급력은 60분/90분, 즉 시간당 2/3건이 되며 1일 8시간 영업을 기준으로 하루 5.33건을 처리하게 된다.

■ 서비스이용률(capacity utilization)

서비스이용률은 수요가 집중될 때 프로세스의 서비스공급력에 대한 실제 산출의 상대적 크기를 나타내는 측정치이다. 특정한 날에 대출신청건수가 5건이었다면, 이 경우 서비스이용률은 5/5.33 = 93.75%가 된다. 고객의 도착시간과 서비스제공시간의 변동성 때문에 서비스기업의 경우 100% 서비스공급력을 달성하는 것은 불가능하다. 따라서 개별작업의 서비스이용률은 지연으로 인한 서비스실패의 위험이 있으므로 균형있게 운용되어야 한다.

■ 서비스처리시간(throughput time)

고객이 도착해서 떠날때까지 서비스 프로세스가 완료되기까지 걸리는 총 시간을 말한다. 처리시간은 주경로(主經路, critical path) 단위작업시간의 합과 모든 대기행렬에서 소비되는 평균시간을 더하여 산출한다. 주경로는 프로세스의 시작과 종료를 연결하는 활동 가운데 가장 긴시간이 소요되는 경로를 뜻한다. 은행대출의 예에서 대출신청서제출부터 담보부동산조회를 거쳐 최종승인이 종료되는 경로가 주경로에 해당된다. 따라서 처리시간은 다음과 같이 산출된다.

처리시간 = 대출신청 평균대기시간
+ 담보부동산 조회(90분)
+ 신청완료를 위한 평균대기시간
+ 최종승인(15분)

신용리포트와 소유권 조사작업에 모두 75분이 소요되지만, 이들 작업은 주경로에 포함되지 않는다.

■ 긴급주문처리시간(rush order flow time)

시작부터 종료까지 대기시간없이 시스템을 진행하는 데 걸리는 시간이다. 앞의 예에서 주경로를 따라 산출되는 긴급주문에 대한 처리시간은 담보부동산조회(90분)와 최종승인(15분)을 합한 105분이 된다.

■ 직접 노동시간(direct working hours)

모든 작업에 소요된 작업시간의 합이며, 전문서비스의 경우에는 서비스가격을 산출하는 기준으로 이용된다. 앞의 예에서 총 직접 노동시간은 90 + 45 + 30 + 15 = 180분이 된다. 작업자가 실제 서비스의 가치창출에 기여하는 시간의 비율을 직접 노동이용률이라고 한다. 앞의 예에서 직접 노동이용률은 다음과 같이 산출된다.

$$\text{직접 노동이용률} = \frac{\text{총 직접 노동시간}}{(\text{프로세스 CT}) \times (\text{작업자 수})} = \frac{180}{90 \times 4} = 50\%$$

3. 설비배치

(1) 설비배치의 의의

서비스전달시스템에서 설비의 배치(layout) 또는 배열은 서비스제공자와 고객의 편의를 위해 중요한 요소다. 제한된 서비스공간에서 배치의 대상은 장비와 작업장, 사무실 등에 해당된다. 효율적인 설비배치를 위해서는 서비스유형별로 공급능력과 용적, 이동장비, 환경과 심미적 요소, 정보의 흐름, 이동비용 등을 종합적으로 고려하여 결정한다.

(2) 서비스흐름과 작업할당

일부 표준화된 서비스는 고객이 경험하는 고정된 단계 또는 작업순서로 분리될 수 있는데, 제품을 정해진 순서로 조립하는 생산조립라인과 유사한 프로세스배치(flow process layout)방식이 적용된다. 예를 들어, 고객이 식사를 위해 쟁반을 들고 원하는 것을 선택하는 카페테리아나 뷔페식당에서는 직원들이 동시에 같은 작업을 수행하도록 할당해야 한다. 손님의 이동에 가장 많은 시간이 걸리는 지점은 병목을 초래하고 서비스라인의 공급능력을 제한하므로 서비스 프로세스에서 발생하는 변동에 주의를 기울여야 한다. 이 경우 병목작업을 줄이기 위한 대안을 마련해야 하며, 균형있는 라인은 작업수행에 있어 불필요한 태만이나 불공정을 해결하도록 모든 작업에 균등한 시간이 할당되어야 한다. 다음은 자동차운전면허시험장의 설비배치에 대한 개선을 위해 프로세스의 병목구간을 해소하여 서비스 프로세스가 어떻게 개선되었는지를 보여주는 사례이다.[9)]

■ 설비배치의 개선전

자동차운전면허시험장 사무실에는 현재 인원에 직원을 한명 더 늘이는 대신 시간당 120명의 지원자를 처리할 수 있도록 생산성 향상방안을 모색하고 있다. 면허갱신의 프로세스는 〈표 11-3〉과 같은 작업을 정해진 절차대로 처리하는 서비스라인으로 설계되어 있다. 활동1(지원서 확인)은 반드시 먼저 수행되어야 하고, 활동6(임시면허발급)은 맨마지막 순서가 되며, 규정상 경찰관에 의해 처리되어야 한다. 활동5(사진 촬영)에는 비용이 들며 즉석카메라가 필요하다.

표 11-3 면허갱신 프로세스소요시간

활동	설명	사이클 타임(초)
1	지원서 확인	15
2	처리 및 기록비 수납	30
3	위반과 규제 사실 체크	60
4	시력 검사	40
5	사진 촬영	20
6	임시면허 발급(주 경찰관)	30

〈그림 11-5〉 (a)에 제시된 현재 배치의 공정흐름도를 보면, 병목활동이 활동3(위반과 규제사실의 체크)인 것을 알 수 있으며, 활동3은 서비스라인의 능력을 시간당 60명의 지원자를 처리하도록 제한하고 있다. 병목에만 초점을 두면 활동3에 직원을 추가배치해 병목을 해소하면 시간당 120명을 처리할 수 있을 것으로 생각할 수 있으나 병목이 활동4로 옮겨가기 때문에 이 시스템의 능력은 시간당 90명으로 제한된다.

직원이 7명 배치된 그림 (b)에서 보는 바와 같이 조정된 설비배치는 활동1과 활동4가 하나의 그룹으로 묶여 직원 간의 작업부담이 균형을 이루도록 하여 새로운 작업으로 바꾸었기 때문에 시간당 120명의 지원자를 처리할 수 있다. 두 작업을 하나로 묶는것은 어떻게 구상했을까? 공정의 각 단계는 시간당 적어도 지원자 120명을 처리해야 한다. 작업2와 작업6은 현재처럼 수행하고 있으므로 추가적 개선이 필요없다. 활동3을 수행하는데 직원이 추가로 필요한데, 그 이유는 두 작업자가 병렬로 작업을 수행하는 방법이 유일하게 시간당 지원자 120명이라는 결합된 흐름을 만들 수

그림 11-5 설비배치의 (a) 현재 흐름도 (b) 개선된 흐름도

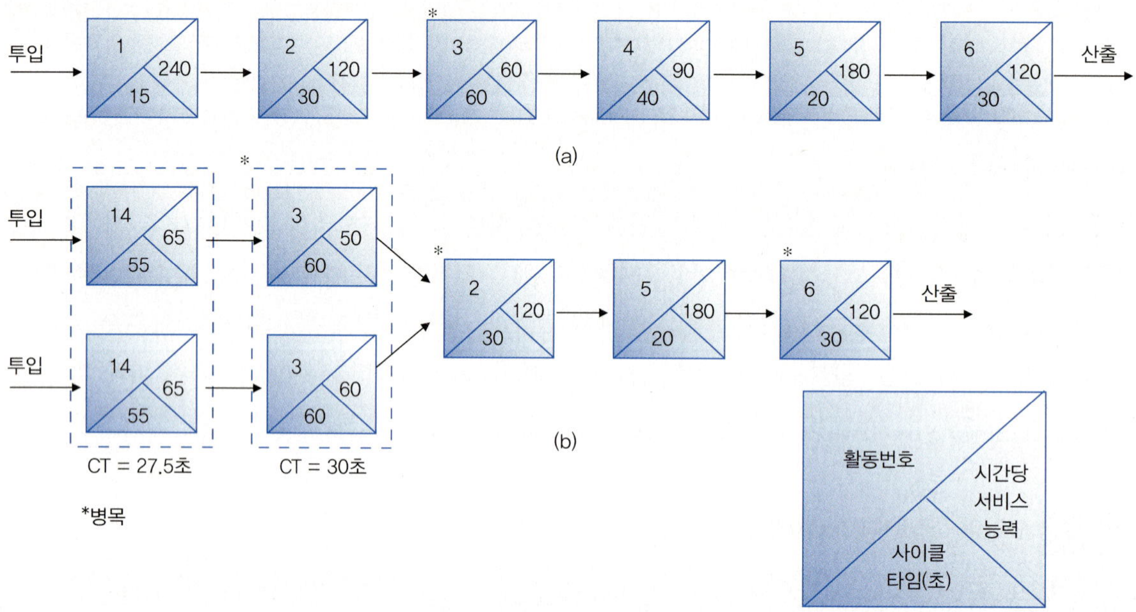

있기 때문이다. 다음으로는 60초나 그 이하(시간당적어도 지원자 60명을 처리할 수 있는) 정도로 시간이 적게 걸리는 작업을 묶을 수 있는지를 검토해야 한다. 40초 걸리는 활동4와 15초 걸리는 활동1을 묶어서 지원자당 66초 걸리는(또는 시간당 지원자 65명을 처리할 수 있는) 결합된 작업으로 전환할 수 있다. 이 해결책은 시력검사장비가 하나 더 필요하다는 사실에 유의해야 한다. 서비스용량을 충족시키면서 고객과 직원모두에게 고객화된 서비스를 제공하는 것으로 생각할 수 있는 또 다른 프로세스설계는 없을까?

운전면허시험장 사무실의 예에서 제품별배치를 근본적으로 다시 생각해 볼 수 있다. 컴퓨터, 시력검사장비, 카메라에 추가로 투자할 수 있다면 전체적인 프로세스를 다시 설계할 수 있다. 총 165초에 다섯 가지 작업을 모두 할 수 있거나 시간당 개별흐름률이 고객 22명이 되도록 훈련시키는 것을 고려할 수 있다. 이제 도착하는 고객은 〈그림 11-6〉에서 보는 바와 같이 나란히 일하는 여섯 명의 직원 중 한 명을 선택하면 된다. 이 시스템은 한 직원이 모든 업무를 처리하기 때문에 고객이 한 직원에서 다른 직원으로 옮겨다니면서 중간에 기다릴 필요가 없어 고객의 편의성이 증대된다. 또한 앞에서와 같이 반복적인 정보가 필요없으므로 전체적인 시간이 단축된다. 결국, 예상되는 요구수요를 만족시킬 만큼의 직원만 배치하면 되므로 사무실의 인원배치가 유연해진다. 이러한 노동력절감은 여섯 개의 작업카운터에 투자한 비용을 충분히 상쇄할 수 있다.

그림 11-6 운전면허시험장의 리엔지니어링

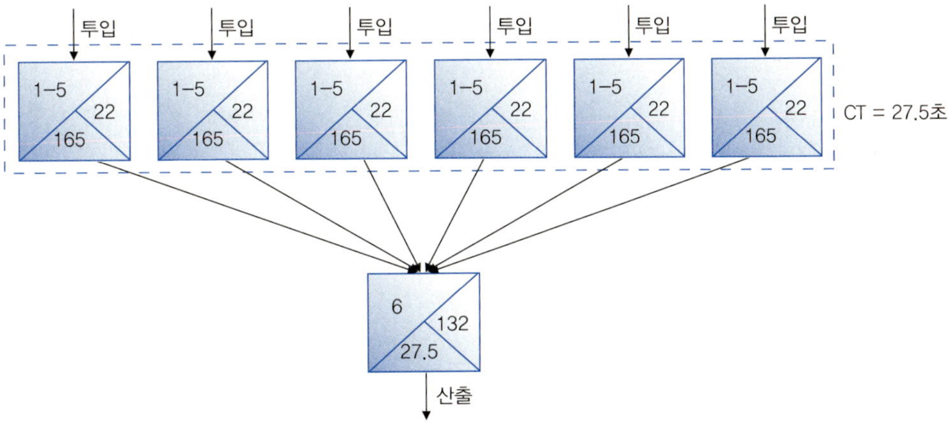

제3절 서비스시설 입지

마케팅관점에서 서비스입지는 고객을 끌 수 있는 편리함이나 물리적 속성에 초점을 둔다. 동시에 입지는 서비스전달의 디자인과 직원들의 생산성에 영향을 미친다. 입지선정은 유연성, 고객의 접근성, 수요관리와 집중화 등에 영향을 미치므로 서비스기업의 경쟁력에 중요한 요소가 된다. 본 절에서는 시설의 입지가 지니는 의미를 설명하고 입지결정의 고려사항과 결정방법을 소개한다.

1. 서비스시설 입지의 의의

(1) 입지의 개념

입지(立地)란 경제활동을 하기 위하여 선택하는 장소를 말한다. 서비스시설의 입지는 서비스활동의 종류에 따라 결정된다. 일반적으로 경제활동의 입지를 결정하는 요소에는 지형, 기후 등의 자연적 요인, 그리고 수익성, 지가(地價), 임대료 등의 경제적 요인, 소득수준, 연령층 등 소비자의 인구통계적 및 문화적 특성, 도로와의 접근성과 주차공간 등의 교통여건 등이 모두 포함된다.

(2) 입지선정의 전략적 접근

입지선정은 기업의 전략적 의사결정이다. 효과적인 입지선정을 위해서는 고객의 관심을 끌수있는 경쟁적 군집화나 포화마케팅과 같은 전략이 필요하며, 마케팅중개기관이나 인터넷과 같은 전달수단을 통해 고객의 이동거리를 줄이면서 관련요소들을 고려해 입지를 결정해야 한다. 입지선정과 관련하여 서비스기업의 성패를 결정하는 전략적 요소들은 다음과 같다.[10)]

■ 입지의 유연성(flexibility)

유연성은 변하는 환경에서 서비스가 대응할 수 있는 정도를 나타낸다. 입지선정은 대규모투자를 수반하는 장기적 의사결정이므로 미래의 경제적, 인구통계적, 문화적, 경쟁구도 등의 변화를 모두 고려해야 한다.

■ 경쟁적 위치결정(competitive positioning)

입지는 경쟁자를 고려해 자신의 위치를 상대적으로 강화하도록 선정해야 한다. 복수로 입지를 구축하는 경우 경쟁적 지위를 강화하고 시장의 인지도를 높여 경쟁우위를 확보하는 효과가 있다. 시장이 형성되기 전에 핵심지역을 선점하는 전략은 경쟁자에게 진입장벽이 된다.

■ 수요관리(demand management)

입지에 따라 서비스수요의 양과 질을 조절할 수 있으며 수요의 발생시기가 조정되기도 한다. 예를 들어, 호텔은 시설이 고정되기 때문에 서비스공급력을 조절할 수는 없지만 요일이나 계절, 경제상황 등에 따라 안정적 수요를 창출할 수 있도록 다양한 서비스 매력물을 제공하여 수요를 관리할 수 있다.

■ 집중(focus)

특정한 서비스를 여러 지점에 동일하게 제공하는 것을 말한다. 여러 곳에 위치한 기업들은 시설의 표준을 개발해 각 지점에 제공할 수 있는데, 이 전략은 사업을 쉽게 확장할 수 있지만 각 지점이 인접해 있는 경우, 서로 수요를 흡수하여 출혈경쟁이 나타날 수도 있다.

(2) 입지적 경쟁우위의 확보

서비스기업은 앞서 설명한 입지선정외에도 정해진 입지로 인한 지리적 한계를 극복하고 경쟁우위 확보하기 위해 다음과 같은 전략을 구사할 수 있다.

■ 경쟁적 군집화(Competitive clustering)

고객이 다수의 경쟁자 사이에서 선택적 행동을 할 때 대응하는 전략이다. 예를 들어, 중고차판매점이나 음식점, 모텔을 선택하는 경우, 고객은 비교가능한 구매를 원하기 때문에 많은 공급자들이 군집되어 있는 지역을 선호하는 경향이 있다.

■ 포화마케팅(Saturation Marketing)

포화마케팅은 도심지나 교통중심지에 동일한 서비스공급지점을 집중시키는 것을 말한다. 예를 들어, 스타벅스의 경우 서울도심에 집중적으로 점포를 배치함으로써 광고비가 절감될 수 있고 관리가 용이하며 고객인지도를 높이는 장점이 있는 반면, 제살깎아먹기의 문제가 발생할 수 있다. 흔히 시장지위를 강화하기 위한 '초토화전략(dominant strategy)'에 해당된다.

■ 중간마케터(Marketing Intermediary)

서비스는 주로 생산과 소비가 동시에 이루어지기 때문에 유통채널이 불필요한 것으로 인식될 수 있다. 그러나 무형적 서비스는 재고가 없으므로 지리적인 한계를 극복하기 어렵다. 따라서 생산자와 소비자 사이에 중개자의 역할이 필요하다. 예를 들어, 여행사는 항공사와 여객 사이에서 중개역할을 하며, 고용주와 근로자 사이에 체결된 단체보험은 보험산업이 중개자를 이용해 보험서비스를 유통시킨다. 또한 유통매장은 은행의 신용을 고객에게 연결하는 점에서 신용의 유통을 대행한다.

■ 이동을 대체하는 커뮤니케이션

인적이동의 대안으로 IT기술의 이용을 들 수 있다. 원격진료를 통해 오지에 의료서비스를 제공하는 것이 대표적인 예이다. 때로는 긴급조치요원이나 임상간호사가 병원과의 커뮤니케이션을 통해 현지의 환자를 병원에 이송하지 않고 의료서비스를 제공할 수 있다. 은행에서는 고용주가 급여를 직원들의 계좌에 직접 이체함으로써 직원은 은행을 방문하지 않으며, 은행은 업무량을 줄이고 지점의 혼잡도를 개선하는 효과를 본다.

■ 전방업무와 후방업무의 분리

서비스의 성격에 따라 전방업무와 후방업무가 동일한 장소에 위치할 필요가 없는 경우도 많다.

표 11-3 전방업무와 후방업무의 입지와 관련한 고려사항

구 분	전방업무	후방업무
외부고객 (소비자)	• 고객에게 이동해가거나 고객이 이동해 오는가? • 위치가 진입장벽이 되는가? 전자적매체가 물리적 이동을 대체할 수 있는가?	• 서비스를 수행하는 것이 사람인가 설비인가? • 같은 장소에 있는 것이 필요한가? • 의사소통은 가능한가?
내부고객 (직원)	• 노동력이 가용한가? • 셀프서비스가 대안인가?	• 규모의 경세가 가능한가? • 직원이 재택근무를 할 수 있는가? • 아웃소싱이 가능한가?

예를 들어, 세탁물, 구두수선, 은행의 ATM 등과 같이 전방업무를 후방업무로부터 분리하여 입지의 상대적 이점을 기대할 수 있다. 업무의 수행장소에 따라 입지를 구분하는데 고려해야 하는 사항은 〈표 11-3〉과 같다.

■ 인터넷의 영향

전통적으로 시장의 경계는 고객이 얼마나 멀리 이동을 하는가에 의해 정의되었으나 인터넷의 보급으로 상거래에서 물리적 이동이란 요소는 제약이 되지 않는다. 그러나 입지문제는 제품을 배송하는 전자상거래의 유통업자에게는 여전히 중요한 요소이다. 예를 들어, FedEx는 거점마다 물류창고를 두고 특송업체의 접근을 용이하게 해야 하지만 증권거래 중개업자나 온라인교육프로그램 운영자의 경우에는 사무실의 위치가 중요하지 않은데, 인터넷이 콜센터의 국제적 배치를 통해 언제라도 온라인접속이 가능하게 하기 때문이다.

(3) 지리정보시스템(GIS)의 활용

서비스시설의 입지를 선정하는 데에 지리정보시스템(Geographic Information System, GIS)은 유용한 도구가 된다. GIS는 해발고도, 수자원, 교통, 토양, 지질, 소유권, 장소데이터, 이미지 등 모두 8계층의 지리정보데이터를 수집해 제공한다. 오늘날에는 인구통계적 데이터를 지도상에 시각적으로 표시해 주는 아크뷰(ArcView)라는 GIS가 개발되어 지도에 표시된 데이터를 활용해 목표시장의 위치선정, 수요분석, 물류서비스를 개선하는데 이용된다. GIS는 공간분석을 통해 변화를 예측하고 관리하는 능력을 향상시키고 결과를 관측하고 공유하는 플랫홈을 제공하며, 다양하고 방대한 양의 데이터가 지도에 기반하여 직관적인 형태로 제시하는 장점이 있다. GIS는 경영진에서 실무자에 이르기까지 쉽게 맞춤화된 정보로 전환될 수 있고, 실시간 정보와 자동분석, 알람도구 등도 제공한다. 이러한 데이터는 다양한 현장프로젝트를 수행하는 현장직원들에게 편리하고 유용한 정보의 원천이다.

2. 입지결정의 고려사항

서비스시설의 입지결정을 위해서는 여러 관련요소들은 고려해야 한다. 이들은 크게 지리적 구조, 시설의 수, 최적화의 기준 등으로 구분해 볼 수 있다.

(1) 지리적 구조

전통적인 입지문제는 지형을 어떻게 모형으로 표현할 것인가? 하는 문제에서부터 시작된다. 입지후보지의 거리는 평면 또는 네트워크로 나타낼 수 있다. 평면에서 입지선정을 검토하는 경우, 좌표에서 모든 대안을 놓고 검토할 수 있다. 시설은 평면위에 어디든지 입지가 가능하며 지리적인 좌표를 이용해 고객의 출발지와 도착지 간의 이동거리를 개략적으로 추정하는 것이다. 반면에 네트워크로 검토하는 경우, 입지의 대안별로 출발과 도착지 간에 실제 이동가능한 최단경로를 시간 또는 거리로 추정할 수 있다. 지리적 구조와 거리, 이동시간 등은 입지선정의 검토에서 중요한 요소들이다.

(2) 시설의 수

단일시설의 입지에 비해 복수의 시설에 대한 입지결정은 각 시설이 위치한 지역마다 서비스를 제공할 수요처를 설정해야 하므로 각 서비스시설마다 공급력이 다양할 경우, 문제가 더욱 복잡해진다. 예를 들어, 의료, 보건서비스와 같은 경우에는 서비스가 계층별로 달라질 수 있는데 의원과 전문클리닉은 1차 진료를 제공하며 종합병원은 입원서비스가 추가되고 의료센터는 특수치료가 추가로 필요할 경우 각 시설별로 제공하는 서비스의 종류가 중요한 변수로 검토된다.

(3) 최적화의 대상과 기준

입지선정은 무엇을 최적화하기 위한 결정인가? 민간부문의 입지는 예상되는 비용과 이윤이 중요한 요소인 반면, 공공부문의 입지는 사회적 후생의 극대화가 중요한 요소로 작용한다.

■ 민간부문의 기준

입지분석은 시설의 건축과 운영에 소요되는 비용과 수송비용 간의 균형에 초점을 둔다. 이는 유통서비스에서 특히 중요하며, 컨설팅 · 회계 · 법률 · 빌딩관리처럼 서비스가 고객에게 전달되는 분야에서도 이 기준이 응용될 수 있다. 고객이 서비스시설까지 이용하는 경우, 이동에 따르는 직접비가 공급자에게 부과되지는 않지만 이동거리는 잠재적 수요와 수익을 제한하는 요인이 된다. 따라서 쇼핑센터와 같은 시설은 고객을 최대한 끌어들일 수 있도록 입지를 결정해야 한다.

■ 공공부문의 기준

공공부문의 경우에는 목표에 대한 합의가 어렵고 투자비용과 상충관계에 있는 여러 이해관계를 측정하기 어려워 문제가 복잡해질 수 있다. 공공서비스의 이익은 직접적으로 정의하거나 계량화하는 것이 어렵기 때문에 효용의 개념으로 접근해야 하는데, 사용자가 시설까지 이용하는 평균거리가 가장 널리 이용되는 기준이다. 이 경우에 시설의 수를 가정하고 평균적 이동거리를 최소화하는 문제로 요약된다. 기대효용에 투자의 제약조건을 포함하여 비용과 편익을 비교·분석할 수 있는데, 투자단위당 이동거리나 투자단위당 수요의 증가 등이 주요한 기준이 된다.

■ **최적화의 기준**

서비스의 최적화는 시설의 입지에 직접적인 영향을 미친다. 예를 들어, 의료서비스시설의 입지를 결정하는 경우, 다음의 세 가지 기준을 생각할 수 있다.

- 이용률 극대화
- 평균이동거리 최소화
- 1회 방문당 이동거리 최소화

그 밖에도 해당지역의 인구통계적 특성, 소비성향, 행동패턴 등에 따라 입지선정의 결과가 달라질 수 있다.

제4절 프로세스개선

서비스의 품질은 무엇을 의미하는가? 서비스품질의 측정, 품질문제의 원인과 개선을 위한 프로세스의 디자인과 실행, 피드백 등의 문제를 다루기 위해서는 먼저 서비스품질에 대한 이해가 필요하다. 본서에서는 제7장에서 서비스품질에 대한 기본개념을 설명하였으나 서비스실패가 명확한 경우라도 품질에 대한 올바른 이해가 없다면 이를 개선하고 관리하기 어려울 수 있다. 본절에서는 서비스품질과 관련하여 프로세스의 개선에 대해 설명한다.

1. 서비스품질의 확인

(1) 서비스품질과 생산성

서비스품질과 생산성은 고객과 기업 모두를 위한 가치창출의 핵심요소다. 일반적으로 품질은 고객의 편익에 집중하고 생산성은 기업의 재무적 성과에 초점이 놓여진다. 서비스 프로세스가 생산성 향상을 위해 효율적으로 구성되더라도 고객은 품질이 향상된 서비스를 경험하지 못할 수 있다.

서비스직원이 생산성을 높이기 위해 보다 신속히 업무를 처리하는 것을 고객이 좋아할 수도 있지만 또한 서비스직원이 서두르는 것을 불필요하게 느낄 수도 있다. 따라서 마케팅, 운영관리, 인적자원관리 등의 담당자는 서비스품질과 생산성 간에 균형을 유지해야 하며, 장기적인 수익성극대화를 위해서는 서비스품질의 경험을 보다 효과적으로 전달할 수 있어야 한다.

(2) 서비스품질의 갭(Gap) 관리모델

서비스가 전달되는 프로세스에는 고객의 기대와 지각, 서비스의 전달, 경영진의 인식, 고객커뮤니케이션 간의 차이로 지식과 정책, 전달, 지각, 커뮤니케이션, 품질 등에 각각 차이(gap)가 발생한다. PZB는[11] 〈그림 11-7〉에서 나타낸 6가지 갭을 하나로 묶어 기대한 서비스와 지각된 서비스 간의 갭을 서비스품질(SERVQUAL)로 정의하고 이 모델을 이용해 서비스품질을 측정하는 지표를 개발하였다. 러브락 역시 서비스에 대한 고객의 기대와 그들의 실제 경험과의 차이로 서비스품질을 정의하였는데,[12] 넓은 의미에서 서비스품질을 결정하는 6가지 차원의 갭은 다음과 같다.

- **서비스지식 갭**(Gap 1: knowledge gap) : 고객이 원하는 것을 기업이 잘못 생각할 때 발생한다. 경영진이 인식하는 고객의 기대와 고객이 실제로 필요로 하고 기대하는 것과의 차이를 말한다.

그림 11-7 서비스품질(SERVQUAL) 평가를 위한 갭모델

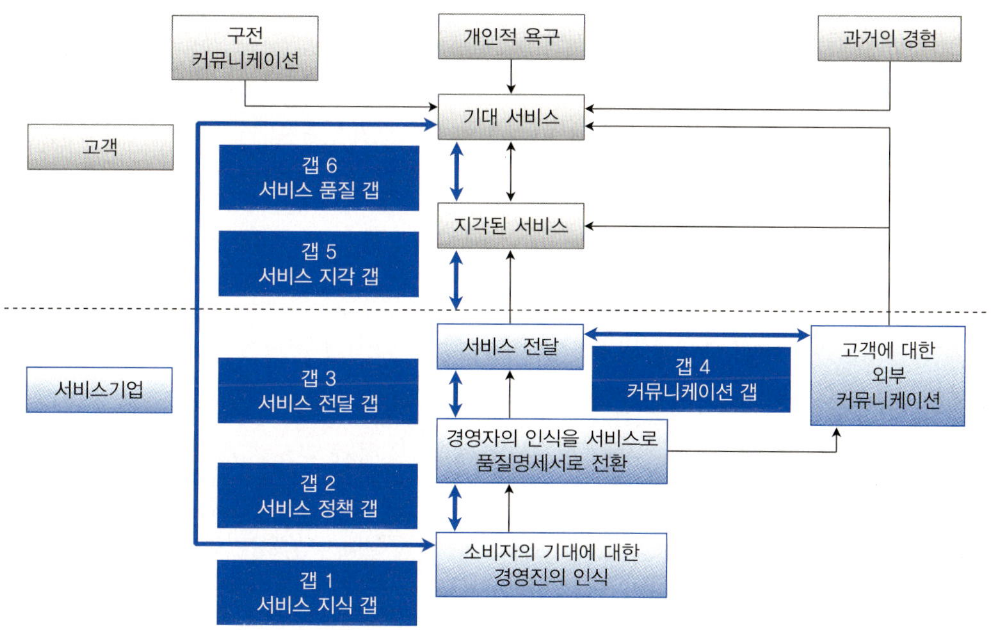

자료 : Jochen Wirtz, Patrica Chew, Christopher Lovelock, *Service Marketing 2nd* ed. Pearson Education, 2013, p.434.

- **서비스정책 갭**(Gap 2: policy gap) : 기업이 고객에 대해 이해한 것을 표준으로 잘못 만들었을 때 발생한다. 고객기대에 대한 경영자의 인식과 그들이 설정한 서비스기준과의 차이를 말한다. 이러한 갭은 대부분 비용과 실행가능성 때문에 발생한다.
- **서비스전달 갭**(Gap 3: delivery gap) : 기업이 설정한 표준대로 이행하지 못할 때 발생한다. 서비스기준과 이러한 기준에 근거한 서비스전달팀의 실행성과와 차이를 말한다.
- **커뮤니케이션 갭**(Gap 4: communication gap) : 기업의 약속과 실행 간의 갭이다. 기업이 전달하는 메시지와 고객에 전달된 메시지의 차이를 말한다. 이러한 갭은 서비스품질에 대해 광고의 전달내용과 접점직원이 생각하는 내용의 차이, 광고와 접점직원에 의한 과대광고, 서비스 제공자의 커뮤니케이션에 대한 고객의 인식과 해석의 차이 등으로 발생한다.
- **서비스지각 갭**(Gap 5: perceptions gap) : 실제로 전달되는 서비스와 고객이 전달받았다고 느끼는 서비스 간의 차이이다. 이러한 갭은 고객이 서비스품질을 정확하게 측정하는 것이 불가능하기 때문에 발생한다.
- **서비스품질 갭**(Gap 6: service gap) : 고객의 서비스에 대한 기대와 실제로 전달되는 서비스에 대한 고객의 인식 간의 차이로 발생한다.

2. 서비스품질의 측정과 개선

성과를 제대로 측정하지 못하면 품질을 관리하고 개선하는 피드백은 효과를 기대하기 어렵다. 즉, 정확한 측정없이는 서비스품질의 성과를 평가하기 어렵고 문제점이 어디에 존재하는지 그리고 기대와 경험 간의 차이로 인한 갭을 어떻게 해결해야 할지를 판단할 수 없다. 따라서 측정된 품질은 서비스가 수행되거나 개선된 후에 목표를 얼마나 달성했는지를 판단하는 기준이 된다.

(1) 서비스품질의 측정

고객이 서비스품질을 인식하고 측정하는 방법에는 묵시적 방법과 명시적 방법이 있다. 묵시적 기준과 측정값은 관찰보다는 고객, 직원, 또는 다른 사람과의 대화를 통해 수집된다. 묵시적 기준은 고객만족을 달성하기 위해 직원에게 서비스정책, 지침과 피드백 등을 제공하는 것으로서 고객의 지각과 신념을 측정함으로써 정량화할 수 있다.[13] 명시적 기준과 측정값은 횟수를 세거나 시간을 재거나 감사를 통한 측정 등을 통해 수집된다. 예를 들면, 고객이 대기하는 중에 끊어진 통화건수, 특정 음식의 온도, 항공기의 지연횟수, 휴대품분실건수, 또는 의료처치후 완전히 회복된 환자의 비율 등이다. 서비스품질을 측정할 때는 고객의 투입요소도 함께 고려해야 한다.

(2) 고객의 피드백활용

기업은 다양한 고객집단을 대상으로 다양한 방법을 이용해 지속적으로 정보를 획득할 수 있는 방법으로 시스템을 구축해야 한다. 한 가지 방법으로만 수집된 정보는 특정시간에 특정각도에서 찍은 스냅사진과 같기 때문이다. 체계적인 정보획득을 위해서는 다양한 각도와 다양한 렌즈의 연속촬영이 선행되어야 하는 것과 마찬가지다.[14] 이를 위한 고객피드백시스템을 통해 고객의 반응을 체계적으로 수집하고 분석하여 관련부서와 공유해야 한다. 피드백의 목표와 활용에 대해 살펴보자.[15]

1) 피드백의 목표

경쟁이 치열한 시장에서 기업의 경쟁우위는 신속한 학습과 변화를 통해 확보된다. 효과적인 피드백시스템은 신속한 학습을 가능하게 한다. 피드백시스템의 목표는 다음과 같이 요약된다.

■ 서비스품질과 성과에 대한 평가 및 벤치마킹

"우리는 어떻게 고객을 만족시킬 것인가?"라는 질문에 대한 해답이 곧 목표이다. 이 목표는 경쟁자와 비교해 기업이 얼마나 좋은 성과를 달성했는지를 평가하고 미래에 어떻게 해야 하는지에 대한 분석과 계획을 통해 달성된다. 동일 업종의 기업을 포함하여 서비스요소별로 관련 있는 성공사례를 벤치마킹하는 것도 효과적인 방법이다.

■ 고객에 대한 학습

"무엇이 우리 고객을 만족 또는 불만족하게 하는가?" "우리가 유지해야 하는 장점이 무엇이고, 어떤 점을 어떻게 개선해야 하는가?"에 대한 대답이 이 영역의 목표이다. 이러한 목표를 달성하기 위해 프로세스와 서비스상품에 대한 보다 구체적 정보가 필요하며, 이러한 정보를 활용해서 기업의 품질개선의 방향을 정하고 어떤 영역에서 품질개선을 통해 높은 성과를 낼 수 있는지 판단할 수 있다.

■ 서비스문화의 강화

서비스조직이 내부적으로 고객욕구, 고객만족에 집중하고 전사적으로 서비스품질을 중시하는 고객지향적 문화가 형성되고 강화될 수 있도록 하는 것이 피드백의 또 다른 목적이다.

2) 피드백수단

정보획득과 학습을 위해 기업은 어떠한 수단을 이용하는 것이 좋을까? 우선 기업은 고객의 소리(VOC)를 들어야 한다. 서비스관리자는 피드백 채널별로 강점과 약점을 파악하여 필요한 정보를 전달하는 수단들을 조합하여 효과적으로 활용해야 한다.

■ **시장조사(market survey)**

일반적으로 시장조사는 모든 중요한 고객서비스 프로세스와 상품에 대한 만족도를 측정한다. 측정수준은 통상적으로 상위개념에 해당하는 수준이며, 기업의 전반적인 사항과 고객만족도에 대한 일반적 시장지표들을 얻는 방법이다. 고객으로부터 서비스품질에 대한 구체적 정보를 얻기 위해서는 해당 프로세스별로 고객의 만족도를 판단하는 거래조사가 필요하다.

■ **서비스 피드백카드(service feedback cards)**

고객에게 피드백카드나 이메일, SNS를 제공하여 피드백을 받는 것은 효과가 크고 경제적인 방법이다. 피드백카드는 중요한 서비스 프로세스가 끝난 후 고객센터로 우편이나 메일, 문자 등을 통해 받거나 만족도를 직접 확인하는 것으로서 프로세스 품질에 대한 평가도구로 활용할 수 있다.

■ **미스터리쇼핑(mystery shopping)**

위장고객을 활용하여 서비스수준이나 프로세스의 개선점을 평가하는 것을 말한다. 프로세스 단계별로 고객응대와 서비스약속의 이행여부, 문제해결의 신속성 등을 다양하게 평가하고 개선점을 찾는 데 목적이 있다. 일반고객으로 가장하여 서비스요소를 평가하는 사람을 미스터리쇼퍼라 한다.

■ **고객의 자발적 피드백**

고객불평과 칭송, 제안은 품질에 대한 지속적 판단과 서비스설계, 전달에 필요한 개선점을 파악하는데 이용할 수 있다. 불평과 칭송건수와 내용은 고객을 불만족하게 하는 것과 기쁘게 하는 것을 파악할 수 있게 도와주는 데이터이다. 고객의 자발적인 피드백은 고객이 원하는 것을 내부적으로 전달하는 도구일뿐 아니라 모든 직원과 경영진이 고객의 소리에 직접 귀기울이도록 한다.

3) 피드백정보의 보고와 공유

고객의 피드백정보의 분석내용은 접점직원, 프로세스 담당자, 지점이나 부서관리자와 경영진에게 전달됨으로써 지속적인 향상과 학습을 위한 정보로 활용되어야 한다. 고객접점에 대한 피드백시스템은 불평과 칭송에 대해 즉각적이어야 한다. 서비스의 관리와 학습을 위해 필요한 정보를 제공하기 위해 다음과 같은 성과보고방식이 이용된다.

- **월간서비스 성과보고** : 고객의 의견과 진행중인 프로세스의 성과에 대해 시기적절한 피드백을 프로세스 구성원에게 제공한다. 피드백은 프로세스 관리자에게 제공되고, 관리자가 담당하는 서비스전달 부서에서는 해당 내용에 대해 검토하고 개선점을 찾는 토의가 진행되도록 한다.
- **분기별성과** : 프로세스 관리자와 지점 또는 부서관리자에게 프로세스수행, 서비스품질 등과

관련된 정보를 제공한다.

- 연간성과 : 기업의 서비스에 대한 고객의 만족도 관련하여 현재상황과 장기적 동향을 경영진에게 보고한다.

(3) 서비스품질의 분석

측정된 서비스품질에 대해 문제의 원인과 개선점을 찾기위한 분석기법들은 다음과 같다.

■ 피시본분석

이 품질관리기법은 서비스결과에 대해 원인을 분석하기 위해 프로세스의 흐름별 요소를 단계적으로 분석하여 근본적인 원인을 규명하는 방법이다. 예를 들어, 항공업계는 서비스품질요소인 정시성을 관리하기 위해 요인분석기법을 개발·운영하고 있다. 정시성 분석은 항공기의 출발지연을 유발한 요인을 확인하고 이를 집중적으로 관리함으로써 서비스품질을 향상시키는 방법이다. 출발지연에 영향을 미치는 요인들을 활동유형별로 구분하고 지연될 가능성이 있는 개별활동들을 시간대별로 계획 대비 실제 수행시간을 체크해 나가는데, 〈그림 11-8〉에서 보는 바와 같이 각 서비스

그림 11-8 항공기 운항지연에 대한 요인분석도(fishbone chart)

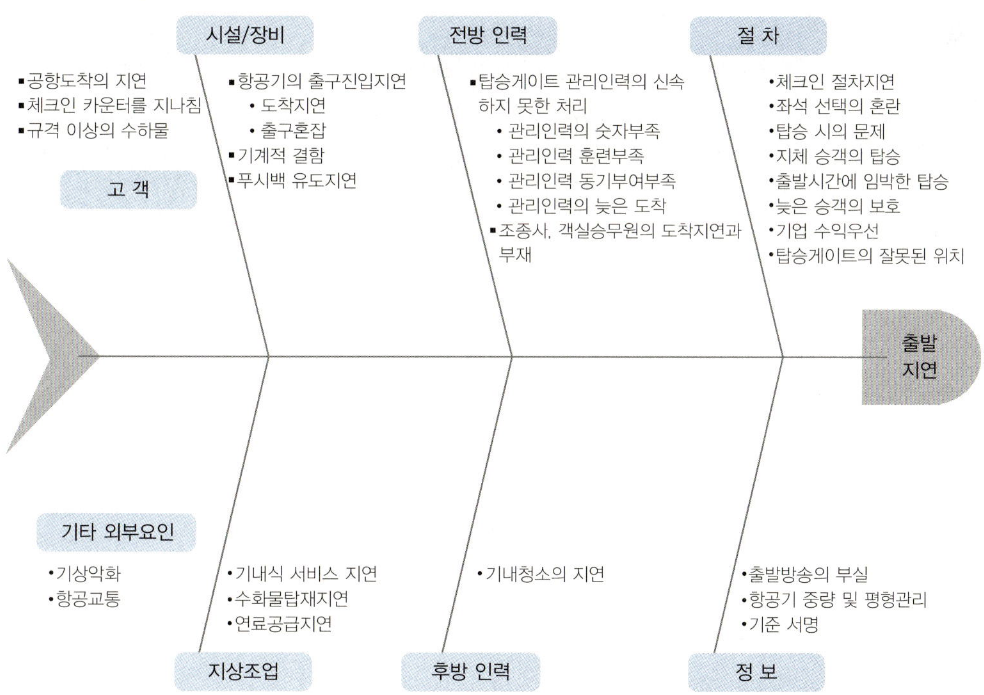

자료 : 허희영, 항공서비스원론, 북넷, 2019, p.213.

요인을 도표로 나타내는 생선뼈대의 모양을 따서 피시본차트(fishbone chart)라고 한다.

■ 파레토분석

파레토분석은 측정된 결과에 대해 주요 원인을 명확히 나타내는 방법이다. 이 분석은 다양하게 나타난 원인들을 열거하는 것보다 품질을 결정하는데 중요한 요인이 무엇이지를 명확히 보여준다. 〈그림 11-9〉에서 보는 바와 같이 사례항공사의 파레토분석결과는 공항에서 88%의 항공기출발지연이 모든 가능한 요소가운데 단지 15%에 해당하는 네 가지 원인에 의해 야기되고 있음을 알 수 있다. 파레토분석결과 출발지연의 반이상이 탑승시간까지 게이트에 도착하지 않는 한 명의 승객에 의해 야기되었다. 이 경우 항공사는 늦은 탑승객을 고객으로 만들었을지 모르지만, 이미 탑승하고 출발을 기다리는 다른 모든 승객들은 항공사의 정시성에 낮은 점수를 주게 된다. 출발지연의 다른 요인으로는 비행기를 게이트에서 이동시키는 푸시백(pushback)과 연료공급을 위해 대기하는 것, 항공기의 중량과 균형안전기준체크에 서명하는 것 등이 있으며, 각 요인들의 상대적 비중은 공항마다 다르게 나타나고 있음을 알 수 있다.

그림 11-9 항공기출발지연을 분석한 파레토분석

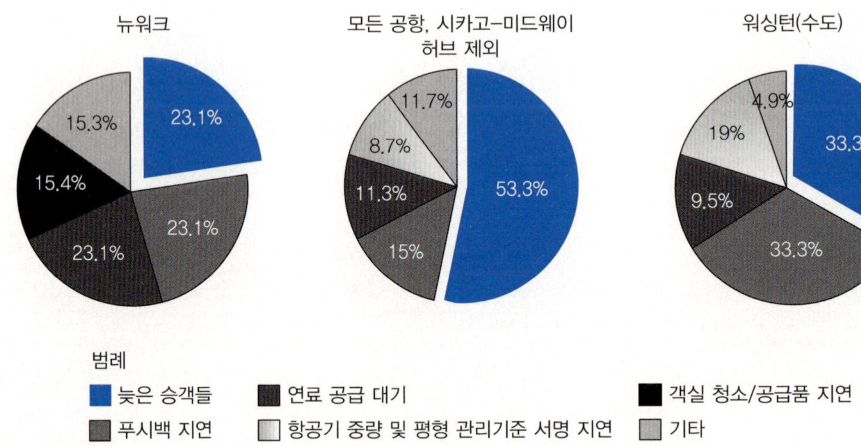

■ 서비스청사진(blue printing)

서비스청사진은 서비스 프로세스에서 정확히 어디에서 문제가 발생하는지를 상세히 알려주는 도구이다. 서비스흐름을 통해 서비스실패가 가장 발생하기 쉬운 잠재적 실패지점을 확인하고, 이를 통해 서비스 프로세스를 재설계할 수 있다. 서비스청사진은 또한 특정한 지점에서의 실패가 나중에 프로세스에 어떻게 영향을 주는지 알도록 해준다. 예를 들어, 검진일자가 부정확할 경우, 고객이 병원에 도착하지만 의사가 부재중인 경우가 발생한다. 실패빈도의 분석을 통해 관리자는 가장 빈번하게 발생하고 주의가 필요한 실패의 유형을 파악할 수 있다. 어디서 무슨 문제가 발생하는지를 예측하는 것은 서비스품질문제의 예방에서 중요하다.

(4) 품질수익률

■ 품질수익률(Return on Quality, ROQ)의 개념

서비스품질향상을 위해서는 투자가 필요하며, 품질향상을 위한 투자 대비 산출이익의 비율을 품질수익률(ROQ)이라고 한다.[16] ROQ 분석은 다음과 같은 가정에서 출발한다. ① 품질향상은 투자활동이다. ② 품질에 대한 투자는 경제성으로 판단해야 한다. ③ 서비스품질에 과도한 투자유인이 존재한다. ④ 모든 서비스품질관련 비용이 합리적이지는 않다. 따라서 품질향상을 위한 비용과 수익을 함께 검토해야 하는데 새로운 품질향상 노력이 적절한지를 판단하기 위해서는 비용을 먼저 추정하고 고객이 품질향상노력에 어떻게 반응할 것인지를 예측해 수익을 추정해야 한다. 품질향상에 대한 고객의 반응은 신규고객의 유치와 기존 고객의 지출증가 및 이탈고객의 감소 등에 의한 순이익의 증가분으로 산출할 수 있다.

■ 최적신뢰도(optimal level of reliability)

어느 수준까지 서비스품질수준을 향상시킬 것인지를 결정하는 것은 곧 ROQ가 극대화되는 수준을 정하는 것이다. 서비스품질이 낮은 경우, 서비스향상에 비교적 적은 투자를 하더라도 품질의 신뢰도는 크게 높아진다. 〈그림 11-10〉에서 보는 바와 같이, 서비스실패를 줄이기 위한 초기투자는 높은 ROQ를 실현한다. 그러나 일정한 수준이 되면 투자의 효과는 줄어들며 더 많은 신뢰성 향상을 위해서는 무리한 투자가 뒤따른다. 그렇다면 어느 수준의 신뢰도가 적정한가? 일반적으로 서비스회복비용은 고객의 불만족비용보다 낮은데, 이를 통해 점진적인 서비스개선비용이 서비스회복비용 또는 실패비용과 같아질 때까지 신뢰도를 높이는 것이 최적이다.

그림 11-10 품질투자와 서비스 신뢰도의 관계

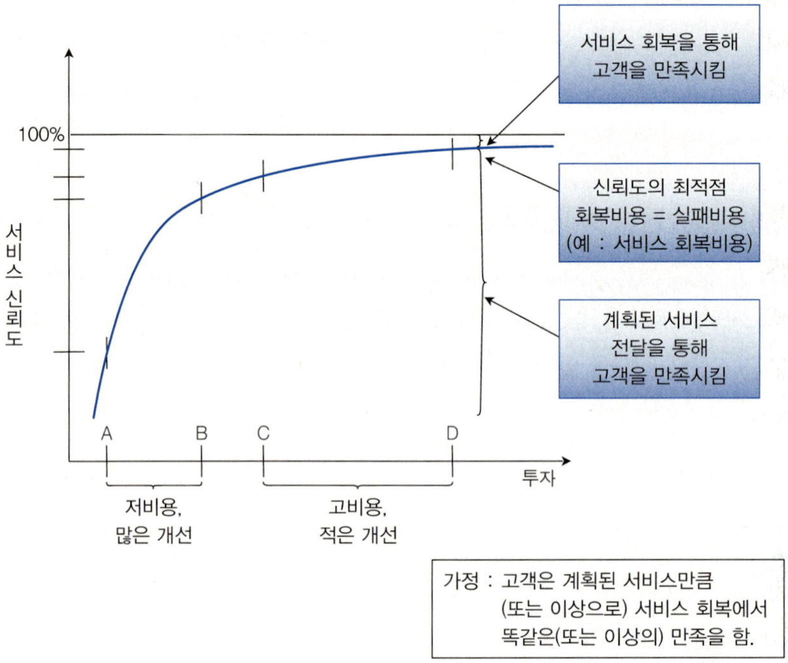

자료 : Jochen Wirtz, Patrica Chew, and Christopher Lovelock, *Service Marketing* 2nd ed. Pearson Education, 2013, p.452.

3. 서비스생산성

서비스품질과 생산성은 ROQ의 개념과 마찬가지로 비용과 수익을 함께 고려하여 최적의 균형점을 찾아야 한다.

(1) 서비스생산성의 정의

생산성(productivity)은 기본적으로 투입량 대비 산출량을 의미한다.

생산성 = 산출량/투입량

일반적으로 산출량은 부가가치개념이 널리 이용되며, 투입량은 노동과 자본으로 인식한다. 부가가치를 종업원 수로 나눈것을 노동생산성이라고 하며, 부가가치를 투하자본으로 나눈것을 자본생산성이라고 한다. 서비스생산에서 투입요소는 사업의 성격에 따라 달라진다. 예를 들어, 생산직과 사무직의 경우 노동력이나 원자재, 에너지와 자본 등이 포함되며 토지와 건물, 설비, 정보시스템 투자와 금융자산 등을 사용하기도 한다.

(2) 생산성의 측정

산출물을 정의하기 어려운 경우 서비스의 생산성측정도 어렵다. 병원과 같이 사람을 대상으로 하는 서비스인 경우, 1년 이상 치료받은 환자수나 병원의 평균 입원실 점유율로 측정할 수 있으나 암과 같은 종양수술이나 당뇨병치료, 간단한 진료 등 다양한 형태의 의료활동, 그리고 의료활동의 결과를 일률적으로 측정하기는 어렵다. 산출물에 대한 측정은 사물을 대상으로 하는 서비스에서는 단순해질 수 있다. 표준화되고 단순한 메뉴를 제공하는 패스트푸드점, 자동차오일이나 타이어교체 등은 공장의 제조라인과 마찬가지로 투입과 산출을 쉽게 측정할 수 있는 반면, 다양한 고객요구와 전달프로세스로 수행되는 경우에는 측정이 복잡해진다. 특히 정보기반의 서비스나 정신적 자극에 기반한 서비스에 대한 생산성 측정은 어려운 과제이다. 이를 위해서는 서비스의 효율성, 유효성 등과 같이 또 다른 접근이 필요하다.

(3) 서비스의 효율성과 유효성

서비스기업에서 생산성의 개념과 측정을 위해서는 효율성과 유효성의 개념을 구분할 필요가 있다. 경영의 성패를 결정하는 두 가지 개념의 차이에 대해 피터드러커는 다음과 같이 정의하고 있다.[17] 휴효성은 성공하기 위한 기반이 되고, 효율성은 성공한 기업이 생존하는 필수조건이다. 효율성은 일의 '올바른 방법'을 찾는 것이고, 유효성은 '올바로 일'을 하는 것이다. 생산성을 측정하는 전통적 방법은 성과보다 산출(outputs)에 초점을 두기 때문에 효율성이 강조되고 유효성이 간과되기 쉬운데 이들 개념의 차이는 다음과 같다.

■ 효율성(效率性, efficiency)

생산성은 효율성과 동일한 개념이다. 서비스에 있어 생산성은 투입에 대한 산출의 재무적 성과로 나타내는 데 비해 효율성은 주로 시간에 근거한 표준과의 비교값으로 측정한다는 점에 차이가 있다. 서비스기업이 생산성을 비용 대비 수입으로 산출하고 생산성이 향상되었다면 일을 올바르게 한 것일까? 올바른 일에 대해 생산성을 높였다면 바람직한 경우가 되지만, 올바르지 않은 일에 대해 생산성을 높였다면 반대의 경우가 된다.

■ 유효성(有效性), effectiveness

유효성은 투입요소가 효력이나 효과를 발휘하여 목적달성에 기여하는 정도를 말한다. 따라서 목적적합성이라고도 한다. 즉, 시스템이나 프로세스가 의도한 결과를 산출했을 때 유효하다고 판단한다. 따라서 의도한 목표의 옳고그름과 그 달성정도가 유효성을 결정한다. 서비스프로세스 디자인이 올바르지 않으면 효율성이 높더라도 유효성은 기대할 수 없다.

■ 서비스생산성 지표의 활용

서비스경영의 현장에서는 종종 서비스의 품질이나 가치보다 서비스처리건수나 수행실적을 우선적인 산출물의 지표로 측정함으로써 유효성을 고려하지 않는 경향이 있다. 예를 들어, 화물의 배송에 있어 회사는 생산성을 높이기 위해 늦게 배달된 화물을 정시에 배달된 화물과 동일하게 취급하거나 다른 시간대의 시간당 서비스를 받는 고객수를 동일하게 세는 방법은 생산성 지표를 왜곡시킬 수 있다. 서비스를 받는 고객수는 증가하지만 그만큼 서비스품질이 저하될 수 있기 때문이다. 서비스전달 프로세스에서 흔히 발생하는 생산성 측정의 오류는 효율성만을 산출로 인식할 때 발생한다. 예를 들면, 야구에서 타율이 높은 타자는 효율성이 높은 경우이며, 타율이 높지 않더라고 득점이나 경기를 뒤집는 유효타나 결승타율이 높은 타자는 유효성이 높다고 할 수 있다.

(4) 서비스생산성의 향상

생산성 향상은 모든 기업이 추구하는 목표인데 서비스기업이 생산성을 획기적으로 향상시키기 위해서는 전사적인 프로세스의 재설계가 필요하다. 생산성을 높이기 위한 몇 가지 기본적인 방법들은 다음과 같다.[18)]

■ 일반적인 생산성 향상전략

전통적으로 서비스운영관리 측면에서 다음과 같은 사항에 집중해야 한다.

- 프로세스의 모든 단계에서 비용을 신중하게 관리한다.
- 원자재와 노동의 낭비를 제거한다.
- 공급능력을 최대수준보다는 평균수준에 맞추어 근로자와 설비가 장기간 활용되도록 한다.
- 자동화기계와 고객이 작동할 수 있는 셀프서비스기술(SSTs)로 작업인력을 대체한다.
- 보다 빠르고 높은 품질수준으로 일할 수 있도록 직원에게 장비와 데이터를 제공한다.
- 보다 생산적으로 일하는 방법을 직원에게 교육한다.
- 병목지점과 불필요한 작업중단을 방지하기 위해 서비스제공자가 취할 수 있는 업무범위를 확대하고 가장 적합한 장소에 근로자를 배치한다.
- 기존에 고임금의 숙련된 개인이 수행했던 업무를 준전문가가 수행할 수 있도록 전문가시스템을 구축한다.

■ 고객주도의 생산성 향상

고객이 서비스생산과정에 함께 참여하는 경우에는 고객의 투입을 보다 효과적으로 하는 방법을 모색해야 한다. 이를 위해 다음과 같은 방법들을 생각할 수 있다.

- **수요의 발생시점조절** : 공급력이 고정된 서비스기업은 계절별, 요일별, 시간대별로 나타나는 수요의 집중으로 대기시간과 수요가 없는 여유시간을 각각 줄일 수 있도록 예약시스템이나 마케팅촉진수단을 활용한다.
- **고객의 서비스생산 참여확대** : 기술혁신을 통해 기존의 업무를 고객이 함께 수행할 수 있도록 설계한다. 서비스의 공동생산자인 고객이 새로운 절차를 학습하고 서비스제공자와 적극적으로 상호협력할수록 품질과 생산성 향상에 긍정적인 영향을 준다.
- **서비스 중개자의 활용** : 고객이 제3자의 서비스이용을 유도함으로써 생산성을 높일 수 있다. 전문적인 중개자는 본래의 제공자보다 서비스중개를 효과적으로 수행하기 때문에 규모의 경제를 달성하는데 유리하다.

■ 품질과 서비스가치의 제고

자원의 투입은 고객이 원하는 성과를 생산하는 데 집중되어야 한다. 따라서 생산성의 향상이 고객이 경험하는 가치에 어떠한 영향을 미치는지 검토하고 개선점을 찾아야 한다.

- **전방부서의 노력**(front stage efforts) : 고객접촉이 많은 서비스일수록 생산성 향상의 효과는 가시적으로 나타난다. 어떤 변화는 고객의 단순한 수용만을 필요로 하는 반면, 어떤 변화는 고객행동의 변화를 필요로 한다. 매우 유의적인 변화가 발생하는 경우, 고객의 예상되는 반응을 확인하기 위한 시장조사가 필요하다. 특히 혁신으로 인해 고객행동에 변화가 필요한 경우, 고객이 변화에 적응하는 해법을 마련해야 한다. 일단 변화의 핵심요소가 결정되면, 고객과의 커뮤니케이션을 통해 변화에 대한 이유와 편익, 그리고 고객이 앞으로 적응해야 할 사항들을 이해시켜야 한다.
- **후방부서**(backstage)**의 변화가 고객에 미치는 영향** : 후방의 변화가 고객에 미치는 영향은 쉽게 드러나지는 않는다. 그러나 후방의 변화가 전방으로 확대되거나 고객에게 영향을 주는 파급효과가 뒤따르게 된다. 후방의 변화를 지속적으로 추적하고, 이러한 변화에 대해 고객이 적절하게 행동하도록 해야 한다. 예를 들어, 은행에서 새로운 컴퓨터시스템을 도입하는 목적은 내부적인 품질관리의 개선으로 월간명세서작성비용을 절감하는 것이지만 고객이 이 변화를 인식한다면 이에 대한 설명이 필요하고, 실제로 새로 발급된 명세서가 읽고 이해하기 더 쉽다면 이러한 변화는 서비스에 새로운 가치를 더하는 것이 된다.

- **서비스원가절감의 문제점** : 서비스생산성 향상은 인건비의 절감과 낭비의 제거에 집중해야 한다. 그러나 전방직원의 감축은 나머지 다른 직원들이 더 열심히 업무를 수행하거나 아니면 신속한 서비스처리를 위해 직원이 충분하지 않다는 것을 의미한다. 비록 단기적으로는 집중적으로 업무를 수행할 수 있지만 장기간의 집중적 근무는 피로도를 증가시키고 실수가 빈번해지며, 사무적으로 고객을 응대하게 된다. 직원의 지나친 스트레스는 불만족과 좌절감을 야기하므로 생산성 향상과 서비스품질의 강화를 위해 프로세스를 재설계해야 한다.

각 주

1. 가치사슬(value chain)의 개념은 기업활동에서 부가가치가 생성되는 과정을 1985년 미국 하버드대학의 마이클 포터(M. Porter)가 모델로 정립한 이후 광범위하게 활용되고 있다. 이론적 틀로서 부가가치창출에 직접 또는 간접적으로 관련된 일련의 활동기능 · 프로세스의 연계된 것을 의미한다. 주활동(primary activities)과 지원활동(support activities)로 구분된다.
2. 인터넷과 월드와이드웹(www)은 본래 과학 및 군사적 목적의 파일을 컴퓨터끼리 주고받을 목적의 신뢰성 높은 네트워크로 개발되었으나 전자상거래의 핵심적 요소가 되었고, 세계를 검색할 수 있는 구글의 기반이 되었으며, 페이스북과 링크드인과 같은 SNS의 플랫폼이 되었다.
3. James A. Fitzmmons, Mona Fitzmmons & Sanjeev K. Bordoli, *Service Management*, 8th ed. McGraw-Hill, 2014, pp.82~84.
4. 서혜부 탈장(inguinal hernia) : 복강안의 장기가 복벽의 약한 부분 중 서혜부(사타구니)주위를 통해 빠져 나오는 현상(의학용어).
5. 고객화(customization)란 생산업체나 수공업자들이 고객의 요구에 따라 제품을 만들어주는 일종의 맞춤제작 서비스를 말하는 것으로, '주문제작하다'라는 뜻의 'customize'에서 나온 말로 원어대로 '커스터마이제이션'이라고도 한다. 오늘날에는 IT산업의 발전으로 개발된 솔루션이나 기타 서비스를 소비자의 요구에 따라 원하는 형태로 재구성 · 재설계하여 판매하는 것으로 그 의미가 확장되었다.
6. Mary Jo Bitner, Amy L. Ostrom, and Felicia N. Morgan, "Service Blueprinting: A Practical Technique for Service Innovation," *California Management Review*, Spring, 2008, pp66~94.
7. 하이터치(high touch)란 높은 인간적 감성을 말한다. 미국의 미래학자 존 나이스비트(John Naisbitt)가 처음 제시한 개념으로 현대사회는 고도의 기술(high tech) 발달로 기술에 의존하지

않고는 살아갈 수 없는 기술중독현상 때문에 인간성을 강조하는 목적으로 이용된다.

8. 수영장 레인흐름도(Swim lane flowchart)란 서비스 프로세스의 여러 활동이 동시에 수행되는 시간별 흐름을 수영장 레인모양에 비유하여 서비스 프로세스의 흐름을 각각 요소의 순서로 표시하여 관리하기 위한 흐름도 분석방법이다.
9. FFB, *Service Management*, McGraw-Hill, 2014, pp. 154~156.
10. 키메스와 피치몬스는 라 퀸타모텔(La Quinta Motor Inns)을 대상으로 한 연구에서 서비스기업의 성공과 실패의 원인을 각각 규명했다. S. E. Kimes and J. A. Fitzsimmons, "Selecting Profitable Hotel Sites at La Quinta Motor Inns," *Interfaces*. vol.20, March 1990, pp.12~20.
11. PZB는 1985년 SERVQUAL 모델을 처음 개발한 A. Parasuraman, Valarie A. Zeithaml, and Leonard L. Berry 세 학자의 이니셜을 지칭함.
12. A. Parasuraman, Valarie A. Zeithaml, and Leonard L. Berry, "AModel of Service Quality and Its Implication for Future Research," *Journal of Marketing*. Vol.49, 1985, pp.41~50.; Valarie A. Zeithml, Leonard L. Berry, and A. Parasuraman, "Communication and Control Process in the Delivery of services," *Journal of Marketing* Vol.52, 1988, pp.36~58.
13. Valarie A. Zeithml, Mary Jo Bitner, and Dwayne D. Gremler, *Service Marketing: Integrating Customer Focus across the Firm* 5th ed. McGraw-Hill, 2009, p.297.
14. Leonard L. Berry and A. Parasuraman, "Listening to the Customer-the Concept of a Service Quality Information System," *Sloan Management Review 38*, 1997, pp.65~76.
15. Jochen Wirtz, Patrica Chew, Christopher Lovelock, *Service Marketing* 2nd ed. Pearson Education, 2013, p.439~440.
16. 실증연구에 따르면, 많은 기업이 서비스품질개선을 시도했으나 상당수는 실패하였으며, 주된 이유는 품질향상에 대한 과도한 투자와 프로그램의 실행이 있다. Roland T. Rust, Anthony J. Zahonik, and Timonthy L. Keiningham, "Return on Quality(ROQ) : Marketing Service Quality Financially Accountable," *Journal of Marketing, Vol.59*, 1995, pp.58~70.
17. 피터 드러커는 기업이 목적을 달성하고 경영의 성과를 높이기 위해 유효성(effectiveness)과 효율성(efficiency) 두 가지에 주목해야 한다고 주장했다. Peter F. Drucker, *Management: Tasks, Responsibilities, Practices*, Harper & Row, 1974.
18. Jochen Wirtz, Patrica Chew, and Christopher Lovelock, *Service Marketing 2nd* ed. Pearson Education, 2013, p.454~456.

CHAPTER 12

글로벌 서비스경영

제1절 글로벌경영의 개념
1. 글로벌경영이란?
2. 기업의 성장전략
3. 기업의 해외시장진출

제2절 서비스 수·출입과 프랜차이즈
1. 국제화의 배경과 수출·수입
2. 프랜차이즈의 개요
3. 글로벌 프랜차이즈전략

제3절 글로벌 서비스전략
1. 서비스의 글로벌화
2. 글로벌전략

오늘날 우리는 누구나 전 세계의 제품과 서비스에 대한 정보가 제공되는 글로벌환경에서 살고 있다. 가능한 한 많은 시장을 개발하여 서비스를 제공하고 시장을 확장하고자 하는 서비스기업에게 글로벌화는 더 이상 선택이 아닌 필수적 과제가 되고 있다. 그러나 해외시장의 진출을 위해서는 문화적 이전 가능성, 해외네크워크의 개발, 자국의 산업보호를 위한 현지 정부의 정책 등 직면하게 되는 많은 위험과 도전을 잘 극복해야 한다. 본장의 전반부에서는 글로벌경영의 일반적 개념과 해외시장진출의 유형을 살펴보고, 후반부에서는 서비스기업이 해외시장진출에 널리 이용하는 프랜차이징과 글로벌 서비스전략을 소개한다.

Keywords: 성장전략, 세계화, 현지화, 프랜차이징, 가맹점, 해외진출, 글로벌전략, 수출형태

“번역의 오류”

재미있는 번역오류는 친구들끼리 주고받는 흥미로운 에피소드가 될 수 있다. 그러나 기업환경에서 번역상 오류는 중요한 비즈니스를 망치는 요인이 될 수 있다. 부정확한 번역은 비즈니스에 악영향을 미칠 수 있으며 최악의 경우 글로벌 비즈니스를 망칠 수도 있기 때문이다. 글로벌 비즈니스는 전 세계 고객을 대상으로 하기에 시장의 규모가 막대하다. 그리고 글로벌 비즈니스에서 번역의 오류는 장기간 해외진출을 위한 모든 노력을 수포로 만들거나 비즈니스와 브랜드성공전략에 커다란 장벽이 될 수 있다. 단 하나의 오역 때문에 수십억 달러가 사라질 수 있는 것이다. 다음은 브랜드가 이미지, 명성 또는 돈을 잃어버린 실수에 관한 얘기다.

“당신의 손가락을 먹어라”

KFC의 유명한 슬로건이 어이없는 말로 번역된 적이 있다. “손가락을 빨아먹을 정도로 너무나 맛있다”(“Finger-Lickin’ good”)는 중국어로 번역될 때, “손가락을 먹어라”-“Eat your fingers off”와 같이 오역되었다. 이런 슬로건을 보고 감명을 느낀 이도, 손가락을 먹고 싶었던 이도 없었으며, 결국 KFC는 판매가 감소하는 결과를 낳았다. KFC는 중국시장에서 철수할 뻔했지만, 그들은 중국에서 메뉴를 조정하여 소비자의 열광적 반응을 얻어냈다. KFC는 “캔터키프라이드 치킨”으로 유명하지만 중국시장의 진출을 위해 중국 현지의 음식을 추가했던 것이다. 중국의 죽, 전통 중국식 아침식사인 빵과 다양한 쌀 요리와 같은 음식을 선보였다. 이것은 다양한 계층의 소비자에 호소력 있는 전략이었다. 나이 든 사람들은 전통적인 요리에 호의적인 반응을 보였고 젊은 사람들은 새로운 미국식 식사를 시도하게 되었다. 광범위한 음식의 스펙트럼은 모든 사람이 KFC에서 무엇인가를 즐길 수 있게 만들었고, 중국에서의 KFC 서비스방식이 현지화에 성공하는데 도움이 된 또 하나의 좋은 사례다.

이보다 앞서 1960년대에 펩시는 중국시장에 진입하여 그 당시 슬로건이었던 “펩시세대와 함께 살아라” -“Come alive with the Pepsi generation.”을 중국어로 번역했다. 그러나 이 슬로건은 “펩시는 당신의 죽은 조상을 다시 데려온다.”-“Pepsi brings your ancestors back from the dead”로 잘못 번역되어, 펩시는 중국에서 많은 비즈니스의 기회를 잃게 되었다.

유명 미국맥주회사인 쿠어스(Coors)도 웃지 못할 번역실수를 경험한 적이 있었다. 쿠어스의 태그라인인 “느슨하게 해라”(“Turn it loose”) 병뚜껑을 돌려서 느슨하게 풀라는 의미정도의 슬로건은 스페인어로 “설사로 고통받다”-”suffer from diarrhea”로 번역되었던 것이다. 스페인 고객들에게 브랜드이목을 끄는 데에는 성공했지만, 의도했던 방향과는 거리가 멀었다.

▸ *TEXTree*(2018) 中에서

제1절 글로벌경영의 개념

오늘날 세계화(globalization)의 확산에 따라 무역장벽이 사라지고 세계경제는 단일시장으로 바뀌고 있다. 산업내의 기술발달과 더불어 상품, 고객의 욕구, 운영관리 등과 관련한 활동이 국경을 넘어 시장이 글로벌화 되고 공조화됨에 따라 기업들은 직·간접적으로 글로벌경쟁에 노출되어 있다. 본절에서는 이와 같은 글로벌환경에서 시장기회를 늘이고 있는 기업들의 글로벌경영에 대한 일반적 개념을 정리해 본다.

1. 글로벌경영이란?

(1) 글로벌경영(global management)의 정의

세계화란 기업활동이 세계 여러 나라로 확대되는 것을 일컫는다. 제품과 서비스의 생산, 판매뿐만 아니라 구매, 연구개발, 인사관리 등의 경영활동이 한 나라안에서 국한되지 않고 국경을 초월하여 이루어지는 것을 글로벌경영이라고 한다. 즉, 생산과 판매의 거점을 세계무대로 이동시켜 수익원을 분산시키고 경영활동의 모든 면에서 국제적 분업을 꾀하는 경영방식이다. 세계적인 시각에서 우수인재를 확보하고 싼 원자재를 조달하며, 원가가 절감되는 곳에서 생산하고 세계시장을 대상으로 마케팅을 전개하는 것이 글로벌경영의 핵심이다.

(2) 글로벌경제와 소비자의 일상

우리의 일상을 떠올려 보자. 지하철이나 버스를 타면 아이폰을 통해 음악을 듣는 사람, 삼성갤럭시폰으로 카톡을 하는 사람, 닌텐도로 게임을 즐기는 사람, 넷플릭스로 영화를 보는 사람을 쉽게 발견할 수 있다. 학교나 공중장소에는 어느 자판기에서나 코카콜라와 캔커피를 살 수 있다. 강의실에는 LG의 빔프로젝터가 있고, 실습실에는 삼성노트북과 HP프린터 기기가 있다. 길거리에 나서면 우리는 하루에도 몇 번씩 스타벅스, 나이키, 맥도날드, 도미노피자의 간판을 마주한다. 이처럼 글로벌시장에 제품과 서비스를 제공하는 다국적기업들은 우리 일상생활에서 많은 영역을 차지하고 있다. 따라서 국내기업들의 경쟁자는 이제 국내기업에만 한정되지 않으며, 기업이 지속적

성장을 위해서는 더 넓은 해외시장으로 진출을 모색해야 한다. 국가 간의 무역장벽이 사라지거나 낮아진 글로벌경제에서는 제품과 서비스가 국경을 자유롭게 넘나들수 있고 소비자들의 선택역시 예전보다 훨씬 다양해졌기 때문이다.

2. 기업의 성장전략

기업은 고객의 니즈와 욕구를 파악하여 잠재적 시장을 개발하고 새로운 경쟁자에 대해 진입장벽을 구축하기 위해 지속적으로 혁신을 추구한다. 서비스기업의 성장전략은 다음과 같이 집중서비스와 집중네트워크, 군집서비스 및 다각화 네트워크 등 네 가지로 구분된다.[1)]

표 12-1 다수입지 및 다수 서비스확장전략

	단일 서비스	다수 서비스
단일입지	집중서비스(Focused sevice) : • 치과진료 • 소매업 • 패밀리레스토랑	군집서비스(Clustered service) : • 스탠포드 대학교(Stanford University) • 메이요 클리닉(Mayo Clinic) • 호텔, 리조트
다수입지	집중네트워크(Focused network) : • 패더럴 익스프레스(Federal Express) • 맥도날드(McDonald' s) • 항공사, 물류회사	다각화 네트워크(Diversified network) • 금융업 • 아메리칸 익스프레스(American Express) • 여행사

자료 : James A. Fitzsimmons, Mona J. Fitzsimmons, and Sanjeev K. Bordoli, *Service Management 8th ed*, McGraw-Hill Co. 2014, p.278.

(1) 집중서비스(focused service)

서비스사업의 창업은 대부분 한 곳에 거점을 두고 시작되며, 성공적인 기업들은 차별적인 서비스를 통해 잘 정립된 마케팅전략과 비즈니스모델을 구축한다. 예를 들어, FedEx의 비즈니스모델은 소형화물을 다음날까지 배송하기 위해 허브-스포크(hub-spoke) 네트워크의 물류시스템을 도입했다. 비즈니스의 성공은 수요증가와 시설확장 및 인력확충으로 이어지며, 해당 시장에는 경쟁자가 출현하게 된다. 따라서 현재의 시장지위를 유지 또는 강화하기 위해서는 서비스품질의 향상이나 부가서비스의 개발이 필요하다. 단일입지로 인한 위험요인으로는 사업장에 속한 지역의 경제여건악화나 경쟁기업의 시장진입이 대표적이다. 그러나 단일입지에 의한 집중전략은 관리와 통제가 간편하다는 이점이 있다. 집중서비스전략은 치과진료나 소매업, 패밀리레스토랑처럼 지리적 이점이나 고객화를 통해 성공한 사례를 많이 볼 수 있다. 예를 들어, 바닷가처럼 입지가 서비스전략의 핵심요소라면 그것은 다른 곳에서는 쉽게 찾기 힘든 경우이며, 수상경력이 있는 요리사, 전국적으로 알려진 심장전문의처럼 역량을 가진 전문가 때문에 단일입지로 제한되는 경우도 있다.

(2) 집중네트워크(focused network)

고객에게 정형화된 서비스를 생산·판매하는 기업은 성장을 위해 다수의 입지로 네트워크를 확장할 필요가 있다. 예를 들어, 맥도날드와 같은 패스트푸드 음식점은 집중네트워크전략을 통해 다수의 입지에 있는 사업장의 서비스품질을 균일하게 통제할 수 있다. FedEx나 운송회사, 통신회사 등의 경우는 고객서비스를 효율적으로 제공하기 위해 네트워크구축을 필요로 한다. 경쟁기업과 차별화된 핵심역량을 보유하고 대규모 시장진출을 하는 경우, 여러 지역에서 최적의 입지를 미리 확보하여 경쟁기업의 시장진입을 막을 수 있다. 빠른 성장을 목표로 하는 기업에게는 프랜차이즈방식이 효과적이며, 계약을 통해 가맹점의 투자와 영업에 대한 동기를 부여할 수 있다. 그러나 네트워크관리를 위해서는 다양한 관리기술이 필요하며, 의사소통과 통제가 뒤따라야 한다. 다수의 입지를 통한 성장전략은 규모의 경제를 쉽게 달성할 수 있다는 점에서 매력적이지만 사업의 확장을 위해서는 직원의 교육훈련, 운영매뉴얼, 서비스상품의 브랜드구축, 전사적 마케팅전략 등이 전제되어야 한다.

(3) 군집서비스(clustered service)

대규모 생산시설을 갖춘 서비스기업은 서비스를 다양화함으로써 성장을 추구할 수 있다. 예를 들어, 미국자동차협회(USAA)는 원래 군인들 대상으로 우편으로 보험서비스를 제공하기 위해 설립되었으나 현재는 모든 군인관련 공동체에 금융업, 투자펀드, 자동차 및 주택보험, 생명보험, 건강보험, 재무설계, 여행서비스와 구매서비스를 제공하고 있다. 군집서비스의 특징은 기업이 위치한 지역에 국한되지 않고 고객과 직접적인 접촉없이 서비스를 제공한다는 점이다. 서비스의 다양화와 관련된 위험요소는 사업초점의 상실과 핵심서비스의 수준저하를 들 수 있다. 예를 들어, 스키리조트의 경우, 비수기 동안 유휴시설을 활용하기 위해 다양한 이벤트행사를 유치할 수 있는데 스키고객과 행사고객의 이용시점이 겹치는 경우에는 서비스품질이 저하될 수 있다. 호텔에서 단체관광객과 비즈니스고객을 모두 표적으로 하는 서비스전략의 경우도 마찬가지이다. 이러한 위험을 최소화하기 위해 집중화된 다양화(concentric diversification)전략을 구사하기도 한다.[2] 집중화된 다양화는 핵심서비스를 중심으로 시너지효과가 기대되는 서비스만을 공급하여 무리한 서비스의 확장을 막는 전략이다. 예를 들어, 간단한 용품들을 구매할 수 있는 편의점을 주유소, 자동차용품과 세차 등의 서비스지역에 추가함으로써 범위의 경제를[3] 달성할 수 있다.

(4) 다각화 네트워크(diversified network)

집중네트워크와 달리 다수의 입지에서 다수의 서비스전략을 구사하는 서비스확대전략이다. 기업 간의 인수·합병(M&A)을 통해 성장을 추구하는 기업들은 주로 단일의 브랜드를 유지하면서 마케팅이미지를 강화하여 서비스를 제공한다. 예를 들어, 글로벌기업인 아멕스(American Express)는 금융 및 여행서비스의 시너지효과를 극대화하기 위해 글로벌네트워크를 운영한다.

3. 기업의 해외시장진출

해외시장의 진출은 성장을 위한 기업의 욕구에서 출발하는데, 외국에서 사업을 시작하기 위해서는 먼저 현지의 경영환경을 분석한 후 최적의 마케팅전략을 선택해야 한다. 일반적으로 해외시장을 대상으로 사업을 검토하는 방법들은 다음과 같다.

- 글로벌 아웃소싱
- 수입과 수출
- 라이센싱과 프랜차이징

} 시장진입전략

- 전략적 제휴
- 해외의 현지법인설립

} 직접투자전략

글로벌시장에 진입하는 것은 단기적 수익보다는 장기적인 성장잠재력을 구현하기 위한 전략이다. 기업의 성장에 따른 국제화과정은 흔히 ① 국내지향기업, ② 해외지향기업, ③ 현지지향기업, ④ 세계지향기업의 네 단계로 구분된다. 기업의 해외시장진출단계는 수출, 계약형태, 직접투자

표 12-2 기업의 해외시장진입 단계별 구분

수출형태의 진입	계약형태의 진입	직접 투자형태의 진입
• 간접수출(indirect exporting) • 자사대리점/유통업자 수출 (direct agent/distributer exporting) • 자사지점/자회사수출 (direct branch/subsidiary exporting)	• 라이선싱(licensing) • 프랜차이징(franchising) • 기술계약(technical agreement) • 서비스계약(service contract) • 관리계약(management contract) • 컨설/턴키계약 (construction/turnkey contract) • 계약생산(contract manufacture) • 협동생산계약 (co-production agreement)	• 단독투자(신설) (sole venture : new extablishment) • 단독투자(취득) (sole venture : acquisition) • 합작투자(신설) (joint benture : new extablishment) • 합작투자(취득) (joint benture : acquisition)

그림 12-1 해외시장 진입전략

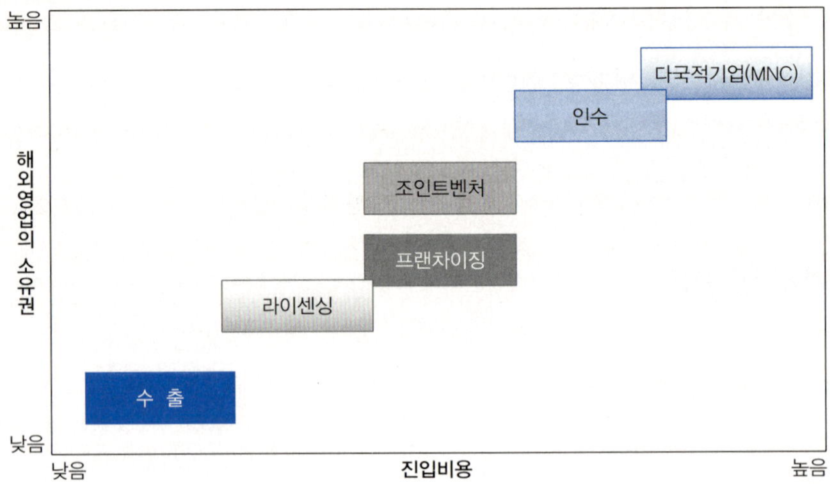

등에 따라 〈표 12-2〉와 같이 나누어지며, 단계적인 해외시장 진입전략의 형태는 〈그림 12-1〉과 같다.

(1) 수출형태로 진입

수출은 해외시장진출을 위해 추가비용이 적게들고 위험도가 낮은 성장전략으로서 다음과 같이 간접추출과 직접수출로 나누어 볼 수 있다.

■ **간접수출(indirect export)**

중간상을 통해 수출하는 초기단계의 해외시장진출방식이다. 주로 수출경험이 없거나 자사의 전문인력을 활용할 수 없는 경우나 소규모거래인 경우에 이용된다. 중간수출상이 자사의 마케팅에 참여하여 홍보, 광고 및 기술지원 등에 협력하고 주문에 대해 수출이 가능하도록 하는 방식이다.

■ **직접수출(direct export)**

수출기업이 직접시장 및 고객접촉, 시장조사, 물류, 수출서류작성, 가격결정 등의 마케팅을 직접 계획하고 수행한다. 간접수출보다 발전된 단계이며 시장개입의 범위도 크게 확대된다. 일반적으로 대규모 시장에서는 직접수출을 하고 소규모시장에는 간접수출을 보완적으로 이용하는 경우가 있다.

(2) 계약형태로 진입

계약을 통해 해외시장에 진입하는 방법에는 라이센싱, 프랜차이징, 관리계약, 턴키프로젝트, 계약생산 및 전략적 제휴 등 다양한 방법이 있다.

■ 라이센싱(licensing)

면허계약이라고도 하며, 라이센서(licensor)와 라이센시(licensee) 간에 계약을 체결하고 라이센서가 보유하고 있는 특허, 영업기밀, 노하우, 등록상표, 지식과 기술공정 등의 상업적 재산권을 사용할 수 있는 권리를 라이센시에게 제공하고 그 대가로 일정한 로열티(royalty)를 받는 거래방식이다. 해외시장진출에 널리 이용되는 이 방식은 자국의 높은 생산비용, 상대국까지의 물류비용 또는 해외운송이 불가능하거나 상대국정부의 규제로 현지 생산이 어려운 경우에 효과적이다.

■ 프랜차이즈(franchise)

라이센싱의 한 형태로서 프랜차이저가 독립적인 프랜차이지(franchisee)에게 일정한 수수료를 받고 그 대가로 프랜차이즈 영업에 필수적 자산인 등록상표 등에 대한 사용권을 허가해 주고 기업의 운영까지를 계속해 운영을 지원하는 경영방식이다. 운영지원에는 장비 및 설비공급, 교육훈련과 금융지원 그리고 일반경영지원 등이 포함된다. 예를 들어, 홀리데이인(Holiday Inns)은 프랜차이저가 '홀리데이'라는 브랜드사용을 허락하고 프랜차이지가 영업을 시작할 수 있도록 입지평가와 시스템설계, 운영에 이르기까지 사업을 지원하며, 예약서비스와 교육훈련프로그램 등도 제공한다. 프랜차이즈는 패스트푸드, 자동차임대, 호텔 및 식음료 등의 산업에서 널리 이용되는 해외시장진출전략이다.

■ 관리계약(management contract)

관리계약이란 계약당사자 간에 소유와 경영이 분리되어 한쪽은 운영시설을 소유하고 다른 쪽은 경영을 담당하는 형태의 경영방식으로서 해당사업의 운영에 한정되며, 주로 합작투자를 보완하는 방식으로 널리 이용된다. 관리계약은 특히 공공서비스부문, 자원개발 등의 분야에서 흔히 채택된다. 예를 들어, 전기, 가스, 상수도, 통신 등의 서비스부문을 공기업형태로 운영하는 경우가 많은데, 관리계약은 이들 시설을 유지·개선하는 전문인력이 부족할 때 정부가 이용하는 방식이다.

■ 턴키프로젝트(turnkey project)

플랜트수출(plant export)이라고도 하는데, 주로 기업이 외국으로부터 생산공장이나 석유시추시설 등과 같은 산업시스템을 발주받아 이를 설계, 건설하여 프로젝트를 완공한 다음 그 초기운영까지를 담당한 후 이를 발주자에게 일괄하여 제공하는 방식이다. 턴키프로젝트는 사업업종별로 내용이 다르기 때문에 표준적인 계약을 이용할 수는 없으나 통상적으로 이 방식을 통해 엔지니어링 기술과 노동 및 경영관리기법 등이 복합적으로 이전된다.

■ **계약생산(contract manufacturing)**

계약에 의한 해외시장진출방식은 라이센싱과 직접 투자 간의 절충된 형태로서 자사의 제품을 직접 생산하여 현지에 수출하는 대신 생산능력을 갖춘 현지 기업으로 하여금 자사의 요구대로 생산할 수 있도록 장기계약을 체결하고, 생산된 제품에 대한 마케팅은 자사가 맡는 경영방식이다. 흔히 OEM방식이라고도 하며,[4] 계약생산을 위탁하는 기업은 자사가 요구하는 제품을 즉시 생산하기 위해 현지 기업에 대한 기술이전이나 기술지원을 위해 별도의 라이센싱계약이나 기술지원계약을 맺기도 한다.

■ **전략적 제휴(strategic alliance)**

전략적 제휴는 시장진입, 시장확대 또는 유지 등 특정한 목적을 달성하기 위해 당사자 간에 협력관계를 구축하는 것을 말한다. 기술개발, 조달과 생산, 마케팅, 디자인, 엔지니어링, 유통 등의 분야에서 상호대등한 입장에서 상호 비교우위요소를 공유하기 위한 목적으로 체결된다. 예를 들어, 세계항공업계의 스타얼라이언스, 원월드, 스카이팀 등은 회원사 간에 마케팅, 탑승수속과 지상조업, 운항 등을 공동으로 수행함으로써 상호이익을 도모하고 있다.

(3) 직접 투자형태(FDI)로 진입

해외직접 투자(Foreign Direct Investment, FDI)는 기업이 관리, 기술, 마케팅, 자본조달 등을 자사의 통제하에 해외사장에 현지법인형태로 진출하는 것을 말하며, 투자형태에 따라 단독투자와 합작투자(Joint Venture)의 두 가지 방식으로 구분된다.[5]

■ **단독투자**

단독투자방식의 해외진출은 상품이나 브랜드가 글로벌경쟁력을 갖추어 시장을 확대하거나 국제적 분업을 위해 모기업이 자회사에 원자재공급 또는 판매망을 구축하고자 할 때 추진한다. 새로운 법인설립에 의한 해외진출은 제품이나 유통, 노하우의 누출을 방지할 수 있는 장점이 있다. 유통산업이나 서비스분야보다는 제조업분야에서 쉽게 찾아볼 수 있다. 법인신설에는 생산시설의 구축 등을 장기간이 소요되는 데 비해 단독투자의 또 다른 방법으로 현지의 기업을 인수할 수도 많다. 이 경우 현지 기업의 기술, 상표 및 유통구조와 현지 인력확보에 유리하며, 시장의 조기진입과 시장지위의 강화측면에서 효과적이다.

■ 합작투자

합작투자는 2개국 이상의 기업이나 개인, 기관이 공동으로 참여하는 국제경영방식으로서 참여자가 공동으로 소유권을 갖는다. 공동소유자 간에는 주식과 채무, 유·무형자산, 상표권, 경영노하우 등을 공유한다. 합작투자는 참여기업들이 소유와 경영을 분담하며, 자본과 기술 등 상대방이 지닌 강점을 활용할 수 있고 위험을 분산시키는 효과가 있다. 따라서 합작투자는 단독투자에 비해 자회사에 대한 통제가 아닌 현지 파트너사의 도움이 필요한 경우에 채택된다. 합작투자의 경우에도 단독투자의 경우와 마찬가지로 새로운 법인을 신설하는 방식과 기존 현지 기업의 일부소유권을 인수하는 방식이 있다.

제2절 서비스 수·출입과 프랜차이즈

서비스는 유·무형의 형태로 국제적 거래상의 대상이 된다. 서비스산업에 속하는 모든 부문이 수출과 수입의 대상이 되며 거래를 통해 부가가치를 창출한다. 서비스부문에서 해외시장에 진출하는 대표적인 방법으로는 프랜차이즈방식이 널리 이용된다. 프랜차이즈(franchise)는 계약관계에 의해 독립적인 운영주체가 되는 투자자들을 유인함으로써 서비스를 지역적으로 확산시키는 전략이다. 다수 입지서비스에 있어서 프랜차이즈계약의 목표는 균일한 품질의 서비스를 제공하는 것이며, 이를 위해 표준화된 디자인, 운영방식, 그리고 가격결정 등에 의해 유지된다. 세계의 어느 도시에서도 동일한 맥도날드 햄버거와 피자헛을 즐길 수 있는 것도 프랜차이즈 때문이다. 본절에서는 프랜차이즈의 개념과 장·단점, 종류와 프랜차이징계약의 고려사항 등을 살펴보자.

1. 국제화의 배경과 수출·수입

(1) 국제와의 배경

서비스기업은 자국의 시장이 성숙단계에 접어들고 브랜드의 인지도가 높아질 때 해외시장으로 눈을 돌려 성장의 기회를 모색하게 된다. 기업이 활동영역을 해외로 확대하는 국제화의 배경은 다음과 같이 시장확대, 자원확보, 효율성 제고 및 기술획득 등 네 가지 동인(driver)으로 설명된다.

■ 시장확대

기업이 해외시장을 개척하는 가장 큰 이유 중의 하나가 바로 국내시장의 협소함때문이다. 특히 우리나라의 경우 지리적으로나 인구통계학적으로 한계가 있기 때문에 기업들은 미국, 중국, 인도와 같이 수요가 많고 시장이 큰 나라로 진출한다. 특히 선진국시장은 일반적으로 정치적으로 안정적이고 구매력 있는 소비자가 풍부해 매력적인 시장으로 인식되며, 개도국 또는 후진국은 상대적으로 입증된 서비스품질을 통해 시장을 선점할 수 있다.

■ 자원확보

본국이 가지고 있지 않거나 적게 가지고 있는 자원을 얻기 위해 해외로 진출하는 경우가 있다. 우리나라는 인구가 적고 보유하고 있는 부존자원이 적어 다른 국가에 비해 서비스의 자원이 부족하므로 상대적으로 풍부한 서비스개발의 잠재력, 인건비 등을 확보하여 상품화하기 위해 해외시장에 진출을 도모하게 된다.

■ 효율성 제고

기업경영에 있어 효율성은 생산성을 의미하며, 원가우위 또는 차별화전략을 통해 달성하게 된다. 원가절감의 가장 대표적인 방법은 인건비를 감소시키는 것이다. 해외시장의 진출은 현지국의 풍부한 서비스경영자원을 이용하여 서비스의 원가를 절감하거나 대량생산과 유통의 방법으로 규모의 경제를 달성할 수 있다.

■ 기술획득

기술혁신이 가속화되고 수명주기가 단축될수록 연구개발(R&D) 못지않게 정보와 기술의 획득전략은 중요하다. 정보와 기술이 집약된 서비스의 경우에는 전문인력과 기술의 획득이 중요한 요소가 되며, 기업은 우수한 기술이 집약한 곳으로 이동하기도 한다. 금융과 의료, 컨설팅 등의 전문서비스를 강화하기 위해 선진국 또는 해당 서비스기술이 앞선 지역에 진출함으로써 기술을 획득할 기회를 확보한다.

(2) 서비스의 수출과 수입

서비스의 수출과 수입은 물적상품의 교역으로 파생되는 소득과는 다른 국제적 소득이다. 국제거래를 통해 받아들여지는 것, 즉 국내로 유입되는 소득은 서비스수출이고, 국내에서 지급된 소득은 서비스수입이다. 서비스는 유형의 상품이 아니므로 국제통상에서도 무형적으로 거래된다. 예를 들어, 외국인 관광객이 한국에 방문하는 것은 서비스수출이며, 한국인이 중국의 만리장성이나 자금성 등 중국을 방문하는 것은 서비스수입에 해당된다. 서비스 국제거래는 다음과 특성이 있다.

- **여행과 관광, 정보, 운송 등의 서비스거래** : 국제여행, 관광, 항공운송, 해운, 호텔 등의 서비스에 대한 국제적 거래가 수입의 중요한 자원이다. 특정국가의 경우 서비스분야의 수출이 국가 총수입의 대부분을 차지하기도 한다. 그리스와 노르웨이는 선박과 외국화물운송으로 인한 고용 및 국제수입의 비중이 높으며, 관광의 비중이 높은 국가들일수록 서비스수출이 수입으로 인한 소득보다 더 많다.
- **서비스제공의 대상** : 은행, 보험, 임대, 엔지니어링 및 운영서비스 등은 국제거래를 통해 수수료의 형식 즉, 서비스제공에 대한 대가로 받는 소득이 수출입의 규모를 결정한다.
- **유형·무형자산의 활용** : 상표나 특허, 저작권, 지적재산권 및 라이센싱 등과 같은 전문적인 무형의 자산을 사용함으로써 발생하는 로열티가 소득으로 발생한다. 예를 들어, 프랜차이징은 기업의 자산인 브랜드의 사용을 판매하는 것으로서 판매기업은 서비스의 핵심요소나 운영프로그램, 기술 등을 제공한다. 서비스기업은 라이센싱이나 프랜차이징을 통해 해외시장에 진출하여 물적자산의 투자로 인한 이익을 실현할 수 있다.

(3) 세계화와 현지화

■ 세계화(globalization)

일반적인 의미에서 세계화란 각국의 시장이 경제적, 정치적, 과학기술적, 사회문화적으로 서로 밀접한 관계를 맺으며 시장이 단일화되는 현상으로서 소비시장에서의 국경개념이 사라지고 세계적으로 표준화된 상품이 가격경쟁력을 갖추고 국제적으로 유통되는 것을 뜻한다. 즉 수요의 동질화현상은 제품뿐 아니라 서비스에 이르기까지 모든 분야에 걸쳐 일어나며, 시장의 동질화현상은 기업의 원가절감과 새로운 시장진출의 기회를 제공한다.

■ 현지화(localization)

세계화가 '시장을 함께 공유하는 것'이라면 현지화는 '국가나 지역고유의 시장을 갖는 것'이라고 할 수 있다. 즉, 현지화란 개별국가 또는 지역고유의 시장특성이나 소비자의 압력이 높아지는 것을 말한다. 세계의 수요가 동질적으로 변하고 지역화가 이루어지더라도 개별국가 고유의 언어, 정서, 민족성, 교육, 인구, 종교, 소득 등의 문화적·사회적 차이를 무시할 수 없기 때문이다. 따라서 기업들은 현지 소비자들의 욕구를 충족시킬 수 있도록 제품과 서비스를 개발한다. 예를 들어, 상품의 설명서에 삽화나 그림이 많이 사용되는 것은 수많은 언어로 다시 번역하지 않아도 되고, 번역하더라도 그 안에 있는 글자들만 다른 나라의 언어로 쉽게 바꿀 수 있도록 하기 위한 것이다.

2. 프랜차이즈의 개요

(1) 프랜차이즈란?

프랜차이즈는 우리말로 가맹업(加盟業)계약이라고도 하며, 특정한 상품이나 서비스를 제공하는 주체가 일정자격을 갖춘 사람에게 자사의 상품에 대하여 일정지역에서의 영업권을 주어 시장을 확대하는 방식으로서 영업권을 주는 대가로 로열티를 받는다. 프랜차이즈에 대한 국제프랜차이즈협회(IFA)의 정의에 따르면, 프랜차이저(franchiser)와 프랜차이지(franchisee) 간의 계약관계를 통해 프랜차이저가 노하우와 훈련 등의 업무에 관하여 지속적으로 혜택을 제공하고 이를 유지할 의무를 지며, 프랜차이지는 프랜차이저의 소유 또는 관리하에 있는 공통의 상표 및 기준에 따라 영업을 하기 위해 자신의 자본을 실질적으로 출자하는 것이다. 여기에서 프랜차이저는 가맹본부를 말하며 프랜차이지는 가맹점사업자를 말한다. 가맹점은 프랜차이징을 통해 특정한 제품이나 서비스를 판매할 수 있는 권리를 부여받는 것이며, 여기에는 가맹본부가 개발한 경영시스템의 사용이 포함되기도 한다. 가맹점은 프랜차이즈 수수료의 지급과 시설 및 도구의 구입을 조건으로 사업권을 소유하게 되며, 가맹점은 종업원의 고용, 지역광고 등을 포함한 모든 일상적인 영업활동에 대한 의사결정과 책임을 지게 된다.

(2) 프랜차이즈 시장

■ 프랜차이즈의 발달

현대적 의미의 프랜차이즈는 1850년대 미국의 재봉틀제작회사였던 싱어(Singer Sewing)사가 해외시장에 진출하면서 처음으로 등장한 영업방식이다. 1900년대 들어 GM의 자동차판매대리점 계약에 이용되었으며, 1950년대부터 맥도날드와 KFC 등 패스트푸드업계가 미국에서 정착하고나서 전 세계적으로 확대되었다. 2차 세계대전 초기까지 프랜차이즈는 미국기업들이 자국시장보호정책이 강한 아시아시장이나 유럽시장에 진출하는 데 효과적인 방식이었으나 오늘날에는 시장을 확대하는 마케팅전략으로 자리잡게 되면서 프랜차이즈의 종주국인 미국뿐 아니라 많은 나라에서 글로벌 유통구조의 구축전략으로 자리잡았다.

■ 프랜차이즈의 대상

프랜차이징은 가맹본부가 프랜차이지인 가맹점사업자에게 상표 등에 대한 사용권을 허가해주고 기업의 운영도 지원해주는 계약을 체결함으로써 해외시장에 진출하는 방식이다. 가맹점은 독립적인 경영을 하며, 본사는 수수료를 받고 가맹점의 사업운영에 필요한 핵심물품을 공급한다. 제공자의 자산에 대한 사용계약을 맺고 대가를 주고받는 계약방식으로 시장에 진입한다는 점에서 라이센싱과 동일하지만 프랜차이즈의 가맹점사업자는 가맹본부의 정책과 운영절차에 따라야 하므로 라이센싱보다는 제공자의 통제가 강하다. 패스트푸드나 소매업, 렌트카, 호텔, 자동차판매업, 경영 및 재무·회계·법률컨설팅, 상품기획 및 광고, 기타 관리분야 등에서 널리 이용된다. 가맹본부가 가맹점에 제공하는 자사의 영업적 권리에는 다음과 같은 것들이 포함된다.

- 특허(patent)
- 영업기밀(trade secret)
- 노하우(know-how)
- 상표(trade mark)
- 지식(knowledge)
- 기술공정(technical process) 등

(3) 글로벌 프랜차이즈 모델

프랜차이즈는 자국시장에 한정되지 않고 전 세계적으로 가치를 창출하는 비즈니스모델이다. 계약당사자가 모두 상품과 서비스를 공유하는 사업의 주체로서 선진국뿐 아니라 개발도상국 시장에서도 널리 이용되고 있다. 〈그림 12-2〉는 프랜차이즈의 비즈니스모델을 나타낸 것이다.

그림 12-2 프랜차이즈 비즈니스모델

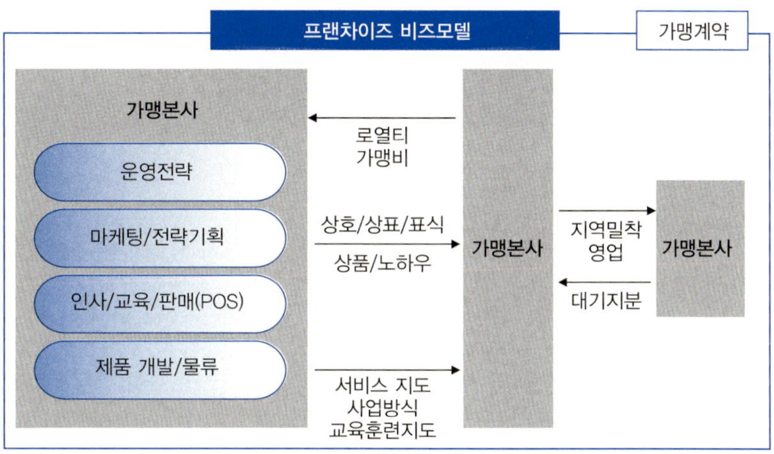

자료 : KOTRA, 글로벌 프랜차이즈 해외진출전략, 2018, p.7.

(4) 프랜차이즈의 장 · 단점

1) 가맹점의 이점

가맹점(franchisee)은 가맹회사의 회원으로 확보하면서 독자적인 경영이 가능하므로 이미 구축된 이미지와 브랜드를 이용해 사업실패의 위험을 줄이면서 다음과 같은 이점을 기대할 수 있다.

■ 관리자 교육 · 훈련

사업개시에 앞서 프랜차이저는 교육 · 훈련프로그램을 통해 경영관리를 지원하다. 예를 들어, 맥도날드는 음식조리 및 고객서비스의 방법을 가르치기 위해 미국시카고에 있는 맥도날드햄버거대학에서[6] 2주간의 교육프로그램을 가맹점에 제공한다. 이 교육프로그램은 목표는 가맹점이 사업을 성공적으로 운영하도록 준비시키고 맥도날드의 표준절차를 통해 각 매장의 서비스수준을 균일하게 유지하는 것이다. 이후의 교육은 온라인이나 방문컨설턴트를 통해 제공된다.

■ 브랜드명성

가맹점은 시장에서 널리 알려진 브랜드에 의해 즉각적인 고객확보가 가능하기 때문에 새로운 브랜드로 창업하는 경우에 비해 시장진입초기의 위험부담이 적고 빠른 기간내에 손익분기점에 도달할 수 있다.

■ 본사의 광고효과

계약에 따라 가맹점은 본사에 대해 총매출액의 일정비율을 광고비로 부담하지만 이로 인한 광고의 효과는 상대적으로 크다. 특히 패스트푸드나 호텔, 리조트의 경우에는 매장이 속한 외부로부터 고객이 방문하는 비율이 높아 광범위한 광고효과를 기대할 수 있다.

■ 초기사업위험의 회피

사업초기 시장진입에 따르는 실패위험을 줄일 수 있다. 사업이 안정화되어 있는 프랜차이저는 적절한 입지의 선정, 회계시스템의 구축, 고객이 선호하는 서비스 전달프로세스 등이 시장에서 검증받은 상태이므로 가맹점은 본사의 성공경험을 공유하는 이점이 있다.

■ 규모의 경제

가맹점은 프랜차이저의 네트워크를 활용함으로써 대량구매체계와 기자재의 확보 등을 통해 상대적으로 저렴한 영업비용을 부담할 수 있다.

2) 프랜차이저의 고려사항

프랜차이징은 지리적으로 분산된 매장들을 집중화된 네트워크로 관리함으로써 사업을 확장하기 위한 성장전략이다. 프랜차이징은 영업망을 독립적 사업자에게 판매함으로써 최소의 자본으로 시장을 확대할 수 있기 때문이다. 투자자로 참여하는 가맹자의 사업욕구는 사업의 확대를 촉진하는 요인이다. 따라서 프랜차이저는 최소한의 경영지원을 함으로써 매장별 관리자양성이나 추가적 비용지출부담을 줄일 수 있다. 그러나 가맹점의 독립성, 프랜차이즈계약의 성격, 그리고 분쟁해결절차 등에 대한 의사결정은 중요한 고려사항이 된다.

■ 가맹점의 독립성

가맹점의 독립성은 매장운영에 있어 주어지는 재량권을 의미하며, 그것은 당사자 간의 계약서에 명시된 운영지침에 의해 정해진다. 운영지침은 모든 가맹점의 품질과 서비스의 동질성을 보장하는데 중요하다. 운영지침에는 다음과 같은 내용이 포함된다.

- 운영절차, 입지선정, 시설디자인, 회계시스템, 사용자재 및 공급처
- 가격결정 및 상품목록 등에 대한 세부사항
- 시설에 대한 수시검사
- 규정위반매장에 대한 계약철회 등

브랜드는 가맹점들이 본사의 운영방식을 벗어나지 못하도록 계약을 통해 서비스의 동질성에 대한 기준을 강화하고, 고객이 어디에서나 동일한 서비스를 경험할 수 있도록 보장하는 역할을 한다. 브랜드가치가 높을수록 수익성이 높고 위험이 줄어들며 투자기회를 더 많이 제공한다.

■ 프랜차이즈계약

프랜차이저에게 집중되는 통제권한은 프랜차이저와 가맹점 간의 관계에 있어 권한의 악용가능성을 내포할 수 있는데, 이와 같은 불균형으로 인해 본사에게 일방적으로 유리한 프랜차이즈계약이 체결될 수 있다. 예를 들어, 계약서에 가맹점의 의무조항은 매우 구체적으로 명시되는 반면 본사의 의무사항은 불명확하게 나타내는 경향이 있다. 따라서 계약은 상호 협력적 관계가 유지될 수 있도록 작성하여 갈등의 가능성을 고려해 사전에 법률적으로 검토하는 것이 필요하다.

■ 분쟁의 해결

공정하고 명확한 프랜차이즈계약은 분쟁의 가능성을 최소화하기 위한 가장 효과적인 방법이 된다. 그러나 프랜차이저와 가맹점의 상이한 목표로 인해 종종 다음과 같은 분쟁의 가능성이 존재한다.

- 수수료율의 결정 및 이익의 분배방식
- 매장시설의 업그레이드 시기 및 이와 관련한 비용의 분담

• 동일 시장지역내 새로운 매장의 개설

프랜차이즈 시스템의 성공을 위해서는 계약자 상호 간의 관계가 잘 정립되어야 하며, 분쟁발생으로 인해 조직이 분열되고 체인전체의 브랜드와 경쟁력이 훼손되지 않도록 사전에 관련규정과 절차를 마련해야 한다.

3. 글로벌 프랜차이즈 전략

프랜차이즈 계약의 주체는 대부분 서비스기업에 해당된다. 따라서 프랜차이즈를 통한 해외시장진출도 외식업, 소·도매 유통업, 호텔·리조트 등 서비스기업의 글로벌전략의 일환으로 수행된다. 여기에서는 서비스기업의 글로벌 프랜차이즈 전략의 주요내용을 살펴본다.

(1) 환경분석

오늘날 디지털화의 진전으로 제조업과 서비스업 간의 경계가 모호해지면서 글로벌시장에서는 비즈니스의 융합현상이 나타나고 있다. 프랜차이즈 선도기업들은 글로벌시장에서 단순히 가맹점수를 늘이는 비즈니스확장뿐 아니라 새로운 기술과 서비스를 적용하여 고도화된 비즈니스모델을 개발하고 있다. 글로벌시장진출을 위해서는 진출대상국에 대해 다음과 같은 환경요소에 대한 분석이 필요하다.

■ 시장규모와 성장잠재력

프랜차이즈 시장의 현재 규모와 업종별 시장동향, 향후 성장가능성, 현지 프랜차이즈의 국제화수준 및 유통구조 등을 종합적으로 파악하여 표적시장에 대한 접근가능성과 사업의 경제성을 판단한다.

■ 산업정책 및 규제

현지국 정부의 산업정책과 규제동향은 프랜차이징 사업의 경제성 판단과는 별도로 해외시장진출의 성패에 직접적인 영향을 미친다. 여기에는 다음과 같은 규제적 요소들이 포함된다.

• **법률적 진입장벽** : 프랜차이즈진출 유형별 현지국의 법령
• **규제정책** : 수입제한품목 등
• **문화적 진입장벽** : 현지 소비자들의 자국 브랜드선호도 등
• **상표 및 디자인 등록절차** : 현지국 정부의 재산권보호제도 등

(2) 해외시장진출전략

해외진출의 방식에는 마스터프랜차이즈, 합작투자, 직접투자, 국제가맹 등의 유형이 있으나 업종과 현지 여건에 따라 적절한 진출방식과 전략을 선택할 수 있다. 동일한 업종이라 하더라도 해외진출의 목적과 진출방식, 전략 등이 달라진다. 해외시장진출전략의 수립에 필요한 세 가지 요소는 수익모델, 현지화, 브랜드전달력 등이다.

그림 12-2 해외진출 성공의 3요소

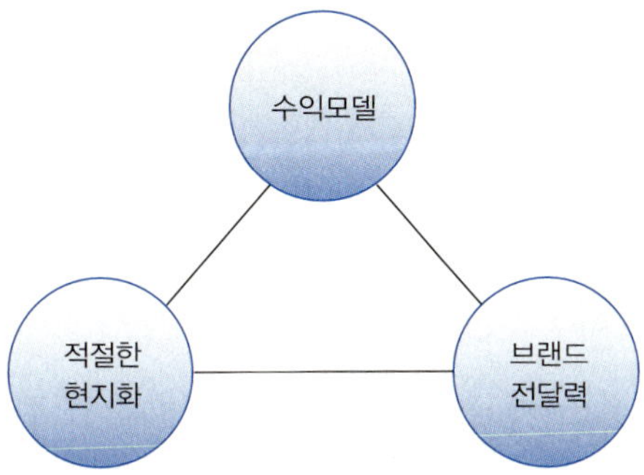

자료 : KOTRA, 글로벌 프랜차이즈 해외진출전략, 2018. p.417.

■ 수익모델

진출형태에 관계없이 프랜차이즈 사업은 로열티계약과 영업망확대, 원자재공급 등을 통해 수익을 창출하는 것을 목적으로 한다. 모든 업종은 현지의 인력과 물류를 활용해야 하므로 해외진출 이전 단계에서 핵심 서비스상품의 요소와 현지의 인프라, 수출입통관절차 등 사업환경을 분석하고, 해외사업의 경제성을 판단하기 위해 시뮬레이션 등으로 손익구조를 분석해야 한다. 또한 로열티와 직결되는 경영노하우와 브랜드를 유지하기 위해서는 외식업의 경우, 독자적 레시피(recipe) 관리를 위한 일부 원재료의 의무적 사용조건, 유통업의 경우, 브랜드가치의 유지를 위한 원산지 상품의 도입 또는 디자인등록, 일반서비스업의 경우, 인적기술과 노하우의 비중이 크므로 장기적인 로열티지불방식 등으로 각각 안정된 수익구조를 설계해야 한다.

■ 적절한 현지화(glocalization)

적절한 현지화란 글로벌화(globalization)와 현지화(localization)의 합성어인 '글로컬라이제이션(glocalization)'으로 표현된다. 해외진출을 계획하는 프랜차이즈 본사는 자사의 브랜드가 현지의 브랜드와 경쟁해야 하는 시장상황을 가정해야 한다. 즉 현지의 고객을 대상으로 글로벌영업점에 차별적 서비스에 대한 메시지를 전달할 수 있어야 하며, 모든 고객의 니즈를 반영하는 현지화가 아닌 브랜드품질과 정체성을 유지하면서 표적고객의 니즈를 반영하고, 자국 브랜드와의 연계를 강화함으로써 브랜드파워를 유지·강화할 수 있다. 종종 해외에 진출한 외식브랜드가 현지의 상품군과 복합되어 어수선한 분위기를 고객이 경험하게 되는데, 이와 같이 과도한 현지화와 명목적인 해외시장진출은 실패로 이어질 가능성이 높다.

■ **브랜드전달력**

브랜드를 어떠한 형태로 유지할 것인가는 투자비와 직결된다. 국가별 문화나 인구통계적 요소 등은 국가 간에 차이가 있지만 브랜드가 지닌 가치를 시장과 고객에게 확실히 전달할 수 있어야 한다. 즉 해외사업장의 운영을 위해 단순히 교육과 운영체제에 따른 통제만을 강화하는 것이 아니라 실제 서비스접점의 경험을 통해 현지의 언어장벽과 문화적 차이를 극복하고 현지 고객에게 서비스가치를 전달할 수 있어야 한다.

(3) 해외시장진출의 유형

브랜드와 업종에 따라 해외시장에 진출하는 방식은 다양하지만, 프랜차이즈 브랜드의 해외진출은 동기에 따라 현지의 요구에 따른 진출과 본사의 전략적 진출로 구분된다.[7] 각 유형별로 해당 업종에서 자사브랜드의 인지도와 산업분석을 통해 경쟁우위의 확보가능성과 시장지위를 판단하고 구체적인 마케팅전략을 각각 수립해야 한다.

1) 현지의 요구에 의한 진출

■ **상표권 확인**

해외시장에서 브랜드문의에 대한 문의가 있게 되면, 이는 현지에서 자사의 브랜드가 노출되고 인지되어 있음을 의미하므로 자사의 브랜드에 대한 긍정적인 신호로 볼 수 있으나 브랜드상표권 보호를 먼저 고려하면서 현지의 요청에 응해야 한다.

■ **수익모델검토**

프랜차이즈 본사는 자사의 브랜드와 국내의 가맹점 확산에 따른 과신으로 종종 현지 시장조사의 결과를 긍정적이고 낙관적으로 해석하는 경향이 있다. 그러나 현지에서는 본국의 유명브랜드가 아

그림 12-3 현지의 요구에 따른 해외진출 프로세스

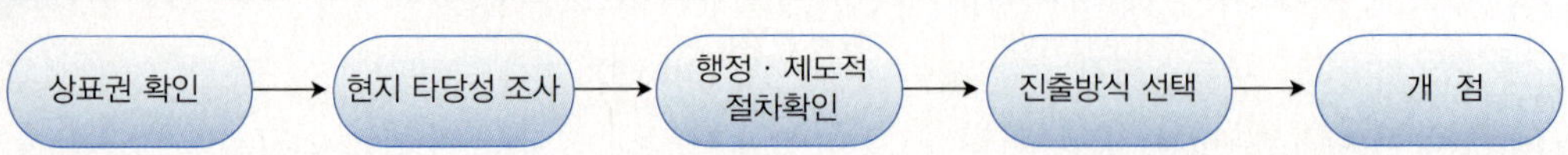

닌 해외브랜드중의 하나로 인식되므로 현지의 로컬브랜드와 경쟁하는 입장에서 비교해야 한다. 진출하고자 하는 현지 시장의 수요는 장기적으로 지속 가능한지를 판단하고, 영업점의 운영시점을 기준으로 수익모델의 적합성 여부를 먼저 판단해야 한다.

■ 행정 · 제도적 절차검토

해외시장에 대한 제도적 절차 및 법적규제에 대해 국내에서 얻을 수 있는 정보는 제한되어 있으므로 진출하는 기업의 입장에서는 현지의 동종업계 및 인프라를 최대한 활용하여 초기사업에서 예상되는 불확실성과 리스크를 줄여야 한다. 예를 들어, 외식업의 경우 식자재 및 레시피의 수출입과 유통은 현지국의 정책과 직결되며 도소매 유통업의 경우, 특정 상품군에 대한 규제 및 수출입 유통과 통관절차 등에 대한 제도적 규제가 뒤따른다. 현지인 고용이 필수적인 서비스업의 경우, 현지의 노동법규 및 기술의 전수 등과 관련된 제도와 노동시장의 여건을 파악해야 한다.

■ 진출방식선택

현지의 요청에 의한 시장진출은 국제가맹방식과 마스터 프랜차이즈방식이 흔히 이용된다. 국제가맹방식은 가맹본부가 파트너를 직접 선정하여 계약을 체결하는 방식이며, 마스터 프랜차이즈는 현지의 중간가맹사업자가 가맹점 운영권을 판매할 수 있는 권리를 부여하는 방식으로 다국적기업이 해외시장을 확장하는 방법으로 널리 이용하는데, 가맹사업자와 중간가맹사업자 간에는 권한을 부여하는 계약이 체결되고 중간가맹사업자와 가맹자 간에는 라이선스계약이 체결된다. 소득수준과 인구통계적 요소를 포함한 현지의 시장상황, 해당 프랜차이즈의 브랜드경쟁력, 그리고 해당상품에 대한 인지도 등을 고려하여 진출방식을 결정해야 한다. 이 과정에서 본사의 수익모델인 로열티의 확보가능성, 송금의 허용여부 등에 대한 분석이 필요하다.

2) 본사의 전략적 진출

■ 현지의 경영환경분석

본사의 시장전략에 따라 해외시장에 진출하는 경우에는 브랜드의 개발단계부터 표적시장을 고려하여 브랜딩하는 경우와 국내시장의 포화로 인해 해외시장진출을 검토하는 경우로 나누어 볼 수 있다. 두 경우 모두 현지 시장구매력, 현지의 물가와 소득수준, 노동력과 고용조건, 소비자선호도

그림 12-4 본사의 전략적 해외진출 프로세스

등을 파악하여 투자비와 예상수익을 기초로 장·단기 경제성을 분석해야 한다.

■ 진출방식의 선택

진출방식은 프랜차이즈 본사가 직영점으로 오픈하거나 현지 파트너사와 합작투자를[8] 통해 영업점을 운영하는 경우로 구분된다. 전자의 경우는 본사가 전액을 자사의 자본으로 투자하므로 상대적으로 높은 투자리스크를 부담하기 때문에 투자의 기대수익도 높아지며, 합작투자의 경우는 투자리스크가 분산되므로 투자의 기대수익률도 낮출 수 있다.

■ 파트너사의 검증

국내의 프랜차이즈 합작투자는 대부분 금융·투자회사들의 투자를 통해 진출하지만 단순한 영업조직 확장의 관점이 아니라 해외시장에서 장기적으로 브랜드지위를 강화할 수 있는 성장잠재력과 파트너십이 안정적으로 유지될 수 있는지를 확인해야 하며, 계약의 체결에 앞서 파트너사를 비롯한 해당 사업의 인프라조직과의 MOU 체결 등을 검토해야 한다.

■ 제도적 절차확인

해외시장에 대한 신규사업자에 대한 규제사항을 확인해야 한다. 특히 현지 파트너사를 두지 않고 독자적으로 진출하는 경우, 현지국 규제내용을 검토하는데 많은 시간과 비용이 소요될 수 있다. 실제 해외시장에 진출하는 기업들이 겪는 심각한 진입장벽은 현지국의 법·제도와 행정규제 등의 제도적 절차를 이행하는 과정에서 나타난다.

그림 12-5 해외진출배경에 따른 진출전략의 유형

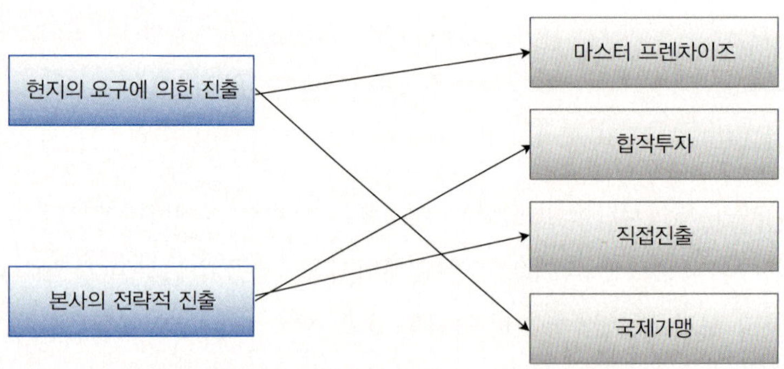

자료 : KOTRA, 글로벌 프랜차이즈 해외진출전략, 2018. p.419.

제3절 글로벌 서비스전략

글로벌 서비스기업은 서비스상품의 생산과 소비의 거점을 해외로 이동시켜 수익원을 다양화하기 위한 목적으로 해외시장에 진출한다. 이를 위해 서비스의 전달경로를 확대하여 사업을 확장하고 다각화하기 위해 세계시장을 단일시장으로 보고 공급망을 확대하여 고객을 확보한다. 본절에서는 서비스기업이 해외시장에 진출하기 위한 전략의 기본내용을 살펴본다.

1. 서비스의 글로벌화[9)]

(1) 국제화전략은 왜 필요한가?

미국의 대표적인 물류기업 FedEx는 1988년 유럽과 아시아지역으로 화물을 보내려는 고객이 증가함에 따라 해외시장의 진출을 결정했다. 이후 해외영업은 지속적인 적자를 기록하였으며, 1991년에는 그룹전체의 분기별 영업실적이 마이너스를 기록하기에 이르렀다. 불행하게도 DHL과 TNT는 1970년대 후반 FedEx의 비즈니스모델을 모방하여 물류사업에 합류하였는데, 이들 기업은 이미 10년전에 해외영업에 착수한 상태였다. 반면 FedEx는 현지국 정부의 규제에 거의 무방비상태였고 기존 업체들을 보호하고자 하는 관료적 행정의 벽을 극복하는 데 큰 어려움을 겪어야 했다. 예를 들어, 해외영업에 있어서 핵심노선이라고 할 수 있는 일본-멤피스직항로 개설을 허가받기까지 3년이 걸렸으며, 더구나 이 서비스의 개시 직전에는 70파운드를 초과하는 우편물은 토쿄를 경유할 수 없다는 통보를 받았는데, 이것은 자국의 운송업자를 보호하기 위한 보호조치였다. FedEx의 중앙집중식 통제방식도 해외영업을 어렵게 만든 원인이 되었는데, 당시까지 모든 선적서류는 영어로 인쇄되어 있었으며 영업을 마감하는 시간은 미국의 관습에 따라 오후 5시로 제한되어 있었다. 그러나 스페인에서는 낮에 긴 휴식을 취하고 영업을 오후 8시까지 지속했다. FedEx는 미국내에서 성공적이었던 독자적·중앙집중적인 영업방식을 탈피하여 영업시간, 무게제한, 기술 등에 있어 각국의 환경에 맞게 조정하는 노력과 함께 배송과 마케팅에 관해서는 현지 업체들과 제휴를 모색하였다. 서비스글로벌화의 또 다른 문제점은 자국에 구비되어 있는 사회간접시설이 외국에서는 매우 부족하다는 것이다. 예를 들어, 맥도날드는 모스크바에 매장을 열기 위해서 공급자육성에 집중했다. 경영자는 식자재를 저장·처리하기 위한 창고를 짓는 동시에 농부들에게 필요한 감자, 상추 등의 작물을 심고 재배하는 방법을 가르쳐야 했다.

이러한 장애요인들에도 불구하고 기업의 성장기회는 여전히 해외시장에서 쉽게 찾을 수 있다. 국제화전략은 세계적으로 서비스산업이 발달하지 않는 개발도상국일수록 잠재적 고객과 새로운 사업기회가 풍부하기 때문에 서비스기업이 성장의 기회를 찾는데 매우 효과적이다.

(2) 국제화전략의 유형

해외시장의 진출을 위해서는 현지국의 경제적·사회적·문화적 환경요인과 자사의 특성과 역량 등을 종합적으로 고려하여 국제화전략을 수립해야 한다. 국제화전략의 유형은 경제적 통합도와 현지 적응성 등의 두 요인을 고려하여 〈그림 12-6〉과 같이 나타낼 수 있다.[10] 경제적 통합도는 규모의 경제나 경쟁우위의 정도를 의미하며, 현지 적응성은 해외시장에 대한 접근의 용이성을 뜻한다. 그림에서 좌측하단에 속하는 서비스기업은 국제화전략에 관심이 적은 반면, 나머지 유형의 전략을 선택하는 기업은 자사의 역량을 고려하여 전략을 결정해야 함을 의미한다.

■ 글로벌전략(global strategy)

글로벌전략은 세계를 동일한 방식으로 접근할 수 있는 단일시장을 가정하며, 브랜드경쟁력을 갖춘 기업이 선호하는 전략이다. 예를 들어, 시티뱅크는 언제 어디서나 동일한 방식으로 서비스를 제공하는 글로벌은행의 이미지로 고객에게 포지셔닝하는 전략을 구사하고 있으며, 가구와 가정용품 유통업으로 세계적 브랜드를 가진 이케아(Ikea)의 경우는 세계시장을 단일시장의 개념으로 접근한 사례다.

그림 12-6 국제화전략의 유형

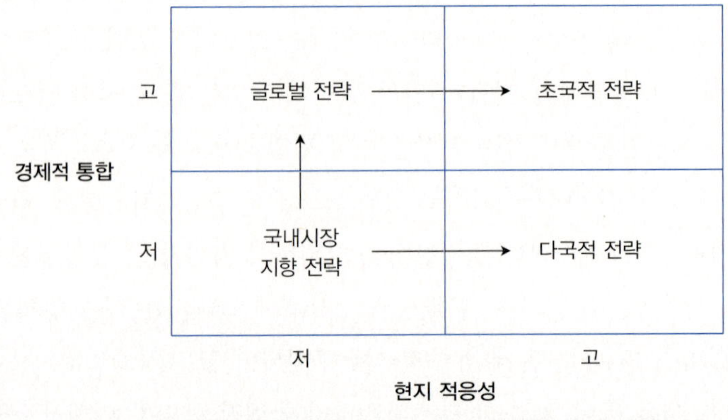

■ **다국적 전략(multi-domestic strategy)**

세계적인 법률회사나 경영컨설팅기업, 출판사 등과 같은 전문서비스 기업이 주로 선택하는 전략 방식이다. 해외의 지사들은 담당지역을 확대하기 위해 자율적인 연합을 형성하고 직접 인사권을 행사하며 독립적인 기업의 형태로 현지 사업장을 운영한다.

■ **초국적 전략(transnational strategy)**

초국적 전략은 연구조사와 특별한 전문기술 등의 역량으로 경쟁우위를 지닌 기업이 세계시장에서 고객을 확보할 수 있는 경우에 채택하는 전략이다. 이 전략은 서비스전달에 있어서 현지법인의 설립이 필요하다. 표준화된 매장의 인테리어와 중앙조달방식은 본사의 방식을 따르지만 현지 관리인에게 그 지역의 고객선호를 최대한 활용할 수 있는 권한을 부여한다. 맥도날드는 글로벌전략에서 초국적 전략으로 전략의 방향을 수정했다. 예를 들어, 인도에서는 야채로만 만들어진 샌드위치, 독일에서는 맥주를 메뉴에 넣은 등 현지 소비자의 기호와 관습을 반영하는 현지화를 수행하고 있다.

(3) 글로벌 서비스시장의 특징 : 5C

오늘날 WTO체제에서 국제경영에는 경제적으로 사실상 국경의 개념이 존재하지 않는다. 소비자는 세계적으로 가장 우수한 제품과 서비스에 대해 알고 있고, 그들의 구매행위는 국경에 구애받지 않는다. 모든 기업은 긴밀하게 연결된 글로벌유통망으로 시장에서 경쟁한다. 경쟁우위를 확보하기 위해서 기업은 전략계획의 수립에 있어 다음과 같은 5C, 즉 고객, 경쟁기업, 자사의 경영방식, 통화 및 국가정책 등의 특징을 충분히 고려해야 한다.[11)]

■ **고객(Customer)**

소비자는 지갑을 열 때, 품질, 가격, 디자인, 가치, 그리고 개인적인 취향을 모두 고려한다. 명품일수록 브랜드는 세계적으로 널리 알려져 있으며, 상품에 대한 평판은 쉽게 형성되거나 소멸되지 않는다. 특히 북미와 유럽, 아시아의 3대 시장에서는 제품과 서비스에 대한 정보가 시장에서 널리 공유되므로 고객의 권한이 강해지고 공급자 간의 경쟁은 그만큼 치열하다.

■ **경쟁기업(Competitor)**

시장경제에서 선도기업의 독점적 지위는 지속하기 어렵다. 설비와 소프트웨어 개발자들은 그들의 제품과 서비스를 다양한 고객에게 공급하고 그 결과 기술은 빠르게 확산되므로 경쟁기업의 모방이 가능해진다. 따라서 시간과 기술의 두 가지 요소를 선도하는 것이 전략의 핵심요소가 된다. 기업이 개별적으로 모든 핵심기술에 있어 선도적 지위를 유지하는 것은 사실상 불가능하므로 글로벌기업이 지속적으로 경쟁우위를 유지하기 위해서는 협력을 위한 제휴를 적극적으로 활용해야 한다.

■ **자사의 경영방식전환(Company)**

빅 데이터와 인공지능, 첨단기술을 이용한 생산과 관리방식의 자동화는 변동비보다는 고정비의 비중이 큰 원가구조로 전환되었다. 경영관리의 초점이 원자재 및 인건비 등 원가절감을 통한 수익률제고보다는 고정비를 회수하기 위한 매출량증대로 바뀌며, 이러한 현상은 호텔, 항공사, 통신회사 등 시설과 자원에 대규모 투자가 요구되는 서비스분야에서 뚜렷하게 나타난다.

■ **환율(Currency)**

글로벌기업은 비용과 수익의 균형을 추구하고 해외의 주요지역에 생산·판매의 거점을 확보하여 특정 지역의 경영환경이 악화될 경우, 다른 지역의 공급망을 활용함으로써 환율변동의 위험을 최소화한다. 이를 위해 선물, 옵션 등의 거래를 통해 환위험으로 인한 영업외 손실을 줄이고 서비스의 가격경쟁력을 유지한다. 기업의 국제적 다각화는 환위험을 분산시키는 긍정적 효과가 있다.

■ **국가(Country)**

세계 주요 지역시장에 대한 진출은 투자위험을 분산하는 효과가 있다. 어느 한 지역에서의 경제불황이 여타지역의 활동을 통해 보완될 수 있으며, 경쟁기업과 국내시장을 분할하여 경쟁함으로써 그 기업이 내수를 기반으로 해외에 진출하려는 역량을 제한할 수 있다. 기업의 해외진출과 현지화(localization)는 서비스품질의 균일화를 다소 포기하더라도 현지 소비자들의 니즈를 파악하고 욕구를 충족시킴으로써 얻는 이익이 더 클 수 있다.

(4) 해외시장선택의 기본요소

해외시장진출의 대상국을 결정하기 위해서는 해당 국가의 규제정책, 노동력과 인프라, 잠재적 수요 및 시장규모 등의 요소를 평가해야 한다.

- **정부규제** : 국가별로 규제의 범위와 내용이 각기 다르므로 해외시장진출을 고려할 때 가장 중요한 평가요소가 된다. 사업환경 가운데 법적·정책적 규제에 대한 이해가 핵심이다.
- **노동력** : 해당 시장내의 인력과 기술수준의 정도를 의미한다. 현지의 사업장운영에 필요한 역량과 관리자를 양성하고 개발할 수 있는 인적자원의 보유정도를 평가한다.
- **산업인프라** : 전기 및 IT 기반구조 등 물류, 통신 등의 지원이 가능한지를 평가한다. 예를 들어, 운송인프라는 국가 및 지역내 상품 및 시설·장비의 안정적 유통을 지원할 수 있어야 하며

아웃소싱의 가능성도 분석에 포함해야 한다.

- **수요자** : 현지 시장에 진출할 경우 잠재적 수요를 의미한다. 해당 시장의 잠재적 규모, 중산층의 비중과 소비자 욕구, 표적고객의 확보가능성 등을 분석한다.
- **시장규모** : 현지 국가의 해당 산업에 대한 전체적인 구매력을 평가한다. 인구, 경제성장률, 경쟁기업 등을 고려하여 장기적으로 확보가능한 목표시장의 규모를 판단한다.

(5) 문화의 차이와 정부정책

글로벌기업의 서비스운영계획은 문화의 이전가능성, 노동시장의 규범, 현지국 정부의 정책 등 세 가지 환경요인에 대한 이해를 전제로 수립되어야 한다.

1) 문화의 이전(cultural transfer)

서비스의 글로벌화의 가장 큰 어려움은 국제적 기준과 지역의 고객화 간에 균형을 유지하는 일이다. 금융업은 자금의 수요 및 이와 관련한 금융거래가 국제적으로 거의 유사하므로 각국의 문화에 따른 차이는 크지 않다. 그러나 예외적인 경우를 검토해야 하는데 예를 들어, 중동지역에서는 대출에 대한 이자지급이 무슬림신앙에 의해 허용되지 않으므로 은행은 이자대신 서비스 수수료명목으로 자금조달비용을 충당해야 한다. 또한 고객서비스는 언어장벽이나 서비스전달에 영향을 미칠 수 있는 구매관습에 의해서도 영향을 받는다. 외식업에서 외국의 문화경험들과 경쟁하는 경우도 있다. 즉 외국에 진출한 기업이 그 기업의 자국문화를 그대로 외국의 고객들에게 경험하도록 하는 것이다. 예를 들면, 맥도날드 햄버거와 콜라를 즐기면서 외국의 문화를 경험할 기회를 제공하는 경우이다. 반면에 이탈리아의 의류메이커인 베네통은 보편적이고 전 세계적인 이미지구축을 위한 글로벌전략을 구사하기도 한다.

2) 노동시장의 규범(labor market norms)

노동시장의 규범과 관습은 언어의 차이를 뛰어넘는다. 호프스테드(Geert Hofstede)는 50개국 이상에서 일과 관련된 가치를 조사하여 다음과 같이 5가지 차이점을 제시하였다.[12]

■ 권력거리지수(power distence index, PDI)

조직 구성원 간의 평등·불평등 정도를 나타낸다. 높은 PDI는 권력과 부의 불평등이 사회내에서 증대되는 것을 허용하는 것을 뜻하며, 이러한 사회에서는 카스트제도처럼 구성원의 신분상승이 허용되지 않는다. 낮은 PDI는 구성원 간의 부와 권력의 차이를 중요시하지 않는 것을 나타내며, 이러한 사회에서는 모두에게 평등과 동등한 기회가 주어지는 것을 중요시한다.

■ **개인주의(individualism, IDV)**

사회가 개인, 집단적 성취, 그리고 대인관계에 대해 얼마나 강화하는지에 초점을 둔다. 높은 IDV는 개개인의 권리가 사회에서 중요시되는 것을 나타낸다. 이러한 사회에서 개인들은 느슨한 관계를 형성하는 경우가 많은데 비해 낮은 IDV는 구성원 개인들 간의 강한 결속력을 나타낸다. 이러한 문화는 모두가 그룹의 구성원들 상호 간에 책임을 공유하는 광범위한 공동체의식을 갖는다.

■ **남성 우월성(masculinity, MAS)**

남성적인 성취욕, 통제, 힘에 대한 전통적인 남성의 역할모델(role model)을 강조하는가 그렇지 않은가에 초점을 둔다. 높은 MAS는 높은 수준의 성차별을 나타내며, 이러한 문화에서는 남성이 사회의 중요한 분야를 점유하고 여성은 남성의 지배에 종속적이다. 낮은 MAS는 성차별이 낮음을 나타내며 이러한 문화에서는 여성을 남성과 동등하게 여긴다.

■ **불확실성 회피지수(uncertainty avoidance index, UAI)**

불확실하거나 모호한 것에 대한 인내와 회피의 정도에 초점을 둔다. 높은 UAI는 불확실하거나 모호한 것에 대하여 낮은 인내력을 보인다. 이러한 사회에서는 불확실성을 낮추기 위해 법, 규제, 통제를 강조한다. 낮은 UAI는 불확실성이나 모호성에 대하여 우려가 적고, 다양한 의견에 대하여 관대하다. 이러한 사회에서는 규율이 적고 변화에 잘 적응하고 위험을 감수한다.

■ **전통의 존중성(long-term orientation, LTO)**

사회적 가치를 생각하는 데 있어 전통에 대한 유지를 얼마나 고려하는지를 나타낸다. 높은 LTO는 사회구성원이 오랜전통을 중시하는 것을 의미한다. 이러한 사고방식은 강한 직업윤리와 이어진다. 낮은 LTO는 전통적 가치에 대한 관심이 상대적으로 약하며, 이러한 문화에서는 장기적인 전통이나 관습이 변화의 장애물로 작용하지 않기 때문에 변화가 빈번하게 일어난다.

3) 현지정부의 정책

정부의 정책은 다양한 방법으로 자국산업의 보호를 위해 외국기업의 시장진입을 규제한다. 예를 들어, 현지에서 발생한 이익을 해외로 자국으로 송금하는 경우에 다양한 방법으로 이를 제한한다. 외국기업에 대한 보험판매금지, 자국기업에 대한 지원과 우대, 국제정보의 제한, 각종 행정절차의 지연 등도 뒤따르게 된다. 예를 들어, 외국항공사의 이착륙시간대의 배정, 터미널 탑승구의 배치 등은 자국항공사의 보호를 위해 종종 이용되는 방법들이다.

2. 글로벌전략

해외시장은 국내시장에 비해 복잡성과 다양성, 위험성이 따르므로 전략을 수립하기 위해서는 각국의 정치·경제·문화·법률적인 환경요인을 분석하고, 글로벌차원에서의 경영다각화와 시장다변화, 경영리스크의 분산효과 등을 파악해야 한다. 서비스경영의 세계화에 있어 중요한 요소는 그것이 자사의 글로벌전략과 일치하는지 여부이다. 해외시장에 진출하는 시장전략의 유형은 ① 다국적 확장, ② 고객수입, ③ 고객동반진출, ④ 서비스해외이전, ⑤ 24시간 서비스 등으로 구분할 수 있다.[13] 그러나 이들 전략은 상호 배타적이지 않으므로 현지 여건에 따라 두 가지 또는 그 이상을 혼합하여 활용할 수 있다.

〈표 12-3〉은 해외에 진출하는 기업이 직면하는 환경요인들이 각각 마케팅전략에 어떠한 영향을 미치는가를 나타내고 있다. 서비스기업은 현지에서 직면하게 되는 환경변수들이 전략의 수행에 어떠한 영향을 미치고 표적시장 또는 진출지역에서 사업의 성공가능성에 어떻게 영향을 미치는지를 분석해야 한다. 글로벌전략의 대표적인 유형들을 살펴보자.

표 12-3 글로벌 서비스전략의 유형과 고려사항

	글로벌 서비스전략				
글로벌화 요인	다국적 확장	고객수입	고객동반진출	서비스 해외이전	24시간 서비스
고객화	표준서비스	전략적 기회	현지화	품질보장	신뢰성과 조정에 대한 많은 요구
복잡성	일상적	전략적 기회	운영방식 수정	집중을 위한 기회	시간 압축
정보 집약도	위성 네트워크	인터넷 효용성	숙련된 관리자 이전	훈련 투자	기회를 활용
문화적응	서비스변경	외국고객에 대한 편의 제공	규모달성을 위해 가능한 모두	문화적 이해	일반적으로 필수적인 언어
고객계약	현지 직원훈련	외국어와 문화적 민감성 훈련	외국인 고객	후방업무 서비스를 특성화	서비스 연장시간 제공
노동집약도	노무비절감	노무비 증대	현지인 고용	노무비 절감	노무비 절감
기타	정부규제	물류관리	인프라수준	본사 직원의 사기	자본투자

자료 : James A. Fitzsimmons, Mona J. Fitzsimmons, and Sanjeev K. Bordoli, *Service Management* 8th *ed*, McGraw-Hill Co. 2014, p.289.

(1) 다국적 확장전략(multi-country expansion)

국가별 복수입지로 확장하는 전략은 대체로 투자자를 유인하는 프랜차이징과 다양한 입지에서 서비스를 신속하게 복제하는 방식으로 전개된다. 확장전략은 고객이 서비스를 구매하기 위해 매장을 방문할 필요가 있을 때 유용하다. 성공적인 비즈니스모델을 다른 국가에 수출하는 경우, 이국적인 체험을 제공한다는 점이 강조된다. 맥도날드나 스타벅스 등이 해외시장에서 성공하는 사례가 여기에 해당된다. 사업장을 해외로 이전 또는 여러 국가로 확장하는 경우 다양한 전략적 과제들이 고려되어야 한다. 맥도날드의 사례와 같이 균등한 품질의 서비스제공을 목표로 할 때는 전 세계에 걸쳐 서비스를 표준화하는 것이 효과적인 방법이다. 그러나 현지에서의 계약이나 본사의 경영에 진출하는 국가의 문화적 요소가 반영되어야 한다. 가장 효과적인 방법은 해외시장진출의 성공경험이 있는 사람이나 사례를 통해 접근방식을 학습하고 현지 인력을 확보하여 교육하는 것이다. 문화에 대한 적응은 서비스디자인에서 중요한 요소가 된다. 글로벌경영의 초기에는 본사의 통합관리방식이 선호되었으나 현지에서 문화적 갈등이 학습되면서 점차 국가별로 독립적인 관리방식으로 전환되었다.

(2) 고객수입전략(importing customers)

단일입지와 다수 서비스전략이 글로벌화에 성공하기 위해서는 고객이 장거리여행을 통해 해당 지역으로 이동하여 시설을 이용할 만큼 매력을 제공하거나 통신수단이 물리적 이동을 대체할 수 있어야 한다. 의료서비스나 교육서비스, 관광명소 등이 이러한 유형에 해당된다. 특별한 장소와 관광명소의 경우, 겨울에는 스키를 원하는 사람들과 여름에는 해수욕과 휴양을 원하는 레저여행객들을 위한 식·음료서비스에 초점을 두어야 한다. 다수입지전략과 같이 서비스를 고객에게 다가가도록 하는 푸시전략(push strategy)과 달리 다수 서비스전략은 매력요인을 통해 고객을 끌어당기는 풀전략(pull strategy)으로서 고객수입전략이 여기에 해당한다. 서비스지역의 특징을 유지하여 외국관광객을 흡수하는 서비스를 제공하기 위해서는 서비스접점 직원의 외국어능력과 문화적 민감성 등에 대한 교육·훈련이 중요한 요소가 된다. 관광명소와 같은 지역의 독특한 특징을 고려하여 전략의 유형을 결정해야 한다. 서비스의 복잡화와 고객화를 위해서는 서비스의 차별화가 필요하다. 방문하는 고객을 수용하기 위한 교통과 통신 등의 서비스인프라와 세부적인 관리시스템은 고객수입전략의 핵심요소들이다. 예를 들면, 네덜란드 보네스섬에서는 스쿠버다이버들을 위한 숙박과 음식을 제공하고 일주일에 한 번씩 암스테르담에서 출발하는 KLM의 항공편이 제공된다.

(3) 고객동반진출(following customers)

서비스전략에는 현지의 시장에서 새로운 고객을 창출하는 방식 외에도 국내고객의 해외여행에 동반하여 균일한 서비스를 제공하기 위해 함께 진출하기도 한다. 이를 위해서는 서비스패키지에 대한 변경과 지역 비즈니스관행에 익숙한 인력을 확보하고 각국의 여행사와 제휴를 통해 네트워크를 구축해야 한다. 고객과 동반하여 해외에 진출한 기업들은 자사의 고객들이 어디에 있든지 신속한 서비스를 제공해야 한다. 예를 들어, 세계적으로 빈번한 테러에 대비하여 여행 주의보가 발령된 지역이나 자연재해 등의 구난상황에 대비하여 고객을 구출하기 위한 비즈니스도 고객과 동반진출하는 사업이 늘고 있다. 법률회사가 거래고객과 제휴하기 위해 해외로 확장하는 것과 같이 서비스기업은 현지에서도 자국에서와 동일한 서비스를 제공하기 위해서는 여행사직원, 회계담당자, 컨설턴트 등의 인력이 필요하며, 현지 시장의 정착에 이르기까지 초기투자가 지속되어야 한다. 현지 시장이 협소하고 문화적 차이로 인해 비즈비스방식이 현지와 크게 달라 서비스프로세스를 변형해야 하는 경우에는 현지업체와의 합작이나 제휴방식으로 진출하는 것이 바람직하다. 본사는 새로운 서비스개발이 필요하지 않더라도 지역의 운영방식 도입과 사회적 시스템의 이해를 위해 숙련된 담당자를 두는 것이 바람직하다.

(4) 서비스 해외이전(off-shoring)

'오프쇼어링'은 기업업무의 일부를 해외기업에 맡겨서 처리하는 것을 뜻한다. 핵심업무를 제외한 업무를 국내기업에 맡기는 아웃소싱의 범주를 해외로 확대했다는 점이 다르다. 비즈니스 프로세스 아웃소싱으로 불리는 서비스의 해외이전은 현지국의 외주업계에 서비스를 이전하는 것을 말한다. 인터넷을 이용한 네트워크경영방식에 따라 핵심영업부문이 아닌 조직을 해외로 이전하고 현지의 고객서비스 활동에 집중함으로써 인건비를 절약할 수 있다. 이 전략은 고객과의 직접 대면접촉이 필요없는 서비스부분을 분리하여 사업을 특화하는 것을 의미한다. 예를 들어, 투자회사에서 고객과 직접 대면이 필요한 투자상담이 아닌 정형화된 시장거래를 하는 부서는 개별 매장과 분리하여 중앙에 집중시켜 관리함으로써 업무의 효율성을 높일 수 있다. 항공사의 해외콜센터는 고객과 대면하지 않고 예약과 발권서비스를 원활하게 제공한다. 그러나 근무시간이 다른 해외에서 본국의 고객과 접촉할 경우, 숙련되지 않은 전화통화나 비대변접촉은 서비스 품질의 저하를 가져올 수 있다. 델(Dell)컴퓨터사는 인도 콜센터에 대한 고객의 불평이 늘어나자 일부 콜센터업무를 미국으로 다시 이전시켰다. 따라서 인건비절감은 비영업부서를 해외로 이전하는 인센티브가 될 수 있지만 외주업체에서 업무와 문화적 이해를 위한 직원의 교육·훈련과 동기부여, 매뉴얼제공 등의 투자를 상쇄하고도 남을 만큼 그 효과가 커야 한다.

(5) 24시간 서비스(beating the clock)

각국의 시차를 극복하기 위해 세계 여러지역에 거점을 두고 국내의 영업시간 및 노동시간규제 없이 전 세계의 고객을 대상으로 24시간 서비스를 제공하는 전략으로서 마케팅의 효율성을 높이는 효과가 있다. 예를 들어, 미국 서부캘리포니아의 소프트웨어업체는 동부의 고객으로부터 새벽시간에 걸려오는 문의전화를 아일랜드의 기술지원센터에 연결시킴으로써 고객서비스를 개선하는 효과를 거두고 있다. 24시간 서비스는 정보의 흐름이 중요한 증권시장의 글로벌화에도 기여하고 있다. 프로젝트를 수행하는 데 있어서도 24시간 서비스는 비용과 시간을 단축하는 데 효과적이다. 예를 들어, 노스캐롤라이나에 있는 어느 은행은 대출기록시스템의 확장을 인도의 기업에 의뢰하였다. 프로그래밍작업은 인도에서 수행되고 검사와 평가작업은 인공위성을 통해 다른 시간대에 노스캐롤라이나 사무실에서 수행함으로써 시간과 비용을 절감할 수 있다. 그러나 각국의 서비스거점간의 원활한 업무연계가 필요하며, 직원교육과 운영시스템 및 정보통신시스템(ICT) 구축 등에 대한 투자가 선행되어야 한다.

각 주

1. James A. Fitzsimmons, Mona J. Fitzsimmons, and Sanjeev K. Bordoli, *Service Management 8th ed*, McGraw-Hill Co. 2014, 278~281.
2. M. Carman and Eric Langeard, “Growth Strategies for Service Firms,” *Strategic Management Journal 1*, Jan. 1980, p.19.
3. 범위의 경제(economy of scale)란 두 종류 이상의 제품을 함께 생산할 경우, 각 제품을 각각 생산할 때보다 평균단위비용이 감소하는 현상을 말한다. 생산에서 ‘규모의 경제’원리가 작동된다면 서비스에서는 규모의 경제에 해당하는 ‘범위의 경제(economy of scope)’가 존재한다. 이는 창구효과(window effect)라고도 하는데, 예를 들어 영화가 흥행에 성공만 한다면 음반, 패션, 캐릭터, 이벤트, 게임, 관광 등 다양한 관련시장을 형성하면서 부가가치를 창출하는 것과 같다.
4. OEM(original equipment manufacturing)이란 국제적 브랜드를 가진 대기업 등에서 주로 사용하는 생산방식으로 ‘주문자 위탁생산’ 또는 ‘주문자 상표부착 생산’이라고 한다. 유통망을 구축하고 있는 주문업체에서 생산성을 가진 제조업체에 자사에서 요구하는 상품을 제조하도록 위탁하여 완성된 상품을 주문자의 브랜드로 판매하는 방식이다.
5. 합작투자(joint venture)란 둘 이상의 당사자가 공동지배의 대상이 되는 경제활동을 수행하기 위

해 만든 계약체를 의미한다. 여기에서 '공동지배'라 함은 계약으로 합의한 사항에 의하여 경제활동에 대한 지배를 공유하는 것을 말하며, 해외시장진출에 있어서 현지국 정부의 외국기업에 대한 시장진입이나 고용 등에 대한 규제를 회피하고 현지화를 수월하게 하기위한 목적으로 흔히 이용된다.

6. 맥도날드사의 햄버거대학(McDonald Hamburger University)은 1961년 설립된 사내(社內)대학으로 미국 시카고에 위치하고 있으며, 매년 5천명 이상의 가맹점인력이 등록하여 2020년말 현재 약 8만명이 수료하였다. 시드니, 도쿄, 런던 등의 대륙별 거점도시에 분교를 운영하며, 팀워크나 인사관리, 경영전략, 품질관리, 의사소통기술, 대인관계 등 9개의 교과과정이 개설되어 있다. 교육프로그램 중 일부과목은 미국내 대학에서 학점으로 인정하고 있다(www.mcdonaldsuniversity.com.br).
7. KOTRA, 글로벌 프랜차이즈 해외진출전략, KOTRA 자료 18-001, 2018. pp.397~401.
8. 합작투자는 흔히 조인트벤처(joint venture)라고도 하며 직접 투자의 한 형태로서 현지국 기업과 공동으로 투자하여 기업을 경영하는 것을 말한다. 차관이나 유가증권의 투자와 같은 금융자산에 대한 투자는 기업경영에 대한 참여없이 단순히 과실수입만을 목적으로 하는 반면, 직접 투자는 주식을 소유함으로써 경영에 직접 참여한다.
9. James A. Fitzsimmons, Mona J. Fitzsimmons, and Sanjeev K. Bordoli, *Service Management 8th ed*, McGraw-Hill Co. 2014, pp.283~288.
10. Christopher A. Bartlett and Sumantra Ghoshal, *Managing Across Borders: The Transnational Solution, 2nd ed*. Harvard Besiness School Press, 1998.
11. Kenichi Ohmae, *The Borderless World*, Harper Business, 1990, p.19.
12. Geert Hofstede, "Cultural Dimensions," ITIM Creating Cultural Dimensions website, James A. Fitzsimmons, Mona J. Fitzsimmons, and Sanjeev K. Bordoli, *Service Management 8th ed*, McGraw-Hill Co. 2014, pp.330~331에서 재인용.
13. James A. Fitzsimmons, Mona J. Fitzsimmons, and Sanjeev K. Bordoli, *Service Management 8th ed*, McGraw-Hill Co. 2014, pp.288~293.

CHAPTER 13

디지털전환과 서비스혁신

제1절 디지털환경의 이해

1. 디지털전환이란?
2. 디지털환경과 혁신

제2절 4차 산업혁명과 서비스혁신

1. 4차 산업혁명과 핵심인프라
2. 4차 산업혁명시대의 특징
3. 인공지능(AI) 마케팅

제3절 빅 데이터와 디지털혁신

1. 빅 데이터의 활용
2. 디지털혁신
3. 서비스산업의 혁신사례

오늘날 디지털혁명의 영향을 받지 않는 산업은 없다. 디지털세계의 소비자들은 단순하고 안정된 절차를 원하기 때문에 기업은 이를 뛰어넘는 고객경험을 제공하기 위해 경쟁한다. 서비스기업은 모든 진실의 순간에서 고객의 마음을 사로잡기위해 실시간으로 어떤 사이트에서 어떤 광고를 내보내야 할지, 어떤 검색어를 사용할지, 어떤 웹사이트버전을 선택해야 할지에 대해 알려줘야 한다. 4차 산업혁명의 기반인 빅 데이터와 머신러닝, 그리고 인공지능(AI)은 수많은 맞춤식 서비스를 개발하고 있다. AI는 다양한 채널로 서비스기업의 가치창출을 돕고, 고객접점에서 커뮤니케이션을 원활하게 하며 직접 의사결정을 하기도 한다. 본장에서는 모든 산업의 생태계와 경영의 패러다임을 변화시키고 있는 디지털전환의 개념과 이로 인한 서비스의 변화를 살펴보고, 대표적인 서비스혁신사례들을 소개한다.

Keywords: 디지털전환, 4차 산업혁명, 인공지능(AI), 빅 데이터, 디지털생태계, 사물인터넷(IoT), 클라우드컴퓨팅, 마케팅 패러다임전환, 서비스혁신, B2B2C

'언택트' 시대의 세계적 명문대학 '미네르바스쿨'

코로나19가 바꿔놓은 세상 가운데 가장 두드러진 점은 아마 '언택트'일 것이다. 재택근무나 온라인수업을 통해 대면하지 않고 업무를 처리하거나 수업을 듣는 모습은 더 이상 어색하지 않다. 과연 코로나19 이전으로 돌아갈 수 있을까 의문이 드는 것도 이런 이유에서다. 막상 경험해보니 그렇게 나쁘지도, 또 그렇게 비효율적이지도 않다는 사실을 몸소 깨달았기 때문이다. 비대면이 화두로 떠오른 가운데 최근 주목받고 있는 미국의 대학이 있다. 바로 미네르바스쿨(Minerva School)이다. 온라인과 오프라인을 적절히 뒤섞은 이 학교는 요컨대 '온라인 플랫폼을 활용한 오프라인 대학' 이다. 미국 하버드대보다 입학하기 어렵다는 이 학교는 과연 어떤 곳일까.

세계 7곳에 기숙사 두고 수업은 온라인원격으로

미네르바스쿨의 학생들은 모든 수업을 컴퓨터앞에서 듣는다. 강의는 플랫폼인 '포럼'을 통해 진행되며, 스무 명 이하의 학생들이 그룹으로 참여한다. 미네르바스쿨의 가장 큰 매력포인트 가운데 하나는 아이비리그 대학들에 비해 상대적으로 저렴한 등록금이다. 가령 하버드대학의 경우 수업료를 포함해 연간 약 8000만원를 지출하는 반면, 미네르바스쿨의 경우는 3200만원 정도에 불과하다. 아이비리그와 차별화된 점은 입학지원서에서도 나타난다. 모든 대학이 SAT성적을 평가기준으로 쓰지만, 미네르바스쿨에서는 이런 자료가 전혀 필요하지 않다. 어떤 표준화된 시험점수도 인정하지 않고 있는 미네르바스쿨은 지원서에 시험점수나 봉사 및 과외활동을 나열하도록 하지 않고 있다.

호락호락하지 않은 '온라인면접'

대신 미네르바스쿨은 수험생들을 대상으로 자체적으로 제작한 테스트를 실시한다. 이 테스트에 정답이란 없다. 각자의 잠재력과 적성을 테스트하기 위한 용도이기 때문이다. 요컨대 수험생들은 읽기, 쓰기, 수학적 능력을 측정하는 인지능력테스트를 실시한 후 자기소개서인 에세이를 작성해서 제출하고 온라인면접을 본다.

캘리포니아주 샌프란시스코에 본부를 둔 대학 프로그램인 미네르바스쿨은 이처럼 기존의 대학들과 여러 면에서 다르다. 우선 캠퍼스나 강의실이 따로없는 사이버대학이지만 기존의 온라인대학과 같지는 않다. 학생들은 기숙사에서 함께 생활하고, 배운것을 실생활에서 활용하고 적용하는 현장학습을 한다. 이를테면 온라인플랫폼에 오프라인 대학의 특성을 결합한 새로운 패러다임의 대학인 셈이다.

미네르바스쿨이 신입생을 받기시작한 것은 2014년부터였다. 미국을 비롯해 유럽, 아시아, 중남미, 아프리카 등 세계 각국의 학생들이 입학하고 있으며, 이 가운데 78%는 미국 이외지역의 출신이다. 입학정원에 제한은 없지만 미네르바스쿨의 합격률은 1%대 수준으로 하버드대학보다 까다로운 편이다. 2018/2019년의 경우에는 모두 2만 3000명이 지원해 276명이 합격했다. 합격률은 1.2% 수준이었다.

미네르바스쿨의 학교시설이라곤 전 세계 일곱군데에 있는 기숙사가 전부다. 학생들은 처음 1년은 샌프란시스코에서 보내고, 다음 3년 동안은 서울, 하이데라바드, 베를린, 부에노스아이레스, 런던, 타이베이 등 여섯 도시를 옮겨다니면서 생활한다. 각각의 도시에는 모두 미네르바스쿨이 운영하는 기숙사가 있다.

수업시간에 한눈을 팔지는 못한다

어느 도시에 있든 학생들은 모든 수업을 같은 장소에서, 즉 컴퓨터앞에서 듣는다. 모든 수업은 온라인 세미나형식으로 진행되기 때문에 교수와 학생이 직접 만날 일은 없다. 강의는 자체개발한 플랫폼인 '포럼'을 통해 진행되며, 스무 명 이하의 학생들이 그룹을 지어 참여한다. 교수와 학생들은 실시간 토론을 비롯해 자료조사, 퀴즈 등을 통해 서로의 의견을 교환한다. 모든 수업은 간단한 퀴즈로 시작해서 수업후반부에 두 번째 퀴즈를 던지는 식으로 끝난다.

수업 중 발언을 많이 한 학생과 적게 한 학생을 자동으로 구분해주는 기능도 있다. 이를 테면 토론에 참여하는 빈도에 따라 해당 학생의 아이콘 색깔이 바뀌는 식이다. 교수는 학생이 발언하도록 추가질문을 던지거나 적극적인 참여를 하도록 유도한다. 교수와 학생들이 서로를 지켜보기 때문에 수업시간에 한눈을 팔지도 못한다.

그렇다면 졸업후의 진로는 어떻게 될까. 이에 대해 학교측은 과학, 교육, 기술, 금융 등 다양한 분야에서 활동하거나 혹은 정부단체에서 일하게 될 수도 있다고 말했다. 창업을 꿈꾸는 학생이 많은 것도 물론이다. 전세계에서 다양한 인턴십기회를 제공하고 있는 것 역시 이런 이유에서다. 지금까지 학생들은 아마존, 애플, 후지츠, 구글, 트위터, PwC컨설팅, 국제앰네스티 등 유명기업이나 연구기관, NGO 등에서 인턴제의를 받고 있다.

▶ 일요신문(2020. 6. 19)

제1절 디지털환경의 이해

디지털시대에 접어들면서 기업들은 고객관계와 생산, 마케팅에 이르기까지 비즈니스모델의 전반적인 조정을 요구받고 있다. 본절에서는 디지털전환의 의미와 빅 데이터의 활용, 그리고 인공지능(AI)의 확산이 주도하는 4차 산업혁명의 흐름을 살펴본다.

1. 디지털전환이란?

(1) 디지털전환의 개념

디지털전환(digital transformation)이란 기업에서 사물인터넷(IoT), 클라우드컴퓨팅, 인공지능(AI), 빅 데이터 솔루션 등 정보통신기술(ICT)을 플랫폼으로 구축·활용하여 기존 전통적인 운영방식과 서비스 등을 혁신하는 것을 뜻한다. 넓은 의미에서는 디지털기술을 이용한 전반적인 사회구조의 혁신을 의미한다. IBM 기업가치연구소의 보고서(2011)는 '기업이 디지털과 물리적인 요소들을 통합하여 비즈니스모델을 변화시키고, 산업에 새로운 방향을 정립하는 전략'이라고 정의하고 있다. 즉, 디지털전환은 아날로그형태를 디지털형태로 변환하는 전산화와 ICT를 활용하는 디지털화를 의미하며, 제4차 산업혁명의 기술적 토대를 제공한다.

(2) 소비자행동과 시장의 변화

1) 소비자행동

오늘날 소비자들의 상품검색과 구매행동에 급격한 변화가 나타나면서 대부분의 서비스기업들은 업무프로세스와 서비스를 디지털화해야 하는 환경에 놓여 있다. 소비자들은 인터넷에서 서비스품질에 관한 정보를 얻고 비교사이트에서 가격대비 성능을 확인하며, 트위터, 인스타그램에 의견을 올린다. 매장에서 쇼핑할 때조차 자신이 원하는 상품을 온라인이나 지역의 다른 오프라인 매장에서 더 싸게 살 수 있는지를 스마트폰으로 조회할 수 있다. 디지털전환에 따른 소비자행동의 변화는 다음과 같이 두 가지로 요약된다.[1)]

■ 온라인 서비스이용

오늘날 선진국에서는 거의 모든 소비자가 스마트폰을 휴대한다. 가정에도 대부분 PC가 보급되어 있으며 많은 소비자는 태블릿을 보유하고 있다. 이러한 스마트기기의 보급은 소비자행동에 커다란 변화를 가져왔다. PC보다는 스마트폰이나 테블릿에 많은 시간을 보내는 소비자들은 이동중에도 상품과 가격을 검색하거나 원하는 상품에 대해 주문하고 싶을 때 즉각적인 답변을 기대한다. 스마트폰과 테블릿은 개인의 구매접점인 동시에 기업의 고객접점인 POS(point of sales)가 된다.[2] 따라서 시간과 장소를 초월하는 소비자들의 구매행태를 반영하여 온라인서비스를 제공하지 않는 기업은 더 이상 경쟁력을 유지하기 어렵다.

■ 시각적 미디어의 중요성

소비자들은 이전보다 많은 동영상매체를 이용한다. 다른 활동을 하면서 동영상을 보는 경우도 많다. 온라인으로 직접 제공되는 인터넷방송, 유튜브 등의 동영상은 TV 등 전통적 매체의 역할을 대체하고 있다. 광고의 중심이 신문과 방송, 인쇄매체로부터 모바일 서비스제공기업으로 이동하면서 동영상이 스마트폰 화면의 대부분을 차지하고 있으며, 제공시간과 영상의 콘텐츠도 스마트폰에 최적화된 프로그램으로 전환되고 있다.

2) 시장과 산업의 개념

■ 시장에 대한 정의

시장(market)의 개념이 변하고 있다. 산업계에서는 시장에 대한 기존의 정의가 유효하지 않으며, 기업들은 다양한 형태의 시장이 형성되고 있음을 주목하고 있다. 종전에는 서로 연결되어 있지 않았던 개별기기들을 온라인데이터와 연결하는 네트워크 사물인터넷(IoT)이 전통적 시장의 경계를 허물면서 새로운 시장현상이 나타나고 있다. 새로운 시장의 변화들은 다음과 같다. 첫째, 새로운 시장의 등장이다. 예를 들면, 의료시장에서 건강프로그램 앱을 사용하는 IT기업들이 의료시장에 진입하여 고객의 데이터를 활용해 새로운 비즈니스모델을 개발하고 있다. 둘째, 시장의 거래방식이 단순해지고 있다. 기업대상의 B2B와 고객대상의 B2C를 구분하는 기존의 시장구분이 모호해지면서 ‘B2B2C’의 개념이 등장하였다. 이는 원자재나 부품을 생산하는 기업이 최종 소비자가 어떤 목적으로 구매하는지를 확인할 수 있어 중간생산과정을 생략한 직접 거래가 가능해졌기 때문이다. 셋째, 디지털화가 진행되면서 유통경로 간의 갈등도 늘고 있다. 이는 환경의 변화에 대한 시장참여자들의 저항때문이다. 이와 같이 새로운 개념의 시장에서는 축적된 데이터의 분석과 활용능력이 점차 중요해지고 있다.

■ 산업의 경계

전통적인 산업의 구분이 모호해지고 있다. 디지털화로 인한 다양한 혁신이 산업 간의 경계에서 많이 발생함에 따라 경쟁의 구도가 빠르게 변하고 있다. 예를 들어, 아마존웹 서비스(AWS, www.amazon.com)가 오늘날 세계 클라우드 서비스업계의 선도적 지위로 올라선 반면, 정보화단계에서 IT산업을 주도했던 마이크로소프트(MS)와 IBM 등의 시장지위는 이제 AWS에 못 미치고 있다. 경쟁상대로 인식되지 않았던 AWS는 당초 거대한 데이터센터용량을 자체적인 용도로 활용하는 데 목적을 두고 있었으나 데이터활용기술로 서비스혁신에 성공한 결과다. 이와 같이 오늘날 모든 IT기업들은 새로운 환경과 시장진입자의 도전에 직면하고 있다. 산업데이터를 분석하는 클라우드기반플랫홈 서비스를 처음으로 개발한 GE그룹의 프레딕스클라우드도 산업 간의 경계를 뛰어넘은 경우이다.

3) 유통채널

■ 채널의 통합화 : B2B2C

산업용제품의 구매는 아마존에서 책을 주문하는 것보다 왜 복잡해야 할까? 디지털화는 기업고객들의 구매프로세스를 단순하게 바꾸고 있다. 기업고객들이 아마존과 구글에서 기계부품을 주문할 수 있고 상품의 검색이 얼마나 쉽고 제품배송이 얼마나 빠른지를 경험하게 되면서 B2B시장에서도 인터넷거래의 편리성이 입증되기 때문이다. 소비자시장의 변화는 B2B시장의 고객관계뿐 아니라 B2B시장의 비스니스모델을 변화시켜 최종소비자에게 다가가고 있다. 이것을 B2B2C거래라고 한다. 예를 들어, 파나소닉(www.panasonic.com)과 알리안츠(www.allianz.com)는 주택의 보안을 강화하기 위해 B2B2C 방식을 채택하고 있다. 파나소닉(B)은 자사의 TV를 구매한 고객의 가정에 보안·통제시스템을 설치해 주고, 보험회사인 알리안츠(B)는 고객의 가정(C)에서 발생하는 사고의 신호를 받아 구조대가 즉각 출동하는 서비스를 제공하는 방식으로 유통채널의 통합화(B2B 2C)가 보편화되고 있다.

■ 유통채널의 갈등

디지털화는 최종 소비자단계뿐 아니라 고객과의 접점에서 혁신을 구현한다. B2C 비즈니스모델에 기반을 둔 새로운 규칙들은 B2B에도 적용된다. 고객이 직접 제조사의 포털에서 다양한 브랜드와 서비스를 선택하여 구매할 경우, 제조사와 중간거래상은 기존의 비즈니스모델이 위협받는 문제에 직면하게 된다. 이 같은 중개기능의 상실현상은 이미 2000년대 들어 항공권판매를 대행했던 여행사중심의 유통시스템이 인터넷예약과 전자발권으로 전환하면서 일찍이 경험했다. 제조사와 중간거래상 간의 문제는 옴니채널(omni-channel)관리로 해결을 모색할 수 있다. 옴니채널은 소비자가 오프라인과 온라인, 모바일 등의 다양한 경로로 상품을 검색하고 구매할 수 있는 서비스를 제공한다.

■ **소프트웨어와 분석력**

데이터는 '새로운 석유'에 비유된다. 데이터는 모든 디지털전환에 필요한 원자재이기 때문이다. 시장과 고객에 대한 과거데이터의 축적과 활용이 가능해지면서 다양한 의사결정에 이용되고 있다. 아마존과 같은 온라인 유통기업들은 데이터를 이용하여 수백만개에 달하는 취급상품에 대해 초 단위로 가격조정이 가능한 동적가격결정시스템을 구축하여 경쟁사의 가격을 모니터링하고 시장의 수요상황을 분석하여 마케팅에 활용한다. 기업은 시계열자료와 빅 데이터를 분석하여 실시간으로 모든 상품에 대해 새로운 역(逆)수요곡선을 산출하여 가격을 탄력적으로 조정할 수 있다.[3)]

(3) 디지털기술환경의 변화

기하급수적으로 증가하는 기술혁신의 속도는 전통적인 명제였던 1차 함수나 S곡선으로 설명되지 않는다. 디지털전환으로 인해 기술적 환경이 변화하는 속도는 시간의 경과에 따라 지수함수에 따라 점점 가파르게 증가하기 때문이다. 이와 같은 디지털기술환경의 변화는 다음과 같은 '경험의 법칙'들로 설명된다.

■ **수확가속의 법칙(the Law of Accelerating Returns)**

커즈와일(Ray Kurzweil)에 따르면, 기술이 발전하는 속도는 생물학적 진화의 과정처럼 시간이 지날수록 가속된다는 수확가속의 법칙이 성립한다. 이 법칙에 따르면, 오늘날 기술발전의 기하급수적 성격을 로그(log)함수가 아니라 선형(linear)함수의 눈금에 맞추는 것은 미래기술의 발전속도를 과소평가하는 것이다. 인류는 현재 기하급수 곡선의 후반부에 놓여 있으며, 21세기에는 기술발전이 매우 빨라질 것이다.[4)] 커즈와일은 기하급수적 성장의 기본원리에 대해 "내가 선형으로 걷는다면 1, 2, 3, 4... 30에 도달한다. 기하급수적 방식으로 30보를 걷는다면 2, 4, 8, 16... 으로 늘어나 10억에 도달한다."고 예상을 뛰어넘는 기술의 진화현상을 설명하고 있는데, 현실적으로 이를 믿기 어려운 것도 우리 생각이 가로막혀 있다는 주장이다. 〈그림 13-2〉는 인류의 진화과정을 통해 커즈와일의 수확가속의 법칙을 뒷받침하고 있다.

■ **무어의 법칙(Moore' Law)**

수확가속의 법칙을 반도체기술의 개발에 걸리는 시간을 설명하는 경험의 법칙이다. 인텔(Intell)의 공동설립자인 고든 무어(Gorden Moore)는 1965년 자신의 논문을 통해 집적회로에 들어가는 반도체칩의 용량이 18개월마다 2배가 될 것으로 예측하였으며, 1975년에는 그 기간을 24개월로

그림 13-2 커즈와일의 '수확가속의 법칙'

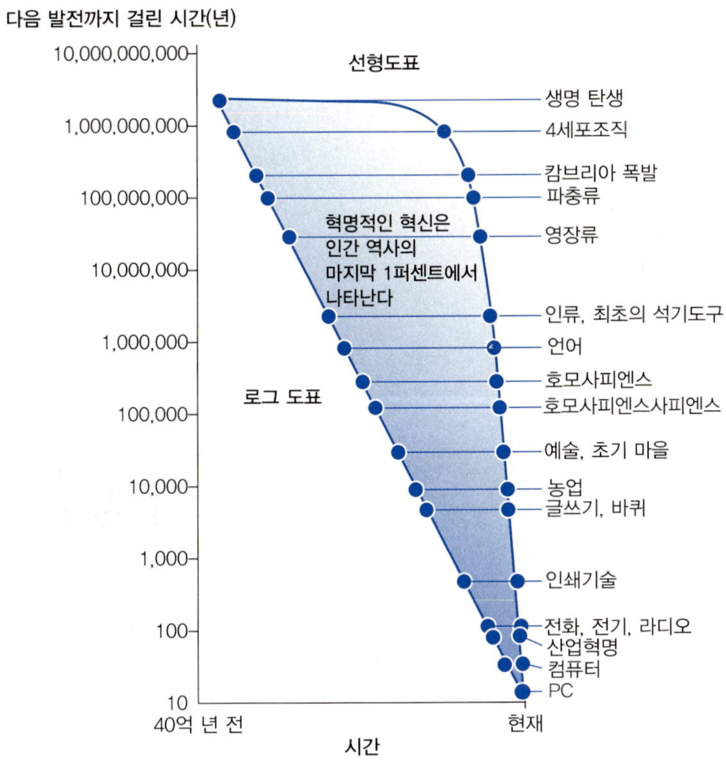

자료 : Jürgen Meffert, Anand Swaminathan, *DIGITAL@SCALE*, McKinsey&Company, 2017, p.12.

그림 13-3 기술혁신의 확산속도

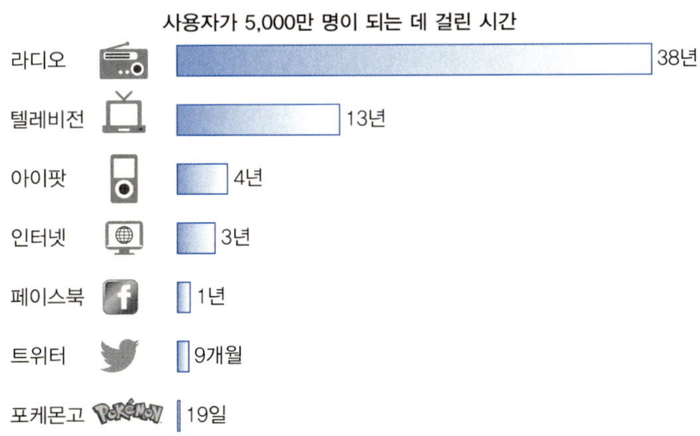

자료 : Jürgen Meffert, Anand Swaminathan, *DIGITAL@SCALE*, McKinsey&Company, 2017, p.14.

수정하였다. 이는 마이크로칩에 저장할 수 있는 데이터의 양이 24개월마다 2배씩 증가한다는 주장이다. 실제로 컴퓨터의 처리속도와 메모리의 양이 빠르게 증가하고, 비용은 상대적으로 하락하며 소형화가 실현되어 오고 있다. 오늘날 표준사양의 스마트폰은 아폴로 11호의 달착륙(1969년)개발프로그램에 사용된 미항공우주국(NASA)의 컴퓨터보다 처리능력이 120배 더 높으며, 새로운 기술들이 과거에 비해 더 많이 빠르게 개발되어 활용되고 있다. 경험적으로 보면 라디오는 처음 발명되어 전 세계에서 5천만대가 보급될 때까지 38년이 걸렸으며, 텔레비전은 5천만 가정에 보급되는 데 13년이 걸렸다. 반면 사용자가 5천만명에 도달할 때까지 인터넷은 3년, 페이스북과 트위터는 각각 1년, 9개월이 걸렸으며, 2016년 포켓몬고(Pokémon GO)는[5] 불과 19일이 걸렸다. 이와 같이 새로운 기술과 서비스는 예측이 어려울 정도로 빠르게 개발·보급되고 있다.

2. 디지털환경과 혁신

디지털환경에서는 고객과 시장의 변화에 대응하기 위해 경영의 개념을 새로 정립하고 혁신을 통해 새로운 비즈니스모델을 개발해야 한다. 이와 같은 혁신을 위해서는 기업이 왜 변해야 하는가? 무엇을 바꿔야 하는가? 그리고 어떻게 바꿔야 하는가? 등에 대한 질문에 대한 고민이 필요하다. 매킨지는 전통적인 비즈니스모델의 혁신과 전사적인 디지털화의 필요성을 강조하고 있다. 이하에서는 디지털대전환의 시대에 기업생존과 발전의 조건을 제시한 위르겐 메페르트와 아난드 스와미나탄 Jürgen Meffert, Anand Swaminathan)의 저서 〈Digital@Scale(2017)〉의 일부내용을 요약하여 소개한다.[6]

(1) 전통적 경영프레임의 한계

지난 100년 동안은 헨리 포드(Henry Ford)의 경영방식이 기업의 패러다임으로 인식되었다. 예를 들면, 명확한 분업체계에 따라 대량생산을 하는 벨트컨베이어 방식의 생산시스템이 대표적인 경우다. 전문화와 효율성에 집중한 대량생산시스템덕분에 소비자는 합리적인 가격으로 자동차와 세탁기를 살 수 있었고, 휴일에 여행을 할 수 있었다, 그러나 기업의 성공적인 디지털전환을 가로막는 장애물도 바로 20세기 초반의 성공모델인 테일러(F. W. Taylor)의 과학적 관리시스템이다.[7] 실제로 효율성을 중시하는 조직들은 변화가 초래하는 무질서를 우려하는 한편, 기업의 운영시스템이 작동을 지속하도록 명확하게 규정된 프로젝트를 통해 점진적으로 혁신을 시도하려는 경향이 있다.

(2) 디지털전환의 방향

기업이 새로운 디지털시대로 전환하기 위해서는 기업의 구조와 업무프로세스 그리고 상품전체에 대해 새롭게 접근해야 한다. 이를 위해 전사적 디지털전환이 필요하며, 기존의 응용프로그램 개발에 비해 훨씬 더 어렵다. 이를 위해서는 다음과 같이 왜? 무엇을? 어떻게? 이 세 가지 질문에서 디지털전환의 방향을 정할 수 있다.

1) 혁신의 배경 : 왜 변해야 하는가?

변화의 필요성에 대한 명확한 이해가 필요하다. 현재 기업의 시장지위가 확고한 경우라도 디지털화로 인한 환경의 변화를 과소평가하면 언제든 위험에 노출될 수 있다. 변화의 필요성을 인식하더라도 현재의 수익구조에 만족하여 신속히 대응하지 않는다면 위험에 빠질 수 있다. 변화의 징후를 나타내는 지표들을 간과하거나 무시하여 경영에 실패한 사례들은 많다. 2004년 블록버스터(Blockbuster)는 전국적으로 8,000여개 매장운영으로 연간매출이 60억 달러, 약 7조원 규모에 달하는 미국 최대의 비디오대여회사였다. 당시 경영진은 시장에 새로 등장한 넷플릭스(www.netflix.com)를 경쟁자로 인식하지 않았다. 넷플릭스는 고객들이 온라인으로 신청하면 우편으로 DVD를 보내주는 정기구독시스템을 도입하였고, 블록버스터의 엔지니어들은 종전대로 느긋하게 온라인 주문시스템을 개발했다. 2007년 넷플릭스는 인터넷으로 동영상을 실시간 재생하는 주문형비디오(VOD)시스템을 개발함으로써 순식간에 DVD를 구시대의 유물로 만들었다. 우편물을 기다리거나 돌려줄 필요없는 넷플릭스의 매력적인 서비스로 블록버스터의 고객들이 이탈했기 때문이다. 오늘날 넷플릭스는 시장의 선도자가 된 반면, 블록버스터는 2010년 파산을 신청했다.

그림 13-5 디지털화로 인한 블록버스터와 넷플릭스의 성패

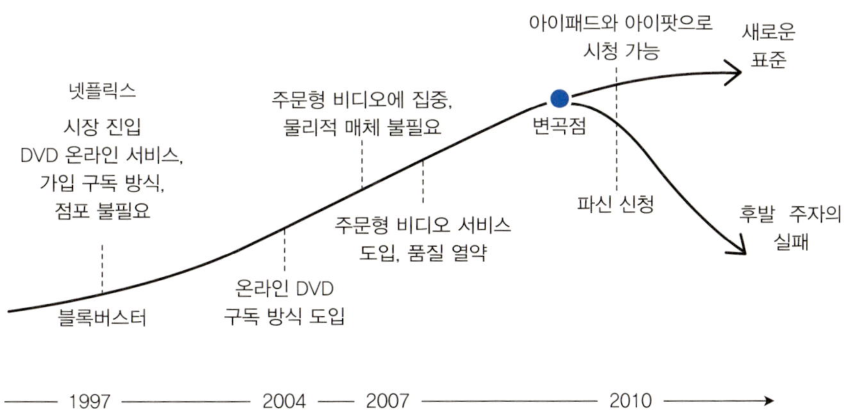

자료 : Jürgen Meffert, Anand Swaminathan, *DIGITAL@SCALE*, McKinsey&Company, 2017, p.17.

2) 혁신의 대상

디지털전환의 대상을 정하는 것이 중요하다. 디지털화의 의미는 다양하게 해석되기 때문에 체계적인 접근과 계획이 필요하다. 전략적 과제와 운영상과제에 대한 우선순위를 정하기 위해서는 다음과 같이 세 단계로 접근할 필요가 있다.

■ 새로운 생태계구축

혁신의 대상을 정하기 위해서는 먼저 새로운 생태계구축을 위한 전략적 사고가 필요하다. 혁신은 산업의 경계영역에서 발생하며, 새로운 생태계는 기술적 가능성의 결과로 등장하는 새로운 시장과 관련이 있다. 디지털생태계는 상거래, 물류와 금융시스템, 소비자의 라이프스타일 등 일상생활에 이르는 모든 영역에 나타나는 새로운 환경을 의미한다. 디지털환경에서 기업은 다음과 같은 질문에 대한 답을 찾아야 한다. 경쟁자들이 새로운 기술로 현재의 사업영역을 침해할 것인가? 디지털화에 따른 기회를 잡고 적극적으로 새로운 가치를 개발하고 있는가? 새로운 수익모델들이 전통적인 산업의 경계에서 나타나고 있는가? 이에 대한 대답을 구하기 어려울수록 현재의 비즈니스 모델을 개선하는 노력보다는 일정부분 시장과 수익을 포기하려는 유혹도 생기게 되는데, 새로운 생태계의 적응을 위해서는 변화의 파괴력을 고려한 설득력 있는 가치제안, 그리고 회사의 새로운 비전을 찾는 노력이 필요하다.

■ 사업구조개발

두 번째 단계인 사업구조는 기업경영과 관련된 문제이다. 디지털환경을 기회로 활용하고 새로운 접점에서 고객과 소통하는가? 디지털화와 새로운 분석법이 제공하는 모든 이점을 활용하는가? 디지털화가 경영과 관리업무를 어떻게 변화시키고 있는가? 디지털전환은 고객경험, 제품과 서비스 혁신, 부가가치창출 등 세 분야를 중심으로 사업구조를 바꾸고 있다. 디지털화가 가져오는 환경변화는 고객경험과 관련된 분야에서 특히 두드러지게 나타나고 있다. 변화는 간단하고 신뢰성 높은 방법으로 고객과의 첫 접촉에서부터 주문에 이르기까지 모든 과정을 끊임없이 매끄럽게 연결시키고, 종종 전통적인 기업들을 구시대의 기업처럼 보이게 만든다. 그리고 많은 신생 디지털기업들이 개발을 위한 개방형플랫폼을 활용해 상품의 혁신을 촉진함으로써 요금청구, 고객지원, 데이터분석 등 전체적인 가치사슬(value chain)과정을 디지털화하고 있다.[8)] 디지털화는 상품의 영역뿐 아니라 기업의 경영관리기능도 근본적인 변화를 요구하고 있다.

■ 디지털전환을 위한 인프라강화

세 번째 단계인 인프라는 기술적이고 조직적인 기반구축을 의미한다. 일반적인 질문은 다음과 같다. 우리 회사는 첨단기술을 활용하고 있는가? 어떻게 하면 많은 위험을 감수하지 않고 회사를 기민하게 만들 수 있을까? 어떻게 디지털분야의 인적자원을 확보하고 긴밀한 협력관계를 달성할 수 있을까? 디지털전환을 위해서는 기술뿐 아니라 문화와 조직의 변화가 전제되어야 한다. 디지털 프로젝트에 완전히 새로운 기술이 필요한 경우, 기존 IT시스템을 단기간에 대체할 수 없는 현실적인 문제를 해결해야 하므로 기업은 기존 조직과 분리된 기민하고 신속한 IT시스템의 구축이 필요하다. 이러한 시스템을 운영하기 위해서는 우수한 디지털인재를 확보해야 하며, 디지털인재들은 대체로 수평적 조직과 다양한 분야에 걸친 협업을 원하기 때문에 문화와 조직 모두 획기적인 개편이 필요하게 된다.

(3) 디지털현상의 인식과 반응의 오류

디지털전환에 대한 인식은 간단해 보이지만 실제로 적용하는 과정에서 오류에 빠지기 쉽다. 이는 현상은 제대로 인식하지만 잘못된 방식으로 반응할 가능성 때문인데, 이러한 반응의 오류는 '카고컬트(cargo cult)' 사례에서 찾을 수 있다. 이 용어는 1965년 노벨물리학상 수상자였던 리처드 파인만(Richard P. Feynman)이 과학적 방법의 잘못된 환상을 설명하기 위해 처음으로 사용한 용어다. 그는 강연에서 학생들에게 사모아섬 일화를 소개했다. 2차 세계대전 중에 미국공군은 정기적으로 사모아섬에 착륙했다. 조종사들은 코카콜라, 카멜담배, 초콜렛같은 서구문명의 선물들을 원주민들에게 나누어 주었다. 전쟁이 끝나자 비행기는 또다시 오지 않았고, 실망한 사모아원주민들은 비행기와 자신들이 바라는 화물이 다시 오기를 바라는 마음을 무속적인 컬트(cult), 즉 미신숭배로 발전시켰다. 나무비행기를 만들고 대나무로 만든 헤드폰을 쓰고 무선통신을 하는 모습을 모방한 것이다. 물론 이 모든 노력은 헛수고로 돌아갔고, 코카콜라같은 화물을 실은 비행기는 오지 않았다.[9] 원주민들은 비행기가 화물을 싣고온다는 현상은 인식했지만 잘못된 결론을 유추했기 때문이다. 오늘날 많은 기업의 디지털화에 대한 도전도 이와 비슷한 방식으로 대응하는 오류에 빠지기 쉽다. 충분한 검증없이 과학적 실험의 외양만으로 대략추론하여 과학적 이론으로 믿는행태로서 디지털환경에서 가장 두드러지게 나타나는 '카고컬트' 현상은 다음과 같다.

■ 디지털창업(digital startups)

흔히 보여주기식 프로젝트이다. 디지털창업은 본사에서 떨어진 외진곳에서 젊은직원 몇명과 적은 예산으로 설립된다. 그러나 이러한 무성의한 노력은 기존 비즈니스모델에 거의 영향을 미치지 못한다. 이러한 시도를 통해 새로운 구조를 학습하고 이를 적극적으로 활용하는 시도를 전적으로 부정할 수는 없으나 소규모투자와 일부의 아이디어에 의존하는 IT산업 초기의 전통적 창업방식이 오늘날 디지털화라는 도전과제를 해결해주기는 어렵다는 의미다.

■ 디지털사탕발림(digital sugar-coating)

또 다른 부적절한 방식은 눈에 띄는 모든 기회를 디지털과 연결하려는 시도이다. 예를 들어, 인턴사원으로 이루어진 팀들에게 소셜미디어(SNS)를 맡기는 경우가 흔하다. 기업들이 고객이든 공급업체든 가치사슬 데이터이든 자신들이 가진 데이터의 중요성을 인식하고 수집하기 시작하는 것도 또 다른 디지털사탕발림의 사례다. 모든 업무과정에서 활용할 의지가 없다보니 수집한 데이터가 제대로 활용되지 못한채로 방치되어 쌓이는 데이터섬(big-data islands)이 곳곳에 생겨나는 원인이 된다.

■ 효율성의 함정(efficiency traps)

또 다른 디지털화의 함정은 효율성을 추구하는 테일러시스템에 대한 믿음에서 나타난다. 예를 들어, 디지털화와 관련해 경영진이 전사적 차원에서 생각하고 모든 업무프로세스에 걸쳐 가치를 높이는 요소와 기회를 찾는 노력보다는 전적으로 자동화에 집중하는 경우이다. 디지털화는 단위당 생산비용을 줄이거나 단위당 산출량을 높이는 효율성 제고보다 고객가치의 창출을 극대화하는 유효성에 초점이 놓여야 한다. 유효성이란 달성하고자 하는 목적적합성의 개념으로 생산성 향상을 지향하는 효율성의 개념과 다르다.[10)]

제2절 4차 산업혁명과 서비스혁신

디지털전환은 4차 산업혁명을 촉진하고 있으며 디지털혁신으로 산업계에서는 비즈니스성과에 대한 마케팅의 영향력이 점차 커지고 있다. 광고와 판촉은 점차 개별고객의 특성을 실시간으로 반영하는 형태로 진화되고 있다. 따라서 기업이 고객에게 다가가기 위해 다양한 경로마다 디지털콘텐츠가 차지하는 비중은 점차 늘어나고 있다. 데이터는 인공지능(AI)에 기반한 현대마케팅의 중요한 자산으로 인식된다. 본절에서는 디지털전환으로 시작된 제4차 산업혁명의 의미를 살펴보고 인공지능(AI) 마케팅과 고객서비스, 그리고 '언텍트(Untact)' 서비스에 대해 알아본다.

1. 4차 산업혁명과 핵심인프라

(1) 4차 산업혁명이란?

1) 어원(語源)과 정의

4차 산업혁명은 인공지능(Artificial Intelligence, AI)으로 자동화와 연결성이 극대화되는 산업환경의 변화를 뜻한다. 이 용어는 세계경제포럼(WEF)의 설립자인 스위스 경제학자 클라우스 슈밥(Klaus Schwab)의 2015년 기고문에서 처음 사용된 후 2016년 다보스포럼에서[11] 공식적 용어로 자리잡았다. '4차 산업혁명(The Fourth Industrial Revolution)'은 2016년 스위스 다보스(Davos-Klosters)에서 열린 WEF 연례회의의 주제로 등장했고, 2019년 WEF의 연례회의 주제도 '세계화 4.0: 제4차 산업혁명시대'였을 만큼 오늘날 세계적인 화두가 되었다. 국가나 학자에 따라 용어의 사용과[12] 정의에는 다소 차이가 있지만, 기계학습과 인공지능(AI)을 기반으로 하는 혁신이 공통적인 핵심요소로 인식되고 있다. 4차 산업혁명은 정보통신기술 (ICT)을[13] 기반으로 초연결과 초지능의 시대를 주도하며, 컴퓨터와 인터넷을 보급으로 정보화시대를 열었던 3차 산업혁명 다음 단계의 새로운 디지털환경을 만들고 있다.[14]

2) 4차 산업혁명의 시대적 구분과 특징

제4차 산업혁명은 정보통신기술(ICT)의 융합으로 나타난 차세대 산업혁명으로서 인류문명의 진화과정에서 나타나는 산업전반에 걸친 네 번째의 혁신이다.

■ 1차 산업혁명(1760~1820)

농경사회와 농촌사회에서 산업과 도시로의 전환을 뜻한다. 철강산업은 증기엔진의 개발과 함께 핵심적인 역할을 담당했다.

■ 2차 산업혁명(1870~1914)

철강, 석유 및 전기분야와 같은 신산업의 확장과 대량생산을 위한 전력이 등장했다. 주요기술의 진보는 모터, 전화, 전구, 축음기 및 내연기관의 혁신이 주도했다.

■ 3차 산업혁명(1970년대 이후의 정보화단계)

아날로그 전자 및 기계장치에서 현재 이용가능한 디지털기술에 이르는 기술의 발전으로 개인용 컴퓨터, 인터넷 및 ICT가 혁신을 주도했다.

■ 4차 산업혁명

"닥쳐올 변화는 엄청나지만 이를 맞을 준비가 거의 안 되어 있다." WEF의 2019년 주제를 '세계화 4.0: 4차 산업혁명시대의 세계화 구조형성(*Globalization 4.0: Shaping a Global Architecture in the Age of the 4th Industrial Revolution*)'로 정한 것은 신기술들이 사상유래없는 속도와 규모로 인류의 삶을 바꾸고 있기 때문이다. 4차 산업혁명은 산업에서 인간의 신체에 이르기까지 새로운 방식으로 적용되는 디지털기술을 기반으로 한다. 로봇공학, 인공지능, 나노기술, 양자프로그래밍, 생명공학, IoT, 3D 인쇄 및 자율주행차량을 비롯한 다양한 분야에서 신기술에 의한 혁신이 나타난다. 슈밥은 자신의 저서 《제4차 산업혁명(*The Fourth Revolution*, 2016)》에서 기술의 발전으로 특징지어졌던 이전의 산업혁명들과 4차 산업혁명이 근본적으로 다른 점은 디지털화에 기반한 기술들의 보편성이라고 밝혔다. 즉, 디지털기술은 수십억 명의 사람들을 끊임없이 웹에 연결하고, 비즈니스 및 조직의 효율성을 획기적으로 향상시키며, 효과적인 자원관리를 통해 자연환경을 재생산할 수 있는 잠재력을 구현한다.[15)]

(2) 핵심인프라

4차 산업혁명을 주도하는 인프라는 빅 데이터분석, 인공지능, 로봇공학, 사물인터넷, 자율운송, 3차원(3D) 인쇄, 나노기술 등 7대 분야의 혁신적 기술이다.[16)] 이 가운데 4차 산업혁명의 핵심기술은 인공지능, 사물인터넷(IoT), 빅 데이터와 클라우드 컴퓨팅기술이다.

1) 인공지능(Artificial Intelligence, AI)

AI는 인간의 지능으로 할 수 있는 사고, 학습, 자기개발 등을 컴퓨터가 할 수 있도록 하는 방법을 연구하는 컴퓨터공학 및 정보기술(IT)의 한 분야이다. AI는 그 자체로 존재하는 것이 아니라 컴퓨터과학의 다른 분야와 직간접으로 많은 관련을 맺고 있다. 특히 현대에는 IT의 여러 분야에서 인공지능적 요소를 도입하여 문제해결에 활용하려는 시도가 활발하게 이루어지고 있다. AI의 개념은 1950년대에 처음 등장했지만 기술적 한계를 극복하지 못했다. 그후 기술의 진화에 따라 인간의 관여없이도 컴퓨터가 스스로 학습하는 기계학습(machine learning)기술의 개발로 실용화가 시작했다.

2) 사물인터넷(Internet Of Things, IoT)

IoT는 세상의 모든 사물이 네트워크로 연결되어 상호소통하는 것을 말한다. 기존에 인터넷과 연결되어 있던 컴퓨터나 스마트폰 외에도 냉장고, 자동차, 책상, 침대 등을 포함하는 세상 모든 사물과 인터넷이 연결되어 새로운 서비스를 제공한다. 가정에서 불을 끄거나 TV를 켤때, 일일이 리모컨을 통해 조종하지 않고도 휴대폰에 연결된 버튼의 조작이나 음성 등을 통해 기기를 조작할 수 있는 것도 IoT 기술이 기반이다.

3) 빅 데이터(Big Data)

빅 데이터란 디지털환경에서 생성되는 데이터로 그 규모가 방대하고, 생성주기도 짧고, 형태도 수치데이터뿐 아니라 문자와 영상데이터를 포함하는 대규모데이터를 말한다. 빅 데이터환경은 과거에 비해 데이터의 양이 급증히 늘었으며 데이터의 종류도 다양해져 사람들의 행동은 물론 위치정보와 SNS를 통해 생각과 느낌까지 분석하여 예측할 수 있다. 디지털공간의 댓글이나 게시물, 포털사이트의 검색어 등 사이버공간의 활동이 모두 빅 데이터를 구성한다.

4) 클라우드 컴퓨팅(Cloud Computing)

클라우드 컴퓨팅이란 정보처리를 자신의 컴퓨터가 아닌 인터넷으로 연결된 다른 컴퓨터로 처리하는 기술을 말한다. 빅 데이터를 처리하기 위해서는 다수의 서버를 통한 분산처리가 필수적인데, 분산처리는 클라우드의 핵심기술이므로 빅 데이터와 클라우드는 밀접한 관계를 맺고 있다. 빅 데이터 선도기업인 구글과 아마존이 클라우드 서비스를 주도하고 있는 이유도 여기에 있다. 클라우드란 '구름(cloud)'을 뜻하며, 클라우드 컴퓨팅은 가상서버기술과 분산처리기술을 이용하여 구름처럼 무형으로 존재하는 하드웨어와 소프트웨어의 컴퓨터자원을 필요할 때마다 중앙서버에 연결해 쓰는 것을 뜻한다. 클라우드기술은 태블릿 PC, 스마트폰, 노트북 등 서로 다른 기기를 이용하더라도 동일한 데이터를 원하는 때에 얻을 수 있다.

2. 4차 산업혁명시대의 특징

4차 산업혁명시대의 도래로 새로운 기술들이 발전되어 기존에 없던 다양한 기회가 제공됨으로써 기존의 산업환경에 큰 변화가 나타나고 있다. 특히, 서비스산업에서의 변화는 다음과 같이 새로운 조류를 형성하고 있다.

(1) 스마트화

AI, IoT, 빅 데이터 등의 기술발전과 함께 소프트웨어와 하드웨어의 접목을 통해 기존의 경계가 모호해지고 사물과 사람, 제품 및 서비스가 상호 연결되어 인지기반의 기술을 바탕으로 점차 스마트화가 확대되고 있다. 이는 하드웨어 중심의 산업이 소프트웨어 중심의 산업으로 이동하는 것을 뜻하며, 이용자와 생산자 간의 구분도 모호해지고 있다. '똑똑하다'는 뜻의 '스마트'라는 용어처럼 인간과 AI가 함께 발전하면서 첨단기술들이 융합된 사물이 점차 지능화되어 일상생활의 환경을 보다 효율적이고 풍요롭게 만들고 있다. 기업은 제품과 서비스생성의 모든 단계를 디지털화와 스마트화로 전환함으로써 과거와는 다른 새로운 고객가치를 창출하며, 혁신을 통해 기업경쟁의 단위가 제품에서 시스템으로 바뀌고 있다.[17)]

(2) 플랫폼화

기업의 경영에 혁신적인 디지털기술이 도입됨으로써 오늘날에는 새로운 형태의 비즈니스 기반구조가 구축되고 있다. 그동안 산업계에서 채택되고 있던 전통적인 생산시스템이 새로운 제품과 서비스가치를 창출하는 프로세스로 전환되고 있다. 여러 단계로 분할하여 작업흐름의 효율화를 추구하는 파이프라인 프로세싱은 라인의 한쪽에는 생산자, 반대쪽에는 소비자가 있는 선형의 가치사슬(linear value chain)의 구조로서 생산자와 공급자가 분리되어 협업보다는 단계별로 분업화되어 있었다. 그러나 디지털기술의 도입으로 플랫폼화가 진행되면서 이전과는 전혀 다른 형태의 시스템이 형성되고 있다. 본래 기차를 갈아타는 '플랫폼'이란 용어는 이용자들이 각자 원하는 장소로 이동하기 위해 서로 다른 노선을 선택하는 연결점을 의미한다. 산업현장의 플랫폼은 고객이 원하는 노선을 선택해 갈아탈 수 있도록 매개역할을 하는 사이버공간이다.

(3) 서비스의 고도화

4차 산업혁명은 모든 서비스부문의 혁신을 촉진하고 있다. 서비스산업에는 빅 데이터, AI 등 스마트기술을 적용하여 금융, 의료, 교육, 유통, 에너지 등 다양한 분야에서 소비자의 니즈에 부합하는 새로운 융합형서비스가 창출되고 있다[18)]. 서비스의 고도화는 제조업의 서비스화, 온라인과 오프라인의 연결, 클라우드 서비스 등에서 빠르게 구현되고 있다.

■ 제조의 서비스화(Factory as a Service, FaaS)

제조기업이 제품만을 생산하는 단계에서 제품과 서비스의 동시 생산 또는 융합된 형태로 상품을 제공하는 비즈니스모델로 전환되고 있다. 기술의 상용화로 기업 간의 기술격차가 줄어들면서 가격과 성능을 기반으로 한 제품차별화가 한계에 직면하고 있다. 따라서 기업이 일방적으로 제품을 생산·판매하는 것에서 나아가 고객의 경험을 통해 만족도를 평가하고 선호하는 브랜드를 재구매하도록 제품과 서비스를 결합하는 고객화경쟁이 서비스산업의 새로운 조류를 형성하고 있다. 다품종 소량생산방식을 통해 개별고객의 기호와 취향에 맞는 맞춤식 서비스를 확대되고 있는 제조의 서비스화 경향이 나타나고 있다. 예를 들어, 글로벌디지털 제조업체인 GE는 단순제품의 제조 및 판매와 함께 제품의 유지관리와 컨설팅 등의 서비스상품을 결합한 마케팅전략으로 매출을 확대하고 있으며, 정수기, 비데 등 생활가전제품을 생산·판매하던 코웨이(Coway)도 전반적인 제품관리와 렌탈서비스를 제공하는 생활가전제품 서비스업체로 사업을 전환·확대하고 있다.

■ O2O(Online to Offline) 서비스

O2O란 온라인과 오프라인이 연결되는 현상을 말한다. 이전에는 백화점이나 수퍼에 직접 방문하지 않으면 물품들을 살 수 없었고 판매장소에 있지 않은 물건은 살 수 없었다. 그러나 오늘날에는 매장에 찾아가지 않아도 웹에 접속하거나 모바일기기를 활용하여 원하는 상품을 즉시 결제하여 구매할 수 있게 됨으로써 영업장소에 있는 상품을 사는것이 아니라 상품이 있는곳이 곧 영업점이다. 이처럼 O2O서비스는 모바일 혹은 디지털의 가상공간에서 공급자와 이용자를 실시간으로 연결해주며, 고객데이터의 정확한 분석을 가능하게 한다.[19] 국내에선 쿠팡이나 티몬 등 전자상거래 기업들이 O2O 서비스를 수행하는 대표적인 경우다. 이 외에도 사용자의 모바일위치기반 서비스를 기반으로 서비스를 제공하는 카카오택시, 우버(Uber) 등의 O2O 서비스도 있다. O2O 서비스는 4차 산업혁명시대의 각종 기술들과 결합되어 소비자중심의 맞춤형 서비스를 지원하고 있다.

■ 클라우드 서비스(Cloud Service)

서비스의 고도화로 제품과 관련이 없이도 기술자체를 서비스로 제공하는 산업이 발달하고 있는데, 대표적인 경우가 클라우드 서비스이다. 클라우드 서비스란 서버와 소프트웨어, 저장용량 등 컴퓨팅에 필요한 모든 기능을 직접 설치할 필요없이 원격으로 빌려 서비스를 제공하는 컴퓨팅패러다임이다.[20] IT 서비스환경을 진화시키고 있는 클라우드 컴퓨팅서비스는 사용자에게 언제, 어디서나 인터넷접속만으로 컴퓨팅환경을 제공하는 주문형 IT서비스로 소프트웨어뿐만 아니라 저장공간을 포함한 모든 IT 자원을 서비스형태로 제공한다.[21] 클라우드서비스는 데이터를 중앙의 서버인 클라우드에 저장해 두고, 다량의 데이터를 분석하여 활용할 수 있도록 한다. 클라우드서비스를 제공하는 기업으로는 아마존의 AWS, MS, Google, IBM 등이 대표적이다. 서비스의 초기단계에서는 주로 기술창업회사나 기업이 자체 개발한 클라우드인프라를 협력기업과 공유하는 방식이었으나 최근에는 대형기업들도 전문적인 클라우드 서비스업체가 제공하는 서비스를 이용하고 있다.

3. 인공지능(AI) 마케팅

현대경영학에는 수많은 마케팅이론과 기법이 있다. 그러나 인공지능(AI)과 머신러닝(기계학습, machine learning) 기술이 접목되는 디지털환경에서는 정해진 방식과 규칙에 따르는 기존의 이론과 기법이 지속되기 어렵다. 수많은 정보가 광범위하게 융합되고 인간의 눈이 인식하는 것보다 빠른 속도로 일을 처리하는 차원을 넘어서 AI시스템은 인간의 두뇌로는 가늠할 수 없는 불가해한 방식으로 자동화되고 있기 때문이다. 여기에서는 AI로 운영되는 자율마케팅의 개념과 빅 데이터의 원천과 활용분야, 머신러닝에 의한 마케팅패러다임의 변화를 살펴본다.

(1) AI와 자율마케팅

1) 자율마케팅이란?

인체의 자율신경계는 심장, 호흡, 소화, 반사신경 등 인간이 의식하지 않더라도 모든 기능을 제어한다. 잠을 자거나 의식이 없을 때도 모든 것이 작동되는 것은 복잡한 기능들이 유기적으로 연결되어 있기 때문이다. 의도적으로 생각을 하지 않더라도 끊임없이 활동이 지속자율성으로 인해 마케팅의 미래도 이와같은 방향으로 전환되고 있다. 따라서 기업은 생존·발전을 위해 자율반응체계를 도입해야 하는 시대를 맞이하고 있다. 자율마케팅이란 서비스의 고객화와 개인화, 역동적인 콘텐츠개발과 선택, 디스플레이 스타일 등을 위해 AI와 머신러닝, 빅 데이터를 이용해 자율적 의사결정체계를 구축하고 운영하는 것을 말한다.

2) AI와 머신러닝의 역할

AI는 지능적인 기계이고, 머신러닝은 명확히 프로그래밍되지 않은 상태에서 스스로 학습할 수 있는 능력이다. AI는 인간을 흉내내는 기계이고, 머신러닝은 통계프로그래머를 흉내내는 기계에 비유되는데, 우리는 이미 AI와 함께 일상생활을 영위하고 있다. 음원스트리밍 서비스를 제공하는 서버는 예전에 즐겨들었던 노래를 바탕으로 지금 좋아할 만한 노래를 찾아 제공하고, 아마존은 이전에 구입했던 상품을 보고 또 구입할 가능성이 높은 상품을 추천하는 능력을 갖추었다. 머신러닝의 매력은 엄격한 규칙을 따르도록 만들어진 것이 아니라 학습하도록 설계되었다는 점이며, 학습은 컴퓨터가 시행착오를 통해 구체적인 기능을 수행할 방법을 찾기위해 주어진 데이터를 활용하는 방식으로 이루어진다. 구체적인 기능이란 누군가가 특정 웹사이트를 찾기위해 사용한 검색어, 해당 사이트에서의 행동방식, 해당 웹사이트에서 발송한 이메일 등에 대한 반응 또는 무반응을 보고 해당 검색자에게 발송할 최적의 이메일제목을 결정하는 것을 예로 들 수 있다. 기계는 이전의 결과를 살펴보고 결론을 내린 다음 가설을 검정한 결과가 나오기를 기다린다. 그리고 기계는 검정된 결과를 토대로 가중치를 부여해야 할 요소를 업데이트해 대체가능한 제목을 반복해서 제안한다. 현실은 불확실하고 끊임없이 변하기 때문에 최종적인 정답은 없다. 따라서 인간과 마찬가지로 기계도 항상 새로운 데이터를 받아들여 판단을 내리는데, 이것이 기계학습의 원리이다. AI의 기능을 3D로 표현하는데, 이는 감지하고(detelt), 결정하고(decide), 개발하는(develop) 능력이다.[22]

(2) 빅 데이터의 활용

1) 데이터의 원천

AI이 활용할 수 있는 데이터의 양은 무한정이며, 상업적 거래는 물론 일상적인 통신, 정부와 비정부기구의 공공데이터는 방대한 정보를 제공할 수 있다. 페이스북이나 트위터, 카카오톡같은 스트리밍데이터를 이용할 수 있도록 도와주는 모든 앱 프로그램 인터페이스를 생각해 보면, 페이스북의 '좋아요'만으로도 사용자 개개인에 대해 상당히 많은 것들을 예측할 수 있다. '좋아요'는 성적취향, 민족성, 종교적 견해 및 정치적 견해, 성격특성, 지능, 행복감, 중독성 약물사용, 부모의 이혼, 연령, 성별 등 매우 민감한 개인적 속성들을 예측하는 데 이용될 수 있다. 미래에는 사물인터넷이 발전하면서 무한한 양과 막대한 종류의 데이터가 쏟아져 나올것이며 데이터잔해도 비례적으로 늘어날 것이다. 데이터잔해란 어떤 행동이나 반응, 거래의 부산물로 발생한 정보를 일컫는다. 예를 들어, 쇼핑센터를 걸어다니면 고객의 위치에 대한 다량의 데이터잔해가 생성되는데, 문자메시지에 반응하는 빈도, 사진을 찍는 장소, 노란색 신호앞에서의 가속여부 등이 모두 반응데이터에 해당된다. 시장이 상승세 또는 하락세인 상황에서 주식거래량이 어떻게 변했는지는 거래지향적인 데이터이다. 투자컨설팅 회사는 고객들이 '비즈니스에 변화가 생기면 바로 알아차리고, 이번주에 가장 빠르게 성장중인 기업을 찾아내고, 정보가 공시되기 전에 최신 핵심성과지표를 확인할 수 있도록' 신용카드거래에서 찾아낸 정보를 제공한다. 기업정보를 제공하는 회사는 기업의 순이익, 영업이익, 성장률, 시장점유율, 유동성, 평균시장가치, 추천고객지표, 고객유지율, 1인당 고객유치비용, 마케팅채널, 총투자수익률(ROI), 현금소진률 등 핵심성과지표를 관찰하여 B2B 판매정보 및 경쟁정보를 수립하는 데 도움이 되는 새로운 데이터를 가공한다.

2) 고객데이터의 분류방법

AI가 제대로 능력을 발휘하기 위해서는 다량의 데이터가 필요하다. 데이터과학은 지금 서로 분리되어 생성되는 데이터들을 연결하여 눈에 보이게 만들고 있다. 데이터를 원하는 대로 사용할 수 있도록 세상에 존재하는 방대한 데이터를 연결하는 대상은 수많은 원천에 존재한다. 놀라운 속도로 늘어나는 다양한 데이터 가운데 수집가능한 정보들은 이용목적에 따라 대략 다음과 같이 분류할 수 있다.[23)]

■ 신분 "그들이 누구인지 확인할 수 있는가? 그들은 누구인가?"

- 이름, 성별, 연령, 인종, 주소, 전화번호, 지문, 심장박동, 체중, 기기, 체중, 정부신분증 등
- 이력 "어떤 과거가 있는가? 어떤 일을 했으며, 어떤 업적을 이뤘는가?"
- 교육, 경력, 범죄기록, 언론노출, 풀판, 수상, 가입협회, 신용점수, 법적문제, 대출, 이혼, 여

행지역 등

■ 성향 "무엇에 매력을 느끼는가? 진보적인가, 보수적인가? 무엇을 좋아하는가?"

- 선호도, 환경, 여가활동, 정당, 사회집단, SNS의 '좋아요' 클릭, 선호하는 오락물, 취미, 뉴스 채널, 브라우저사용, 브랜드친밀감 등
- 소유물로는 무엇을 갖고 있는가?
- 소득, 집, 자동차, 각종 기기, 의류, 보석류, 투자, 구독, 회원자격, 수집품, 인적관계 등

■ 활동 "활동중인 순간을 포착할 수 있는가? 그들은 무엇을 어떻게 하는가?"

- 키누름, 제스처, 시선추적, IP주소, 소셜미디어 포스팅, 외식, TV시청, 평균심박률 등
- 신념과 관련하여 어떻게 느끼는가, 여러 문제에 대해 어떠한 입장인가?
- 종교, 가치관, 기부, 정당, 회의론 · 이타주의, 내향적 · 외향적, 관대함 · 인색함, 적응력 · 융통성, 공격적 · 수동적 성향, 의견, 기분 등

3) 데이터의 수집방법

위와 같은 데이터들은 다양한 방법으로 찾아낼 수 있다. 개별데이터 요소가 완전한 동의하에 수집되었는지 파악하는 문제로 인해 앞으로 데이터과학자의 책임은 더 늘어나고, 더 많은 관련법률도 필요해질 것이다. 미래에는 동의가 영구적인 데이터사용에 대한 것인지 최초로 명시된 용도에 국한된 것인지 기록하는 것도 의무화될 것이다. 수집된 데이터의 원천에 따른 데이터의 유형은 다음과 같다.[24)]

■ 제공데이터(provided data)

정보제공자 자신이 제공하는 사실을 알고있는 데이터이다. 신청서를 작성하거나 투표등록을 하거나 품질보증을 위해 제품을 등록하거나 운전면허증을 신청하거나 혼인신고를 할 때 정보전달이 시작될 수 있다. 신용카드를 사용할 때마다 거래 형데이터가 제공된다. 사람들은 자신이 정보를 제공한다는 사실을 인지한 상태에서 자신이 누구인지 밝힌다. 설문조사에 응하거나, 학교에 등록하거나, 법정소송에 참여하거나, 신용거래를 시작할 때 거래형 데이터가 제공된다. 개인이 정보를 공개적으로 포스팅하는 행위 역시 정보제공에 해당된다. 대중앞에서 연설하거나 SNS에 무언가를 게시하는 것 등이 여기에 해당된다.

■ 관찰데이터(observed data)

인터넷으로 검색하는 것처럼 정보를 관찰하는 것은 어렵지 않다. 사용자가 클릭할 때마다 정보가 기록되기 때문이다. 스마트폰은 사용자가 음성으로 호출하는 경우를 대비해 사람의 목소리를

기억하지만 대부분 이용자는 이 사실을 잊고 지낸다. 웹브라우저 크롬(Chrome)이나 쿠키(Cookie), 고객카드는 참여형관찰의 대표적인 사례다. 사람들은 웹사이트를 방문하고, 구매한 상품의 결재를 위해 고객카드를 스캔할 때 자신이 하는 행위를 의식하지만 그 행위가 정보를 누출한다고 인식하지는 못한다. 자동차의 네비게이션, 백화점에서의 동선, 교통카메라 등으로 수집된 예상치 못한 데이터나 수동적인 데이터는 사용자가 인식하지 못하는 상황에서 수집되는 관찰데이터들이다.

■ **추출데이터(derived data)**

주어진 정보를 사용하고자 하는 목적에 따라 범주별로 분류하면 해당 인물에 대한 데이터를 개념적으로 추출할 수 있다. 예를 들어, 얼마나 자주 게임용노트북이나 스마트폰을 검색하는가? 웹사이트에서 무엇을 얼마나 구매하는가? 얼마나 자주 방문하는가? 개별적으로 계산된 결과는 특정 개인과 관련된 또 다른 데이터세트가 된다. 특정한 웹에 도착하여 떠나기까지 보내는 시간이 계산되고 있다는 사실을 실제 분류의 대상이 되는 당사자의 눈에는 보이지 않고 이 사실을 알길도 없다. 추출된 데이터는 기업이 고객의 가치를 평가하여 마케팅에 활용될 수 있다.

■ **추론데이터(inferred data)**

추론을 통해 생성된 데이터는 계산데이터를 한 단계 더 발전시켜 분석·평가된 데이터를 만들어낸다. 통계적으로 추론된 데이터는 휴가를 맞아 호텔에 체크인한 사람이 정말로 고객인지를 판단하는 데 이용되며, 우수고객평가점수는 다른 사람들과 비교한 통계의 결과다. 고도의 통계처리는 고급분석데이터를 얻을 수 있다. 빅 데이터와 AI는 앞에서 언급한 모든 내용 간의 상관관계를 찾아 잠재적 고객과 실제 고객을 구분하여 추정을 할 수 있다. 데이터전문가들은 앞으로 사물인터넷에 사용되는 센서의 수가 늘어나고 있는 만큼 관찰데이터는 지속적으로 늘어나고, 추론데이터의 활용이 늘면서 추출데이터의 역할을 대체할 것으로 예상한다.

(3) 신(新) 마케팅개념

서비스분야에서는 고객과의 경험을 통해 많은 경험의 법칙이 만들어진다. 마케팅관리자는 서비스현장의 경험으로 이같은 법칙들을 학습한다. 그러나 머신러닝은 장기간에 걸쳐 누적된 경험대신 가공되지 않은 데이터를 가지고 스스로 학습을 한다. 마케팅의 문제는 표적시장을 선정하고 잠재적 또는 현재 고객에게 상품에 대한 적절한 메시지를 전달하고, 구매의사결정에 긍정적인 영향을 미치는가를 파악하는 것에서 시작되는데, 기업이 제공하려는 메시지가 표적시장의 고객에게 도달하고 접촉하는 방법들은 무수히 많다. 디지털전환은 고객접점을 폭발적으로 늘이고 있으며 유통구조와 고객의 기대를 바꾸고 있다. 이와같은 디지털환경이 전통적인 마케팅개념의 변화를 요구하는 배경은 다음과 같다.

1) 고객여정(customer journey)

오늘날 소비자들은 마케팅의 상상력 범위내에서 보면, 상품에 대한 무지에서 관심과 흥미, 구매로 이어지는 수많은 단계를 거친다. 고객의 구매과정은 마케팅의 기능측면에 '여정(旅程)'으로 설명된다. 실제로 서비스기업은 고객의 경험을 관리하기 위해 고객여정지도(customer journey map)를 작성하기도 한다. 기업이 고객의 입장에서 서비스경험을 디자인하고 분석함으로써 고객이 해당 기업과 어떠한 상호작용을 하는지를 파악하는 방법이다. 고객여정은 무지상태에서 구매에 이르는 여정을 따라 이동하면서 단계별로 고객의 니즈를 찾아내고 애로를 밝혀 개선안을 찾으면서 진실의 순간(Moment of Truth, MOT)을 평가하고, 전달프로세스를 개선하는 데 이용된다. 예를 들어, 당신이 가격만 고려해서 실용적인 카메라를 사고자 한다면, 아마존 웹사이트를 방문해 뭐가 좋은지 검색하면 된다. 그러나 기능에 좀 더 관심을 갖는다면, 블로그와 후기를 검색하고 실제로 자신이 찾고있는 브랜드제품을 구매한 사람들의 후기를 살펴보게 되며, 페이스북에서 좋은 사진을 자주 올리는 친구들을 찾을 수도 있다. 이 과정에서 알고리즘들은 카메라를 찾고있다는 사실을 학습하고 다량의 광고를 제공하기 시작한다. 검색이 끝나면 당신은 어떤 카메라를 살지 결정한다. 이러한 일련의 구매과정이 바로 고객여정이며, 고객의 온라인여정에는 수많은 데이터가 연결되어 있다.

2) 신 마케팅생태계

빅 데이터와 AI를 기반으로 하는 디지털환경은 전통적인 마케팅의 개념을 바꾸고 있다. 디지털환경으로 인해 새로운 마케팅의 생태계는 고객정보의 다양한 채널로 설명된다. 〈그림 13-8〉은 멀린로그룹(MullenLowe Group)의 미국사무소가 작성한 신 마케팅생태계(New Marketing Ecosystem) 포스터를 나타낸 것이다.[25)]

포스터에서 마케팅생태계의 중간에는 기업의 제품이나 서비스를 좋아할 가능성이 있는 것으로 추정되는 사람(suspect), 관심을 보인 잠재적 고객(prospect), 구매한 경험이 있는 고객(customer), 제품이나 서비스에 우호적인 지지자(advocate), 사람들의 구매결정에 영향을 주는 영향자(influencer)로 판단되는 사람을 배치하는 데에서 출발한다. 이 포스터를 보면, 이들을 중심으로 소통경로가 다양해지고 많은 가지가 생겨난다. 생태계에 표시된 여러 단계 중 가장 높은 2단계만 살펴보면 구매결정에는 다음과 같은 요인들이 복합적으로 작용함을 알 수 있다.

- **청각 및 시각** : 상품간접광고, 영화, 디지털TV 네트워크, 위성라디오, 지상파TV, 위성TV, 유튜브, 케이블, 온라인라디오, 팟캐스트 등

- PR : 금융관계, 투자자관계, 미디어관계, 이슈관리, 행사 및 후원, 판촉, 연설, 경영진의 평판, 내부소통, 뉴미디어, 구전(WOM), 사회공헌 등
- 온라인 : 전자상거래, 게임활동, 검색, 온라인광고, TV광고, 웹사이트, 소셜네트워크(SNS), 블로그, 팟캐스트 등
- 직접 마케팅 : 직접 반응 TV(DRTV), 메일(DM), 라디오, 텔레마케팅, 인쇄물 등
- 장소기반 : 업무, 매장, 휴양, 교육 등
- 모바일기기 : 휴대용게임기, 전화/PDA, MP3, 모바일 앱 등
- 가정 외 : 운송, 디지털, 옥외광고, 공연, 차량, 콘서트 등
- 인쇄매체 : 잡지, 업계 뉴스레터, 신문, 고객출판 등
- 경험 : 관광명소, 조직, 예술, 축제/박람회, 공익 마케팅, 스포츠 등

그림 13-8 신 마케팅생태계 포스터

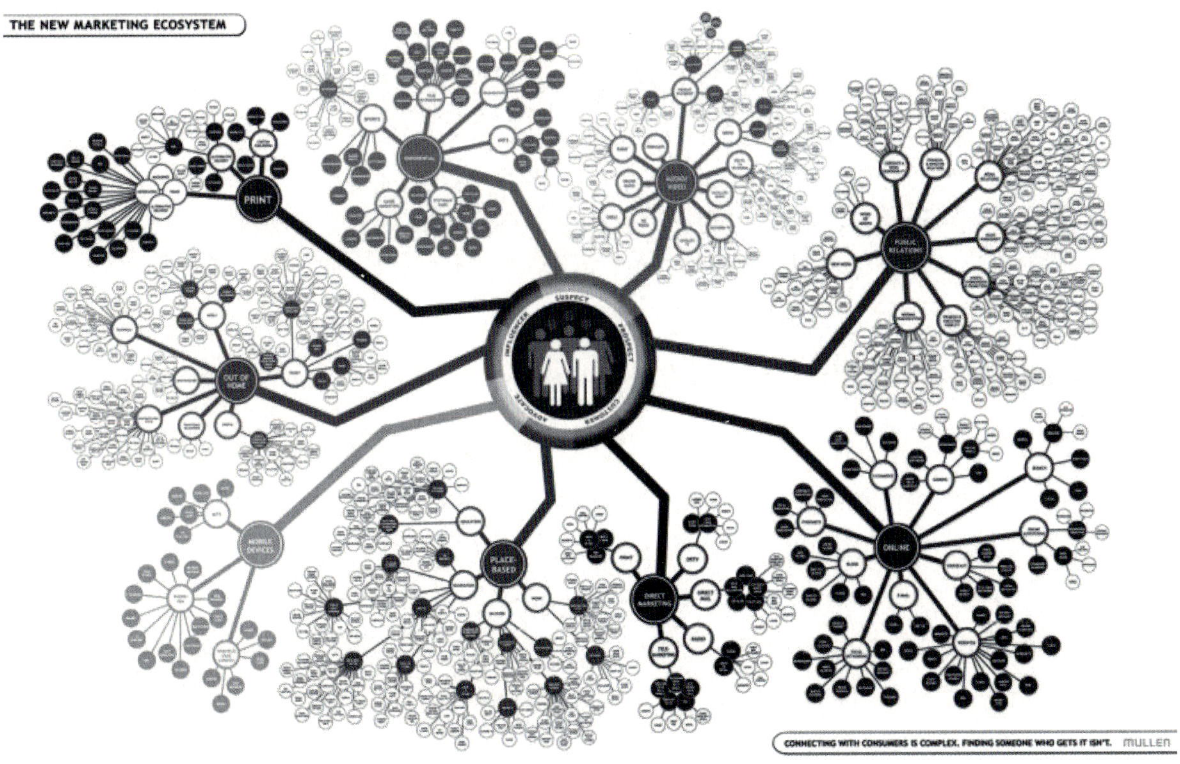

자료 : https://en.wikipedia.org/wiki/MullenLowe_U.S.

제3절 빅 데이터와 디지털혁신

성공한 디지털기업들의 공통점은 무얼까? 상품과 업무프로세스를 철저히 고객요구에 맞춘다는 점이다. 고객은 사용자편의에 맞추어진 사이트에 접속해 클릭 한 번으로 원하는 정보를 모두 찾을 수 있다. 고객접촉을 모든 채널로 연결하는 옴니채널은 전통적인 유통업계에 국한되지 않고 은행, 보험, 자동차에서 순수한 B2B산업에 이르기까지 모든 산업으로 확산되고 있다. 고객지향성이 뛰어난 서비스의 혁신은 그 중심에 있다. 본절에서는 빅 데이터가 서비스산업에서 어떻게 활용되는가를 살펴보고, 대표적인 디지털화로 나타난 대표적인 서비스혁신사례들을 소개한다.

1. 빅 데이터의 활용

4차 산업혁명시대의 모든 혁신은 소비자의 편익을 중심으로 전개된다. 기업은 소비자들의 관심을 유발하고, 고객과 시장별로 니즈를 찾아내 원하는 서비스를 제공해야 생존하고 발전할 수 있다. 이를 위해서는 외부에 있는 자원의 원천을 이용해 고객을 창출하고 유지해야 한다. 외부에 존재하는 데이터를 효과적으로 활용하기 위한 조건들을 살펴보자.

(1) 고객중심의 디지털 플랫폼강화

디지털환경에서 기업은 고객의 소리(VOC)에 신속하게 반응해야 하며, 문제가 발생하는 경우엔 곧바로 해결방안을 찾는 것이 중요하다. 이를 위해서는 고객의 피드백시스템이 원활하게 작동해야 한다. 과거에는 관리책임자 또는 팀장이 서비스품질을 평가하고 관리하는 통제시스템으로 고객과 상호작용의 틀을 관리했다. 그러나 디지털화가 진행되면서 공급자와 수요자의 경계가 모호해지고 거대플랫폼 안에 다양한 관계자들이 모여 직접소통하게 되면서 중간관리자의 역할이 생략되었으며, 서비스에 대한 이용자의 평판이 중요해졌다. 마케팅부서는 직접 SNS계정 혹은 블로그(Blog)를 관리·운영하며 고객과 직접 소통을 하고 서비스에 대한 고객의 반응을 살핀다. 이러한 직접적인 소통외에도 고객의 즉각적인 피드백과 반응을 파악하고 고객별로 맞춤화된 서비스를 제공하기 위해 모바일을 포함한 ICT기술인프라를 활용한다. 고객의 요구에 맞추어 맞춤형서비스를 제공하는 주문형시장이 확대됨에 따라 VOC가 기업경영의 전반에 큰 영향을 미치고 있으며, 고객중심의 플랫폼이 강화되고 있다.

■ 옴니채널(omni-channel)의 구축

옴니채널이란 '모든 것'을 뜻하는 라틴어 '옴니(omni)'와 유통망이라는 '채널(channel)'의 합성어로 기존의 오프라인채널뿐만 아니라 온라인채널도 함께 활용하여 소비자에게 상품을 전달하는 것을 말한다. 옴니채널의 등장으로 기존 유통채널경계가 사라지면서 서비스산업에 혁신을 촉진하고 있다. 온라인체널 이전에는 오프라인매장이 유일한 유통채널이있으나 온라인거래로 유통채널이 확대되었으며, 옴니채널의 등장으로 웹사이트, 인터넷쇼핑몰, 홈쇼핑 등 다양한 채널을 통한 상품구매가 가능해졌다. 모바일사용량이 증가됨에 따라 점차 직접 매장에 방문하는 고객보다 온라인 유통채널을 통해 구매하는 고객이 지속적으로 증가하고 있다. 옴니채널이 일반화되면서 고객은 전통적인 오프라인 거래에서 온라인으로 이동함에 따라 산업계는 온라인플랫폼을 강화하고 있다.

■ 크라우드소싱(crowd sourcing)

크라우드소싱은 일반'대중(crowd)'과 '아웃소싱(outsourcing)'의 합성어로 기업의 활동과정에 소비자를 참여시키는 것을 의미한다. 소비자의 아이디어나 고객의 제안을 서비스개발이나 개선에 활용함으로써 단순한 외주방식에다 고객참여를 더해 직접적인 상호작용으로 고객의 만족도와 충성도를 높일 수 있다. 고객은 아이디어를 제공하는 대가를 보상받기 때문에 적극적으로 기업활동에 참여하게 된다. 고객의 니즈를 반영한 상품이 출시될 경우, 기존 고객뿐 아니라 신규고객을 창출하는 효과도 있다. 고객들을 대상으로 하는 아이디어 공모전, 일반대중으로부터 자금을 조달하는 크라우드펀딩도 크라우드소싱의 예들이다.

(2) 고객서비스 관리강화

■ 서비스품질관리(Service Quality Management, SQM)

온라인 비즈니스에서 SQM이란 비즈니스 서비스이용자에게 제공되는 서비스품질을 체계적으로 측정·보고하는 관리기술이다. 앱의 성능, 서비스수준, 문제의 해결과 대응체계 등의 방법으로 이용자에게 제공되는 서비스를 지속적으로 측정, 보고, 개선하여 서비스품질을 향상시키는 SQM은 고객이 평가한 만족도와 개선점을 파악하여 서비스를 개선하고 서비스관리와 전략의 수립에 이용된다.

■ 서비스 조직문화(corporate culture)

시장의 고객수요가 서비스기업의 모든 것을 결정하는 주문형(On demand)경제의 확산에 따라 소비자의 니즈와 트렌드에 대한 신속한 대응이 중요해졌다. 따라서 고객의 공감과 만족에 집중하는 서비스문화가 필요하다. 이를 위해 서비스접점 직원과 관리자에 대한 교육·훈련이 강화되어야 하며, 디지털서비스에 적합한 환경조성을 위해 조직문화의 변화가 필요하다. CEO의 의지가 중요한 디지털 서비스문화구축의 성패는 디지털화와 관련된 징후의 파악, 변화주도형의 업무체계와 절차, 새로운 기술과 IT시스템 도입 등의 전사적 변화에 따라 결정된다.

■ **언택트(untact) 서비스**

'언택트' 서비스는 IT기술을 활용해 서비스접점 직원이 고객과 직접 대면하지 않는 서비스를 말한다. 고객과 마주하지 않고 제공되는 비대면의 언택트 서비스는 접촉을 뜻하는 콘택트에 '언(un-)'이 붙어 '접촉하지 않는다'는 의미로서 고객과의 접촉을 생략하거나 최소화하는 서비스이다. 예를 들면, 자판기나 ATM, 가상현실(VR) 쇼핑, 챗봇 등 AI기술을 활용해 접점직원이 고객과 대면하지 않고 서비스를 제공하는 것이다. 언택트 서비스는 대기행렬관리가 중요한 대형매장과 공공기관의 키오스크에서 시작되었으나 빅 데이터와 IT를 활용한 서비스혁신으로 그 영역이 빠르게 늘어나고 있다. 특히 2020년 세계적 감염병인 COVID-19('코로나-19')의 경험은 서비스산업에서 비대면비접촉의 언택트 서비스방식이 급격히 확대되는 계기가 되었다.

2. 디지털혁신

디지털전환에 의한 4차 산업혁명은 일시에 등장한 사건이 아니라 앞서 설명한 바와 같이 정보화 단계인 3차 산업혁명의 진전으로 나타난 디지털전환과 혁신현상들을 설명하는 시대적 구분일 뿐이다. 오늘날 디지털화의 도전에 직면하고 있는 서비스기업들은 다양한 세계관, 비즈니스모델 등으로 갈등을 겪기도 한다. 본절에서는 새로운 생태계에 적응하기 위한 디지털화의 단계가 속속 등장하고 있는 생태계의 변화를 서비스분야별로 소개한다.

(1) 디지털환경의 불확실성

오늘날 디지털환경에서 경영자들은 미래에도 현재의 시장이 존재할지 아니면 시대의 흐름을 따라잡지 못해 몰락한 코닥(Kodak)의 길을[26] 걷게 될지를 우려한다. 서비스기업들은 서비스시스템에 집중하면서 IT가 어떻게 서비스 프로세스를 개선하고 고객만족도를 제고시킬 수 있는지, 그리고 IT가 데이터흐름을 처리하는 새로운 방법을 어떻게 찾는지를 결정하는 과제를 안고 있다. 실행가능한 전략을 개발하기 위해서는 공동의 언어, 공동의 공유, 구성원의 지지를 받는 체계적인 구조가 필요하다. 맥킨지컨설팅그룹은 다음과 같은 세 단계 질문에 대한 해법을 제시하고 있다.[27] 첫 번째 단계는 미래의 시장에 관한 것이다. 새로운 경쟁자들이 혁신적 기술로 현재의 시장을 파괴하고 있는가? 그들이 한때 확실했던 이론적 체계를 완전히 뒤바꾸고 있는가? 두 번째 단계는 디지털화의 도전에 대응한 능력이 있는 비즈니스모델에 관한 것이다. 고객경험을 근본적으로 개선하기 위해 디지털기회를 잡고 있는가? 디지털역량과 첨단분석을 통해 잠재된 효율성을 활용하고 있는가? 세 번째 단계는 IT와 조직의 인프라와 관련이 있다. 첨단기술을 활용하고 있는가? 새로운 디지털인재들에게 매력적인 회사인가? 목표로 정한 협력관계를 구축하고 있는가? 등에 대한 해법을 찾음으로써 디지털환경의 불확실성을 줄일 수 있다.

(2) 디지털환경의 도전과제

서비스기업들은 디지털화의 단계별로 구체적인 과제를 해결해야 한다. 새로운 디지털생태계에서 기업이 직면하게 될 도전과제는 새롭게 등장하는 시장에서 자사의 위치를 확보하여 포지셔닝하는 것이다. 새로운 생태계에서 성공하기 위해서는 사업구조를 재구축해야 하고, 기술과 조직, 기업문화의 토대가 새로운 사업구조가 작동할 수 있도록 환경을 조성해야 한다. 새로운 생태계 구축단계에서는 비즈니스모델에 대한 첨단기술을 갖춘 경쟁자의 위협을 평가해야 하고, 다른 한편으로는 똑같은 기술이 제공하는 기회를 검토해야 한다. 사업구조를 평가하는 과정에서는 혁신과 마케팅, 부가가치 등의 측면에서 디지털화로 기대되는 잠재력을 분석해야 한다. 그리고 기술, 업무과정, 조직문화의 디지털환경에 대한 적합성을 판단해야 한다.

(3) 디지털생태계란?

디지털생태계(digital ecosystem)는 디지털네트워크가 만들어 내는 다양한 플랫폼을 통해 개인, 기업, 정부, 시민사회 등이 접점을 공유하여 초연결환경을 형성하는 일종의 유사생태계를 말한다. 여기서 말하는 플랫폼은 사람들이 자발적으로 모이는 곳을 의미하고 이에 기반한 플랫폼 사업모델은 지속가능성을 갖기 때문에 생태계라는 용어를 사용한다. 디지털생태계의 핵심요소는 빅 데이터, 상호연결성 등이다. 디지털환경에서는 고객의 요구를 충족시키기 위해 전혀 새로운 생태계가 형성되고 있다. 미래의 금융거래에서 전통적인 은행이 필요할까? 지금의 난방시스템은 스마트홈에 필요한 서비스를 제공할 수 있을까? 아니면 다른 형태의 서비스기업들이 스마트홈에 새로운 부가가치를 창출할까? 이러한 문제에 대해 디지털화는 시장구조를 재편하여 새로운 생태계를 만들고 있다. 환경의 변화는 전통적으로 시장을 주도해 온 기업들에는 큰 위협이 되고 있다. 산업의 구분이 모호해지고 새로운 경계가 형성됨으로써 과거의 강점이 사라지고 예상치 못한 공생관계가 형성되기 때문이다.

3. 서비스산업의 혁신사례

디지털화는 기존의 비즈니스방식을 대체하는 새로운 비즈니스모델이 등장할 기회를 만들어 내고 있다. 여기에서는 산업생태계가 빠르게 변하고 서비스산업에서 유통업, 금융업, 의료서비스와 스마트빌딩, 전력, 통신, 물류, 공공행정분야의 대표적인 혁신사례를 소개한다.[28)]

(1) 유통업[29)]

■ 오프라인 유통업의 위기

전통적인 소매점들이 급격한 변화에 직면하고 있다. 아마존, 우버 등 글로벌혁신기업들의 비즈니스모델을 모방해 큰 성공을 거두었던 독일의 온라인유통그룹 기업로켓인터넷(Rocket Internet)[30)] 의 공동설립자인 올리버 샘워(Oliver Samwer)는 “앞으로 10년 안에 소매점수입의 10%만 오프라인에서 발생할 것”이라고 예측한 바 있다. 실제로 새로운 온라인경쟁자들이 광범위한 분야에 걸쳐 진입하고 있다. 이들은 도서, 소비자가전, 패션, 가구판매에만 집중적으로 파고드는 것이 아니라 오프라인판매에서 마지막 보루였던 슈퍼마켓과도 경쟁하고 있다. 이는 전통적인 오프라인 유통매장들은 온라인구매경험이 있는 고객의 기대를 충족시켜야 하는 문제에 직면해 있음을 뜻한다. 고객들은 다양한 선택권을 갖고 있고 가능한 서비스를 그 어느 때보다 잘 알기 때문에 구매정보를 더 많이 수집하고 구매경로를 수시로 바꾼다. 오프라인매장을 단순한 전시장으로 활용하고 주문은 온라인으로 하는 방식을 택할 수 있다. 매장에서 상품을 구매하기 전에 스마트폰으로 상품에 대한 추천, 주의점, 혹평을 확인할 수도 있으며 패션업계에서는 고객들은 대체로 복수의 유통채널을 이용한다. 매킨지그룹의 조사에 따르면, 소비자의 94%가 구매전에 상품의 가격을 조사하고, 70%가 상품에 대한 평가와 점수를 읽어보고, 87%는 지속해서 나쁜평가를 받은 상품을 구매하지 않을 것이라고 응답했다. 이 조사에서 유통사업에 영향을 미치는 몇 가지 트랜드가 확인되었는데, 하나는 정보를 주도하면서 영향력이 커진 소비자들이며, 다른 하나는 스마트폰으로 계속 온라인에 머무르는 인터넷에 상시 접속해 있는(always-on) 소비자들이다.

■ 맞춤형제안

유통서비스 업계에서 나타난 변화중 하나는 제품과 서비스에 대한 개인화, 즉 고객화이다. 온라인 유통회사들은 기존의 유통업체들보다 고객접점의 활동이 기민하고, 직원들은 수평적 조직구조에 잘 훈련되어 있어 개발된 IT기술로 고객의 요구에 신속히 대응한다. 예를 들어, 아마존(AWS)은 막대한 데이터를 자동으로 분석하는 클라우드 컴퓨팅기법을 활용해 맞춤형으로 상품을 제안한다. 첫 방문고객에게 최근 가장 많이 팔린 상품을 추천한다. 고객분석이 끝나면 구매이력과 검색기록을 통해 다양한 상품을 제안한다. 고객은 책이나 상품을 검색하는 동안 해당 내용과 관련한 제안을 받는다. 고객이 카트에 상품을 담으면 관련상품을 추천한다. 전통적인 유통회사도 온라인매장의 도전에 맞서 온라인 쇼핑경험의 강점을 오프라인매장에 도입하고 있다. 예를 들어, 패션기업 버버리(Burbery)는 매장직원들에게 아이패드를 지급했다. 직원들은 아이패드로 신상품을 고객맞춤형으로 제안하기도 하고, 매장에 고객이 원하는 치수나 색상의 상품이 없을 때 직접 주문해 주기도 한다. 고객은 다음날 매장에서 주문한 상품을 찾아가거나 집으로 배송시키는 것 중 하나를 선택할 수 있다. 한편, 세계 최초의 무인매장인 '아마존 고(Amazon Go)'는 AI 등의 첨단기술을 활용하여 고객이 스마트폰에 앱을 설치하고 매장에서 상품을 고르기만하면 신용카드로 대금이 자동적으로 청구된다.

(2) 금융서비스[31)]

■ 핀테크기업의 도전

디지털화에 소극적이었던 전통적인 금융기관들은 새로운 시장참여자들에 비해 많은 약점을 지니고 있다. 과부하가 걸린 IT시스템, 과거의 습관, 새로운 규제가 은행의 혁신을 저해한다. 세계적인 저금리로 인해 수익성이 하락함에 따라 금융업계의 최대관심은 비용절감이다. 소비자금융과 예금은 수익구조가 열악하고 고객은 온라인뱅킹이나 입출금계좌에 수수료내기를 꺼린다. 이것이 '금융'과 정보'기술'을 결합한 서비스를 제공하는 핀테크(fin-tech)기업이 은행업에 진출하는 배경이다. 핀테크기업은 보다 신속하고 적은 비용으로 금융서비스를 제공함으로써 혁신을 주도한다. 이들은 고객들의 니즈를 찾아 디지털방식으로 업무를 효과적으로 처리한다. 예를 들어, 스마트폰으로 계좌를 관리할 수 있는 핀테크서비스는 계좌개설에 수분밖에 걸리지 않는다. 고객은 개인정보를 입력하고 영상통화로 신원을 증명하면 신용카드번호와 함께 모든 서비스를 사용할 수 있는 계좌를 제공받는다. 맥킨지그룹은 미국의 은행들이 핀테크서비스에 대응하지 않을 경우 수년내에 수익의 35%까지 감소할 것으로 예측한 바 있다.

■ 미래의 은행

디지털환경에서 은행은 강점에 집중하는 전략이 필요하다. 핀테크와 달리 폭넓은 고객층과 상품 포트폴리오, 장기간 구축된 브랜드의 신뢰도를 기반으로 현재의 영업점을 옴니채널의 일부로 인식할 경우, 약점을 강점으로 전환시킬 수 있다. 고객들은 스마트폰으로 잔고를 확인하고, 노트북으로 주식을 사고, 개인적으로 조언을 받기위해 은행지점을 방문하는 것을 자유롭게 선택할 수 있다. 은행은 고객의 거래내역과 대출연체율에서 금리변화에 대한 투자자들의 대응방법에 이르기까지 다양한 분야에서 아직 구현되지 않은 막대한 데이터를 보유하고 있다. 디지털화로 강력한 컴퓨터, 효율적인 로그함그, 지능적인 프로그램 등의 분석능력이 추가될 경우 보유한 데이터를 분석해 미래상황을 예측할 수 있다. 미래의 은행은 디지털플랫폼을 중심으로 자체 서비스와 협력사를 통한 생태계를 구축하게 될 것이다. 예를 들어, 고객이 은행사이트에 주택담보대출조건을 조회하면 은행의 보험협력사가 주택보험상품을 동시에 제안할 수 있다. 쇼핑중인 은행고객의 위치정보가 스마트폰을 통해 수집될 수 있고 이들에게 가까운 매장에서 쓸 수 있는 특별쿠폰이 전송될 수도 있다.

■ 업무제휴와 인수합병(M&A)

전통적인 은행들은 기술적 토대와 관련해 독자적인 혁신보다는 다양한 수준으로 핀테크기업과 협력할 수 있는데, 이는 가장 초보적 형태의 제휴다. 예를 들어, 런던의 메트로은행(Metro Bank)은 핀테크기업인 조파(Zopa, www.zopa.com)와 상호이익에 되는 업무협약을 체결했는데, 저금리시대를 맞아 고객의 예금에서 수익을 얻기 어려워진 메트로은행은 투자보다 대출신청이 더 많은 조파와 제휴를 맺은 것이다. 메트로은행은 조파에게 현금을 제공하고 대신 더 높은 금리를 받는 상생의 구조가 형성된 것이다. 보다 발전된 형태의 제휴는 지분으로 참여하는 방식이다. 예를 들어, 150년의 역사를 지닌 스페인의 빌바오은행(Banco Bilbao)은 여러 핀테크기업을 인수했는데, 이러한 사례들은 기존은행의 강점을 잘 구현하고 있음을 보여준다. 수익모델은 있지만 자본이 부족한 기업을 인수할 수 있는 자금력을 은행은 갖고 있기 때문이다.

(3) 의료서비스[32)]

■ 디지털화에 대한 의료기관의 인식전환

의료기관들은 환자보다 디지털화를 수용하는 데 상대적으로 소극적이지만 의료기관도 디지털환경의 큰 수혜자가 될 수 있다. 디지털화는 의료분야에서 높은 성장잠재력을 갖고 있는데, 인간중심적 설계를 강조하는 앱, 시스템에 결합된 센서, 누적된 데이터를 분석하는 첨단기법은 의료와 건강관리를 모두 혁신할 수 있다. 예를 들어, 환자들이 처방받은 약을 먹는 데 도움을 주는 앱을 생각해 보자. 여러 질병에 노출된 노인환자들은 동시에 다양한 약물을 복용한다. 많은 연구에 따르면, 여러 가지 약을 언제 어떻게 먹어야 하는지 아는 사람은 많지 않다. 세계보건기구(WHO)는 선진국에서 장기치료를 받는 경우, 약물을 규제대로 복용하는 비율이 50% 수준인 것으로 추정하고 있다. 디지털환경에서는 이러한 문제를 스마트폰으로 해결할 수 있는데, 환자가 앱으로 약 포장지의 바코드를 스캔해 복용시간을 입력해 두면 때맞추어 알람이 울린다.

■ 비즈니스모델

의료서비스를 제공하기 위한 아이디어로 개발된 앱에 비해 이를 상용화할 수 있는 비즈니스모델은 아직 확실하지 않다. 많은 국가가 의료서비스를 무상으로 제공하고 있으며, 보험회사와 제약회사들은 서비스투자에 앞서 임상적 연구를 요구하고 의사들은 환자에게 이런 앱을 추천할 유인이 없기 때문이다. 이는 시스템차원에서 디지털의료의 부가가치는 입증되었지만 아무도 돈을 내려하지 않는 근본적인 문제를 안고 있다. 환자는 의료보험료를 냈고 의료보험회사는 검증된 부가가치에 대해서만 비용을 지급하려 하며, 의사는 보상이 없이는 자신의 시간을 할애하려고 하지 않는다. 디지털의료서비스의 기본철학은 무상이다. 개별환자의 데이터를 검토한 결과, 앱을 사용한 덕분에 비용이 절감되었다는 것이 확인되는 경우에만 보험회사가 의료서비스 제공자에게 보상한다. 이는 충분한 사용자와 세부데이터가 있다면 복합적인 수리적 모델을 통해 가능하다. 대부분의 경우 이러한 형태의 데이터도 이미 의료보험시스템에 존재하지만 이런 목적으로는 아직 활용할 수 없다. 디지털의료혁신기업의 진입장벽도 낮춰야 한다. 의료서비스의 개발자들이 환자데이터보호에 관한 법을 위반하거나 의도와 달리 규제조건을 따르지 못해 소송에 휘말릴 가능성이 없고, 기존 데이터에 대해 안전하고 쉬운 접근의 보장이 전제될 때 새로운 비즈니스모델이 실용화될 것이다.

■ 개방형 혁신플랫폼의 개발

디지털의료시스템이 가능하려면 의료보험회사들의 표준화된 요금자료에 접근할 수 있고, 디지털시스템을 개발하는 협력자들에게도 이 정보를 활용하도록 하는 개방형 플랫폼이 필수적이다. 이론적으로는 제3의 서비스제공업체들도 의료시스템에 혁신을 가져올 수 있다. 예를 들면, 미국에서 CMS(Center for Medicare & Medicaid Services)가 주도한 데이터공개에서 입증됐던 것처럼 데이터 공유는 의료서비스의 혁신을 촉진한다. 제3의 서비스제공자들이 환자들의 개인정보에 대한 접근 권한을 받기 위해서는 자신들의 데이터도 플랫폼에 공개하고 활용할 수 있도록 해야 한다. 의료정보는 매우 민감하므로 정부기관이 ID, 접근권리, 정보공개 등에 대한 강력한 관리시스템을 활용해 불법적인 접근을 차단해야 한다.

■ 예방관리

산업계에서는 이미 디지털케어분야를 탐색하고 있으며, 실현될 가능성이 점차 높아지고 있다. 미국에서 의료분야의 선도적 기업들은 공동으로 건강관리분야의 혁신을 모색하고 있다. 이러한 노력은 기계장비를 만드는 기업들이 이미 디지털화를 통해 구현한 예방정비의 개념과 유사하다. 예방정비란 기계가 고장나기전에 부품을 수리하는 방식인데, 이러한 개념을 사람에게 적용하기 위해서는 참가자들이 건강관련 앱으로 수집한 정보를 중앙시스템에 전송하고, 중앙시스템에서 이를 평가해야 한다. 문제는 미래에 디지털헬스서비스의 사용여부가 아니라 언제, 누가 이러한 서비스를 제공하고 규제할 것인가이다. 개방적 의료시스템에 대한 기회는 이미 열려 있다. 그 기회를 구현하는 것이 의료서비스의 과제이다.

(4) 통신서비스[33)]

■ 기존 통신사들의 시장지배력 상실

기술혁명의 시발점은 아주 미세하다. 가로와 세로가 6밀리미터와 5밀리미터, 두께가 1밀리미터인 이심(eSIM)이 그것이다.[34)] 이 새로운 저장카드는 이동통신단말기를 인터넷의 통신망에 연결시켜준다. 그런데 eSIM을 혁명적으로 만든 것은 작은 크기가 아니라 '단단히 박혀 있는' 임베디드(embedded)를 의미하는 'e'이다. 현재 SIM카드는 무선사업자가 배포하고 사용자가 수동으로 휴대전화에 삽입한다. 프로그램을 작동시킬 수 있는 eSIM의 제조사를 통해 스마트폰, 태블릿, 건강상태추적기, 스마트시계, 게임단말기, 스마트안경, 카메라, 의료장비 등 온라인상태에 있는 모든 단말기에 설치할 수 있게 될 것이다. 예를 들면, 스마트시계는 사용자가 통신회사를 선택할 수 있는 eSIM을 내장하고 있어 전화를 걸 수 있고, 인터넷에 접속할 수 있다. 새로운 서비스의 등장은 초기 휴대전화시장에서 지배적 역할을 했던 통신회사들에게는 위협이다. 통신회사들은 SIM카드를 보내주는 일방적 입장에 있었으나 미래의 SIM카드가 모든 사업자에게 할당된다면 무선사업자들은 고객의 충성을 얻는 가장 중요한 수단, 즉 전환비용을 잃을 것이다. 이는 통신회사, 하드웨어회사, 인터넷서비스회사, 콘텐츠회사의 상호관계 속에서 매출과 수익의 재분배로 이어질 것이다.

■ 새로운 생태계의 위협과 기회

디지털환경으로 기존의 통신회사들의 시장지위가 위협받고 있다. 한때 수익원이었던 전화, 문자메시지, 화상서비스는 경쟁사업자들이 무료로 제공하고 있으며, 콘텐츠와 플랫폼도 수세에 몰리고 있다. 이러한 추세는 점차 뚜렷해지고 있으며, 자금이 풍부한 일부 통신회사들은 콘텐츠와 프로그램들을 인수하는 데 투자하고 있다. 이들 기업은 디지털의 위협때문에 효율화를 추구하지만 그 과정에서 디지털화가 도움이 될 수 있다. 고객확보, 등록, 지불절차, 요금청구, 고객지원에서 계약종료에 이르기까지 고객여정의 모든 단계가 효율화의 대상이다. 각 단계마다 값비싼 인간의 노동력이 디지털보조도구로 대체될 가능성도 있으며, 새로운 디지털화과정은 비용뿐 아니라 고객만족도 측면에서 효과적일 수 있다. 업무프로세스가 효율화되면 통신회사들은 성장하는 미래시장을 공략할 수 있다. 데이터제공을 위한 네트워크를 보유한 통신회사들은 다음과 같은 성장시장에서 이미 유리한 입장에 있다.

- **웨어러블**(wearable) **시장** : 피트니스밴드, VR(가상현실)헤드세트, 스마트워치, 운동화 등 웨어러블 기기들은 누가 인터넷과 연결시킬 것인가? 이 시장에서 어떻게 수익을 창출하고 어떤 비즈니스모델이 등장할 것인가?
- **스마트홈**(smart home) : 냉난방조절시스템, 셔터, 승강기, 다른 모든 미래 스마트홈의 기능을

제어하기 위해 어떤 인터넷연결이 활용될 것인가?

- **커넥트카**(connect car) : 자율주행, 차선경고시스템, 비상제동시스템, 서비스데이터 등 지능형 자동차가 생산하는 막대한 양의 데이터를 누가 처리할 것인가?
- **사물인터넷**(IoT) : 모든 기기와 장비에는 성능과 사용현황데이터를 지속해서 전송하는 센서가 있다. 이러한 막대한 규모의 데이터전송을 누가 가능하게 만들 것인가?
- **디지털의료**(digital medicare) : 네트워크에 연결된 환자가 지속해 보내는 의료데이터는 어느 통신회사의 네트워크로 전송될 것인가?
- **클라우드 컴퓨팅**(cloud computing) : 모든 데이터가 전송되고 처리되는 데이터클라우드를 누가 운영할 것인가?

■ 비즈니스모델 전쟁

기업 간의 전쟁보다 더 관심을 끄는 것은 아마도 비즈니스모델을 둘러싼 전쟁일 것이다. 통신회사들은 통신수단의 상품화에 주력하고 있지만 동시에 많은 기업들이 하드웨어도 함께 판매하고 있다. 가정용 제품회사들은 하드웨어와 관련된 부가서비스에 의존하는 반면, 미디어회사들은 데이터활용에 주력한다. 심지어 통신과 무관한 외부기업들까지 시장에 진입하면서 온라인 미디어사업뿐 아니라 광고분야에서도 새로운 기회를 제공한다. 동영상을 보면서 마우스클릭으로 좋아하는 여배우가 입은 브랜드의 옷을 살 수도 있다. 사생활관련 규정의 변화와 함께 소비자데이터에 대한 접근권은 이미 막대한 수입을 창출하는 원천이 되고 있다. 통신시장에서는 전선이 형성되고 이미 전쟁이 시작되었다.

(5) 물류서비스[35)]

물류업계의 빠른 성장을 주도하고 있은 핵심고객인 온라인유통기업들이 물류시스템을 자체적으로 구축하게 된다면 어떻게 될까? 아마존같은 기업이 화물운송회사, 택배회사, 항공화물회사를 직접 운영하게 된다면 어떤 일이 벌어질까? 그 동안의 고객이 새로운 경쟁자로 등장함으로써 물류산업의 경쟁구도가 변하지 않더라도 이미 물류산업의 재편은 진행중이다. 디지털기술의 발전과 변화에 따라 고객도 새로운 비즈니스모델의 등장을 원하고 있다.

■ 전통적 화물트럭운송의 소멸

화물운송업계가 지금 반기고 있는 무인화물차의 대량생산은 역설적으로 장거리화물운송의 종말을 예고한다. 현재 화물차운영비의 30~40%를 절감하는 장거리 화물운송사업의 핵심은 차량이 운송할 화물을 확보하는 것인데, 이는 독립적인 플랫폼에서 확보하는 것이 훨씬 손쉽다. 주문이

점차 디지털방식으로 접수되고, 센서가 전송하는 운송경로, 저온유통, 연료소비량, 차량관리에 대한 데이터를 추적하고, 운전기사까지 필요하지 않게 되면 장거리운송업에 대한 진입장벽이 사라질 것이다. 이런 시나리오는 화물차 제조업계에는 매력적인 미래가 된다. 자동차업계에서는 이미 새로운 비즈니스모델을 실험중이다. 맥킨지그룹은 화물차업계의 경영자들을 대상으로 한 설문조사 결과, 응답자의 절반정도가 운송능력서비스, 즉 유연한 공급관리가 화물차판매보다 훨씬 더 매력적인 사업이라고 응답했다. 빠르면 2025년부터 상업용차량의 1/3은 고속도로에서 완전한 자율주행을 하고 있을 것이다. 지금도 물류산업은 사물인터넷(IoT)으로 급격한 변화를 겪고 있다. UPS는 화물차, 소형택배차량, 창고, 화물에 UPS서버로 계속 데이터를 전송하는 센서를 부착했다. 컴퓨터들은 첨단기법으로 배송경로를 최적화해 운송거리와 연료를 단축하였으며, 운전기사들의 대기시간도 크게 줄였다. 이와 같이 온라인 연결성은 모든 물류산업에서 비용을 절감시키고 있다.

■ 마지막 배송구간의 혁명

물류회사들이 겪는 변화의 대부분은 화물이 고객에게 전달되는 마지막 배송구간에서 발생할 것이다. 물류회사들이 전체비용의 약 50~60%를 차지하는 운전기사의 인건비를 줄일 수 있다면 차량에 드는 비용이 대폭 절감된다. 머지않은 장래에 화물배송을 위한 무인운반차들이 도로를 달리게 될 것이다. 스마트배송차가 고객의 주소지에 도착하면 고객에게 문자메시지를 보낸다. 고객은 배송차로 가서 암호를 입력하고 소포를 찾는다. 차량에 장착된 카메라가 보내는 이미지를 관찰하고 비상신호와 오류메시지를 판독하기 위해 물류회사에는 관리자가 배치될 것이다. 전혀 다른 형태의 또 다른 비즈니스모델도 등장하고 있는 것이다. 크라우드소싱방식으로 고객인 배송회사가 온라인 주문플랫폼뿐 아니라 배송기지를 운영하는 비즈니스모델이다. 개인이나 택시운전자가 시스템에 등록하고, 앱을 활용해 자신이 가는 길에 배송할 것이 있는지를 확인한다. 운송회사가 대규모투자를 할 필요가 없는 유연한 네트워크에서는 수입이 있을 때만 비용이 발생한다.

■ 물류혁명의 미래

자율주행시스템은 인건비가 높은 국가들부터 빠르게 등장할 것이다. 따라서 미국과 유렵의 물류회사들은 인적자원과 IT자원을 구축하는 데 필요한 시간을 고려해 전략을 개발중이며, 급변하는 환경에 적응하기 위해 대규모의 투자가 뒤따른다. 아마존은 택배업계의 최대고객이지만, 다양한 시험프로그램을 운영하면서 오랫동안 자체적인 택배서비스를 실험중이다. 예를 들면, 아마존은 아마존후레시 식품사업분야에서 자체 배송서비스를 하고 있으며, 독일의 물류기업 DHL는 산업의 경계를 넘어 온라인수퍼마켓인 올유니드후레시(AllyouneedFresh)를 운영 중이다. 이러한 혁신은 전통적 물류서비스 기업에게는 당장 좋은 환경이지만, 아마존이 컨테이너운송, 물류기지까지 화물차운송, 고객집까지 마지막배송 등으로 전체물류사슬을 통제하게 되면 기존 사업자들은 상당한 타격을 받고 혁신을 위한 투자능력도 줄어들 것이다. 이는 종전의 영업방식을 유지하려는 기업에게 심각한 위협이 된다. 급변하는 환경에서 물류업계는 전략적인 혁신분야를 찾고 향상된 고객여정과 가치제안을 통해 고객들과 지속적인 관계를 구축해야 하는 과제를 안고 있다.

각 주

1. Jürgen Meffert, Anand Swaminathan, *DIGITAL@SCALE*, McKinsey&Company, 2017, pp.5~11.
2. POS(Point of Sales)는 금전등록기와 컴퓨터단말기의 기능을 결합한 시스템으로 판매금액을 정산해 주고 소매경영에 필요한 각종 정보와 자료를 수집 · 처리해 주는 시스템으로 판매시점 관리시스템이라고 한다.
3. 동적가격결정(dynamic pricing)이란 예상되는 상품의 수요와 공급력의 여유분, 수요의 발생시점 등에 대한 과거자료를 분석하여 시간대별로 가격을 결정하는 가변적 가격을 기본원리로 한다. 동일한 서비스상품의 판매가격을 수시로 변경함으로써 총체적인 판매수입을 극대화하는 방식이다. 재고가 불가능한 서비스상품의 가격결정에 이용되며, 호텔과 항공사에서는 수입관리(Revenue Management)시스템으로 도입 · 운영되고 있다. 역수요곡선(inverse demand curve)은 어떤 수요량수준에서 누군가 한 단위를 더 소비하고자 할 때 지불하고자 하는 최대금액을 나타내며, 수입을 극대화하기 위해 서비스의 가격을 결정하는 원리에 기초한다.
4. 레이먼드 커즈와일(Raymond Kurzweil)은 자신의 저서 〈*The Age of spiritual Machines*(2002)〉에서 광학 문자 인식 (OCR), TTS 합성, 음성인식기술, 전자키보드 악기와 같은 분야의 연구를 통해 수명연장, 나노, 로봇공학, 생명공학 기술 등의 미래를 예측하였다.
5. 포켓몬고(Pokémon GO)는 나이앤틱(Niantic, Inc.)이 개발한 증강현실 비디오게임으로 2016년 출시되어 SNS를 통해 큰 화제가 되었으며, 당시 구글 '올해의 검색어'에서 세계 기준 1위를 차지하였다.
6. Jürgen Meffert, Anand Swaminathan, Swaminathan, Anand, Meffert, Jurgen, *Digital@Scale*, John Wiley & Sons Inc. 2017. '디지털대전환의 조건(청람출판, 2018)'으로 번역서 발간.
7. 테일러(F. W. Taylor)의 과학적 관리법이란 포드의 생산시스템을 기반으로 작업과정의 생산성을 높이기 위하여 시간연구와 동작연구를 기초로 과업의 표준을 정하고 성과급 등의 방식으로 생산의 합리적 방법을 제시하였다. 1911년 저서 과학적 관리(*Scientific Management*)를 통해 산업계의 표준이 된 효율적 관리방식을 테일러시스템(Taylor System)이라고 한다.
8. 가치사슬(value chain)은 1985년 마이클 포터(M. Porter)가 모델로 정립한 이론적 틀로서 부가가

치창출에 직접 또는 간접적으로 관련된 일련의 활동 · 기능 · 프로세스가 연계되어 있으며, 주활동(primary)과 지원활동(support)으로 나누어진다. 제품이나 서비스의 생산·판매의 전체 프로세스에는 수많은 가치창출활동이 사슬처럼 연결되어 있음을 의미한다.

9. 카고 컬트(cargo cult, 화물숭배)는 죽은 조상들이 배나 비행기에 특별한 화물을 가지고 실어 올 것이라고 믿으면서 기다리는 풍습이다. 멜라네시아의 피지에서 뉴기니 동쪽지역에 거주하는 원주민들의 풍습으로 배가 닿을 곳과 비행기가 내릴곳을 마련하고 기원한다. 제2차 세계 대전 때 미군, 일본군의 비행기가 화물을 싣고오는 것을 목격한 뒤 미신으로 고착되었다. 이 용어가 일반인들에게 유명해진 것은 물리학자 리처드 파인만(Richard P. Feynman)의 칼텍(Caltech)의 졸업식 강연에서였다. 그는 철저한 실험설계를 밟지않고 과학적 실험의 외양만 대충 흉내낸 다음 과학적 이론으로 믿는 행태를 미개한 풍습 '카고컬트'에 비유하였다.
10. 유효성(effectiveness)이란 목적을 얼마나 달성하느냐를 나타내는 개념이다. 경영에 있어 흔히 생산성(productivity)으로 정의되는 산출/투입의 비율인 효율성(efficiency)과는 다른 의미를 지닌다. 예를 들어, 야구경기에서 타율이 높이는 것은 효율성에 집중하는 것이고, 중요한 것은 득점이 되는 유효타와 승부를 가르는 결승타가 유효성을 달성하는 것과 같은 의미다.
11. 다보스포럼(Davos Forum)은 매년 스위스의 다보스에서 개최되는 세계경제포럼(World Economic Forum, WEF) 연차총회를 일컫는다. 세계 각국의 정계·관계·재계수뇌들이 모여 각종 정보를 교환하고, 세계경제의 발전방안 등에 대하여 논의하며 공식적인 의제없이 참가자의 관심분야에 대한 의견교환이 이루어진다. 회의를 주최하는 WEF는 제네바대학교 교수로 재직했던 독일 태생의 슈바프(Klaus Schwab)가 설립한 비영리 재단이다.
12. 국가마다 '4차 산업혁명'을 뜻하는 용어의 사용에는 차이가 있다. 예를 들어, 독일은 Industry 4.0이라는 용어를 2010년부터 사용하였으며, 유럽에선 독일의 영향으로 Horizon Europe이라는 이름으로 2014년부터 불린다. 미국은 산업별로 다양한 용어를 사용하고 있으며, 일본은 2015년부터 Society 5.0, 중국은 2014년부터 Made in China 2025라는 용어를 각각 사용하고 있다. 우리나라에서는 2016년부터 대중적인 용어로 정착되어 대통령 직속기구로 4차산업혁명위원회를 설치하여 과학기술정책의 방향을 설정하였다.
13. ICT는 정보기술(Information Technology, IT)과 통신기술(Communication Technology, CT)의 합성어로 정보기기의 하드웨어 및 이들 기기의 운영 및 정보관리에 필요한 소프트웨어기술과 이들 기술을 이용하여 정보를 수집, 생산, 가공, 보존, 전달, 활용하는 모든 방법을 말한다.
14. 클라우스 슈밥(Klaus Schwab)은 4차 산업혁명을 "디지털혁명인 3차 산업혁명에 기반을 두고 있으며, 디지털(digital), 물리적(physical), 생물학적인(biological) 기존 영역의 경계가 사라지면서, 융합되는(fusion) 기술적인 혁명"이라고 개념적으로 정의하였다. Klaus Schwab, *The Fourth Industrial Revolution*, Portfolio Penguin, 2016.

15. Marr, Bernard. "Why Everyone Must Get Ready For The 4th Industrial Revolution". *Forbes* (blog). 2016. 12. 12.

16. Schwab, Klaus. "The Fourth Industrial Revolution: what it means, how to respond". *World Economic Forum(WEF)*, 2016. 12. 12.

17. '4차 산업혁명시대 주요국 제조업과 서비스업 연계성현황과 시사점',박문수 · 이동희,산업연구원 연구보고서, *ISSUE PAPER 2017-424*, 2017, pp.12~13.

18. '4차 산업혁명시대 주요국 제조업과 서비스업 연계성현황과 시사점',박문수 · 이동희,산업연구원 연구보고서, *ISSUE PAPER 2017-424*, 2017, pp.13~15.

19. 김희진, O2O-based Social Media Marketing System Utilizing Real-Time Customer Experience, 이화여자대학교 박사학위논문, 2017, p.11.

20. 신민희, "클라우드 컴퓨팅산업현황 및 발전전망", 한국차세대컴퓨팅학회논문지 VoL.7, 2011, p.77.

21. 양단희, "스마트워크를 위한 클라우드 서비스", 한국인터넷정보학회논문지 12권, 2011, pp.52~56.

22. Jim Sterne, *Artificial Intelligence for Marketing*, 2017, Rising Media, Inc. 〈번역서〉 인공지능 마케팅, 한빛미디어, 2018, p.32.

23. Jim Sterne, *Artificial Intelligence for Marketing*, 2017, Rising Media, Inc. 〈번역서〉 인공지능 마케팅, 한빛미디어, 2018, pp.87~89.

24. Martin Abrams, "The Origins of Personal Data and Its Implications for Governance", Jim Sterne, *Artificial Intelligence for Marketing*, 〈번역서〉 인공지능마케팅, 한빛미디어, 2018, pp.87~89.

25. 멀린로(MullenLowe)는 1990년 설립되어 영국 런던에 본사를 둔 마케팅, 전략분석, 전자상거래, 미디어관련 마케팅컨설팅 그룹이다. www.mullenlowegroup.com

26. 코닥(Kodak)은 1888년 창업한 미국의 다국적 기업으로 필름과 아날로그 카메라의 상징이었다. 세계 최초 필름개발의 선구자로서 전통적인 필름시장을 주도했으나, 디지털카메라의 등장으로 2000년 이후 심각한 재정난을 겪게되었고, 결국 2012년 파산보호를 신청하였다. 2013년 필름과 카메라사업부를 매각하고 현재는 이미지 솔루션기업인 이스트만 코닥(Eastman Kodak)으로 변신하였다.

27. Jürgen Meffert, Anand Swaminathan, *DIGITAL@SCALE*, McKinsey&Company, 2017, pp.42~43.

28. 자세한 내용은 Jürgen Meffert, Anand Swaminathan, *DIGITAL@SCALE*, McKinsey&Company, 2017. Ch.4 또는 〈역서〉 디지털대전환의 조건(청람출판, 2018) 제4장 디지털이 바꾸는 산업의 미래를 참조.

29. Kelly Ungerman, "On the Future of Retail," *DIGITAL@SCALE*, McKinsey&Company, 2017, pp.53~60.
30. 로켓인터넷(Rocket Internet, www.rocket-internet.com)은 2007년 창업한 독일의 기술투자기업으로 아마존, 우버, 에어앤비 등 글로벌 서비스기업들의 비즈니스모델을 모방해 유통기업들을 창업하고 신흥국에 진출하여 큰 성공을 거두었으나 최근 실적악화로 독일 프랑크푸르트 증권거래소 상장 6년만인 2020년 상장이 폐지되었다.
31. Somesh Khanna, Vik Sohoni, Michael Bender, "On the Digital Future of the Finance Industry," *DIGITAL@SCALE*, McKinsey&Company, 2017, pp.60~65.
32. Sri Velamoor, Basel Kayyali, "On the Rocky Road to the Digitalization of Health Care," *DIGITAL@SCALE*, McKinsey&Company, 2017, pp.66~72.
33. Brendan Gaffey, "The Distribution Battle between Hardware Manufacturers, Contents Providers, and Telecom Companies," *DIGITAL@SCALE*, McKinsey&Company, pp.87~93.
34. 물리적인 카드가 아닌 디바이스 내부에 탑재되어 있는 디지털가입자식별 모듈(SIM)을 말한다. SIM(Subscriber Identity Module)에 담길 인증정보를 암호화해 기기내부에 탑재한 것으로, 정보의 원격수정이 가능하므로 이동통신사가입이나 변경 시 SIM을 교체할 필요가 없다.
35. David Frank, "The Driver-less Trucks, Fully Connected Containers and Small Drones," *DIGITAL@SCALE*, McKinsey&Company, 2017, pp.93~99.

국문색인

영문색인

E

F

G

H

I

J

K

L

M

T

U

V

W

허희영

한국항공대학교 항공경영학과 졸업
서울대학교 대학원 경영학과 졸업(경영학 석·박사)
메사추세츠주립대학(Univ. of Massachusetts) 객원교수
한국항공대학교 항공·경영대학장/대학원장
항공경영학회장 초대회장
동중앙아시아학회 회장
(현) 항공서비스교육연구회 회장
(현) 한국항공대학교 경영학부 교수

[주요 저서]

English for Airlines(공저, 은익출판사, 1990)
중국의 민간항공(공저, 항공대 출판부, 1994)
보잉·에어버스(길벗출판사, 1996)
항공산업론(공저, 항공대 출판부, 1997)
항공영어(공저, 명경사, 2000)
항공경영학(명경서, 2002)
기업공시제도(공저, 서울대 출판부, 2006)
항공관광업무론(공저, 명경사, 2009)
항공우주산업 제3판(북넷, 2018)
항공운송산업론 3판(북넷, 2018)
항공서비스원론 2판(북넷, 2019)
경영학원론 1판(북넷, 2021)

서비스경영

2021년 1월 15일 1쇄 인쇄
2021년 1월 20일 1쇄 발행

저 자 허 희 영
발행인 류 재 식 · 박 용 범
발행처 도서출판 북 넷

서울시 용산구 효창원로70길 46 대신빌딩 2층
등 록 2010년 6월 7일(제2010-000069호)
전 화 (02) 395-2341
팩 스 (02) 395-2303

정가 32,000원 ISBN 979-11-86947-50-0(93320)

e-mail : book2341@naver.com